2017年本市部份行业活动图片一览

中国物流与采购联合会会长何黎明、上海现代服务业联合会会长周禹鹏和上海市商务委副主任刘敏。

上海现代服务业联合会副会长巢卫林（中）、李关德（左）和副秘书长白焕耀（右）

2017 年 12 月 19 日，由上海现代服务业联合会与上海物流企业家协会共同举办的第五届上海现代物流高峰论坛在上海陆家嘴中国金融信息中心召开。

会场领导和嘉宾座席

中国物流与采购联合会会长何黎明和上海现代服务业联合会会长周禹鹏

上海物流企业家协会会长、上海现代服务业联合会物流与供应链专委会主任范鸿喜（右）和联合会副秘书长白焕耀（左）

论坛上午大会由中国物流与采购联合会电商物流与快递分会秘书长万莹女士主持。

中国物流与采购联合会会长何黎明与上海现代服务业联合会会长周禹鹏为“上海现代服务业联合会物流与供应链服务专业委员会”揭牌。

上海市商务委员会副主任刘敏女士与上海现代服务业联合会副会长兼秘书长李关德为“上海冷链联盟”揭牌。

上海现代服务业联合会副会长兼秘书长李关德受周禹鹏会长的委托，宣读上海现代服务业联合会关于建立上海现代服务业联合会物流与供应链服务专业委员会的决定和新当选的专委会主任副主任名单。

上海现代服务业联合会副会长陈振鸿论坛演讲

中国物流与采购联合会会长何黎明先生发表《新时代我国物流业和现代供应链发展趋势展望》的主旨演讲.

上海市商务委副主任刘敏女士发表《上海供应链体系建设的思路与举措》的主旨演讲

受上海物流年鉴编撰委员会主任周禹鹏的委托，联合会副秘书长、年鉴主编白焕耀在会上发布《上海物流年鉴 2016》。

上海大学现代物流中心主任储学俭教授作主题演讲

“适应物流与供应链全球化、智能化，企业家如何把握新机遇、谋求新发展”的企业家对话分享。

围绕“企业进入供应链新时代做了哪些准备”主题的论坛嘉宾对话

论坛与会领导和嘉宾合影

2018 年 1 月 10 日下午，上海物流年鉴工作会议在浦东滨江大道联合会多功能厅召开。

联合会物流与供应链服务专业委员会秘书长韩志雄主持会议

联合会会长、上海物流年鉴编委会主任周禹鹏作工作动员

联合会副秘书长、年鉴主编白焕耀作年鉴工作汇报

上海物流企业家协会会长、联合会物流与供应链服务专业委员会主任范鸿喜发言

联合会副会长巢卫林（右）、周伟民（左）在会上

上海大学现代物流研究中心常务副主任、上海市物流学会副会长储雪俭教授发言

市发展改革委经贸处处长殷飞发言

2017 年 12 月 14 日，上海现代服务业联合会物流与供应链服务专业委员会发起人和会员大会在联合会本部召开。

图为会场，来自本市行业协会、企业和高校研究单位约 80 多位代表出席会议

与会代表一致同意发起成立上海现代服务业联合会物流与供应链服务专业委员会。

专委会特聘来自本市各高校业内资深教授为专委会专家组成员，并为专家颁发了聘书。

2017 年 8 月 31 日，上海物流企业家协会召开二届五次理事会，范鸿喜会长在会上发言。

上海物流企业家协会二届五次理事会会场

上海市物流协会与鄂尔多斯支持物流园区项目签约仪式

上海市物流协会赴新疆专家组为喀什地区培训物流人才与当地物流业同行合影。

2017年5月22日，上海市物流协会召开三届一次会员代表大会暨理事会第一次会议，换届改选浦静波任会长，刘鹰任秘书长。

新当选的会长浦静波（中）、秘书长刘鹰（右）和与会的市商务委副主任刘敏（左）在主席台上

2017 年 4 月 26 日，哈尔滨市委副书记、市长宋希斌会见来访的中国保税区出口加工区协会副会长、上海浦东现代物流协会会长仲伟林率领的上海保税区域协会及上海浦东现代物流协会联合代表团一行。代表团一行此次来哈考察探寻出双方合作契合点，积极参与哈尔滨物流产业建设发展，进一步拓宽业务渠道，寻求多元化投资合作，促进互利共赢。

2018 年 3 月 7 日上午，中国物流与采购联合会会长何黎明在北京会见专程来访的上海现代服务业联合会物流与供应链服务专委会主任范鸿喜一行。

2017 年上海现代服务业联合会物流与供应链服务专委会（筹）活动散记

2017 年 6 月 2 日，物流与供应链专委会（筹）部分成员赴龙工叉车公司调研

2017 年 7 月 21 日，专委会（筹）部分成员与上海工技大领导和教师一起研究供应链研究院成立事宜

2017 年 9 月 8 日，专委会（筹）成员范鸿喜会长在舟山保税区冷链项目发布会上接受记者采访

2017 年 10 月 23 日，联合会会长办公会议听取专委会（筹）工作汇报

2017 年 11 月 15 日，专委会（筹）组织部分企业参加张江跨境科创中心通关便利化对接会

2017 年 11 月 17 日，专委会（筹）成员范鸿喜会长在联合会十九大精神学习会上交流现代供应链学习体会

2017 年 11 月 20 日，专委会（筹）部分成员拜访市发展改革委经贸处

2017 年 12 月 12 日，专委会（筹）部分成员赴国药集团医药物流有限公司调研

物流业明星企业巡礼之一：郑明现代物流有限公司

郑明现代物流有限公司基地办公楼、仓储一角和各种荣誉证章证书。

正在会议上演讲的郑明董事长（兼上海郑明国际贸易有限公司董事长）黄郑明

黄郑明董事长（左二）在2017年5月6日上海物流日活动现场与上海物流企业家协会会长范鸿喜（左三）、上海大学现代物流研究中心常务副主任储雪俭（左一）等合影。

2017 年 12 月 25 日，上海冷链联盟主席黄郑明参加与上海现代服务业物流与供应链专委会、上海工程技术大学签约全面战略合作框架协议暨供应链研究院成立仪式。

上海冷链联盟主席黄郑明在会上颁发专家聘书

2017 年 12 月 25 日，上海郑明现代物流与上蔬永辉共同打造的生鲜配送中心正式开仓

新成立的上海现代服务业联合会物流与供应链专委会来郑明公司拜访交流。

上海物流年鉴 2017

Shanghai Logistics Yearbook 2017

上海现代服务业联合会
上 海 市 物 流 协 会　编著
上 海 市 物 流 学 会

图书在版编目（CIP）数据

上海物流年鉴. 2017 / 上海现代服务业联合会，上海市物流协会，上海市物流学会编著. -- 上海：学林出版社，2018.5
ISBN 978-7-5486-1363-3

Ⅰ. ①上… Ⅱ. ①上… ②上… ③上… Ⅲ. ①物流－上海－2017－年鉴 Ⅳ. ①F259.275.1-54

中国版本图书馆CIP数据核字(2018)第057959号

上海物流年鉴 2017

编　　著—— 上海现代服务业联合会
上海市物流协会
上海市物流学会
责任编辑—— 许钧伟
出　　版—— 学林出版社
上海市钦州南路 81 号
网址：www.xuelinpress.com
发　　行—— 上海人民出版社发行中心
上海市福建中路 193 号
印　　刷—— 上海普顺印刷包装有限公司
电话：021-62848070
开　　本—— 889×1240 1/16
印　　张—— 28.75
字　　数—— 78 万
版　　次—— 2018 年 5 月第 1 版
2018 年 5 月第 1 次印刷
书　　号—— 978-7-5486-1363-3/Z.92
定　　价—— 399.00 元

《上海物流年鉴》编辑委员会

地址： 上海市浦东滨江大道 2525 弄 5 号 A 栋（邮编 200120）／北海路 8 号福申大厦 10 楼（邮编 200001）

电话： 021-50151868（总机）　**传真：** 021-50151827

E-mail: shsf.china@163.com　shlogyearbook@126.com

新浪博客 / 微博： http://blog.sina.com.cn/u/2748023544

前　言

《上海物流年鉴 2017》在上半年就能出书与大家见面，这是年鉴编委会和编辑部今年的一项新举措，其目的就是让年鉴更及时地为业内外读者提供物流业发展的新信息，相信这一新举措一定会得到大家的赞同和欢迎。有我们年鉴多年编纂的丰富经验支撑，也经过大家的艰苦努力，现在这项新举措已经实现，在这里我谨代表上海现代服务业联合会，向年鉴编辑部和积极支持年鉴编纂工作的业内外朋友们表示衷心祝贺和感谢，祝贺新年鉴的出版发行，感谢大家为之付出的辛勤劳动和获得的丰硕成果。

去年 12 月 19 日，联合会等单位共同举办了第五届上海现代物流高峰论坛，论坛以“新时代新机遇新发展为主题”；着重围绕支持传统产业优化升级、发展现代供应链、加强物流基础设施网络建设，紧扣当前物流企业发展的重点和难点展开讨论和交流，论坛主题很有意义也很有针对性。

我曾在这次论坛发言中讲过，习近平总书记在党的 19 大报告中明确指出，建设现代化经济体系，必须把提高供给体系质量作为主攻方向，物流业作为国民经济供给体系中的重要组成部分，义不容辞，责无旁贷。近年来，我国的物流业发展态势很令人鼓舞。当然，物流业发展面临的问题也不容忽视。与世界发达国家相比，我国的物流技术的总体还处于中下游的水平，物流成本居高，经济效益相对低下，技术和研发水平不高，距离现代化的目标还有很长的路要走，任重而道远。

物流与供应链贯穿于企业生产和销售的所有环节，贯穿于社会生活的方方面面，企业的生存与发展，社会生产与社会生活方式的进一步改善，都离不开物流与供应链资源的进一步优化和整合。这些年来，虽然我们上海的物流与供应链取得了长足的发展，物流业企业运作水平、科技含量信息化手段以及学术界的研究，不少已经位于国内前列，但是与发达国家和城市相比还有很大差距，与全社会对物流业产品的需求来看还不够充分，不够平衡，我们肩上的担子还很重。

应勇市长在今年两会所作的政府工作报告中指出，今后五年，上海要“坚持以供给侧结构性改革为主线，全面做好稳增长、促改革、调结构、惠民生、防风险各项工作，加快推进国际经济、金融、贸易、航运、科技创新‘五个中心’建设，着力构筑上海发展的战略优势，当好新时代全国改革开放排头兵、创新发展先行者，谱写好中国梦的上海篇章。”对于上海物流业乃至整个服务业来讲，今后五年的发展目标和期望确实令人振奋。

上海物流年鉴是我们联合会为物流与供应链发展服务工作的一个重要组成部分，我衷心希望，年鉴编纂工作要与全行业发展保持同步，戒骄戒躁，积极迎接新的挑战和考验，继续努力，不断总结经验和适时改进，为行业发展和进步作出新贡献。

周禹鹏

2018年3月30日

目　录

第一篇　综合报告和政策文件

第二篇 物流业景气指数

第三篇 物流基础领域

第四篇 物流业创新研发与应用实践

第五篇 口岸与自贸区物流

第六篇 制造业物流

第七篇 城市配送

第八篇 物流装备、标准和信息化

第九篇 物流金融和供应链

第十篇 附录

第一篇 综合报告和政策文件

1.1 物流业综合报告

1.1.1 全国物流业

国家发展改革委、中国物流与采购联合会：《2017年全国物流运行情况通报》

2017年我国物流运行总体向好，社会物流总额增长稳中有升，社会物流总费用与GDP的比率有所回落。

一、社会物流总额增长稳中有升

2017年全国社会物流总额252.8万亿元，按可比价格计算，同比增长6.7%，增速比上年同期提高0.6个百分点。分季度看，一季度56.7万亿元，增长7.1%，提高1.1个百分点；上半年118.9万亿元，增长7.1%，提高0.9个百分点；前三季度184.8万亿元，增长6.9%，提高0.8个百分点。全年社会物流总需求呈现稳中有升的发展态势。

从构成看，工业品物流总额234.5万亿元，按可比价格计算，同比增长6.6%，增速比上年同期提高0.6个百分点；进口货物物流总额12.5万亿元，增长8.7%，提高1.3个百分点；农产品物流总额3.7万亿元，增长3.9%，提高0.8个百分点；再生资源物流总额1.1万亿元，下降1.9%；单位与居民物品物流总额1.0万亿元，增长29.9%。

二、社会物流总费用与GDP的比率有所回落

2017年社会物流总费用12.1万亿元，同比增长9.2%，增速低于社会物流总额、GDP现价增长。

其中，运输费用6.6万亿元，增长10.9%，增速比上年同期提高7.6个百分点；保管费用3.9万亿元，增长6.7%，提高5.4个百分点；管理费用1.6万亿元，增长8.3%，提高2.7个百分点。

2017年社会物流总费用与GDP的比率为14.6%，比上年同期下降0.3个百分点。

三、物流业总收入较快增长

2017年物流业总收入8.8万亿元，比上年增长11.5%，增速比上年同期提高6.9个百分点。

（来源：中物联网 2018年2月6日）

中国物流与采购联合会：《2017年物流运行情况分析》

2017年我国物流运行总体向好。运行数据显示，物流发展质量和效益稳步提升，社会物流总费用与GDP的比率持续下降。社会物流总额增长稳中有升，需求结构优化。物流运行环境进一步改善，供给侧结构性改革成效显现，产业向高质量发展阶段迈进。

一、物流运行质量提升，“降成本”取得成效

物流领域“降成本”取得实效。随着供给侧结构性改革的深入推进，为进一步推进物流降本增效，国务院连续两年出台推进物流业降本增效的文件，物流领域“降成本”取得成效。2017 年社会物流总费用与 GDP 的比率为 14.6%，比上年下降 0.3 个百分点。即每万元 GDP 所消耗的社会物流总费用为 1460 元，比上年下降 2.0%，社会物流总费用占 GDP 的比率进入连续回落阶段。

图 1 2008-2017 年社会物流总费用与 GDP 的比率（单位：%）

从构成看，物流降本增效、货畅其流取得初步成效，物流各环节的协同性不断增强。在社会物流总费用中，运输费用 6.6 万亿元，占 54.7%，同比提高 0.9 个百分点；保管费用 3.9 万亿元，占 32.4%，下降 0.8 个百分点；管理费用 1.6 万亿元，占 12.9%，下降 0.1 个百分点。从变化情况看，运输环节在社会物流总费用中的比重持续提高，保管环节则连续下降，表明当前物流流转速度提升，库存、资金占用时间及成本有所下降。

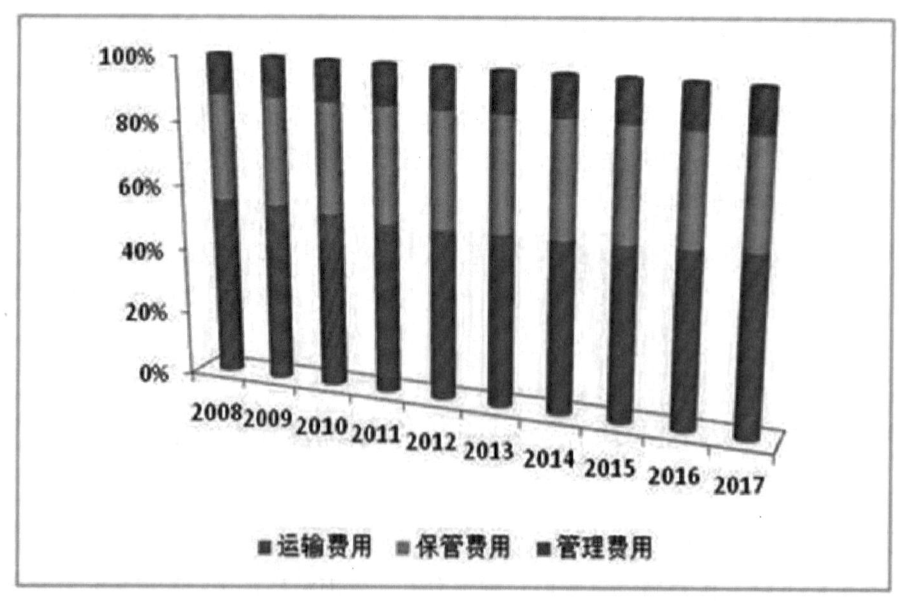

图 2 2008-2017 年社会物流总费用构成情况

运输物流效率稳中有升。

一是运输物流协调性增强。2017 年，各种运输方式互联互通取得进展，运输费用占 GDP 的比率为 7.99%，比上年下降 0.02 个百分点。其中，铁路运输持续高位运行，航空货邮运量增速提高，水运及港口货物和集装箱吞吐量保持平稳增长，多式联运、甩挂运输、江海直达运输等加快发展，主要港口集装箱铁水联运量增长超过 10%，装卸搬运费用占比连续两年小幅回落，比上年下降 0.1 个百分点。

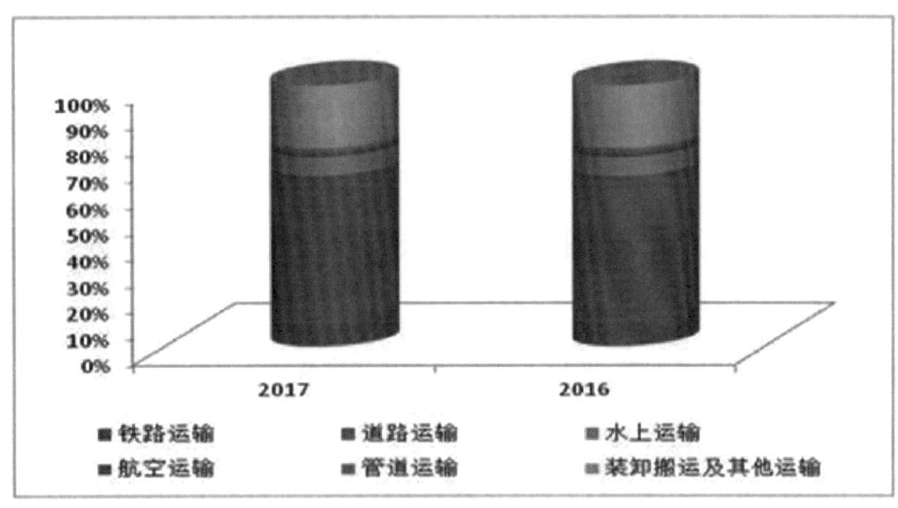

图 3 2016-2017 年运输费用构成情况

二是运输物流时效持续提升。简政放权、信息化应用、交通运输基础设施建等多举措带动下，运输环节时效持续提升。特别是电商物流等重点领域持续高效运行，2017 年物流时效指数平均为 121.2 点，比上年提高 6.4 点。

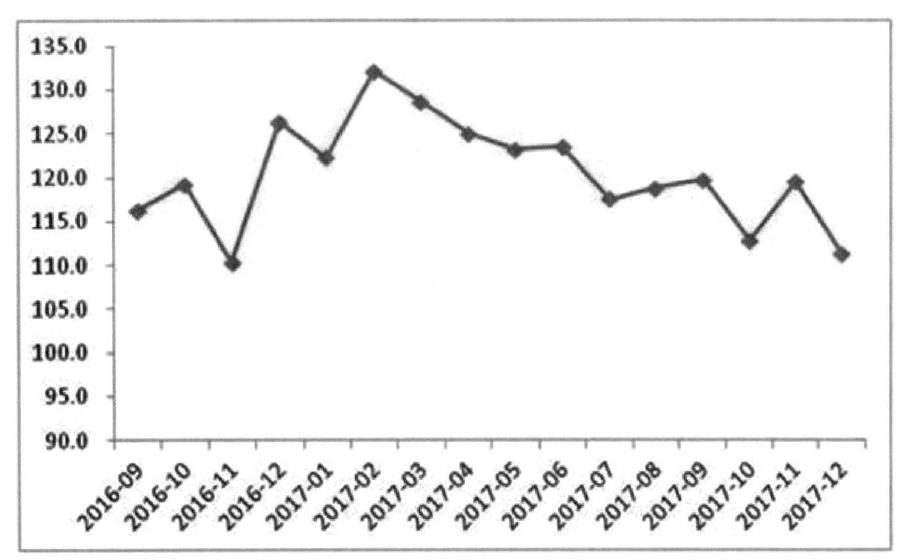

图 4 2016-2017 年电商物流时效指数走势

库存周转效率保持较高水平。在去产能的大背景下，社会库存整体保持较低水平，库存周转效率保持高位。2017 年中国仓储指数中的平均库存周转次数指数平均为 52.1 点，全年均处在扩张区间，表明仓储物流企业周转效率持续保持较快增长。

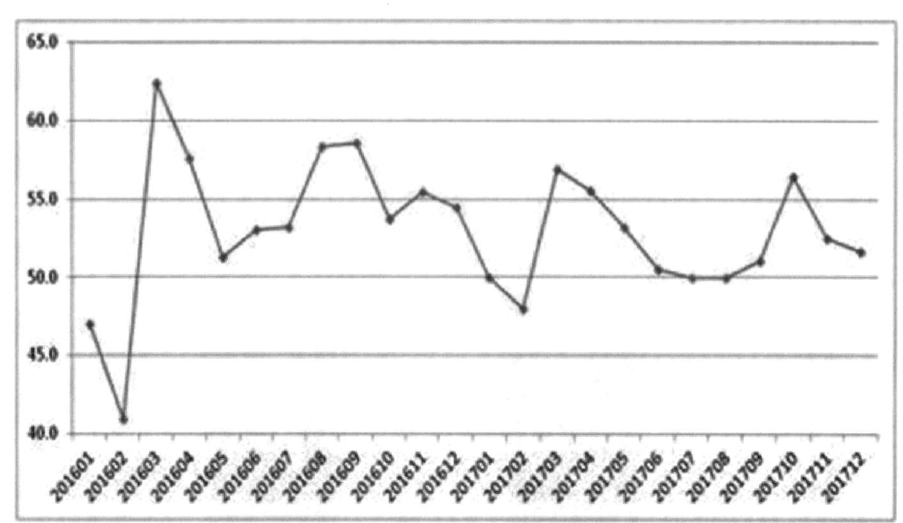

图 5 2016-2017 年平均库存周转次数指数走势

二、物流需求稳中向好，结构进一步改善

物流需求稳中向好。2017 年，全国社会物流总额 252.8 万亿元，按可比价格计算，比上年增长 6.7%，增速比上年提高 0.6 个百分点。

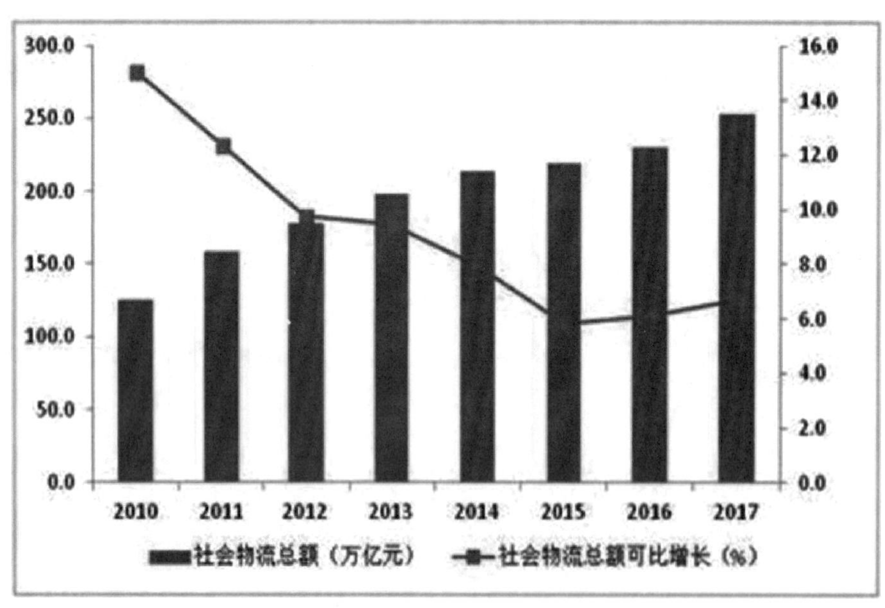

图 6 2010-2017 年社会物流总额及可比增长

分季度看，一季度 56.7 万亿元，增长 7.1%，提高 1.1 个百分点；上半年 118.9 万亿元，增长 7.1%，提高 0.9 个百分点；前三季度 184.8 万亿元，增长 6.9%，提高 0.8 个百分点；全年社会物流总额呈现稳中向好的发展态势。

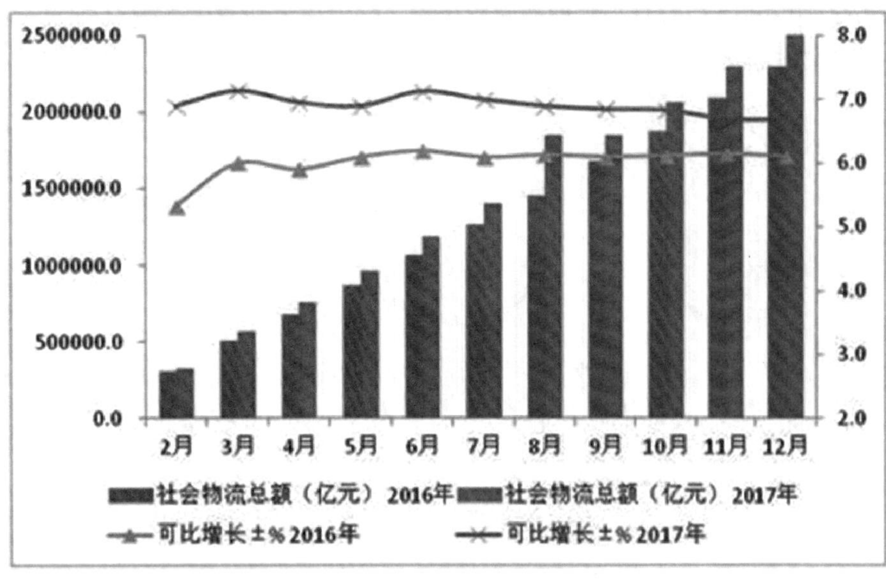

图 7 2016-2017 年社会物流总额及增长情况

物流需求结构性改革取得重要进展。一是物流需求新旧动能的转换加快。从不同产业来看，新兴产业继续保持强劲增长趋势，传统产业转型升级。从结构看，1-12 月高新技术产业 PMI 指数均值水平达 53% 以上，消费品行业和装备制造业均值接近 53%，较去年同期均有提升；同时，基础原材料等高耗能行业均值仍在 50% 以下，物流需求低于工业平均水平。

二是消费与民生领域物流需求成为物流需求增长的重要驱动力。从结构看，消费与民生领域高速增长对物流需求的贡献率持续提高。全年单位与居民物品物流总额同比增长 29.9%，高于社会物流总额增长 23.2 个百分点，成为物流需求增长的重要驱动力。

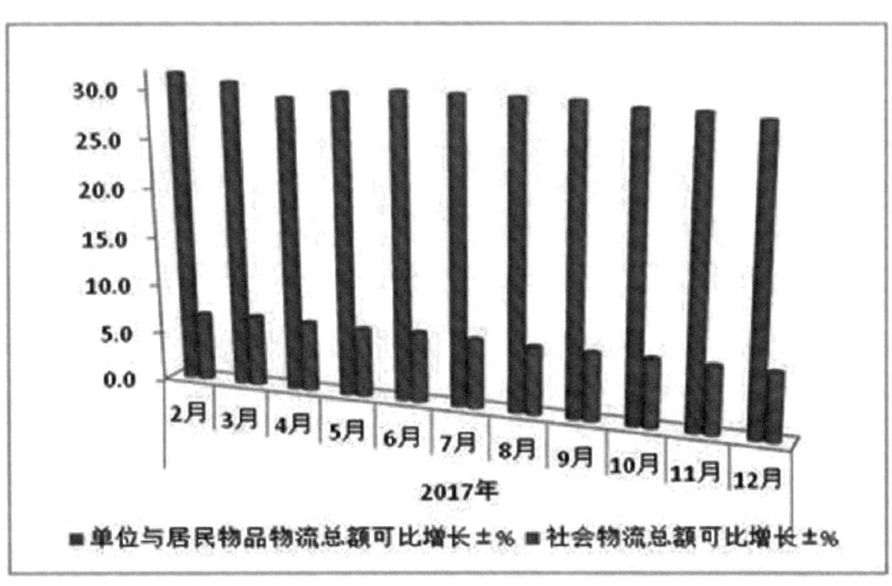

图 8 2017 年社会物流总额及单位与居民物品物流总额可比增长情况

其中，网络消费驱动的物流需求在上年高增速的基础上继续快速增长，全年实物商品网上零售额规模超过 5 万亿元，增长 28%，带动快递及电商物流需求高速增长。

2017 年电商物流行业整体向好，总业务量指数平均达到 143.4 点，反映出全年电商物流业务量同比增速超过 40%，以 2015 年 1 月为基期的定比来看，2017 年总业务量指数达到 354.1 点，出 3 年间电商业务量达到基期的 3.5 倍以上。

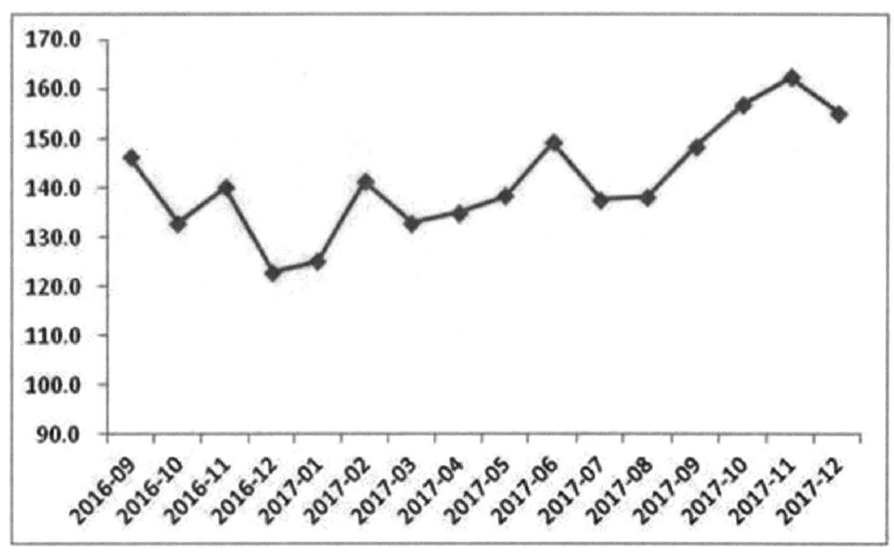

图 9 2016−2017 年电商物流物业量指数

三是进口物流需求形势较好。在全球经济温和复苏，内需稳中向好，彻底扭转了 2016 年同期大幅下降的局面。全球制造业 PMI 均值达到 54.7% 的较高水平。在内外需求总体向好的带动下，进口物流需求保持较快增长，全年增长 8.7%，比上年提高 1.6 个百分点。

图 10 2016−2017 年进口物流量及增长情况

三、物流产业转型升级态势明显

一是物流专业化提升，市场规模持续扩大。2017 年物流专业化水平持续提升，物流市场规模加速扩张。全年物流业总收入为 8.8 万亿元，比上年增长 11.5%，增速提高 6.9 个百分点。从细分市场来看，与产业升级相关的物流细分行业增势良好，冷链市场规模预计仍将超过 20%，快递服务企业业务收入比上年增长 24.7%，增速均高于物流业平均水平。

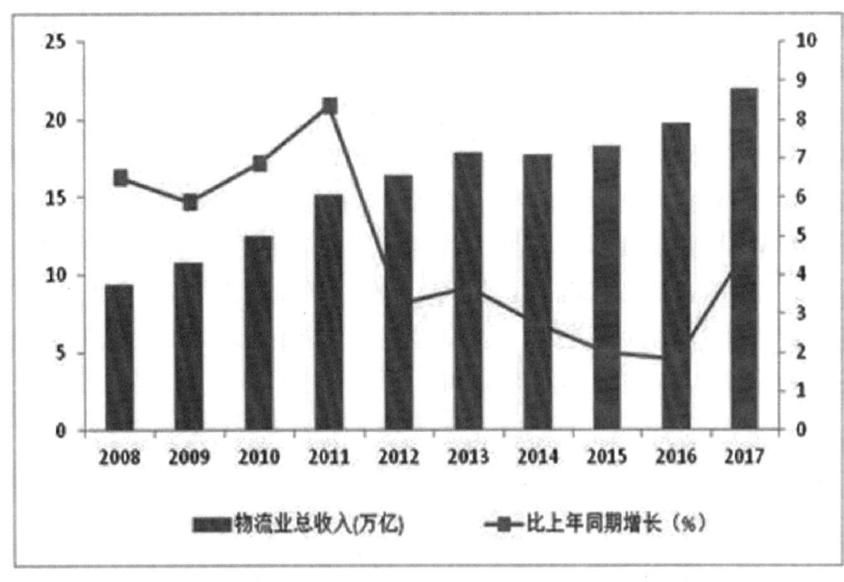

图 11 2008—2017 年物流业总收入及增长情况

二是物流业景气状况良好，企业经营状况改善。物流企业业务需求旺盛，运营效率稳中提升，物流业整体呈现活跃态势，物流业景气状况处于近年来较高水平。2017 年中国物流景气指数平均为 55.3%，比 2016 年均值高出 0.1 个百分点， 11 月回升至 58.6%，为今年以来最高水平，12 月份为 56.6%，指数有所回落但仍处于 55% 的高景气区间。

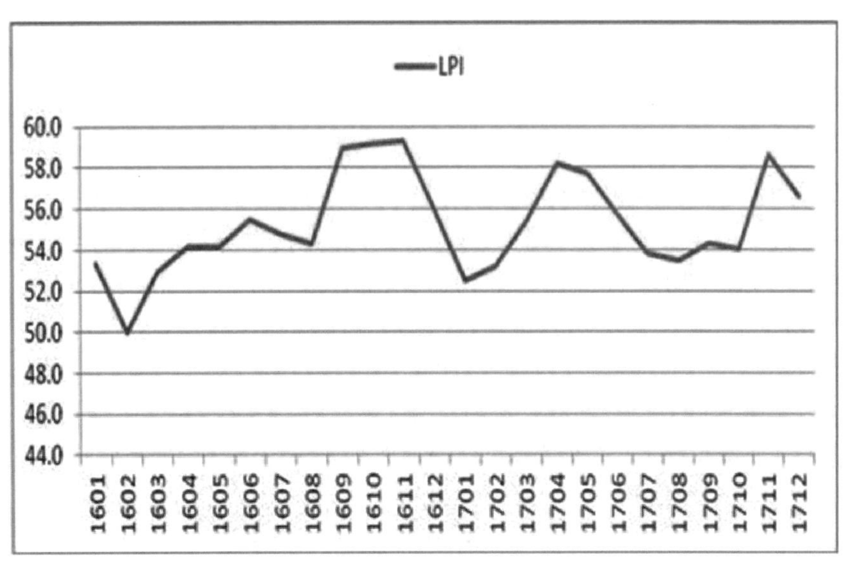

图 12 2016—2017 年物流业景气指数走势

随着物流市场需求和物流设备利用不断改善，企业效益稳中有升。2017 年物流业景气指数中反映企业效益的主营业务利润指数平均为 51.6%，同比提高 1.7 个百分点。其中，中国仓储指数业务利润指数平均水平为 51.6%，较 2016 年同期回升 3.5 个百分点，显示在物流需求的回升的同时，企业效益趋于改善。

四、物流供需平衡性增强，价格回升

物流市场价格稳中有升。2017 年，一方面，受到经济整体回暖、大宗产品价格回升等因素影响，相关物流需求增势良好；另一方面，在相关政策及企业转型升级等多方因素推动下，公路和水运等领域淘汰过剩运能、更新升级运力的步伐不断加快。综合来看，物流市场供需增长更趋平衡，服务价格水平稳中有升。

一是公路物流价格总体平稳，较上年略有回升。2017 年，公路物流市场需求增势稳定，运力更新升级不断加快，价格总体小幅回升。中国公路物流价格指数年平均为 106.5 点，比 2016 年均值回升 3%。其中上半年指数延续了 2016 年三、四季度冲高后的回升走势，下半年则有所趋缓。

从分车型指数看，其中，以大宗商品及区域间运输为主的整车指数全年平均为 103.4 点，比上年回升 7.7%。零担指数年内总体呈回落走势。其中，零担轻货指数平均为 117.2 点，比上年回升 0.26%；零担重货指数平均为 105.7 点，比上年回落 6.0%。

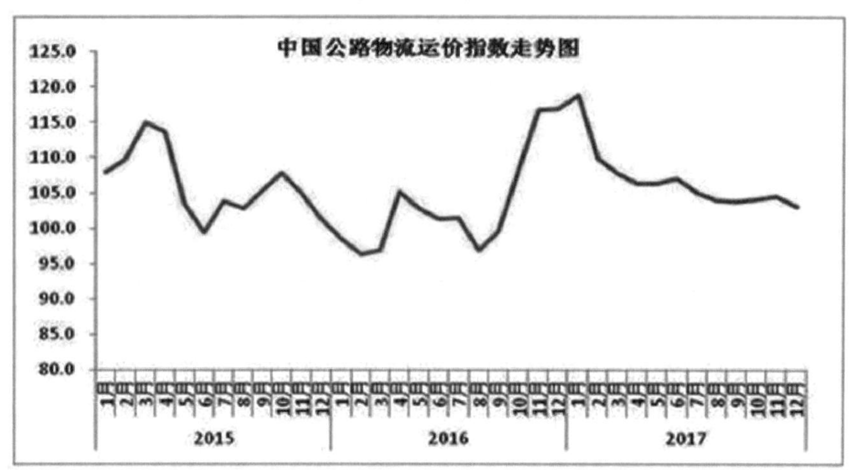

图 13 2016-2017 年中国公路物流价格指数走势

二是水运价格连续上涨，显著回升。2017 年，海运运力供给过剩情况有所改善，大宗商品需求的不断上升，市场运行态势良好，价格显著回升。其中，上半年价格震荡波动，进入下半年则显著回升，价格指数连续 5 个月上涨，回升幅度不断扩大，12 月中国沿海散货运价指数升至 1500.83 点，为近五年来的最高水平。全年平均为 1148 点，比 2016 年回升 25.1%。

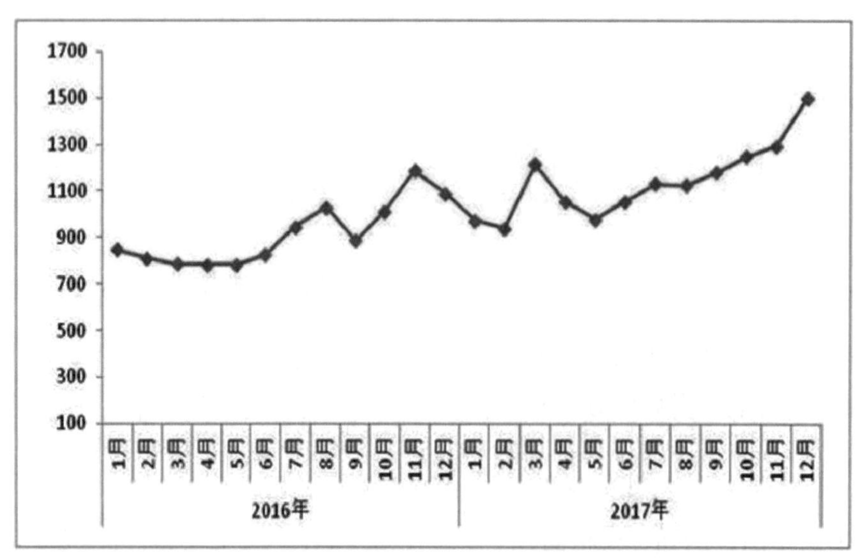

图 14 2016-2017 年中国沿海散货运价指数走势

五、物流基础设施完善，短板得到补强

物流相关固定资产投资保持较快增长。2017 年物流相关固定资产投资结构质量不断提升，围绕促转型、补短板等方面有效投资保持较快增长。全年交通运输、仓储和邮政业完成投资 6.1 万亿元，增长 14.8%，增速比上年提高 5.3 个百分点，全年均保持 10 以上的增长速度。

物流基础设施进一步完善。一是物流运输设施网持续优化。2017 年铁路营业里程五年增长 2.7 万公里，公路总里程五年增长约 53.4 万公里，内河航道条件持续改善，通江达海干支衔接的航道网络进一步完善，民航运输机场达 229 个。各种运输方式一体化衔接协同性改善，综合货运枢纽、物流园区、港口集疏运铁路公路系统建设积极推进。二是物流基础设施短板进一步补强。从重点区域看，中西部铁路建设有所加快，郑万、银西、杭温铁路等建设稳步推进；农村物流基础设施明显改善，新改建农村公路 20 万公里。从重点领域看，冷链物流发展迅速，全国冷库总容量预计达到 4775 万吨，折合 11937 万立方米，同比增长 13.7%；全国冷藏车总量预计达到 13.4 万量，全年增加 1.9 万辆。

六、物流运行环境进一步改善

一是物流政策环境持续改善。国务院办公厅发出《关于进一步推进物流降本增效，促进实体经济发展的意见》（国办发〔2017〕73 号），提出 27 条具体政策措施。国办《关于积极推进供应链创新与应用的指导意见》对发展现代供应链做出总体部署。国家发改委等 20 个部门签署对严重违法失信主体联合惩戒备忘录，首批 270 家“黑名单”公布。工业和信息化部开展服务型制造试点，提升工业物流发展水平。国家税务总局、交通运输部连续发文，破解道路运输企业“营改增”后税负增加问题。国家质检总局联合 11 部门出台《关于推动物流服务质量提升工作的指导意见》，扩大高质量物流服务供给等。随着“放管服”改革深入推进，制约行业发展的制度环境逐步好转。

二是物流资金环境良好。从宏观看，2017 年金融领域去杠杆进一步深化，实体经济融资规模保持平稳增长，物流产业所处的资金环境良好。

物流业景气中反映运作效率的资金利用率指数 2017 年平均为 53.6%，比 2016 年提高 2.3 个百分点；1-11 月重点调查物流企业资产负债率 50.8%，比上年下降 1.4 个百分点；流动资产周转率 2.8，比上年提高 0.5 个百分点。综合来看，物流领域资金环境进一步改善，企业资金流动性增强，融资压力有所缓解，偿债能力有所提高，企业经营发展态势良好。

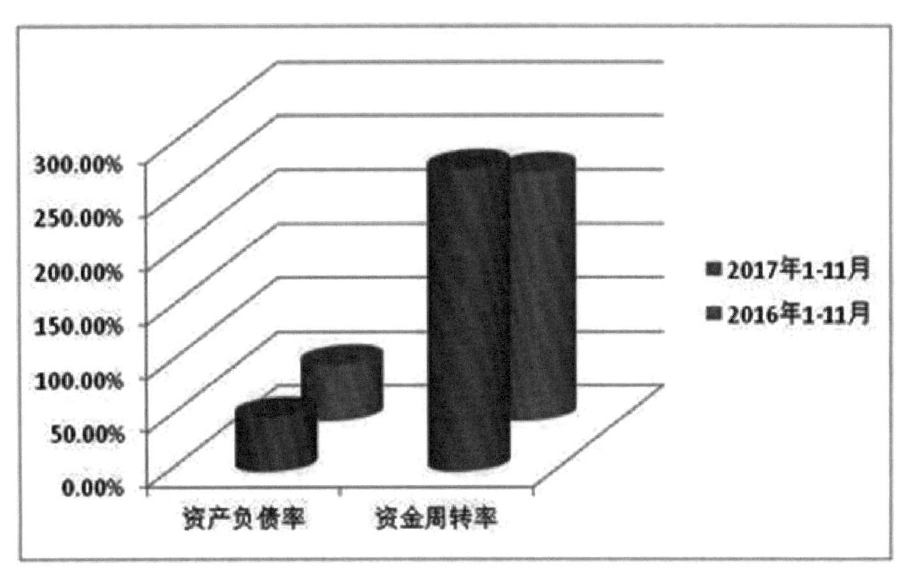

图 15 2016-2017 年物流企业资产相关指标对比（单位：%）

总的来看，2017 年物流运行延续了稳中有进、稳中向好的发展态势，物流发展的质量和效益稳步提升，政策环境持续改善，为 2018 年继续保持稳中向好奠定较好基础。

2018 年，供给侧结构性改革仍将进一步深化，去产能、去杠杆和降成本效果有望持续显现，优质增量供给将逐步提升。预计 2018 年社会物流运行将继续保持稳中有进，全国社会物流总额增速在 6.5% 左右，社会物流总费用与 GDP 的比率则延续稳步回落的走势。

（来源：中国物流与采购联合会 & 中国物流信息中心网 2018 年 02 月 13 日）

中国物流与采购联合会：《2017 年全国重点物流企业统计调查报告》

根据《社会物流统计核算与报表制度》要求，国家发展改革委、中国物流与采购联合会对 2016 年全国重点工业、批发和零售业企业物流状况和物流企业经营情况进行了统计调查。

一、 调查样本概况

本次调查共收到 1417 家企业资料，其中工业企业 659 家，占 47%；批发和零售业企业 88 家，占 6%；物流企业 670 家，占 47%。

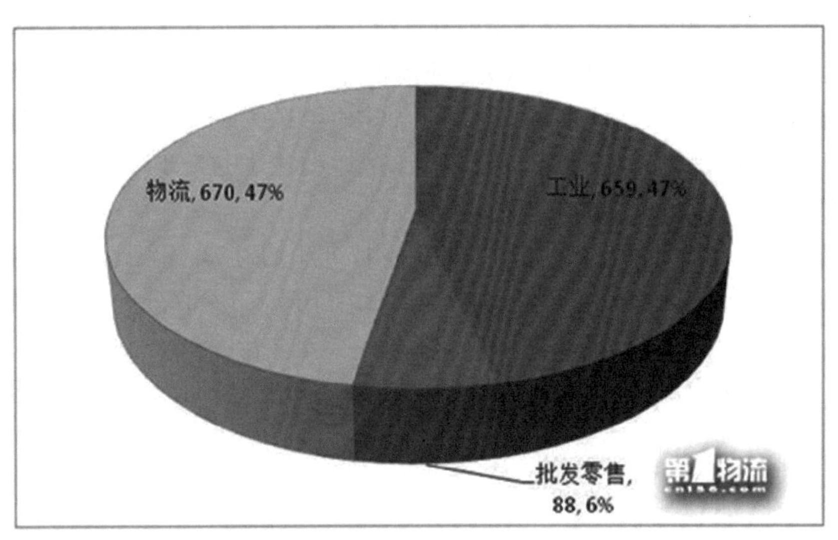

图 1 重点调查企业行业分布情况（单位：%）

二、物流企业经营情况

（一）物流业务收入增速稳中有升

2016 年物流企业主要业务量保持平稳增长，在需求回升带动下，增速比上年同期均有不同程度回升。

物流企业业务收入回暖。在物流业务量增速回升的同时，相关物流业务收入增速随之有所回暖。2016 年比上年增长 3.7%，增速同比提高 2.8 个百分点。从数据走势看，2007-2016 年 10 年物流业务收入年均增速 9.8%，2016 年增速虽高于上年同期水平，但仍低于年均增速 6.1 个百分点。

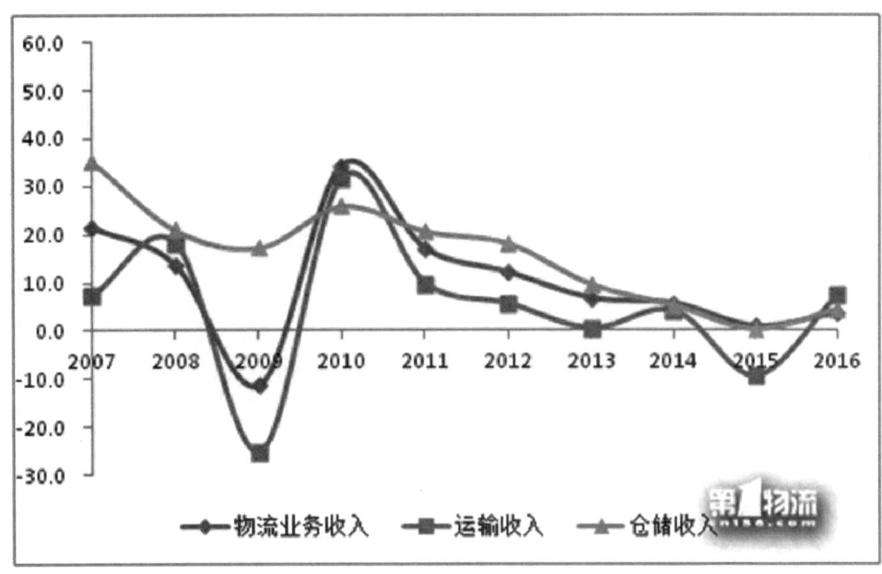

图 2 2007-2016 年物流企业收入增长情况（单位：%）

随着供给侧结构性改革深入推进，去产能、去库存力度不减，钢铁、煤炭、房地产、建筑业等占比较大的大宗商品物流需求增长乏力，推动物流产业不断转型升级。体现在以来几个方面：

物流企业规模化、集约化发展，产业集中度提升。数据显示，物流业务收入排名前 10 企业占物流业总收入的比例提高 0.5 个百分点。大型物流企业快速发展，2016 年 20 家企业营业收入突破 100 亿元大关，比上年增加 2 家。其中，中国远洋海运集团有限公司突破千亿元，位居物流企业第一位。

物流企业经营模式转型升级。在稳定运输、仓储的传统基础物流业业务的同时，物流企业融入制造、商贸企业供应链，开展供应链管理、一体化物流业务。

从 2016 年收入构成看，运输、仓储物流务收入仍保持平稳增长 7.3 和 2.7%，占比合计在 5 成，仍是物流收入的重要构成和基础；配送、一体化物流业务收入物流业务收入增长明显，比上年增长 9.0% 和 6.0%，增速分别提高了 2.4 和 2.9 个百分点，占比合计 14%，提高 0.4 个百分点，连续两年回升，显示物流服务结构调整不断推进，产业升级态势更趋明显。

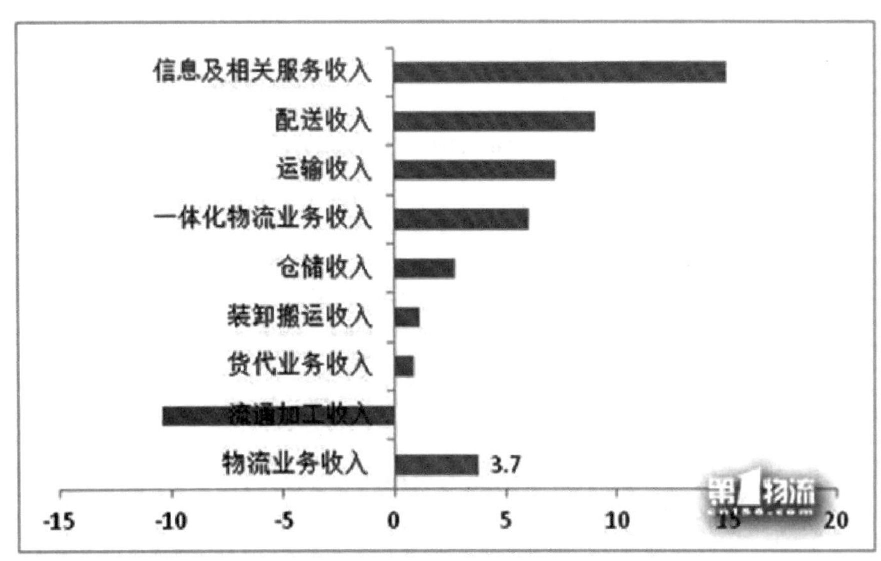

图 3 物流企业物流业务收入增长情况（单位：%）

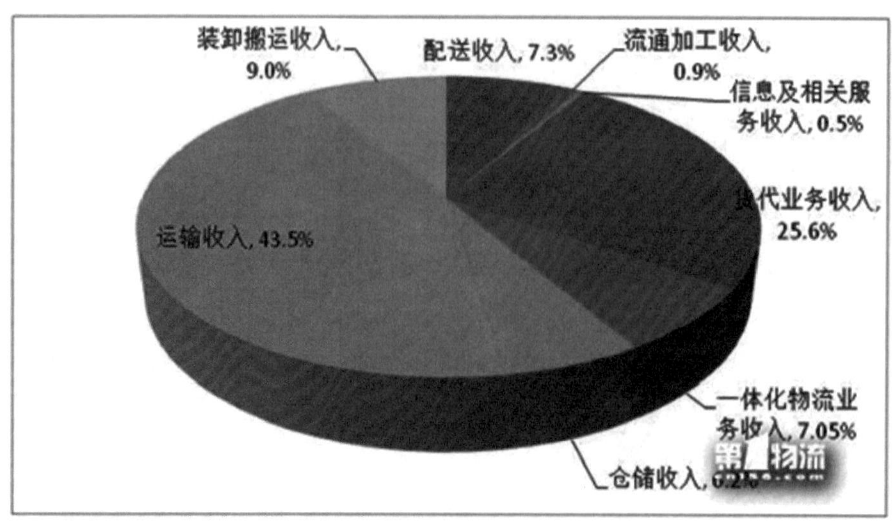

图 4 物流企业主营业务收入构成情况（单位：%）

（二）经营成本压力较大，资源要素成本持续上涨

2016 年物流企业物流业务成本比上年增长 3.9%，增速同比提高 0.3 个百分点，连续两年增速快于物流业务收入增长。2007-2016 年 10 年重点企业物流业务成本年均增速 10.5%，近年来物流企业经营成本持续上涨。

从成本构成看，受到 921 治超等政策因素影响，运输成本由降转升，比上年提高 9.1%；随着土地节约集约利用严格执行，物流用地指标获取难度增加，存量物流用地资源紧缺，仓储成本延续增长态势，比上年增长 6.1%。

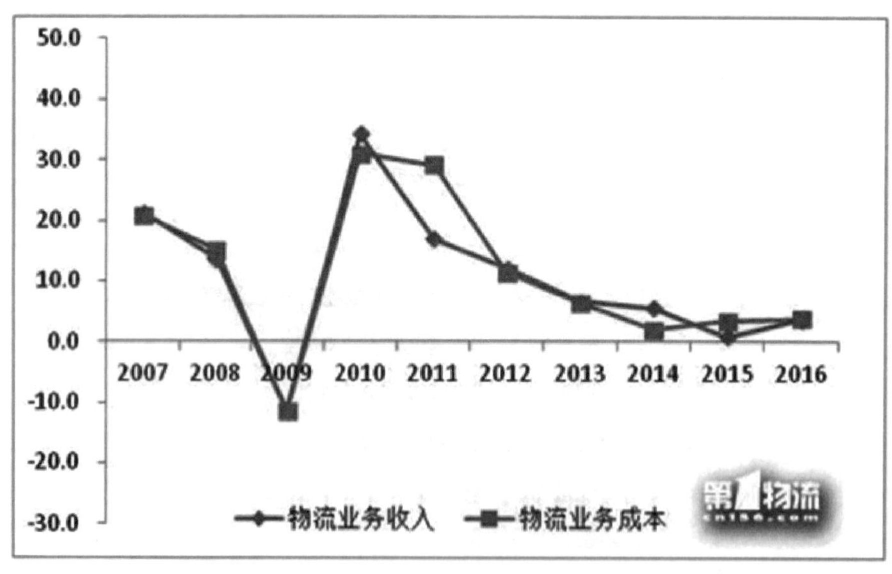

图 5 2007—2016 年物流企业业务收入、成本增长情况对比（单位：%）

人工成本上升趋势延续。2016 年物流企业人员成本比上年同期 18.4%，同比提高 6 个百分点；物流人员成本占物流业务收入比例连续八年持续提高，2016 年至 11%，同比提高 0.2 个百分点，占比是 2007 年的一倍。

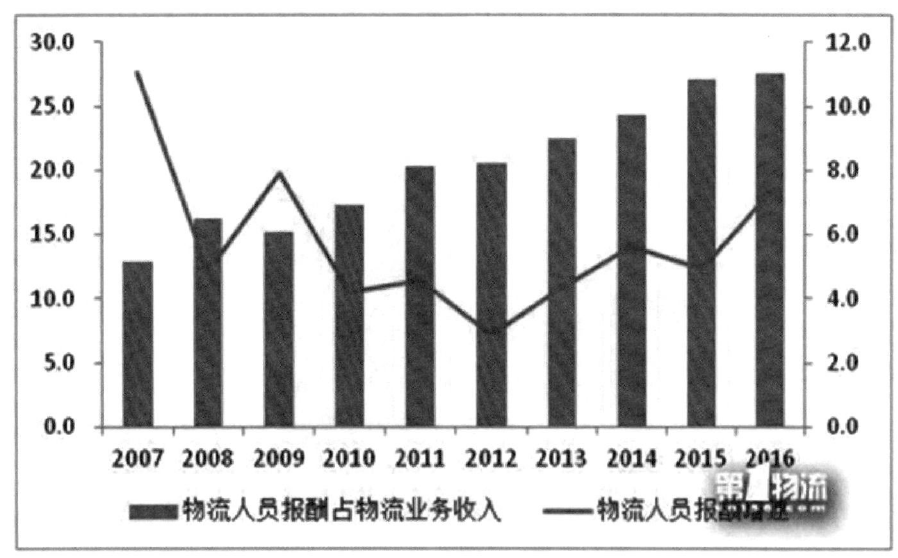

图 6 2007–2016 年物流从业人员劳动报酬增长情况（单位：%）

（三）物流企业资产持续增长，资产流动性增强

2016 年物流企业资产规模持续增长，资产总计比上年增长 7.3%，同比回落 1.2 个百分点。数据显示，从近 6 年数据来看，物流企业资产规模增速逐步放缓，但总体保持了平稳增长态势。

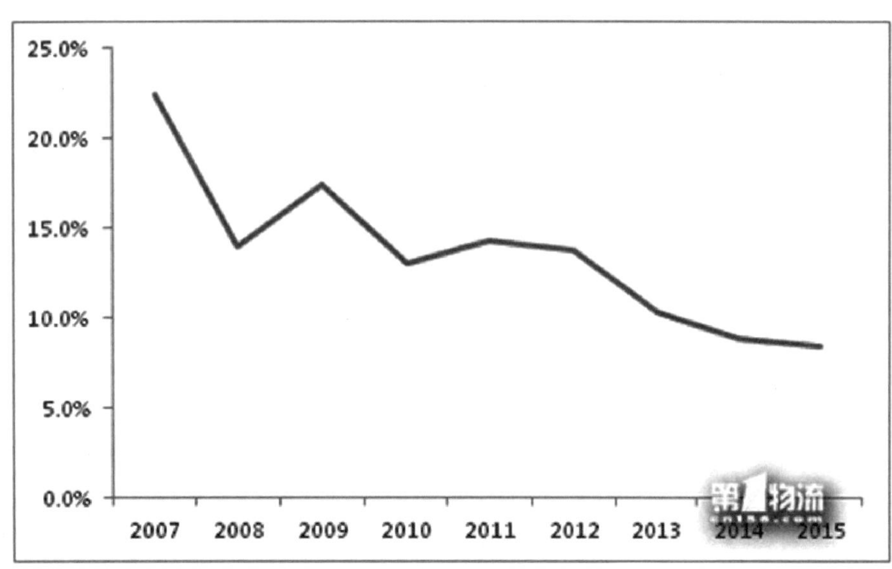

图 7 2007–2016 年物流企业资产总计增长情况（单位：%）

资产流动性有所增长。2016 年物流企业应收帐款周转率 8.0，比上年同期提高 0.1 个百分点，应收账款平均回收期同比减少 1 天；流动资产周转率 2.3，比上年同期提高 0.3 个百分点；综合两项指标来看，物流企业经营环境有所改善，企业资产流动性有所强，偿债能力有所提高，经营发展态势良好。

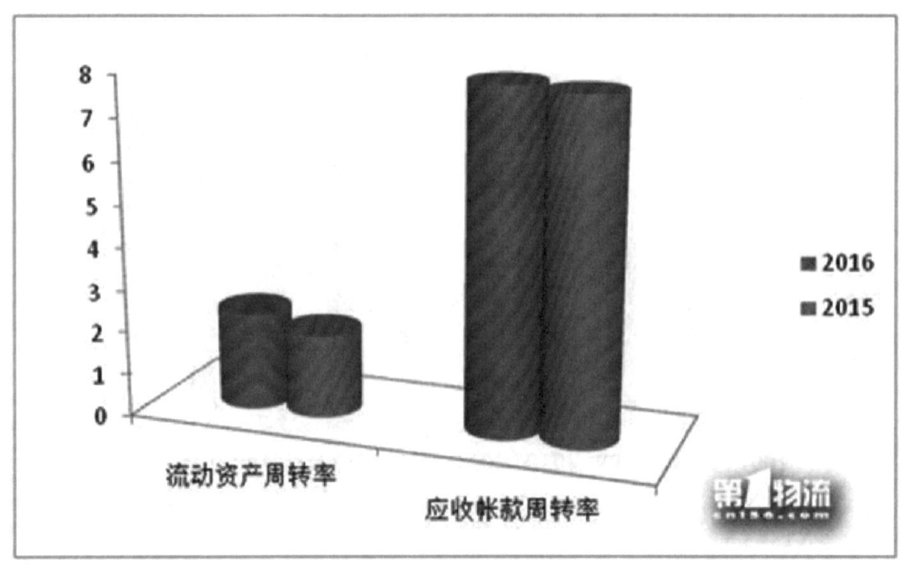

图 8 2015-2016 年物流企业资产相关指标对比（单位：%）

（四）物流企业利润回升，利润率基本持平

物流企业利润回升。2016 年物流企业营业利润实现小幅增长，由上年下降 4.3% 转为增长 3.6%。综合来看，物流企业利润止跌回升的主要原因：

一是物流需求有所回升。2016 年，工业企业生产和销售增长明显加快，批发零售企业购进、销售总额在消费等需求带动下也显著回升。工业、批发和零售业企业购进总额比上年增长 6.4%，增速同比提高 5.6 个百分点；销售总额比上年增长 6.3%，增速同比提高 5.1 个百分点。

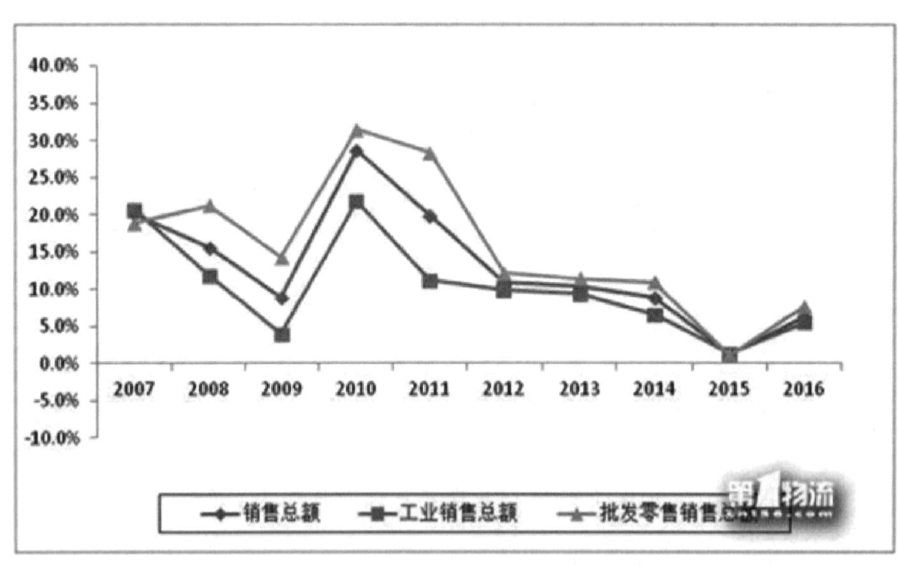

图 9 2007-2016 年工业、批发和零售业企业销售总额增长情况（单位：%）

二是物流服务价格趋于改善。2016 年，物流业景气指数中的物流服务价格指数为 49.9%，与上年同期基本持平。进入第四季度，受运输需求回升及治超新政出台等综合因素影响，第四季度物流服务价格较前期回升明显，平均为 50.4%，比第三季度回升 1.1 个百分点。物流服务价格的回稳改善也成为带动物流企业利润水平回升的重要原因。

三是物流企业转型升级降本增效举措推进。向供应链全链条服务转型。以厦门象屿股份有限公司、冀中能源国际物流集团为代表的物流企业融入制造、商贸企业供应链，开展供应商管理库存、物流仓配一体化、供应链金融等业务，优化供应链协作关系。国际化步伐明显加快。物流企业服务范围不断扩展，46%的企业服务实现国际化。收入利润率基本持平。物流企业平均收入利润率为6.1%，与上年基本持平。

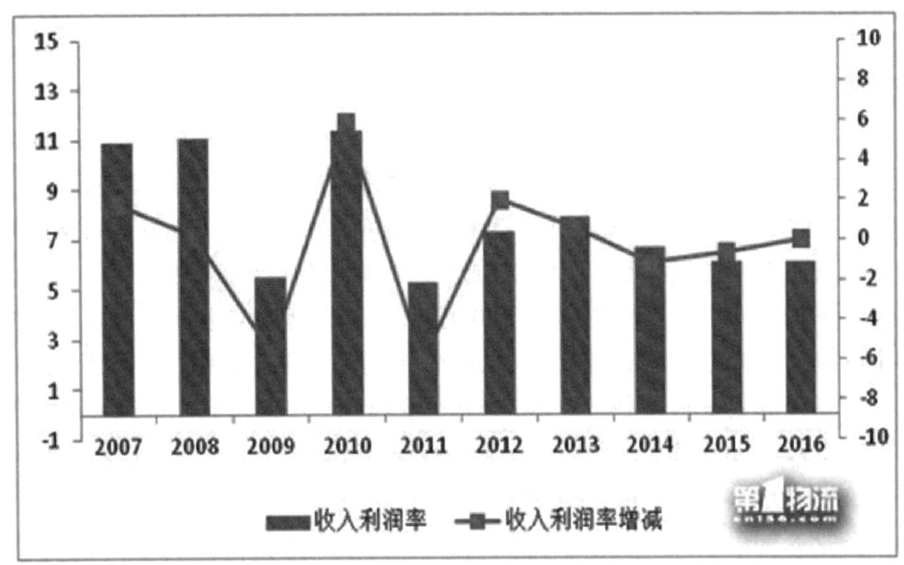

图 10 2007-2016 年物流企业收入利润率情况

（来源：中国物流信息中心 2017 年 12 月 6 日）

中国物流与采购联合会会长何黎明：《推动物流高质量发展，努力建设“物流强国”——2017 年我国物流业发展回顾与展望》

2017 年，在以习近平同志为核心的党中央坚强领导下，我国国民经济稳中有进、持续向好，全年国内生产总值实现 82.7 万亿元，比上年增长 6.9%；中国制造业采购经理指数（PMI）连续 15 个月保持在 51% 以上的较高水平；经济发展的稳定性、协调性和可持续性明显增强。

过去的一年，我国物流业全面贯彻落实党中央、国务院决策部署，坚持稳中求进工作总基调，贯彻新发展理念，以供给侧结构性改革为主线，推动结构优化、动力转换和质量提升，主要指标稳中向好、提质增效，实现了平稳健康发展。

一、2017 年我国物流业发展回顾

（一）总体运行平稳健康。物流需求持续增长。全年社会物流总额 252 万亿元，同比增长 6.7%；社会物流总费用 12.1 万亿元，同比增长 9.2%；全国货运量 471 亿吨，同比增长 9.3%。中国沿海散货运价指数呈逐月上涨态势，全年均值 1148 点，较上年上涨 22%。

物流运行质量稳步提升。社会物流总费用与 GDP 的比率从 2015 年的 16%，2016 年的 14.9%，进一步下降到 2017 年的 14.6%；全年物流业总收入 8.8 万亿元，同比增长 11.5%；12 月份中国物流景气指数达 56.6%，全年均值为 55.3%，始终保持在 50% 以上的景气区间。

（二）结构调整趋于优化。消费成为物流需求增长的重要推动力。单位与居民物品物流总额同比增长 29.9%。消费物流中的电商物流增势明显，中国电商物流指数中的总业务量指数全年均值为 143.4。电商物流带动快递业务加速扩张，12 月中国快递物流指数为 106.3%；全年快递业务量达 401 亿件，同比增长 28%。冷链物流成为吸引社会投资的热点，全国冷库总容量可达 4775 万吨。与消费相关的快速消费品、医药、汽车、服装等细分市场增势良好。

工业制造业物流仍然是物流需求的主要来源。全年工业品物流总额 235 万亿元，同比增长 6.6%，占社会物流总额的 92.7%。工业品物流中的高技术产业、装备制造业等物流需求增长较快，高耗能产品、大宗商品物流需求延续回落走势。

运输结构调整见效。多式联运上升为国家战略，交通运输部、国家发改委先后确定了两批、共 46 个示范项目。首批 16 家示范工程企业累计开行示范线路 140 余条，完成集装箱多式联运量 60 万 TEU。2014 年以来，重点港口集装箱铁水联运量年均增长 16.8%。《“十三五”铁路集装箱多式联运发展规划》发布，铁路集装箱日均装车量占比超过 10%。国家铁路全年货物发送量达 29.18 亿吨，较上年增长 10.1%。全年重型卡车销量首次突破 100 万辆，车辆大型化、标准化、现代化步伐加快。全国四批共 209 个甩挂运输试点项目深入推进，试点企业货运车辆平均里程利用率超过 80%。挂车租赁、卡车航班、大车队等新模式试水，中物联公路货运分会组织“星级车队”评选。星级车队所有入网车辆平均月均行驶里程 8956 公里，重型牵引车月均行驶里程达 1.1 万公里，运输效率稳步提升。

（三）资本和科技助推物流升级。多只物流产业基金上市，物流企业“扎堆”进入证券市场。全年有 8 家物流企业跻身国内主板，5 家在境外上市，45 家登陆“新三板”。上市企业加大网络建设、设备购置和基础设施投资，增强自身实力。企业兼并重组渐趋活跃。中国远洋海运集团收购东方海外，中国外运长航集团和招商局集团完成战略重组，铁路总公司 18 个铁路局完成公司制改革，东航物流“混改”启动，普洛斯完成私有化，海航收购扩充物流板块，顺丰控股与 UPS 成立合资公司等。

科技引领未来。我国已有超过 500 万辆载重货车安装了北斗定位装置，智能快件箱超过 19 万组，还有大量托盘、智能柜、货物接入互联网。交通运输部组织的首批 283 家无车承运人试点企业平均整合运力近 2000 辆，平均等货时间缩短，车月均行驶里程提高，司机收入增加，传统货运交易成本有效降低。国家发改委开展骨干物流信息平台试点，规范和引领互联网 + 高效物流发展。易流科技打造易流云平台，推动线下物流在线化。全行业以设施互联、人员互联、信息互联带动物流互联，互联网 + 高效物流成效显著。

科技和资本助推企业提质增效，做大做强。“中国物流企业 50 强”主营业务收入达 8300 亿元，进入“门槛”提至 28.5 亿元，市场集中度进一步提高。按照国家标准评审认定的 A 级物流企业近 5000 家，一批综合实力强、引领行业发展的标杆型物流企业不断涌现。

（四）新旧动能加快转换。理念创新引领发展。海尔集团提出“人单合一”概念，推动内部“自组织、自驱动”小微创业。菜鸟网络推动“新物流”，提出大数据、智能和协同，服务新零售战略。京东物流提出“下一代物流”，将主要呈现短链、智慧和共生三大特征。国家发改委、商务部委托中物联评选认定首批 10 家智能化仓储物流示范基地。

人工智能为物流赋能。国务院印发《新一代人工智能发展规划》（国发〔2017〕35 号），要求大力发展“智能物流”。无人仓、无人港、无人机、无人驾驶、物流机器人等一批国际领先技术试验应用。全球最大自动化码头上海洋山港四期开港试运营，京东首个全流程无人仓投入使用，顺丰建设大型物流无人机总部基地，菜鸟网络将在雄安新区建设“智慧物流未来中心”，圆通牵头设立物流领域首个国家工程实验室。

现代供应链创新应用。2017 年，国务院办公厅发出《关于积极推进供应链创新与应用的指导意见》

（国办发〔2017〕84 号），现代供应链创新应用进入新阶段。海尔、华为、怡亚通等代表性企业强化供应链服务；宝供、南方、远成、德利得、佳怡等物流企业向供应链转型；物流领域互联网与供应链深度融合，服务模式正在由“链主主导型”，向平台服务型、智慧供应链“生态圈”转型发展。

共享众包服务升级。继苏宁物流、菜鸟网络之后，京东物流实现独立运营，平台开放。神华货车驮背运输探索多式联运新路径，狮桥物流“超级大车队”集中优质运力资源，东方驿站、中集挂车帮等助推甩挂运输发展，地上铁、熊猫新能源等推广绿色新能源车，日日顺物流搭建“车小微”开放的创业平台，中铁快运联手顺丰速运推出“高铁极速达”、“高铁顺手寄”服务产品。运满满、货车帮、天地汇、福佑卡车、中储智运、正广通等平台型企业线上线下增值服务延伸。美团外卖、饿了吗、点对点直达的闪送物流等即时生活物流服务进入千家万户。

（五）综合运输体系加速成网。“五纵五横”综合运输大通道基本贯通。到 2017 年底，全国铁路营业里程达 12.7 万公里，其中高铁 2.5 万公里，占世界总量的 66.3%；公路总里程 477.15 万公里，其中高速公路 13.6 万公里，覆盖全国 97% 的 20 万以上人口城市及地级行政中心；港口万吨级以上泊位达 2317 个，通江达海、干支衔接的航道网络进一步完善；民航运输机场发展到 229 个，覆盖全国 88.5% 的地市。全球第四、亚洲第一，以顺丰航空为主的湖北国际物流核心枢纽开工建设。

物流网络“节点”加快布局。我国各类物流园区超过 1200 家，园区平台化、网络化、智慧化初步显现。传化物流打造覆盖全国的“传化网”，卡行天下枢纽达到 200 家。由中物联牵头，林安物流等 17 家网络化经营的物流园区发起互联互通服务平台“百驿网”。万科地产、普洛斯、深赤湾、平安银行等加大物流地产投入。德邦物流、安能物流、“三通一达”等服务网点不断下沉，编织城乡一体化服务网络。粤港澳大湾区写入政府报告，有望协同共建世界级港口群。中欧班列连接“一带一路”沿线国家，已累计开行 6235 列，其中当年开行 3271 列。

（六）政策环境持续改善。国务院办公厅发出《关于进一步推进物流降本增效，促进实体经济发展的意见》（国办发〔2017〕73 号），提出 27 条具体政策措施。大件运输联网审批、年检和年审“两检合并”、规范公路执法、减费清税等政策正在落实。交通运输部牵头促进道路货运行业健康稳定发展，提出降本减负 10 件实事。车辆异地年审、驾驶员异地考核、车辆异地年审提上日程。国家发改委等 20 个部门签署对严重违法失信主体联合惩戒备忘录，首批 270 家“黑名单”公布。工业和信息化部开展服务型制造试点，提升工业物流发展水平。国家税务总局、交通运输部连续发文，破解道路运输企业“营改增”后遇到的问题。国家质检总局联合 11 部门出台《关于推动物流服务质量提升工作的指导意见》，扩大高质量物流服务供给等。随着“放管服”改革深入推进，制约行业发展的制度环境逐步好转。

总体来看，我国物流业许多指标已排在世界前列，论规模已成为全球“物流大国”。但必须清醒地认识到，我国物流运行质量和效率不高、服务供给能力不强、基础设施联通不够、创新能力不足等问题依然存在，发展不平衡、不充分的矛盾比较突出，体制政策环境有待进一步改善。传统的以数量规模、要素驱动的粗放发展方式难以为继，与人民日益增长的美好生活对物流服务的需求，以及“物流强国”的建设目标还有很长的路要走。

二、今后一个时期我国物流业发展展望

党的十九大开启了中国特色社会主义建设的新时代，确定了全面建设社会主义现代化强国的新目标。物流业作为支撑国民经济发展的基础性、战略性、先导性产业，是社会主义现代化强国的必备条件。我们要充分认识新时代对物流业发展提出的新要求，把建设“物流强国”作为战略目标，把高质量发展作为实现途径。要着力解决物流发展不平衡、不充分问题，带动和引领关联产业转型升级，更好满足现代化经济体系建设和人民日益增长的物流服务需求，从整体上促进我国由“物流

大国”向“物流强国”迈进。今后一个时期，有以下几个方面应该引起高度重视：

一要从规模数量向效率提升转变，推动效率变革。当前，我国物流效率相对于发达国家仍有一定差距，降本增效仍然是工作重点。未来一段时期，优化经济结构、提升物流运作水平，降低制度性交易成本将是降本增效的重要途径。物流企业应把现代供应链创新应用，与相关产业深度融合，提升物流运作效率作为主攻方向。争取经过 3—5 年的努力，使我国社会物流总费用与 GDP 的比率再降低 1—2 个百分点。

二要大力发展智慧物流，推动动力变革。当前，新一轮科技革命和产业变革形成势头，互联网与物流业深度融合，智慧物流蓬勃发展。未来一个时期，物联网、云计算、大数据、区块链等新一代信息技术将进入成熟期，全面连接的物流互联网将加快形成，“万物互联”呈指数级增长。物流数字化、在线化、可视化成为常态，人工智能快速迭代，“智能革命”将重塑物流行业新生态。

三要创新应用现代供应链，推动质量变革。随着经济转向高质量发展，产业升级、消费升级，服务经济、体验经济对物流服务方式和质量提出了新的要求。物流业与上下游制造、商贸企业深度融合，需要延伸产业链、优化供应链，提升价值链。互联网与供应链融合的智慧供应链将成为下一轮竞争的焦点，有望形成一批上下游协同、智能化连接、面向全球的现代供应链示范企业和服务平台。

四要加强物流基础设施网络建设，发挥协同效应。党的十九大报告明确提出：加强水利、铁路、公路、水运、航空、管道、电网、信息、物流等基础设施网络建设。要促进各种运输方式合理分工，“线路”与“节点”衔接配套，实现全程物流“一单到底”，无缝对接。要推动物流园区、配送中心、末端网点等多级物流网络与综合运输体系互联互通。实施重点通道联通工程和延伸工程，打造国际、国内物流大通道，形成一批具有战略意义的国家物流枢纽，统筹推进国际性、全国性、区域性交通运输物流网络建设。

五要坚持人与自然和谐共生发展理念，发展绿色低碳物流。随着环境负荷日益加重，物流业面临严峻挑战。重型柴油货车开始执行国五排放标准，多地对柴油货车实行环保新政。《巴黎协定》正式生效，多个国家将制定燃油车退出时间表。未来 3-5 年，自然环境与政策措施“倒逼”绿色物流加快发展。节能降耗、新能源替代、可再生能源利用、减量化包装等绿色物流技术，带板运输、共同配送、多式联运、逆向物流等绿色物流模式将进入快速发展期。

六要坚持以人民为中心的发展思想，满足人民对美好生活的物流需要。推动物流业高质量发展，本质上是为了满足人民对美好生活的向往。我们要积极配合制造强国、乡村振兴、区域协调、美丽中国等重大国家发展战略，主动服务于精准脱贫、消费升级、民生改善、污染防治等物流需求。要进一步提高服务质量，不断开发新的物流产品，增强客户满意度。同时要激发和保护企业家精神，弘扬劳模精神和工匠精神。要关爱卡车司机、快递小哥等基层从业人员，使他们能够得到应有的尊重，更加体面地工作，幸福地生活，增加“获得感”，吸引更多市场主体自觉投身“物流强国”建设。

2018 年是贯彻党的十九大精神的开局之年，是改革开放 40 周年，也是决胜全面建成小康社会、实施“十三五”规划承上启下的关键一年。新的一年，我们要按照党中央、国务院决策部署，全面贯彻党的十九大精神，以习近平新时代中国特色社会主义思想为指导，坚持稳中求进工作总基调，坚持新发展理念，迈向高质量发展新阶段。我们要认清中国特色社会主义的历史方位，不忘初心、牢记使命，把建设“物流强国”作为新时代物流发展的新目标，务实创新，砥砺前行。中国物流与采购联合会作为行业社团组织，将始终与行业企业和广大从业人员站在一起，更好地服务行业、服务企业、服务员工、服务社会，携手共创我国物流业更加美好的明天！

（来源：中物联网 2018 年 1 月 27 日）

1.1.2 上海市物流业

上海市统计局：《2017 年上海市国民经济和社会发展统计公报》中交通、邮电和旅游部分（节选）

五、交通、邮电和旅游（节选）

全年实现交通运输、仓储和邮政业增加值 1344.24 亿元，比上年增长 12.0%。

全年各种运输方式完成货物运输量 97257.26 万吨，比上年增长 9.7%。（见表）。

表：2017 年货物运输量与旅客发送量及其增长速度

指 标	单 位	绝对值	比上年增长（%）
货物运输量	**万吨**	**97257.26**	**9.7**
铁 路	万吨	471.89	2.5
水 运	万吨	56619.19	16.1
公 路	万吨	39743.00	1.8
航 空	万吨	423.18	9.4
旅客发送量	**万人次**	**20855.61**	**6.6**
铁 路	万人次	11616.65	9.5
水 运	万人次	176.13	2.4
公 路	万人次	3419.00	0.5
航 空	万人次	5643.83	4.9

全年上海港口货物吞吐量达到 75050.79 万吨，比上年增长 6.9%；集装箱吞吐量 4023.31 万国际标准箱，增长 8.3%。集装箱水水中转比例为 46.7%，国际中转比例为 7.7%。上海浦东、虹桥两大国际机场全年共起降航班 76.04 万架次，增长 2.5%。

全年完成邮政业务总量 711.87 亿元，比上年增长 26.2%；电信业务总量 694.71 亿元，增长 40.3%。邮政业全年完成邮政函件业务 6.74 亿件、包裹业务 245.92 万件、快递业务 31.15 亿件；快递业务收入 868.89 亿元。

（来源：上海市统计局网　2018 年 3 月 8 日）

上海市发展和改革委员会：《上海市现代物流创新发展阶段性总结》

上海市现代物流创新发展阶段性总结

上海市发展和改革委员会

我委会同市有关部门深入推进上海现代物流创新发展，紧密围绕“探索和营造有利于现代物流发展的体制机制，完善适应现代物流发展的制度法规，建立健全促进现代物流发展的政策体系，推动物流产业发展和效率提升”等工作目标，扎实有序推进工作开展。

1、完善产业发展规划体系

一是编制发布《上海市现代物流业发展“十三五”规划》。将物流业发展规划列为全市“十三五”市级专项规划之一，提出将改革创新作为“十三五”期间物流业发展主线，形成体现“智慧互联、高效便捷、绿色低碳、高端增值”特征的物流业发展新模式，着力构建创新引领、畅通高效、绿色安全、内外开放、便民惠民、标准规范“六位一体”的现代物流服务体系。

二是将物流创新发展试点工作要求体现在各专项规划中。将“现代物流服务高效，集疏运体系合理，口岸综合效率达到国际先进水平，全程物流服务便捷”等目标任务列入《“十三五”时期上海国际航运中心建设规划》；将发展跨境电子商务物流、提升新型贸易物流服务能力、健全立体化网络式流通基础设施等内容列入《十三五时期国际贸易中心建设规划》；《上海市邮政业发展十三五规划》提出发展物流快递总部经济、打造智能化、平台化、标准化、公共化、便捷化、集约化的快递末端派送体系，形成中国快递业国际化战略高地的目标任务。

2、促进对内对外双向开放

一是依托中国（上海）自由贸易试验区平台扩大开放。国际采购、分拨配送、保税展示交易等物流贸易一体化功能快速发展。期货保税交割支持大宗商品交易与物流服务，提升上海价格话语权。先入区后报关、货物状态分类监管、区内自行运输等创新举措极大便利了物流运作，平均通关时间较区外减少约 40%，企业物流成本减少 10% 以上。跨境电子商务物流服务网络逐步健全，从上海自贸试验区内向区外拓展。启运港退税政策启动并逐步扩大试点范围，试点外贸进出口集装箱沿海捎带业务，航空快件国际中转集拼、海运国际中转集拼业务试点启动。亚太示范电子口岸网络运营中心落户上海。

二是以长三角和长江经济带为支撑，推动区域物流一体化发展。长三角区域市场一体化合作机制正式建立，共同推动区域规则体系共建、创新模式共推、市场监管共治、流通设施互联、市场信息互通、信用体系互认的“三共三互”工程。以国家物流标准化试点为契机，推进长三角区域物流标准化建设，实现流通环节降本增效。建立长三角区域农产品流通一体化合作机制，搭建长三角农产品产销合作平台，构建农产品安全追溯体系。建立和完善长三角、上海与中部六省、川渝沪区域大通关建设协调机制，通关一体化改革试点已覆盖长江经济带 12 个关区。长江经济带已实现全流域进口直通和出口直放，惠及企业 2 万余家，通关时间平均减少 30%。

3、推进物流标准化

积极推进物流标准化工作，在托盘循环共用、农产品物流包装标准化、城市配送物流服务体系完善、城市物流标准体系构建等方面取得了一定的成效。

一是围绕“四个一”，推广托盘循环共用模式。围绕一块板、一个筐、一辆车、一个平台，推广托盘循环共用模式，全市新增标准化托盘 351 万个，快消品领域试点企业实施带托运输，供应链效率提升 35%，装卸效率提升 2-3 倍，人工成本降低 15%，商品破损率降低 50%。

二是建立城市物流标准体系。完善企业标准、团体标准和地方标准体系，通过校政企深度合作、产学研有机结合，构建城市物流服务标准体系，通过上下游企业协同发展，试点企业联合制定了《医药物流标准作业工时测定和统计标准》、《豆制品冷链运输过程中周转筐的管理使用规范》、《托盘标准转移模式商业规则》等三项团体标准。全市已试点登记团体标准 10 余项。

三是建立多层次物流标准化推广合作机制。上海联合南京等 9 城市成立城市标准化创新联盟，发起成立了长江经济带标准化托盘循环共用联盟，推进跨区域标准化共享互认。搭建物流标准化信息公共服务平台。

4、完善重大设施布局

一是完善重点物流园区和专业物流基地布局。依托海空港枢纽、陆路交通门户，上海着力打造由五大重点物流园区（外高桥、深水港、浦东空港、西北、西南）、四类专业物流基地（农产品、快递、制造业、综合货运枢纽）为核心架构的“5+4”空间布局，进一步完善三级城市配送网络和重点区域物流配套服务，形成东西联动、辐射内外、层级合理、有机衔接的物流业协调互联空间新格局。

二是推进洋山集卡服务中心规划建设。为提升进入洋山保税港区集装箱卡车的综合服务能力，规划建设临港集装箱卡车集散服务中心，已启动前期规划选址等工作。通过集卡服务中心的建设，解决大量集卡进入保税港区卡口拥堵的问题，减少交通安全事故，改善附近道路环境及治安压力，提高上海港的服务水平。

三是完善外高桥示范物流园区服务功能。支持外高桥保税物流园区建设示范物流园区，完善园区物流服务功能，提升园区产业发展和服务能级。截止 2016 年底，园区累计引进中外物流企业达到 40 家（外资物流企业占 70%），国际前 20 位的跨国物流企业有 50% 进驻园区。园区入驻贸易公司 60 家，累计吸引外资 5 亿美元。两年来年进出区货值保持在 800 亿美元，年海关关税稳中有增突破了 200 亿人民币，年实际外贸进出口额突破 200 亿美元，园区各项指标在全国同类物流园区中处于领先地位。

5、提升城市配送、快递服务能力

一是推动城市配送行业健康发展。完善城市配送基础设施，会同行业协会、路政局、公安部门共同研究，推动一批城市配送临时停靠装卸货点试点运行，便利城配企业配送业务开展。按照市场主导、政府监管、明确定位、适度竞争的原则，修订完善货运出租管理规定。对确有业务需求的道路运输企业，鼓励使用纯电动物流车，支持投放纯电动新能源物流车小型货运专用额度。

二是研究出台《关于促进本市快递业发展的实施意见》。提出了发展“互联网 +”快递新模式，建设浦东祝桥国际现代快递物流园区，做强青浦全国快递行业转型发展示范区，推进快递配送末端综合服务试点，推广新能源快递车辆，推动快递与电商、制造业、金融业等协同发展等创新任务。

三是着力创新完善末端服务体系。加强顶层设计，把建立社区配送终端服务网点写入 2040 城市总体规划纲要，《上海市 15 分钟生活圈规划导则（试行）》明确将快件收派服务纳入社区服务中心服务范围。积极开展《上海市快递末端综合服务站标准》等地方标准编制，对快递末端的基础设施、服务标准、操作流程、安全管理等方面进行规范和统一。

四是积极推进末端配送创新模式的示范试点工作。先后推动了智能快递柜、合作共建末端门店、商务楼宇管家式配送等多种末端配送服务模式试点，上述新型投递模式快件投递量占比已超过 10%。推动成立互联网 + 末端投递创新服务联盟，创始成员共 26 家，涉及电商、智能快件箱、新能源车、落地配等多个快递关联行业。

6、促进农产品物流便民惠民

一是优化三级农产品流通体系。优化本市“中心批发市场 - 区域批发市场（专业批发市场）- 标准化菜市场”三级农产品流通体系，在重点强化西郊国际和上农批两大中心批发市场建设的同时，进一步加强区域性批发市场资源整合，关闭调整一批功能落后、设施陈旧批发市场。

二是创新发展末端社区智慧微菜场便民服务。开展社区智慧微菜场建设，补终端“短板”。目前全市已在 15 个区建设 1064 家社区智慧微菜场，通过农产品集中配送，缩短了流通环节，降低了流通成本。

三是探索农产品“批零联盟”试点，压缩物流环节加价。依托西郊国际、上农批两大中心批发市场，以及光明集团国有主渠道，探索建立线上下单、批零直供的蔬菜供应体系。例如，上农批打造的“上农鲜品” APP 已与浦东新区 6 个街镇 18 家菜市场实现对接，年底有望达到 30 家。经测算，此举有望使蔬菜零售均价降低约 10%。

四是规范冷链物流发展。完成修订冷藏车营运技术标准，创新提出多温冷藏车技术规范要求，明确建立上海冷藏车营运技术监控平台，加强冷藏车辆运营动态监测。

7、加快发展跨境电商物流

一是加快推进以贸易便利化为重点的跨境电商货物监管制度创新。实施新型海关监管流程，优化检验检疫和许可证管理制度，提升跨境支付与收结汇服务。

二是加快推进以“单一窗口”模式为基础的跨境电商服务体系建设。提高公共服务平台专业化水平和服务效能，2016 年全年入驻平台企业达 925 家，包括 79 家物流仓储企业，同比增长 2.7 倍。

三是加快推进以跨境电商示范园区建设为抓手的产业功能布局。上海自贸试验区、青浦出口加工区等 6 个区域被认定为跨境电商示范园区，将办公、仓储、物流、查验等线下功能进行完善和整合，形成了各具特色的跨境电商产业集群，分别吸引了知名电商平台企业、第三方支付、物流企业及综合服务企业落户。

随着发展环境的不断优化完善，上海市跨境电商发展得到有力推动，行业成长较为迅速，跨境电商“新政”在全国范围实施后，上海跨境电商的产业规模大幅提升，增量存量模式均实现增长。试点模式 2016 年累计订单超过 1155 万单、交易金额 24.3 亿元，同比分别增长 5 倍、6 倍。

8、大力发展物流平台经济

一是发布实施《关于上海加快推动平台经济发展的指导意见》，明确将大宗商品、农产品流通、物流等平台型企业作为重点发展领域。

二是支持骨干物流信息平台发展。积极推荐本市龙头企业参与国家骨干物流信息平台试点，运盟集运平台、货运圈平台、天地卡航公共甩挂运输平台、网盛大宗品电商物流平台入选国家首批骨干物流信息平台试点名单。

三是支持物流平台企业参与无车承运人试点。卡行天下供应链、天地汇供应链、汇而通国际物流、物流汇等“互联网 +”平台型企业成为上海市首批无车承运人试点企业。

四是依托平台型企业探索现代流通治理模式。打破政府公共与市场信用数据的壁垒，将平台企业的信用信息与上海市商务诚信公众服务平台对接，率先试点培育了包括物流平台在内的 10 个市场子平台，实现政府信用信息与市场信用信息交互共享，初步构建起市场主体自治、行业自律、政府监管、社会监督的社会共治格局。

通过物流平台企业有效促进物流产业“降本增效”。如，卡行天下作为一家供应链管理公司，以公路枢纽港为基础实现公路运输集约化整合，打造高性价比的零担物流网络。目前在全国已建立 59 个物流枢纽中心，6052 个加盟网点，覆盖 26 个省份。上海新跃物流公司打造的物流企业公共服务平台—物流汇，为中小型陆运物流企业提供保险、金融等共计 47 项第三方公共服务和行业增值服务产品，涵盖中小物流企业从出生、成长到壮大的全生命周期所需要的各项服务内容，有效帮助中小物流企业降低成本，提高运营能级。目前，实体会员数已超 6000 家，业务范围辐射江苏、浙江、湖南、河南、新疆等省份。

（供稿：市发展改革委经贸处：吴保锋）

2011－2016 年上海市物流业增加值变化一览

年　份	2011	2012	2013	2014	2015	2016	2017
物流业增加值（亿元）	2242	2428	2614	2784	3044	3255	/
增　　长（%）	/	8.30%	7.66%	6.50%	9.34%	7%	/
占全市 GDP 比重（%）	11.68%	12.08%	12.10%	11.81%	12.19%	11.85%	/
占第三产业比重（%）	20.18%	20.13%	19.44%	18.23%	18%	16.81%	/

（数据来源：上海市发展和改革委员会 整理制表：张志坚）

上海市商务委员会：关于《上海市现代物流业发展“十三五”规划》的解读

按照全市“十三五”规划编制的统一部署，根据市政府《关于印发上海市“十三五”规划编制工作方案的通知》（沪府〔2014〕43 号）要求，市发展改革委会同有关部门和单位编制形成了《上海市现代物流业发展“十三五”规划》（以下简称《规划》）。

一、关于编制过程

《规划》编制过程主要分五个阶段：

一是前期研究（2014.10—2015.3）。重点对“十三五”时期上海物流业发展的趋势、要求、目标、思路等问题，进行了深入研究，为接下来做好《规划》的编制工作打下良好基础。二是初稿编制（2015.3—2015.10）。成立《规划》编制小组，坚持“开门做规划”，在深入调研、科学分析、反复论证的基础上，2015 年 10 月形成了《规划（初稿）》。三是征求意见（2015.10-2016.3）。在《规划（初稿）》修改完善的基础上，先后形成征求意见稿和征求意见二稿，广泛听取有关部门、区县、协会、企业、专家学者意见。四是衔接论证（2016.3-2016.8）。重点与国家和本市“十三五”规划纲要、与物流业密切相关的“十三五”专项规划，以及国家最新出台的物流领域相关政策文件等进行衔接，通过专家评审论证后，将《规划》报送市“十三五”规划工作领导小组办公室进行衔接。

二、关于总体考虑

由于现代物流业属于新兴复合型产业，既和传统的交通运输、仓储、批发贸易、代理服务等密切相关，又与供应链管理、信息技术、现代商贸、电子商务、金融服务等融合发展，涉及领域广、产业跨度大、关联部门多，做好规划编制工作具有较大的协调难度。因此，在规划编制中，我们牢牢把握以下几点：一是突出战略性、前瞻性和引导性，通过规划把握产业发展趋势，明确产业发展的方向、目标和重点，形成发展共识；二是坚持服务国家战略、适应城市发展需求，落实创新、协调、绿色、开放、共享发展理念，实现物流业对上海“四个中心”和社会主义现代化国际大都市目标有力支撑，对更高水平小康社会生活充分保障。三是注重体现创新性和延续性，既凸显“十三五”发展的新要求，又与“十二五”物流发展一脉相承；四是加强与其他规划的衔接，特别是与本市“十三五”规划纲要、国际航运中心“十三五”规划、国际贸易中心“十三五”规划、综合交通“十三五”规划等衔接一致。

三、关于《规划》内容

《规划》共由五大部分组成：

（一）发展回顾与展望。总结了“十二五”取得的成效和存在的不足，分析了“十三五”面临的新形势。

（二）明确指导思想、基本原则和发展目标。明确了发展思路，提出了发展目标和指标。

1、指导思想。归纳提出了“1124”的理念：紧抓改革创新“一条主线”，遵循提质增效“一个导向”，把握对接国家和城市发展战略、对接民生服务需求“二个对接”，实现以深化改革释放物流业发展活力，以创新驱动增强物流业内生动力，以全面开放提升物流业国际竞争力，以绿色低碳提高物流业可持续发展能力的“四力发展”。

2、发展目标和指标。制定目标愿景时，着重突出上海作为口岸城市的国际化、开放性特征，凸显物流业服务支撑国家和城市战略目标的作用，以及落实“十三五”发展新要求：到 2020 年，全面构建高效链接全球、服务辐射全国、线上线下联动的开放式、一体化物流业发展新格局，形成体现“智慧互联、高效便捷、绿色低碳、高端增值”特征的物流业发展新模式，成为具有全球影响力的国际物流枢纽城市和供应链资源配置中心。

在预期性指标方面，坚持以量化指标为主，弱化增速和规模要求，加强反映结构和质量的指标，提出了反映上海物流业发展新特征的 13 项结构和质量指标。

（三）构筑协调互联空间格局。

在空间布局上，着力突出物流业布局与上海城市功能、产业布局和城市运行需要相匹配，在巩固“十二五”发展成果的基础上，着重对五大重点物流园区功能布局进行优化，进一步拓展并丰富了专业物流基地布局，主要是针对新的产业集聚态势、新的产业集约要求、新的城市运行和居民生活需要，在先进制造业物流基地的基础上，增加农产品、快递、公路货运枢纽三类专业化物流基地，形成东西联动、辐射内外、层级合理、有机衔接的物流业协调互联空间新格局。

1、重点物流园区。一是东部沿海三大物流园区（外高桥物流园区、深水港物流园区、浦东空港物流园区）对接国际，以自贸试验区保税区域为引领，强化临港、临空产业与现代物流联动效应，进一步优化国际物流环境，构建开放型经济新体制。二是西部陆路两大物流园区（西北综合物流园区、西南综合物流园区）联接长三角，突出物流发展与交通区位、产业优势、城市功能的协调融合，着力推动传统物流的转型升级。

2、专业物流基地。聚焦农产品流通、快递、先进制造业、公路货运四个专业领域，打造成为促发展保民生的有效载体。农产品物流基地建设成为国际化大都市农产品供应链枢纽节点、全市农产品保供稳价主渠道；快递物流基地打造“一体两翼”新优势；制造业物流基地以全程物流服务支持上海制造业提升核心竞争力、向服务型制造转型；公路货运枢纽打造成为城际干线运输与市内配送的转换中心、全市公路零担物流资源交易配置平台。

（四）打造“六位一体”物流服务体系。《规划》把构建创新引领、畅通高效、绿色安全、内外开放、便民惠民、标准规范“六位一体”物流服务体系，作为“十三五”上海物流业发展的主要工作任务，紧扣《规划》提出的指导思想和基本原则，也是对“十三五”发展目标的有力支撑。

一是创新引领的物流。开展现代物流创新发展城市试点，大力培育发展物流平台经济，推动物流与产业融合创新，实施智慧物流工程。二是畅通高效的物流。构建畅通的物流通道，实施有效衔接的多式联运，建设物流信息平台。三是绿色安全的物流。强化危险品物流安全，加强寄递安全管理，开展绿色城市配送，积极发展逆向物流。四是内外开放的物流。提升参与全球物流资源配置能力，推动区域物流一体化发展。五是便民惠民的物流。完善“最后一公里”物流服务，提升农产品和食品冷链物流品质，加强医药物流服务能力。六是标准规范的物流。加快物流标准化建设，开展标准化试点；加快物流信用体系建设，促进物流市场规范发展。

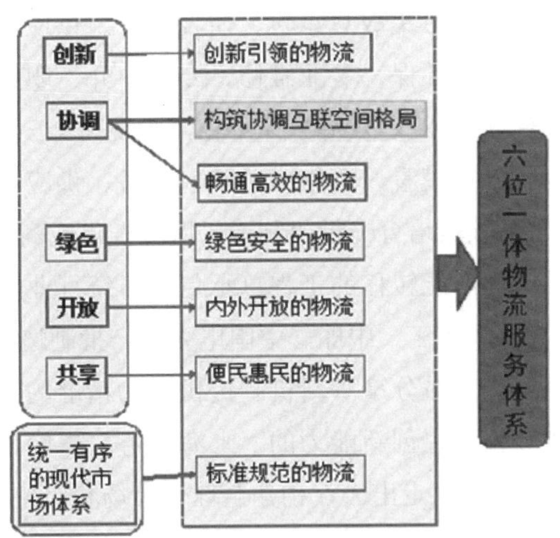

（五）提供坚实有力保障。结合上海实际，主要从优化物流业发展环境和提升物流供给能力两方面入手，在改革体制机制、加强资金和人才要素投入、完善税收、土地、通行等政策，以及加强产业监管和运行监测等四个方面提出了针对性的举措要求。

一是改革体制机制。完善部门协同推进工作机制，加快物流领域行业管理制度改革，发挥社会组织力量。二是加强资金投入和人才培养。积极用好政府性资金支持产业发展，营造良好的产业投融资环境，培养和集聚高端物流人才，打造具有国际影响力物流智库。三是完善支持政策。完善落实物流业税收政策，提升物流用地集约节约利用水平，探索物流基础设施规划建设保障机制，完善物流车辆便利通行措施，开展“无车承运人”等创新试点。四是加强产业监管和运行监测。营造公平有序市场环境，构建现代物流统计监测体系。

（来源：《上海市国民经济和社会发展第十三个五年规划》）

上海市经济和信息化委员会：《上海生产性服务业保持良好发展势头》（节选）

上海生产性服务业发展势头良好。总集成总承包、研发设计、供应链管理、专业金融服务、专业维修、节能环保、检验检测、电子商务与信息化服务、专业中介、培训教育 10 大重点领域上半年实现营业收入 12314.8 亿元，增长 10.7%，总集成总承包增长 12.7% 领先，研发设计、运输仓储等行业明显回升。

2017 年上半年，全市第三产业增加值增长 7%，第三产业增加值占全市生产总值比重 69.9%，生产性服务业增加值增长 8.8%，高于全市服务业增速，占全市第三产业生产总值比重达到 64.3%，为近三年最高水平。

从行业看，物流仓储与航运复苏，上海中远海运集装箱运输有限公司收入增长 1.3 倍，上海德邦物流有限公司利润总额增长 19 倍。

2017 年上半年生产性服务业利润总额增长 12.8%，一季度为 11.6%，投资总额增长 19.4%，生产性服务业从业人员 407.96 万人，增长 4.4%，一季度为 2.9%，而去年同期为负增长。

近年来，市经济信息化委重点聚焦产业链对接、价值链提升和服务模式创新，在生产性服务业和服务型制造领域开展了一系列工作，取得了一定成效。

2016 年，上海生产性服务业以《中国制造 2025》和《发展服务型制造专项行动指南》为引领，深入推进制造业和服务业融合发展，总集成总承包、研发设计、供应链管理、检验检测、电子商务与信息化服务、金融专业服务、节能环保、专业维修、专业中介、职业教育等十大重点领域实现营业收入 2.1 万亿元，比上年同期增长 12%，发展总体平稳，实现“十三五”开局目标。

十大重点领域中，从营业收入规模看，总集成总承包服务、供应链管理服务居前，总量合计占比接近 60%。在总集成总承包服务领域培育一批“制造 + 服务”供应商，提升服务型制造基础能力。在智能化系统解决方案、带动国内产能转移的工程总承包和传统行业的总集成总承包新模式应用等领域，支持电气、宝钢、华谊、振华重工、中船、中国电力等一批制造业企业加快服务化转型步伐，通过全生命周期管理、融资租赁、效益分享等新机制提供更为精准的“产品 + 服务”，培育了一批如正泰电气、中曼石油等具有较强自主创新能力的“上海服务”供应商，在“一带一路”沿线国家开展产能合作，带动产业链上下游企业走出去，构建全球化市场和服务网络。

在产业互联网领域培育一批与实体经济紧密结合的电子商务平台企业。通过电子商务“双推”工程（即“推动电子商务企业创新发展，推动中小企业应用电子商务”），采用“政府贴一点、平台企业让一点、中小企业出一点”的方式，降低中小企业使用平台服务成本。截至目前已累计支持平台企业 40 余家，发展超过 2 万户本地中小企业用户，在钢铁、化工等大宗交易、五金机电、建筑工程、医疗器械、文化创意、物流供应链、跨境贸易、农业产业链等领域涌现出一批优秀平台服务企业。

在产业载体方面培育一批产业集聚度高、特色鲜明的生产性服务业功能区。由市经济信息化委、市发展改革委、市规土局、市环保局四部门共同推进，全市已批复生产性服务业功能区 39 家，总占地面积 4857 公顷，单位土地面积年营业收入 317 亿元 / 平方公里，年上缴税收 20.3 亿元 / 平方公里，基本形成例如金桥、市北、漕河泾松江、康桥、保集 E 智谷等以研发总部、电子商务、检验检测、高端医疗、智能制造等不同产业为主导的特色化集聚，同时围绕产业链对接“众筹服务”，满足园区和企业发展需求。

“十三五”期间，全市生产性服务业将继续保持稳步增长，十大重点领域营业收入争取实现二位数增长。总体布局方面，“十三五”期末，建设近百家、占地超万公顷的布局合理、特色鲜明的生产性服务业功能区，形成“一体二带三区”功能区集群（“一体”：“新城产城综合体”；“二带”：“外环金腰带”、“长三角产业结合带”；“三区”：“老工业基地调整区”、“中心调整区”和“制造基地配套区”）。

发展重点方面，在总集成总承包、研发设计、供应链管理、信息服务业等优势领域继续做强。“十三五”期间，重点推进制造业前后端价值链增值和全产业链发展的总集成总承包、研发设计、供应链管理、信息服务业等重点领域。在总集成总承包领域带动产业链“去产能”和“提质增效”，响应国家“一带一路”战略拓展国际市场；在研发设计领域抓住工业设计龙头，增强产业创新力；在供应链管理领域推动整合产业链资源的嵌入式、平台型供应链管理服务；在信息服务业领域深入推进电子商务企业创新发展、推进中小企业应用电子商务，培育一批与实体经济深度融合的电子商务平台。

加快制造业与服务业，工业化与信息化融合，推动制造业高端化、智能化、绿色化、服务化发展。按照《中国制造 2025》和工信部《发展服务型制造专项行动指南》精神，鼓励制造业企业通过创新优化生产组织形式、运营管理方式和商业发展模式，不断增加服务要素在投入和产出中的比重，从以加工组装为主向“制造 + 服务”转型，从单纯出售产品向出售“产品 + 服务”转变，以基于服务核心的制造与服务融合提高全要素生产率、产品附加值和市场占有率，确立竞争优势。

围绕深化改革研究政策举措，探索培育产业新生态。“营改增”以后，制造业与服务业融合度加深，产业链主体互动紧密，部分行业边界日益模糊，企业竞争开始从产品竞争逐步转向产业链竞争或产业生态竞争，产业链的整合与协同日益凸显重要性。随着“营改增”引导专业化分工和社会化协作效应放大，相关配套政策设计应更聚焦具有核心产品、服务或创新优势的平台化发展的企业，围绕其核心优势聚拢上下游资源，形成产业生态，带动配套产业共同发展。

（来源：市经信委网 2017 年 8 月 18 日）

上海市交通委员会:《发展“绿色、智慧”航运，推动上海国际航运中心转型升级》

过去五年，上海着力推动国际航运中心绿色发展、智慧发展，加快转型升级步伐，取得了不少成果。具体可分为海港枢纽建设、国际航空枢纽建设、邮轮港建设三大板块。

一、海港枢纽迈向可持续发展

（一）新技术、新能源打造绿色港口

为有力推进绿色港口的建设，上海市大力实施《上海市绿色港口三年行动计划（2015-2017 年）》，明确了本市绿色港口建设的总体目标、主要任务和保障措施。以此为纲领，交通部门和相关企业共同推进绿色港口建设，成果显著。

一是推进岸电技术应用。使用岸电可使船舶每次靠港减少高达 95% 的污染物排放量。目前，洋山三期码头 6 号泊位高压岸电系统已经投运，5 号泊位新建岸电设施也将于近期验收；洋山四期码头的岸电设施建设工作将于明年初完成。

二是实施船舶污染物排放控制。上海港自 2016 年 4 月 1 日起率先实施船舶排放控制区第一阶段控制工作。控制措施实施后，2016 年 4-12 月全市 SO2 浓度同比下降 15%，其中浦东高桥监测站同比下降达 52%，空气质量改善效果明显。此外，上海港积极推动内河 LNG 船舶应用，已有 52 艘 LNG 动力船投入运营，预计今年底将达到 100 艘左右。

三是推进港内非道路移动机械污染治理。上海港积极推进轮胎吊（RTG）“油改电”，目前已完成 75% 的 RTG 设备电动化改造。推进集卡 LNG 能源替代，累计更新港内 LNG 集卡 800 辆，建设 LNG 加气站 5 座。推进港内高污染车辆提前淘汰，2016 年即全面完成港内 500 余辆黄标车的提前淘汰工作。

（二）信息技术推动港口高效运作

一是打造全球最大规模全自动码头。今年底，洋山深水港四期码头将开港试运行，成为全球最大规模、自动化程度最高的港区，港口的集装箱从港区装卸到码头运输、仓储均将实现自动化运作，生产作业实现零排放。

二是通过信息技术提升港口服务水平。随着枢纽港建设的深入，上海港在“智慧港口”方面不断探索实践，利用新技术提升港口服务品质。一是通过“互联网 +”技术，在港口、航运、货主、代理、口岸部门间建立统一服务平台，改革传统码头柜台受理业务体系，方便客户网上受理，降低了物流成本和时间。二是建设一站式查询服务网站——“港航纵横”，整合上海港 7 个集装箱码头以及上港集团在长江支线 8 个码头、内河支线 2 个码头的数据，加强长江经济带船、港、货、箱各种物流资源的协同。三是打造“e 卡纵横”集卡服务平台，对集卡和货物运输需求进行配对，有效减少由于

信息不对称造成的集卡空驶和货物滞留问题，均衡码头作业强度，提高港口物流效率。此外，集装箱设备交接单的电子化试点工作也在推进中，争取明年实现全覆盖。

二、国际航空枢纽实现跨越式发展

（一）设施升级支撑上海航空枢纽能力提升

多年来，上海持续发展机场建设，上海机场客货设计保障能力已达 1 亿人次、520 万吨。浦东和虹桥两个国际机场的航班起降量、旅客吞吐量和货邮吞吐量三个主要指标创出新高。2016 年，两场旅客吞吐量达到 1.06 亿人次，在全球城市中排名第四；浦东机场货邮吞吐量连续 9 年排名全球机场第三。

（二）航线网络辐射能力不断增强

目前，107 家航空公司开通了至上海两场的航班，航线网络遍布全球 282 个城市。面向国际，上海机场国际旅客和货邮吞吐量全国占比分别达 27.7% 和 48.4%，成为我国大陆第一空中门户。与此同时，上海机场全力支撑国家“一带一路”倡导的实施，2016 年开通了 24 个“一带一路”国家、共计 47 个航点的客货运直飞航线，年往返旅客近 900 万人次、货邮近 70 万吨。

（三）新技术助力空港服务品质升级

上海机场通过科技引领，提升空港服务品质。运行保障方面，浦东机场研制部署了国内第一个物联网感知机场围界防入侵系统；虹桥机场建设了国内领先的机场跑道异物检查（FOD）远程监测系统。旅客服务方面，上海机场已成为国内自助服务产品最丰富的机场，旅客出行体验不断优化。货邮运输方面，电子化进程飞速发展，出港电子运单量已跃居全球第二。依托上述管理和技术创新，机场旅客服务品质全球测评中，浦东和虹桥机场的排名分别提升至全球第 5 位和第 16 位。

三、邮轮港建设带动邮轮经济快速发展

（一）邮轮设施配套不断完善

随着上海邮轮码头及配套设施的日益完善，邮轮港接待能力大幅提升。2016 年，上海港接待国际邮轮靠泊 509 艘次，邮轮游客吞吐量达到 289.63 万人次，跃升为全球第四大邮轮母港。此外，吴淞口国际邮轮港后续工程已于 2015 年启动，2018 年将形成“四船同靠”、年接靠邮轮 800-1000 艘次的运营能力。同时，以“绿色邮轮港”为目标，吴淞口国际邮轮港 1 号泊位岸基供电项目已建成投运，这是亚洲首套、世界最大邮轮变频岸电系统；邮轮港后续工程还将同步打造太阳能光伏发电项目。

（二）邮轮口岸服务水平不断提升

为应对邮轮旅客吞吐量的大幅增长，邮轮口岸应用信息技术实施管理创新。邮轮旅客实现单一窗口申报，“邮轮便捷通关条形码”服务、邮轮港自助通关通道得到推广，旅客入境通关时间大幅缩减。交通、海事部门成功进行长江口超宽船舶交会实船试验，推动大型邮轮通行效率提升。

（三）邮轮经济快速发展

立足邮轮母港优势，吴淞口地区邮轮产业链初具雏形。上游，“上海中船国际邮轮产业园”、国内首支邮轮产业基金落户宝山。中游，40 余家邮轮管理、邮轮旅游公司汇集，“邮轮总部经济”逐渐显现。下游，母港服务不断升级，邮轮船供实现较快发展，今年前三季度邮轮船供总量达 3 亿元。

党的十九大提出，发展是解决我国一切问题的基础和关键，发展必须是科学发展，必须坚定不移贯彻创新、协调、绿色、开放、共享的发展理念。未来，上海将继续秉持这一新发展理念，以制度创新优化航运产业发展软环境，以技术创新打造绿色、智慧的枢纽港，以管理创新提升航运服务效率和品质，加快建设具有较强经济服务功能和辐射能力的上海国际航运中心。

（来源：上海市人民政府新闻办公室 2017 年 10 月 31 日）

上海海关：《2017年上海海关关区进出口近6万亿元 进出口额均创新高》

2017年，上海海关关区实现进出口5.97万亿元人民币，同比增长14%，自2012年以来首次恢复同比2位数增长。其中，出口3.5万亿元，增长10.6%，进口2.47万亿元，增长19.3%，进、出口值均创历史新高。

2017年，外商投资企业通过上海海关关区进出口3.37万亿元，增长13.8%，占同期关区进出口总值的56.5%。其中，出口1.75万亿元，增长7.9%；进口1.62万亿元，增长21.1%。同期，民营企业进出口1.78万亿元，增长15.9%，占29.8%，比重提升0.5个百分点。此外，国有企业进出口8180.9亿元，增长11.9%。

2017年，上海海关关区对最大贸易伙伴欧盟进出口1.24万亿元，增长16.3%，占同期关区进出口总值的20.8%。其中，出口6593.6亿元，增长13.1%；进口5800.1亿元，增长20.2%。同期，对美国进出口1.07万亿元，增长12.2%，占17.9%；对东盟进出口7360.7亿元，增长19.4%，较同期关区进出口总体增速高出5.4个百分点，占12.3%；对日本进出口6062.3亿元，增长9%，占10.2%。

2017年，上海海关关区出口机电产品2.01万亿元，增长11.4%，占同期关区出口总值的57.4%，比重上升0.4个百分点。其中，自动数据处理设备及其部件出口2090.6亿元，增长15%；集成电路出口1478亿元，下降3.9%；电话机出口1030.7亿元，增长8.5%。同期，7类传统劳动密集型产品合计出口8332.8亿元，增长6.5%，其中，服装及衣着附件和纺织纱线、织物及制品分别出口3510.2亿元和2775.6亿元，分别增长4.3%和6%。

进口方面，2017年，上海海关关区进口高新技术产品8234.6亿元，增长20.8%，占同期关区进口总值的33.4%。其中，集成电路进口3887.5亿元，增长29.5%；计量检测分析自控仪器及器具进口728.8亿元，增长19.7%；自动数据处理设备及其部件进口341亿元，增长7.7%。

同期，汽车进口1158.4亿元，增长15.2%；医药品进口894.9亿元，增长24%。此外，未锻轧铜及铜材、初级形状的塑料、钢材和铁矿砂等大宗商品进口呈现量价齐升态势，进口量分别增加3.6%、8%、2.3%和23.9%，进口均价分别上涨29.3%、8.6%、13.9%和28.1%。

（上海市口岸服务办公室网 2018年1月29日）

上海市邮政管理局局长夏颐：《第48届世界邮政日致辞》

在迎接中国共产党第十九次全国代表大会胜利召开的日子里，我们迎来了第48届世界邮政日。借此机会，我代表上海市邮政管理局，向关心、支持上海邮政事业发展的社会各界表示崇高的敬意和衷心的感谢！向上海邮政行业的广大干部职工致以节日的问候和良好的祝愿！

邮政业是国家重要的社会公用事业，是推动流通方式转型、促进消费升级的现代化先导性产业，在国民经济中发挥着重要的基础性作用。当前，行业发展的基本面总体向好，处于大有作为的战略机遇期。党的十八大以来，我国邮政业一年一个台阶向上跨越，一步一个脚印向前迈进，发展根基更牢、质效更优、底色更亮。业务总量、业务收入规模分别增长3.6倍和2.7倍，特别是快递业成为中国经济的一匹“黑马”，业务量已连续三年稳居世界第一，对全球快递业增长的贡献率达到

40%，为全球邮政发展开辟了可复制的“中国模式”，提供了可推广的“中国方案”；上海快递业务量从2012年的6亿件增长到2016年26亿件，业务收入从182.9亿元增长到2016年的709.5亿元，全国6家成功改制上市的快递企业中有4家总部在沪，青浦区已被国家邮政局正式授予“全国快递行业转型发展示范区”称号，上海要继续当好全国改革开放排头兵、创新发展先行者。

当然，在看到成绩和机遇的同时，我们更应正视短板和不足、困难和挑战，行业供给侧结构性改革任务艰巨，适应新常态的动力机制仍不完善，寄递渠道安全形势日益复杂，车辆通行、末端投递、员工权益保障等行业发展长期存在的瓶颈问题仍需久久为功有效破解。我们必须深入贯彻落实习近平总书记系列重要讲话精神和治国理政新理念新思想新战略，必须紧紧围绕统筹推进“五位一体”总体布局和协调推进“四个全面”战略布局，必须牢固树立和贯彻落实新发展理念，坚持以人民为中心的发展思想，以深化行业供给侧结构性改革为主线，推动《上海关于促进快递业发展的实施意见》全面落实落地，按照“打通上下游、拓展产业链、画大同心圆、构建生态圈”行业发展思路，旗帜鲜明讲政治、全力以赴稳态势、持之以恒拓格局、包容审慎强监管、千方百计优服务，紧紧围绕上海城市建设目标，全面推进五个邮政建设，建成与小康社会相适应的国际化大都市现代邮政业。

坚定不移强化创新驱动，提升供给适应性有效性。要引导邮政、快递企业拓展个性化、专业化、差异化、一站式寄递服务，鼓励向综合性寄递物流运营商转型，开拓快运、冷链等服务，推动服务品类向生鲜、医药等高端品易逝品扩展，满足多层次、高品质、多样化消费需求。要加速推进与现代制造业协同合作，从服务轻工制造业的产品销售引向服务高端制造业的内部流程，拓展产业内贸易服务网络。要构建特色农副产品的垂直服务渠道和区域服务网络，更好发挥“工业品下乡、农产品进城”双向渠道作用。要推动企业走出国门参与竞争，加快“一带一路”沿线国家服务网络布局。

分类施策优化产业组织，加快培育壮大骨干企业。要支持邮政企业实施“一体两翼”战略，健全完善邮政普遍服务网络，发挥网络和品牌优势，做强做优做大寄递主业。要支持铁路、民航等国有企业参与寄递市场，加强邮政业与现代综合交通运输的有效衔接。要瞄准世界一流，加快培育国际级快递品牌，以上市重组为契机，完善治理结构，提升核心能力，打造中国快递企业的航母群。

多措并举加强合作联动，凝聚行业发展强大合力。要加强协调联动，落实国家保障邮政普遍服务、促进快递业发展的各项政策。要鼓励社会资本加大对邮政业投入，积极探索邮政业基础设施PPP模式。要鼓励商业、社区、楼宇、交通站点等向邮政业开放资源，鼓励车辆装备、包装、信息等协同行业为邮政业提供配套服务。要支持高等学校、科研院所定向培养邮政业高层次人才。

一心一意坚持普惠为民，促进共享发展绿色发展。要始终把满足人民群众对更好寄递服务的需求作为我们的努力方向。要打造便民高效的末端服务网络，提高农村和西部地区的网络覆盖率，促进城乡普惠和消费公平，助力国家精准扶贫。要抓好质量管理，维护消费者合法权益，打造放心消费的样板示范。要扩大服务领域，创新服务模式和内容，使更多关联产业从邮政业发展中受益，使亿万商家和广大民众在邮政业创新中受惠。要推进邮政业绿色低碳循环发展，为建设美丽中国贡献力量。

有效发挥市场和政府两个作用，提高行业治理水平。要牢牢把握邮政强国目标，认真贯彻落实“十三五”发展规划和产业政策，激发市场主体转型提效的动力、活力和能力。要加快形成行业法治体系、实施体系和监管体系，有效防控各类风险。要全面落实企业安全主体责任、用户安全用邮责任和政府部门监管责任，落实寄递安全监管“三项制度”，确保寄递渠道安全畅通。要营造透明高效、公平竞争的营商环境，遏制低质低价恶性竞争及不正当竞争，实现优胜劣汰。要树立行业标杆，让重服务、强管理、惠民生的企业在竞争中脱颖而出。

站在新的历史起点上，我们充满坚定信心和必胜信念。让我们在国家邮政局和市委、市政府的坚强领导下，在社会各界的大力支持下，全市全体行业从业人员共同努力，以新的精神状态和奋斗姿态决胜全面建成与小康社会相适应的现代邮政业，以优异成绩迎接党的十九大胜利召开。

（来源：上海市邮政管理局）

上海市物流协会：《聚焦物流实体，推进创新转型 -- 2017 年协会工作回顾》

上海市物流协会秉承“发展产业，规范行业，服务企业”的理念和要求，积极适应经济发展新常态，聚焦会员企业，推动创新转型，作出了新的努力。

1、评选创优，树立标杆，为推动实体经济创新转型注入强大精神动力。协会配合市商务委、市公务员局完成了二届全国物流行业先进集体、劳动模范、三届全国先进物流企业和上海市物流业先进集体、先进人个的推荐评选。这些全行业的评先创优，由我协会牵头交运、货代、仓储、物流企业家协会共同组织开展。协会不负重托，积极协调各协会，做好宣传动员，审核公示，进京表彰等一系列工作，共评出全国先进集体 6 家，全国劳模 32 人，全国先进物流企业 134 家，上海市先进集体 20 家、先进个人 22 人。通过评选创优，展示了上海物流优秀企业和先进个人的风采，为推动创新转型、行业进步、企业发展注入了强大精神动力。

2、表达诉求，落实政策，为推动实体经济创新转型创造良好环境。在上海市试点”营改增“期间，协会配合市发改委、市经信委、市商务委、市财政局等调研企业 54 户、200 余人次，征集企业书面材料 24 份上报政府。2 次召开企业座谈会，撰写了 4 份税改情况和建议的报告。还应邀参加政府、研究机构的座谈会，提出完善税改政策的建议。2 次举办会员企业税改政策辅导讲座，共有 240 余人次参加。从税改的完善支持实体经济创新转型。协会在政府召开的“2015 年高污染货运车治理暨绿色物流发展推进会”上，代表八家协会宣读了倡议书，坚决执行政府决策，加快淘汰国三标准柴油货运机动车，通过更新改造技术进步实行创新转型，走绿色物流之路。在市商务委组织推进的上海物流标准化工作中，协会参与制定了《上海市物流标准化试点方案》，组织连锁、超商、物流、托盘等企业申报标准化试点项目，形成了首批支持项目 26 个。以标准化带动创新转型。

3、成立联盟，形成合力，为实体经济创新转型发挥全行业优势。在市商务委的支持下，协会牵头全市十二家物流业行业协会，成立了上海物流业行业组织合作联盟。联盟各成员单位在完善商业模式、推动科技合作、开展经验交流、实现跨界联动等物流实体经济创新转型方面，优势互补，做了大量有效的工作，得到政府和企业的充分肯定。

4、提升资质，推动规范，为实体经济创新转型提供评估服务。规范化标准化是物流企业在创新转型中的重要努力方向。在中国物流与采购联合会的指导下，协会积极开展国家标准 A 级物流企业的评估，同时做好已有 A 级物流企业的复核。五年来，上海地区新增 A 级物流企业 129 家。目前，上海地区 A 级物流企业已超过 200 家，其中 5A 级 、4A 级占了一半以上。协会还开展了“物流企业冷链服务要求与能力评估”和“担保存货管理及质押监管企业评估”。通过评估，一大批国家标准 A 级物流企业、星级冷链企业和质押监管企业成为行业细分领城的龙头和市場招标的首选。

5、行业调研，帮扶服务，为实体经济创新转型建言献策。针对企业社保费负担过重的反映，协会组织 14 家物流企业参加市经信委、市人社局关于企业社保状况的调研会，反映企业实情，表达一线诉求，并向百余企业发放社保调查问卷，汇总上报政府。政府出台新的土地政策，企业对土地使用年限从 50 年调整至 20 年普遍担忧，协会召开 17 家重点物流企业座谈会，听取意见，并把大家表达的诉求整理成 7 点意见和 2 点建议上报市政府。

6、教育培训，人才服务，为推动实体经济创新转型提供智力支持。一是高技能人才培训。协会由市经信委获批成立了上海市高技能人才培训基地，下设4个实施单位，9个合作单位，为物流企业开展了高技能人才的量化培训。二是高级物流师培训。根据会员企业提升职业资质优化人才结构的要求，协会组织高级物流师培训，共计10期，有494人获得人社部颁发的高级物流师证书。三是为会员企业的定制化培训。其中协会为上海织运输公司组织了三期，有180余名企业高中层干部参加。四是面向行业的高级研修班。协会在市经信委、市教委支持下举办物流行业高级研修班，共二期，有110人参加。五是人才招聘。协会与市职教集团和高校合作，举办物流企业与院校对接的人才招聘会，为企业创新转型提供智力支持。

7、创建名牌，提升服务，为实体经济创新转型提供新的平台。物流作为提供服务产品的行业，服务产品从企业层面上升为上海市的服务名牌，是创新转型的重要成果。协会作为市服务名牌评审的上海现代物流行业专家组组长单位，在市名牌办的领导下，积极推进物流企业的品牌建设，推荐优秀物流企业参加上海市名牌的申报，组织对申报企业的评审。至今，共有 45家物流企业成为市服务名牌。

8、信用建设，行业自律，为实体经济创新转型夯诚信基础。一是组织物流企业参加市诚信创建活动，建成星级诚信单位54家。二是推荐评选长三角“守行规、讲诚信”示范企业，共有10家上海物流企业上榜。三是开展上海市物流信用平台建设。作为市经信委信用建设立项项目和市信用体系的组成部分，协会于2016年进入试运行阶段，首批列入信用试点企业的有60家，建立企业信用档案的有300家。为此协会组织开展了五场共300余人参加的培训，确保信用平台的规范运行。

9、展览推广，区域合作，为实体经济创新转型搭建桥梁。一是组织物流企业参加国际国内展览会，一年一次的亚洲物流双年展和亚洲国际物流技术与运输系统展览会；海峡两岸物流展览会和西部物博会；国际制造服务外包交易会；中国国际物流科技博览会等，其中在2012年2013年亚洲国际物流技术与运输系统展览会上，协会两次设置了第三方物流展区，15家上海物流企业展示了创新转型中推出的服务产品。二是区域合作，组织物流企业到外省市拓展。由协会牵头赴苏、浙、皖、鄂、川的市、区、县考察，促成了一批会员异地发展的项目，有的成为当地物流发展的重要节点项目。协会还与台湾地区合作，召开两岸物流科技企业合作交流会，两岸物流企业近200余代表参加，就中小物流企业的科技应用进行交流，并签署了合作备忘录，提升上海物流企业在创新转型中的科技含量和水平。

10、着眼国家战略，加强联盟合作，为实体经济创新转型拓宽广度和深度。上海是商务部物流标准化的示范城市，标准化托盘循环共用取得了显著成效。为了推进标准化托盘循环共用在更大范围的实施，推动物流企业通过创新转型走绿色发展之路。2016年，协会在市商务委的支持下，对接“一带一路”国家战略，发起成立了长江经济带沿岸标准化托盘循环共用联盟，有31个省（直辖市）市物流协会参加，牵头本地托盘生产、使用和第三方服务企业加快标准化托盘的循环共用，在联盟成立大会上，10家标准化托盘生产和使用企业举行了战略合作签约仪式。上海物流企业通过在标准化托盘在长江经济带沿岸城市的循环共用，推进绿色物流，降低社会和企业成本，努力走出一条新的增长之路。

11，聚焦难点，协同破解。为实体经济创新转型出思路谋发展。物流的“最后一公里“是物流业的焦点问题。为了给创新转型中物流企业拓宽视野，共谋发展。2013年，协会主办了在上海市举行的“2013长三角现代物流联动发展大会暨物流发展合作论坛”。以“聚焦最后一公里”为大会主题，邀请了阿里巴巴、苏宁云商和超市卖场、物流配送企业、物业管理、交通管理部门、政府物流主管部门等28位嘉宾就破解城市配送难点进行交流探讨，受到大家的欢迎和好评，收到了很好的效果。

附：《“三无三平一逆向”---- 上海物流行业实体经济创新转型侧记》

上海物流产业作为上海经济发展民生改善和“四个中心“、现代化国际大都市建设的重要支撑，在创新转型中前行，涌现了一大批亮点。

首先看科技含量。上海物流的科技水平在全国乃至全球处于什么位置？可以自豪的说，国内领先、有的是国际领先。上港集团洋山港四期的无人驾驶自动引导运输车为代表的自动化设备和控制系统是国际领先，顺丰速运的无人机物流和上海的无车人承运试点是国内领先。

上海国际航运中心洋山深水港区四期工程，这里众多红色的桥吊、船吊、轨道吊依次排开，矗立在茫茫雾海中。诺大的码头空无一人，五颜六色的集装箱被桥吊精准抓起，由无人驾驶的自动引导运输车（AGV）来回运送。洋山四期工程目于 2017 年 12 月 10 日开港试运营。举世瞩目的洋山四期是在建世界规模最大、技术最先进的自动化码头。洋山四期总用地面积约 223 万平方米，海岸线长达 2350 米，拥有 2 个 7 万吨级泊位和 5 个 5 万吨级泊位，设计吞吐能力初期达到 400 万标准箱一年，远期将达到 630 万标准箱一年，可满足多艘大型集装箱船同时靠泊。目前，洋山四期拥有 16 台桥吊、80 台轨道吊、88 台自动导引运输车（AGV）。每年 400 万标准箱的吞吐能力，是全球范围内最高的。与传统码头相比，洋山四期工程最大的亮点是首次采用了自动化设备和控制系统，是由电脑控制桥吊来装卸集装箱，用无人驾驶的自动化引导运输车运输集装箱，采用自动化集装箱装卸设备后，每小时可作业 25 个集装箱，自动化码头的均衡作业能力和持续作业能力非常高。与洋山一、二、三期相比，四期码头岸线最短、占地最少，其吞吐能力却超过前三期总数的一倍。上海港发展到今天，自动化运作使得运营效率进一步提高，连续 7 年成为集装箱吞吐量全球第一。考虑到未来发展的可持续性，洋山四期工程的核心技术完全依靠自主研发。洋山工程的装备、桥吊、轨道吊由振华重工制造，中央控制系统是由上港集团自己研发的。原来的生产操作系统是从外国引进的，现在的系统生产核心技术掌握在自己手上。在世界航运业普遍低迷的当下，想进一步提升洋山港的竞争力，挑战全球航运的巅峰，主要是靠核心技术。当初要把洋山港建成“高可靠、高效率、世界一流”的构建目标，现在已经实现取得了多年位居世界第一的喜悦成果。在洋山四期投入营运后，中国集装箱码头的建设将达到世界先进水平，上海港也将继续走在世界前列，进一步打通港口上下游产业链，巩固国际枢纽港地位。

2017 年 6 月，顺丰速递申报的无人机示范运行的空域申请，得到了东部战区的正式批复，成为目前国内唯一获得正式审批、由企业、中央监管部门和地方政府共同推进的示范空域。顺丰获空域批文，是无人机配送的一个重要象征，成为无人机物流合法飞行权的企业。按照现在每年 50% 的增速，7 年后每天将产生 10 亿件包裹。一些大的快递公司快递员都在 10 万以上。人力资源昂贵，密集劳动力管理粗放等问题，地面运输和人力已无法满足快递企业的需求。从技术上，无人机使用已非常成熟。顺丰将通过无人机实现航空物流网络干线对接，完成对三线及以下城市的空域覆盖。

2016 年 11 月，市交通委发布关于加强无车承运物流创新的实施意见，启动本市无车承运人试点。无车承运是指企业以承运人身份与托运人签订运输合同，承担承运人责任和义务，通过组织、整合并委托社会上其他承运人及运输工具资源完成运输任务来履行运输合同的经营者。近年来随着移动互联网技术与物流行业的深度融合，涌现出分别从物流链不同环节和角度切入无车承运业务模式的企业。上海通过试点，探索建立健全无车承运模式在许可准入、运营监管、诚信考核、税收征管等环节的管理制度，推动了无车承运试点的发展，目前有 40 家企业成为无车承运试点企业，无论是规模还是技术水平都处国内领先。试点开展以来，在引导货运物流行业的规模化、集约化、规模化发展方面发挥了积极作用。

其次看平台整合。上海的物流共享服务平台在中小物流企业服务、物流园区的网络覆盖和公路货运车货匹配、物流全程整合方面也走在国内前列。上海新跃物流企业管理有限公司是一家为中小物流企业，特别是中小陆运物流企业提供专业化综合服务的平台型企业。物流汇是上海新跃物流企业管理有限公司打造的“物流企业公共服务平台”。

新跃联手中国电信、中国工商银行、中兴电子、谷歌等国内外知名企业整合资源，共同为物流企业提供包括物流企业开业咨询及代理、形象设计、媒体广告、企业财务管理咨询、信息管理系统开发定制、员工培训、企业管理咨询、电子商务咨询等最可靠高效的一站式国际标准服务。许多中小物流企业通过物流汇的企业包装和企业现代信息化改造，已经承接起了世界500强企业及中国大型企业的物流运输任务。2016年，新跃的物流汇平台为中小物流企业服务的企业超过6000余家。物流汇平台企业交通运输业营业额开票70亿元左右，税收在2.3亿元左右。新跃的物流平台模式得到市委市府的重视，韩正书记前往新跃视察调研。目前新跃的物流平台模式已复制到浙江义乌等多个城市。

2016年12月20日上海天地汇供应链管理有限公司召开“2016年度平台营业额超600亿发布会”。在显示实时交易的“园区通”大数据平台，当数据显示超过600亿的那一刻宣布2016年天地汇运费交易额突破600亿人民币。此次平台实时营业额突破600亿，宣告天地汇已成为全国领先的物流平台;目前天地汇已运营32个物流园区，其所打造的全国公路港网络基础布局已初步完成。天地卡航是天地汇设计为公路运输量身打造的产品，由天地汇平台作为第四方平台，以甩挂运输为基本运作方式，为客户提供产品化、标准化、网络化的公路物流服务。天地汇平台今年4月份正式推出天地卡航甩挂运输服务以来，服务品质大幅提升，车辆效率从中国市场平均月行驶里程1.2万公里，提升到全网平均3万公里以上，车辆效率和物流效率提升150%，平台提供的运输价格比市场平均价格直接降低10%左右。目前，天地汇园区覆盖50+城市，网络覆盖60+公路港，整合超过20000亩土地，200多亿资产；同时，公司拥有物流企业会员超过2.5万家，活跃司机会员超过39万，2016年平台营业额突破641亿。无论从园区网络覆盖还是平台交易额，天地汇都在行业遥遥领先！天地汇专注于打造三张网和两朵云，即：“天网、地网、车网”和“物流云”、“数据云”。以供应链协同为核心，以线下园区为基础管理单元，通过互联网、移动互联网、车联网、物联网等信息技术手段进行线上线下的联动，实现园区与园区之间互联互通，进而构建园区之间的高效车网并实现运输过程的透明化管理

上海点觉信息技术有限公司，是国内领先的协同运输管理平台，点觉CTM专为制造业、商贸企业度身设计，提高企业在物流运输执行过程中多级参与者的全面线上协同。点觉CTM帮助企业搭建一套，从“企业物流部、3PL、分包运输商、司机、收货人、财务部”在线的智能化协同办公管理平台，CTM连接运输过程中所有环节，改变企业与运输合作伙伴之间跨越多级的信息盲点、实现全程监控。成为协同运输管理领域的佼佼者。

第三、逆向物流创新和指数发布。逆向物流作为循环经济、绿色发展的重要内容，尚未成为物流业的焦点，上海在积极探索并取得了成果。

上海市物流协会逆向物流分会郝皓教授主持的逆向物流研究课题获2106年中国物流与采购联合会科技进步二等奖。获奖课题认为，逆向物流既是循环经济的基础和核心环节，也是绿色物流的具体体现。逆向物流至少在4个方面支撑和推动了循环经济的发展。第一，逆向物流充分贯彻了循环经济“减量化、再利用、资源化”原则；第二，逆向物流有利于循环经济中的环保目标；第三，逆

向物流系统的构建有利推动了循环经济实践；第四，逆向物流为消费者参与循环经济活动提供了必要的平台， 课题以机动车作为上海市逆向物流指数首次发布的产业进行了研究，对上海市报废机动车回收指数、小客车小货车回收状况、上海市机动车回收总体发展趋势、政府对报废机动车的回收补贴政策对报废机动车回收影响、各车型对政府不同的回收补贴政策的敏感度、回收量受政府补贴政策的影响、总回收价值指数等，进行了分析研究，提出了对策措施，得到政府、行业和企业的支持及好评。

（来源：上海市物流协会 2017 年 9 月 17 日）

上海现代服务业联合会与上海物流企业家协会：
联合举办第五届上海现代物流高峰论坛

由上海现代服务业联合会与上海物流企业家协会联合举办的第五届上海现代物流高峰论坛，12 月 19 日在上海中国金融信息中心举行。周禹鹏会长与中国物流与采购联合会会长何黎明、上海商务委员会副主任刘敏、上海物流企业家协会会长范鸿喜等出席论坛。

本届论坛获得中国物流采购与联合会、上海市商务委员会、上海市发展和改革委员会、上海市交通委员会等相关政府部门的指导，同时也得到上海市物流协会、上海市交通运输行业协会、上海市仓储与配送行业协会和上海市国际货代行业协会等社团组织的通力合作。

主题为“新时代、新机遇、新发展”的本届论坛，邀请行业专家和业界精英出席并发表趋势演讲。

周禹鹏会长在开幕致辞时表示，习近平总书记在党的十九大报告中明确指出，建设现代化经济体系，必须把提高供给体系质量作为主攻方向。物流业作为国民经济供给体系当中的重要组成部分，义不容辞，责无旁贷。

他指出，物流与供应链贯穿于企业生产和销售的所有环节的始终，贯穿于社会生活的方方面面，企业的生存与发展，社会生产与社会生活方式的进一步改善，都离不开物流与供应链资源的进一步优化和整合。这些年来，虽然上海的物流与供应链取得了长足的发展，企业运作水平、科技含量、信息化手段以及学术界的研究不少已经位于国内的前列。但是，与发达国家和城市相比，还有很大差距，与全社会对物流供应链的需求来看，还不够充分，不够平衡。为此，上海现代服务业联合会今天正式建立了物流与供应链服务专业委员会，专委会由近二十家与物流、供应链相关的行业协会和五十余家物流供应链企业参与，而且有十所高校的教授们组成了专委会的专家组，共同为推动上海的物流与供应链发展做好服务工作。我衷心希望今天的高峰论坛，要站在学习落实党的十九大关于发展现代物流与供应链要求的新高度，学习现代物流和供应链新理念，交流分享现代智慧供应链，城市物流的新经验，为我国物流和供应链的新发展带来新启迪。

何黎明在会上发表主旨演讲。他全面总结了中国物流业进入新时代的特点和发展情况，并对新时代下物流发展趋势做出预判。何黎明认为，目前物流运行总体稳中有升、稳中有进，呈现“一降、两优、三升”的特点。何黎明在讲话中还指出，未来一段时期，我国物流业将进入以质量和效益提升为核心的发展新阶段，必须坚持深化供给侧结构性改革，降低全产业链物流成本，提高物流供给质量，做好降本增效“减法”，不断增强实体经济竞争力；必须坚持效率改进，质量提升和创新驱动，积极引入新技术、新模式、新理念，提高全要素生产率，做好转型升级“加法”，逐步释放行业发展新动能。何黎明表示，上海市是现代物流创新发展试点城市，是全国重要的经济中心、物流中心，吸引和聚集着一大批全国知名的物流企业家群体，下一步希望中物联能进一步加深与上海各界的合作，尤其是发扬企业家的创新创业精神，共同推进上海物流和供应链健康发展，为区域经济发展注入新的活力。

李关德副会长在论坛上宣读了《关于建立上海现代服务业联合会物流和供应链服务专业委员会的决定》。

周禹鹏会长与中国物流与采购联合会会长何黎明为专委会揭牌，刘敏副主任与李关德副会长为“上海市冷链联盟”揭牌。

白焕耀副秘书长受上海物流年鉴编撰委员会主任周禹鹏的委托，在论坛上正式发布《2016 上海物流年鉴》。

刘敏副主任以“上海供应链建设的思路与举措”为题，全面介绍了国家战略要求与上海近年来的实践，他表示，从商务委来讲，我们始终发挥上海的产业优势、市场优势、开放优势来结合实施国家战略，坚持改革与发展并举，加快市场转型升级。大市场、大平台、大流通，始终是我们在国际贸易中心建设当中不变的一个目标和任务。到 2020 年我们将要基本实现能够配置全球资源的功能，我们背后的这些主体应该是紧紧围绕大市场、大平台、大流通来发展。

天地汇、锐特信息、德马科技、新杰物流、东航物流、安能物流、郑明物流等企业家分享了发展心得。

本届论坛最大化汇聚和挖掘政、商、社、企、媒等多方力量，充分利用论坛的开放性、创新性、共享性，引领与推动上海物流与供应链的创新、绿色、智能、协调发展。

（来源：上海现代服务业联合会网 2017 年 12 月）

上海现代服务业联合会：**物流与供应链服务专业委员会发起人及会员大会召开**

2017 年 12 月 14 日，上海现代服务业联合会物流与供应链服务专业委员会发起人及一届一次会员大会在联合会本部召开。

来自上海行业协会、物流企业及高等院校的负责人及专家共 80 余人出席会议。

巢卫林副会长主持发起人会议。他说，今年下半年，经上海市物流协会，上海物流企业家协会，上海冷链协会等行业组织提议，在周禹鹏会长的亲自关心下，专委会筹备组按照联合会“构筑平台、撮合资源、错位发展、跨界融合”的指导思想以及专委会“五个一”工作要求，有条不紊地积极推进筹备工作．在大量调研工作基础上，确立了发起单位、确定了专委会名称、起草了专委会工作条例、组织架构及初步工作设想．筹备阶段工作圆满完成，可以进入实质性建立阶段。

李关德副会长介绍了联合会的基本情况以及成立物流与供应链服务专委会的宗旨、目的与意义。他指出，习近平总书记在党的十九大把“现代供应链”作为“培育新增长点”和“形成新动能”之一，把“物流”作为加强“基础设施网络建设”之一。今年 10 月 15 日《国务院办公厅关于积极推进供应链创新与应用的指导意见》明确了供应链发展的重要意义、总体要求、重点任务和保障措施，为我们专委会的筹备工作指明了方向。

上海物流企业家协会会长、上海现代服务业联合会物流与供应链服务专委会筹备组组长范鸿喜汇报了专委会筹备工作情况。他表示，筹备期间，筹备组通过不同的方式和途径，与业内外人士的交流沟通，听取意见和建议。这些人士中包括：对物流与供应链研究较深的领导，市商务委、发改委、经信委、交通委、合作交流办等政府有关部门领导，上海交通运输行业协会和上海跨境电商行业协会、上海医药商业行业协会等物流行业组织的负责人，安吉汽车物流、东航物流、DHL、国药物流、上药物流和郑明物流、天地汇供应链、德马科技等物流供应链企业负责人。他们都对在联合会的旗帜下，筹建一个为助推物流与供应链发展的专业委员会表示赞同，并相信此举一定能获得业内外的广泛认可和支持，在推动上海物流与供应链的发展中，发挥重要作用。

与会代表就《上海现代服务业联合会物流与供应链产业服务专业委员会工作条例（草案）》和专委会的工作方向，进行了热烈地讨论，并一致同意发起成立上海现代服务业联合会物流与供应链服务专业委员会。

随后，在李关德副会长的主持下，举行了上海现代服务业联合会物流与供应链服务专委会一届一次会员大会。

大会首先宣读了上海现代服务业联合会《关于成立上海现代服务业联合会物流与供应链服务专业委员会的决定》，表决通过了《上海现代服务业联合会物流与供应链服务专业委员会工作条例》，并以无记名投票方式选举出上海现代服务业联合会物流与供应链服务专业委员会主任、副主任。

范鸿喜（上海物流企业家协会）当选为专委会主任，刘鹰（上海市物流协会）、陈建路（上海交通运输行业协会）、黄郑明（上海冷链协会）、戴佩华 （上海电子商务行业协会）、杨骥岷（上海医药商业行业协会）、沈飞（上海安吉汽车物流股份有限公司）、相峰（上海圆通速递有限公司）、韩志雄 （原上海市物流协会）当选为副主任。

专委会聘请复旦大学上海物流研究院徐以汎教授、上海交通大学中美物流研究院王东教授上海大学物流研究中心储雪俭教授、同济大学研究生院陈燕教授、上海第二工业大学管理学院郝浩教授、上海海事大学研究生院杨斌教授上海海洋大学食品学院谢晶教授、上海理工大学研究生院刘宝林教授、上海工程技术大学管理学院胡斌教授、上海商学院商业研究院刘斌教授等为上海现代服务业联合会物流与供应链服务专业委员会专家组成员，并为专家颁发了聘书。

会议决定，于 12 月 19 日在中国金融信息中心举行的 2017 第五届上海现代物流高峰论坛上隆重举行上海现代服务业联合会物流与供应链产业服务专业委员会成立揭牌仪式。

上海市商务委市场体系建设处处长周岚应邀出席会议并发表热情洋溢的讲话。

白焕耀、隋军副秘书长，联络部部长刘宇等参加会议活动。

附：上海现代服务业联合会物流与供应链服务专业委员会发起会员单位：

上海市物流协会（学会）、上海口岸联合会、上海进出口商会、上海市交通运输行业协会、上海市国际货运代理行业协会、上海浦东现代物流行业协会、上海市快递行业协会、上海市仓储与配送行业协会、上海市冷链协会、上海市道路运输协会、上海港口行业协会、上海市道路危险货物运输行业协会、上海市报关协会、上海市船东协会、上海医药商业协会、上海跨境电子商务行业协会、上海金国物流有限公司、上海圆通速递有限公司、上海申通快递有限公司、上海邮政速递物流股份有限公司上海分公司、上海新英源物流有限公司、上海新天天低温物流有限公司、上海汇通供应链技术与运营有限公司、上海卓昕瑞供应链管理有限公司、上海外高桥集团股份有限公司、上海美馨亚国际货运代理有限公司、上海巨方实业有限公司、上海爱姆意机电设备连锁有限公司、上海万家物流有限公司、上海惠尔物流有限公司、上海康芸物流发展有限公司、上海九州通物流有限公司、上海金山石化物流有限公司、上海点觉信息技术有限公司、上海久信集团有限公司、上海德邦物流股份有限公司、上海传慎供应链管理有限公司（旭富）、上海象屿速传供应链有限公司、上海景鸿国际物流有限公司、顺丰快递上海公司、上海东方国际物流（集团）有限公司、上海精裕捷星物流有限公司、上海亨利达物流有限公司、上海新跃物流企业管理有限公司、招商陆凯上海公司、上海商业储运有限公司、上海亚东国际货运有限公司、远成物流股份有限公司、上海天地汇供应链管理有限公司、上海郑明现代物流有限公司、锐特信息技术有限公司、新杰物流集团股份有限公司、上海大微物流科技有限公司、上海新通联包装股份有限公司、上海嘉星物流有限公司、上海德马物流技术有限公司、安吉汽车物流股份有限公司、上海欧坚网络发展股份有限公司、金鹰国际货运代理有限公司（DHL）、瑞格丝（上海）投资有限公司、上海医药物流中心有限公司、国药物流。

（来源：上海现代服务业联合会网 2017 年 12 月 18 日）

附：上海现代服务业联合会物流与供应链服务专业委员会 2017–2018 年 3 月主要活动记事

一、专委会酝酿筹备成立期间筹备组成员的若干活动：

2017 年

6 月 2 日，赴龙工叉车公司调研

6 月 7 日，考察上海电气（集团）总公司

6 月 12 日，参加海门港新区（上海）投资环境推介会（新发地上海公司签约）

7 月 21 日，与上海工程技术大学一起研究“供应链研究院”成立相关事宜

7 月 23 日，召开“成立上海冷链联盟（筹）”预备会

7 月 26 日，接待台湾冷链协会程东和理事长一行，交流洽谈业务合作

8 月 3 日，赴上海新通联包装公司调研

8 月 28 日，与上实融资租赁公司交流合作事宜

9 月 8 日，赴浙江省舟山保税区参观考察，参加进口肉类口岸冷链项目发布会

9 月 14 日，赴上海势航网络公司调研

10 月 6 日，参加上海万家物流公司首次股东大会，祝贺股改成功

二、联合会会长办公会议决定成立专委会及以后活动：

10 月 23 日，上海现代服务业联合会会长办公会议听取了筹备工作情况，决定成立物流与供应链服务专业委员会。

10 月 27 日，赴上海亚东国际货运公司调研

10 月 31 日，参观 2017 亚洲国际物流技术与运输系统展

11 月 9 日，赴 DHL 大中华区总部考察调研

11 月 15 日，组织部分企业参加张江跨境科创中心“通关便利化”对接会

11 月 16 日，走访市商务委刘敏副主任、周岚处长

11 月 17 日，在联合会所属协会秘书长“学习十九大精神”交流会上交流“现代供应链”学习体会

11 月 20 日，先后走访市发改委经贸处殷飞处长和市经信委生产性服务业处何勇处长

11 月 21 日，走访市交通委货运和物流管理处李强处长

11 月 22 日，走访市合作交流办姚新副主任、袁齐忠、俞斌处长

11 月 29 日，参加联合会“学习贯彻十九大精神，加快发展现代服务业专题会”

11 月 30 日，走访市交通运输行业协会周淮会长

12 月 1 日，赴瑞格丝（上海）公司考察调研

12 月 7 日，赴上海新发地冷链公司考察调研

12 月 8 日，赴上海医药物流中心有限公司考察调研

12 月 11 日，联合会正式行文：经联合会三届 41 次会长办公会议讨论，并征得全体理事同意，决定建立上海现代服务业联合会物流与供应链服务专业委员会。

12 月 12 日，赴国药集团医药物流有限公司考察调研

12 月 14 日，召开专委会发起人会议和专委会第一次会员大会，表决通过了《专委会工作条例》、选举产生了专委会主任、副主任。

12 月 15 日，牵头召开由 13 家协（学）会共同发起的“上海冷链联盟”成立大会

12 月 19 日，在 2017 第五届上海现代物流高峰论坛上，联合会秘书长李关德受周禹鹏会长委托宣布物流与供应链服务专业委员会成立，并举行专委会和冷链联盟的揭牌仪式，中物联何黎明会长、周禹鹏会长共同为专委会揭牌，商务委刘敏副主任、李关德副会长共同为冷链联盟揭牌。

12 月 25 日，专委会与上海工程技术大学共同创办的供应链研究院成立揭牌仪式

2018 年

1 月 10 日，先后赴上海绿地商业集团考察调研和参加《上海物流年鉴》工作会议

1 月 18 日，参加《上海现代服务业发展报告》编撰总结动员会

2 月 13 日，讨论年度工作计划

2 月 27 日，参加市商务委供应链体系建设试点启动会议，专委会成员安吉物流、新通联、天地汇等三家单位交流发言

2 月 28 日，参加联合会三届五次会员大会，专委会获得优秀活动奖

3 月 7 日，赴京走访中物联何黎明会长

3 月 9 日，参加 2018 年上海冷链联盟工作会议

3 月 18 日，参加欧坚网络“欣海之春”文化节

3 月 20 日至 22 日，会同上海工程技术大学领导，分别赴裕茂机电、协达冷气、锦江低温物流、郑明物流等四家“校企产学研合作基地企业”进行授牌和调研

3 月 21 日，赴圆通速递公司考察调研

3 月 28 日，参加联合会专委会主任会议，汇报交流研究工作

3 月 29 日，出席上海大微物流科技“蚂蚁必达平台”发布会，专委会主任范鸿喜在会上致辞

3 月 30 日，专题研究举办 2018 上海物流日活动事宜

（来源：上海现代服务业联合会物流与供应链服务专委会 2018 年 4 月 12 日）

1.2 2017 年物流业政策文件

1.2.1 国务院和各部委物流业政策文件

2017-2018 年国务院和各部委物流政策文件目录（部分）

（2017 年 1 月 - 2018 年 3 月）

＊ 国务院行政法规：《快递暂行条例》（2018 年 3 月 27 日）

＊ 交通运输部办公厅关于加快推进新一代国家交通控制网和智慧公路试点的通知 (2018 年 2 月 12 日)

＊ 交通运输部办公厅关于做好推进道路货运车辆检验检测改革工作的通知 (2018 年 2 月 7 日)

＊ 国务院办公厅印发《关于推进电子商务与快递物流协同发展的意见》（国办发 [2018]1 号

2018 年 1 月 2 日）

＊ 商务部等十部门关于推广标准托盘发展单元化物流的意见（商流通函 [2017]968 号　2017 年 12 月 29 日）

＊ 国家税务总局关于发布《货物运输业小规模纳税人申请代开增值税专用发票管理办法》的公告（国家税务总局 2017 年第 55 号　2017 年 12 月 29 日）

＊ 国家税务总局 《关于开展互联网物流平台企业代开增值税专用发票试点工作的通知》（税总函 [2017]579 号　2017 年 12 月 29 日）

＊ 商务部等五部门关于印发《城乡高效配送专项行动计划（2017-2020）》的通知（2017 年 12 月 23 日）

＊ 交通运输部关于组织开展城市绿色货运配送示范工程的通知（2017 年 12 月 18 日）＊ 交通运输部办公厅关于进一步做好无车承运人试点工作的通知（2017 年 11 月 15 日）

＊ 交通运输部 公安部《关于治理车辆超限超载联合执法常态化制度化工作的实施意见（试行）》（2017 年 11 月 9 日）

＊ 国家铁路局关于加强铁路货物运输安全有关工作的通知（2017 年 10 月 11 日）

＊ 国务院办公厅关于积极推进供应链创新与应用的指导意见（国办发 [2017]84 号　2017 年 10 月 5 日）

＊ 交通运输部等十四部门关于印发《促进道路货运行业健康稳定发展行动计划（2017-2020）》的通知（交运发 [2017]141 号　2017 年 9 月 19 日）

＊ 交通运输部《港口危险货物安全管理规定》（交通运输部令 2017 年第 27 号　2017 年 9 月 4 日）

＊ 发改委等二十部委印发《关于对运输物流行业严重违法失信市场主体及其有关人员实施联合惩戒的合作备忘录》的通知（发改运行〔2017〕1553 号，2017 年 8 月 24 日）

＊ 交通运输部关于加快发展冷链物流保障食品安全促进消费升级的实施意见（交运发〔2017〕127 号，2017 年 8 月 22 日）

＊ 商务部办公厅 财政部办公厅关于开展供应链体系建设工作的通知 （商办流通发 [2017]337 号 2017 年 8 月 11 日）

＊ 国务院办公厅关于进一步推进物流降本增效促进实体经济发展的意见 （国办发〔2017〕73 号 2017 年 8 月 7 日）

＊ 交通运输部关于推进长江经济带绿色航运发展的指导意见（交水发 [2017]114 号　2017 年 8 月 4 日）

＊ 国家发改委关于对《关于进一步推进物流降本增效促进实体经济发展的意见》公开征求意见的公告（2017 年 7 月 10 日）

＊ 交通运输部办公厅关于印发《深入推进水运供给测结构性改革行动方案（2017-2020）》的通知（交办水〔2017]75 号　2017 年 5 月 19 日）

＊ 国家邮政局关于加快推进邮政业供给侧结构性改革的意见（2017 年 05 月 18 日）

＊ 国家发改委关于印发《“十三五”铁路集装箱多式联运规划》的通知（发改基础 [2017]738 号　2017 年 4 月 19 日）

＊ 国务院办公厅关于加快发展冷链物流保障食品安全促进消费升级的意见（国办发〔2017〕29 号 2017 年 4 月 13 日）

＊ 交通运输部办公厅关于做好无车承运试点运行监测工作的通知（2017 年 3 月 1 日）

＊ 质检总局等 11 部门关于推动物流服务质量提升工作的指导意见 （国质检质联〔2017〕111

号 2017 年 3 月 2 日）

＊ 商务部等 5 部门关于印发《商贸物流发展“十三五”规划》的通知（2017 年 1 月 19 日）

＊ 工业和信息化部办公厅 公安部办公厅 交通运输部办公厅 工商总局办公厅 质检总局办公厅关于开展货车非法改装专项整治行动的通知（工信厅装函〔2017〕21 号 2017 年 01 月 13 日）

国务院行政法规：《快递暂行条例》

第一章 总则

第一条 为促进快递业健康发展，保障快递安全，保护快递用户合法权益，加强对快递业的监督管理，根据《中华人民共和国邮政法》和其他有关法律，制定本条例。

第二条 在中华人民共和国境内从事快递业务经营、接受快递服务以及对快递业实施监督管理，适用本条例。

第三条 地方各级人民政府应当创造良好的快递业营商环境，支持经营快递业务的企业创新商业模式和服务方式，引导经营快递业务的企业加强服务质量管理、健全规章制度、完善安全保障措施，为用户提供迅速、准确、安全、方便的快递服务。

地方各级人民政府应当确保政府相关行为符合公平竞争要求和相关法律法规，维护快递业竞争秩序，不得出台违反公平竞争、可能造成地区封锁和行业垄断的政策措施。

第四条 任何单位或者个人不得利用信件、包裹、印刷品以及其他寄递物品（以下统称快件）从事危害国家安全、社会公共利益或者他人合法权益的活动。

除有关部门依照法律对快件进行检查外，任何单位或者个人不得非法检查他人快件。任何单位或者个人不得私自开拆、隐匿、毁弃、倒卖他人快件。

第五条 国务院邮政管理部门负责对全国快递业实施监督管理。国务院公安、国家安全、海关、工商行政管理、出入境检验检疫等有关部门在各自职责范围内负责相关的快递监督管理工作。

省、自治区、直辖市邮政管理机构和按照国务院规定设立的省级以下邮政管理机构负责对本辖区的快递业实施监督管理。县级以上地方人民政府有关部门在各自职责范围内负责相关的快递监督管理工作。

第六条 国务院邮政管理部门和省、自治区、直辖市邮政管理机构以及省级以下邮政管理机构（以下统称邮政管理部门）应当与公安、国家安全、海关、工商行政管理、出入境检验检疫等有关部门相互配合，建立健全快递安全监管机制，加强对快递业安全运行的监测预警，收集、共享与快递业安全运行有关的信息，依法处理影响快递业安全运行的事件。

第七条 依法成立的快递行业组织应当保护企业合法权益，加强行业自律，促进企业守法、诚信、安全经营，督促企业落实安全生产主体责任，引导企业不断提高快递服务质量和水平。

第八条 国家加强快递业诚信体系建设，建立健全快递业信用记录、信息公开、信用评价制度，依法实施联合惩戒措施，提高快递业信用水平。

第九条 国家鼓励经营快递业务的企业和寄件人使用可降解、可重复利用的环保包装材料，鼓励经营快递业务的企业采取措施回收快件包装材料，实现包装材料的减量化利用和再利用。

第二章 发展保障

第十条 国务院邮政管理部门应当制定快递业发展规划，促进快递业健康发展。

县级以上地方人民政府应当将快递业发展纳入本级国民经济和社会发展规划，在城乡规划和土地利用总体规划中统筹考虑快件大型集散、分拣等基础设施用地的需要。

县级以上地方人民政府建立健全促进快递业健康发展的政策措施，完善相关配套规定，依法保障经营快递业务的企业及其从业人员的合法权益。

第十一条　国家支持和鼓励经营快递业务的企业在农村、偏远地区发展快递服务网络，完善快递末端网点布局。

第十二条　国家鼓励和引导经营快递业务的企业采用先进技术，促进自动化分拣设备、机械化装卸设备、智能末端服务设施、快递电子运单以及快件信息化管理系统等的推广应用。

第十三条　县级以上地方人民政府公安、交通运输等部门和邮政管理部门应当加强协调配合，建立健全快递运输保障机制，依法保障快递服务车辆通行和临时停靠的权利，不得禁止快递服务车辆依法通行。

邮政管理部门会同县级以上地方人民政府公安等部门，依法规范快递服务车辆的管理和使用，对快递专用电动三轮车的行驶时速、装载质量等作出规定，并对快递服务车辆加强统一编号和标识管理。经营快递业务的企业应当对其从业人员加强道路交通安全培训。

快递从业人员应当遵守道路交通安全法律法规的规定，按照操作规范安全、文明驾驶车辆。快递从业人员因执行工作任务造成他人损害的，由快递从业人员所属的经营快递业务的企业依照民事侵权责任相关法律的规定承担侵权责任。

第十四条　企业事业单位、住宅小区管理单位应当根据实际情况，采取与经营快递业务的企业签订合同、设置快件收寄投递专门场所等方式，为开展快递服务提供必要的便利。鼓励多个经营快递业务的企业共享末端服务设施，为用户提供便捷的快递末端服务。

第十五条　国家鼓励快递业与制造业、农业、商贸业等行业建立协同发展机制，推动快递业与电子商务融合发展，加强信息沟通，共享设施和网络资源。

国家引导和推动快递业与铁路、公路、水路、民航等行业的标准对接，支持在大型车站、码头、机场等交通枢纽配套建设快件运输通道和接驳场所。

第十六条　国家鼓励经营快递业务的企业依法开展进出境快递业务，支持在重点口岸建设进出境快件处理中心、在境外依法开办快递服务机构并设置快件处理场所。

海关、出入境检验检疫、邮政管理等部门应当建立协作机制，完善进出境快件管理，推动实现快件便捷通关。

第三章　经营主体

第十七条　经营快递业务，应当依法取得快递业务经营许可。邮政管理部门应当根据《中华人民共和国邮政法》第五十二条、第五十三条规定的条件和程序核定经营许可的业务范围和地域范围，向社会公布取得快递业务经营许可的企业名单，并及时更新。

第十八条　经营快递业务的企业及其分支机构可以根据业务需要开办快递末端网点，并应当自开办之日起 20 日内向所在地邮政管理部门备案。快递末端网点无需办理营业执照。

第十九条　两个以上经营快递业务的企业可以使用统一的商标、字号或者快递运单经营快递业务。

前款规定的经营快递业务的企业应当签订书面协议明确各自的权利义务，遵守共同的服务约定，在服务质量、安全保障、业务流程等方面实行统一管理，为用户提供统一的快件跟踪查询和投诉处理服务。

用户的合法权益因快件延误、丢失、损毁或者内件短少而受到损害的，用户可以要求该商标、字号或者快递运单所属企业赔偿，也可以要求实际提供快递服务的企业赔偿。

第二十条　经营快递业务的企业应当依法保护其从业人员的合法权益。

经营快递业务的企业应当对其从业人员加强职业操守、服务规范、作业规范、安全生产、车辆安全驾驶等方面的教育和培训。

第四章　快递服务

第二十一条　经营快递业务的企业在寄件人填写快递运单前，应当提醒其阅读快递服务合同条款、遵守禁止寄递和限制寄递物品的有关规定，告知相关保价规则和保险服务项目。

寄件人交寄贵重物品的，应当事先声明；经营快递业务的企业可以要求寄件人对贵重物品予以保价。

第二十二条　寄件人交寄快件，应当如实提供以下事项：

（一）寄件人姓名、地址、联系电话；

（二）收件人姓名（名称）、地址、联系电话；

（三）寄递物品的名称、性质、数量。

除信件和已签订安全协议用户交寄的快件外，经营快递业务的企业收寄快件，应当对寄件人身份进行查验，并登记身份信息，但不得在快递运单上记录除姓名（名称）、地址、联系电话以外的用户身份信息。寄件人拒绝提供身份信息或者提供身份信息不实的，经营快递业务的企业不得收寄。

第二十三条　国家鼓励经营快递业务的企业在节假日期间根据业务量变化实际情况，为用户提供正常的快递服务。

第二十四条　经营快递业务的企业应当规范操作，防止造成快件损毁。

法律法规对食品、药品等特定物品的运输有特殊规定的，寄件人、经营快递业务的企业应当遵守相关规定。

第二十五条　经营快递业务的企业应当将快件投递到约定的收件地址、收件人或者收件人指定的代收人，并告知收件人或者代收人当面验收。收件人或者代收人有权当面验收。

第二十六条　快件无法投递的，经营快递业务的企业应当退回寄件人或者根据寄件人的要求进行处理；属于进出境快件的，经营快递业务的企业应当依法办理海关和检验检疫手续。

快件无法投递又无法退回的，依照下列规定处理：

（一）属于信件，自确认无法退回之日起超过 6 个月无人认领的，由经营快递业务的企业在所在地邮政管理部门的监督下销毁；

（二）属于信件以外其他快件的，经营快递业务的企业应当登记，并按照国务院邮政管理部门的规定处理；

（三）属于进境快件的，交由海关依法处理；其中有依法应当实施检疫的物品的，由出入境检验检疫部门依法处理。

第二十七条　快件延误、丢失、损毁或者内件短少的，对保价的快件，应当按照经营快递业务的企业与寄件人约定的保价规则确定赔偿责任；对未保价的快件，依照民事法律的有关规定确定赔偿责任。

国家鼓励保险公司开发快件损失赔偿责任险种，鼓励经营快递业务的企业投保。

第二十八条　经营快递业务的企业应当实行快件寄递全程信息化管理，公布联系方式，保证与用户的联络畅通，向用户提供业务咨询、快件查询等服务。用户对快递服务质量不满意的，可以向经营快递业务的企业投诉，经营快递业务的企业应当自接到投诉之日起 7 日内予以处理并告知用户。

第二十九条　经营快递业务的企业停止经营的，应当提前 10 日向社会公告，书面告知邮政管理部门，交回快递业务经营许可证，并依法妥善处理尚未投递的快件。

经营快递业务的企业或者其分支机构因不可抗力或者其他特殊原因暂停快递服务的，应当及时向邮政管理部门报告，向社会公告暂停服务的原因和期限，并依法妥善处理尚未投递的快件。

第五章　快递安全

第三十条　寄件人交寄快件和经营快递业务的企业收寄快件应当遵守《中华人民共和国邮政法》第二十四条关于禁止寄递或者限制寄递物品的规定。

禁止寄递物品的目录及管理办法，由国务院邮政管理部门会同国务院有关部门制定并公布。

第三十一条　经营快递业务的企业收寄快件，应当依照《中华人民共和国邮政法》的规定验视内件，并作出验视标识。寄件人拒绝验视的，经营快递业务的企业不得收寄。

经营快递业务的企业受寄件人委托，长期、批量提供快递服务的，应当与寄件人签订安全协议，明确双方的安全保障义务。

第三十二条　经营快递业务的企业可以自行或者委托第三方企业对快件进行安全检查，并对经过安全检查的快件作出安全检查标识。经营快递业务的企业委托第三方企业对快件进行安全检查的，不免除委托方对快件安全承担的责任。

经营快递业务的企业或者接受委托的第三方企业应当使用符合强制性国家标准的安全检查设备，并加强对安全检查人员的背景审查和技术培训；经营快递业务的企业或者接受委托的第三方企业对安全检查人员进行背景审查，公安机关等相关部门应当予以配合。

第三十三条　经营快递业务的企业发现寄件人交寄禁止寄递物品的，应当拒绝收寄；发现已经收寄的快件中有疑似禁止寄递物品的，应当立即停止分拣、运输、投递。对快件中依法应当没收、销毁或者可能涉及违法犯罪的物品，经营快递业务的企业应当立即向有关部门报告并配合调查处理；对其他禁止寄递物品以及限制寄递物品，经营快递业务的企业应当按照法律、行政法规或者国务院和国务院有关主管部门的规定处理。

第三十四条　经营快递业务的企业应当建立快递运单及电子数据管理制度，妥善保管用户信息等电子数据，定期销毁快递运单，采取有效技术手段保证用户信息安全。具体办法由国务院邮政管理部门会同国务院有关部门制定。

经营快递业务的企业及其从业人员不得出售、泄露或者非法提供快递服务过程中知悉的用户信息。发生或者可能发生用户信息泄露的，经营快递业务的企业应当立即采取补救措施，并向所在地邮政管理部门报告。

第三十五条　经营快递业务的企业应当依法建立健全安全生产责任制，确保快递服务安全。

经营快递业务的企业应当依法制定突发事件应急预案，定期开展突发事件应急演练；发生突发事件的，应当按照应急预案及时、妥善处理，并立即向所在地邮政管理部门报告。

第六章　监督检查

第三十六条　邮政管理部门应当加强对快递业的监督检查。监督检查应当以下列事项为重点：

（一）从事快递活动的企业是否依法取得快递业务经营许可；

（二）经营快递业务的企业的安全管理制度是否健全并有效实施；

（三）经营快递业务的企业是否妥善处理用户的投诉、保护用户合法权益。

第三十七条　邮政管理部门应当建立和完善以随机抽查为重点的日常监督检查制度，公布抽查事项目录，明确抽查的依据、频次、方式、内容和程序，随机抽取被检查企业，随机选派检查人员。抽查情况和查处结果应当及时向社会公布。

邮政管理部门应当充分利用计算机网络等先进技术手段，加强对快递业务活动的日常监督检查，提高快递业管理水平。

第三十八条　邮政管理部门依法履行职责，有权采取《中华人民共和国邮政法》第六十一条规定的监督检查措施。邮政管理部门实施现场检查，有权查阅经营快递业务的企业管理快递业务的电子数据。

国家安全机关、公安机关为维护国家安全和侦查犯罪活动的需要依法开展执法活动，经营快递业务的企业应当提供技术支持和协助。

《中华人民共和国邮政法》第十一条规定的处理场所，包括快件处理场地、设施、设备。

第三十九条　邮政管理部门应当向社会公布本部门的联系方式，方便公众举报违法行为。

邮政管理部门接到举报的，应当及时依法调查处理，并为举报人保密。对实名举报的，邮政管理部门应当将处理结果告知举报人。

第七章　法律责任

第四十条　未取得快递业务经营许可从事快递活动的，由邮政管理部门依照《中华人民共和国邮政法》的规定予以处罚。

经营快递业务的企业或者其分支机构有下列行为之一的，由邮政管理部门责令改正，可以处 1 万元以下的罚款；情节严重的，处 1 万元以上 5 万元以下的罚款，并可以责令停业整顿：

（一）开办快递末端网点未向所在地邮政管理部门备案；

（二）停止经营快递业务，未提前 10 日向社会公告，未书面告知邮政管理部门并交回快递业务经营许可证，或者未依法妥善处理尚未投递的快件；

（三）因不可抗力或者其他特殊原因暂停快递服务，未及时向邮政管理部门报告并向社会公告暂停服务的原因和期限，或者未依法妥善处理尚未投递的快件。

第四十一条　两个以上经营快递业务的企业使用统一的商标、字号或者快递运单经营快递业务，未遵守共同的服务约定，在服务质量、安全保障、业务流程等方面未实行统一管理，或者未向用户提供统一的快件跟踪查询和投诉处理服务的，由邮政管理部门责令改正，处 1 万元以上 5 万元以下的罚款；情节严重的，处 5 万元以上 10 万元以下的罚款，并可以责令停业整顿。

第四十二条　冒领、私自开拆、隐匿、毁弃、倒卖或者非法检查他人快件，尚不构成犯罪的，依法给予治安管理处罚。

经营快递业务的企业有前款规定行为，或者非法扣留快件的，由邮政管理部门责令改正，没收违法所得，并处 5 万元以上 10 万元以下的罚款；情节严重的，并处 10 万元以上 20 万元以下的罚款，并可以责令停业整顿直至吊销其快递业务经营许可证。

第四十三条　经营快递业务的企业有下列情形之一的，由邮政管理部门依照《中华人民共和国邮政法》、《中华人民共和国反恐怖主义法》的规定予以处罚：

（一）不建立或者不执行收寄验视制度；

（二）违反法律、行政法规以及国务院和国务院有关部门关于禁止寄递或者限制寄递物品的规定；

（三）收寄快件未查验寄件人身份并登记身份信息，或者发现寄件人提供身份信息不实仍予收寄；

（四）未按照规定对快件进行安全检查。

寄件人在快件中夹带禁止寄递的物品，尚不构成犯罪的，依法给予治安管理处罚。

第四十四条　经营快递业务的企业有下列行为之一的，由邮政管理部门责令改正，没收违法所得，并处 1 万元以上 5 万元以下的罚款；情节严重的，并处 5 万元以上 10 万元以下的罚款，并可以责令停业整顿直至吊销其快递业务经营许可证：

（一）未按照规定建立快递运单及电子数据管理制度；

（二）未定期销毁快递运单；

（三）出售、泄露或者非法提供快递服务过程中知悉的用户信息；

（四）发生或者可能发生用户信息泄露的情况，未立即采取补救措施，或者未向所在地邮政管理部门报告。

第四十五条　经营快递业务的企业及其从业人员在经营活动中有危害国家安全行为的，依法追究法律责任；对经营快递业务的企业，由邮政管理部门吊销其快递业务经营许可证。

第四十六条　邮政管理部门和其他有关部门的工作人员在监督管理工作中滥用职权、玩忽职守、徇私舞弊的，依法给予处分。

第四十七条　违反本条例规定，构成犯罪的，依法追究刑事责任；造成人身、财产或者其他损害的，依法承担赔偿责任。

第八章　附则

第四十八条　本条例自 2018 年 5 月 1 日起施行。

（2018 年 3 月 27 日）

国务院办公厅关于推进电子商务与快递物流协同发展的意见

国办发〔2018〕1 号

各省、自治区、直辖市人民政府，国务院各部委、各直属机构：

近年来，我国电子商务与快递物流协同发展不断加深，推进了快递物流转型升级、提质增效，促进了电子商务快速发展。但是，电子商务与快递物流协同发展仍面临政策法规体系不完善、发展不协调、衔接不顺畅等问题。为全面贯彻党的十九大精神，深入贯彻落实习近平新时代中国特色社会主义思想，落实新发展理念，深入实施“互联网 + 流通”行动计划，提高电子商务与快递物流协同发展水平，经国务院同意，现提出以下意见。

一、强化制度创新，优化协同发展政策法规环境

（一）深化“放管服”改革。简化快递业务经营许可程序，改革快递企业年度报告制度，实施快递末端网点备案管理。优化完善快递业务经营许可管理信息系统，实现许可备案事项网上统一办理。加强事中事后监管，全面推行“双随机、一公开”监管。（国家邮政局负责）

（二）创新产业支持政策。创新价格监管方式，引导电子商务平台逐步实现商品定价与快递服务定价相分离，促进快递企业发展面向消费者的增值服务。（国家发展改革委、商务部、国家邮政局负责）创新公共服务设施管理方式，明确智能快件箱、快递末端综合服务场所的公共属性，为专业化、公共化、平台化、集约化的快递末端网点提供用地保障等配套政策。（国土资源部、住房城乡建设部、国家邮政局负责）

（三）健全企业间数据共享制度。完善电子商务与快递物流数据保护、开放共享规则，建立数据中断等风险评估、提前通知和事先报告制度。在确保消费者个人信息安全的前提下，鼓励和引导电子商务平台与快递物流企业之间开展数据交换共享，共同提升配送效率。（商务部、国家邮政局会同相关部门负责）

（四）健全协同共治管理模式。发挥行业协会自律作用，推动出台行业自律公约，强化企业主体责任，鼓励签署自律承诺书，促进行业健康发展。引导电子商务、物流和快递等平台型企业健全平台服务协议、交易规则和信用评价制度，切实维护公平竞争秩序，保护消费者权益；鼓励开放数据、技术等资源，赋能上下游中小微企业，实现行业间、企业间开放合作、互利共赢。（商务部、交通运输部、国家邮政局会同相关部门负责）

二、强化规划引领，完善电子商务快递物流基础设施

（五）加强规划协同引领。综合考虑地域区位、功能定位、发展水平等因素，统筹规划电子商务与快递物流发展。针对电子商务全渠道、多平台、线上线下融合等特点，科学引导快递物流基础设施建设，构建适应电子商务发展的快递物流服务体系。快递物流相关仓储、分拨、配送等设施用地须符合土地利用总体规划并纳入城乡规划，将智能快件箱、快递末端综合服务场所纳入公共服务设施相关规划。加强相关规划间的有效衔接和统一管理。（各省级人民政府、国土资源部、住房城乡建设部负责）

（六）保障基础设施建设用地。落实好现有相关用地政策，保障电子商务快递物流基础设施建设用地。在不改变用地主体、规划条件的前提下，利用存量房产和土地资源建设电子商务快递物流项目的，可在 5 年内保持土地原用途和权利类型不变，5 年期满后需办理相关用地手续的，可采取协议方式办理。（各省级人民政府、国土资源部负责）

（七）加强基础设施网络建设。引导快递物流企业依托全国性及区域性物流节点城市、国家电子商务示范城市、快递示范城市，完善优化快递物流网络布局，加强快件处理中心、航空及陆运集散中心和基层网点等网络节点建设，构建层级合理、规模适当、匹配需求的电子商务快递物流网络。优化农村快递资源配置，健全以县级物流配送中心、乡镇配送节点、村级公共服务点为支撑的农村配送网络。（国家发展改革委、商务部、国家邮政局负责）

（八）推进园区建设与升级。推动电子商务园区与快递物流园区发展，形成产业集聚效应，提高区域辐射能力。引导国家电子商务示范基地、电子商务产业园区与快递物流园区融合发展。鼓励传统物流园区适应电子商务和快递业发展需求转型升级，提升仓储、运输、配送、信息等综合管理和服务水平。（各省级人民政府、国家发展改革委、商务部、国家邮政局负责）

三、强化规范运营，优化电子商务配送通行管理

（九）推动配送车辆规范运营。鼓励各地对快递服务车辆实施统一编号和标识管理，加强对快递服务车辆驾驶人交通安全教育。支持快递企业为快递服务车辆统一购买交通意外险。规范快递服务车辆运营管理。（各省级人民政府负责）引导企业使用符合标准的配送车型，推动配送车辆标准化、厢式化。（国家邮政局、交通运输部、工业和信息化部、国家标准委、各省级人民政府负责）

（十）便利配送车辆通行。指导各地完善城市配送车辆通行管理政策，合理确定通行区域和时段，对快递服务车辆等城市配送车辆给予通行便利。推动各地完善商业区、居住区、高等院校等区域停靠、装卸、充电等设施，推广分时停车、错时停车，进一步提高停车设施利用率。（各省级人民政府、交通运输部、国家邮政局、公安部负责）

四、强化服务创新，提升快递末端服务能力

（十一）推广智能投递设施。鼓励将推广智能快件箱纳入便民服务、民生工程等项目，加快社区、高等院校、商务中心、地铁站周边等末端节点布局。支持传统信报箱改造，推动邮政普遍服务与快递服务一体化、智能化。（国家邮政局、各省级人民政府负责）

（十二）鼓励快递末端集约化服务。鼓励快递企业开展投递服务合作，建设快递末端综合服务场所，开展联收联投。促进快递末端配送、服务资源有效组织和统筹利用，鼓励快递物流企业、电子商务企业与连锁商业机构、便利店、物业服务企业、高等院校开展合作，提供集约化配送、网订

店取等多样化、个性化服务。（国家邮政局会同相关部门负责）

五、强化标准化智能化，提高协同运行效率

（十三）提高科技应用水平。鼓励快递物流企业采用先进适用技术和装备，提升快递物流装备自动化、专业化水平。（工业和信息化部、国家发展改革委、国家邮政局负责）加强大数据、云计算、机器人等现代信息技术和装备在电子商务与快递物流领域应用，大力推进库存前置、智能分仓、科学配载、线路优化，努力实现信息协同化、服务智能化。（国家发展改革委、商务部、国家邮政局会同相关部门负责）

（十四）鼓励信息互联互通。加强快递物流标准体系建设，推动建立电子商务与快递物流各环节数据接口标准，推进设施设备、作业流程、信息交换一体化。（国家标准委、国家发展改革委、工业和信息化部、商务部、国家邮政局负责）引导电子商务企业与快递物流企业加强系统互联和业务联动，共同提高信息系统安全防护水平。（商务部、国家邮政局负责）鼓励建设快递物流信息综合服务平台，优化资源配置，实现供需信息实时共享和智能匹配。（国家邮政局负责）

（十五）推动供应链协同。鼓励仓储、快递、第三方技术服务企业发展智能仓储，延伸服务链条，优化电子商务企业供应链管理。发展仓配一体化服务，鼓励企业集成应用各类信息技术，整合共享上下游资源，促进商流、物流、信息流、资金流等无缝衔接和高效流动，提高电子商务企业与快递物流企业供应链协同效率。（国家发展改革委、商务部、国家邮政局负责）

六、强化绿色理念，发展绿色生态链

（十六）促进资源集约。鼓励电子商务企业与快递物流企业开展供应链绿色流程再造，提高资源复用率，降低企业成本。加强能源管理，建立绿色节能低碳运营管理流程和机制，在仓库、分拨中心、数据中心、管理中心等场所推广应用节水、节电、节能等新技术新设备，提高能源利用效率。（国家发展改革委、环境保护部、工业和信息化部负责）

（十七）推广绿色包装。制定实施电子商务绿色包装、减量包装标准，推广应用绿色包装技术和材料，推进快递物流包装物减量化。（商务部、国家邮政局、国家标准委负责）开展绿色包装试点示范，培育绿色发展典型企业，加强政策支持和宣传推广。（国家发展改革委会同相关部门负责）鼓励电子商务平台开展绿色消费活动，提供绿色包装物选择，依不同包装物分类定价，建立积分反馈、绿色信用等机制引导消费者使用绿色包装或减量包装。（商务部会同相关部门负责）探索包装回收和循环利用，建立包装生产者、使用者和消费者等多方协同回收利用体系。（国家发展改革委、环境保护部、商务部、国家邮政局负责）建立健全快递包装生产者责任延伸制度。（国家发展改革委、环境保护部、国家邮政局负责）

（十八）推动绿色运输与配送。加快调整运输结构，逐步提高铁路等清洁运输方式在快递物流领域的应用比例。鼓励企业综合运用电子商务交易、物流配送等信息，优化调度，减少车辆空载和在途时间。（国家邮政局、交通运输部负责）鼓励快递物流领域加快推广使用新能源汽车和满足更高排放标准的燃油汽车，逐步提高新能源汽车使用比例。（各省级人民政府负责）

各地区、各有关部门要充分认识推进电子商务与快递物流协同发展的重要意义，强化组织领导和统筹协调，结合本地区、本部门、本系统实际，落实本意见明确的各项政策措施，加强对新兴服务业态的研究和相关政策储备。各地区要制定具体实施方案，明确任务分工，落实工作责任。商务部、国家邮政局要会同有关部门加强工作指导和监督检查，确保各项措施落实到位。

国务院办公厅

2018 年 1 月 2 日

（此件公开发布）

国务院办公厅关于积极推进供应链创新与应用的指导意见

国办发〔2017〕84号

各省、自治区、直辖市人民政府，国务院各部委、各直属机构：

供应链是以客户需求为导向，以提高质量和效率为目标，以整合资源为手段，实现产品设计、采购、生产、销售、服务等全过程高效协同的组织形态。随着信息技术的发展，供应链已发展到与互联网、物联网深度融合的智慧供应链新阶段。为加快供应链创新与应用，促进产业组织方式、商业模式和政府治理方式创新，推进供给侧结构性改革，经国务院同意，现提出以下意见。

一、重要意义

（一）落实新发展理念的重要举措。

供应链具有创新、协同、共赢、开放、绿色等特征，推进供应链创新发展，有利于加速产业融合、深化社会分工、提高集成创新能力，有利于建立供应链上下游企业合作共赢的协同发展机制，有利于建立覆盖设计、生产、流通、消费、回收等各环节的绿色产业体系

（二）供给侧结构性改革的重要抓手。

供应链通过资源整合和流程优化，促进产业跨界和协同发展，有利于加强从生产到消费等各环节的有效对接，降低企业经营和交易成本，促进供需精准匹配和产业转型升级，全面提高产品和服务质量。供应链金融的规范发展，有利于拓宽中小微企业的融资渠道，确保资金流向实体经济。

（三）引领全球化提升竞争力的重要载体。

推进供应链全球布局，加强与伙伴国家和地区之间的合作共赢，有利于我国企业更深更广融入全球供给体系，推进“一带一路”建设落地，打造全球利益共同体和命运共同体。建立基于供应链的全球贸易新规则，有利于提高我国在全球经济治理中的话语权，保障我国资源能源安全和产业安全。

二、总体要求

（一）指导思想。

全面贯彻党的十八大和十八届三中、四中、五中、六中全会精神，深入贯彻习近平总书记系列重要讲话精神和治国理政新理念新思想新战略，认真落实党中央、国务院决策部署，统筹推进“五位一体”总体布局和协调推进“四个全面”战略布局，坚持以人民为中心的发展思想，坚持稳中求进工作总基调，牢固树立和贯彻落实创新、协调、绿色、开放、共享的发展理念，以提高发展质量和效益为中心，以供应链与互联网、物联网深度融合为路径，以信息化、标准化、信用体系建设和人才培养为支撑，创新发展供应链新理念、新技术、新模式，高效整合各类资源和要素，提升产业集成和协同水平，打造大数据支撑、网络化共享、智能化协作的智慧供应链体系，推进供给侧结构性改革，提升我国经济全球竞争力。

（二）发展目标。

到2020年，形成一批适合我国国情的供应链发展新技术和新模式，基本形成覆盖我国重点产业的智慧供应链体系。供应链在促进降本增效、供需匹配和产业升级中的作用显著增强，成为供给侧结构性改革的重要支撑。培育100家左右的全球供应链领先企业，重点产业的供应链竞争力进入世界前列，中国成为全球供应链创新与应用的重要中心。

三、重点任务

（一）推进农村一二三产业融合发展。

1. 创新农业产业组织体系。鼓励家庭农场、农民合作社、农业产业化龙头企业、农业社会化服务组织等合作建立集农产品生产、加工、流通和服务等于一体的农业供应链体系，发展种养加、产供销、内外贸一体化的现代农业。鼓励承包农户采用土地流转、股份合作、农业生产托管等方式融入农业供应链体系，完善利益联结机制，促进多种形式的农业适度规模经营，把农业生产引入现代农业发展轨道。（农业部、商务部等负责）

2. 提高农业生产科学化水平。推动建设农业供应链信息平台，集成农业生产经营各环节的大数据，共享政策、市场、科技、金融、保险等信息服务，提高农业生产科技化和精准化水平。加强产销衔接，优化种养结构，促进农业生产向消费导向型转变，增加绿色优质农产品供给。鼓励发展农业生产性服务业，开拓农业供应链金融服务，支持订单农户参加农业保险。（农业部、科技部、商务部、银监会、保监会等负责）

3. 提高质量安全追溯能力。加强农产品和食品冷链设施及标准化建设，降低流通成本和损耗。建立基于供应链的重要产品质量安全追溯机制，针对肉类、蔬菜、水产品、中药材等食用农产品，婴幼儿配方食品、肉制品、乳制品、食用植物油、白酒等食品，农药、兽药、饲料、肥料、种子等农业生产资料，将供应链上下游企业全部纳入追溯体系，构建来源可查、去向可追、责任可究的全链条可追溯体系，提高消费安全水平。（商务部、国家发展改革委、科技部、农业部、质检总局、食品药品监管总局等负责）

（二）促进制造协同化、服务化、智能化。

1. 推进供应链协同制造。推动制造企业应用精益供应链等管理技术，完善从研发设计、生产制造到售后服务的全链条供应链体系。推动供应链上下游企业实现协同采购、协同制造、协同物流，促进大中小企业专业化分工协作，快速响应客户需求，缩短生产周期和新品上市时间，降低生产经营和交易成本。（工业和信息化部、国家发展改革委、科技部、商务部等负责）

2. 发展服务型制造。建设一批服务型制造公共服务平台，发展基于供应链的生产性服务业。鼓励相关企业向供应链上游拓展协同研发、众包设计、解决方案等专业服务，向供应链下游延伸远程诊断、维护检修、仓储物流、技术培训、融资租赁、消费信贷等增值服务，推动制造供应链向产业服务供应链转型，提升制造产业价值链。（工业和信息化部、国家发展改革委、科技部、商务部、人民银行、银监会等负责）

3. 促进制造供应链可视化和智能化。推动感知技术在制造供应链关键节点的应用，促进全链条信息共享，实现供应链可视化。推进机械、航空、船舶、汽车、轻工、纺织、食品、电子等行业供应链体系的智能化，加快人机智能交互、工业机器人、智能工厂、智慧物流等技术和装备的应用，提高敏捷制造能力。（工业和信息化部、国家发展改革委、科技部、商务部等负责）

（三）提高流通现代化水平。

1. 推动流通创新转型。应用供应链理念和技术，大力发展智慧商店、智慧商圈、智慧物流，提升流通供应链智能化水平。鼓励批发、零售、物流企业整合供应链资源，构建采购、分销、仓储、配送供应链协同平台。鼓励住宿、餐饮、养老、文化、体育、旅游等行业建设供应链综合服务和交易平台，完善供应链体系，提升服务供给质量和效率。（商务部、国家发展改革委、科技部、质检总局等负责）

2. 推进流通与生产深度融合。鼓励流通企业与生产企业合作，建设供应链协同平台，准确及时传导需求信息，实现需求、库存和物流信息的实时共享，引导生产端优化配置生产资源，加速技术和产品创新，按需组织生产，合理安排库存。实施内外销产品“同线同标同质”等一批示范工程，

提高供给质量。（商务部、工业和信息化部、农业部、质检总局等负责）

3. 提升供应链服务水平。引导传统流通企业向供应链服务企业转型，大力培育新型供应链服务企业。推动建立供应链综合服务平台，拓展质量管理、追溯服务、金融服务、研发设计等功能，提供采购执行、物流服务、分销执行、融资结算、商检报关等一体化服务。（商务部、人民银行、银监会等负责）

（四）积极稳妥发展供应链金融。

1. 推动供应链金融服务实体经济。推动全国和地方信用信息共享平台、商业银行、供应链核心企业等开放共享信息。鼓励商业银行、供应链核心企业等建立供应链金融服务平台，为供应链上下游中小微企业提供高效便捷的融资渠道。鼓励供应链核心企业、金融机构与人民银行征信中心建设的应收账款融资服务平台对接，发展线上应收账款融资等供应链金融模式。（人民银行、国家发展改革委、商务部、银监会、保监会等负责）

2. 有效防范供应链金融风险。推动金融机构、供应链核心企业建立债项评级和主体评级相结合的风险控制体系，加强供应链大数据分析和应用，确保借贷资金基于真实交易。加强对供应链金融的风险监控，提高金融机构事中事后风险管理水平，确保资金流向实体经济。健全供应链金融担保、抵押、质押机制，鼓励依托人民银行征信中心建设的动产融资统一登记系统开展应收账款及其他动产融资质押和转让登记，防止重复质押和空单质押，推动供应链金融健康稳定发展。（人民银行、商务部、银监会、保监会等负责）

（五）积极倡导绿色供应链。

1. 大力倡导绿色制造。推行产品全生命周期绿色管理，在汽车、电器电子、通信、大型成套装备及机械等行业开展绿色供应链管理示范。强化供应链的绿色监管，探索建立统一的绿色产品标准、认证、标识体系，鼓励采购绿色产品和服务，积极扶植绿色产业，推动形成绿色制造供应链体系。（国家发展改革委、工业和信息化部、环境保护部、商务部、质检总局等按职责分工负责）

2. 积极推行绿色流通。积极倡导绿色消费理念，培育绿色消费市场。鼓励流通环节推广节能技术，加快节能设施设备的升级改造，培育一批集节能改造和节能产品销售于一体的绿色流通企业。加强绿色物流新技术和设备的研究与应用，贯彻执行运输、装卸、仓储等环节的绿色标准，开发应用绿色包装材料，建立绿色物流体系。（商务部、国家发展改革委、环境保护部等负责）

3. 建立逆向物流体系。鼓励建立基于供应链的废旧资源回收利用平台，建设线上废弃物和再生资源交易市场。落实生产者责任延伸制度，重点针对电器电子、汽车产品、轮胎、蓄电池和包装物等产品，优化供应链逆向物流网点布局，促进产品回收和再制造发展。（国家发展改革委、工业和信息化部、商务部等按职责分工负责）

（六）努力构建全球供应链。

1. 积极融入全球供应链网络。加强交通枢纽、物流通道、信息平台等基础设施建设，推进与“一带一路”沿线国家互联互通。推动国际产能和装备制造合作，推进边境经济合作区、跨境经济合作区、境外经贸合作区建设，鼓励企业深化对外投资合作，设立境外分销和服务网络、物流配送中心、海外仓等，建立本地化的供应链体系。（商务部、国家发展改革委、交通运输部等负责）

2. 提高全球供应链安全水平。鼓励企业建立重要资源和产品全球供应链风险预警系统，利用两个市场两种资源，提高全球供应链风险管理水平。制定和实施国家供应链安全计划，建立全球供应链风险预警评价指标体系，完善全球供应链风险预警机制，提升全球供应链风险防控能力。（国家发展改革委、商务部等按职责分工负责）

3. 参与全球供应链规则制定。依托全球供应链体系，促进不同国家和地区包容共享发展，形成全球利益共同体和命运共同体。在人员流动、资格互认、标准互通、认可认证、知识产权等方面加强与主要贸易国家和“一带一路”沿线国家的磋商与合作，推动建立有利于完善供应链利益联结机制的全球经贸新规则。（商务部、国家发展改革委、人力资源社会保障部、质检总局等负责）

四、保障措施

（一）营造良好的供应链创新与应用政策环境。

鼓励构建以企业为主导、产学研用合作的供应链创新网络，建设跨界交叉领域的创新服务平台，提供技术研发、品牌培育、市场开拓、标准化服务、检验检测认证等服务。鼓励社会资本设立供应链创新产业投资基金，统筹结合现有资金、基金渠道，为企业开展供应链创新与应用提供融资支持。（科技部、工业和信息化部、财政部、商务部、人民银行、质检总局等按职责分工负责）

研究依托国务院相关部门成立供应链专家委员会，建设供应链研究院。鼓励有条件的地方建设供应链科创研发中心。支持建设供应链创新与应用的政府监管、公共服务和信息共享平台，建立行业指数、经济运行、社会预警等指标体系。（科技部、商务部等按职责分工负责）

研究供应链服务企业在国民经济中的行业分类，理顺行业管理。符合条件的供应链相关企业经认定为国家高新技术企业后，可按规定享受相关优惠政策。符合外贸企业转型升级、服务外包相关政策条件的供应链服务企业，按现行规定享受相应支持政策。（国家发展改革委、科技部、工业和信息化部、财政部、商务部、国家统计局等按职责分工负责）

（二）积极开展供应链创新与应用试点示范。

开展供应链创新与应用示范城市试点，鼓励试点城市制定供应链发展的支持政策，完善本地重点产业供应链体系。培育一批供应链创新与应用示范企业，建设一批跨行业、跨领域的供应链协同、交易和服务示范平台。（商务部、工业和信息化部、农业部、人民银行、银监会等负责）

（三）加强供应链信用和监管服务体系建设。

完善全国信用信息共享平台、国家企业信用信息公示系统和“信用中国”网站，健全政府部门信用信息共享机制，促进商务、海关、质检、工商、银行等部门和机构之间公共数据资源的互联互通。研究利用区块链、人工智能等新兴技术，建立基于供应链的信用评价机制。推进各类供应链平台有机对接，加强对信用评级、信用记录、风险预警、违法失信行为等信息的披露和共享。创新供应链监管机制，整合供应链各环节涉及的市场准入、海关、质检等政策，加强供应链风险管控，促进供应链健康稳定发展。（国家发展改革委、交通运输部、商务部、人民银行、海关总署、税务总局、工商总局、质检总局、食品药品监管总局等按职责分工负责）

（四）推进供应链标准体系建设。

加快制定供应链产品信息、数据采集、指标口径、交换接口、数据交易等关键共性标准，加强行业间数据信息标准的兼容，促进供应链数据高效传输和交互。推动企业提高供应链管理流程标准化水平，推进供应链服务标准化，提高供应链系统集成和资源整合能力。积极参与全球供应链标准制定，推进供应链标准国际化进程。（质检总局、国家发展改革委、工业和信息化部、商务部等负责）

（五）加快培养多层次供应链人才。

支持高等院校和职业学校设置供应链相关专业和课程，培养供应链专业人才。鼓励相关企业和专业机构加强供应链人才培训。创新供应链人才激励机制，加强国际化的人才流动与管理，吸引和聚集世界优秀供应链人才。（教育部、人力资源社会保障部、商务部等按职责分工负责）

（六）加强供应链行业组织建设。

推动供应链行业组织建设供应链公共服务平台，加强行业研究、数据统计、标准制修订和国际交流，提供供应链咨询、人才培训等服务。加强行业自律，促进行业健康有序发展。加强与国外供应链行业组织的交流合作，推动供应链专业资质相互认证，促进我国供应链发展与国际接轨。（国家发展改革委、工业和信息化部、人力资源社会保障部、商务部、质检总局等按职责分工负责）

国务院办公厅

2017 年 10 月 5 日

商务部 公安部 交通运输部 国家邮政局 供销合作总社关于印发《城乡高效配送专项行动计划（2017-2020 年）》的通知

各省、自治区、直辖市、计划单列市及新疆生产建设兵团商务、公安、交通运输、邮政、供销合作部门:

为深入贯彻落实《国务院办公厅关于进一步推进物流降本增效促进实体经济发展的意见》（国办发〔2017〕73 号）、《商贸物流发展“十三五”规划》（商流通发〔2017〕29 号）等文件精神，完善城乡物流网络节点，降低物流配送成本，提高物流配送效率，商务部、公安部、交通运输部、国家邮政局、供销合作总社联合制定了《城乡高效配送专项行动计划（2017-2020 年）》，现印发给你们，请结合本地区、本部门实际，认真组织实施。

城乡高效配送专项行动计划（2017-2020 年）

为贯彻落实《国务院办公厅关于进一步推进物流降本增效促进实体经济发展的意见》（国办发〔2017〕73 号）、《商贸物流发展“十三五”规划》（商流通发〔2017〕29 号）等文件精神，完善城乡物流网络节点，降低物流配送成本，提高物流配送效率，商务部、公安部、交通运输部、国家邮政局、供销合作总社拟在全国范围开展城乡高效配送专项行动。

一、总体要求

（一）指导思想

全面贯彻党的十九大精神，牢固树立新发展理念，认真落实党中央、国务院关于深入推进供给侧结构性改革、降低实体经济成本的决策部署，充分发挥市场在资源配置中的决定性作用，更好发挥政府作用，以体制机制改革为动力，以网络构建为基础，以模式创新为引领，以技术应用为支撑，以共享协同为重点，切实破解制约城乡配送发展的突出问题，推进城乡配送网络化、集约化、标准化，便利居民消费，促进城乡双向流通。

（二）基本原则

坚持市场主导与政府引导相结合。依托市场机制有效配置资源；发挥政府统筹作用，引导城乡配送高效集约。

坚持问题导向与重点突破相结合。聚焦突出问题，着力破解制约城乡配送发展的瓶颈和障碍。

坚持因地施策与注重实效相结合。综合考量各地基础条件和配送需求，因地制宜，务求实效。

坚持试点示范与以点带面相结合。通过引方向、促改革、立标杆等方式，将成熟经验向全国推广。

（三）主要目标

到 2020 年，初步建立起高效集约、协同共享、融合开放、绿色环保的城乡高效配送体系。确定全国城乡高效配送示范城市 50 个左右、骨干企业 100 家左右。

--基础设施更加完善。城市配送网络基本健全，农村配送网络基本形成，城乡配送网络基本衔接。

--运行效率显著提高。配送组织方式更加集约，先进技术和通用标准得到广泛应用。配送成本明显下降，商贸企业物流费用率降低到 7% 左右。

--发展环境更加优化。制约城乡配送发展的体制机制性问题得到有效解决。规划保障更加有力，停靠装卸等配套设施更加完善，配送车辆资源配置更加合理，通行更加顺畅。

二、主要任务

（四）完善城乡配送网络

1. 优化城市配送网络。加快构建以综合物流中心（物流园区）、公共配送（分拨）中心、末端配送网点为支撑的城市配送网络。鼓励根据需求建设集仓储、运输、分拨、配送、信息、交易功能于一体的综合物流中心，强化物流中心的集聚辐射功能。鼓励建设相对集中的公共配送（分拨）中心，支持仓储、零担运输、电商、邮政、快递等各类企业共建共用，提升配送中心的公共属性。加快建设末端配送网点，丰富零售门店的送、取货物功能，完善快递基层服务网点布局，支持邮政综合服务平台建设，发展自助提货设施等末端公共服务点。

2. 完善农村配送网络。健全以县域物流配送中心、乡（镇）配送节点、村级公共服务点为支撑的农村配送网络，鼓励有条件的地区构建公共配送中心和末端网点直通快捷的农村配送网络。支持县域物流配送中心强化资源整合、集散中转、仓储配送等功能。依托乡镇连锁超市、邮政营业场所、客货运站场、快递网点、农资站等网络资源，建设上接县、下联村的农村配送节点。依托农家店、便民店、村邮站、三农服务站等末端网点，发展农村公共服务点。农产品主产区乡镇重点建设具有农产品集聚、产地预冷、加工配送等功能的公共冷链设施，从产地高起点发展冷链物流网络。

3. 加强城乡配送网络衔接。发挥区域配送中心衔接城乡的功能优势，形成衔接有效、往返互动的双向流通网络。鼓励跨部门资源共享和跨行业协作联营，推动商贸流通、交通运输、邮政、快递、供销合作、第三方物流等企业向农村延伸服务网络，充分利用农村现有仓配资源，拓展农产品上行物流通道，打造“一点多能、一网多用、深度融合”的城乡配送服务网络。

（五）优化城乡配送组织方式

4. 加快发展集约化配送。发挥第三方物流企业仓配一体化服务优势，融合供应商、实体零售门店、网络零售的配送需求，发展面向各类终端的共同配送。依托物流园区、批发市场等配送需求集中场所，整合零担长途干线运输“落地配”与城市配送资源，发展面向机关单位、工商企业、学校医院等消费团体的集中配送。扩大零售终端网络，整合供应商配送需求，发展面向连锁超市、百货店、专卖店、专业店等零售门店的统一配送。依托专业大户、家庭农场、农民合作社、农业产业化龙头企业等新型农业经营主体，发展面向电商平台和团体消费的农产品批量配送。结合城市交通状况和配送需求，加强商贸、快递与物流企业的协同协作，因地制宜发展夜间配送、分时段配送。创新发展符合个性化、定制化消费的配送方式。

5. 推动各类配送资源协同共享。加快发展公用型仓储设施，强化集货、分拨和配送功能，推动各类配送中心对外开放、共享共用，推动供应链各环节库存统一管理。加强实体商业配送网络与电商、快递等物流配送网络的协同共享，探索在分拨中心、配送中心环节加强合作，推动店配与宅配融合发展。加强末端配送资源共享，促进快递、邮政、商超、便利店、物业、社区等末端配送资源的有效组织和统筹利用。鼓励平台型物流企业和无车承运人的发展。加强配送车辆的统筹调配和返程调度，推广循环取货、返程取货等方式，减少车辆空载率。

6. 推动配送与供应链深度融合。拓展配送功能，加强与生产制造、采购销售、农产品生产等环节的协同衔接。重点发展原材料与零部件的代理采购、库存控制与线边服务；推进配送与集中采购、批发分销、网络零售等功能整合，优化网购商品按区域分布式存储，发展集中仓储和共同配送，实现供、销、配、存、运一体化；深入田间地头，发展农产品集约化、标准化的预冷加工、质量检测、包装赋码、仓储配送、质量追溯与代购代销等服务。

（六）强化城乡配送技术标准应用

7. 加强装备技术推广应用。大力推广集装单元、快速分拣、自动识别、智能仓储等技术，提升仓储配送、装卸搬运、分拣包装等装备技术水平。推广应用无线射频识别、综合识别、集成传感等物联网感知技术，鼓励应用货位管理、可视化、路径优化、供应链管理等智能存储配送技术，提高仓储配送效率。支持应用专业冷藏运输、蓄冷板（棒）、全程温湿度监控等先进技术设备，加强末端冷链设施建设，实现冷链不断链、可监控。

8. 加强标准实施应用。完善配送中心、配送站点建设标准和配送车辆选型标准，推动仓储、配送、分拣、包装、装卸、搬运等环节物流标准广泛应用。加快建设托盘、周转箱（筐）循环共用体系，推广应用标准托盘、周转箱（筐）及一贯化作业，探索以托盘、周转箱（筐）作为装载、作业、计量和信息单元，推进农产品流通从田间地头到超市货架全程“不倒筐、零触碰”。推动配送车辆向标准化、厢式化发展，规范管理快递专用车辆。有条件的城市探索城乡配送车辆“统一标识、统一车型、统一管理、统一技术标准”。

9. 加强信息平台建设与互联互通。加快整合城乡配送公共信息平台，保障信息平台汇集配送需求和运力资源的信息服务功能，提升资源整合、交易撮合、订单管理、配载管理等交易服务功能，拓展车辆调度、路径优化、信用评价、车辆监管、运力调控、绩效统计等管理服务功能。促进城乡配送上下游企业和公共信息平台互联互通，推动跨地区、跨行业的仓配信息融合共享。有条件的城市探索配送平台与交通监管平台的数据交互和统筹管理，探索配送业务管理与肉类、蔬果、水产、酒类、药品等重要产品追溯管理的融合发展。

（七）推动城乡配送绿色发展

10. 发展绿色仓储。贯彻实施仓库规划设计、绿色仓库等国家、行业标准，开展绿色仓库评价与评估。合理规划仓库空间布局与功能布局，充分考虑仓储运营的需求，合理配置作业门、可调节月台、移动登车桥等设施，重点推广应用绿色建筑材料、仓库屋顶光伏发电、冷库节能技术、节能灯、电动叉车等新材料、新技术、新设备。

11. 发展绿色运输。推进货运车辆技术升级，推广应用高效、节能、环保的运输装备，积极推广使用新能源和清洁能源车辆。推动运输组织模式创新，支持发展甩挂运输、多式联运等方式，鼓励开展配送流程再造，合理调度运输车辆，优化路径，减少重复交错运输和运输车辆空载。

12. 发展绿色包装。开展绿色包装容器与技术研发，支持使用标准化、减量化、可循环利用和可降解的包装材料。鼓励采用清洁包装技术，合理使用包装物品，大力降低原材料和能源消耗。推动包装回收再利用，建立包装生产者、使用者和消费者在内的多方协同回收体系。

（八）提升城乡配送管理水平

13. 加强仓储规划保障。将城乡配送仓储设施建设纳入土地利用规划和城乡建设规划，并与本地区经济社会发展、交通、商贸流通和物流业发展规划紧密衔接，以规划保障城乡配送网络建设。加强规划实施的监督和评估，强化政策支持措施与规划的衔接配套，引导企业依规、有序建设仓储配送设施。

14. 加强设施衔接配套。合理设置城市配送所需的公用仓储、配送车辆停靠、装卸、充电等配套设施和场地。完善城市商业区、居住区、高等院校和大型公共活动场地等项目装卸设施、停车场地、充电桩的配套建设并强化实施监督。

15. 加强车辆通行管理。组织城乡配送需求调查，综合评估城市环保、拥堵与配送实际的客观要求，科学配置进城车辆资源，探索发展城乡配送公交化运行模式。落实企业主体责任，加强对运输、配送等环节的安全管理。进一步完善城市配送车辆通行管理制度，探索建立城市配送车辆分类管理机制，按照保障需求、便利通行、分类管理、适度调控的原则，保障配送车辆的城区通行与停靠需求。

三、重点工程

（九）城乡配送网络建设工程

适应全渠道流通和供应链深度融合的趋势要求，优化仓储配送网点布局，促进地区之间、城乡之间网络衔接。引导仓储、邮政、快递、批发、零售、电商等企业，采取多种方式共建共用社会化配送中心。鼓励地方政府整合利用城市商业网点、快递网点、社区服务机构等设施资源及农村商贸、交通、邮政、快递、供销等网络资源，建设公共末端配送网点。鼓励经营规模大、配送品类全、网点布局广、辐射功能强的骨干企业，联合相关企业建立多种形式的联盟与协同体系，构建城乡一体、上下游衔接、线上线下协同的物流配送网络。（商务部会同交通运输部、国家邮政局、供销合作总社负责）

（十）绿色货运配送示范工程

建立交通运输主管部门负责配送运力调控、商贸流通主管部门负责配送需求引导、公安交通管理部门负责通行管理的协同工作机制，推进城乡货运绿色创新发展。在城市中心城区周边、农村县乡等交通便利地区，统筹规划建设具有干支衔接功能并组织共同配送的大型公共货运与配送综合体。完善城市配送车辆便利化通行政策，探索建立城市配送车辆分类管理机制。推动城市配送车辆标准化、专业化发展，推广新能源配送车辆并给予通行便利。推动运输组织方式创新，支持发展多式联运、甩挂运输、带托运输等高效运输模式。在商业街区、大型商圈、居民社区、高等院校等场所合理设置城市配送所需的停靠、充电、装卸、夜间配送交接等设施。推动城乡货运与配送全链条信息交互共享，促进整合各方资源，形成集约高效的城乡货运组织链条。（交通运输部会同公安部、商务部负责）

（十一）技术与模式创新工程

推动现代物流技术和装备的创新与应用，推广使用标准托盘、周转箱（筐）、配送车辆等，推动城乡配送各环节高效衔接。推动将绿色包装纳入资源回收政策支持范畴，减少包装物料用量，研发生产可循环使用和可降解的包装材料。大力推进大数据、云计算与物联网等技术在城乡高效配送中的应用，推动智慧仓配网络与平台建设。创新配送模式，发展统一配送、集中配送、共同配送等多种形式的集约化配送，发展共享物流、智慧供应链等新业态，发展夜间配送、分时段配送。（商务部会同交通运输部、国家邮政局、供销合作总社负责）

四、保障措施

（十二）优化政策环境

落实和完善物流用地政策，合理确定配送中心仓储用地税收贡献指标水平，加大对公共物流设施和农村物流设施的支持。结合物流园区建设、电子商务示范试点、快递发展系列示范工程、鲜活农产品“绿色通道”、新能源汽车等支持政策，优先扶持试点城市和骨干企业发展，对全程全网型企业给予重点扶持。推动建立多元化投融资机制，发挥财政资金、国有资本、产业基金的引导带动作用。进一步深化“放管服”改革，研究制定非机动配送车辆标准，简化货车通行审批程序，为推进城乡配送发展营造良好政策环境。

（十三）完善工作机制

各地要加强对专项行动的组织领导，建立健全组织机构，成立由政府统一领导，商务、公安、交通运输、邮政、供销等部门组成的城乡配送领导小组。明确工作分工，建立部门联席会议等协调推进机制，强化对专项行动的综合协调、督导检查、绩效评估和统计监测，加强部门分工协作与资源共享。发挥专业协会等行业组织作用，强化行业自律，开展统计、咨询、评估等社会化服务。

（十四）开展试点示范

各地结合各行业发展基础与经验，以城市为载体组织开展城乡高效配送试点，通过改革探索和政策支持，实施一批重点项目，对重点行业给予重点扶持。其中，直辖市、计划单列市整体组织试点，各省、自治区自主选择城市组织试点。商务部等五部门共同组织开展城乡高效配送专项行动年度评估工作，编制印发城乡配送评估指南，每年从各地试点中确定一批全国城乡高效配送示范城市，在全国范围确定一批骨干企业。

（十五）加强宣传培训

创新工作方式和手段，组织开展形式多样的宣传活动，提高社会认知度、行业认同度和企业参与的积极性。通过召开现场经验交流会、建立案例库等形式，宣传推广典型经验做法。开展多层次的业务培训，加强物流规划、物流标准化、共同配送等重点领域业务培训，提高企业专业化水平与业务技能。

商务部、公安部、交通运输部、国家邮政局、供销合作总社

2017 年 12 月 13 日

交通运输部关于组织开展城市绿色货运配送示范工程的通知

各省、自治区、直辖市、新疆生产建设兵团交通运输厅（局、委）、公安厅（局）、商务主管部门：

为贯彻落实党的十九大精神，推动城市货运配送绿色高效发展，缓解城市交通拥堵，促进物流业降本增效，按照《国务院办公厅关于进一步推进物流业降本增效促进实体经济发展的意见》（国办发〔2017〕73 号）、《交通运输部 公安部等十四个部门关于印发促进道路货运行业健康稳定发展行动计划的通知》（交运发〔2017〕141 号）以及《商务部公安部交通运输部国家邮政局供销合作总社关于印发＜城乡高效配送专项行动计划（2017-2020 年）＞的通知》（商流通函〔2017〕917 号）工作要求，经交通运输部、公安部、商务部同意，决定联合组织开展城市绿色货运配送示范工程。现将有关事项通知如下：

一、总体思路

开展城市绿色货运配送示范工程建设，是支撑国家新型城镇化战略实施的重要举措，是防治大气污染和缓解城市交通拥堵的客观要求，是促进物流降本增效、破解城市配送“三难”问题的有效途径。示范工程将以城市为组织主体，坚持“客货并举、便民高效、综合施策”的原则，整合各方物流资源，完善干支衔接的公共货运枢纽设施，优化城市配送车辆便利通行政策，推广应用新能源城市配送车辆，实现城际干线运输和城市末端配送的有机衔接，形成集约高效的城市货运配送组织链条，提升流通效率，促进节能减排。

二、工作目标和主要任务

（一）工作目标。

通过示范，力争在示范城市建成“集约、高效、绿色、智能”的城市货运配送服务体系，为促进城市可持续发展提供有力支撑。

示范城市在示范期结束时应实现以下目标：探索形成一批各具特色的城市绿色货运配送发展模式；建成一批现代化、标准化、集约化的城市货运枢纽，形成若干集聚效应强的干支衔接公共货运枢纽站场；培育一批运作高效、服务规范、开展甩挂运输和实施共同配送的物流企业；更新一批标准化、专业化、环保型运输与物流装备，新能源和清洁能源车辆占营运载货汽车比重大幅提升；打

造功能健全、资源集约协同共享的物流信息平台；城市货运配送效率显著提升，物流成本、能耗水平和污染物排放明显降低。

（二）主要任务。

1. 统筹规划建设城市货运配送节点网络。在城市周边统筹布局规划和建设一批具有干支衔接并组织共同配送的大型公共货运枢纽，优化城市内末端共同配送节点网络，在城市近郊建设服务于城际货运和城市配送间高效转换的物流园区和大型物流中心，依托工业集中发展区或大型商业网点建设分拨中心、公共配送中心以及各类货物装卸点、公共配送站，推动形成有机衔接、层次分明、功能清晰、协同配套的城市货运配送节点网络体系。

2. 优化完善城市配送车辆便利通行政策。建立“交通运输主管部门负责运力调控，商贸流通主管部门负责配送需求引导，公安交通管理部门负责通行管理”的协同工作机制，健全完善城市货运配送需求调查制度，科学确定并及时向社会公布配送车辆禁止、限制通行的区域和时间；对城市配送车辆依照规定发放通行证，并向社会公布通行证办理的条件和程序；对年度安全管理考核不合格、车辆交通违法行为较多的配送运输企业，收回其车辆通行证，并责令限期整改。探索实施城市配送车辆分时、错时、分类通行和停放措施，合理规划设置中心城区商业区、居住区、生产区、大型公共活动场地等区域专用卸货场地和道路范围内配送车辆的临时停车泊位。

3. 加快标准化新能源城市货运配送车辆推广应用。推动示范城市制定符合国家标准、体现各地发展实际的城市配送车辆选型技术指南，进一步加强对城市配送车辆车型、安全、环保等方面的技术管理，推动城市配送车辆的标准化、专业化发展。加大对新能源城市配送车辆的推广力度，加强政策支持并给予通行便利，健全完善加补气、充电等基础设施建设，引导支持城市配送车辆清洁化发展。

4. 推进城市货运配送全链条信息交互共享。推动示范城市建设城市货运配送基础公共信息服务平台，有效整合城际干线运输、城市配送相关公共信息系统以及城市交通管理信息系统等各类资源，促进各类信息资源的集约利用。支持互联网平台企业利用信息化技术优化公共货运配送服务，打通物流企业、生产制造企业和商贸流通企业信息互联共享链条，提升供应链综合服务水平。

5. 引导和鼓励城市货运配送组织模式创新。支持城市货运配送企业发展多种形式的统一配送、集中配送、共同配送。推动完善夜间配送管理制度，引导商贸流通企业、货运配送企业协同开展夜间配送。支持货运配送企业延展服务链条，推进干线甩挂运输与城市共同配送的一体化运作。推动干线货运与城市配送企业之间、同城配送企业之间建立多种形式的合作联盟，共同开展跨区域货运配送的业务合作、同城共同配送的组织协作。

三、申报条件

申报绿色货运配送示范工程的城市，原则上应当同时满足以下条件：

（一）城市规模。地级及以上城市，优先考虑直辖市、省会城市和计划单列市。

（二）区位条件。优先支持《推进物流大通道建设行动计划（2016—2020 年）》确定的国家骨干联运枢纽（城市）、区域重点联运枢纽（城市）和《全国物流园区发展规划（2013—2020 年）》确定的一级、二级物流园区布局城市。

（三）物流基础。物流枢纽站场等基础设施条件较好，信息化水平较高，物流需求旺盛，城市配送、甩挂运输、冷链物流等重点领域发展潜力大。

（四）政策环境。城市人民政府及相关管理部门对推动城市物流配送发展、新能源配送车辆便利通行等方面有具体、明确的支持政策。

四、申报程序与时间安排

（一）启动阶段（2018 年 1 月—6 月）。

1. 城市申报。省级交通运输主管部门组织本省（区、市）各有关城市进行申报。符合申报条件的城市人民政府，按照实施方案编制要点（详见附件 1），结合城市发展特点，认真组织编写城市绿色货运配送示范工程实施方案，报送省级交通运输主管部门，抄送省级公安、商务部门。

2. 审查确认。省级交通运输、公安、商务部门应遵循公平、公正、公开的原则，对申报城市材料进行审核，形成审核报告，并按照推荐的优先顺序排序后，填写《XXX 省（区、市）申报城市绿色货运示范工程情况汇总表》（详见附件 2），于 2018 年 3 月 31 日前将相关材料报交通运输部，申报城市原则上不超过两个。交通运输部会同公安部、商务部组织专家对审核报告和城市申报材料进行综合评价，择优确定城市绿色货运配送示范工程创建城市，并于 2018 年 6 月 30 日前联合发文确认公布。

（二）实施阶段（2018 年 7 月—2020 年 6 月）。

1. 组织实施。城市人民政府要建立部门协同、分工负责的工作机制，按照批准的实施方案，严格组织执行，落实配套政策，全面推进各项工作。

2. 重点督导。省级交通运输主要部门要会同公安、商务部门要加强跟踪督导，及时协调解决示范工程建设中遇到的各种问题。交通运输部将会同公安部、商务部视工作进展情况适时组织督查。

（三）验收总结阶段（2020 年 7 月—12 月）。

1. 评估验收。交通运输部将会同公安部、商务部制定示范工程绩效考核评价指标体系和评估方法，示范工程结束后，各省级交通运输主管部门会同公安、商务部门按照绩效评估办法，对照示范工程实施方案和考核验收目标，对示范工程进行总结评估，出具评估验收意见。交通运输部将会同公安部、商务部视情对验收工作进行抽查。

2. 总结推广。相关部门要全面总结示范工程取得成效，梳理典型发展模式和成熟经验，充分发挥标杆项目示范引领作用，推进城市绿色货运配送健康发展。

五、工作要求

（一）加强组织领导。

示范城市所在省级交通运输、公安、商务部门要充分认识推进城市绿色货运配送发展的重要意义，对示范工作给予高度重视和大力支持。示范城市人民政府应加强领导和统筹，建立有关部门各负其责、协调配合的工作机制，明确具体职责、工作目标和任务分工，强化示范工作动态监管，为示范工程提供组织保障。

（二）落实配套政策。

交通运输部将对纳入城市绿色货运配送示范工程的货运枢纽（物流园区）项目，按照《“十三五”货运枢纽（物流园区）建设方案》和相关管理规定，予以重点考虑、优先支持。公安部、商务部将根据各自职责，加强部门协调和政策推进，支持示范工程建设。交通运输主管部门应积极争取省级和城市的财政资金支持，加大对示范工程中公共基础设施建设、公共信息平台建设、新能源配送车辆更新购置、企业节能减排技术改造项目等方面的支持。

（三）强化市场监管。

城市交通运输主管部门要会同公安、商务部门研究制定城市配送企业运营服务规范，健全城市货运配送企业质量信誉考核制度，引导行业规范发展。加强城市配送需求、车辆运力需求的调查统计，科学制定城市配送发展规划和运力投放计划，提高城市配送车辆通行证发放的科学性。进一步加大对城市货运非法营运、交通违法行为的检查和处罚力度，规范城市配送市场和安全秩序。

（四）加强监督指导。

各省级交通运输主管部门要会同公安、商务部门，按照示范工程绩效考核评价办法的要求，严格对示范工程的绩效考核。各省级主管部门和城市人民政府应加强对示范工作实施过程的监督管理，建立督查督导工作制度，及时掌握示范工作进展情况，协调解决示范过程中遇到的问题，确保示范工作取得实效。

交通运输部办公厅、公安部办公厅、商务部办公厅

2017 年 12 月 18 日

交通运输部等十四部门：《关于印发促进道路货运行业健康稳定发展行动计划（2017-2020 年）的通知》

交运发〔2017〕141 号

各省、自治区、直辖市人民政府，国务院各部委、各直属机构：

为认真贯彻落实党中央、国务院关于维护道路货运行业健康稳定发展的重要部署，促进道路货运行业稳定和谐、健康有序发展，经国务院同意，现将《促进道路货运行业健康稳定发展行动计划（2017-2020 年）》印发给你们，请认真贯彻执行。

附件：2018 年底前促进道路货运行业降本减负 10 件实事任务分工表

交通运输部 国家发展改革委 教育部

工业和信息化部 公安部 财政部

人力资源和社会保障部 税务总局 质检总局

中国保监会 国家信访局 中央维稳办

中央网信办 全国总工会

2017 年 9 月 19 日

促进道路货运行业健康稳定发展行动计划（2017—2020 年）

道路货运是综合交通运输体系的重要组成部分，是国家物流系统的重要依托载体，是国民经济发展重要的基础性服务业。道路货运行业的健康稳定发展，事关国民经济的平稳运行，事关物流业的降本增效，事关城乡居民的生产生活，也是道路货运行业广大从业人员安居乐业的基本要求。改革开放以来，我国道路货运业取得长足发展，对经济社会发展做出巨大贡献，但长期积累的“多、小、散、弱”等结构性矛盾日益突出，普通运力相对过剩，经营业户负担较重，货车司机生产生活条件较差，保稳定、促发展任重而道远。为贯彻落实党中央、国务院进一步促进道路货运行业健康稳定发展的工作部署和要求，制定本专项行动计划。

一、总体要求

（一）指导思想。

牢固树立并贯彻落实新发展理念，坚持“稳中求进”工作总基调，以供给侧结构性改革为主线，坚持问题导向与目标导向相结合，以“减负增效、提质升级”为核心，按照“远近结合、标本兼治、改革引领、创新驱动、综合治理”的原则，统筹处理好改革、发展和稳定的关系，着力减轻经营负担、

促进创新发展、改善从业环境、优化市场秩序、提升治理水平，为行业发展注入新动力、激发新活力，切实推进道路货运行业转型升级，实现行业持续健康稳定发展，为全面建成小康社会提供坚实保障。

（二）工作目标。

“十三五”期间，通过深化新一轮改革创新、破解多方面政策瓶颈，引导发展壮大一批龙头骨干企业、提升稳定一支较高素质从业队伍，道路货运行业对物流降本增效、社会新增就业、经济转型升级的支撑保障更加有力。

2018 年底前，完成降本减负 10 件实事（见附件），推动政策落地并取得实质性进展。制度性交易成本大幅降低，货车司机生产生活条件显著改善，货运业户的获得感和货车司机的归属感持续增强，行业平稳发展的基础更加牢固。

2020 年底前，提质增效各项工作任务全面推进，行业改革创新取得突破性进展。市场组织化程度明显提高，龙头骨干企业加快成长；市场主体结构明显优化；低水平落后运能有序淘汰更新，车型标准化水平显著提升；先进运输组织模式广泛推广，道路货运比较优势得到有效发挥；“互联网 + 货运”新业态不断涌现，资源集约利用效率稳步提高。

二、主要任务

（一）减轻道路货运经营负担。

1. 简化车辆检验与检测。推进营业性货运车辆安全技术检验和综合性能检测依法合并，减少重复检测、重复收费，减轻检验检测费用负担。严格落实取消营业性货运车辆二级维护强制上线检测，由经营者以确保车辆安全性能为前提，自主确定二级维护周期，自行组织车辆维护。（交通运输部、公安部、质检总局负责）。

2. 便利异地年审和考核。加快实现道路普通货运车辆异地年审和驾驶员异地考核。制定普通货运车辆异地年审规范和流程，优化审验服务。推进全国道路运政信息系统联网应用，建立与公安部门信息系统的共享联动机制。推动道路普通货运驾驶员基本信息、违法信息、信用信息等全国共享，实现证件转籍、信用考核等事项异地办理。鼓励开展道路货运驾驶员网络远程继续教育。（交通运输部、公安部负责）

3. 完善城市物流配送体系。以中心城市为重点，推动建立“交通运输主管部门负责需求管理和运力调控、公安交通管理部门负责通行管控”的协同工作机制。加强城市配送车辆技术管理，对于符合标准的新能源配送车辆给予通行便利。支持在城市周边统筹布局规划和建设一批具有干支衔接功能并组织开展共同配送的大型公共货运配送综合体，同步优化城市内末端共同配送节点。组织开展城市绿色货运配送试点。（交通运输部、公安部、工业和信息化部负责）

4. 规范大件运输许可管理。推进跨省大件运输并联许可全国联网，由起运地省份统一受理，沿途省份限时并联审批，一地办证、全线通行。（交通运输部负责）

5. 优化收费公路通行费政策。在具备条件的省份和路段，组织开展高速公路分时段差异化收费试点。推广货车使用电子不停车收费系统（ETC）非现金支付方式，省级人民政府可根据本地区实际，对使用 ETC 非现金支付卡并符合相关要求的货运车辆给予适当通行费优惠。严格执行鲜活农产品运输“绿色通道”政策，免收整车合法装载运输鲜活农产品车辆通行费。（交通运输部负责）

6. 优化交通运输业增值税发票管理。完善交通运输业个体纳税人异地代开增值税专用发票管理制度。落实收费公路通行费增值税发票开具工作实施方案，建立全国统一的收费公路通行费增值税发票服务平台系统，完成部、省两级收费公路联网收费系统改造，依托平台开具高速公路通行费增值税电子发票。（交通运输部、财政部、税务总局负责）

7. 推动取消部分许可审批事项。落实国务院有关“放管服”改革要求，精简道路货运行政许可事项，研究推动取消道路货运站场经营许可、外商投资道路运输业立项审批、总质量 4.5 吨及以下普通货运车辆道路运输证和驾驶员从业资格证，充分利用信息化手段、保险机制等，加强事中事后监管。（交

通运输部负责）

8. 改进危险货物运输管理。督促各地取消危险货物道路运输驾驶员异地从业资格证转籍要求。在严格加强危险货物运输安全管理基础上，稳步实施限量瓶装氮气、二氧化碳等低危气体道路运输豁免制度。（交通运输部负责）

（二）促进货运行业创新发展。

9. 持续推进货运车辆技术升级。深化车辆运输车治理工作，2018 年 6 月全面完成治理目标。制定出台超长平板半挂车、液体危险货物罐车专项治理方案，分阶段合理设置更新淘汰过渡期。推进低水平非标车型车辆更新改造，加快淘汰落后运能。加快中置轴汽车列车等先进车型推广应用，完善制度标准。鼓励各地创新政策措施，推广标准化、厢式化、轻量化、清洁能源货运车辆。（交通运输部、工业和信息化部、公安部、财政部负责）

10. 大力推动运输组织模式创新。鼓励和引导传统道路货运企业主动适应并融入多式联运发展大局，调整优化经营结构，积极拓展短途接驳运输服务。支持道路货运企业加强与铁路相关企业战略合作，共同开发多式联运服务产品，探索发展驮背运输、公铁两用挂车甩挂运输等新模式。大力发展公路甩挂运输，广泛推广网络化、企业联盟、干支衔接等甩挂模式，支持创新“挂车池”服务、挂车租赁、长途接驳甩挂等新模式。大力支持发展城市共同配送，促进干支无缝衔接和集约化组织。（交通运输部、公安部、国家发展改革委负责）

11. 鼓励创新“互联网 +”货运新业态。依托互联网、物联网、大数据、云计算等先进信息技术，大力发展“互联网 +”车货匹配、“互联网 +”专线整合、“互联网 +”园区链接、“互联网 +”共同配送、“互联网 +”车辆租赁、“互联网 +”大车队管理等新模式、新业态，按照“鼓励创新、包容审慎”的监管原则，及时调整制度政策，推动道路货运新旧业态加快融合发展，不断提高市场组织化程度。鼓励支持道路货运企业积极参与智能运输、智慧物流等各类试点示范。（交通运输部、国家发展改革委负责）

12. 规范培育现代物流市场新主体。鼓励道路货运企业通过组织创新、技术创新等做大做强，加快向多式联运经营人、现代物流服务商转型发展。深入推进无车承运人试点工作，提升无车承运人资源整合能力，强化全程运输责任，组织试点政策评估和制度研究，制定出台无车承运人管理办法和运营服务规范。鼓励中小货运企业联盟发展，支持以资产重组、资源共享等为纽带组建联盟实体，引导创新企业联盟组织模式和运行机制。（交通运输部负责）

（三）维护公平竞争市场环境。

13. 严格落实治超全国统一标准。督促各地严格落实全国治理货运车辆非法改装和超限超载运输认定标准和处罚标准，编制货车非法改装和超限超载处罚清单，明确处罚事项和标准，规范执法自由裁量权。各级治理车辆超限超载工作领导小组要定期组织开展治超督导检查，确保全国各地治超执法标准统一。健全完善全国统一领导、地方政府负责、部门指导协调、各方联合行动的工作机制，强化地方政府主体责任，明确执法人员、执法装备配备标准，统一规范执法流程和规则。（交通运输部、公安部、工业和信息化部负责）

14. 规范公路货运执法行为。依托公路超限检测站，推进将由公路管理机构负责监督消除违法行为、公安交通管理部门单独实施处罚记分的治超联合执法模式常态化、制度化。坚持固定执法与流动检测相结合，积极推行公路路政部门与公安交通管理部门联合执法，进一步规范联合执法工作流程，规范车辆拦截和货物卸载管理。加强重点货运源头监管，落实“一超四罚”措施，推广高速公路入口称重劝返模式。调整优化国省干线公路超限检测站点布局。推广应用不停车称重检测系统。健全公路执法监督举报平台，强化 12328 交通运输服务监督电话投诉举报功能，鼓励社会各方监督。（交通运输部、公安部负责）

15. 合理引导市场预期。保持超限超载治理工作的延续性，合理确定过渡期和实施步骤。完善公路货运统计监测体系，有效整合社会大数据平台，加强市场运行动态跟踪和量化分析，定期发布市场供需状况，引导经营业户理性进入市场。（交通运输部负责）

16. 强化行业诚信监管。依托全国交通运输信用信息共享平台，推进货运源头单位、运输企业、货运车辆、从业人员相关数据信息与全国信用信息共享平台的交换与共享，将企业诚信信息通过“信用交通”“信用中国”网站和国家企业信用信息公示系统进行公示。建立完善守信联合激励和失信联合惩戒制度，对严重失信的经营主体，要依法依规加大定向监管力度，在市场准入、政策给予等方面予以限制。鼓励企业自行发布服务标准和信用承诺。研究推行对超限超载货运车辆保险费率上浮制度。（交通运输部、国家发展改革委、保监会负责）

（四）改善从业人员生产经营条件。

17. 改善公路行车停宿条件。地方政府要组织多部门联合行动，在高速公路服务区和货运站场等重点区域，严厉打击盗抢车货和偷油等违法犯罪行为，列入社会治安综合治理重要任务，优化货车通行治安环境。鼓励有条件的省份进一步加大资金支持，创新机制并积极引导社会资本参与，在高速公路服务区、货运枢纽（物流园区）或其他公路沿线建设“司机之家”，为货车司机提供价格适宜的停车、住宿、餐饮、车辆维修保养、无线上网等服务，创建司机休息和放松的良好空间。（交通运输部、公安部负责）

18. 强化从业人员社会保障。有序扩大从业人员社保覆盖面，道路货运企业应依法与货车司机签订劳动合同并依法参加社会保险。研究推进从业人员在各项社会保险中优先参加工伤保险，根据货车司机的职业特点和道路货运企业用工方式，研究完善工伤保险参保缴费政策，不断提升工伤认定和劳动能力鉴定工作效率，提高工伤保险管理服务水平。研究探索道路货运互助保险机制。道路货运经营者应当按照《劳动法》有关规定合理安排货车司机工作量，保证法定休息时间。（人力资源社会保障部、财政部、交通运输部、保监会负责）

19. 加强货车司机职业教育。鼓励校企合作，建立大型货车驾驶人订单式培养机制。鼓励各地因地制宜研究制定优惠政策，引导符合有关条件的生源参加大型货车职业教育，逐步缓解职业货车司机日趋短缺的矛盾。（交通运输部、公安部、财政部、教育部、人力资源社会保障部负责）

20. 发挥工会和行业协会作用。研究推进道路货运从业人员工会建设，采取多种形式吸引货车司机加入工会组织，正确行使民主参与和行业监督权利。依托工会组织开展爱岗敬业楷模、感动交通人物等优秀从业人员典型选树活动。推动行业协会和产业工会定期开展货运企业营商环境、货车司机经营状态、行业发展公众满意度等社会调查，及时向有关部门反馈意见建议。组织开展货车司机安全节能驾驶技能竞赛，广泛开展专业培训、法制教育、技术推广、评优评先等工作，开展多种形式的关爱货车司机活动。鼓励依托行业协会、工会组织依法设立货车司机公益基金，为有困难的货车司机提供经济援助。支持行业协会、工会组织为货车司机等提供公益性法律援助，引导货车司机依法维权，理性反映诉求。（全国总工会、交通运输部负责）

（五）强化行业稳控综合治理。

21. 加强维稳形势监测分析。强化地方政府主体责任，建立健全交通运输、公安、维稳、网信、信访等多部门参与的协调联动机制，利用现代信息技术和大数据手段，进一步强化网络舆情监测，跟踪了解行业动态和各方诉求，及时沟通信息，做好分析研判和会商，有针对性采取措施，有效化解和疏导矛盾，及时做好不稳定情况的防范、排查和应对处置工作。（交通运输部、公安部、中央维稳办、中央网信办、国家信访局负责）

22. 做好突发事件应急处置。进一步健全分级分层的道路货运社会稳定事件应急处置预案和工作机制，切实强化上下联动和多方协同，确保第一时间快速反应、及时稳妥处置，最大限度维护道路货运市场稳定。（交通运输部、中央维稳办、公安部、中央网信办、国家信访局负责）

三、保障措施

（一）加强组织领导。在全国现代物流工作部际联席会议框架下，针对道路货运发展中的重大问题，定期分析研究、及时协调解决。重点加强对 2018 年底前促进道路货运行业降本减负 10 件实事的督导检查，及时开展绩效评估。各地区、各有关部门要加强对道路货运行业健康稳定发展工作的领导，建立健全政府主导、部门协同的长效工作机制，因地制宜制定具体实施方案。同时，要加强对拟出台重大政策影响的评估，制定应对预案。引导主流媒体加强正面宣传，为行业健康稳定发展营造良好社会舆论氛围。（国务院有关部门）

（二）深化体制机制改革。创新推进交通运输行业综合执法改革，健全完善公路超限超载长效治理机制。加强基层“执法队伍职业化、执法站所标准化、执法行为规范化”建设，建立执法督导考评机制，严格执法监督检查。完善法规制度，规范引导新业态、新模式有序发展。充分利用大数据和信息化手段，加强事中事后精准化监管，有效促进行业治理体系和治理能力现代化。（交通运输部、公安部负责）

（三）强化政策支持。利用现有政策渠道，对通用集散型货运枢纽（物流园区）等基础设施建设投资予以支持。研究制定道路货运领域政府和社会资本合作的政策举措，引导带动更多社会资金投入。鼓励地方各级政府加强对道路货运基础设施、公共信息平台、治超科技手段建设以及货运司机社会保障、职业培训等公共服务方面的财政投入。支持城市人民政府统筹规划并投资建设城市共同配送中心及配套公共节点设施。（交通运输部、财政部、国家发展改革委负责）

（四）强化基层党组织保障作用。引导和支持道路货运企业加强基层党组织建设，不断扩大企业基层党组织的覆盖面。引导个体经营业户中的党员，依托个体劳动者协会等组织，采取多种形式健全党组织，加强党的建设，充分发挥道路货运行业生产一线党员的先锋模范作用，鼓励各地组织开展党员司机挂牌上岗、岗位示范及优秀党员司机评选等活动。（国务院有关部门）

各地区、各有关部门要高度重视道路货运行业健康稳定发展工作，按照本行动计划的任务分工和时限要求，明确责任主体和路线图，加强统筹协调和跟踪督导，确保各项工作任务落到实处，重大问题和情况及时报告。

质检总局等十一部门关于推动物流服务质量提升工作的指导意见

国质检质联〔2017〕111 号

各省、自治区、直辖市、计划单列市及新疆生产建设兵团质量技术监督局（市场监督管理部门），发展改革委（局）、交通运输厅（局）、商务主管部门、工商行政管理局、保监局，各地区铁路监督管理局，民航各地区管理局，邮政管理局，供销合作社，各直属出入境检验检疫局，各铁路局，有关联合会、协会，有关企业：

物流业是支撑国民经济发展的基础性、战略性产业，也是推进质量强国建设的重要领域。近年来，我国物流行业快速增长，服务标准化、规范化、信息化水平不断提高。但是，物流行业质量标准和诚信体系尚不健全，质量管理基础和能力有待提高，大型综合物流企业集团和物流服务品牌比较缺乏，质量竞争力和品牌效应不强，制约了物流行业对国民经济保障和支撑作用的发挥。为贯彻党中央关于“开展质量提升行动”“扩大高质量产品和服务供给”的精神，落实国务院《质量发展纲要（2011-2020 年）》《物流业发展中长期规划（2014-2020 年）》和国务院办公厅《营造良好市场环境推动交通物流融合发展实施方案》的有关部署，树立安全诚信优质高效的行业发展导向，营造优胜劣汰的良性发展环境，激发企业强化质量管控的内生动力，提高物流服务质量和效率，充分发挥对国民经济支撑保障作用，提出以下意见。

一、总体要求

（一）指导思想。全面贯彻落实党的十八大和十八届三中、四中、五中、六中全会精神，深入贯彻习近平总书记系列重要讲话精神和治国理政新理念新思想新战略，认真落实党中央、国务院决策部署，牢固树立和贯彻落实创新、协调、绿色、开放、共享的发展理念，聚焦影响物流服务质量的突出问题，以安全为底线，以诚信为基石，以优质为目标，以创新为动力，开展质量提升行动，提高质量标准，加强全面质量管理，着力构建与现代物流业发展相适应的服务质量促进体系，改善物流服务供给结构，培育物流企业核心竞争力，改善物流行业整体形象，促进物流业转型升级和健康有序发展。

（二）基本原则。企业主体、政府推动。以市场需求为导向，积极适应经济社会发展的新形势、新要求，强化企业市场主体地位，充分发挥市场在资源配置中的决定性作用以及政府部门的政策引导和市场监管功能，推动物流服务质量提升。

创新驱动、质量为本。充分利用物联网、云计算、大数据、移动互联等现代信息技术，大力推广先进物流技术装备和现代化管理模式，积极促进物流业管理创新、业态创新和服务创新，打造高品质的本土物流品牌。 问题导向、综合施策。紧紧围绕经济社会对高质量物流服务的迫切需求和人民群众反映最为突出的问题，综合运用市场监管、标准认证、示范引领等多重手段，重点突破与全面提升并重，推动物流业补短板、提质量、降成本。

试点先行、有序推进。充分发挥龙头企业示范引领作用，在条件相对成熟的领域开展优质物流服务试点，树立物流服务质量行业标杆，探索形成符合我国实际，可复制、可推广的物流服务质量管理模式并加大推广力度，带动全行业管理水平和服务质量提升。部门联动、社会共建。积极利用部际工作协调机制，加强部门间的统筹协调和通力配合，凝聚物流服务质量提升合力，健全物流服务标准体系和认证认可体系。充分发挥行业协会自律作用以及媒体舆论、社会公众的监督作用，完善社会监督体系，为提升物流服务质量创造积极环境。

（三）主要目标。到 2020 年，基本建立规范有序、共建共享、运行协调、优质高效的现代物流服务质量治理和促进体系，物流行业服务能力和水平明显提升，优质服务、精品服务比例逐步提高；培育形成一批具有国际竞争力的大型本土物流企业集团和知名物流服务品牌，树立并强化“中国物流”优质服务形象。

二、重点任务

（一）强化物流企业服务质量意识。引导和支持物流企业转变服务观念，树立质量第一的强烈意识，完善服务内容、优化服务流程，为客户提供安全、诚信、优质、高效的物流服务。理顺物流行业上下游合作链条，营造企业诚信经营、行业良性竞争的质量生态。大力促进物流企业间的竞争与合作，引导和鼓励物流企业加强全面质量管理，推动质量持续改进。企业要坚持优质优价、以质定价，培育以服务质量、标准、品牌、效率为核心的市场竞争力。

（二）建立物流服务质量指标体系。加强服务质量测评指标、模型和方法的研究，以大型生产企业物流管理关键绩效指标为蓝本，研究建立涵盖物流服务及时率、准确率、破损率、投诉率、顾客满意度以及增值服务水平、服务保障能力、客户体验等各方面的物流服务质量综合评价体系。培育第三方服务质量监测机构，探索物流行业服务质量专业监测体系并加强监测结果运用。鼓励第三方机构建立物流服务质量数据库，开展国际国内同业服务质量比对，定期发布比对研究报告，促进物流行业优质高效发展。

（三）健全物流服务质量标准体系。提高质量标准，完善物流服务质量标准体系，开展重点领域物流服务标准研究与制定，加强电子报文数据标准等物流信息标准制修订工作，提升物流信息服务质量。抓紧修订托盘、周转筐、包装、集装箱等集装单元化器具和相关设施设备标准，明确推广1200mm×1000mm 规格标准托盘和 600mm×400mm 包装基础模数，使物流各环节标准相衔接。支持重点物流企业主导或参与国际标准、国家标准和行业标准制修订，大力培育发展物流团体标准。加快物流管理、技术和服务标准的推广应用，规范物流企业服务行为。探索建立企业标准领跑者制度，推动企业产品和服务标准自我声明公开和监督。推动有条件的行业和领域实现标准国际化。扩大物流行业国家服务业标准化试点范围，鼓励第三方机构开展物流企业服务质量评价，开展物流服务质量达标测评与监督检查。

（四）积极探索物流服务质量认证。建立健全物流业认证认可体系，重点在电子商务物流、物流园区和再生资源回收物流工程等方面推进认证制度的建立和实施。积极培育物流业认证机构规模化、品牌化发展。鼓励认证机构开展物流企业服务质量、物流安全、绿色物流认证工作，支持物流企业开展质量、环境和职业健康安全管理体系认证。利用认证手段加快物流管理、技术和服务标准的推广应用，规范和提升物流企业服务质量。

（五）完善物流服务质量诚信体系。引导企业公开物流服务质量信息，搭建物流服务信息平台，积极培育物流信用服务市场。鼓励有资质的信用服务机构对物流企业开展第三方信用评价，加强评价结果应用，强化教育培训、标准研制、品牌建设、技术咨询等专业化服务。鼓励引导物流企业发布社会责任报告，践行质量承诺。加强对物流企业失信行为的抽查检查，建立物流企业信用记录，并纳入全国信用信息共享平台，将严重违法失信企业列入黑名单并实施联合惩戒措施，各政府部门将履职过程中对物流企业做出的行政许可、行政处罚等信息通过“信用中国”网站、国家企业信用信息公示系统依法予以公示。积极探索与物流业务相关的保险服务，完善质量纠纷第三方调解处理机制。强化民生相关物流领域的消费者合法权益保护。

（六）实施“服务标杆”引领计划。遴选一批创新能力强、技术水平高、服务质量优、商业模式领先、具有核心竞争力的物流龙头企业，总结推广其先进服务模式、服务质量指标及质量管理方法，引导物流行业加强全面质量管理。培育一批物流服务标杆试点单位，组织开展质量对比提升和培训交流活动，充分发挥标杆企业的示范作用，带动物流企业特别是中小物流企业服务质量水平提升。综合运用各项政策，对服务质量标杆单位进行鼓励和扶持，提升国家质量技术基础设施面向物流行业的公共服务水平。

（七）打造中国物流知名品牌。加大物流业基础设施建设力度，提高信息化、机械化、标准化、集约化、智能化水平。引导物流企业强化品牌意识，加强品牌建设，推广优质服务承诺标识和管理制度，支持优秀企业做出优质服务承诺，引导市场消费，以优质承诺与市场选择引领服务质量升级。支持优秀物流企业申报中国质量奖及各级政府质量奖。在实施激励政策及各类质量先进单位表彰时，对服务质量好、品牌影响大、获得服务认证的物流企业予以优先考虑。在农村物流、冷链运输等物流短板领域加强品牌培育力度，健全服务网络，加快形成连锁化、规模化、品牌化经营的物流服务新格局。

（八）创新物流服务模式。坚持创新驱动发展，扩大高质量物流服务供给，鼓励企业积极利用互联网等现代化信息技术改造业务流程，强化大数据挖掘运用，创新经营和服务模式，提高服务效率，改善客户体验。引导物流企业在细分市场的基础上，针对特殊企业用户和特定消费群体，提供高附加值的专业化物流服务，提高物流服务的个性化、差异化、多样化水平。支持不同类型的物流企业依托自身优势，建立跨行业、跨地区的企业联盟，创新供应链模式，推动优势互补、资源共享、联动发展，为上下游产业和消费者提供高效、便捷、安全的物流服务。

（九）加大物流企业培育辅导力度。鼓励行业协会、咨询机构等专业第三方组织开展企业培育辅导，进一步完善政府推动、市场调节、企业主体、行业自律、社会参与的物流服务质量提升机制。充分发挥各物流业学会、协会、商会等中介组织的桥梁纽带作用，推进公共服务平台建设。加强物流行业职业技能培训，提高从业人员服务能力水平。鼓励大专院校开展物流服务质量研究和基础教育。组织质量专家开展物流企业服务质量提升专项培训和指导活动，促进物流企业服务质量提升。

三、保障措施

（一）加强组织领导，形成工作合力。质检、发改、交通运输、商务、工商、保险、铁路、民航、邮政、供销合作等部门和有关行业协会按照职责分工，加强统筹规划，健全协调机制，齐抓共管，良性联动，探索建立推动物流服务质量提升的长效工作机制，推动形成跨部门的政策协同效应和工作合力。各地要结合本地实际，抓好工作落实，相关情况纳入省级人民政府质量工作考核。

（二）出台扶持政策，完善制度环境。落实好促进物流业优质高效发展的各项政策措施，加大对物流服务质量标杆与试点单位的支持力度。推动完善相关法律法规规章，为提升物流服务质量营造良好的制度环境。

（三）强化企业引导，明确主体责任。进一步明确物流企业在提升服务质量中的主体地位和主体责任，鼓励物流企业建立完善的服务质量安全控制关键岗位责任制。综合运用物品编码、统一社会信用代码、产品防伪等手段和现代信息技术，探索建立物流服务质量追溯体系。

（四）加大宣传力度，营造良好氛围。充分利用网络、报刊等各种媒体，大力加强对物流服务质量的宣传力度，提高社会公众对高质量物流服务的了解和认可程度。积极总结宣传国内外在提升物流服务质量方面的成熟经验，为物流企业改进经营管理、提升服务质量营造良好氛围。

质检总局、国家发展改革委、交通运输部、商务部、工商总局、保监会
铁路局、民航局、邮政局、中华全国供销合作总社、中国铁路总公司
2017 年 3 月 2 日

1.2.2 上海市物流业政策文件

上海市推进“一带一路”建设工作领导小组办公室：**上海服务国家一带一路建设发挥桥头堡作用行动方案（节录）**

上海服务国家一带一路建设发挥桥头堡作用行动方案（节录）

（经上海市人民政府批准发布）

“一带一路”建设，是我国今后相当长一个时期对外开放和对外合作的管总规划，对于全面提升我国全方位开放水平具有重大意义。把中国（上海）自由贸易试验区（以下简称“上海自贸试验区”）建设成为服务国家“一带一路”建设、推动市场主体走出去的桥头堡，是习近平总书记在全局高度对上海提出的新要求。上海在国家“一带一路”建设中发挥桥头堡作用，有利于进一步提升上海城市综合服务功能，发展更高层次的开放型经济；有利于推动形成我国全方位开放、东中西联动发展的新格局，更好地参与全球竞争与合作。为贯彻落实“一带一路”国际合作高峰论坛精神和中央要求，制定本行动方案。

一、功能定位、主要路径和主要原则

——功能定位。把服务国家“一带一路”建设作为上海继续当好改革开放排头兵、创新发展先行者的新载体，服务长三角、服务长江流域、服务全国的新平台，联动东中西发展、扩大对外开放的新枢纽，努力成为能集聚、能服务、能带动、能支撑、能保障的桥头堡。

——主要路径。上海服务国家“一带一路”建设，以上海自贸试验区为制度创新载体，以经贸合作为突破口，以金融服务为支撑，以基础设施建设为重点，以人文交流和人才培训为纽带，以同全球友城和跨国公司合作为切入点。上海服务国家“一带一路”建设的过程，也是培育发展新动能、代表中国参与全球竞争合作的过程，测试压力、防控风险、转型升级的过程，传播中国发展新理念、凸显上海全球城市价值的过程。

——基本原则。上海发挥服务国家“一带一路”建设桥头堡作用，要充分体现国家战略。站在国家提高开放水平的高度，以内外联动的大视野，加强与长江经济带等战略对接。充分发挥上海优势，把服务国家“一带一路”建设与“四个中心”、具有全球影响力的科技创新中心、上海自贸试验区建设等国家战略紧密结合起来，发挥战略叠加效应，承接一批国家重大功能性载体，打造一批开放型合作平台，增强要素集聚和辐射能力，为上海全球城市建设注入新动力。充分对接市场主体需求。把市场在资源配置中的决定性作用和企业的主体作用发挥出来，切实解决市场主体开展双向投资、双向经贸的发展需求。把握远近结合、滚动推进。充分对接国家“一带一路”建设的新要求和高峰论坛成果清单，聚焦 2017-2020 年重点领域专项行动，与各方共同推进，共建共享，防控风险，为更长远的发展夯实基础。

二、贸易投资便利化专项行动

对接国家自由贸易区战略，构建多层次贸易和投资合作网络，促进贸易和投资自由化便利化。

（一）以上海自贸试验区为载体，加强与“一带一路”沿线国家（地区）制度和规则对接。系统梳理上海自贸试验区的制度创新经验，积极对接“一带一路”沿线国家（地区）（以下简称“沿线国家（地区）”）自由贸易协定谈判，与沿线国家（地区）开展上海自贸试验区相关制度创新合作，提升上海自贸试验区的国际影响力。（责任部门：市发展改革委、市商务委、上海自贸试验区管委会）

（二）加快推进上海自由贸易港区建设。以“区港一体、一线放开、二线安全高效管住”为核心，把货物进出、国际贸易、航运物流、金融服务等相关领域改革结合起来，实现开展国际业务的最大便利。（责任部门：市发展改革委、市商务委、市交通委、市金融办、市财政局、上海自贸试验区管委会、上海海关、上海出入境检验检疫局）

（三）争取进一步放宽境外投资备案权限。（责任部门：市发展改革委、市商务委、上海自贸试验区管委会）

（四）建设“一带一路”进口商品保税展示中心。依托上海自贸试验区，打造酒类、汽车、医药、化妆品、钻石珠宝等专业化的外贸直通平台，建设沿线国家（地区）常年商品展示平台，加快设立若干全球商品直销中心，为与沿线国家（地区）商品双向直通创造更多便利渠道。（责任部门：市商务委、上海自贸试验区管委会）

（五）提升上海自贸试验区文化服务贸易基地功能。依托国家对外文化贸易基地（上海），加强与沿线国家（地区）开展文化服务贸易，推动文化创意产业交流。发挥上海文化出口重点企业、重点项目优势，建设“一带一路”文化贸易海外促进中心。（责任部门：市文广影视局、市商务委、上海自贸试验区管委会）

（六）推动“一带一路”跨境电子商务发展。鼓励跨境电商在沿线国家（地区）扩大规模，支持跨境电商拓展产业链、生态链，共同推进电子商务国际规则制定，推动上海成为沿线国家（地区）“买全球、卖全球”的重要节点。支持重点互联网企业在沿线国家（地区）建立国际物流中心、结算中心、

跨境电商平台等。（责任部门：市发展改革委、市商务委）

（七）促进“一带一路”服务贸易创新发展。制定上海跨境服务贸易负面清单，逐步取消或放宽对跨境交付、自然人移动等模式的服务贸易限制措施。在风险可控前提下，加快推进金融保险、文化、旅游、教育、医疗等高端服务领域的贸易便利化。在软件、通信、外包等重点领域打造国际合作交流网络，开拓“一带一路”服务外包与技术贸易市场。打造“海上中医”品牌，加快在沿线国家（地区）建立中医药海外中心，提升中医药国际服务贸易平台能级。（责任部门：市商务委、市金融办、市文广影视局、市旅游局、市教育局、市卫生计生委）

（八）加强“一带一路”国际产能和装备制造合作。重点在火电、核电、风电、太阳能等能源装备，智能制造装备，生物医药与医疗器械，特种设备装备制造等领域加强合作。深化跨境经贸合作区发展，发挥重点企业龙头作用，搭建国际产能合作平台，与沿线国家（地区）在园区规划、设计、运营、管理模式等方面实现合作共享。（责任部门：市商务委、市发展改革委、市经济信息化委、市国资委、市质量技监局）

（九）加强“一带一路”检验检测认证认可和标准计量合作。依托“一带一路”技术贸易措施企业服务中心，促进与沿线国家（地区）在检验检测认证认可和标准计量等方面的合作。（责任部门：市质量技监局、上海自贸试验区管委会）

（十）提升上海国际会展平台服务“一带一路”建设功能。拓展中国（上海）国际技术进出口交易会、华东进出口商品交易会、中国国际工业博览会等品牌展会的规模和水平，为沿线国家（地区）的商品、技术、服务等提供国际化、专业化、便利化的功能平台，完善上海企业与沿线国家（地区）企业双向参展的促进机制。（责任部门：市商务委）

（十一）建立“一带一路”综合性经贸投资促进服务平台。依托上海市对外投资促进中心等拓展海外网络、提升服务功能，建设综合性专业服务平台，为市场主体提供沿线国家（地区）发展规划、政策法规、法律查明、投资项目、风险提示等专业服务，为中小企业更好地“走出去” “引进来”提供支撑，促进双向经贸投资发展。（责任部门：市商务委、上海市贸促会、上海自贸试验区管委会）

（十二）建设“一带一路”国际仲裁中心。依托上海国际经济贸易仲裁委员会、上海仲裁委员会、中国海事仲裁委员会上海分会，推进实施国际通行争议解决方式，探索境外仲裁机构与上海仲裁机构的多元化合作模式，打造国际化仲裁服务品牌，为沿线国家（地区）提供专业化的商事、海事仲裁服务。（责任部门：市司法局、市政府法制办、市商务委）

（十三）与香港、澳门共同探索“一带一路”框架下的合作新模式。加强与香港在金融、贸易、航运、文化、专业服务等的全面合作，鼓励上海企业在香港设立分支机构，共同开发沿线市场。积极对接澳门，共同开辟葡语国家市场。（责任单位：市政府港澳办、市金融办、市商务委、市国资委）

（十四）服务兄弟省市参与“一带一路”建设。支持和参与新疆、云南、大连等对口支援地区和对口合作地区有关保税区、开发区等建设，与长三角地区和长江经济带沿线省市共同参与“一带一路”建设。（责任部门：市政府合作交流办）

（十五）为国内外企业总部、功能性行业协会、国际机构（组织）落户上海发展，提供更为便利的服务和配套解决方案。（责任部门：市商务委、市经济信息化委、市国资委、市工商联等）

四、增强互联互通功能专项行动

加强与上海国际航运中心建设联动，畅通内外连接通道、拓展综合服务功能，提升上海全球城市门户枢纽地位。

（二十六）打造海上丝绸之路港航合作机制。依托中远海运集团和上港集团，发起并举办“21世纪海上丝绸之路港航合作会议”，与沿线国家（地区）港口建立长期、稳定的沟通协调和战略发展合作机制，以共同开发、业务合作等方式，提高资本运作和项目开发水平，加大沿线港口投资力度，拓展延伸对物流园区、铁路、公路等基础设施的投资。（责任部门：市交通委、中远海运集团、上港集团）

（二十七）进一步拓展完善航线航班网络布局。加快打造高效通畅的全球集装箱海上运营网络，开辟上海至非洲、美洲、南亚、加勒比等区域，打通经印度洋、非洲东部到欧洲的新主干航线。提升上海航空枢纽航线网络覆盖面和通达性，争取在空域管理、航权分配、时刻资源市场化配置方面进行试点。支持基地航空公司优先发展面向“一带一路”区域的国际航线。（责任部门：市交通委、上港集团、机场集团）

（二十八）加快构建全方位多式联运综合体系。加快海铁、空铁建设衔接，积极发展海铁联运，加强上海铁路网与中欧、中亚铁路网的衔接，以信息化提升海港、空港、铁路等交通枢纽服务能级。（责任部门：市交通委、上海铁路局、上港集团、机场集团）

（二十九）提升“一带一路”上海航贸指数影响力。深化“一带一路”贸易额指数、“一带一路”货运量指数、“海上丝绸之路”运价指数的内涵，拓展应用范围，提升影响力和话语权。（责任部门：市交通委）

（三十）提升国际海事组织亚洲技术合作中心服务功能。推动与“一带一路”沿线国家（地区）在海事技术、管理和服务等方面协作协同，构建国际海事合作网络，发起横向技术合作，开展海事专业培训，引领全球海事技术标准制定。（责任部门：市交通委、市教委、上海海事大学）

（三十一）组建国际海事校企联盟。依托上海海事大学，牵头组建国际海事校企联盟，加强“一带一路”沿线区域海事院校和企业之间的合作交流。（责任部门：市交通委、市教委、上海海事大学）

八、强化体制机制和政策保障

强化体制保障，整合政策资源，加强监测预警，强化推进落实机制，调动各方力量参与“一带一路”建设，形成服务国家“一带一路”建设发挥桥头堡作用的强大合力。

（五十五）优化完善上海推进“一带一路”建设工作机制。进一步完善上海推进“一带一路”建设工作领导小组工作机制，强化责任落实和督查考核。加强与国家推进“一带一路”建设工作领导小组办公室的协调沟通，研究解决“一带一路”桥头堡建设相关重大问题。（责任部门：市发展改革委）

（五十六）加强与国家“一带一路”重大项目库对接。（责任部门：市发展改革委、市商务委、国家开发银行上海分行、中国进出口银行上海分行、中国出口信用保险公司上海分公司）

（五十七）进一步加大上海对推进“一带一路”建设工作的资金支持力度。（责任部门：市财政局、市发展改革委等）

（五十八）建立完善上海推进“一带一路”建设统计体系。（责任部门：市统计局、市发展改革委、市商务委、市金融办、市旅游局、外汇管理局上海市分局等）

（五十九）拓展上海与“一带一路”友城合作网络。统筹全市资源，拓展友城网络、深化合作内涵，扩大上海与“一带一路”友城在文化交流、城市形象宣传、媒体互动、青年交流等方面的深度合作。（责任部门：市政府外办）

（六十）建立完善上海境外投资安全保障机制。建立“一带一路”境外投资预警监测服务平台。建立境外企业和对外投资安全保护体系。（责任部门：市金融办、中国出口信用保险公司上海分公司、市政府外办、市公安局、市商务委）

2017 年 10 月

上海市交通委员会、上海市公安局
关于印发《上海市建设项目交通影响评价管理规定》的通知

沪交行规〔2017〕2号

各有关单位：

《上海市建设项目交通影响评价管理规定》已经2017年4月15日上海市交通委员会第5次主任办公会议审议通过，现予印发，自2017年6月15日起施行，有效期至2022年6月14日止。

市交通委 市公安局

二〇一七年五月二十日

第一条（目的和依据）

为了促进上海市城市建设与交通的协调发展，保障城市交通安全、有序、畅通，规范和加强本市建设项目交通影响评价管理工作，根据《中华人民共和国道路交通安全法实施条例》以及《上海市道路交通管理条例》等规定，结合本市建设项目的具体情况，制定本规定。

第二条（适用范围）

本规定适用于本市建设项目的交通影响评价及其相关的管理活动。

第三条（管理部门及职责）

上海市交通委员会（以下简称“市交通委”）会同公安机关等相关部门依法组织开展建设项目交通影响评价，包括建设项目交通影响评价报告的审查和管理，加强与相关职能部门的协调协作，并负责组织编制、修订本市交通影响评价的技术标准、规范，推进交通影响评价基础信息的共享。

由市级部门负责审批设计方案或者设计文件的建设项目，由市交通委具体负责交通影响评价工作，其余项目的交通影响评价工作由区交通行政管理部门具体负责。市交通委和区交通行政管理部门统称交通行政管理部门。

第四条（编制范围及阶段）

建设项目的规模或者指标达到或者超过本市有关建设项目交通影响评价技术标准中规定的交通影响评价启动阈值时，应当在建设项目设计方案形成时同步开展交通影响评价工作。

建设项目对适用的交通设施设置标准或者规范指标进行调整的，应当在设计方案形成时同步开展交通影响评价和专项论证工作。

第五条（组织编制主体）

建设项目交通影响评价报告由建设单位负责组织编制。

第六条（编制单位）

编制单位应当具有与交通专业相关的城市规划、工程设计、工程咨询等相应的资质。

市交通委会同相关部门对交通影响评价报告的编制单位进行评估，建立交通影响评价编制单位信息库，并将交通影响评价有关情况定期向社会公开。

第七条（编制依据）

建设项目交通影响评价报告应当以批准的控制性详细规划、综合交通规划、交通专项规划以及现场调查数据等作为依据进行编制。

第八条（编制要求）

建设项目交通影响评价报告编制的内容和深度应当符合国家和本市有关建设项目交通影响评价技术标准要求，突出项目和区域交通的特殊性。

建设项目交通影响评价报告编制应当进行类比案例的交通调查分析。

第九条（评审流程）

交通影响评价报告按照下列流程进行评审：

（一）交通影响评价报告编制完成后，建设单位应当向交通行政管理部门提出评审申请，并附送交通影响评价报告；

（二）交通行政管理部门委托第三方评审机构开展交通影响评价评审工作，并承担有关评审费用；

（三）评审机构应当在收到评审委托和评审报告后，5 个工作日内组织专家和相关部门评审，评审结束后评审机构应当于 5 个工作日内出具评审意见。

第十条（评审机构）

评审机构开展交通影响评价报告的评审工作，应当遵循客观、公正的原则。评审机构应当建立本市交通影响评价评审专家库和信息数据库，不断加强评审能力。交通行政管理部门会同公安机关对评审机构的评审质量进行监督。

第十一条（评审意见）

评审专家应当根据相关的规范和标准，针对项目和区域交通的特殊性等进行评审。

评审机构对评审专家和相关部门的意见综合平衡后出具评审意见。

对通过评审的交通影响评价报告，评审机构出具评审意见，编制单位应当根据评审意见完善交通影响评价报告，交由原评审机构备案后，建设单位将评审意见及修改完善后的交通影响评价报告报送交通行政管理部门和公安机关。

对未通过评审的交通影响评价报告，编制单位应当根据评审意见进行修改并重新申报评审。

对适用的交通设施设置标准或者规范指标进行调整的建设项目，评审机构应当根据交通影响评价评审和专项论证情况提出是否可以调整的建议，并给出建议调整幅度，出具评审意见。

第十二条（交通影响评价的效力）

评审机构出具的评审意见可作为交通行政管理部门对建设项目进行行业审核的依据之一。

交通影响评价报告及评审意见要求在项目用地范围内落实的事项，应当由建设单位落实；项目用地范围外建议组织实施的交通改善措施，由评审机构收集整理后提交交通行政管理部门，作为地区交通规划编制、交通改善措施实施的重要依据。

第十三条（行业审核）

交通行政管理部门和公安机关对需要开展交通影响评价的建设项目，依据交通影响评价报告及评审意见，对建设项目设计方案提出行业审核意见；结合设计文件审查工作，对设计文件关于交通影响评价报告相关结论及评审意见的落实情况予以复核，对未予落实的设计文件不予审核同意。

第十四条（建筑面积）

建设项目的建筑面积，应当按总建筑面积计算。如建设项目交通影响评价工作阶段前移，则可按地块容积率计算建筑面积。

第十五条（施行日期）

本规定自 2017 年 6 月 15 日起施行，有效期至 2022 年 6 月 14 日止。2016 年 8 月 25 日发布的《上海市建设项目交通影响评价管理规定》（沪交规〔2016〕918 号）同时废止。

上海市政府人民关于促进本市快递业发展的实施意见

沪府发〔2017〕21 号

各区人民政府，市政府各委、办、局：

快递业作为现代服务业的重要组成部分，是推动流通方式转型、促进消费升级的现代化先导性产业。为贯彻落实《国务院关于促进快递业发展的若干意见》（国发〔2015〕61 号），巩固上海快递业发展优势，更好发挥快递业对稳增长、促改革、调结构、惠民生的作用，加快培育现代服务业新增长点，现就促进本市快递业发展提出如下实施意见：

一、发展目标

到 2020 年，基本建成与上海城市地位相适应的技术先进、服务优质、安全高效、绿色节能、普惠城郊、城乡一体的现代快递服务体系，形成规模化、集约化、规范化、融合化、国际化和低碳化发展的快递服务网络，培育一批具有较强国际竞争力的快递总部企业，打造具有全球影响力、全国领先的上海快递业。

——产业规模上新台阶。到 2020 年，快递业务量达 50 亿件，快递业务收入达到 1100 亿元。打造联通亚太、辐射全球的国际航空快递枢纽。国际快递业务等高附加值业务比例逐年增加。

——总部企业实力增强。推动在沪快递总部企业发展，全市形成 1 家年业务收入超千亿元和若干家年业务收入超百亿元的总部或区域性总部在沪、具有国际竞争力的网络型快递总部企业。全面推进快递总部企业实施标准化管理。快递总部企业国际化发展水平显著提升，国际业务大幅拓展。

——行业服务规范提升。构建形成城乡一体、联通国际、快速便捷、安全高效的快递服务网络。快递网络实现本市乡镇全覆盖，国内重点城市间实现 48 小时内送达。聚焦电子商务、跨境贸易、先进制造业、现代农业、现代金融业等关联产业，推动服务向专业化和价值链高端延伸、向精细化和高品质转变。快递延误率、损毁率、丢失率和投诉率明显降低。快递服务公众满意度水平继续保持全国前列。

——科技兴邮深入推进。鼓励构建邮政业产学研用联盟和创新中心，支持骨干企业建设工程技术研究中心，强化快递领域基础技术的研发能力，着力解决快递业发展的重大技术瓶颈，鼓励快递企业大力推动新兴信息技术和装备在快递领域的应用。

——经济社会效益显著。快递成为连接产业间、城郊间、区域间的重要纽带，服务生产和便利民生的基础性作用显著提升，日均服务用户 2750 万人次。

二、主要任务

（一）培育壮大快递企业

1. 打造快递业航母基地。积极创造条件，鼓励优势快递企业通过多种方式筹措资金，整合中小企业，优化资源配置，形成一批品牌化、规模化、网络化、信息化的大型快递企业集团。鼓励快递企业通过控股、收购、兼并、联合等多种方式扩张业务规模，拓展仓储、冷链、金融、保险、快运等一体化增值服务和供应链管理服务，推动大型快递企业向综合性快递物流运营商转型。（责任单位：市邮政管理局、市发展改革委、市商务委、市国资委、民航华东地区管理局、各区政府）。支持快递企业总部、区域总部落户本市，经认定为总部企业的，享受本市总部经济等相关政策，将快递总部企业纳入市商务委贸易型总部认定范围。（责任单位：市邮政管理局、市商务委、市交通委、市发展改革委、各区政府）

2. 支持快递企业“走出去”。增强本市快递业国际竞争力。鼓励本市快递总部企业实施国际化战略，搭建对接国际的标准化体系，掌握国际标准的话语权。鼓励快递及相关企业开展跨境快递业务，设立境外分支机构，组建货运航空公司，积极探索海外仓等新方式，建立境外快递服务体系。进一步推动快递企业信用担保体系建设，积极为“走出去”快递企业搭建融资平台，协调落实跨境资金结算服务、财税金融服务、仓储和售后服务等方面的便利条件。（责任单位：市邮政管理局、市商务委、市工商局、市发展改革委、市经济信息化委、市质量技监局、市金融办、市政府外办、市口岸办、上海海关）

（二）推进“互联网 +”快递

1. 加强先进技术研发与应用。鼓励快递企业构建邮政业产学研用联盟，重点开展导航通信、分拣装卸、模块集成、信息采集与管理、数据交换等快递环节基础技术研发与普及；支持骨干企业建设工程技术研究中心，开展智能终端、物联网、自动分拣机器人、云计算、大数据等先进技术应用和快递业设施装备的研发。支持北斗导航在快递业中应用，开展大数据分析，实现对快件流量流向监测预警。推动快递企业建立智能的仓储管理系统，高效的末端配送网络，科学有序的分拨调配系统。统一信息交换和数据接口标准，推进快递企业物流信息系统与监管平台、跨境电商公共服务平台、跨境电商企业自有平台等的信息对接与共享。（责任单位：市科委、市邮政管理局、市商务委、市农委、市经济信息化委、各区政府、市交通委、市口岸办、上海海关、上海出入境检验检疫局）

2. 打造“互联网 +”快递发展新模式。以创新、开放和包容的“互联网 +”思维改革创新，打造“互联网 +”快递产业融合新模式和“大众创业、万众创新”的发展环境，充分发挥快递行业协会引导协调作用，提高企业对本市“互联网 +”快递新型生态圈的利用水平，促进快递业提质增效和转型升级，确立形成上海“互联网 +”快递发展新优势。（责任单位：市邮政管理局、市发展改革委、市经济信息化委、市快递行业协会、各区政府）

（三）完善快递服务网络

1. 建设浦东祝桥国际现代快递物流园区。建设浦东祝桥国际现代快递物流园区，服务祝桥区域以大飞机项目为核心的先进制造业，服务以上海自贸试验区为平台的跨境电子商务，服务以浦东机场为基地的国际快递业务，促进先进制造业的示范集聚，现代跨境电商的产业集聚，打造快递“向外”航空枢纽。支持快递企业在自贸试验区跨境电商示范园区、浦东祝桥国际现代快递物流园区内建设跨境快件物流中心，支持相关园区出台快递企业入驻、人才聚集、融资便利等方面的扶持政策，加强对快递跨境业务的航空运能保障。（责任单位：市邮政管理局、自贸试验区管委会、浦东新区政府、市发展改革委、市经济信息化委、市口岸办、上海海关、民航华东地区管理局）

2. 做强青浦全国快递行业转型发展示范区。依托青浦民营快递总部集聚区优势，建设全国快递行业转型发展示范区，形成“企业成群、要素成市、产业成链”的集聚和辐射效应，提升上海全国快递业发展高地地位，为全国快递行业转型发展发挥示范带头作用。（责任单位：市邮政管理局、青浦区政府）

3. 推进快递配送末端综合服务试点。研究制定智能快件箱和快递综合服务站地方标准。（责任单位：市邮政管理局、市商务委、市质量技监局）开展快递配送综合服务行动，推动智能快件箱、合作共建末端门店、快递超市等模式的发展，紧密结合社区物业、超市、书报亭等公共服务存量资源，支持快递企业、第三方配送企业与电商企业、连锁商业机构、社区服务组织等深度合作，加强末端资源的对接。在社区、高校、园区、商务楼宇等开展电商快递配送综合服务试点。推动快递配送平台化、智能化、网格化、集约化发展，同时鼓励开展公共信息发布、公共事业缴费、物业管理、便捷购物等城乡生活及公共服务。（责任单位：市邮政管理局、市商务委、市住房城乡建设管理委、市教委、各区政府）加强对全市配送网点布局规划和管理，积极开展末端网点、门店等设施周边环境整治。（责任单位：各区政府、市邮政管理局、市公安局、市住房城乡建设管理委）

4. 鼓励快递企业发展跨境业务。研究建立集安全检查、海关监管、检验检疫、地面服务等于一体的快件进出境服务体系，实现进出境快件便捷通关。（责任单位：上海海关、市邮政管理局、市口岸办、上海出入境检验检疫局）支持快递企业入驻浦东国际机场，建设国际和区域转运中心，建设航空快件优先配舱、优先安检、加速通关的“绿色通道”。（责任单位：市邮政管理局、市口岸办、民航华东地区管理局、市商务委）

（四）衔接综合交通体系

实施“三上”工程。将快递用地指标纳入本市城市总体规划。统筹协调运政、铁路、民航等部门，为快件运输“上车、上船、上飞机”提供便利条件。支持在机场、铁路站、综合客货运枢纽等交通枢纽的快递仓储、配送等设施建设；引导快递企业依托祝桥东站交通枢纽试点开展多式联运。优先提供快速配载、装卸、交接、通关等服务，推动快递信息一体化服务。鼓励快递企业组建航空货运公司，在国际航线、航班时刻、货机购置等方面给予政策支持。推进公路客运班车代运快件试点和快件甩挂运输方式。推广新能源车辆开展快递配送业务，落实小型新能源货运车市区通行相关政策，支持充电、加气等设施建设。（责任单位：市交通委、市邮政管理局、市经济信息化委、上海海关、上海出入境检验检疫局、市规划国土资源局、民航华东地区管理局、上海铁路局）

（五）推动产业协同发展

1. 支持快递、电商协同发展。依托跨境电商和电子商务示范园区，支持快递企业与电商企业加强协作、入驻园区，共同发展体验经济、社区经济、逆向物流等便民利商新业态，并在园区内或周边安排合适的快递作业用地。支持国内外快递企业为跨境电商提供采购、运输、仓储和寄递等服务。鼓励电商企业和快递企业在运力调整、交通引导、供给调解和市场服务等方面加强协作，推进快递企业与电商企业之间的信息共享，促进商流与物流的充分融合。积极支持整合电子商务供应链资源的专业服务平台发展，鼓励平台提供仓配一体化、物流配送外包、信息系统支持、快递保险等服务。（责任单位：市邮政管理局、市商务委、市规划国土资源局）

2. 开放普惠邮政设施等公共资源。整合邮政、商贸、供销等公共资源，发挥普惠邮政设施的网络优势，设立邮政便民服务站开展农副产品、生活消费品等快件寄递服务，将快递服务纳入农村基本公共服务。（责任单位：市邮政管理局、市商务委、市农委）

3. 支持多业融合发展。鼓励快递企业积极为制造业企业提供一体化解决方案和供应链服务，深度融入制造业产业链。（责任单位：市邮政管理局、市经济信息化委）支持快递企业参建城市共同配送体系，与零售和餐饮企业等合作，提高城市配送资源利用效率。（责任单位：市邮政管理局、市商务委、市经济信息化委）鼓励快递企业与金融业互动，支持开发快递相关金融产品，不断创新业务类型。（责任单位：市金融办、市邮政管理局）鼓励快递企业积极参与涉农电子商务平台建设，构建农产品快递网络。（责任单位：市邮政管理局、市农委、市经济信息化委）推进快件绿色包装工作，2020 年协议客户电子面单使用率达 90% 以上，减少二次包装，支持引导快递企业使用可降解、重复使用的包装，试点开展“逆向物流”回收包装，促进资源循环利用。（责任单位：市邮政管理局、市环保局、市绿化市容局、市商务委）

（六）加强快递安全监管

1. 加强安全监管队伍建设。进一步完善安全监管体系和管理体制，强化邮政业安全监管职责，通过政府购买服务的方式，充实邮政业安全监管力量，优化邮政业监管队伍结构，确保国家关于通信安全、寄递安全、信息安全等安全生产和邮政业安全监管有关法律、法规落实到位。（责任单位：

市交通委、市财政局、市邮政管理局、市编办）

2. 落实安全管理措施。加强行业安全监管，实施寄递渠道安全监管“绿盾”工程，建设本市邮政业安全监管与应急指挥综合信息平台；推进本市快递从业人员实名注册登记管理，加强从业人员的配送行为的规范化管理。全面推进快递企业安全生产标准化建设。全面落实收寄验视制度，全面实行快件实名收寄，督促企业严格落实安全生产设备配置要求，统筹推进快件过机安检，加强快件安全监管。（责任单位：市邮政管理局、市综治办、市安全局、市安全监管局、市发展改革委、市公安局、民航华东地区管理局）积极利用信息技术，提升安全监管能力，建立快递企业、快递员和寄件人信用信息系统，纳入全市公共信用信息服务平台，实现快件信息溯源追查，依法严格保护个人信息安全。（责任单位：市邮政管理局、市经济信息化委）

3. 规范快递市场秩序。建立基层监督员、信息员或志愿者队伍，发挥媒体、消保委、行业协会、申诉中心和社会监督员的作用，形成社会监管网络。（责任单位：市邮政管理局、各区政府）依托专业信用评估机构，探索建立快递企业量化分级管理和公示制度，对违背市场竞争原则和侵害消费者权益的快递企业和快递从业人员建立“黑名单”制度。（责任单位：市邮政管理局、市经济信息化委、市发展改革委、市工商局、市快递行业协会）

三、保障措施

（一）深入推进简政放权

简化快递业务经营许可程序，精简快递末端网点备案手续。（责任单位：市邮政管理局、市工商局）发挥电子口岸等“一站式”通关平台优势，扩大电子商务出口快件清单核放、汇总申报通关模式的适用范围，实现进出境快件便捷通关。（责任单位：上海海关、市经济信息化委、市口岸办、上海出入境检验检疫局、市财政局、市地税局、市交通委、市邮政管理局）

（二）加强规划建设衔接

将快递物流园区、快件集散中心等设施用地纳入城市总体规划统筹考虑，做好快递业规划与土地利用总体规划、综合交通规划、物流业规划、现代服务业规划等的衔接，合理安排快递基础设施的布局建设。在符合城乡规划、土地利用规划和行业专项规划的前提下，总部落户上海的规模以上快递企业，可按照本市研发总部用地相关政策给予支持；对建设大型快件处理中心、转运场地、呼叫中心等优质快递业基础设施的，可按照工业、仓储用地相关政策给予支持。推动公用型城市配送节点及快递作业枢纽建设，融合快件处理中心、转运场地等快递基础设施建设的功能、布局，考虑智能快递终端的布局空间，支持共同配送模式发展。新建住宅小区和旧城改造应当将智能快件箱、综合服务站等快递末端设施一并纳入配套设施建设工程和社区公共服务基本目录，予以优先保障。（责任单位：市规划国土资源局、市邮政管理局、市交通委、市住房城乡建设管理委、市发展改革委、市民政局、各区政府）

（三）加大财税金融支持力度

结合本市深化财税体制改革，全面实施“营改增”，减少重复征税，进一步减轻企业税负，以及落实小微企业所得税优惠、物流业大宗商品仓储设施用地城镇土地使用税减半征收等政策的实施，快递企业依法享受各项税收政策。将符合政策导向的快递企业发展模式纳入本市生活性服务业、跨境电子商务等相关发展意见，鼓励符合条件的快递业项目申请相关财政扶持资金支持。（责任单位：市发展改革委、市地税局、市财政局、市商务委、市邮政管理局）鼓励金融机构不断创新金融产品和服务方式，探索开展符合快递业特点的小额消费信贷、抵押贷款、融资租赁等业务。（责任单位：市金融办、市商务委、市发展改革委、市邮政管理局）快递企业用电、用气价格按照不高于一般工业标准执行。（责任单位：市发展改革委、各区政府）

（四）提供便利通行条件

鼓励快递企业使用合法、合规的新能源交通工具，由交通、公安相关管理部门会同有关部门依法加强对快递运输车辆的管理，规范新能源车辆在市中心城区运输投递等行为。研究探索在市中心合适区域，布局安排快递车辆市区临时停靠点及装卸点。逐步淘汰高能耗、高排放的机动车辆。研究制定快递揽投专用电动自行车安全、环保要求方面的地方标准；结合《上海市电动自行车产品目录》，制订《上海市快递揽投专用电动车使用管理办法（暂行）》。在非机动车道路资源充裕的地区开展非机动车快件收派试点工程。（责任单位：市公安局、市交通委、市环保局、市邮政管理局）按照国家和本市节能减排专项资金有关规定，支持企业开展设备改造和技术革新，推进快递车辆采用节能减排新设备。（责任单位：市公安局、市交通委、市环保局、市发展改革委、市财政局、市质量技监局、市邮政管理局、各区政府）

（五）加强人才队伍建设

支持快递企业聘用高端人才，建立快递业高端人才评价制度，按照本市就业创业和人才引进相关政策执行。加强从业人员的就业管理，鼓励引导企业利用现有政策对职工培训设施进行长期投入，建立职工教育激励机制。鼓励高等院校、研究机构与快递企业围绕发展战略、网络运行、大数据应用进行人才培养合作。（责任单位：市邮政管理局、市人力资源社会保障局、市教委）

四、组织实施

（一）明确任务分工。由各牵头部门根据任务内容，制定任务计划和清单，明确各自的任务及与其他部门的协调内容，为意见实施提供保障。

（二）加强组织领导。依托上海市促进邮政业发展联席会议机制，建立和完善相关部门间的工作协同、信息互通、资源互享、执法互认机制。市邮政管理局、市发展改革委和市交通委负责对本实施意见落实工作进行统筹协调、跟踪了解和督促检查。

（三）加强新闻宣传。加强宣传和舆论引导，着力宣传加快推进快递业发展的重要意义、工作进展和先进经验，正确引导社会舆论，形成支持快递业现代化转型发展的良好氛围，提高公众参与度和政策实施效果。

上海市人民政府

2017 年 4 月 14 日

市商务委 市质量技术监督局 关于印发《本市托盘标准化及社会化循环共用推广专项行动计划》的通知

各有关单位：

为大力复制推广本市物流标准化试点经验，深化内贸流通供给侧结构性改革，降低流通成本，提升流通信息化、标准化、集约化水平，特制定《本市托盘标准化及社会化循环共用推广专项行动计划》。现印发给你们，请遵照执行。

上海市商务委员会

上海市质量技术监督局

2017 年 4 月 1 日

本市托盘标准化及社会化循环共用推广专项行动计划

为贯彻落实国务院办公厅转发国家发展改革委《物流业降本增效专项行动方案（2016—2018年）》（国办发〔2016〕69号）、商务部等5部门印发的《商贸物流发展“十三五”专项规划》（商流通发〔2017〕29号），深化上海市内贸流通供给侧结构性改革，降低流通成本，提升流通信息化、标准化、集约化水平，加快建设国家食品安全城市和智慧供应链示范城市，特制定本计划。

一、总体思路和目标

贯彻落实国家对食品安全工作的新要求，聚焦快速消费品、农产品等重点领域，抓住关键环节，依托托盘运营服务、托盘生产、商贸、物流等龙头企业，全面普及标准托盘（1200×1000mm）应用，并以点带面，推广从生产、物流到销售的全链条“带板（筐）运输”模式，带动标准托盘（周转筐）的动态循环。

快速消费品领域，力争龙头企业年末率先实现标准托盘的普及率达到70%以上，租赁标准托盘增长1倍，装卸货效率提高3倍，综合物流成本平均降低10%。

农产品领域，推广试点以标准周转筐为载体的、从生产到销售的全程带筐运输模式。

二、主要任务

（一）抓两端，推动供应链全程“不倒盘、不倒筐、不倒箱”。

从供应链的两端发力，促进上下游带板运输的有效衔接。快速消费品领域，推动品牌供应商与连锁商业、电商平台对接，推广从生产端到销售端的整托下单、带板运输、信任交接，鼓励消费品生产商从源头推动产品包装与标准托盘匹配，减少流通过程的二次包装。农产品领域，推动农产品生产基地与销地对接，构建农产品全流程物流包装标准化体系，推广从田头到清洗包装车间、从清洗包装车间到装车、从装车到运输至门店“三次不倒筐”模式，提高农产品流通供应链效率和安全性。物流配送中心，推动与标准托盘相配套的设施设备更新和改造，开展货架、叉车、笼车、周转箱、运输车辆、管理信息系统等标准化更新。

（二）抓平台，鼓励发展跨区域的托盘循环共用。

依托各类物流服务平台、第三方物流企业，加大现有国家、行业以及地方物流标准的实施和应用，带动中小微物流企业提升标准化服务水平。进一步培育壮大托盘运营服务商，鼓励企业发展社会化的、开放式的托盘综合运营服务，健全运营网络体系，提高供应链服务能力。积极吸引在国内具有影响力的开放式托盘循环共用平台入驻上海，鼓励运用共享经济思维，开展租赁、交换、转让、售后回购等各种形式的共享共用，促进托盘互换和循环共用。

（三）抓培训，普及托盘循环共用操作规范。

依托上海市物流标准化创新联盟，分批组织企业培训，加强引导，提高行业组织、企业等对统一托盘规格、推进托盘标准化、促进物流业降本增效的思想认识。对供应链上下协同的流程进行规范与创新，加快制定出台托盘循环共用的操作规范与指引。大力推广实施《托盘标准转移模式商业规则》等团体标准，重点培训“标准托盘循环共用的标准作业流程（SOP）”，引导企业掌握并运用带板运输的各项操作规则。

（四）抓认证，进一步扩大标准托盘池规模。

依托第三方机构，参照国家标准《联运通用平托盘主要尺寸及公差》（GB/T2934-2007）符合1200×1000mm规格的系列标准，推动建立托盘质量认证体系，开展第三方质量检测和认证，引导市场采用经过认证的通用标准托盘，统一质量规格，从而增加全社会可流通的标准托盘量。

（五）抓宣传，推进物流标准跨区域共享互认。

依托长三角现代物流发展合作机制和长江经济带标准化托盘循环共用联盟，推动跨区域的标准共同制定、联合发布等，鼓励供应链上各类企业加强合作，创新物流标准化应用模式。依托“5·6”物流日，发挥物流行业组织的作用，加强宣传引导，提高社会各方思想认识，带动全行业物流标准化发展。着眼国内、面向国际，依托亚太示范电子口岸网络，探索面向亚太地区的物流标准化建设与合作。

三、保障措施

（一）深化政企学协联动的工作推进机制。

市商务委、市质量技术监督局与上海商业发展研究院、上海市质量和标准化研究院等单位深入推进合作，统筹物流标准化推进工作中的重大事项。推动建立与交通、食品药品监督管理等部门的联动工作机制，共同做好顶层设计，研究出台鼓励、引导、扶持政策措施，形成有效的制约和倒逼机制。发挥好“上海市物流标准化创新联盟”的作用，成立上海市物流标准化技术委员会，推动开展标准研制、实施应用、推广培训等工作，为本市物流标准化提供全面支撑。

（二）继续争取国家及本市财政政策支持。

积极争取国家财政政策支持，用好本市标准化等相关专项资金，支持标准托盘的社会化循环共用，引导广大企业积极参与物流标准化推进工作。

（三）加强龙头企业的示范引领。

在快速消费品、农产品等领域，选择一批有市场影响力的品牌供应商、连锁商业、电商平台，以及托盘运营服务商、物流服务平台和第三方物流企业等开展示范试点，在托盘社会化循环共用方面率先探索创新模式，总结推广先进案例。

本篇供稿：张旭 朱泽榕 张志坚 编辑：张志坚

第二篇 物流业景气指数

2.1 中物联编制发布：物流业景气指数（LPI）和分业景气指数

2.1.1 物流业景气指数（LPI）

2018年2月中国物流业景气指数为50%

中国物流与采购联合会发布的2018年2月份中国物流业景气指数为50%，较上月回落4.2个百分点；中国仓储指数为48.4%，较上月回落3.5个百分点；中国公路物流运价指数为99.6点，比上月回落2.8%。

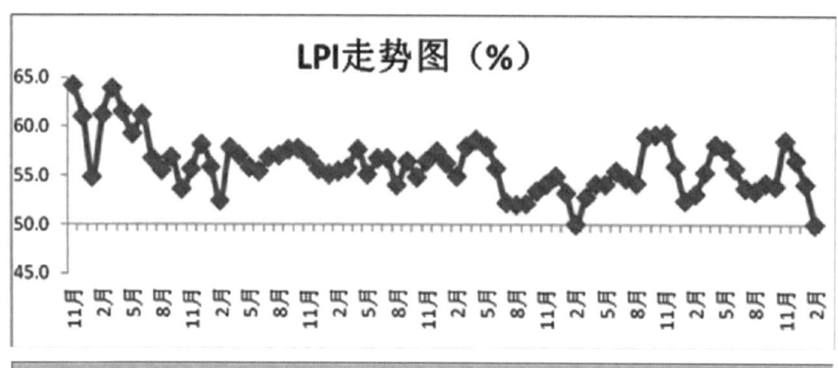

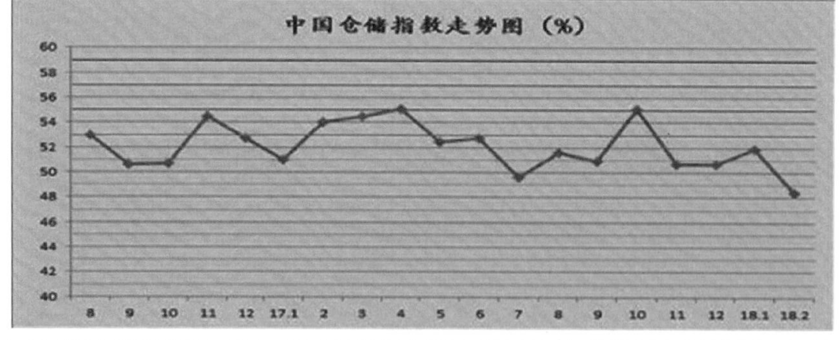

中国物流信息中心副主任何辉认为： 2 月份，物流业景气指数有较大回落，反映出物流行业受节日因素影响较强，呈现出明显的季节性变化。指数仍位于 50% 荣枯线水平，也显示出物流运行保持稳定态势，同时业务活动预期指数大幅回升至 65% 以上的高水平，预示物流企业对未来行业走势有较大信心。

业务总量指数回落，物流业务规模增势减弱。2 月份，业务总量指数比上月回落 4.2 个百分点，位于 50% 荣枯线，反映出受节日因素影响，物流业务活动规模增势减弱，随着进入新的生产建设周期，物流业务活动规模将保持适度增长。

库存指数周期性回落，未来将出现恢复性增长。2 月份，平均库存量指数回落 2.5 个百分点至 48.2%；库存周转次数指数回落 7.4 个百分点至 45.6%。两项库存指数双双呈现出周期性回落，受到节日消费需求旺盛影响，将出现恢复性大幅增长。

从业人员指数回落，节日效应释放明显。2 月份，受生产建设活动放缓、物流业务规模增势减弱影响，春节期间从业人员返乡等因素影响，从业人员指数回落更为明显，比上月回落 3.9 个百分点，回落至 45%，连续三个月位于 50% 以下的收缩区间，且从业人员数量减少的幅度加大。随着劳动人员对物流行业认知的不断提高，劳动密集型的物流行业用工需求量大， 预计 3 月份起，该指数将逐步回升至节前水平。

从后期走势看，新订单指数为 50.4%，业务活动预期指数为 65.8%，预示着进入新的生产建设周期，物流活动将趋于活跃，保持适度增长，平稳运行的态势。

（来源： 中国物流信息中心 2018 年 3 月 2 日）

2017 年 12 月中国物流业景气指数为 56.6%

中国物流与采购联合会发布的 2017 年 12 月份中国物流业景气指数为 56.6% 较上月回落 2 个百分点；中国仓储指数为 50.7%，与上月持平；中国公路物流运价指数为 103.1 点，比上月回落 1.32%。

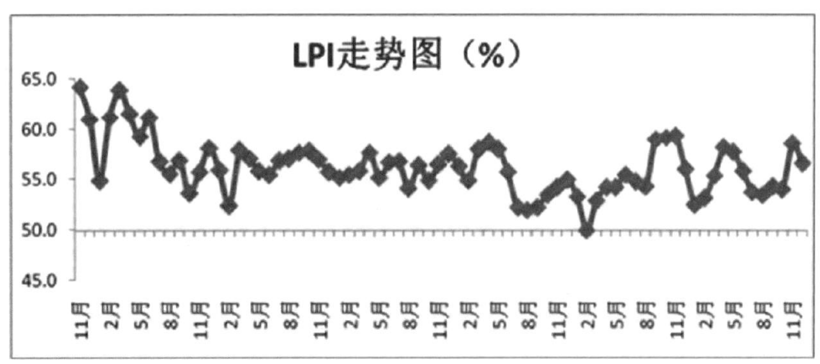

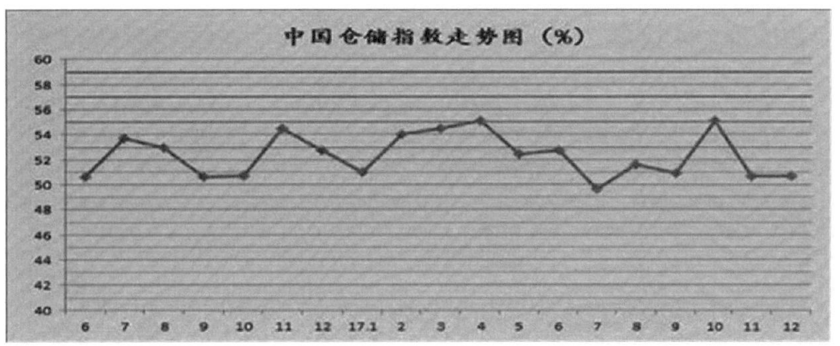

中国物流信息中心副主任何辉认为：12 月份，物流业景气指数虽有所回落，属于年终正常回落，但仍维持较高的水平。从区域看，东中西部均保持活跃的态势。从行业看，快递业、铁路运输业、道路运输业，保持旺盛水平。从企业规模看，大中小微型企业增速稳定。从品种上看，随着节日的临近与民生相关的食品、纺织品、日用品物流业务活动活跃。

业务总量指数回落，物流业务规模增势减弱。12 月份，业务总量指数比上月回落 2 个百分点，仍然保持在 56.6% 的较高水平，反映出临近年底，物流业务活动规模增势减弱，但总体上物流活动仍较活跃。

新订单指数回落，物流需求增势减弱。12 月份，新订单指数为 53%，比上月回落 2.3 个百分点。显示出受季节性因素影响，经济社会运行中的物流需求增势有所减弱，但依然保持在较高水平。物流业发展仍将保持稳中趋升的态势。

设备利用率指数和从业人员指数回落，从业人员指数回落更为明显。12 月份，受生产建设活动放缓、物流业务规模增势减弱影响，设备利用率指数回落 2.3 个百分点，回落至 53.8%。而加上临近春节的因素影响，从业人员指数回落更为明显，比上月回落 2.4 个百分点，回落至 49%。

从后期走势看，新订单指数为 53%，业务活动预期指数为 55.8%，预示着未来 1 到 2 个月，受季节因素影响，物流活动将保持平稳。

（来源：中国物流信息中心 2018 年 1 月 2 日）

2.1.2 仓储指数

从中国仓储指数看 2018 年仓储行业形势

2017 年，国内经济运行良好，下游行业表现稳健，供需双侧联动上行，在良好的宏观经济背景下，我国仓储业经济活动继续保持稳步回升的态势，行业需求持续增长，效益有所提升。从中国仓储指数来看，2017 年，除 7 月份跌落至 50% 以下的收缩区间外，其余各月均保持在扩张区间，全年该指数平均水平保持在 52.4% 的较高水平，高于 2016 年 1.1 个百分点。

中国仓储指数走势图（%）

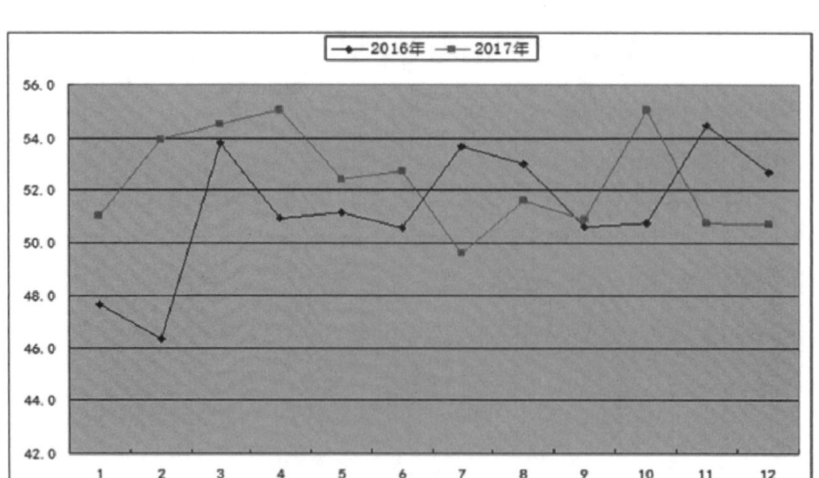

从各分项指数走势看，行业运行呈现出如下亮点：

1、行业需求持续增长

2017 年，新订单指数一直保持在 51% 以上较高的水平，3 月份高达 60.5%，为自数据调查以来的第二高点。全年该指数均值达到 55.1% 的较高水平，高于 2016 年同期 3.0 个百分点，显示 2017 年仓储行业订单良好，客户需求充足。从全年变化看，上半年新订单指数平均水平高达 56.6%，高于下半年 2.9 个百分点。全年新订单指数呈现“前高后低”的走势，我们认为一方面是因为下半年大宗商品价格整体涨势迅猛，下游行业成本明显增加，采购趋于谨慎所致；另一方面也是因为前期订单量增长较快，基数较高。

2、行业设施利用充分

2017 年，业务量指数平均水平为 53.5%，较 2016 年同期增长 3.2 个百分点，显示全年仓储行业业务总量继续保持稳中有涨的态势。受其提振，设施利用较为充分，全年设施利用率指数均值为 53.8%，高于 2016 年同期 3.5 个百分点。从全年指数的走势来看，业务量指数自 3 月份止跌回升至扩张区间后，年内持续保持在 51% 以上的高位，设施利用率指数则是全年均保持在 51% 以上的高景气区间。值得关注的是，业务量指数和设施利用率指数的年内高点均出现在 10 月份，我们认为这主要是：一方面是高利润刺激以及北方供暖季限产即将来临，生产企业为努力保障效益实现及市场供给，加快生产，提升大宗商品仓储需求；另一方面是受双十一备货影响，与民生相关的产品需求大幅增长。多重利好因素叠加，拉动业务量指数大幅回升至年内最高的，进而提升仓储设施的使用率。

3、行业发展效益提高

从企业效益看，得益于供给侧结构性改革加快推进和市场营商环境改善，企业效益明显转好。2017 年，中国仓储指数业务利润指数平均水平为 51.6%，较 2016 年同期回升 3.5 个百分点，显示经济的回升切实带来了企业效益的回升。从社会效益来看，行业大环境持续转好，有效地带动了企业就业。2017 年中国仓储指数从业人员指数全年各月均保持在 47% 以上，处在近年来的较高水平，平均为 50.4%，高于上年 0.3 个百分点，创出近三年历史同期均值的新高。就业稳定回升有利于行业发展质量的提升，对社会稳定具有巨大的促进作用。

在仓储行业呈现诸多积极变化的同时，也存在一些值得关注的问题。

1、成本支出继续增加

2017 年，主营业务成本指数平均水平为 54.4%，较 2016 年同期增长 2.1 个百分点，连续两年呈现上涨态势，且增幅进一步扩大，显示 2017 年仓储行业成本在前期上涨走势的基础上，还有所增加。特别是进入下半年，主营业务成本指数增势明显，全部处于 51% 以上的高位，10 月份更是达到 59.9%，为 2016 年 12 月份以来的最高。下半年均值为 54.5%，高于上半年 0.2 个百分点。值得关注的是，下半年收费价格指数均值为 50.2%，高于上半年 1.0 个百分点，但下半年业务利润指数均值为 50.6%，较上半年回落 2.0 个百分点。收费上涨而利润下降，可见成本高企对行业的利润空间挤压明显。

2、需求基础仍需巩固

2017 年新订单指数均值虽较 2016 年提高 3.0 个百分点，但进入下半年以来，新订单指数涨幅明显收窄，7 月份跌至 2016 年 3 月份以来的最低，下半年均值为 53.7%，较上半年回落 2.9 个百分点。与此同时，2017 年 12 月份商务活动预期指数跌至 47.8%，时隔 11 个月后再度回落至 50% 以下的收缩区间，预示行业经营压力加大。

3、就业形势仍需关注

从企业员工指数的变化情况来看，全年四次位于 50% 的荣枯线以下，下半年以来就有三次，而 2016 年下半年则持续处于扩张区间。下半年均值为 49.7%，低于上半年 1.4 个百分点，意味着仓储行业就业活动增速明显放缓。

4、商品库存压力犹在

2017 年期末库存指数均值为 51.8%，较 2016 年高出 1.9 个百分点，平均库存周转次数指数均值为 52.1%，低于 2016 年 1.7 个百分点。从数据来看，在周转效率保持高效的基础上，库存明显增加，表明 2017 年终端市场对商品的需求增长明显，特别是对大宗商品的需求增长明显，不过随着库存持续积聚，当前大宗商品市场供应压力有所加大，后期如果需求不能持续消化不断增长的库存，市场将面临较大的调整风险。

总体来看，2017 年我国仓储行业经济活动仍保持在较快的发展水平，也反映出了一些积极变化。特别是大宗商品行业全面回暖对仓储行业的需求明显增加更为值得关注。

展望 2018 年，国内经济继续企稳向好发展的运行格局仍具备良好基础。从 2017 年经济发展形势来看，经济增速稳中有升，经济发展的平衡性增强、效益提高、协同性改善，为 2018 年经济继续保持稳中向好奠定较好基础，而稳中有进的宏观经济也将为仓储行业发展奠定坚实的基础。

1、良好的宏观经济态势和大宗商品市场需求为仓储行业发展提供了良好的发展机遇和稳定的需求来源

回顾 2017 年我国宏观经济，“稳中有进、稳中向优”的态势十分明朗。经济增速势头积极，增长质量明显优化，就业目标超额完成，企业景气度多项指标创近 5 年新高，国际货币基金组织一年内 4 次上调中国经济增长预期。在当前经济转型升级、国际竞争加剧的巨大压力下，我国 GDP 连续九个季度保持了 6.7%-6.9% 的增速，表明我国宏观经济“稳”的基础十分坚固。在“稳”的同时，“优”的特征也逐渐清晰，“三去一降一补”的全面推行，有效削减了落后产能，促进了先进产能的快速发展。三次产业格局和区域发展差异也有显著优化，农业生产形势较好，农产品产量和农民收入增长较快；工业企业效益持续改善。2017 年，规模以上工业企业实现利润 75187.1 亿元，比上年增长 21%，增速比 2016 年加快 12.5 个百分点，已经达到 2012 年以来最好的水平。企业盈利改善是其投资扩产的先行条件，就此而言，制造业复苏至少已迈出了积极的一步。2017 年 12 月，制造业 PMI 指数为 51.6%，连续 15 个月处于 51% 以上的景气区间，经济平稳增长特点明显，发展动力充足。十九大报告中，明确指出要加快建设制造强国，加快发展先进制造业，促进中国产业迈向全球价值链中高端，培育若干世界级先进制造业集群：中国已经在包括高铁、核电、大飞机、船舶制造等行业步入世界前列。此外，全球经济继续复苏，出口持续改善可能为未来制造业投资改善积蓄动力。预计 2018 年制造业投资增速将达到 8% 左右，机械、家电、汽车、造船等传统下游行业继续平稳增长。目前“一带一路”也正处于稳步推进阶段，同时国内固定资产投资持续增长，也将对钢铁、有色金属等大宗商品的需求做出较大贡献。可见，仓储业作为连接供给侧和需求侧的基础性纽带，将会具有稳定的需求来源。

2、网上消费的快速增长也将不断提升公共型物流仓储的租赁需求

据国家统计局数据显示，2017 年我国网上零售额 71751 亿元，比上年增长 32.2%。其中，实物商品网上零售额 54806 亿元，增长 28.0%，占社会消费品零售总额的比重为 15.0%；在实物商品网上零售额中，吃、穿和用类商品分别增长 28.6%、20.3% 和 30.8%。非实物增长 48.1%，零售额达 16945 亿元。非实物增长高于实物增长，说明更多的消费转向服务，消费升级的态势明显。而线上购物的崛起，也开始倒逼传统消费渠道进行服务和品质的升级。在全年社会消费品中，消费升级类商品较快增长，通讯器材、体育娱乐用品及化妆品类商品分别增长 11.7%、15.6% 和 13.5%。其实自 2014 年统计以来，我国网上消费一直呈较快速度增长，四年网上零售额增长了 43853 亿元。预计 2018 年，全国网上零售额将破 90000 亿元。近年来，我国网上零售额占社会消费品零售总额的比重逐年上涨，比重从 2014 年的 10.6% 上升至 2017 年年的 19.6%，四年间比重将近翻一番。预计 2018 年国内网上零售额比重将继续上涨至 22.9%。

综合来看，2018年，国内宏观经济发展质量有望继续提升，全球经济复苏有望延续，在此背景下，我国仓储行业的运行环境将会继续优化，行业稳中向好的格局将会延续。不过如何降本增效仍是全行业的难题，仍需关注，特别是在“互联网+”高效物流加快发展，供应链发展成为重大趋势的情况下，仓储行业如何加速变革，应该引起全行业的高度重视。

（来源：中物联网 2018年1月30日）

中国物流与采购联合会正式发布中国仓储指数

2016年1月6日，中国物流与采购联合会发布了中国仓储指数。该指数由中国物流与采购联合会和中储发展股份有限公司于2014年底联合建立，经过一年多的试运行，取得了重要成果，今天正式公开发布。今后，中国仓储指数将于每月2日上午9时通过媒体对外发布。

中国仓储指数体系是一套立足于仓储企业，通过快捷的调查方式，以详实、动态的数据信息，反映仓储行业经营和国内市场主要商品供求状况与变化趋势的指标体系。该指标体系包含了反映仓储企业的业务需求、效率、就业以及企业家对未来市场发展的预期等经营活动中关键环节的指标变量和21个大类商品期末库存变化情况。

中国仓储指数是基于仓储企业快速调查建立的一套指数体系，由相互关联的若干指标构成，包括业务量、新订单、延伸业务量、设施利用率、收费价格、业务利润、主营业务成本、期末库存、平均库存周转次数、企业员工、业务活动预期11个分项指数和1个合成指数。合成指数由期末库存、新订单、平均库存周期次数和从业人员4个权重指数合成，这个合成指数称为中国仓储指数。

从2015年各月中国仓储指数走势来看，一季度，受春节和生产备货等因素影响，走势波动较大，综合指数1月份为50.6%，3月份为58.5%。二季度以后走势趋于平稳。但总体来看，全年综合指数处在低位，除11月份高于50%以外，其余月份均位于50%以下，处于收缩区间，反映出2015年仓储行业需求不足，运行总体偏弱，也从一个侧面反映出经济运行存在一定的下行压力。

从期末库存情况来看，一季度波动幅度较大，二季度以后走势趋于平稳，年末再次小幅波动。分月来看，一季度期末库存指数受企业年初备货因素影响，持续处于高位水平。二季度，期末库存指数回落到收缩区间，表明业务活动趋于活跃，出库快于入库，库存总量下降，企业持续处于去库存状态，产品积压状况略有缓解。三季度，期末库存指数走势仍然偏弱，只有9月份期末库存指数略微高于50%。12月份，期末库存指数重回扩张区间，为50.8%，这主要是：一方面受企业年末备货影响，另一方面也反映出仓库产品积压状况再次反复，仓储企业近期去库存活动进展放缓。

从一年来的试运行情况来看，中国仓储指数较好地反映了我国仓储行业发展运行的总体情况，同时与出口总值、货物运输量等相关物流指标、经济指标表现出了较强的相关性。中国仓储指数，能够灵敏地反映仓储行业发展动态，对监测国民经济运行状况也具有重要的参考作用。

中国仓储指数研究与创建，适应了中国物流业发展的基本要求，对引导仓储业健康发展。促进物流业转型升级具有重大现实意义。为更好地挖掘我国库存数据的变化规律和发展趋势，把握仓储行业运行的总体态势提供了新的手段，填补了我国仓储领域指数调查工作体系的空白。

中国仓储指数是一个开放的体系，在指标设置、覆盖范围等方面可以不断拓展。中国物流与采购联合会和中储发展股份有限公司将加强合作，不断丰富完善中国仓储指数体系，使之充分发挥对仓储行业乃至宏观经济的监测预警作用，引领仓储行业健康有序发展。

（来源：中国物流信息中心网 2016年01月07日）

中物联会长何黎明：在中国仓储指数发布会上的讲话

（2016 年 1 月 6 日）

各位来宾，女士们、先生们、新闻界的朋友们：

大家下午好。感谢大家长期来对中国物流与采购联合会工作的关注和支持。中国物流与采购联合会成立以来，相继创建并定期发布了中国采购经理指数（PMI）、中国物流业景气指数、中国公路物流运价指数等反映国民经济与产业经济运行的指数体系。今天我们发布中国仓储指数，既是对国民经济与产业经济运行监测指标内容的丰富补充，也是对中国物流与采购联合会指数体系的进一步完善和发展。

近年来，物流业作为支撑国民经济发展的基础性、战略性产业，得到党中央、国务院和社会各界的高度关注与重视，产业地位显著提升。在经济平稳较快增长和发展环境持续改善的推动下，我国物流业也取得了新的进展。

2015 年，我国社会物流总额预计可达 220 万亿元，与五年前相比增长 70% 左右，五年间年均可比增幅约为 8.7 %；社会物流总费用与 GDP 的比率从五年前的 17.8%，预计将降至 16% 以下，运行效率有所提升。从事物流活动的企业法人单位数，预计将超过 30 万家，是所有实体行业中增长最快的行业之一。物流岗位吸纳的从业人员总数超过 3000 万人，也是所有实体行业中增长最快的行业之一。到 2015 年年底，我国高速公路和高速铁路里程有望分别突破 12 万公里和 1.9 万公里，物流基础设施状况继续改善。物流节点加快布局，以物流园区为支撑的产业生态圈正在形成。

2016 年是全面建成小康社会决胜阶段的开局之年，也是贯彻落实《物流业发展中长期规划》的关键之年。党的十八届五中全会和中央经济工作会议明确提出要贯彻创新、协调、绿色、开放、共享的发展理念，明确要求加强供给侧结构性改革，抓好去产能、去库存、去杠杆、降成本、补短板五大任务，努力适应经济发展新常态。

仓储是物流的重要环节，创建发布中国仓储指数体系，非常有意义。一是能够更加充分地反映国民经济各行业对仓储物流业务的需求变化情况；二是能够更加充分地反映我国仓储行业经营、效率、成本、就业的情况；三是能够更加充分地反映重要商品的库存变化动向。为贯彻落实中央经济工作会议明确提出的去产能、去库存、去杠杆、降成本、补短板五大经济改革任务，提供数据依据。为把握国内市场供求平衡状况，做好市场调节供应工作，引导企业经营，提供决策参考。

中国仓储指数的创建，非常有创新。这主要体现在以下三个方面：

一是中国仓储指数不是一个单一指数，而是一个完整的指数体系。既有反映国民经济各行业对仓储物流业务需求变化情况的指数，也有反映仓储行业经营、效率、就业等行业发展的指数，还有反映重要商品库存变化动向的指数。

二是运用了景气周期理论和发散指数的调查分析方法。中国仓储指数根据景气周期理论和发散指数的调查分析方法，通过仓储数据的周期性变化，监测、分析和预判产业经济走势，监测、分析和预判重要商品供求状况与库存动向。

三是时效性强。吸收了 PMI、物流业景气指数的经验，中国仓储指数每月 2 日发布，具有较强的时效性，有利于对仓储市场和重要商品库存的动态把握。

中国仓储指数非常有价值。这主要体现在以下三个方面：

一是有利于宏观监测。景气指数具有先行性。从仓储市场需求和重要商品库存变化，可以及时把握宏观经济和市场的活跃程度，有利于促进化解过剩产能、降低商品库存、降低企业成本。

二是有利于行业发展。仓储作为物流领域的重要环节，具有重要的作用和地位。中国仓储指数的创建发布，填补了我国仓储领域指数调查工作体系的空白，能够及时、灵敏地反映仓储行业运行情况，对引导仓储业健康发展，促进行业转型升级具有重大的现实意义。

三是有利于企业发展。中国仓储指数调查数据来自于仓储企业的业务经理，客观、真实，无疑对企业经营决策有意义。

综上所述，发布中国仓储指数是宏观监测的需要，是行业发展的需要，是企业决策的需要，有意义、有创新、有价值。

中国仓储指数由中国物流与采购联合会和中储发展股份有限公司联合调查。中储股份是国内最大的国有仓储服务企业，有 50 多年的发展历史，在重要商品流通中发挥了流通主渠道作用。年吞吐货物 6000 多万吨，稳居国内仓储企业首位。经营网点遍及全国中心城市和重要港口，子公司及控股公司共计 90 多个，自身具有良好的数据基础，其品牌信誉度、质量满意度以及硬件设施的专业化程度等均在业界享有较高的声誉。

最后，再次感谢各位媒体朋友在百忙之中抽空参加今天的发布会，也感谢大家一直以来对我们的支持与帮助，希望我们共同努力推动中国仓储指数更加完善，为物流行业发展和国民经济运行做出应有的贡献。

（来源：中国物流信息中心网 2016 年 01 月 07 日）

中国仓储指数调查说明

1. 主要指标解释

中国仓储指数体系是一套立足于仓储企业，通过快捷的调查方式，以详实、动态的数据信息，反映仓储行业经营和国内市场主要商品供求状况与变化趋势的指标体系。

中国仓储指数由期末库存、新订单、平均库存周期次数和从业人员 4 个权重指数合成。

2. 调查涵盖的范围

中国仓储指数体系调查包含了生产资料和消费品两大类。调查的地区将覆盖全国（除港澳台和新疆、西藏等）的主要省市和地区。调查的企业主要是为社会提供第三方仓储及配套服务的物流企业。主要是指综合性仓库和专业性仓库。不包括生产企业的自营仓库和用户的自用仓库。

3. 计算方法

中国仓储指数由 1 个综合指数构成和 11 个单项指数。单个指数采用扩散指数方法。综合指数采用加权综合指数方法。

单项指数的计算公式：

即正向回答的百分数加上回答不变的百分数的一半。

DI=“增加”选项的百分比 ×1+“持平”选项的百分比 ×0.5

综合指数的计算公式：

中国仓储指数 = 期末库存 ×30%+ 新订单 ×25%+ 从业人员 ×25%+ 平均库存周转次数 ×20%

（来源：中国物流信息中心网 2016 年 01 月 07 日）

2.1.3 快递指数

从快递物流指数看经济运行

2017年12月5日，中国物流与采购联合会首次发布中国快递物流指数，该指数是一套运用大数据、云计算等科技手段，立足于商务快件业务规模的变化，综合反映宏观经济运行、产业发展态势的指标体系，中国快递物流指数体系由商务快件指数、农村快件指数、跨境快件指数、时效指数、质量指数、人员指数、成本指数和便利度指数八个分项指数和一个综合指数构成，其中综合指数由商务快件指数、跨境快件指数、时效指数、人员指数和成本指数五个分项指数加权合成，合成指数被称为中国快递物流指数。

中国物流与采购联合会发布的2017年11月份中国快递物流指数为112.1%，比上月回升4.6个百分点。分项来看：

商务快件指数为115.3%，比上月回升3.6个百分点。

农村快件指数为106.9%，比上月回升5.0个百分点。

跨境快件指数为119.0%，比上月回升4.6个百分点。

时效指数为102.5%，比上月回升6.4个百分点。

质量指数为100.5%，比上月回升0.6个百分点。

人员指数为112.1%，比上月回升13.4个百分点。

成本指数为101.6%，比上月下降0.9个百分点。

便利度指数为75.4%，比上月提高1.4个百分点。

综合指数运行情况，今年以来经济活动呈现以下几个特点：

一、商务快递业务整体保持活跃态势。今年前11个月商务快件指数平均为102.4%。分季度来看，一季度指数处于低位，受节假日因素影响，1-2月份低于100%，3月份随着企业相继开工，商务活动逐步恢复，商务快件业务迅速增长，5月份商务快件指数达到114.1%，三、四季度保持活跃，9-11月份连续回升，11月商务快件指数为115.3%，达到年内高点，整体上下半年要好于上半年。

二、制造业中大部分行业商务快递指数保持较高水平。前11个月制造业商务快件指数平均为103.2%，21个制造业大类中，20个行业平均指数高于100%。其中，电气机械制造业、服装制造业、化学原料制造业、木材加工业、农副食品加工商务快件指数、医药制造业高于均值103.2%。纺织业、黑色冶炼加工、金属制品、通用设备制造业、烟草制造业、有色冶炼和造纸及文娱用品制造业等行业商务快件低于均值103.2%。

三、服务业中居民生活相关的服务业商务快递指数保持景气水平，房地产、建筑业商务快件指数连续回落。前11个月生活服务、卫生、娱乐、餐饮以及租赁业商务快件指数保持高位，其中租赁业商务快件指数平均为105.0%，住宿餐饮业商务快件指数平均为109.0%。建筑业和房地产业尽管今年以来平均水平高于服务业均值102.2%，但下半年以来，两个行业指数呈连续回落走势。

四、东部地区和中部地区商务活动更为活跃。前11个月东部地区商务快件指数平均为104%，中部地区为104%，均高于全国102.4%的平均水平，西部地区为101.5%，东北地区为100.7%，低于全国平均水平。分省区市看，东部的浙江、江苏、天津高于本地区平均水平，中部的安徽、湖南、湖北、山西高于本地区平均水平，西部的甘肃、宁夏、陕西、四川、新疆、云南、重庆高于本地区平均水平。

五、快递吸纳从业人员保持快速增长。指数数据显示，从 2014 年 1 月基期至今，快递从业人员规模增长了 130%，分地区来看，华东地区和华南地区增长近 100%，中南地区增长 150%，华北地区增长 155%，华西地区增长了 245%。特别是在年初开工之后的 3 月和 4 月份，以及下半年的 9-11 月份从业人员规模出现高峰。

六、外部运营环境整体趋好。物流便利度指数主要是对快递物流企业外部营商环境进行评。从今年 7-11 月的物流便利度指数来看，总体呈上升态势，11 月份便利度指数为 75.4%，比上月提高 1.4 个百分点，为 7 月份开始调查以来最高水平。从四个分项便利度来看，通行便利度指数为 75.3%，比上月提高 2.1 个百分点，政务服务便利度指数为 76.4%，比上月提高 3 个百分点，公共设施便利度指数为 75.7%，比上月下降 0.1 个百分点，投送便利度指数为 74.3%，比上月提高 0.7 个百分点。

（来源：中国物流信息中心网 2017 年 12 月 05 日）

快递业深度融入宏观经济 编制快递指数正当其时

2017 年 12 月 5 日，中国物流与采购联合会首次发布了中国快递物流指数。中国快递物流指数是中物联在借鉴吸收相关理论和指数体系的基础上，深度挖掘快递与国民经济的相关关系，在快递物流领域研究的最新创新成果。中国快递物流指数主要从商务快递活动角度反映宏观经济及其相关产业的运行情况。

一、编制快递物流指数的背景

随着经济体制的完善和国民经济的发展，我国快递业经历了上世纪后二十年的艰苦创业期，本世纪前十年的蓬勃发展期，已经进入到协同发展、巩固提升、融合联动的产业成熟期。

一是业务规模全球第一，增长速度一马当先。近几年来，我国快递发展模式日趋成熟，市场规模持续扩大，中国也迅速成为全球第一快递大国，全球每年约 700 亿件的快递量中，中国占了 300 亿件。2017 年前 10 个月我国快递业务量完成 311.4 亿件，同比增长 29.1%，接近去年全年业务规模。当前，在宏观经济增长稳中趋缓、传统大宗商品物流市场疲软的背景下，快递市场“一马当先”，保持了持续增长的态势，近些年来，快递业务量复合增长率年均超过 50%，增速约为 GDP 的 7 倍左右。

二是快递与经济关联度不断增强。现代物流贯穿一、二三产业，衔接生产与消费，涉及领域广，带动作用强，在促进产业结构调整、增强经济竞争力等方面具有重要作用，而快递业作为我国现代物流业的重要代表性产业，充分发挥了突破时空限制、联系生产生活等优势，广泛而深入地参与到生产、流通、消费等各个领域，一方面，快递商务活动与电商、现代农业、制造业、跨境贸易等协同模式不断拓展，线上线下互动、跨界融合联动的节奏明显加快，另一方面，快递业加速物流、信息流、资金流的畅通，进一步创新服务链、打通信息链、改造实物链，改变了传统的经营管理架构和生产组织形态，创新了社会服务模式，根据发达国家的经验，快递发展水平已经成为衡量一个国家和地区现代化程度和综合实力的重要标志之一。

三是快递深度融入经济转型升级。快递业兴起于电子商务，但随着制造业、信息产业的调整转型，知识密集型产业和高附加值产业在国民经济中比重不断提高，快递时间价值和空间价值日益体现。调研表明，快递服务对于知识密集型产业尤为重要，特别是高科技零部件制造、IT/ 电讯、金融服务及与互联网相关的行业对快递服务的依赖程度更大，根据中物联调研，2014-2017 年，服务业领域商务快递需求年均增长 11.4%，其中建筑业年均增长 29.2%，金融业年均增长 20.9%，文化产业年均增长 25.4%；2014-2017 年，制造业商务快件需求年均增长 9.6%，并且呈加快增长的态势，其中电气机械制造业年均增长 14.8%，汽车制造业年均增长 20.5%，铁路船舶航空航天设备制造业年均增长 34.3%，医药工业年均 33%。

二、快递物流指数的主要作用和意义

一是适应宏观经济和行业发展的要求。快递是现代物流与市场经济高度融合的产物，是现代经济社会蓬勃发展环境下孕育的朝阳产业。构建快递物流指数，可以发挥指数快速反应优势。

一是通过商务快件量等核心指标，可以反映整体、局部区域经济发展态势，配合相关数据加强产业、行业的监测分析，指导经济健康有序平稳发展，二是构建效率和服务质量等方面的指标，发挥快递物流指数对行业发展的引导作用。

二是为决策经营研究提供重要参考。快递物流发展需要多方协作，不仅需要政府层面的高度重视和支持，还需要企业转变经营理念、瞄准未来趋势，建立科学的物流规划，同时也离不开行业的推动和整个社会的关注。

在设计思路上，快递物流指数相关指标从各级政府、企业、研究机构和社会公众等多个视角，主要满足以下方面的要求。

——为宏观经济分析和决策提供数据支持。随着快递物流在消费和就业领域发挥越来越大的作用，受到党中央、国务院和中央领导同志的高度重视，习近平总书记和李克强总理多次视察物流企业，邀请物流企业家在中南海座谈，张高丽副总理、马凯副总理、汪洋副总理多次召开座谈会听取物流发展的意见和建议。快递物流指数中业务量、成本、人员等核心指标，可以反映整体、局部以及不同区域的经济发展态势与景气度，有利于科学合理判断整体经济形势，指导经济健康有序平稳发展。

——满足地方政府决策需要。在城镇化过程中，快递物流对于区域经济增长的作业凸显，备受地方关注。快递物流指数相关指标的变化，对于地方政府如何营造良好的外部环境和出台有力政策将起到指导和参考作用。

——满足企业经营决策的需要。快递物流指数的变化，具有综合性、及时性和准确性的特点，能够全面、客观地反映出行业发展中存在的矛盾和问题，为企业更有针对性的改进经营提供参考。此外，满足社会各界的关注。

（来源：中国物流信息中心网 2017 年 12 月 05 日）

中物联副会长兼秘书长崔忠付：**快递物流指数：观察宏观经济新视角**

各位来宾，新闻界的朋友们：

大家上午好，首先非常感谢各位长期以来对中国物流与采购联合会的关心和支持！也非常感谢各位参加今天的指数发布会，来共同见证中国快递物流指数这一重要指数的诞生。

快递业是我国改革开放的重要成果之一，30 多年来，随着经济体制的完善和国民经济的发展，我国快递业经历了上世纪后二十年的艰苦创业期，本世纪前十年的蓬勃发展期，目前已经进入到协同发展、巩固提升、融合联动的产业成熟期，据国家邮政局统计，今年前 10 个月我国快递业务量完成 311.4 亿件，已经接近去年全年业务规模，稳坐全球快递第一大国地位，快递业的发展真实的反映出我国经济由封闭到开放，由起步到腾飞，由跟随到引领的历史进程。近几年来，我国快递发展模式日趋完善，竞争力水平整体提升，服务领域迅速扩大，不仅突破了原有的电子商务领域，与其他产业经济的关联性也在不断增强，在宏观经济增长趋稳、大宗商品物流疲软的背景下，快递市场“一马当先”，保持了持续增长的态势，特别是近些年来，快递业务量复合增长率年均超过 50%，增速约为 GDP 的 7 倍左右。

现代物流贯穿一、二、三次产业，衔接生产与消费，涉及领域广，带动作用强，快递业作为我国现代物流业的重要代表性产业，一方面，快递与电商、现代农业、跨境贸易等协同模式不断拓展，线上线下互动、跨界融合联动的节奏明显加快，另一方面，制造业、信息产业的调整转型，知识密集型产业和高附加值产业在国民经济中比重不断提高，快递的时间价值和空间价值日益体现。快递是现代经济社会蓬勃发展环境下孕育的朝阳产业，是现代物流与市场经济高度融合的产物，物流发达国家的经验表明，快递发展水平的高低已经成为衡量一个国家和地区现代化程度和综合实力的重要标志之一。在这一背景下，中国物流与采购联合会创建和发布中国快递物流指数，具有非常重要的意义。

一是提供了新窗口、新视角。快递物流指数不仅立足于快递业本身，更着眼于发掘商务快递与产业行业的关系，把大众关注的目光从消费经济拓展到商务活动和产业活动，可以说快递物流指数给了我们一个观察产业活动的新窗口、监测宏观经济运行的新视角。

二是把握新业态、发现新动能。快递服务关键在“快”字上，现代经济看重也是快递的“快速、精准、及时”，通过快递物流指数能够监测发展规模、速度、效益和活跃程度，能够更好的发现和把握经济转型过程中出现的新业态、新动能、新亮点。

三是顺应指数化、大数据监测的大趋势。近年来，市场经济运行的复杂性不断提高，传统的事后统计体系、方法已经越来越难以适应快速变化的市场环境，随着大数据技术的运用和普及，经济指标的指数化、精准化、即时化，已成为分析经济运行、预测景气的重要工具和方向，通过指数对社会经济现象进行分析和预测，有利于更好的捕捉苗头性、倾向性的问题，更实时的监测市场的走势、特点、变化以及拐点。

四是提升了产业地位和话语权。快递已经广泛深入地参与到生产、流通、消费等各个领域，突破时空限制，加速物流、信息流、资金流畅通，创新服务链、打通信息链、改造实物链，改变了传统经营管理架构和生产组织形态，创新了社会服务模式，可以说，快递在促进产业结构调整、增强产业竞争力等方面发挥了巨大作用。一个行业走向成熟、自信不仅需要企业品牌、服务口碑，也需要主动发出行业声音，建立快递物流指数就是要提升快递的产业地位，提升行业话语权。

近年来，中国物流与采购联合会相继编制了制造业 PMI、非制造业商务活动指数、物流业景气指数、仓储指数、公路物流运价指数、电商物流指数等一系列指数，逐步形成了物流与采购的指数体系。今天发布的快递指数既是对国民经济与产业运行监测指标的丰富补充，也是对中国物流与采购联合会指数体系的进一步完善和发展。今后，中国物流与采购联合会将于每月 5 日上午 9 时对外发布上月指数。

作为一项新事物，快递物流指数是中物联在借鉴吸收相关理论和指数体系的基础上，对快递与国民经济相关关系的初步探索。在设计思路上，快递物流指数相关指标从各级政府、企业、研究机构和社会公众等多个视角，主要满足以下方面的要求：

为宏观决策提供数据支持。快递物流指数中业务量、成本、人员等核心指标，可以反映整体、局部以及不同区域的经济发展态势与景气度，有利于科学研判整体经济形势，指导经济健康有序平稳发展。

为地方政府决策提供参考。在城镇化过程中，快递物流对于区域经济增长的作业凸显，备受地方关注。快递物流指数相关指标的变化，对于地方政府如何营造良好的外部环境和出台有力政策将起到参考作用。

指导快递物流行业发展。快递物流发展需要多方协作，不仅需要政府层面的高度重视和支持，还需要企业转变经营理念、瞄准未来趋势，建立科学的物流规划，快递物流指数的变化，具有综合性、及时性和准确性的特点，能够全面、客观地反映出行业发展中存在的矛盾和问题，为企业更有针对性的改进经营提供参考。

建立中国快递物流指数是一项基础性、创新性、开放性的工作，希望今后有更多的媒体、研究机构、企业和行业组织能够予以关注和支持，相信随着数据的不断积累和完善，通过各方面的共同努力，中国快递物流指数能够发挥更大的作用，更好的促进快递物流产业的发展。

最后，我代表中国物流与采购联合会再次对到会的各位领导、企业家和新闻界的朋友们表示热烈的欢迎，预祝今天的发布会圆满成功！

（来源：中国物流信息中心网 2017 年 12 月 05 日）

2017 年 11 月中国快递物流指数为 112.1%

中国物流与采购联合会发布的 11 月份中国快递物流指数为 112.1%，比上月回升 4.6 个百分点。分项指数中，除成本指数小幅回落外，其他七个分项指数环比回升。

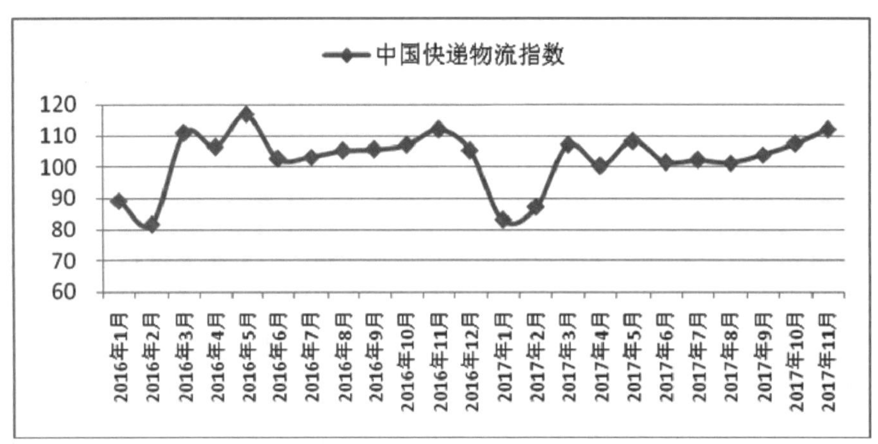

商务活动保持活跃态势。11 月份商务快件指数为 115.3%，比上月回升 3.6 个百分点，不仅连续 3 个月回升，升幅也比较明显，其中 11 月份制造业商务快件指数为 115.3%，比上月回升 3.8 个百分点，服务业商务快件指数为 115.3%，比上月回升 3.5 个百分点。跨境进口来看，11 月份跨境快件指数为 119%，比上月回升 4.6 个百分点，11 月份跨境快件同比增长 21%，今年以来跨境快件同比增长 25%。

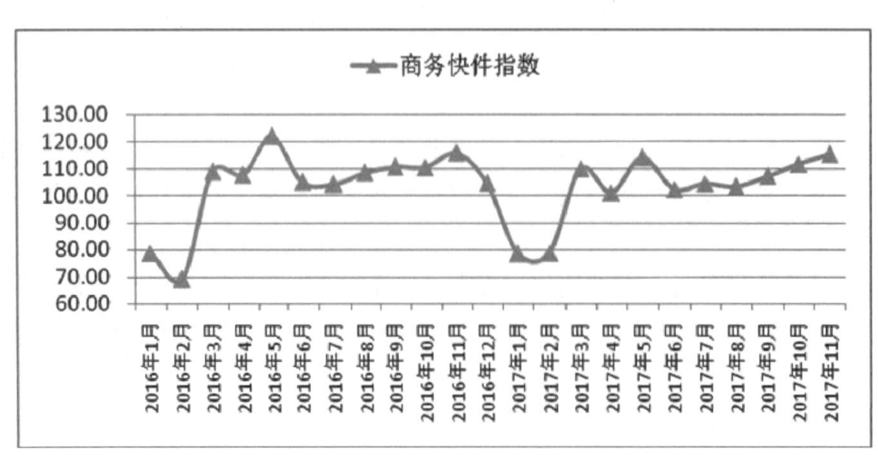

制造业中装备制造业增长较快。11 月份电气机械、计算机制造业商务快件指数分别达到 119.3% 和 109.6%，而黑色金属冶炼、有色冶炼和化学工业指数偏低，仅为 97.2%、98.3% 和 98.9%，反映出制造业中装备制造业活动加快，钢铁和有色及化工行业活动有所放缓，制造业发展动能在转换。此外，与居民生活相关的农副食品加工、服装制造业、木材及家具制造业商务快件指数达到 126.9%、138.6% 和 114.5%，与金九银十双十一期间，食品、服装和家具建材的促销有一定关系。

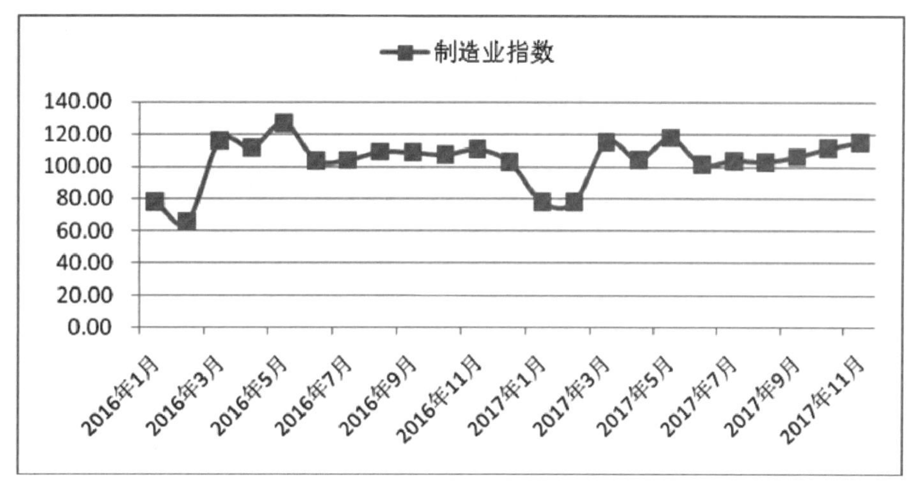

服务业整体运行良好。14 个服务业大类中，11 个服务业商务快件指数高于 100%。其中交通运输仓储邮政业、批发零售业、住宿餐饮业、租赁服务业商务快件指数分别达到 127.2%、120.2%、122.0% 和 115.3%，尽管环比有所回落，但依然保持较高水平。受房地产政策影响，房地产业和建筑业商务快件指数回落明显，11 月份分别为 102.6% 和 99.4%，分别比上月回落 4.9 个百分点和 8.3 个百分点。

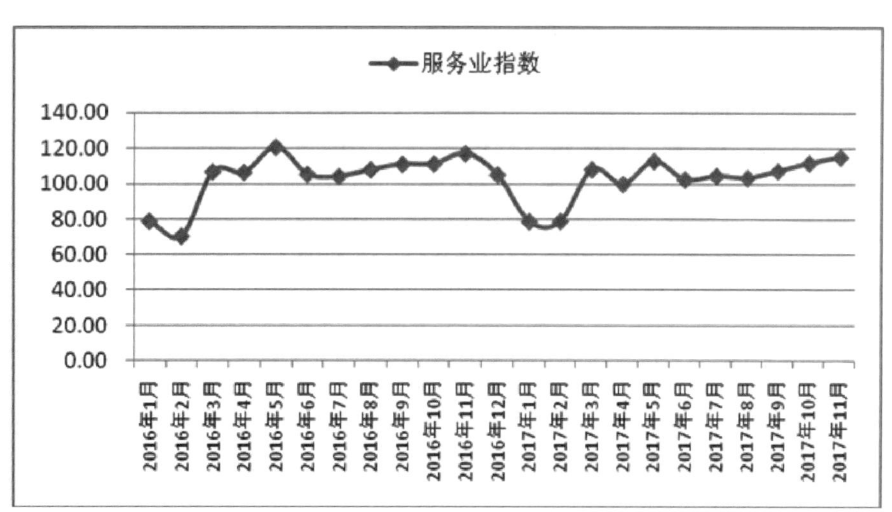

农村地区商务活动继续加强。11 月份农村快件指数为 107%，比上月回升 5 个百分点，连续 3 个月回升，其中农村商务快件指数为 115.6%，比上月回升 8.1 个百分点。分行业来看，农村地区服务业商务快件指数为 122.1%，比上月回升 12.6 个百分点，制造业商务快件指数为 108.6%，比上月回升 3 个百分点，反映出农村地区的服务业活跃度要高于制造业。

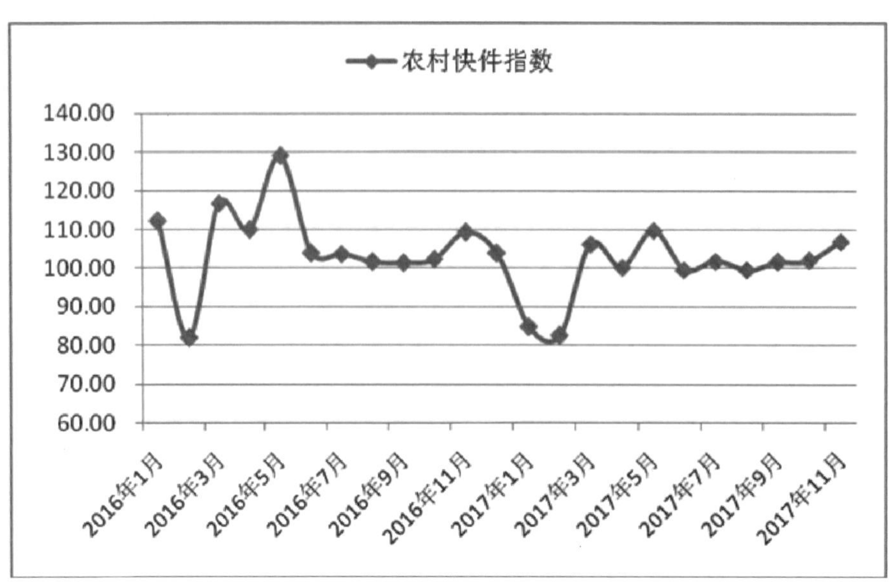

快递物流运行效率较高。11 月份，时效指数为 102.5%，比上月回升 6.4 个百分点。质量指数为 100.5%，比上月回升 0.6 个百分点。

从业人员需求增加明显。随着业务旺季的到来，快递从业人员规模迅速增长，11 月份人员指数为 112.1%，比上月回升 13.4 个百分点。其中，华南、中南地区回升分别达到 13.4 个百分点和 15.1 个百分点，华北和华西回升也在 10 个百分点以上。

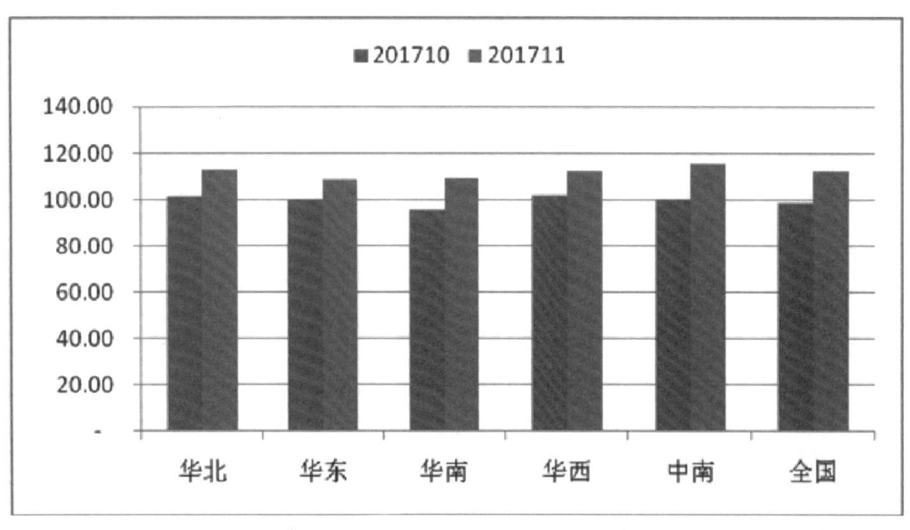

成本水平升幅收窄。11 月份，成本指数为 101.6%，比上月下降 0.9 个百分点，反映出 11 月份快件业务量增速超过了成本投入，单票快件的直接成本增速较 10 月份有所收窄。

外部环境整体趋好。11 月份，便利度指数为 75.4%，比上月回升 1.4 个百分点，其中通行和政务服务明显改善。从分项来看，通行便利度指数为 75.3%，比上月提高 2.1 个百分点，政务服务便利度指数为 76.4%，比上月提高 3 个百分点，公共设施便利度指数为 75.7%，比上月下降 0.1 个百分点，投送便利度指数为 74.3%，比上月提高 0.7 个百分点。

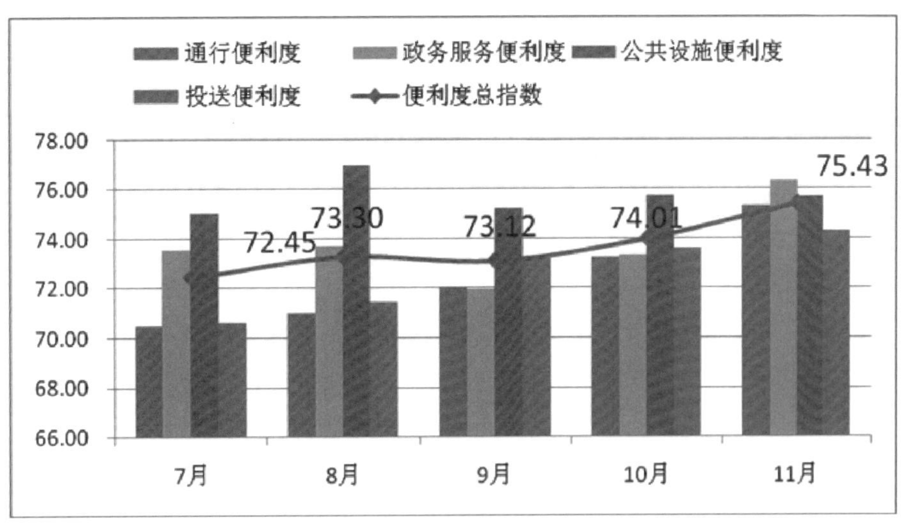

（来源：中国物流信息中心网 2017 年 12 月 05 日）

中国快递物流指数说明

1. 指标解释

中国快递物流指数是一套立足于商务快件业务变化，通过监测行业、地区、市场主体使用商务快件情况，反映产业活动态势和快递物流行业发展的综合指标体系。

商务快件指数：反映商务领域快递业务量增长变化情况，可分为企业性质、行业、地区、经济区域等分类指数。

农村快件指数：反映农村地区快递需求增长和经济活动变化情况。

跨境快件指数：反映跨境业务活动变化情况。

时效指数：反映快递物流服务完成时间的变化情况，是评价快递服务效率的指标。

质量指数：反映快递物流服务质量变化情况，是评价快递服务水平的指标。

人员指数：反映快递物流从业人员规模变化情况。

成本指数：快件成本主要指包括一线人员工资、一线管理费用、包装费用、场地租赁等在内的直接费用，通过比较快件单位成本变化情况，反映快递物流经营效益水平。

便利度指数：评价快递物流企业经营的外部环境，包括通行便利、政务服务便利、公共设施便利和投送便利四个方面。

2. 涵盖范围

中国快递物流指数调查的地区覆盖全国（除港澳台外）各省、自治区和直辖市。调查单位主要是规模较大、并且商务快件业务占有一定比例的快递物流企业。

3. 计算方法

中国快递物流指数由 1 个综合指数和若干个分项指数构成。综合指数由商务快件指数、农村快件指数、跨境快件指数、时效指数、人员指数和成本指数等六个分项指数加权构成。

（来源：中国物流信息中心网 2017 年 12 月 05 日）

2.2 2017年部分兄弟省市编制发布的物流业景气指数

2.2.1 2017年中物联和部分兄弟省份物流业景气指数一览

2017年中物联和部分兄弟省份发布的物流业景气指数一览（%）

月份	中物联	浙江省	江苏省	福建省	甘肃省	内蒙古
12	56.6	53.98		55.4	53.0	53.7
11	58.6	54.55		55.8	52.5	55.1
10	54.0	52.22		55.3	51.5	54.0
9	54.3	52.67	54.0	55.1	54.0	53.8
8	53.5	50.13	53.9	55.0	55.0	53.2
7	53.8	50.21	52.4	54.6	56.1	53.8
6	55.8	50.58	55.2	55.2	58.5	53.4
5	57.7	52.68	56.7	55.3	56.5	52.9
4	58.2	54.78	55.4	55.5	54.5	52.3
3	55.4	56.92	54.4	55.8	57.0	51.7
2	53.2	50.25	52.2	54.8	52.3	51.1
1	52.5	52.42	53.0	54.7	46.4	51.4
来源	中国物流信息中心网 http://www.clic.org.cn/	浙江省物流与采购协会网 http://zjwlcg.org/	江苏省现代物流协会网 http://www.56home.org/	福建省物流产业服务网 http://www.fj56.org/	甘肃省物流商务公共信息平台网 http://www.gswlpt.com/	内蒙古物流协会网 http://www.nmg56.cn/
抽样业内企业种类和数量	涉及《国民经济行业分类》（GB/T4751-2011）中与物业相关的8行业大类，抽取316家样本企业	按照行业大类（铁路运输、道路运输、水上运输、装卸搬运及运输代理、仓储业、邮政业）、企业类型分布、规模分布的100家样本企业	不详	省内获国家3A级及以上的74家物流业企业作为样本	省内28户物流业企业	不详
首次发布物流业指数时间	2013年3月5日（追编自2011年10月至2013年2月）	2014年5月	2015年1季度	2014年5月	2014年10月	2015年6月

（本表编制：上海物流年鉴编辑部 张志坚）

2.2.2 2017年江苏省物流业景气指数向好

江苏省物流业景气指数向好 ---2018年预计全省社会物流总额达29.4万亿元

2018年1月20日，江苏省物流业与制造业深度融合推进会在南京举行。“十三五”以来，江苏省物流业整体上呈现出与国民经济保持同步平稳增长的态势，产业规模持续扩大，运行效率显著提升。2018年，江苏省预计实现社会物流总额29.4万亿元，实现物流业增加值5242.7亿元，与“十二五”末相比，年均分别增长12.81%、5.39%。今年全省社会物流总费用与GDP的比率预计将降为14.1%，比“十二五”末累计下降了0.7个百分点，相当于新增社会经济效益近600亿元，物流效率进一步提高。

目前，江苏省已有省级重点物流基地96家，省级重点物流企业311家，有国家A级物流企业512家，其中4A级以上物流企业达到215家，数量居全国各省区市第一。据监测，2017年前三季度，江苏省物流业景气指数均值为54.1%，主营业务利润指数均值为51.6%，行业回升向好态势明显，物流企业信心越来越足。物流业与制造业的两业联动也从过去的简单外包、业务合作逐步向相互渗透、战略合作方面发展。

江苏省经信委副主任李强说，下一步，江苏省将围绕提高物流效率、降低物流成本，大力推进“互联网+”高效物流行动，加强物流基础设施网络建设，加快物流模式创新和服务体系完善，促进两业融合，全面提升物流业智慧化、专业化、国际化水平。争取到“十三五”末，全省物流业增加值年均增长7.5%，全社会物流总费用与GDP的比率下降到14%以内，物流综合效率明显提高，物流产业结构不断优化，与制造业互动融合进一步深化。

（来源：新华社 2018年1月21日）

2017年1-9月份江苏省物流业运行情况

2017年1-9月份，全省物流业延续了稳中向好的发展态势。在政策引领和市场创新共同驱动下，物流规模继续扩大，运行质量持续提升，企业经营有所改善，市场景气度回暖，经营环境总体良好。全省物流相关行业实现增加值3932.7亿元，按可比价格计算，比上年增长8.4%，增幅与上半年持平，占服务业增加值的比重为12.4%，占全省GDP的比重为6.3%，两项指标均与上半年持平。

一、物流运行总体态势

1. 社会物流规模继续扩大。1-9月份，全省实现社会物流总额222316.00亿元，同比增长13.5%，增速比上年同期提高6.7个百分点，比上半年提高1.6个百分点，呈现规模继续扩大态势。其中，工业品物流总额为163175.5亿元，同比增长12.8%，增幅比上年同期提高6.1个百分点，比上半年提高2.1个百分点，占社会物流总额的比重为73.4%；进口货物物流总额同比增长27.9%；单位与居民物品物流总额同比增长34.6%，居民消费物流需求如快递物流等继续保持快速增长势头。

2. 物流运行质量持续提升。1-9月份，全省社会物流总费用为8889.2亿元，同比增长11.2%，增幅比上年同期提高5.6个百分点，比上半年上升2.2个百分点。运输费用、保管费用和管理费用占社会物流总费用的比重分别为50.1%、39.3%和10.6%。全省社会物流总费用与GDP的比率为14.2%，比上年同期下降0.3个百分点，年内呈现连续回落态势，物流运行效率继续提高。

3. 社会货运结构不断优化。1-9 月份，全省货运总量为 170425.0 万吨，比上年增长 8.4%，货物周转量为 7203.6 亿吨公里，同比增长 16.7%，多种运输方式协同性有所增强。其中铁路货运量 4120.2 万吨，比上年同期增长 7.8%，货物周转量 212.8 亿吨公里，同比增长 3.0%。公路货运量 94070.0 万吨，比上年同期增长 9.6%，货物周转量 1759.9 亿吨公里，同比增长 10.8%；水路货运量 62095 万吨，同比增长 8.6%，货物周转量 4737.2 亿吨公里，同比增长 21.7%；1-9 月全省完成港口货物吞吐量 174273.5 万吨，比上年同期增长 9.4%。

4. 重点监测企业经营效益持续改善。20 家重点监测的物流基地数据显示，1-9 月物流基地（园区）自身营业总收入、利税总额分别增长 9.9%、33.4%，规模效益持续提高。入驻企业营业总收入、上缴税收总额分别增长 8.5%、46.8%，入驻企业数增长 14.1%，其中，入驻年营收 2000 万元以上的企业数增长 8.2%，占园区入驻物流企业数的 23.3%，集聚能力进一步增强。月度调查的 155 家省重点物流企业及 100 家重点跟踪监测物流企业数据显示，1-9 月平均每单位的物流业务收入、成本、利润分别增长 28.6%、29.1% 和 19.4%，增幅均有所上升。苏南、苏中、苏北地区平均每单位的物流业务收入增幅分别为 19.9%、20%、27.6%，业务成本增幅分别为 18.9%、20.4%、34.4%。其中，苏南地区物流企业收入增幅高于成本，引领示范作用明显。在调查的物流企业中，有 100 家企业物流业务收入同比增长，71 家企业利润有所下降，10 家企业出现亏损，亏损面 6.5%。收入增长的企业数量明显增加，企业亏损面的收窄，企业盈利水平持续改善，经营状况趋向良好。

二、物流业景气水平

1-9 月，江苏物流业景气指数（LPI）分别为 53.0%、52.2%、54.4%、55.4%、56.7%、55.2%、52.4%、53.9%、54.0%，平均值为 54.1%，第三季度企业短期经营活动受季节因素影响，物流业景气指数数值低于前三季度均值，但第三季度指数呈现由低走高态势，也反映出当前物流运行趋向偏暖，行业回升向好基本态势未变，企业信心较足，对后市预期良好。从细分指数来看：

1. 物流市场规模方面。1-9 月，业务总量、固定资产投资完成额指数均值分别为 57.2%、51.9%，高于去年同期均值，第三季度均值达到 57.3% 和 52.2%，显示出物流上下游业务活动转暖，市场需求较好，物流基础设施持续改善。

2. 物流服务效益方面。1-9 月，主营业务利润、主营业务成本和物流服务价格指数的均值分别为 51.6%、57.2% 和 49.0%，其中，第三季度均值分别为 51.0%、55.4% 和 48.3%，物流企业主营业务成本上升和服务价格下降幅度均有所趋缓。

3. 物流业务活动方面。1-9 月，平均库存量、库存周转次数均值分别为 50.3%、53.6%，第三季度的均值为 48.9% 和 54.0%，平均库存量的下降和库存周转次数的上升，显示出市场供需两旺，库存压力正在逐步缓解。设备利用率、资金周转率、从业人员指数均值分别为 54.1%、52.9%、49.4%，第三季度的均值为 54.7%、51.6%、48.7%，表明物流业务需求增长，资金周转速率加快。受秋收影响，物流从业人员指数有所波动，但整体就业形势稳定。

4. 物流预期发展方面。1-9 月，业务活动预期指数保持在 55.7% 以上，新订单指数均值为 54.9%。受高温和雨季影响，第三季度物流活动增长放缓，业务活动预期指数均值为 55.1%，新订单指数 52.4%。其中，9 月份的业务活动预期指数、新订单指数分别为 55.4% 和 53.4%，预示着国庆长假及“双 11”的到来，物流业务活动将趋于活跃。

三、物流市场特点

1. 物流降本增效措施不断深化。国办印发意见，进一步推进物流降本增效，促进实体经济发展。国家税务总局围绕创新跨区域涉税事项报验、深化税务系统“放管服”改革和调整完善外贸综合服务企业办理出口货物退（免）税等事项出台制度办法，进一步优化办税流程。我省深化“不见面审批（服务）” 为核心的“放管服”改革，省市县三级统一的“江苏政务服务网”上线运营，“江苏12345”从热线转为在线，大数据管理中心正在组建。省物价局结合我省实际，扩大两部制电价执行范围，降低仓储物流业企业用电成本。各级政府部门出台的相关配套政策措施，有利于减轻物流企业负担，不断激发物流运营主体活力。

2. 区域物流市场机遇逐步凸显。国家“一带一路”战略深入推进，已与多国签署共建合作协议，搭建空间信息走廊建设应用与产业国际化发展交流平台，支持中小企业参与“一带一路”建设。长江经济带规划已具雏形，相关部门出台区域工业绿色发展、绿色航运发展等具体指导意见。域内多个企业自主成立长江经济带航运联盟，促进沿线区域的经济发展。我省召开领导小组会议，研究部署重点工作任务。《淮河生态经济带发展规划》、《扬子江城市群物流业发展规划》等区域发展战略也逐步提上议事日程。区域物流市场正加速形成，发展机遇进一步显现，促进物流区域一体化协同发展。

3. 市场生态体系建设有序推进。在诚信建设方面，国家发改委等多部门联合印发《关于对运输物流行业严重违法失信市场主体及其有关人员实施联合惩戒的合作备忘录》，交通运输部也出台意见加强水路运输市场信用信息管理。在安全监管方面，国务院发文完善进出口商品质量安全监管体系，国办发文加快发展冷链物流保障食品安全。交通运输部发文加强港口危险货物安全管理，公安部等九部门联合开展寄递物流专项整治工作。在绿色发展方面，多部门共同研讨绿色物流指标评价体系及探讨城市绿色物流发展。我省高度重视物流运输行业安全监管，积极部署开展货车非法改装及治超专项整治工作。无锡市还开展了“放心消费诚信快递”标准化网点创建，推动行业服务质量提升。跨地区、跨部门、跨领域联合激励惩戒机制进一步完善，物流市场的良好生态日渐形成。

4. 运输组织方式全面优化升级。交通运输部等十四个部门印发《促进道路货运行业健康稳定发展行动计划（2017-2020年）》，促进道路货运行业转型升级、健康稳定发展。民航局运行监控中心等23家单位签署协议，推进运行数据共享。中铁特货公司明确了商品汽车、冷链、大件物流等经营运作各环节行为规范和工作标准，构建了铁路特货物流规范化、一体化运作的经营机制。省交通运输厅会同省发展改革委印发《江苏省中欧班列建设发展规划实施方案（2017—2020）》，初步实现中欧班列服务设区市全覆盖。此外，省内交通运输部门加强对综合交通、临空产业、码头整治的规划与研究，多个过江新通道、高速公路开工或运营，为推动全省物流业的发展创造了良好的基础环境。

5. 各地推进物流业发展措施卓有成效。在公共服务平台建设方面，无锡市城市配送公共信息服务平台、徐州市智慧物流云平台和常州市跨境电子商务公共服务平台建设均取得实质性进展。在物流展会方面，第四届中国（连云港）丝绸之路国际物流博览会、2017年中国物流发展与形势分析会、第四届中国国际物流发展大会相继举办，不断增强物流业的交流与合作空间。在产业发展方面，无锡、泰州和淮安市发挥区域优势，通过政策扶持和项目推进，分别促进电商物流、冷链物流及集装箱物流发展。徐州市利用城市商业化改造、传统产业升级和区域交通枢纽建设契机，大力发展物流业，保税、电商及多式联运等31个重点项目加快推进。在企业培育方面，第三季度全省新增A级物流企业37家，其中4A级以上物流企业13家，第十二批省重点物流基地和企业、省级物流企业技术中心认定工作相继开展，多地也适时开展了市级智慧物流示范企业和重点物流企业认定工作。

6. 技术进步引领物流模式创新。在托盘共用方面，无锡市试点企业标准化托盘使用率达40.5%，物流企业带托运输率达到45.5%，企业物流成本占主营业务收入比重降到37.7%。在平台技术方面，《江苏省无车承运人平台技术规范》正在修订，物润船联、海通物流等重点平台型物流企业技术研究持续深入，一批水陆联运APP、云数据平台等软件著作权获批。在多式联运方面，省部级集装箱甩挂运输试点项目、国家及省级多式联运示范工程推向深入，集装箱标准趋于规范，推动全省集装箱运输业务由单一模式向多元化发展。在报关流程方面，多家报关企业利用物理围网、信息化手段，实现进出口货物查验、集拼、分拨、订舱、退税等业务在线一站式综合服务，极大提升了通关及物流效率。

7. 国际物流供应链趋于优化。苏南地区充分发挥外向型经济优势，在传统的保税、报关、海运、出口加工等单一模式业务基础上，着力推进平台化运营、一体化管理的国际物流模式。苏州工业园区报关有限公司开发“全贸通”平台、生物材料国际物流平台、一体化供应链物流系统平台等，向关务咨询、贸易管理、物流服务外包等价值链高端发展。航港物流公司搭建水果口岸冷链物流中心、一站式查验分拨中心、联合订舱中心，对接“一带一路”苏满欧等新型业态发展，培育出新的业务增长点。苏北、苏中地区的国际物流业务趋于快速增长，徐州市和连云港市抢抓“一带一路”机遇，积极推进保税物流业务和国际多式联运业务发展。泰州市姜堰三水物流港产业园一期建设的公共型保税仓库已投入使用，该项目是泰州市目前唯一获批的公共型保税仓库。

8. 物流专业化程度显著提升。江苏澳洋医药物流以医院、连锁药店为主营方向，与多家医院合作开展 HPD 系统项目，通过医药供应链管理平台实现药品供应商与医院等终端客户之间的双向需求管理。苏州望亭远方物流全面拓展国际采购、区域分拨、物流金融、销售代理、售后维修等业务，打造一体化的国际物流供应链管理体系。徐州市先后成立大型工业货源企业联盟、龙头物流企业联盟，在此基础上，围绕全球工程机械供应链构建“公铁水”供应链一体化联合体。江苏海企化工仓储积极应对化工整治压力，主动构建液体化工品仓储、运输、信息处理的综合服务平台，并同步优化客户结构、品种结构，提升了化工物流供应链管理水平。五矿无锡物流园的钢铁定制加工及期货交割、万林木业的国际林木采购及贸易、越海全球的国际电商供应链协同平台等业务的开展，也进一步提升了相关行业的供应链管理专业化水平。

9. 多重不利因素倒逼市场调整。第三季度，我省物流业市场受到多重不利因素影响，存在的结构性问题不容忽视。“两减六治三提升”专项行动持续推进，导致化工企业“关停并转”影响面不断扩大，加速化工行业的重新洗牌。内河船舶“油改气”政策陷于停滞、新能源汽车补贴力度弱化，导致物流装备升级缓慢。无车承运人配套政策尚未落地、食盐体制改革处于起步阶段，制约了相应物流市场主体的经营积极性。“营改增”对物流业造成企业税负成本上升问题，企业用工难、融资难以及市场运输价格上升等诸多导致经营成本上升的因素仍然存在，综合效应趋于扩大。受全球大宗商品价格变化震荡、汇率波动、调节长江流域和个别国家煤炭贸易、停止部分废旧物资进口、部分合资车企业务下降等市场不利因素影响，与之相关的物流业务趋于下降。

（来源：江苏省经信委网　www.jseic.gov.cn　2017 年 11 月 1 日）

2.2.3 2017 年福建省物流业景气指数情况

2017 年 1–12 月福建省物流业景气指数情况

福建省经济和信息化委员会 福建省物流协会联合发布

2018 年 1 月 22 日

在全省稳增长、促改革、调结构各项政策措施推动下，2017 年全年福建省物流产业保持稳定、活跃运行走势。1-12 月福建省各月物流业景气指数（LPI）均位于 54.5% 以上（见图 1），平均值为 55.2%，高于去年同期（53.7%）1.5 个百分点，物流市场持续处于较高景气区间。各月物流业景气指数（LPI）同均值水平的离散性处在 0.6 个百分点之内的窄幅区间，整体走势平稳，波动较小。

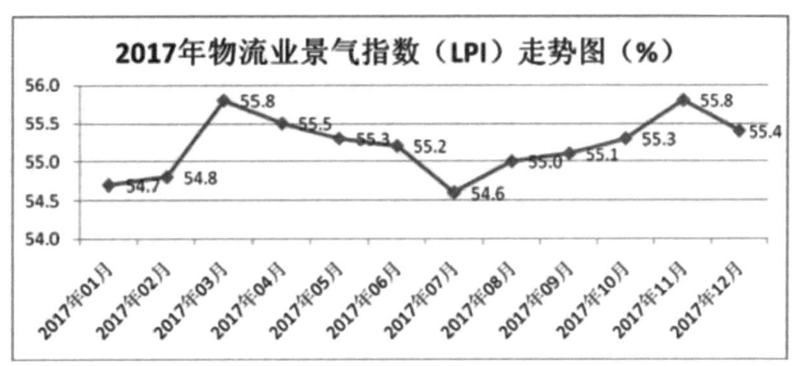

图 1 2017 年 1 月 -12 月福建省物流业景气指数（LPI）走势图

（一）物流业务活动保持较高活跃度。全年各月业务总量指数保持在 53.5% 以上高位运行，全年业务总量指数平均值为 55.3%，比去年同期平均值高 1.1 个百分点，显示出物流业务活动保持了稳中有升的运行态势。从分月指数看：3 月份达到全年最高点 56.5%，7 月份逐月回落至 53.9% 的全年最低点（见图 2）。

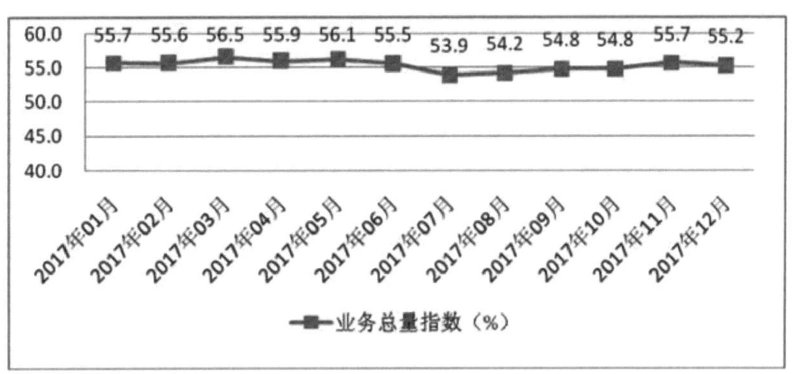

图 2 2017 年 1 月 -12 月业务总量指数走势图

（二）物流业就业状况稳定良好。全年从业人员指数平均值为 54.5%，比去年同期平均值高 0.9 个百分点，虽然企业反映存在人工成本上涨较快，劳动力缺乏等问题，但从业人员指数持续保持在较高景气区间，就业状况总体表现较好。从各月从业人员指数看，同均值水平的离散性在 1.0 个百分点之间窄幅波动；全年 1 月份从业人员指数最低点 53.5%，与 11 月份全年最高点 55.3% 的差距仅 1.8 个百分点，全年就业状况总体稳定。

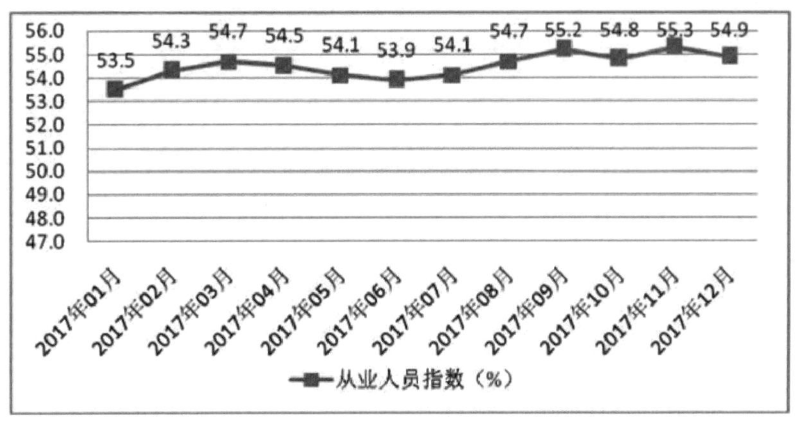

图 3 2017 年 1 月份 -12 月从业人员指数走势图

（三）企业经营效益不佳持续存在。全年各月主营业务成本指数均处于 53.5% 以上高位区间（见图 4），平均值为 54.3%；全年主营业务利润指数平均值为 48.4%，低于主营业务成本平均指数 5.9 个百分点，企业经营效益不佳持续存在。从主营业务利润指数看，3、6、9 个月处于 50% 荣枯线以上，其余 9 个月处于 50% 荣枯线以下；主营业务成本指数与主营业务利润指数差距幅度在 7.0 个百分点以上有 7 个月份，其中 2 月、8 月、10 月差距幅度在 8.0 个百分点以上。

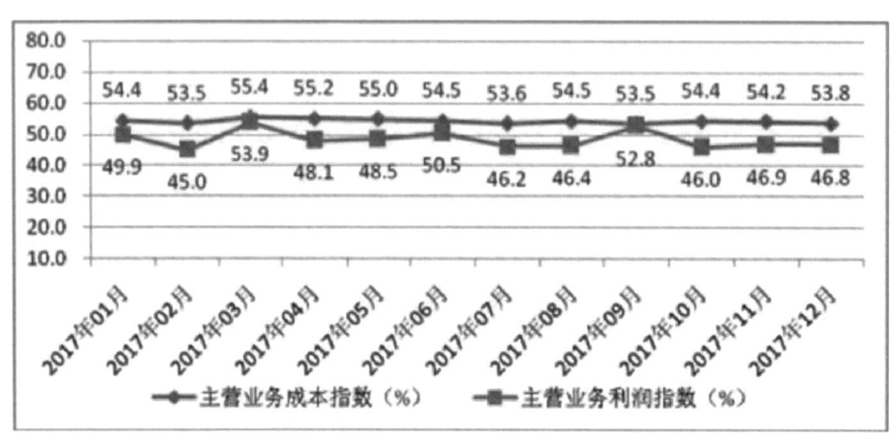

图 4 2017 年 1 月 -12 月主营业务成本指数、主营业务利润指数走势图

（四）资金环境稳步好转，企业回款加快。全年各月资金周转率指数保持在 55.5% 以上高位运行（见图 5），全年平均值为 57.0%，比去年同期平均值高 3.5 个百分点，表明当前经济运行中的资金环境正在趋好，物流企业回款速度有所加快。从分月指数看，5 月份回落至全年最低点 55.7%， 6 月份起，逐月回升至 9 月份的全年最高点，达 58.3%。

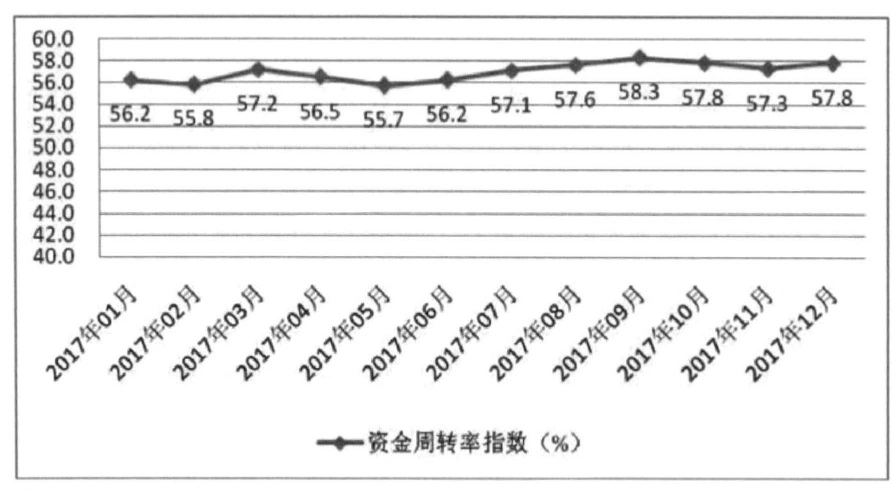

图 5 2017 年 1 月 -12 月资金周转率指数走势图

（五）物流业将延续平稳运行态势。全年各月新订单指数均处于 54.5% 以上景气区间（见图 6），全年平均值为 55.3%，显示物流需求较为旺盛。业务活动预期指数各月均处于 54.0% 以上景气区间，全年平均值为 55.1%。新订单指数与业务预期活动指数的强劲表现，反映出企业对未来市场较为乐观，后期物流业将延续平稳运行走势。

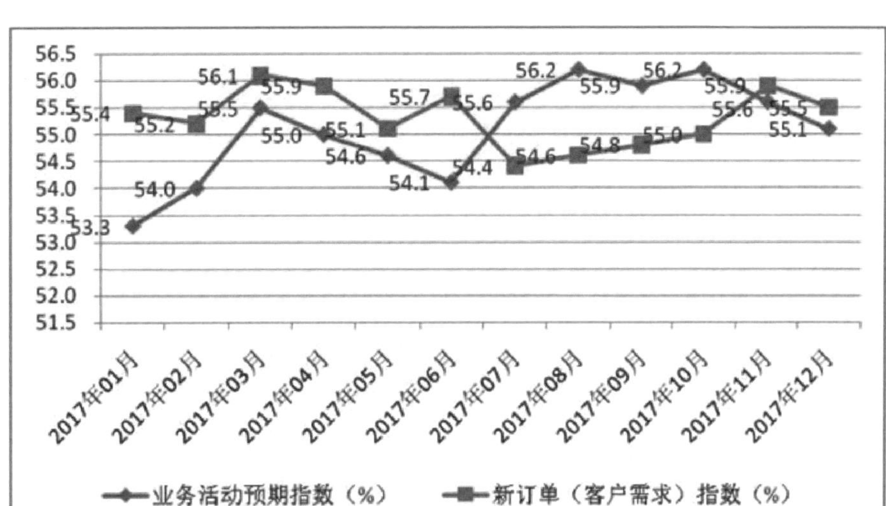

图 6 2017 年 1 月 -12 月新订单指数、业务活动预期指数走势图

附：

福建省经济和信息化委员会关于扩大全省物流业运行及景气情况调查范围的通知（闽经信函服务〔2018〕60 号）

各设区市物流牵头部门，省物流协会，各有关企业：

为及时掌握全省物流业生产经营状况，监测物流业运行及景气情况，我委在 2014 年 4 月建立了全省物流业运行及景气情况调查制度（2016 年 1 月扩大了调查范围），定期开展全省物流骨干企业运行情况调查。在各级物流牵头部门和有关企业的支持、配合下，迄今已开展 44 次的调查、分析和发布工作，取得较好成效。为进一步提高全省物流景气指数的准确率，全面反映全省物流产业运行状况，经研究，决定将 2016 年以来我省新获评国家 3A 级及以上的物流企业纳入物流运行景气情况调查范围（共 80 家，名单见附件 1）。现将有关事项通知如下：

一、调查方式。我委委托省物流协会具体负责调查工作，联系各设区市物流牵头部门、物流行业协会和物流骨干企业。新增调查企业应登录福建省物流产业服务网（http://www.fj56.org）“福建省社会物流统计和企业景气调查网上直报系统”（网上直报系统使用说明见附件 2），注册并填报企业基本情况后，于每月 15 日前（从 2018 年 2 月起）通过该系统填报 4 项定量和 12 项定性数据（物流业运行及景气情况调查表见附件 3）。

二、信息发布。调查结果（月度物流业景气指数及重点物流企业总体运行情况）在“福建省社会物流统计和企业景气调查网上直报系统”中发布，参与调查并填报数据的物流企业可登录系统查询。

三、工作要求。各设区市物流牵头部门要会同当地物流行业协会督促各有关企业设立专职或兼职物流统计人员，及时准确报送调查表。

四、其他事项。对被调查企业提供的有关数据，我委将严格保密，调查结果仅发布全省物流业发展总体景气情况。各有关企业在填报调查表的过程中如有疑问和建议，可向我委或省物流协会工作人员咨询和反映。

联系人：省经信委生产服务业处 谢秀芳 0591-87604045

省物流协会 李洪洲 18559192901

附件：1. 新增纳入物流业运行景气调查企业名单

2. 网上直报系统使用说明

3. 物流业运行及景气情况调查表

福建省经济和信息化委员会

2018 年 1 月 22 日

（来源：福建省物流协会 2018 年 1 月 23 日）

2.2.4 2017 年浙江省暨嘉兴市物流业景气指数情况

2017 年 12 月浙江省物流业景气指数为 53.98%

一、总体情况

2017 年 12 月，浙江省物流业景气指数为 53.98%，较上月下降 0.57 个百分点，保持扩张区间运行，表明物流业务活动需求有所回落，供应链上采购和销售等各环节经济活动活跃度有所减弱。

分类别看，大宗商品尤其是能源类商品供应大幅增加，加之大宗商品下游行业数据好于市场预期，物流需求呈现淡季不淡的良好态势；随着年终临近，快消品快消品物流指数和冷链物流指数高位回落。如下图所示：

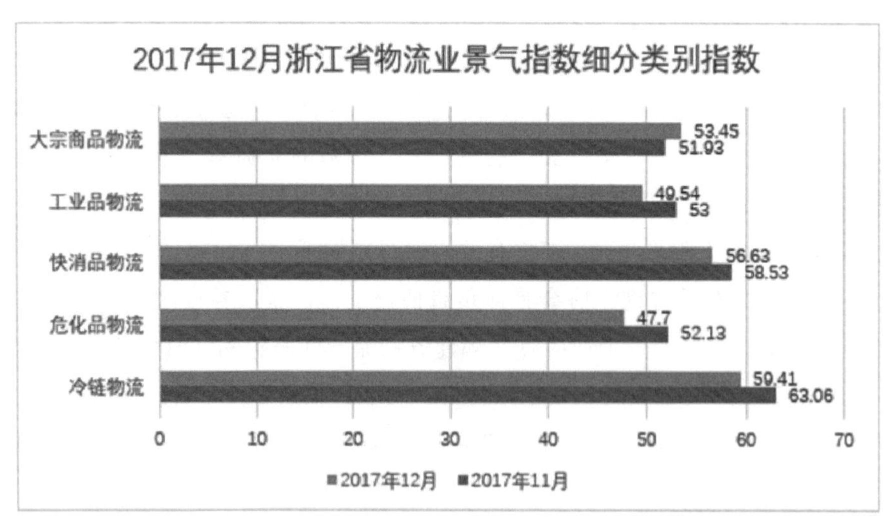

分运输方式看，随着铁路运营市场化开放的深入，铁路运输指数仍然保持高位运行，为 58.68%；水路运输指数上升明显，为 56.22%；多式联运指数有所下降，为 53.65%。如下图所示：

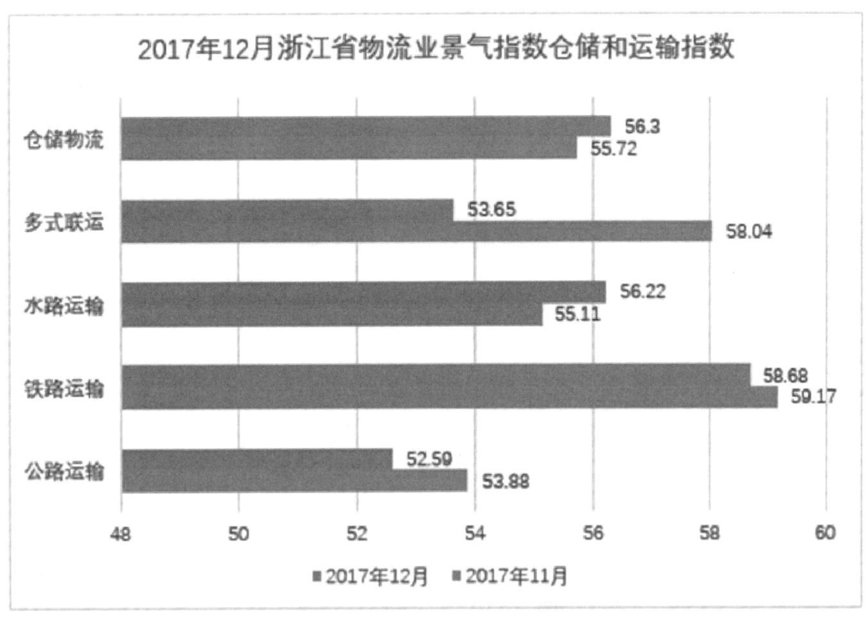

分区域看，各地市物流市场热度均有不同程度的下降。其中，金华、台州、杭州、温州等地物流业景气指数好于全省水平。如下图所示：

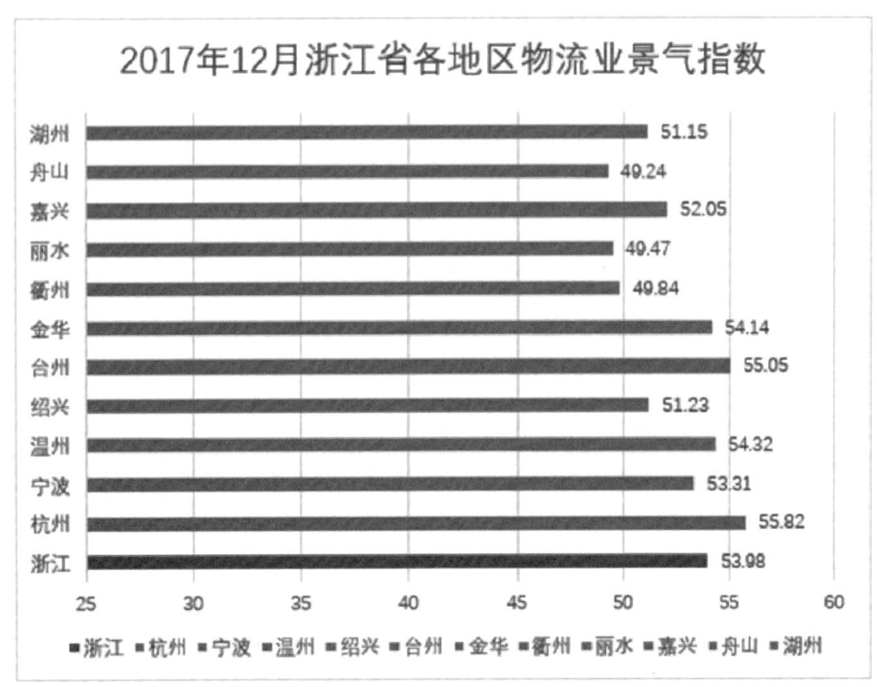

从发展趋势看，从 2016 年 1 月至 2017 年 12 月，浙江省与全国三大物流指数环比变化基本一致，具有较强的季节性特征，变化幅度处于合理的震荡区间。今年 12 月，中国物流业景气指数为 56.6%，较上月回落 2 个百分点；中国仓储指数为 50.7%，与上月持平；中国公路物流运价指数为 103.1 点，比上月回落 1.32%。

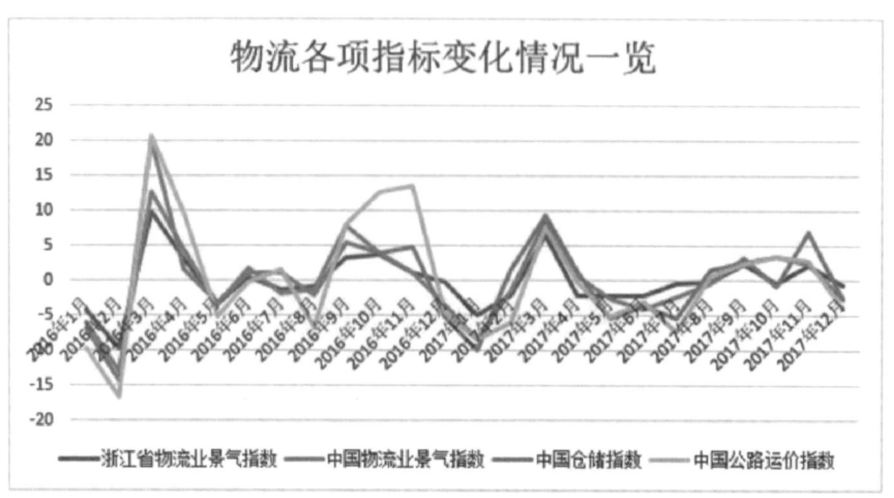

二、分项指数分析

业务总量指数同比环比均有不同程度回落。12 月，业务总量指数为 55.8%，较上月下降 0.86 个百分点，同比下降 8.7 个百分点，仍位于荣枯线以上扩展区间高位运行。

新订单指数环比增长，同比有所回落。12 月，新订单指数为 54.35%，较上月上升 1.36 个百分点，同比下降 1.8 个百分点，位于荣枯线以上扩张区间。表明全省物流市场需求仍然向好。

平均库存量指数环比基本持平，同比明显下降。12 月，平均库存量指数为 49.4%，较上月下降 0.62 个百分点，同比下降 5 个百分点，跌至荣枯线以下收缩区间。

库存周转次数指数环比同比均有不同程度上升。12 月，库存周转次数指数为 54.83%，较上月上升 0.89 个百分点，同比上升 2.2 个百分点，在荣枯线以上扩张区间运行，表明物流环节的周转速度加快，周转效率正在提升。

资金周转率指数环比同比均有所上升。12 月，资金周转率指数为 53.26%，较上月上升 1.9 个百分点，同比上升 0.7 个百分点，表明物流企业资金利用率有所好转。

设备利用率指数同比环比均有所下降。12 月，设备利用率指数为 52.66%，较上月下降 1.82 个百分点，同比下降 7.9 个百分点，继续在荣枯线以上扩张区间运行。

物流企业经营状况仍待改善，“高成本、低价格、薄利润”的现状仍然在持续。12 月，主营业务成本指数为 60.02%，较上月下降 0.99 个百分点，同比下降 0.1 个百分点。物流服务价格指数为 49.88%，与上月相比下降 0.8 个百分点，同比下降 3 个百分点。主营业务利润指数为 47.1%，较上月下降 1.95 个百分点，同比下降 9.7 个百分点。

固定资产投资完成额指数环比同比均有所上升。12 月，固定资产投资完成额指数为 49.64%，跌至荣枯线以下收缩区间，较上月下降 2.53 个百分点，同比下降 1.2 个百分点。表明行业整体投资热度有所减弱。

从业人员指数同比上升，环比有所下降。12 月，从业人员指数为 51.69%，较上月下降 2.93 个百分点，同比上升 1.9 个百分点。

从业活动预期指数继续保持荣枯线以上扩张区间运行。12 月，从业活动预期指数为 54.23%，较上月下降 1.88 个百分点，同比上升 2.5 个百分点。表明企业对未来一段时间内的物流行业发展继续保持谨慎乐观。

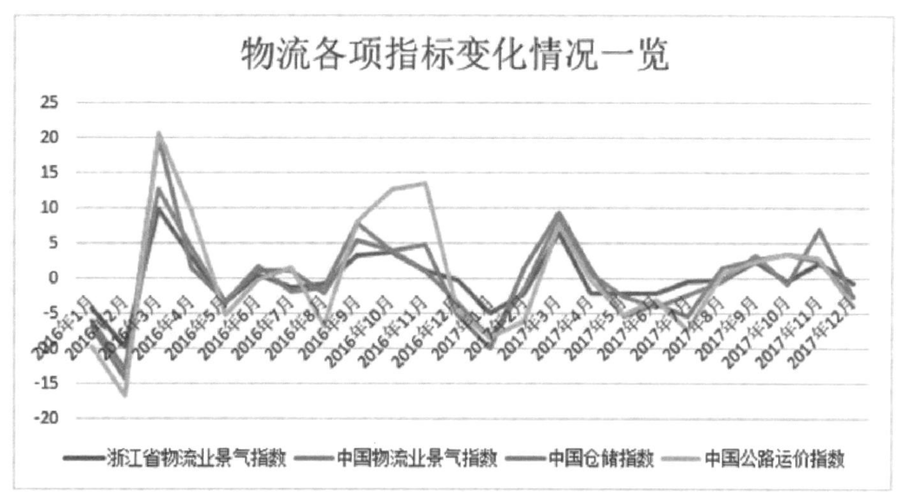

（来源：浙江省物流与采购协会　　2018 年 1 月 15 日）

2017 年 12 月嘉兴市物流业景气指数为 52.05%

一、指数情况

2017 年 12 月，嘉兴市物流业景气指数综合指数为 52.05%，较上月下降 3.52 个百分点，而浙江省物流业景气指数为 53.98%，嘉兴低于全省 1.93 个百分点。从后期走势看，业务总量指数和新订单指数均有不同程度回落，表明随着春节临近，市场需求减弱，物流业经济出现季节性回落。从成本效益情况看，主营业务成本指数、主营业务价格指数环比基本持平，主营业务成本指数居高不下，企业经营效益仍待提升。见下表：

分项指数	业务总量	新订单	平均库存量	库存周转次数	资金周转率	设备利用率
2017 年 12 月	53.24	52.52	47.12	51.8	50.72	51.08
2017 年 11 月	57.63	53.81	48.73	55.08	50.42	55.51
2016 年 12 月	57.79	40.91	47.4	52.6	51.95	57.79
环比	-4.39	-1.29	-1.61	-3.28	0.3	-4.43
同比	-4.55	11.61	-0.28	-0.8	-1.23	-6.71
分项指数	物流服务价格	主营业务利润	主营业务成本	固定资产投资完成额	从业人员	从业活动预期
2017 年 12 月	50.72	45.68	59.71	49.28	50.72	51.44
2017 年 11 月	50.85	49.58	60.59	53.81	55.93	56.78
2016 年 12 月	52.6	47.4	64.94	52.6	51.3	51.3
环比	-0.13	-3.9	-0.88	-4.53	-5.21	
同比	-1.88	-1.72	-5.23	-3.32	-0.58	0.14

二、分项指数分析

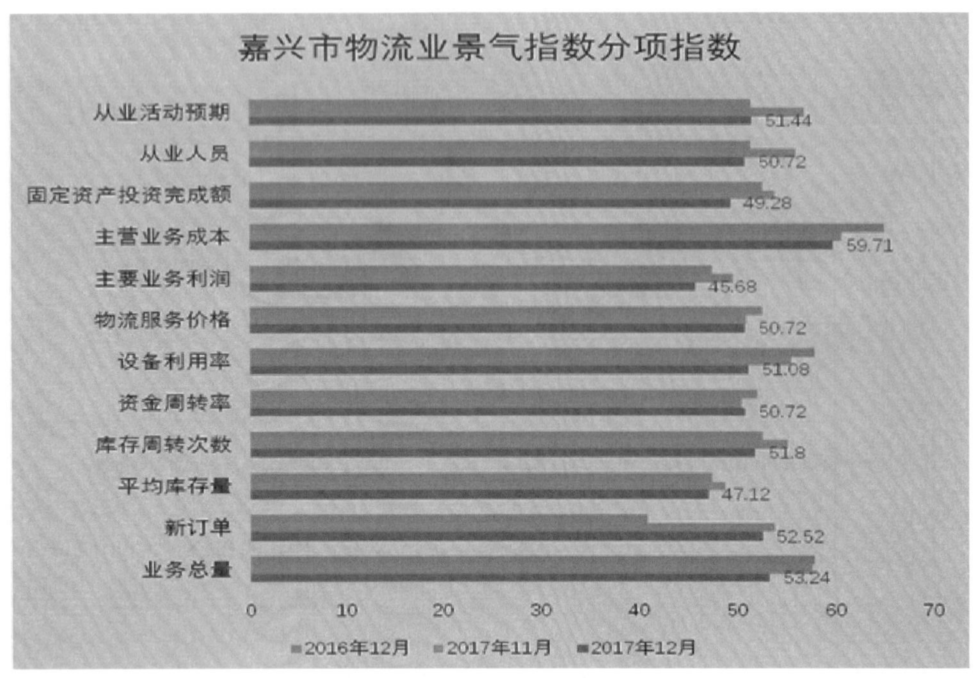

业务总量指数同比环比下降，新订单指数环比下降，同比上升。12 月，业务总量指数为 53.24%，环比下降 4.39 个百分点，同比下降 4.55 个百分点，仍在荣枯线以上区间运行。新订单指数为 52.52%，环比下降 1.29 个百分点，同比上升 11.6 个百分点。随着春节临近，市场需求减弱，全市物流业增速明显减缓。

平均库存量指数、库存周转次数指数同比环比均有不同程度下降。12 月，平均库存量指数为 47.12%，环比下降 1.61 个百分点，同比下降 0.28 个百分点；库存周转次数指数为 51.8%，环比下降 3.28 个百分点，同比下降 0.8 个百分点，继续在荣枯线以上区间运行。

资金周转率指数环比基本持平，同比有所下降，设备利用率指数同比环比均有不同程度下降。12 月，资金周转率指数为 50.72%，环比上升 0.3 个百分点，同比下降 1.23 个百分点，仍在荣枯线以上区间运行。随着业务规模的大幅下降，物流活动过程的效率也在下降。设备利用率指数 51.08%，环比下降 4.43 个百分点，同比下降 6.71 个百分点，物流从业人员指数 50.72%，环比下降 5.21 个百分点，同比下降 0.58 个百分点。

物流服务价格指数、主营业务利润同比环比均有小幅回落。12 月，物流服务价格指数 50.72%，环比下降 0.13 个百分点，同比下降 1.88 个百分点，处于荣枯线以上区间运行。主营业务利润指数 45.68%，环比下降 3.9 个百分点，同比下降 1.72 个百分点。主营业务成本指数 59.71%，较上个月基本持平，同比下降 5.2 个百分点。

固定资产投资完成额指数同比环比均有下降，从业活动预期指数环比大幅回落。12 月，固定资产投资完成额指数 49.28%，环比下降 4.53 百分点，同比下降 3.32 个百分点，表明企业购置固定资产的积极性大幅减弱。从业活动预期指数 51.44%，环比大幅下降 5.34 个百分点，同比基本持平，仍在荣枯线以上区间运行，表明行业对未来发展保持谨慎乐观。

（来源：嘉兴市物流与供应链协会 2018 年 1 月 15 日）

附：2016年3月嘉兴首次发布物流业景气指数

2016年3月份，嘉兴市物流业景气指数为48.75%，这也是该市首次统计发布物流业景气指数。

嘉兴市物流业景气指数调查采用抽样方法，对全市198家企业进行数据采集，涉及业务总量、新订单、库存周转次数、设备利用率、从业人员、平均库存量、资金周转率、主营业务成本、主营业务利润、物流服务价格、固定资产投资完成额、业务活动预期12个指标。从各项指标来看，嘉兴市物流业景气指数中，仅设备利用率指数和固定资产投资完成额指数略好于全省水平，分别为53.29%和51.2%，较全省分别高出0.42个百分点和0.28个百分点。而物流从业人员指数为52.99%，高于全省1.96个百分点，主营业务成本64.37%，高于全省2.3个百分点，表明嘉兴地区物流业高成本、低效率的状态有待进一步改善。

据悉，物流业景气指数反映了物流业经济发展的总体变化情况，以50%作为经济强弱的分界点，高于50%时，反映物流业经济扩张；低于50%，则反映物流业经济收缩。

（来源：浙江省交通运输厅　　2016年4月22日）

2.2.5 湖北省物流业景气指数正式发布

湖北省物流业景气指数LPI正式发布

2017年12月8日，湖北省现代物流发展促进会正式发布省物流业景气指数（LPI）。

湖北省物流业景气指数（LPI）调研样本主体是省重点、A级和示范物流园区企业以及重点调查领域企业，以月度调查频率采集企业经营情况数据，其最大的特点是及时性，能够敏感地反映全省物流业发展运行的总体情况，对物流业乃至宏观经济具有监测、预测和预警作用。

湖北省现代物流发展促进会自2014年开始筹备全省物流业景气指数调查工作，经过三年多的精心准备和半年多的试运行，取得了重要的成果。LPI指数将定于每月第5个工作日定期发布（如遇节假日，顺延至节后第一个工作日发布，初次发布时间略有调整）。

目前，全国有将近10个省市和地区有自己的LPI，省物流促进会与中国物流与采购联合会及江苏、福建等兄弟省份做了积极沟通与交流，充分借鉴和听取了中物联及各省行业协会的经验和建议。经过半年多试运行，我省物流业景气指数（LPI）同全国经济走势的拟合性得到了检验，形成了数据体系的基本框架和分析报告的基本模式。

LPI指数不仅有全省物流业数据，更有综合型、仓储型、运输型等分类型和A级物流企业LPI数据。通过对全省物流业LPI指数的连续调查，有助于及时反映物流企业生产经营状况，监测全省物流业经营景气状况。

为什么编制和发布LPI？

政府层面来看，国家、省内各相关部门相继出台系列政策文件，要求加强统计工作提高物流业统计工作水平，开展我省物流业景气指数调查是积极响应国家和省政府相关政策的号召。

行业层面来看，LPI指数通过对物流行业发展与运行状况的动态监测、预测和预警，客观反映物流行业的整体运行状况、发展趋势、周期性特征，进而如实反映物流行业整体运行与国民经济运行的关系，推动行业健康发展。

企业层面来看，LPI 指数对物流企业完成业务、效率、效益、投入、业务预期等情况进行监测，敏感反映行业发展动态，为企业经营决策提供参考。

另外，省物流促进会自 2014 年开始研究湖北省物流业景气指数 LPI，作为 LPI 的积极践行者，省物流促进会在近四年的分析研究和实践中，积累了一定经验，有一支专业的研究人才队伍。

研究 LPI 指数对有何意义?

随着物流业在国民经济中的比重越来越突出，想要全面直观的反映我省物流业运营发展状况，单单通过物流统计与核算报表是不能实现的，这要求我们要对经济发展的趋势有更加全面、及时的把握。因此，省物流促进会有必要研究和发布 LPI 指数。

我省物流统计工作起步较晚，行业数据尚未深挖开发，大量有价值的统计信息未能实现全社会的信息共享，未能给政府制定物流行业政策提供可靠地数据支撑。LPI 指数的研究调查，进一步完善了我省物流统计制度，有助于丰富我省物流大数据平台建设，推进我省物流大数据战略的实施。

11 月份湖北省 LPI 有何特点?

总体情况：11 月我省物流业景气指数为 63.48%，分类型来看，综合型物流企业景气指数为 66.41%；仓储型物流企业景气指数为 55.47%；运输型物流企业景气指数为 61.73%。分 A 级企业看，5A 企业景气指数为 52.14%；4A 级物流企业景气指数为 62.70%；3A 级物流企业景气指数为 65.52%。

分单项指数看：新订单指数为 65.03%，反映出当前我省物流业需求仍然较为旺盛。

业务总量指数为 67.97%，表明我省物流业务活动继续呈现比较活跃的状态。

从业人员指数为 58.5%，反映出当前我省物流业从业人员保持较为快速的增长态势。

库存周转次数指数为 56.67%，反映出我省物流环节商品库存周转效率保持不断提升的态势。

设备利用率指数为 64.05%，既反映出当前我省物流业务活动比较活跃，设备利用水平较高，也反映出企业物流业务管理水平不断提高的态势。

平均库存量指数为 54.48%，反映出我省物流环节商品库存规模呈现稳步扩大态势。

资金周转率指数为 57.52%，反映出我省物流环节资金管理与利用水平较高，资金周转效率逐渐提高的态势。

主营业务成本指数高达 66.99%，主营业务利润指数仅为 55.88%，反映出我省物流业经营成本快速上涨，企业效益有所下滑，行业总体经营略显困难的态势。

物流服务价格指数为 49.02%，反映出我省物流业在成本上升，企业效益略微下滑的情况下，收费价格也逐渐下降，整个行业处于缺乏价格话语权的弱势状态。

固定资产投资完成额指数为 61.93%，反映出我省物流投资保持快速增长，物流环境与条件不断得到改善的态势。

业务活动预期指数为 71.57%，反映出业内人士对未来物流业发展普遍看好。

湖北省物流业景气指数调查结果基本反映了我省物流业发展运行的总体情况，与货运量、快递业务量、港口货物吞吐量等物流相关指标，以及工业生产、进出口贸易、固定资产投资、货币投放等相关经济指标具有较高的关联性。我省物流业景气指数调查，增加了观察、预测、分析我省物流业运行发展趋势的新视角，为进一步加强物流运行与国民经济的关联性研究奠定了基础，为指导企业生产经营与投资等活动提供了依据。

（来源：湖北省现代物流发展促进会网 2017-12-08）

附：

续一：2017 年 12 月湖北省物流业景气指数为 62.62%

2017 年 12 月份湖北省物流业景气指数为 62.62%，较上月下降 0.86 个百分点，但仍位于 55.0% 以上的较高景气区间，反映出全省物流行业总体运行良好，市场业务活动继续保持活跃态势。12 个单项指数“六升六降”，其中业务总量指数、平均库存量指数、库存周转次数指数、资金周转率指数、物流服务价格指数、主营业务利润指数六项指数均有不同程度回升；其余六项指数均有不同程度回落。

分类型来看，综合型物流企业景气指数为 63.67%，较上月回落 2.74 个百分点；仓储型物流企业景气指数为 60.34%，较上月回升 4.87 个百分点；运输型物流企业景气指数为 58.06%，较上月回落 3.67 个百分点。分 A 级企业看，5A 级企业景气指数较上月大幅回升近 11 个百分点，为 63.06%；4A 级企业景气指数较上月回升 0.28 个百分点，为 62.98%；3A 级企业景气指数较上月回落 2.77 个百分点，为 65.52%。

业务总量指数回升，物流业务规模增势加强。12 月份，业务总量指数比上月回升 1.23 个百分点，指数为 69.20%，反映出临近年底，物流业务规模增势加强，物流活动仍然活跃。

平均库存量指数和库存周转次数指数双升。12 月份，平均库存量指数回升 2.5 个百分点，指数为 56.98%；库存周转次数指数回升 3.64 个百分点，回升至 60.31%。两项指数双升反映出临近年尾生产建设活动加快，供应链上游物流业务活动趋于活跃。

资金周转率指数回升，物流企业回款速度加快。12 月份，资金周转率指数为 58.70%，比上月回升 1.18 个百分点，显示出物流企业的回款速度加快，资金周转效率有所上升，物流企业资金环境转好。

物流服务价格、利润指数回升，成本指数回落。12 月份，物流服务价格指数为 53.99%，较上月回升近 5 个百分点；物流服务价格指数的回升带动主营业务利润指数回升 1.36 个百分点，为 57.25%；主营业务成本指数为 63.41%，较上月回落 3.6 个百分点。主营业务利润指数的回升，主营业务成本指数的回落，两者差距收窄，反映出企业运营成本压力得到一定缓解，效益有所好转。

从业人员指数回落，行业用工情况将有所趋紧。12 月份，从业人员指数回落 4.15 个百分点，为 54.35%，位于景气区间，受节日因素影响，该指数增速出现回落，且预计将在未来两个月继续回落，属于劳动密集型产业的物流行业将出现周期性短时用工紧张的情况。

从后期走势看，新订单指数较上月回落近 1 个百分点，业务活动预期指数较上月回落 7.44 个百分点，均回落至 64.13%，预示着未来 1 到 2 个月，受春节长假因素影响，物流活动将有所减弱。

（来源：湖北省现代物流发展促进会网 2018-01-05）

续二：2018 年 1 月湖北省物流业景气指数为 62.12%

2018 年 1 月份湖北省物流业景气指数为 62.12%，较上月下降 0.5 个百分点，虽有所回落，但属于年终正常回落，仍位于扩张区间。12 个单项指数中业务总量指数、新订单指数、平均库存量指数和业务活动预期指数均有不同程度回落。

分类型来看，综合型物流企业景气指数为 63.69%，较上月回升 0.02 个百分点；仓储型物流企业景气指数为 60.57%，较上月回升 0.23 个百分点；运输型物流企业景气指数为 53.53%，较上月回落 4.53 个百分点。分 A 级企业看，5A 级企业景气指数较上月回升 3.08 个百分点，为 66.14%；4A 级企业景气指数较上月回落 0.44 个百分点，为 62.54%；3A 级企业景气指数较上月回落 1.12 个百分点，为 61.63%。

业务总量指数回落，物流业务规模增势减弱。1 月份，业务总量指数比上月回落 4.4 个百分点，仍然保持在 64.8% 的较高水平，反映出临近年底，物流业务活动规模增势减弱，但总体上物流活动仍然较为活跃。

新订单指数回落，物流需求增势减弱。1 月份，新订单指数为 63.49%，较上月回落 0.64 个百分点。反映出受季节性因素影响，省内经济运行中的物流需求增势有所减弱，但依然保持在较高水平。物流业发展仍将保持稳中趋升的态势。

平均库存量指数回落，物流效率有所提升。1 月份，平均库存量指数回落 4.61 个百分点，指数为 52.36%，但仍然保持在 50% 以上的景气区间，表明临近年底，仓储环节货物去库存明显，物流效率有所提升。

资金周转率指数回升，物流企业回款速度加快。1 月份，资金周转率指数为 61.18%，较上月回升 2.49 个百分点，显示出年终物流企业的回款速度加快，资金周转效率有所上升，物流企业资金环境转好。

从后期走势看，新订单指数回落 0.64 个百分点，为 63.49%；业务活动预期指数回落 2.29 个百分点，为 61.84%，但均位于扩张区间。预示着未来 1 到 2 个月，受春节长假因素影响，物流活动将保持平稳增长的态势。

（来源：湖北省现代物流发展促进会网 2018 年 2 月 5 日）

2.3 上海市工程技术大学：《上海市物流业景气指数编制方法初探（2018 版）

2.3.1 上海市物流业景气指数基本情况

物流业是融合运输、仓储、货代、信息等产业的复合型服务业，是支撑国民经济发展的基础性、战略性产业。加快发展现代物流业，对于实现上海发展战略目标、保障城市安全有序运行、服务改善民生具有重要作用。依据《物流业发展中长期规划（2014-2020 年）》《上海市国民经济和社会发展第十三个五年规划纲要》等，制定的上海市现代物流业发展“十三五”规划中明确提出，发展目标到 2020 年，全面构建高效链接全球、服务辐射全国、线上线下联动的开放式、一体化物流业发展新格局，吸引一批全球运作的跨国公司物流总部、大型物流企业总部和物流研发中心集聚，形成体现“智慧互联、高效便捷、绿色低碳、高端增值”特征的物流业发展新模式，实现物流业对建设“四个中心”和社会主义现代化国际大都市目标有力支撑，对更高水平小康社会生活充分保障，成为具有全球影响力的国际物流枢纽城市和供应链资源配置中心。打造“六位一体”物流服务体系，着力构建创新引领、畅通高效、绿色安全、内外开放、便民惠民、标准规范的现代物流服务体系，打造上海物流升级版。

全面贯彻党的十八大和十八届三中、四中、五中全会精神，坚持创新、协调、绿色、开放、共享的发展理念，推进物流领域供给侧结构性改革，围绕建成“四个中心”和社会主义现代化国际大都市目标，落实“创新驱动发展、经济转型升级”总要求，抓住把改革创新贯穿于物流发展全过程“一条主线”，遵循物流业提质增效发展“一个导向”，把握对接国家和城市发展战略、对接民生服务需求“二个对接”，着力实现以深化改革释放物流业发展活力，以创新驱动增强物流业内生动力，以全面开放提升物流业国际竞争力，以绿色低碳提高物流业可持续发展能力的“四力发展”，持续优化物流产业链结构，不断提升上海物流业在全球价值链中的地位和影响力。

中国物流业景气指数（LPI）主要由业务总量、新订单、从业人员、库存周转次数、设备利用率、平均库存量、资金周转率、主营业务成本、主营业务利润、物流服务价格、固定资产投资完成额、业务活动预期 12 个分项指数和一个合成指数构成。其中合成指数由业务总量、新订单、从业人员、库存周转次数、设备利用率 5 项指数加权合成，称为中国物流业景气指数（LPI）。

上海物流业景气指数（SHLPI）既要与中国物流与采购联合会、中国物流信息中心正式对外发布的中国物流业景气指数（LPI）存在一致性，以此方便对比，又要突显出上海物流业发展的先行示范作用，为此，上海物流业景气指数主要由业务总量、新订单、从业人员、库存周转次数、设备利用率、平均库存量、资金周转率、主营业务成本、主营业务利润、物流服务价格、固定资产投资完成额、业务活动预期、物流信息技术、物流创新发展 14 个分项指数和一个合成指数构成。其中合成指数由业务总量、新订单、从业人员、库存周转次数、设备利用率 5 项指数加权合成，称为上海物流业景气指数（SHLPI）。

本篇将在 2016 年物流年鉴阐述的研究准备成果基础上，进一步开始编制 2017 年上下两个半年度的本市物流业景气指数。上海物流业景气指数反映物流业经济发展的总体变化情况，以 50% 作为经济强弱的分界点，高于 50% 时，反映物流业经济扩张，低于 50%，则反映物流业经济收缩。

上海物流业景气指数在广泛调查研究、吸收并借鉴国内外相关经验的基础上，结合我国国情，建立上海物流业景气指数指标体系，以科学地反映上海物流业发展景气变化，对上海物流业发展和未来变化趋势进行总体的定量判断、动态监测和分析预警，从而推动上海物流统计工作的进一步发展，更好地适应我国现代物流业和与国际接轨的需要。

2.3.2 上海物流业景气指数说明

指标解释

业务总量指数：物流企业完成物流活动的业务数量变化情况，可以折射出市场需求状况。

新订单指数：物流企业承接客户业务的订单数量变化情况，预示物流行业发展趋势。

从业人员指数：物流企业从事物流业务活动人员数量变化情况，反映整体物流行业的景气程度。

库存周转次数指数：反映物流企业在一定时间内库存周转次数变化情况，表明流通领域中货物供需的活跃程度和市场需求的变动趋势。

设备利用率指数：物流企业在经营活动中使用的相关设备、设施的利用程度变化情况，反映物流活动对基础设施和设备的需求状况。

平均库存量指数：平均库存量指数反映物流企业储存保管的客户货物数量变化情况。

资金周转率指数：物流企业在一定时间内资金周转次数变化情况。反映物流企业的资金利用效率，可以折射整个经济运行活跃状况。

主营业务成本指数：反映物流企业的成本增减变化情况，能体现行业面临的成本状况。

主营业务利润指数：反映物流企业主营业务利润增减变化情况，体现物流行业整体经济效益的变动状况。

物流服务价格指数：物流企业从事物流活动所收取的费用变化情况，反映物流市场价格行情的变动状况和变化趋势。

固定资产投资完成额指数：物流企业为满足经营活动需要而完成的固定资产投入变化情况，反映当期企业的经营投入状况，预示企业对未来发展前景的判断。

业务活动预期指数：物流企业在未来三个月内业务活动整体水平变化情况。预示短期内物流活动与经济发展的活跃程度。

物流信息技术指数：物流企业在物流信息管理、物联网技术、自动化技术上的应用情况，通过物流信息技术帮助企业更好的进行需求预测、物流网络设计、仓储、网点及路径规划等管理决策，改进原有客户服务，改善企业自身运营状况， 预示企业在物流信息技术领域的水平和前景。

物流创新发展指数：物流企业在逆向物流、电商物流、知识产权上的应用和拥有情况，能全面反映自主创新型物流企业资本市场的整体表现，为降低物流成本、实现物流产业结构调整和转型升级提供有力支撑。

2.3.3 调查范围

涉及《国民经济行业分类》（GB/T4754-2017）中物流相关行业的 8 行业大类，如下表所示，抽取 400 余家企业进行调查，要求 5A 级企业等级的数量不低于 200 份。

代码				类别名称	说明
门类	大类	中类	小类		
G				交通运输、仓储和邮政业	本门类包括 53 ～ 60 大类
	53			铁路运输业	指铁路的安全管理、调度指挥、行车组织、客运组织、货运组织，以及机车车辆、线桥隧涵、牵引供电、通信信号、信息系统的运用及维修养护；不包括铁路机车车辆、线桥隧涵、牵引供电、通信信号、信息系统设备的制造厂（公司）、建筑工程公司、商店、学校、科研所、医院等活动
		531		铁路旅客运输	
			5311	高速铁路旅客运输	
			5312	城际铁路旅客运输	
			5313	普通铁路旅客运输	
		532	5320	铁路货物运输	
		533		铁路运输辅助活动	
			5331	客运火车站	
			5332	货运火车站（场）	
			5333	铁路运输维护活动	指车辆运用及维护、线桥遂涵运用及维护、牵引供电运用及维护、通信信号运用及维护、铁路专用线运用及维护等
			5339	其他铁路运输辅助活动	指除铁路旅客和货物公共运输、专用铁路运输和为其服务的铁路场站、机车车辆、线桥隧涵、牵引供电、通信信号的运用及维修养护，以及铁路专用线外的运输辅助活动

代码				类别名称	说明
门类	大类	中类	小类		
	54			道路运输业	
		541		城市公共交通运输	指城市旅客运输活动
			5411	公共电汽车客运	
			5412	城市轨道交通	指城市地铁、轻轨、有轨电车等活动
			5413	出租车客运	指出租车公司以及与出租车公司签协议的出租车驾驶员的服务，还包括网络约车公司以及承揽网络预约客运的驾驶员的服务
			5414	公共自行车服务	指政府或社会机构以低价格为居民提供的自行车出行服务
			5419	其他城市公共交通运输	指其他未列明的城市旅客运输活动
		542		公路旅客运输	指城市以外道路的旅客运输活动
			5421	长途客运	指由始发站至终点站定线、定站、定班运行和停靠的旅客运输
			5422	旅游客运	指专门为观光消遣为目的的团体或个人提供的，或者在特定旅游线路上提供的客运服务
			5429	其他公路客运	指其他未列明的公路旅客运输活动
		543		道路货物运输	指所有道路的货物运输活动
			5431	普通货物道路运输	指对运输、装卸、保管没有特殊要求的道路货物运输活动
			5432	冷藏车道路运输	指农产品、食品、植物等货物始终处于适宜温度环境下，保证产品质量的配有专门运输设备的道路货物运输活动
			5433	集装箱道路运输	指以集装箱为承载货物容器的道路运输活动
			5434	大型货物道路运输	指具备长度超过 6m，高度超过 2.7m，宽度超过 2.5m，质量超过 4t 中一个及以上条件货物的道路运输活动
			5435	危险货物道路运输	指具有燃烧、爆炸、腐蚀、有毒、放射性等物质，在运输、装卸、保管过程中可能引起人身伤亡和财产毁损而需要特别防护的货物道路运输活动
			5436	邮件包裹道路运输	
			5437	城市配送	指服务于城区以及市近郊的货物配送活动的货物临时存放地，在经济合理区域内，根据客户的要求对物品进行加工、包装、分割、组配等作业，并按时送达指定地点的物流活动
			5438	搬家运输	
			5439	其他道路货物运输	指其他未列明的道路货物运输活动
		544		道路运输辅助活动	指与道路运输相关的运输辅助活动
			5441	客运汽车站	指长途旅客运输汽车站的服务
			5442	货运枢纽（站）	
			5443	公路管理与养护	
			5449	其他道路运输辅助活动	
	55			水上运输业	
		551		水上旅客运输	

代码				类别名称	说明
门类	大类	中类	小类		
			5511	海上旅客运输	指沿海、远洋客轮的运输活动和以客运为主的沿海、远洋运输活动
			5512	内河旅客运输	指江、河、湖泊、水库的水上旅客运输活动
			5513	客运轮渡运输	指城市及其他水域旅客轮渡运输活动
		552		水上货物运输	
			5521	远洋货物运输	
			5522	沿海货物运输	
			5523	内河货物运输	指江、河、湖泊、水库的水上货物运输活动
		553		水上运输辅助活动	
			5531	客运港口	含水上运动码头
			5532	货运港口	
			5539	其他水上运输辅助活动	指其他未列明的水上运输辅助活动
	56			航空运输业	
		561		航空客货运输	
			5611	航空旅客运输	指以旅客运输为主的航空运输活动
			5612	航空货物运输	指以货物或邮件为主的航空运输活动
		562		通用航空服务	指使用民用航空器从事除公共航空运输以外的民用航空活动
			5621	通用航空生产服务	指通用航空为农业、测绘、航拍、抢险、救援等活动的服务
			5622	观光游览航空服务	包括直升机、热气球的游览服务
			5623	体育航空运动服务	指通过各种航空器进行运动活动的服务，包括航空俱乐部服务
			5629	其他通用航空服务	
		563		航空运输辅助活动	
			5631	机场	
			5632	空中交通管理	
			5639	其他航空运输辅助活动	指其他未列明的航空运输辅助活动
	57			管道运输业	
		571	5710	海底管道运输	指通过海底管道对气体、液体等运输活动
		572	5720	陆地管道运输	指通过陆地管道对气体、液体等运输活动
	58			多式联运和运输代理业	
		581	5810	多式联运	指由两种及其以上的交通工具相互衔接、转运而共同完成的货物复合运输活动
		582		运输代理业	指与运输有关的代理及服务活动
			5821	货物运输代理	
			5822	旅客票务代理	
			5829	其他运输代理业	
	59			装卸搬运和仓储业	指装卸搬运活动和专门从事货物仓储、货物运输中转仓储，以及以仓储为主的货物送配活动，还包括以仓储为目的的收购活动
		591	5910	装卸搬运	
		592	5920	通用仓储	指除冷藏冷冻物品、危险物品、谷物、棉花、中药材等具有特殊要求以外的物品的仓储活动
		593	5930	低温仓储	指对冷藏冷冻物品等低温货物的仓储活动

代码 门类	大类	中类	小类	类别名称	说明
		594		危险品仓储	指对具有易燃易爆物品、危险化学品、放射性物品等能够危及人身安全和财产安全的物品的仓储活动
			5941	油气仓储	
			5942	危险化学品仓储	
			5949	其他危险品仓储	
		595		谷物、棉花等农产品仓储	
			5951	谷物仓储	指国家储备及其他谷物仓储活动
			5952	棉花仓储	指棉花加工厂仓储、中转仓储、棉花专业仓储、棉花物流配送活动，还包括在棉花仓储、物流配送过程中的棉花信息化管理活动
			5959	其他农产品仓储	指未列明的其他农产品仓储活动，包括林产品的仓储
		596	5960	中药材仓储	
		599	5990	其他仓储业	
	60			邮政业	
		601	6010	邮政基本服务	指邮政企业或者受邮政企业委托的企业提供的信件、印刷品、包裹、汇兑、报刊发行等邮政服务，以及国家规定的其他邮政服务；不包括邮政企业提供的快递服务
		602	6020	快递服务	指快递服务组织在承诺的时限内快速完成的寄递服务
		609	6090	其他寄递服务	指邮政企业和快递企业之外的企业提供的多种类型的寄递服务

2.2.3 调查方法

上海物流业景气指数调查采用 PPS（Probability Proportional to Size）抽样方法，按照各物流行业对物流业主营业务收入的贡献度，确定各行业的样本数。在此基础上，兼顾样本的区域分布、企业类型分布、规模分布。

本调查由上海物流协会具体组织实施，对抽样的物流企业的物流业务经理进行月度问卷调查。

2.3.4 计算方法

上海物流业景气指数调查问卷涉及业务总量、新订单、从业人员、库存周转次数、设备利用率、平均库存量、资金周转率、主营业务成本、主营业务利润、物流服务价格、固定资产投资完成额、业务活动预期、物流信息技术和物流创新发展 14 个问题。对每个问题分别计算扩散指数，即正向回答的企业个数百分比加上回答不变的百分比的一半。由于分项指数只能计算出物流业市场的大体发展趋势，不能体现波动的振幅到底有多强，采用合成指数便能弥补这一不足，合成指数由业务总量、新订单、从业人员、库存周转次数、设备利用率 5 项指数加权合成。

扩散指数（Diffusion Index，简称DI）主要是用来反映行业发展状态，即所处的景气区间，其实质是把保持上升或下降的指标占上风的动向看成是景气逐渐渗透的过程，将其综合，用来把握整个景气状况。其中以50%为界限，低于50%为不景气，高于50%为景气。合成指数（Composite Index，简称CI）是用来反映行业波动的振幅大小，它与扩散指数综合起来分析行业的景气程度。合成指数的取值以100为界限，低于100为不景气，高于100为景气。

2.3.5 调查问卷

上海物流业景气指数调查问卷

201　年　月

一、物流企业基本情况
企业名称：________________
企业代码：□□□□□□□□□—□
法定代表人（负责人）：________________ 联系电话：________________
企业详细地址：________________ 行政区划代码：□□□□□□
企业主营活动：________________ 行业代码：□□□□
企业经济类型：1. 国有；2. 集体；3. 私营；4. 港澳台商投资；5. 外商投资　□
A级企业等级：1. 5A；2. 4A；3. 3A；4. 2A；5. 1A　□
二、物流企业景气指标
01 业务总量：贵企业本月完成的业务总量比上月［必答题］ □增加　□基本持平　□减少
02 新订单（客户需求）：贵企业本月来自客户的新订单（客户需求）比上月［必答题］ □增加　□基本持平　□减少
03 平均库存量：贵企业本月平均储存的客户的物品库存比上月［必答题］ □增加　□基本持平　□减少　□没有
04 库存周转次数：贵企业本月储存的客户的物品库存周转次数比上月［必答题］ □加快　□基本持平　□减慢　□没有
05 资金周转率：贵企业本月流动资产周转次数比上月［必答题］ □加快　□基本持平　□减慢
06 设备利用率：贵企业本月主要物流设备设施利用情况比上月［必答题］ □增加　□基本持平　□降低
07 物流服务价格：贵企业本月物流服务（收费）价格比上月［必答题］ □上升　□基本持平　□下降
08 主营业务利润：贵企业本月物流业务利润比上月［必答题］ □增加　□基本持平　□降低
09 主营业务成本：贵企业本月物流业务成本比上月［必答题］ □增加　□基本持平　□降低
10 固定资产投资完成额：贵企业本月固定资产投资完成额比上月［必答题］ □增加　□基本持平　□降低　□没有
11 从业人员：贵企业目前从事生产经营的人员数量（含临时工、合同工）比一个月前［必答题］ □增加　□基本持平　□减少

<table>
<tr><td>12 业务活动预期：贵企业在未来 3 个月内业务活动整体水平预计［必答题］
□上升　　　　□差别不大　　　　□下降</td></tr>
<tr><td>13 物流信息技术：
A 贵企业是否应用了物流信息管理系统？［必答题］
□是（请跳至 13a）　　□否，计划未来一年内应用　　□否，暂无应用计划
B 贵企业是否应用了物联网技术？［必答题］
□是（请跳至 13b）　　□否，计划未来一年内应用　　□否，暂无应用计划
C 贵企业是否应用了自动化技术？［必答题］
□是（请跳至 13c）　　□否，计划未来一年内应用　　□否，暂无应用计划
13a 物流信息管理：贵企业本月物流信息管理水平预计比上月［选答题］
□上升　　□差别不大　　□下降
13b 物联网技术：贵企业本月物联网技术水平预计比上月［选答题］
□上升　　□差别不大　　□下降
13c 自动化技术：贵企业本月自动化技术水平预计比上月［选答题］
□上升　　□差别不大　　□下降</td></tr>
<tr><td>14 物流创新发展：
A 贵企业是否应用了逆向物流？［必答题］
□是（请跳至 14a）　　□否，计划未来一年内应用　　□否，暂无应用计划
B 贵企业是否应用了电商物流？［必答题］
□是（请跳至 14b）　　□否，计划未来一年内应用　　□否，暂无应用计划
C 贵企业是否拥有知识产权？［必答题］
□是（请跳至 14c）　　□否，计划未来一年内拥用　　□否，暂无拥用计划
14a 逆向物流：贵企业逆向物流应用情况本月比上月［选答题］
□增加　　□基本持平　　□下降
14b 电商物流：贵企业电商物流应用情况本月比上月［选答题］
□增加　　□基本持平　　□下降
14c 知识产权：贵企业知识产权拥有情况本月比上月［选答题］
□增加　　□差别不大　　□减少</td></tr>
<tr><td>贵企业当前经营中存在的主要问题与建议：

</td></tr>
</table>

填表人姓名：　　　职务：　　　　电话：　　　　　报出日期：201　年　月　日

说明：1. 本表由物流企业主管生产经营的业务总监（经理）填报。

2. 本表为月报。

2.3.6 上海物流业景气指数编制方法

分项指数计算

分项指数采用能反映行业发展状态的扩散指数计算，扩散指数（Diffusion Index，简称 DI）的内涵是把保持上升或下降的指标占上风的动向看成是景气逐渐渗透的过程，将其综合，用来把握整个景气状况。利用筛选出的一致、先行、滞后指标分别制作扩散指数。在计算的过程中，通常将指标加速上升的赋值为 1，既没有加速也没有减速的指标赋值为 0.5，减速的指标赋值为 0，将各项加权平均即得到扩散指数。计算公式：

$$\mathrm{DI_T}=\frac{\text{t期中指标出现扩张的数目}\times 1+t\text{期中指标值持平的数目}\times 0.5+t\text{期中指标收缩的数目}\times 0}{\text{该类指标的总数目}}\times 100\%$$

其中。$t=1,2,\cdots,n$

通常，判断指标是扩张还是收缩的标准，就是将指标值与上一个月或上一年做比较，但考虑到其中会受不规则因素的影响，通常可以将 3 个月或是 3 年作为一个比较间隔。

当 $0<DI_T<50\%$ 时，表示下降的指标多于上升的指标数，此时行业市场不景气。

当 $50\%<DI_T<100\%$ 前期时，表示上升的指标数明显多于下降的指标数，此时行业市场非常景气。

当 $50\%<DI_T<100\%$ 后期时，表示上升的指标数虽然多于下降的指标数，但是正处于行业市场景气后期，在走下坡路，整个行业市场处于降温阶段。

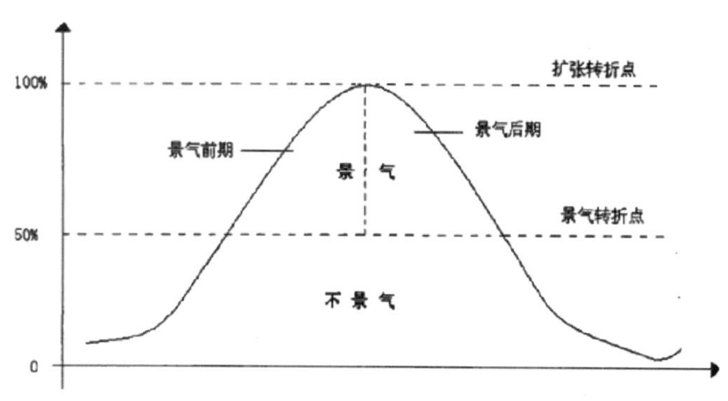

图 1 扩散指数景气区间分布图

2.3.2 合成指数计算

由于分项指数只能计算出物流业市场的大体发展趋势，不能体现波动的振幅到底有多强，采用合成指数便能弥补这一不足。合成指数能反映行业波动的振幅大小，由业务总量、新订单、从业人员、库存周转次数、设备利用率 5 项指数加权合成。

加权合成这步必须选取确定权重的方法，计算权重的方法可以分为三类：主观赋权法、客观赋权法、组合赋权法。

常用的主观赋权法有专家调查法（Delphi 法）、层次分析法（AHP ）、二项系数法、环比评分法、最小平方法等。

主观赋权法是人们研究较早、较为成熟的方法，主观赋权法的优点是专家可以根据实际的决策问题和专家自身的知识经验合理地确定各属性权重的排序，不至于出现属性权重与属性实际重要程度相悖的情况。但决策或评价结果具有较强的主观随意性，客观性较差，同时增加了对决策分析者的负担，应用中有很大局限性。

鉴于主观赋权法的各种不足之处，又提出了客观赋权法，其原始数据由各属性在决策方案中的实际数据形成，其基本思想是：属性权重应当是各属性在属性集中的变异程度和对其它属性的影响程度的度量，赋权的原始信息应当直接来源于客观环境，处理信息的过程应当是深入探讨各属性间的相互联系及影响，再根据各属性的联系程度或各属性所提供的信息量大小来决定属性权重。如果某属性对所有决策方案而言均无差异（即各决策方案的该属性值相同），则该属性对方案的鉴别及排序不起作用，其权重应为 0；若某属性对所有决策方案的属性值有较大差异，这样的属性对方案的鉴别及排序将起重要作用，应给予较大权重．总之，各属性权重的大小应根据该属性下各方案属性值差异的大小来确定，差异越大，则该属性的权重越大，反之则越小。

常用的客观赋权法有主成份分析法、熵值法、离差及均方差法、多目标规划法等。

客观赋权法主要是根据原始数据之间的关系来确定权重，因此权重的客观性强，且不增加决策者的负担，方法具有较强的数学理论依据。但是这种赋权法没有考虑决策者的主观意向，因此确定的权重可能与人们的主观愿望或实际情况不一致，使人感到困惑。因为从理论上讲，在多属性决策中，最重要的属性不一定使所有决策方案的属性值具有最大差异，而最不重要的属性却有可能使所有决策方案的属性值具有较大差异。这样，按客观赋权法确定权重时，最不重要的属性可能具有最大的权重，而最重要的属性却不一定具有最大的权重。而且这种赋权方法依赖于实际的问题域，因而通用性和决策人的可参与性较差，没有考虑决策人的主观意向，且计算方法大都比较繁锁。

组合赋权法，即主客观综合赋权法（或称组合赋权法）。主客观组合赋权法的两种常用方法是："乘法"集成法、"加法"集成法。其公式分别是：

$$w_i = a_i b_i / \sum_{i=1}^{m} a_i b_i$$

$$w_i = \alpha a_i + (1-\alpha) b_i, (0 \le \alpha \le 1)$$

其中 w_i 表示第 i 个指标的组合权重；a_i，b_i 分别为第 i 各属性的客观权重和主观权重。前者的组合实质上是乘法合成的归一化处理，该方法使用于指标个数较多、权重分配比较均匀的情况。后者实质上是线性加权，称为线性加权组合赋权方法。当决策者对不同赋权方法存在偏好时，α 能够根据决策者的偏好信息来确定。

从上述方法分析可以看出，主观赋权法在根据属性本身含义确定权重方面具有优势，但客观性较差；而客观赋权法在不考虑属性实际含义的情况下，确定权重具有优势，但不能体现决策者对不同属性的重视程度，有时会出现确定的权重与属性的实际重要程度相悖的情况。针对主、客观赋权法各自的优缺点，为兼顾到决策者对属性的偏好，同时又力争减少赋权的主观随意性，使属性的赋权达到主观与客观的统一，进而使决策结果真实、可靠。因此，合成指数的加权合成，采用组合赋权法更合适。

通过分项指数、合成指数的计算，得到上海物流业景气指数，既可以全面反映上海物流业发展状态，又可以反映物流业波动的振幅大小。

本篇供稿：张旭 张志坚 编辑：张志坚

第三篇 物流基础领域

3.1 交通货运业

3.1.1 概况

2017 年 1-12 月，上海市货物运输总量为 97257.26 万吨，比去年同期增长 9.7%。其中铁路货物运输量 471.89 万吨，同期增长 2.5%；水运货物运输量 56619.19 万吨，增长 16.1%；公路货物运输量 39743 万吨，增长 1.8%；航空货物运输量 423.18 万吨，增长 9.4%。

全年港口货物吞吐量为 75.50.79 万吨，同期增长 6.9%。其中，进港量 43314.54 万吨，增长 7.5%；出港量 31736.25 万吨，增长 6.2%。

国际标准集装箱吞吐量 4023.31 万 TEU，增长 8.3%。其中，进港量 1980.32 万 TEU，增长 8.5%；出港量 2042.98 万 TEU，增长 8.2%。

（来源：上海市统计局）

表 3.1 2017 年市统计局按月公布交通运输基本情况（一）

月份	统计值	货物运输量（万吨）/ 同期增长（%））				
		总量	其中铁路	其中水运	其中公路	其中机场
1 月	数量	/	/	/	/	/
	增长（%）	/	/	/	/	/
2 月	数量	7752.13	32.12	4859.96	2835	25.06
	增长（%）	19.6	31.3	40.7	-5	15.2
3 月	数量	7525.61	43.23	4030.44	3416	35.94
	增长（%）	0.8	9.3	0.8	0.6	9.3
4 月	数量	8458.86	38.26	5025.77	3360	34.83
	增长（%）	18	-2.9	30.1	3.9	10.9
5 月	数量	8069.61	38.6	4594.46	3401	35.55
	增长（%）	9.2	-0.9	12.8	4.7	12.6
6 月	数量	8604.55	42.08	5164.24	3363	35.23
	增长（%）	16.3	18.2	26.6	3.5	12.9
7 月	数量	9174.7	40.26	5710.18	3389	35.27
	增长（%）	22.1	6.7	35.5	4.9	11.2
8 月	数量	8358.89	38.95	4969.35	3316	34.59
	增长（%）	16.1	2.4	27.4	2.8	10.6

月份	统计值	货物运输量（万吨）/ 同期增长（%））				
		总量	其中铁路	其中水运	其中公路	其中机场
9月	数量	7482.22	38.97	4026.78	3379	37.47
	增长（%）	3	6.8	-0.1	6.9	11.5
10月	数量	8290.13	37.01	4895.44	3320	37.69
	增长（%）	14.4	-9.3	24.2	2.9	6
11月	数量	8272.72	43.43	4920.91	3269	39.38
	增长（%）	10.2	-1.9	17.9	0.4	5.1
12月	数量	8297.65	47.57	4835.29	3377	37.8
	增长（%）	-1.8	5.1	-2.3	-1.3	1.6
全年累计	数量	97257.26	471.89	56619.19	39743	423.18
	增长（%）	9.7	2.5	16.1	1.8	9.4

（数据来源：上海市统计局网　制表：张志坚）

表 3.2 2017 年市统计局按月公布交通运输基本情况（二）

月份	统计值	港口货物吞吐量（万吨）/ 同期增长（%）			国际标准集装箱吞吐量（万 TEU）/ 同期增长（%）		
		总量	其中进港量	其中出港量	总量	其中进港量	其中出港量
1月	数量	/	/	/	/	/	/
	增长（%）	/	/	/	/	/	/
2月	数量	5046.7	3034.29	2012.41	264.91	142.26	122.64
	增长（%）	3.8	7.5	1.4	2.3	3	1.4
3月	数量	6670.17	3899.97	2770.2	343.42	165.7	177.72
	增长（%）	9.5	9.9	9	14.3	11.3	17.2
4月	数量	6407.11	3715.45	2691.66	327.58	158.88	168.7
	增长（%）	5.7	7.1	3.8	4.9	5.4	4.5
5月	数量	6608.91	3794.89	2814.03	354.08	172.18	181.9
	增长（%）	10.2	11.1	9	14.7	16.6	12.9
6月	数量	6289.48	3552.54	2736.95	339.76	164.78	174.97
	增长（%）	12	12.5	11.4	8	6.8	9.3
7月	数量	6273.92	3553.48	2720.43	344.37	166.59	177.77
	增长（%）	4.4	4.4	4.4	5.2	6.8	3.8
8月	数量	6726.78	3857.4	2869.38	346.44	169.47	176.96
	增长（%）	9.6	10.2	8.9	4.5	4.2	4.9
9月	数量	6190	3587.38	2602.62	337.28	167.27	170.02
	增长（%）	10.7	12.3	8.5	7.7	8.4	6.9
10月	数量	6179.67	3575.33	2604.34	339.23	170.1	169.12
	增长（%）	3.9	4.4	3.3	5.5	6.7	4.4
11月	数量	6418.83	3736.6	2682.23	360.13	177.54	182.59
	增长（%）	6.5	8	11.8	11.8	12.8	10.9
12月	数量	6158.97	3639.6	2519.37	335.72	165.85	169.86
	增长（%）	2.9	3.4	2.2	8.8	6.9	10.7
全年累计	数量	75050.79	43314.54	31736.25	4023.31	1980.32	2042.98
	增长（%）	6.9	7.5	6.2	8.3	8.5	8.2

（数据来源：上海市统计局网　制表：张志坚）

3.1.2 道路、水路、铁路、航空货运分列

道路货运量

2017 年，道路货物运输量 39743 万吨，较上年同比增长 1.8%，上海市货物运输量 97257.26 万吨，道路货物运输量占上海市货物运输量的 41%，较上年下降 3 个百分点。

表 3.1.1 2007–2017 年道路货物运输量及周转量情况

年份	道路货物运输量（万吨）	同比增长	道路货物运输周转量（亿吨·公里）	同比增长	上海市货物运输量（万吨）	上海市货物运输周转量（亿吨·公里）
2007	35634	5.4%	85	5.9%	78108	15949
2008	40328	13.2%	253	198.5%	84347	16031
2009	37745	-6.4%	244	-3.6%	76967	14436
2010	40890	8.3%	266	9.0%	81023	16173
2011	42685	4.4%	284	6.8%	93318	20367
2012	42911	0.5%	288	1.4%	94376	20427
2013	43809	2.1%	299	3.9%	91535	17868
2014	42848	-2.2%	301	0.6%	90341	18691
2015	40627	-5.2%	290	-3.7%	91239	19553
2016	39055	-3.9%	282	-2.8%	88689	19376
2017	39743	1.8%	-	-	97257	-

（数据来源：上海统计年鉴 2017 & 上海市统计局网）

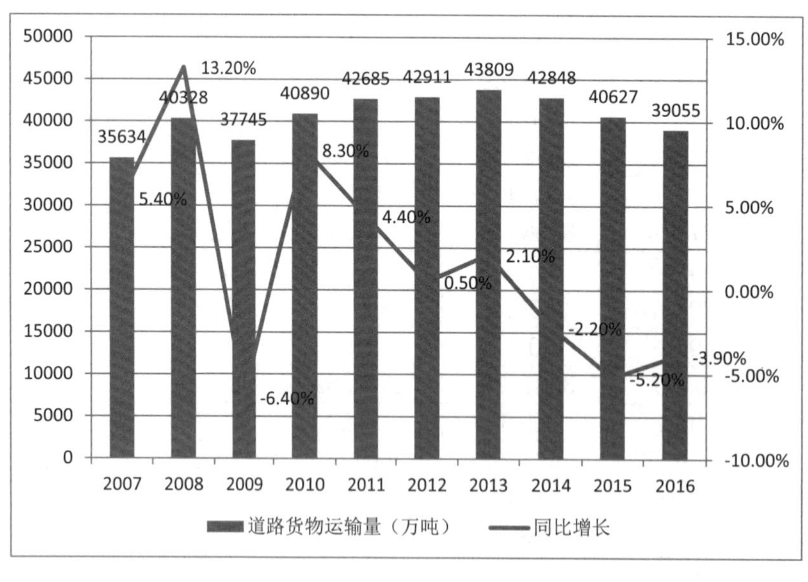

图 3.1.1 2007–2016 年道路货物运输量发展趋势

（数据来源：上海统计年鉴 2017）

2016 年，道路货物运输周转量 282 亿吨·公里，较上年同比下降 2.8%。上海市货物运输周转量 19376 亿吨·公里，道路货物运输周转量占上海市货物运输周转量的 1.45%，较上年下降了百分之 0.05

个百分点。

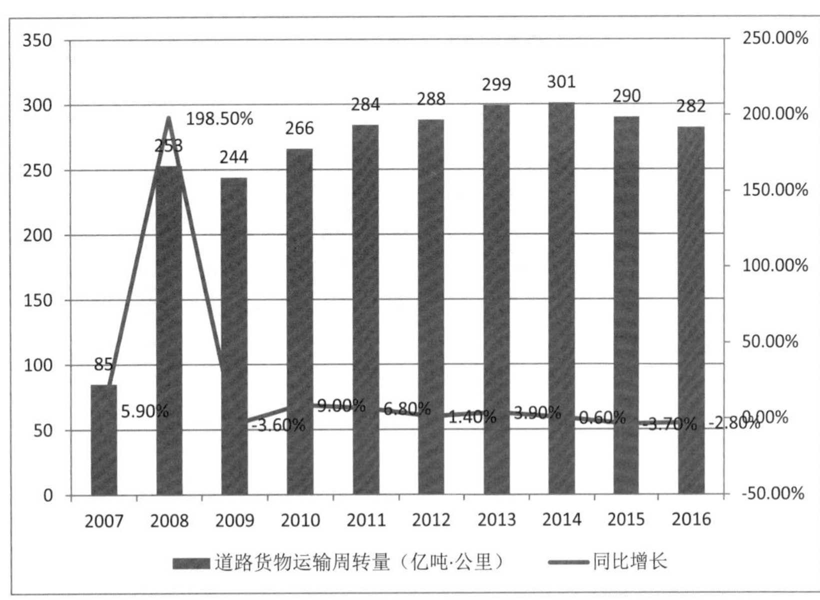

图 3.1.2　2007–2016 年道路货物运输周转量发展趋势

（数据来源：上海统计年鉴 2017）

水路货运

2017 年，水路货物运输量 56619.19 万吨，较上年同比增长 16.1%。水路货物运输量占上海市货物运输量的 58.2%，较上年上升 3.2 个百分点。

表 3.1.2　2007–2017 年水路货物运输量情况

年份	水路货物运输量（万吨）	同比增长	其中		上海市货物运输量（万吨）
			远洋水路货运量（万吨）	同比增长	
2007	41041	9.9%	12575	6.9%	78108
2008	42729	4.1%	12197	-3.0%	84347
2009	37983	-11.1%	11916	-2.3%	76967
2010	38803	2.2%	15172	27.3%	81023
2011	49389	27.3%	16044	5.7%	93318
2012	50302	1.8%	17491	9.0%	94376
2013	46697	-7.2%	15255	-12.8%	91535
2014	46583	-0.2%	16541	8.4%	90341
2015	49770	6.8%	18145	9.7%	91239
2016	48787	-2.0%	18912	4.2%	88689
2017	56619	16.1%	–	–	97257

（数据来源：上海统计年鉴 2017 & 上海市统计局网）

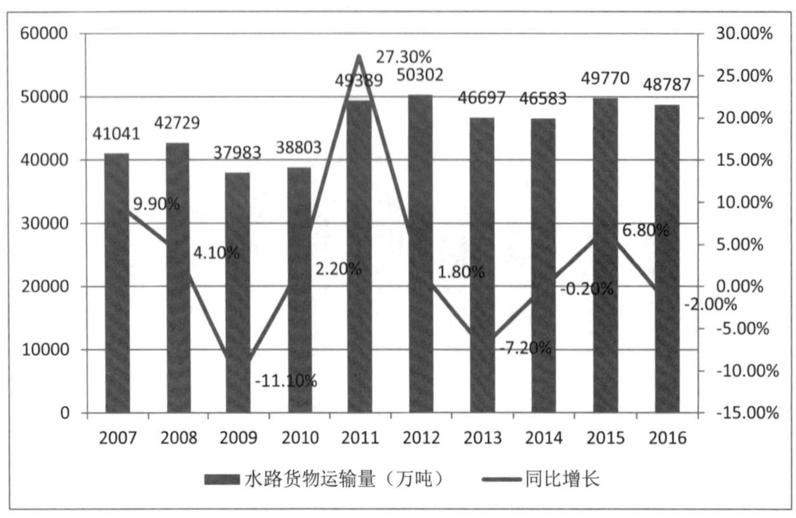

图 3.1.3 2007-2016 年水路货物运输量发展趋势

（数据来源：上海统计年鉴 2017）

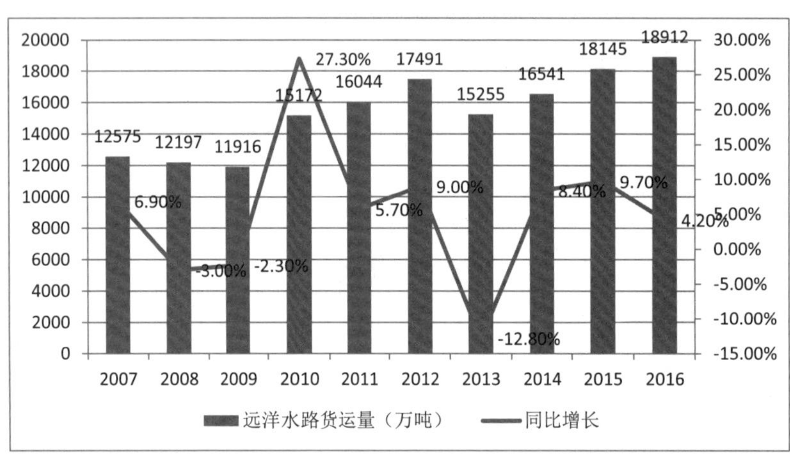

图 3.1.4 2007-2016 年远洋水路货物运输量发展趋势

（数据来源：上海统计年鉴 2017）

表 3.1.3 2007-2016 年水路货物运输周转量情况

年份	水路货物运输周转量（亿吨·公里）	同比增长	其中		上海市货物运输周转量（亿吨·公里）
			远洋水路货物周转量（亿吨·公里）	同比增长	
2007	15789	15. 4%	12039	11. 3%	15949
2008	15712	-0. 5%	11529	-4. 2%	16031
2009	14118	-10. 1%	10596	-8. 1%	14436
2010	15818	12. 0%	14535	37. 2%	16173
2011	20005	26. 5%	15654	7. 7%	20367
2012	20067	0. 3%	16086	2. 8%	20427
2013	17497	-12. 8%	13562	-15. 7%	17868
2014	18320	4. 7%	14487	6. 8%	18691

年份	水路货物运输周转量（亿吨·公里）	同比增长	其中		上海市货物运输周转量（亿吨·公里）
			远洋水路货物周转量（亿吨·公里）	同比增长	
2015	19196	4.8%	15150	4.6%	19553
2016	19026	-0.9%	15473	2.1%	19376

（数据来源：上海统计年鉴 2017）

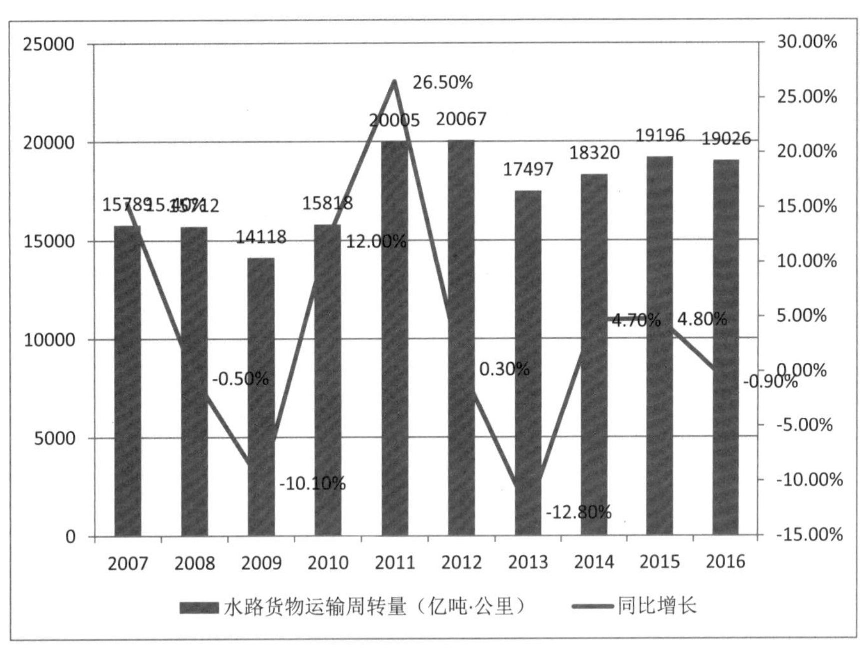

图 3.1.5　2007-2016 年水路货物运输周转量发展趋势

（数据来源：上海统计年鉴 2017）

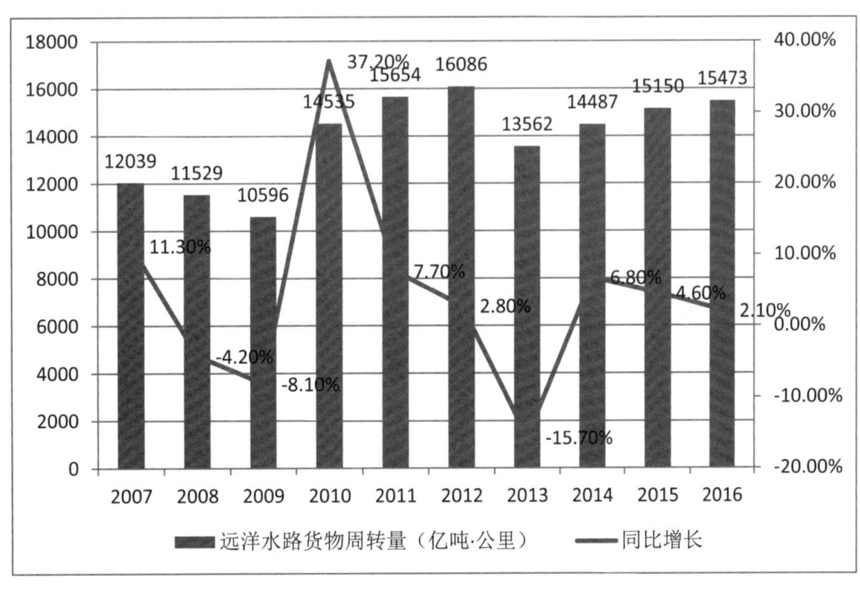

图 3.1.6　2007-2016 年远洋水路货物运输周转量发展趋势

（数据来源：上海统计年鉴 2017）

2016年，沿海码头长度10.92万米，沿海泊位1152个，其中万吨级的172个（集装箱泊位42个）。

表 3.1.4 2007-2016 年主要年份港口码头情况

年 份	沿海码头长度	沿海泊位	其 中	
			# 万吨级	其 中
	（万米）	（个）		# 集装箱泊位
2007	10.15	1155	133	37
2008	11.49	1203	137	42
2009	11.68	1145	153	38
2010	11.92	1218	157	45
2011	11.97	1226	160	43
2012	12.29	1245	162	43
2013	12.40	1253	170	43
2014	12.60	1282	170	42
2015	12.69	1300	174	42
2016	10.92	1152	172	42

数据来源：上海统计年鉴 2017

2017年，港口货物吞吐量75050.79万吨，其中，进港43314.54万吨，出港31376.25万吨。

表 3.1.5 2007-2017 年主要年份港口货物吞吐量（单位：万吨）

年 份	港口货物	其 中		进 港	其 中		出 港	其 中	
	吞吐量	内 贸	外 贸		内 贸	外 贸		内 贸	外 贸
2007	56144	30574	25570	35479	22619	12860	20665	7956	12709
2008	58170	30793	27377	36481	22782	13699	21689	8012	13677
2009	59205	33394	25811	39000	24920	14080	20205	8474	11731
2010	65339	35114	30225	41549	25083	16466	23791	10032	13759
2011	72758	38980	33778	45525	27173	18352	27233	11807	15426
2012	73559	37734	35825	45151	25233	19918	28408	12501	15907
2013	77575	39869	37706	46978	25657	21321	30597	14213	16384
2014	75529	37297	38232	44663	23654	21009	30866	13643	17223
2015	71740	33943	37797	41907	21447	20460	29833	12495	17337
2016	70177	32164	38012	40295	20039	20256	29882	12126	17756
2017	75050	-	-	43314			31736		

（数据来源：上海统计年鉴 2017 & 上海市统计局网）

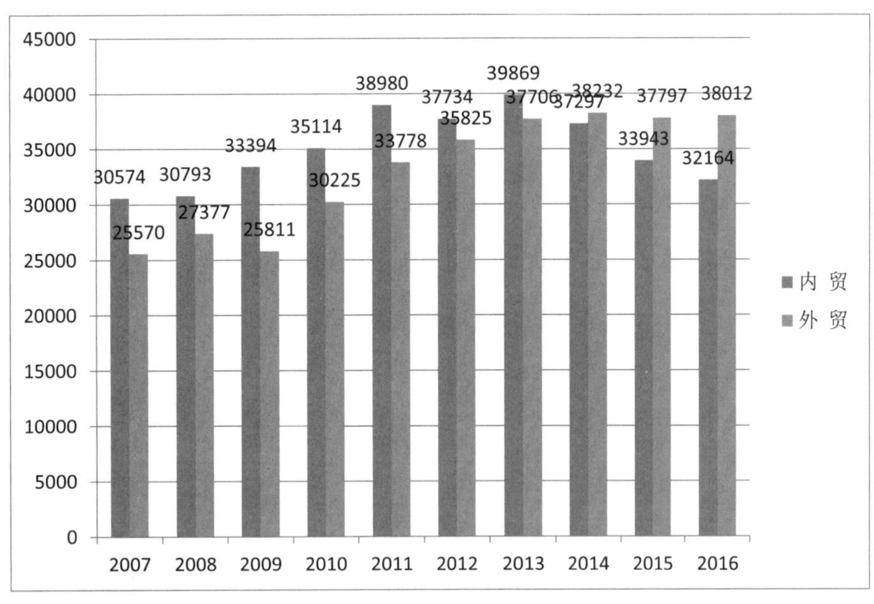

图 3.1.7 2007–2016 上海港内外贸易货物吞吐量（万吨）

（数据来源：上海统计年鉴 2017）

近六年来，上海港集装箱吞吐量呈逐年上升趋势，2017 年的上海港国际标准集装箱吞吐量达到 4023.31 万 TEU，同比增长 8.3%。

表 3.1.6 2012–2017 年上海港集装箱吞吐量（万 TEU）

年　份	上海港集装箱货物吞吐量（万吨）	同比增长
2012	3252.9	2.5%
2013	3361.8	3.3%
2014	3528.5	5%
2015	3653.7	3.5%
2016	3713.3	1.6%
2017	4023.3	8.3%

（数据来源：上海统计年鉴 2017 & 上海市统计局网）

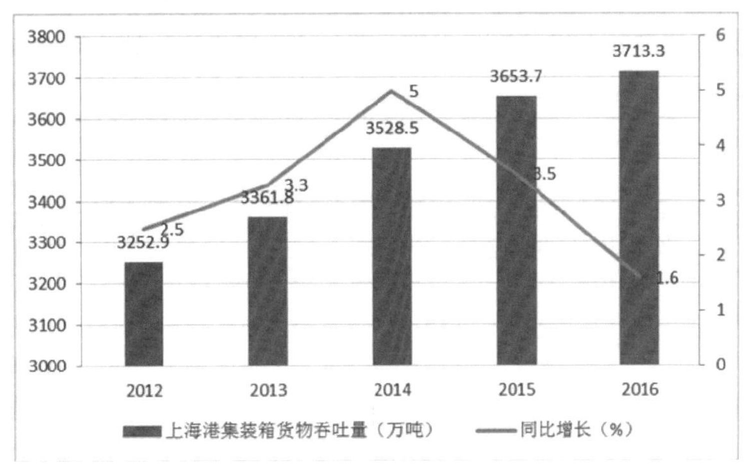

图 3.1.8 2012–2016 年上海港集装箱吞吐量（万 TEU）

铁路货运

上海铁路货运分为三大类：铁路集装箱、铁路整车车皮、铁路零担。铁路货运在物流运输中扮演着重要角色，很多大件商品的运输都离不开铁路货运。铁路运输具有安全程度高、运输速度快、运输距离长、运输能力大、运输成本低等优点，且具有污染小、潜能大、不受天气条件影响的优势。

表 3.1.7 铁路货运站一览表

序号	客运站	货运站及所属线路	
		车站	线别
1	春申站	北郊	北杨线
2	新桥站	张庙	北杨线
3	松江站	杨行	北杨线
4	上海站	安亭	京沪线
5	上海南站	黄渡	京沪线
6	上海虹桥站	南翔	京沪线
7	上海西站	松江	沪昆线
8	南翔北站	何家湾	南何线
9	安亭北站	桃浦	南何线
10	松江南站	杨浦	何杨线
11	金山北站	闵行	新闵线
12	亭林站	新龙华	新龙华联络线
13	金山卫站	金山卫西	金山线
14	车墩站	叶榭	金山线
15	叶榭站	海湾	浦东线
16	金山园区站	漕泾	浦东线
17	海湾站	芦潮港	芦潮港线
18	芦潮港站	/	/

（数据来源：上海市铁路局）

2017 年，上海铁路货物运输量 471.89 万吨，较上年同比增长 2.5%。铁路货物运输量占上海市货物运输量的 0.5%，较上年基本持平。

表 3.1.7 2007–2017 年铁路货物运输量及周转量情况

年份	铁路货物运输量（万吨）	同比增长	铁路货物运输周转量（亿吨•公里）	同比增长	上海市货物运输量（万吨）	上海市货物运输周转量（亿吨•公里）
2007	1143	-6.5%	35	-36.4%	78108	15949
2008	1012	-11.5%	29	-17.1%	84347	16031
2009	941	-7.0%	25	-13.8%	76967	14436
2010	959	1.9%	26	4.0%	81023	16173
2011	888	-7.4%	21	-19.2%	93318	20367

年份	铁路货物运输量（万吨）	同比增长	铁路货物运输周转量（亿吨•公里）	同比增长	上海市货物运输量（万吨）	上海市货物运输周转量（亿吨•公里）
2012	825	-7.1%	18	-14.3%	94376	20427
2013	694	-15.9%	14	-22.2%	91535	17868
2014	549	-20.9%	12	-14.3%	90341	18691
2015	471	-14.2%	11	-8.3%	91239	19553
2016	461	-2%	10	-9%	88689	19376
2017	471.89	2.5%	-	-	97257.26	-

（数据来源：上海统计年鉴 2017）

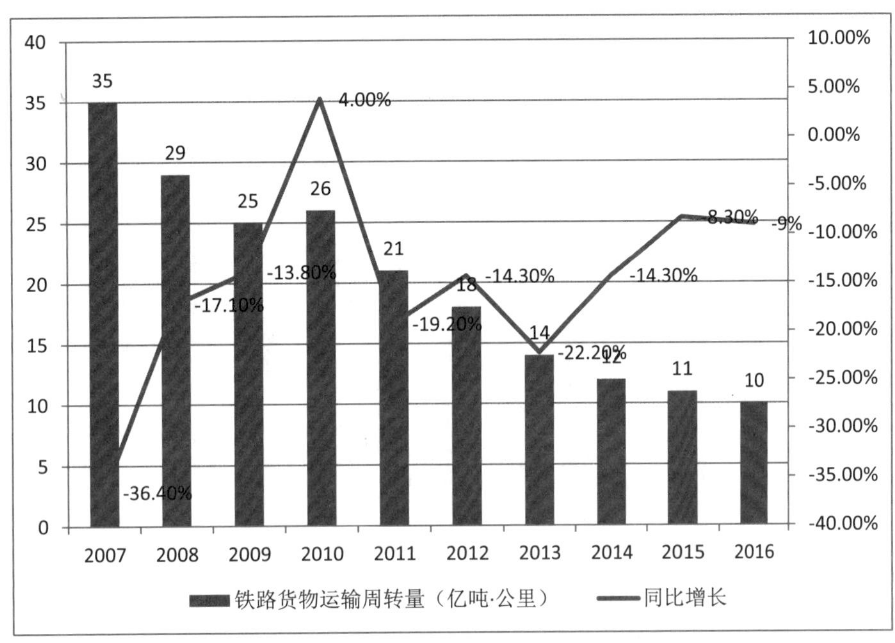

图 3.1.9　2007-2016 年铁路货物运输量及周转量发展趋势

（数据来源：上海统计年鉴 2017）

航空货运

航空货运是现代航空物流航空货运业务中的重要组成部分，同时也是国际贸易中贵重物品、鲜活货物和精密仪器运输所不可缺的方式。航空货运以其迅捷、安全、准时赢得了相当大的市场，大大缩短了交货期，并提供了安全、快捷、方便和优质的服务。

依据《上海市综合交通“十三五”规划》，将加快航空物流业发展，促进航空货邮吞吐量增长。强化与全球主要货运枢纽的航线网络连接，丰富多式联运产品与服务；着力推进浦东机场国际快件转运中心建设，支持浦东祝桥国际现代快递物流园区的建设，鼓励新兴航空物流集成商入驻；大力发展冷链物流、跨境电子商务等新业务，创新航空快件集拼中转监管模式，提高航空货运枢纽的竞争力。

2017 年，上海航空货物运输量 423.18 万吨，较上年同比增长 9.4%。

表 3.1.9 2007-2017 年民用航空货物运输量及周转量情况

年份	民用航空货物运输量（万吨）	同比增长	民用航空货物运输周转量（亿吨·公里）	同比增长
2007	290	14.6%	40	110.5%
2008	305	5.2%	37	-7.5%
2009	298	-2.3%	49	32.4%
2010	371	24.5%	63	28.6%
2011	356	-4.0%	57	-9.5%
2012	338	-5.1%	54	-5.3%
2013	335	-0.9%	57	5.6%
2014	361	7.8%	57	0.0%
2015	371	2.8%	57	0.0%
2016	387	4.3%	58	1.8%
2017	423	9.4%	-	-

（数据来源：上海统计年鉴 2017 & 上海市统计局网）

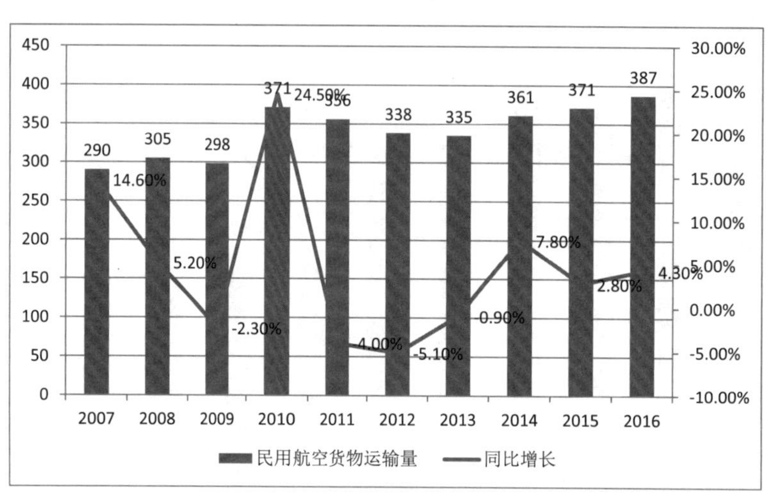

图 3.1.10 2007-2016 年民用航空货物运输量发展趋势

（数据来源：上海统计年鉴 2017）

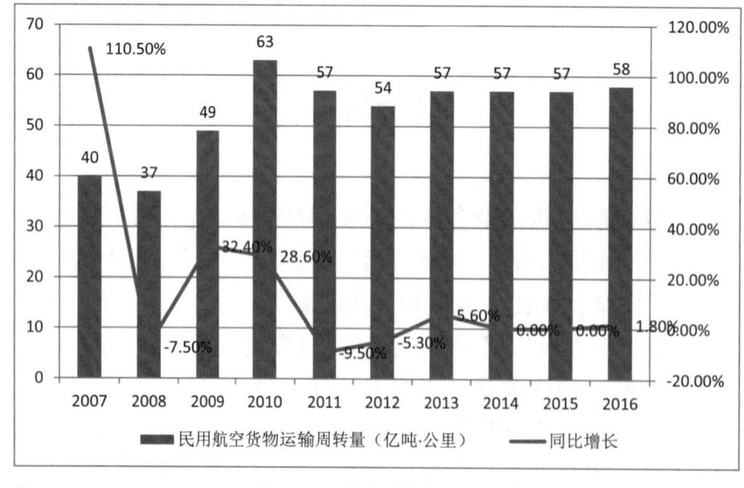

图 3.1.11 2007-2016 年民用航空货物运输量及周转量发展趋势

（数据来源：上海统计年鉴 2017）

3.2 仓储业

3.2.1 仓储业综合统计数据

2017 年 12 月中国仓储指数显示：市场运行平稳 后市压力增加

中国物流与采购联合会和中储发展股份有限公司联合调查的中国仓储指数，2017 年 12 月份为 50.7%，与上月持平，连续五个月保持在扩张区间，业务需求仍然较为旺盛，行业整体运行较为平稳。但分项指数中除期末库存指数有所回升外，其余指数均有不同程度的回落，特别是业务活动预期指数大幅下降，表明未来仓储行业运行存在一定的下行压力。从指数表现来看，有以下几个特点：

市场整体运行平稳，消费品需求活跃。

2017 年 12 月，业务量指数为 51.1%，回落 3.9 个百分点；设施利用率指数为 52.2%，回落 1.7 个百分点。两项指数均有所回落，但仍保持在扩张区间，表明仓储业务需求仍有小幅增长，但增速较前期明显放缓。分品种来看，消费品表现较为亮眼。受双十二促销影响，消费品需求在上月高水平基础上仍有增长。食品、家电、日用品和纺织品等品种业务量较上月有明显回升。大宗商品方面，随着气温下降，户外开工项目减少，行业已经进入淡季，市场交易活动乏力。本月平均库存周转次数指数为 51.6%，回落 0.9 个百分点，期末库存指数为 52.2%，回升 4.3 个百分点，也表明了市场成交清淡，进出库速度减慢，商品周转效率下降，导致库存水平提高。整体来看，业务需求仍然较为旺盛，行业整体运行较为平稳。

利润再次收缩，亟需加强成本管控。

2017 年 12 月，业务利润指数为 49.5%，回落 1.7 个百分点至荣枯线以下，未能保持住前两个月盈利好转的趋势；主营业务成本指数为 52.2%，回落 4 个百分点，但仍位于扩张区间。在业务量收缩的背景下，成本仍然有所上升。表明企业亟需加强成本管控，减少不必要的开支，调整经营结构，改变盈利困难的情况。

预期有所回落。

2017 年 12 月，新订单指数为 51.1%，回落 1.6 个百分点；业务活动预期指数为 47.8%，大幅回落 7.2 个百分点至荣枯线以下，创下 2016 年 3 月份以来的最低值。表明未来仓储行业运行存在一定的下行压力。特别是随着天气转冷以及元旦春节假期的临近，大宗商品市场进入传统消费淡季，终端市场需求趋弱，加之不少生产企业已经落实采暖季限产政策，供应有所下降，后期行业经营压力或将进一步加大。

（来源：中物联网　2018 年 01 月 02 日）

上海冷库基本信息

截止 2017 年底，经对雪链针对上海冷库企业调研，上海地区冷库保有量约 860 万立方米，其中冷冻库约 670 立方米，冷藏库约 190 万立方米，同时拥有冷冻及冷藏库的客户约占 91% 以上。从地域分布来看，冷库主要分布在浦东、宝山、嘉定、闵行、青浦、奉贤等区域，占总量的 92% 左右；从冷库功能来看，冷库主要以冷冻仓储、城市配送型，中转贸易型为主，占总量的 93% 左右。近年来随着市场的发展，新建冷库项目容积大多都在 3 万立方米以上。目前市场冷库仍以 -18℃的冻库为主，伴随着生鲜电商的发展，冷藏库快速增长，0-8 度的冷藏库也是未来大量需求增长趋势，并且随着冷链市场的进一步发展，越来越多的冷库发展成为多温区、多功能，高标准的综合型冷库，并且都在逐步实现冷库数字化信息化和智能化。

（来源：上海市物流协会冷链分会：孙汕）

3.2.2 仓储业热点

京东上海“亚洲一号”物流基地和荣庆上海嘉定冷链物流园区

按：中物联会长何黎明在 2018 年 1 月 27 日讲话中提到，国家发改委、商务部委托中物联评选认定首批 10 家智能化仓储物流示范基地（请参阅发改办经贸 [2017]1917 号文），其中上海有两家，即京东上海亚洲一号物流基地和荣庆上海嘉定冷链物流园区。以下是这两家智能化物流示范基地的简要介绍。

京东考察——探访亚洲最大物流中心上海“亚洲一号”

京东董事局主席刘强东在 2007 年开始启动京东自建物流体系——上海“亚洲一号”于 2012 年 4 月行奠基礼，这一工程位于上海嘉定，占地 300 亩，据说京东是采用多年分期付款的“以租代建”模式，2014 年 10 月 20 日，京东宣布其位于上海的首个“亚洲一号”现代化物流中心（一期）在双十一大促前夕正式投入使用，京东物流战略中又一重点举措落地。

2017 年 3 月，就在京东上海亚洲一号启动二年半之际，上海亚一的运营视频全面曝光，全面方位透视了京东亚洲一号各种技术细节。

作为亚洲范围内 B2C 行业内建筑规模最大、自动化程度最高的现代化物流中心之一。京东自主研发信息系统，完美调度了 AS/RS、输送线、分拣机、提升机等自动化设备，极大支撑和推动了公司华东区域的业务发展。

立体仓库区、多层阁楼拣货区、生产作业区和出货分拣区

立体库区：立体库区”库高 24 米，利用自动存取系统（AS/RS 系统），实现了自动化高密度的储存和高速的拣货能力。AS/RS 系统这是物流中心机器人作业系统的一种，在全球电商物流中心作业系统中，有三大类机器人作业系统。

多层阁楼拣货区：京东的“多层阁楼拣货区”采用了各种现代化设备，实现了自动补货、快速拣货、多重复核手段、多层阁楼自动输送能力，实现了京东巨量 SKU 的高密度存储和快速准确的拣货和输送能力。多层阁楼是实现仓储空间利用率最高的物流中心设计方式，空间高效了，但如果没有高效的系统 + 自动传送能力，最终会出现各种作业瓶颈，目前京东亚洲一号通过系统集成成功实现了两全其美，这个方面比亚马逊国外更先进。

生产作业区：京东亚洲一号的“生产作业区”采用京东自主开发的任务分配系统和自动化的输送设备（即：内行都知道的，京东的玄武系统），实现了每一个生产工位任务分配的自动化和合理化，保证了每一个生产岗位的满负荷运转，避免了任务分配不均的情况，极大地提高了劳动效率。

出货分拣区：出货分拣区”采用了自动化的输送系统和代表目前全球最高水平的分拣系统，分拣处理能力达 20000 件 / 小时，分拣准确率高达 99.99%，彻底解决了原先人工分拣效率差和分拣准确率低的问题，同时也客观的说了京东实现了国内的一次超越。物流中心的作业瓶颈很多时候是在出货分拣区，特别是在分波次拆单作业，最后合单打包物流的时候，这是考验后台 IT 系统与前台作业系统协同的关键。

亚洲一号的运营流程

1. 入库：系统提前预约、收货月台动态分配、全自动缠膜流水线（1 条）对托盘货物进行裹膜；入库验收完成后通过提升机、入库输送线等设备将货物搬运到指定的上架区域，减少了人工搬运操作，提高了入库效率。

2. 上架：立体仓库区堆垛机全自动上架补货（堆垛机 180m/min 高速运行）、阁楼货架区提升机垂直输送搬运。

3. 存储：立体仓库高密度存储（约 53000 托盘货位）、立体仓库吞吐能力 600 托盘 / 小时、4 层阁楼货架海量拣选位（支持 10 万以上 sku）。亚洲一号的立体仓库在补货、移库等在库作业流程中，发挥了巨大作用。立体仓库往阁楼之间的补货、移库基本全部通过自动化设备完成，大大提升了补货、移库的作业效率。

4. 拣选：立体仓库输送线在线拆零拣选、立体仓库拣选区货到人补货、分区拣选避免无效走行、波次提总提升批量拣选效率。特别是将分区作业、混编作业、一扫领取等功能全面实现。

5. SKU 容器管理：基于容器 / 托盘的流向管理策略，建立多模式、完整的容器任务管理机制，扫描容器 / 托盘即可知道任务的流向，而不再依靠人工指派任务，个人自扫门前雪建立空托盘、空周转箱等容器管理机制。

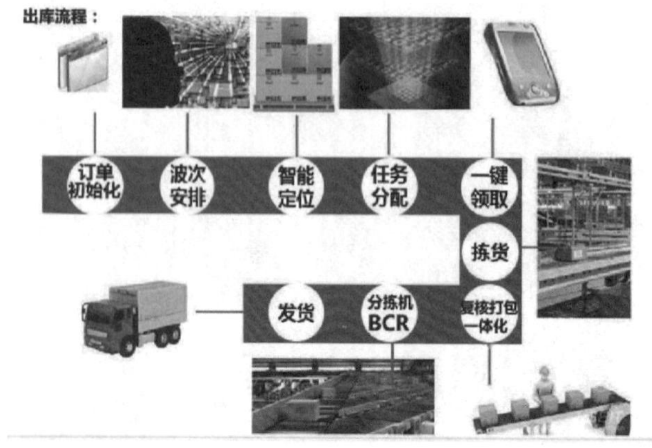

6. 出库流程：京东的出库流程包括 9 大环节，特别是在订单任务派送上，全部是系统内部驱动，实现高效、均衡的派单计划。

7. 输送：全长 6.5km、最高速度达 2m/s 输送线遍布全场，分区分合流、动态平均分配确保流量均衡、输送能力 15000 包 / 小时。

8. 复核包装：货到人、系统自动匹配订单、工位台、一件一包裹减少合流等待。

9. 分拣：采用全球最精准、高效、节能环保的交叉皮带分拣系统，分拣速度高达 2.2m/s、约 20000 件 / 小时的中件包裹的处理能力、分拣准确率 99.99%、135 个滑道直接完成站点细分、动力滚筒滑槽降低破损提升客户体验。

从以上内容，大家可以全视觉的体验京东亚洲一号的整体作业，实际运行能力已经超过 16000 件 / 小时，而且还在稳步提升，在电商物流领域堪称奇迹。

上海“亚洲一号”智能设备，未来电商物流智能化发展趋势

1、京东已经使用的智能设备

全球电商物流中心中，货到人的技术有三个重要的案例，特别是面临海量订单的处理的时候，智能设备能发挥极致的效果。

1）美国亚马逊 Kiva 物流中心机器人系统“货到人”的模式

2）欧洲 Autostore 物流中心机器人“货到人”模式

3）京东亚洲一号物流中心“货到人”模式

2、未来以京东为代表的电商物流智能化发展趋势

1）智能穿戴设备应用到物流中心：提升作业效率。

2）大数据云计算在物流中心的应用：在拣选路线、库存健康、室内定位、决策支持上实现更多的优化。

京东未来战略上对亚洲一号的布局

亚洲一号上海物流中心，仅仅是京东大物流战略一个起点。据京东内部高管所言，京东将在 7 大城市（上海、北京、广州、西安、沈阳、武汉、成都）建立亚洲一号，将上海的运营模式复制到全国，最终成就京东大物流平台。推动步骤将根据各地区的业务量和业务发展潜力而定。

（来源：新浪博客 2017 年 3 月 10 日）

荣庆上海嘉定冷链物流园区

希杰荣庆物流供应链有限公司（简称"希杰荣庆物流"）1985年创业，总部位于中国上海，注册资金5亿元。2008年通过ISO9001国际质量认证，是一家集冷链、普运、化工为核心业务的国家"AAAAA"级综合物流企业，为客户提供全国公路运输、配送、仓储于一体的供应链服务。

2004年开展冷链物流业务以来，持续投入1.5亿，用于冷库、冷藏车等固定资产购买和基础设施建设，是中国拥有较强冷链物流设施和装备的龙头企业之一。其冷链业务范围辐射全国一线城市，部分二、三线城市，涉及食品、商超、餐饮、医院、电子等低温物流服务需求行业。全国共有冷库资源8万平方米，凭借先进的制冷设施、专业的冷链管理能力为玛氏食品、金帝、KFC等国际知名企业提供冷链物流仓储服务。全国拥有冷链运输车辆450余辆，提供全国干、支线公路整车和零担运输，实现专业、高效、安全的冷冻、冷藏以及恒温运输控制，开通北京、上海、广州、青岛、苏州、武汉、成都七个城市相互间冷冻定日达服务。

CJ荣庆上海冷链物流园区采用自动化存储、自动化分拣、机器人作业等方式，运用大数据、云计算、物联网等先进信息技术和设备在仓储物流领域应用，建立了TES创新研发中心，提高了仓储、配送等环节运行效率和安全管理水平，加快推动传统仓储物流转型升级，促进仓储物流商贸园、制造业融合发展，成为中国冷链物流全程温湿度监控可视化的先行者和领跑者。

（来源：荣庆物流官方网站 http://www.rokin.cn 2017年12月8日）

附：《10单位为"国家智能化仓储物流示范基地"》

2017年12月8日，国家发展改革委、商务部今天联合发布"国家智能化仓储物流示范基地"名单，经过初审、复审、现场评审答辩和公示等环节，最终确定10家单位入选。

这10家单位分别是：京东上海亚洲一号物流基地、南京苏宁云仓物流基地、顺丰华北航空枢纽（北京）中心、九州通武汉东西湖现代医药物流中心、长春一汽国际物流有限公司物流园区、日日顺物流青岛仓、菜鸟网络广州增城物流园区、招商物流北京分发中心、怡亚通供应链深圳物流基地、荣庆上海嘉定冷链物流园区。

下一步，国家发展改革委、商务部将会同有关单位加强对示范基地的跟踪监测和评估，建立并完善有进有退的动态管理机制，同时适时在全国范围内对示范基地和有关省（市）的先进经验进行宣传推广，积极推动我国智能化仓储物流发展。

（来源：经济日报－中国经济网 2017年12月8日）

上海仓储物业迎"黄金时代"

上海处于21世纪海上丝绸之路与长江经济带两大国家战略发展带的交汇点，作为众多电商企业的必争之地，以及长江经济带的"龙头"和黄金水道的出海口，城市土地资源非常紧俏。根据戴德梁行近期的统计，过去 5 年，上海优质仓储物业平均租金已连续 18 个季度上涨，仓储用地的投资价值已经超过了住宅、商铺和写字楼，成为近 5 年上海不动产投资中最赚钱的资产。在未来的 3 到 5 年时间，在上海拥有大片仓储用地的机构有望迎来“黄金时代”。

物流园区增值的三种主要加法

租金 +：从资金面上，租金是园区最主要的收入。根据业界的研究，仓储地产在目前地产行业内租金回报率最高，无论是国外的主要城市还是国内的北京、上海等一线城市，其租金回报率一般较其他形态的物业高一个百分点以上。此外，客户对于物流地产的租金敏感度相对其他物业形式更低，客户稳定性更高，租金上涨 10% 对应其物流总费用上升 0.5%。

政策 +：除了租金方面的回报，园区的盈利还来自于土地增值、服务费用、项目投资收益等方面。物流用地在国内外一般都能受到政府在政策上的支持，因而初期投资者能够从政府手中以低价购得土地，待完成初期基础设施建设后，所投资的地区将产生一定的升值，而到园区正式运营后，还将大幅上涨，对于这一类的园区，一般能够在 10 ～ 15 年收回投资的成本。

运营 +：另一类园区则会选择出租加出售的运营模式，主要赚取前几年的租金回报，等待地价上涨或是运营成熟之后，转让给基金公司，目前市面上较大的产业或物流地产商大多都采用出租加出售的方式来缩短投资回报的时长，增加整体项目的投资回报率。

上海仓储用地的黄金区间

目前上海仓储用地主要集中在各大工业开发区，一手土地出让数量在过去几年中不断下降，越来越多的第三方开发商进行市场化运作，市场供需都呈现出蓬勃向上的发展态势，地价或将持续上涨。

上海成片仓储用地主要集中在郊县，而市区内的零散土地主要集中在部分地方国企手中。目前上海地方国企持有的工业用地普遍存在两大问题，一是土地零碎，不成规模，开发利用难度较大；二是产权不清晰，很多地块都属于划拨用地，无法进入市场，一旦进入招拍挂流程，最终归属不得而知。但目前部分国企已经意识到这部分土地的潜在价值，资金想进入该领域，但是企业的土地没有市场化，产业链条没能打通。一旦政府出台对国企有利的、可以将土地进行市场化的政策，将是重大利好。

（来源：物流企业家协会网）

最昂贵仓库身藏亚洲一号博物馆级安防

一座“地下金库”悄悄在京东上海亚洲一号物流园区的腹地投入使用。可能连亚一的外围库管员都不太清楚，里面的“展品”是价格不菲的国际大牌奢侈品。真金白银，这里可谓是京东目前“最昂贵”的仓库，没有之一！据说仅仅是安防和装修费用，花费就要以千万元计。

为了保管好奢侈品，居然连仓库都建成了奢侈级的，大力发展时尚业务的京东也是蛮拼的。

在好莱坞大片中总会呈现这样的场景：主角通过想要夺回资料，通关无数的惊险的安保程序才能最终成功夺回。虽然电影主角通天的能力只存在电影中，但是那严密的安保却是人类可以实现的！这座刚刚被曝光的奢侈品仓，实现了“博物馆”级别的安防措施，包含密码锁、指纹识别、人脸识别、仓内全流程无死角 24 小时监控、红外线扫描防区、110 联动报警等多重安保系统，时刻保证只有具备权限的工作人员才能在权限区域内操作的状态。

在央视财经的 11.11 直播中，我们第一次见到了“庐山真面目”。

在电梯里，就碰到了第一道的安保措施，想要上到二楼，在电梯中需要门禁卡，而这个门禁卡需要拥有者是主管或以上级别才可以！

进入到存放奢侈品的库房，进入者不能带手机、首饰等，如果因工作原因需要带手机，则需要登记。并且需要人脸扫描识别并且过安检仪之后才可以进去！随行记者尝试一次面部扫描，机器提示记者人脸未注册。

为了更好的保存奢侈品，尤其是皮质奢侈品。整个奢侈品仓库都是保持恒温恒湿的，工作人员介绍，室内会保持 15 ～ 25° 的温度、55%-75% 湿度的恒定。此外还有顶级防尘设备能够有效防止室内的扬尘和静电出现；仓内内壁采用特种钢化玻璃制成，防爆防火。

从这里进去就是奢侈品的世界了！虽然都有着包装看不到具体产品，但是想想这些像博物馆展品般的陈列的都是奢侈品，小编在震惊之余，充满了金光的眼中也流下了贫穷的泪水。另外！据说，奢侈品仓库内还设立了专门用于存放顶尖奢侈品的“金库”，整座库墙体采用了钢筋网混凝土材质，并配有银行专用的防盗互锁门，安全等级又提高了一个层级。

小哥还给我们介绍了很严格的提货的流程！提货的小哥首先顺着编号寻找到相应货品，找到并扫描才能取走。仓库里货品摆放井然有序，提货人认真负责，完全杜绝了提货混乱的问题。在出仓库门时，提货的小哥需要再次接受安检。看了提货的过程，真是感觉全流程都充满着让人安心的气息！

接下来就是打包环节啦，工作人员熟练而轻巧的为奢侈品们打包，精美坚固的包装盒和固定货品的材料都为奢侈品们提供了有力的保护。最后，经过包装扫描登记后的货品就要交接到快递小哥手里啦！小编补充一句，这个盒子是真的真的真的真的很不错！

看到配送小哥的一刹那，许多网友再也憋不住了！纷纷表示表示：希望小哥也能给我们送货！！门口的快递小哥身着西装，身材颀长，长相英俊，正面带微笑的正在进行交接。这就是京东推出的“京尊达”服务了！专门为高端消费者带来更好的消费体验！并且，京尊达的每一个快递小哥都帅哭了！这完全可以组个组合出道了！

交接货品的全过程，快递小哥全程带着白手套，轻拿轻放，就好像手里抱着一个小婴儿一样，十分有耐心！相信这时候很多网友已经忍不住去下单啦！

（来源：第一物流网 2017 年 11 月 8 日）

3.3 多式联运

3.3.1 多式联运基本情况

推进多式联运发展，是交通运输供给侧结构性改革的重要工作任务之一。多式联运是依托两种及以上的运输方式有效衔接，提供全程一体化组织的货物运输服务，可以充分发挥铁路、公路、水路、航空等多种运输方式的组合优势，最大限度地提高运输效率、降低运输成本，据测算，对中长途运输可以降低成本 30%，对推动物流业降本增效和交通运输绿色低碳发展，完善现代综合交通运输体系具有积极意义。

按照党中央、国务院决策部署，交通运输部会同多个有关部门，将多式联运作为支撑现代化经济体系、加快现代综合交通运输体系建设、促进物流降本增效的重要突破口，统筹谋划、综合施策，加快推进多式联运发展，取得初步成效。

（1）多式联运的发展，已取得初步成效

一是顶层设计不断强化。2016 年 12 月，经国务院同意，《交通运输部等十八个部门关于进一步鼓励开展多式联运工作的通知》的印发实施，使多式联运上升为国家战略，成为新时代推动多式联运发展的纲领性文件。

二是市场环境持续向好。重点领域改革稳步向纵深推进，铁路货运市场化改革不断深入，公路货运市场治理力度不断加大，水运市场改革深入推进。

三是市场主体活力充分激发。各方企业积极开展多式联运业务，创新服务产品，形成了海铁、公铁、陆空等多种联运模式，发展了以集装箱多式联运为主，兼顾商品车、冷链专业多式联运等服务。

四是基础设施不断完善。截至 2016 年年底，我国“五纵五横”综合运输大通道基本贯通，铁路营业里程达到 12.4 万公里，公路总里程达到 469.6 万公里，内河航道通航里程达 12.71 万公里，颁证民航运输机场达 218 个。

五是科技创新工作不断深入。驮背运输、冷藏运输等专业联运装备，以及多式联运专用载运机具加快研发，技术装备专业化、标准化、集装化水平明显提高，信息资源加快整合，多式联运信息化智能化水平有效提升。

六是标准规范建设成效初显。交通运输部成立了综合交通运输标准化技术委员会，下设多式联运工作组，制订了多式联运技术标准体系框架，编制完成了多式联运术语、运载单元标识等多项标准。

（2）通过数据，看我国多式联运的发展

在多式联运枢纽建设方面，交通运输部加大政策支持力度，目前，已对 50 多个具有多式联运服务功能的物流园区给予资金扶持。铁路物流基地布局进一步完善，已建成 12 个集装箱中心站，8 个内陆铁路口岸，正在加快推进 208 个一、二级铁路物流基地建设。全国 70 多个城市正在规划建设一批具有多式联运功能、口岸服务功能的内陆无水港，为多式联运中转和组织提供基础平台。

在集疏运体系建设方面，加快打通铁路、公路进港“最后一公里”，目前，全国 43 个规模以上港口建成了集疏运铁路，沿海和内河主要港口铁路进港率不断提高，一半左右的重要港区接入了高等级公路。近年来，集装箱铁水联运量年均增速保持在 10% 以上，今年前三季度完成 250 万标箱，同比增长 32%。

铁路国际合作机制、民航货运改革均取得突破。截至目前，中欧班列运行线路达到 57 条，国内开行城市 34 个，到达欧洲 12 个国家 34 个城市，今年 1 至 9 月，中欧班列开行 2489 列，同比增长 121%，已成为国际知名的物流品牌。全国全货机数量稳步增长，中国邮政航空公司机队规模增至 33 架，顺丰航空全货机达到 56 架，空陆联运能力不断增强。

多式联运示范工程成效初显。2016 年，交通运输部与国家发改委联合组织开展了多式联运示范工程，第一批发布了 16 个示范工程项目名单。今年 11 月初两部委又公布了第二批 30 个示范工程项目名单。运行监测数据显示，今年 1 至 9 月，第一批 16 个示范工程累计开通示范线路 140 余条，参加多式联运的企业 700 余家，完成集装箱多式联运运量超过 60 万标箱，降低能耗约 40 万吨标准煤，降低社会物流成本超过 55 亿元。

（3）我国多式联运存在的问题及下一步如何改进?

我国多式联运比例与欧美发达国家比，相差不少。发达国家集装箱海铁联运比例通常都在 20% 至 40%，而我国仅为 2%，这个比例偏低；铁路集装箱运量占铁路货运的比例，发达国家为 30% 左右，我国目前仅 10%。可以说，我国目前多式联运发展还处于起步阶段，总体发展水平不高。我们分析，主要是思想认识不到位、基础设施衔接不够、技术装备水平落后、信息服务能力不足、法规建设和市场化改革滞后、多式联运经营主体严重不足、体制机制还没有完全理顺等等。

下一步，我们将以供给侧结构性改革为主线，以提升多式联运服务品质、促进物流降本增效为核心，着力促进“四化建设”，就是基础设施无缝化衔接、运输装备标准化升级、信息资源交互化共享、市场主体多元化培育、联运模式多样化创新，加快构建便捷经济、安全可靠、集约高效、绿色低碳的多式联运体系。具体来讲有七个方面的工作：

一是加快通道与枢纽站场建设，完善枢纽站场集疏运体系，不断提升多式联运基础设施水平；二是大力推进标准化建设，发展专业化装备，推进装备技术升级；三是加快培育多式联运经营主体，推进联运组织模式创新，激发市场主体活力；四是强化政策法规支持，进一步优化多式联运发展市场环境；五是加强统计监测分析，强化人才队伍、信用体系建设，不断夯实发展基础；六是推进信息资源互联共享，进一步完善部门间、企业间的协同工作机制；七是强化多式联运工作组织领导，进一步凝聚发展共识，推进机关工作落地。

（4）多式联运中的运单标准化问题

关于运输单元标准化，交通运输部会同相关部门，采取了多种措施，引导和鼓励标准化、集装化、厢式化运输装备的换代升级。目前，交通运输部已经组织制订了以 45 英尺为主体的内陆箱基础技术标准，铁路总公司也研发了 45 英尺宽体箱，下一步，将依托主要物流大通道，鼓励企业试用并推广。

关于运单标准化的问题，今年 5 月，交通运输部、国家铁路局、中国民用航空局、国家邮政局和铁路总公司联合印发了《交通运输行业加快推动多式联运发展的重点任务安排》，提出引导企业建立全程“一次委托”、运单“一单到底”、结算“一次收取”的服务方式，支持企业应用电子运单、网上结算等互联网服务新模式。目前，我们正在组织综合交通运输标准化技术委员会研究制定《多式联运电子运单》技术标准。在多式联运示范工程中，示范企业也积极开展了中欧班列多式联运提单试点，探索“一单制”服务模式，取得了初步成效。下一步，交通运输部将进一步加强与有关部门的沟通协调，积极创造条件，依托多式联运示范工程等载体，支持有关企业先行先试，积极探索推广多式联运一单制服务模式。

（来源：交通运输部召开第十一次例行新闻发布会 2017 年 11 月 23 日）

3.3.2 热点

两部委两年先后联合公布两批多式联运示范工程名单，全国 16+30 个项目入选

2016 年 6 月和 2017 年 11 月，交通运输部办公厅与国家发展改革委办公厅先后联合公布两批多式联运示范工程项目名单，全国先后有 46 个项目入选。入选项目是经企业申请、各省份初选推荐以及专家评审，两部委研究确定驮背运输（公铁联运）示范工程、河北省“东部沿海—京津冀—西北”通道集装箱海铁公多式联运示范工程等 16 个项目入选。

示范项目将围绕集疏运体系建设、运输组织创新、作业流程优化、多式联运信息共享、技术装备创新应用、标准规范统一等重点任务，强化改革创新，积极探索新路径、新举措，为我国多式联运发展提供经验借鉴和示范引领。

两部委要求，各有关省级交通运输和经济运行调节主管部门要进一步健全工作机制，强化业务联动，切实抓好示范工程组织实施工作，指导企业细化完善实施方案，加快推进重点建设任务，加强对示范项目的动态评估和监督考核，及时总结典型做法经验，并适时在全国推广。同时，以示范工程为支撑，完善多式联运发展顶层设计，健全多式联运发展体制机制，为推进我国多式联运持续健康发展营造良好政策制度环境。

附：《交通运输部办公厅 国家发展改革委办公厅关于公布第一批多式联运示范工程项目名单的通知》

各省、自治区、直辖市、新疆生产建设兵团交通运输厅（局、委）、发展改革委、经信委（工信委）：

为深入贯彻落实《物流业发展中长期规划（2014～2020年）》，促进物流业降本增效升级，推进完善综合交通运输体系，根据《交通运输部 国家发展改革委关于开展多式联运示范工程的通知》（交运发〔2015〕107号）安排，两部委决定联合开展多式联运示范工程。经企业申请、各省份初选推荐以及专家评审，交通运输部、国家发展改革委研究确定"驮背运输（公铁联运）示范工程"等16个项目为第一批多式联运示范工程项目。现将有关事项通知如下：

一、进一步细化完善示范工程实施方案

各有关省级交通运输、经济运行调节主管部门要加强对多式联运示范工程项目实施的支持和指导，督促有关企业认真对照两部委关于多式联运示范工程建设要求，根据项目评审过程中专家提出的意见建议，进一步完善示范工程实施方案，科学制定进度计划，明确细化目标任务、考核指标、责任分工和保障措施。实施方案应由省级交通运输、经济运行调节主管部门审核同意后于7月5日前报交通运输部、国家发展改革委备案（各两份，附电子版光盘）。

二、加快推进示范工程建设有关工作

各有关省级交通运输、经济运行调节主管部门要加快建立完善多式联运示范工程建设领导机构和部门联动工作机制，充分发挥市场主导、政策引导的"双轮驱动"作用，强化统筹协调和业务指导，落实支持政策和保障措施，切实加强多式联运示范工程的组织领导，确保示范工程建设取得实效。各有关企业作为多式联运示范工程建设主体，要按照实施方案安排，围绕集疏运体系建设、运输组织创新、作业流程优化、多式联运信息共享、技术装备创新应用、标准规范统一等重点任务，加大改革创新力度，积极探索多式联运发展新举措、新经验，按期保质完成各项工作任务。

三、积极落实示范工程支持政策

各有关省级交通运输、经济运行调节主管部门要积极创造条件，对纳入示范工程的重点项目，积极争取国家专项建设基金和本级人民政府、示范项目所在地人民政府及有关部门的政策支持，从土地、财税、融资、市政配套等方面给予支持和倾斜，为示范工程顺利实施营造良好外部环境。交通运输部将结合综合交通运输"十三五"规划实施，对多式联运示范工程内符合支持方向和投资补助条件、示范作用显著的相关项目，予以优先支持。

四、加强示范工程建设监督考核

各有关省级交通运输、经济运行调节主管部门要加强对多式联运示范工程建设工作的动态监督和绩效评估，督促示范工程实施企业定期总结示范工程进展情况、存在问题和阶段成效，编写示范工程建设情况报告，以半年为周期，于每年6月30日和12月31日前，经省级交通运输、经济运行调节主管部门审核后报交通运输部和国家发展改革委。交通运输部、国家发展改革委将研究制定多式联运示范工程考核评价方案，适时组织专家对示范工程建设情况进行跟踪督导和检查评估。

为进一步加强沟通联络，请多式联运示范工程项目所在地省级交通运输、经济运行调节主管部门，于6月25日前报送本单位处级人员一名、项目牵头企业主要负责人和具体负责人各一名，作为示范工程建设工作联系人。

交通运输部办公厅

国家发展改革委办公厅

2016年6月2日

附件 1：第一批多式联运示范工程项目名单

附件 2：多式联运示范工程联系人员名单

铁路集装箱多式联运在“一带一路”框架下大有可为

一直以来，多式联运是一种高效的货运组织方式，通常是采用规格统一的集装箱运输，实行一票到底，即发货人只要签订一份合同，支付一次费用，通过一次检查，办理一次保险就可以完成全过程的运输模式，这大大方便了各国的贸易联通速度和效率 ，是一种高效快速的物流方式。

国家发改委、交通部、中国铁总联合印发《“十三五”铁路集装箱多式联运发展规划》中，描绘出未来我国铁路集装箱多式联运的发展蓝图，明确了“十三五”时期的发展方向、发展目标和重点任务。

《规划》表示：诸如美国、欧盟等国家在铁路货运比重占比达到 40% 左右，而我国铁路货运比重仅占 7.6%，这一数据表明：我国在铁路多式联运方面发展相对比较滞后，与国家发达国家相比悬殊甚大，但从另一方面也彰显了我国在多式联运方面市场潜力巨大，大有可为，这也是这次《规划》出台的一个目的之一。

《规划》提出，到 2020 年，我国铁路集装箱多式联运发展上要取得明显成效。作为“一带一路”建设的重要平台，我国铁路创新开行的中欧班列到 2020 年要实现年开行 5000 列左右，并力争在集装箱铁路国际多式联运总量中占比达到 80%。刚刚在北京结束的“一带一路”国际合作高峰论坛将再一次给铁路多式联运带来大有可为的机遇，国家发改委等部委制定的《“十三五”铁路集装箱多式联运发展规划》目标也将在“一带一路”背景下得到顺利实现。

中欧班列指定是中国开往欧洲的快速货物班列，采用集装箱货运编组列车，自“渝新欧”第一趟中欧班列开通以来，发展至今，已有中、东、西 3 条通道，已经逐步成为世界知名的物流品牌。

随着“一带一路”国际合作高峰论坛的召开，中国再一次站在了世界的中心，世界各国对“一带一路”也给与了高度评价，这将进一步密切我国与“一带一路”沿线各国的联系，而在中欧班列形式下的多式联运将加强中国与沿线各国的贸易联通。

数据显示，X8024 次中欧班列（义乌—马德里）2017 年 5 月 13 日下午从义乌西站鸣笛驶出，这列满载小商品、服装等货物的列车是 2017 年开行的第 1000 列中欧班列。中国铁路总公司统计显示，2017 年中欧班列开行数量较去年同期增加 612 列，增长 158%。

为了实现“十三五”规划目标，中国铁路总公司专门成立由主要负责人任组长的落实“一带一路”倡议暨外事工作领导小组，充分发挥国际联运优势，大力发展中欧班列，努力打造铁路国际物流的知名品牌。

要不断加强与沿线国家铁路的沟通协调，不断加大中欧班列开行力度；要不断与沿线国家商讨中欧班列的合作协议，在通关便利性、安全性上下功夫，完善中欧班全程列运行图、全程运价及信息服务等机制，真正借着“一带一路”国际合作的东风让中欧班列开行数量逐年翻番增长，开行密度不断加大，开行范围迅速拓展，货源品类日益丰富，回程班列增长迅猛，真正实现各国合作共赢。

近年来，随着跨境电商的突飞猛进，海外物流耗时长、费用高成为跨境电商企业的一大烦恼。中欧双向班列启动，使得跨境物流比海运班轮节约近 2/3 时间，较空运航班节约近 50% 费用。

近日，继中欧双向班列之后，习大大与俄罗斯总统普京就开通中俄班列达成共识，为推动中俄贸易友好往来，由铁路总公司牵头开通中俄班列，利用现有北京——莫斯科列车上的行李箱车厢运送货物包裹，6天便可到达莫斯科。与以往发中邮小包至俄罗斯境内则需要40-50天相比，大大提升了货物的运转周期，不仅缩短了物流时效，同时也降低了物流成本。

据会务组相关人员透露，第九届中国快运发展大会将邀请中铁快运股份有限公司领导出席，并围绕“中俄班列”更多细节信息进行披露。同时此次大会也将围绕“跨境电商物流”“海铁多式联运”展开探讨。

（来源：搜狐网 2017-05-20）

上海：多式联运深度融合助推“一带一路”发展

2017年2月28日，上海铁路局联合上海市及长三角地区生产制造、货代物流、大专院校、科研机构、公路、港口等150余家大型企事业单位，牵头组建上海市交通运输行业协会多式联运分会，进一步加快推进上海多式联运深度融合发展，这是全国首个地区性和首个铁路系统牵头组建的多式联运行业协会。

上海市交通运输行业协会多式联运分会以“立足上海，服务长三角”为宗旨，以发展导向、行业自律、反应诉求、解决热点难点为基本出发点，在交通运输行业内多种运载工具间的联合运输专项业务范围开展工作。

多式联运分会主要协助政府、行业管理部门参与组织制定行业规划、行业标准和技术标准，研究、规范和完善行业内多式联运技术、项目的评估和推广应用工作；接受政府部门委托，组织开展对多式联运项目的申报受理和技术审核及验收；集聚平台合力，发挥桥梁纽带作用，组织开展适合多式联运项目的攻关活动，积极推广新技术、新设备，推动多式联运行业发展。

铁路运输是国民经济的基础产业，在国家多式联运体系中具有基础和主导作用。近几年，随着铁路货运组织改革的不断深入，铁路物流基地在多式联运中的网络化、节点化、平台化作用越来越明显，正日益成为多式联运的重要节点。作为多式联运分会牵头组建单位，上海铁路局将加强铁路物流基地与其他交通方式的合作，发挥各自比较优势，共同推动上海市及长三角地区以铁路为核心的多式联运发展。

上海铁路局相关人士介绍，该局重点按照铁路物流基地、物流园、产业区“三圆同心”做好规划布局，联动地方政府、企业、铁路“三位一体”推进投资建设，将铁路线修进港口、企业、园区实现“三地连通”，根据市场需求完善基础、增值、配套等“三大功能”，优化设计以集装箱为主打的公铁、水铁、国际多式联运“三项产品”，探索破解一票制结算、打通最后一公里、消除最后一厘米等“三大难题”，以中欧中亚班列品牌为支撑，围绕运输通道、贸易通道、物流通道，着力构建服务“一带一路”发展的国际大通道。

多式联运是依托两种及以上运输方式的有效衔接，提供全程一体化组织的货物运输服务，具有产业链条长、资源利用率高、综合效益好等特点。但当前我国多式联运发展水平较低，运量规模仅占全社会货运量的2.9%，导致我国货物中转转运所耗费的成本约占全程物流成本的30%，企业普遍将拓展多式联运业务视为物流业降本增效的下一个“蓝海”。

（来源：中国青年报 2017年02月28日）

铁路与港口联手打造“一带一路”多式联运大通道

2017 年 8 月 8 日，举世瞩目的宝兰高铁将开通运行“满月”，30 天预计发送旅客 102 万人，日均发送旅客 3.28 万人。8 月 5 日客流达到 3.9 万人次，创日发送最高客流纪录。目前每趟列车上座率在 93% 以上，部分车次上座率达到 100%。（人民网 8 月 8 日）

宝兰高铁开通形成“八纵八横”高铁网主通道中横贯我国东西部的陆桥通道，释放沿线 7 省区发展巨大生机活力，宝兰高铁“火爆”，似在情理之中。但是一般人可能关注的是宝兰高铁加快旅客运输的重要作用，对其能够大力促进货物运输似乎了解不多。其实宝兰高铁通车能释放陆桥通道既有兰新、陇海普铁巨大货运能力，年运输货物可大幅增至 1 亿吨，为开行更多中亚中欧班列，提供重要支撑保障。

2017 年 6 月 8 日，中国、哈萨克斯坦两国元首共同出席了中哈亚欧跨境运输视频连线活动，习近平主席提出“将连云港—霍尔果斯串联起来的新亚欧陆海联运通道打造为‘一带一路’合作倡议的标杆和示范项目”。宝兰高铁释放的大量货物运能，为各方落实习近平主席重要指示，提供了重要契机。

在连云港举行的第五届中国—中亚合作论坛上，乌鲁木齐铁路局与连云港港口控股集团有限公司签订了战略合作项目。双方将围绕连云港—霍尔果斯新亚欧陆海联运通道的畅通与发展，开展全方位战略合作，构建“东联西出”“西进东出”的双向运输通道，携手将新亚欧陆海联运通道打造为“一带一路”合作倡议的标杆与示范项目。此举将有力降低我国社会物流成本，提升实体经济国际竞争力，并惠及“一带一路”沿线各国。

双方将发挥铁路、海运优势，将中欧班列乌鲁木齐集结中心与连云港港口作为连云港—霍尔果斯新亚欧陆海联运通道的中欧班列集结中心，以试开行成功的“乌鲁木齐—连云港—新德里”公铁海联运班列模式为参照，研究开发海铁联运新产品，畅通运输通道、降低物流成本，力争将公铁海联运班列逐步发展为每周一列、每日一列，形成常态化开行模式。这些将促进我国多式联运，有利于经济发展降本增效。

以集装箱为货物主要运输容器、公铁海运输融合发展的多式联运，是降低社会物流成本的重要途径。而我国目前多式联运运量规模仅占全社会货运量的 2.9%，远低于美国的 40%。欧美国家经验表明，多式联运提高运输效率约 30%、减少货损货差约 10%、降低运输成本 20% 左右。今年以来，铁路部门以深入推进多式联运等为重要目标，为降低社会物流成本积极努力，上半年仅铁海联运班列就同比增长 251%，取得较好成效。此次铁路和港口联手打造 “一带一路”多式联运大通道，则是铁路推进多式联运工作的进一步深化，势必产生更好的示范效应和催化作用，为实现我国规划的到 2020 年多式联运比重提高 1.5 倍的目标，作出积极的贡献。

（来源：舜网，作者：孙以兵 2017-08-12）

3.4 航空物流

3.4.1 纵论 2017 航空物流

近年来，中国航空物流发展速度较快，对深度参与国际合作与分工、服务国家重大战略实施、实现经济结构转型升级发挥了重要意义，但面临空域资源紧张、机场服务和运行效率较低、航空物流企业竞争力弱以及外部环境制约等问题。

近年来，中国航空物流发展速度较快，对深度参与国际合作与分工、服务国家重大战略实施、实现经济结构转型升级发挥了重要意义，但面临空域资源紧张、机场服务和运行效率较低、航空物流企业竞争力弱以及外部环境制约等问题。对此，民航局提出把促进航空物流业发展作为深化民航供给侧结构性改革的重要内容。目前，东航集团已完成货运物流混合所有制改革，中航集团航空货运物流混改正在推进中。本文将分析国内外物流运输的发展情况，列举航空物流的几种运营模式，并说明近年来航空物流业的发展模式和动向。

一、全球货运市场总体情况

（一）全球经济稳中向好，货物贸易量持续增长，助力全球货运保持较快的发展速度。

全球贸易走势方面，国际货币基金组织（IMF）预测2018年全球经济和中国经济增速将分别达3.7%和6.5%，世界贸易组织（WTO）预测2018年全球货物贸易量增长3.2%，略低于2017年的3.6%，显着高于2015和2016年的2.6%和1.3%。消费者信心指数方面，国际航协数据显示，消费者信心急剧上升，推动市场对空运货物的需求，在巴西、俄罗斯、印度、中国等主要新兴市场尤为明显。油价方面，由于因美国减税刺激国内需求以及OPEC和俄罗斯延长减产协议承诺，油价将可能有所上涨至2018年底，2019年下半年布伦特价格将小幅下滑至58美元/桶。

数据来源：国际航协

（二）2017年全球货运运力增长保持下降态势，货运市场需求持续增加，有助于航企提升效益。

国际航协数据显示，2017年航空公司将增加2180吨全货机运力，创下了2008年以来的最小增幅。净增的运力等同于约14架波音747-8货机运力。宽体客机腹舱运力仍主导市场，其在2017年的增量近1万吨，但全年总的腹舱运力自2010年以来首次出现下滑。2017年10月，全球航空货运需求（按照货运吨公里计算）同比增长5.9%，高于过去十年来的平均增长率3.2%。货运运力同比增长3.7%，连续15个月低于货运需求增长。受此影响，10月份航空货运收益率同比上升13%，创下7年来的最快增速。波音公司预测，未来20年内，市场将需要近1500架客改货飞机，其中包括460架宽体机。

（三）国内物流运输增长较快，受高铁等新型运输方式的快速发展的冲击，航空运输比重保持较低水平且增幅小于运输业平均水平。

在全球经济整体复苏和中国经济形势保持稳中向好的驱动下，2017 年中国民航货运运输量保持较快增长。根据 2018 年全国民航工作会议，2017 年中国民航货邮运输量全年预计 712 万吨，同比增长 6.6%，2018 年货邮运输量预计 756 万吨，同比增长 6.2%。随着高铁网络的日益完善，高铁运输速度快、效率高、运能大、受天气影响小的优势越发凸显，高铁快运业务快速发展壮大，逐渐成为国内快递行业风向标。中国统计局数据显示，1-11 月民航货运运输量 638 万吨，同比增长 5.9%，低于全国货运运输量增幅 10%。未来一段时期内，铁路、公路等运输方式将持续对航空运输造成冲击，中欧国际班列的迅猛发展也将分流部分国际货源。

1-11月货运运输量对比表（单位：亿吨）

	铁路	公路	水路	民航	合计
运输量	33.85	334.74	61.24	0.06	429.89
增幅	12.2%	10.6%	5.5%	5.9%	10.0%

二、航空物流市场机遇及问题

（一）快件、特种货物的快速增长。

近年来，随着中国居民消费能力提升和消费方式的改变，快件、特种货物持续高速增长，带来了大量的航空运输需求，也对航空物流业提出了更高的要求。一是快件货源的快速增加要求航空物流业从传统“机场到机场”的运输服务转变为“门到门”的全流程服务。二是高价值商品、医药用品、蔬菜水果、海鲜、冻肉等特种货物运输量的快速增加要求航空物流全面提升操作能力。

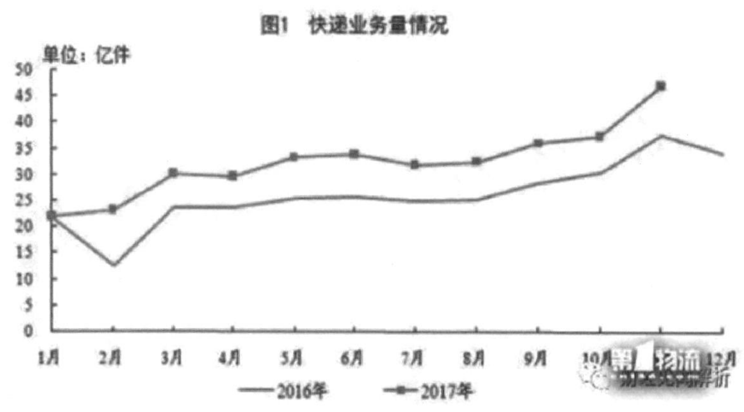

数据来源：国家邮政局

（二）跨境电商市场高速发展。

随着互联网的快速发展进而带动国内消费升级，跨境电商逐渐成为国际贸易中的一个重要细分市场。中国跨境电商交易规模从 2008 年的 0.8 万亿元升至 2017 年的逾 8 万亿元，其占中国外贸总额的比重也相应地从不足 4% 上升至逾 30%。跨境电商货物运输方式主要为航空物流运输，跨境电商物流市场的崛起为航空物流带来了大量的新需求，其运价承受能力强，对时效的要求、对国际物流各环节整合能力的要求非常高。

（三）空陆联运等多式联运模式仍处于起步阶段。

近年来，高速铁路、高速公路等运输方式快速发展，运营网络日益完善，空陆联运等多式联运运作模式在各地涌现。尤其是随着铁路货运能力释放及市场化改革推进，“特需班列”等专业化和多样化联运服务稳步推进，有力地促进了联运组织模式创新。由于联动机制不顺畅、基础设施衔接不顺畅、物流信息共享不足，中国多式联运发展仍存在形式单一、覆盖面小、能力不足、水平不高等特点，与欧美国家存在较大的差距。近年来，敦豪（DHL）等国际物流企业纷纷在中国推出多式联运服务，整合了空运、海运、公路以及铁路运输的多种运输模式。

三、近年来航空物流改革转型方式

航空物流公司运营模式主要有纯货机运营、纯客机腹舱经营和客货机兼营等，发展模式存在差异，但都在加快推进改革。

（一）整合货运物流业务，向综合物流服务商转型。

近年来，无论是传统航空公司还是快递公司都在致力于综合物流服务商转型。传统航空公司方面，东航通过混合所有制改革，整合货运物流业务，逐步形成航空物流产业链条，其改革主要有以下三个步骤：一是股权转让，将东航物流从中国东方航空股份有限公司的体系内脱离出来，专注于经营航空物流产业；二是增资扩股，引进战略投资者和开展核心员工持股计划；三是改制上市，积极创造条件，实现企业上市。前两步已完成，第三步在推进中。本次混改方案中，东航实际投入18.45亿元，引入22.55亿元非国有资本投入。混改后，东航基本形成航空运输（传统空运）、东远物流（货站）、东远运输（地面卡车运输）、东航快递（外贸、电商、快递）四大业务板块，有效提升了东航集团的产业整合能力、经营能力和可持续发展能力。快递公司方面，顺丰等快递公司已初步建立为客户提供一体化综合物流解决方案的能力，通过提供配送端的高质量物流服务，将服务延伸至价值链前端的产、供、销、配等环节；以客户需求出发，利用大数据分析和云计算技术，为客户提供仓储管理、销售预测、大数据分析、结算管理等一体化的综合物流服务。

（二）加强航空公司间合作，增强公司竞争力。

航空公司间合作方式主要有产权式联合、契约式联营等，下文重点阐述契约式联营模式。契约式联营（JV）是指通过签订联合协议，整合双方产品、航线网络、地面保障、IT支持等多方面资源，建立合作共享运营机制的一种联营模式。2014年12月，汉莎货运和全日空货运在日本到欧洲的航线上推行了货运契约式联营，运营两个多月，承运票数比各自单独操作多了250票。通过联营，汉莎货运能迅速拓展网络覆盖，增强亚太地区竞争力；而全日空货运在特定航线上建立契约式联营可以增强远程运力，抓住市场发展机遇，提高服务水平，还可以深入掌握货运契约式联营的总体框架、操作流程等，为下一步与其他航空公司建立货运契约式联营创造了可能。

（三）加大货运枢纽建设，打造国际航空物流中心。

航空枢纽对航空公司发展货运物流业务意义重大，大部分货运航空公司致力于打造或完善其航空物流枢纽。顺丰目前拥有39架自有全货机，航线网络覆盖中国大陆以及香港、台湾等多个国家和地区。鄂州机场作为未来顺丰的全国核心枢纽，2025年货邮吞吐量、旅客吞吐量预计分别为245.2万吨、100万人次；2045年分别为765.2万吨、1500万人次。机场建成后将成为继美国UPS世界港、孟菲斯联邦快递总部之后全球又一个超级货运枢纽，以及全球第四、亚洲第一的航空物流枢纽，从这里1.5小时飞行圈可覆盖全国90%的经济总量。2016年，海航集团旗下天津货运航空公司成立，预计2018年初获得经营许可并将正式起航。按照规划，3年内天津货运航空公司全货机规模将达到50架，5年达100架。天津货运航空公司致力于打造中国版的FedEx，成为中国规模第一的专业航空货运公司，将天津机场作为主要基地，打造国际航空物流中心。

（四）加快空铁联运等多式联运模式发展，建立健全综合物流服务体系。

空陆联运等多式联运模式的发展，为市场提供新的服务产品，也开启了中国民航和铁路合作共赢的新模式。2017 年 8 月 29 日，川航物流联合成都铁路局、中铁快运、顺丰速运和四川机场集团等多家单位，成功发出第一笔“空铁联运”物流订单。该产品速度快、操作便捷，且从出货到收货一个箱体完成封装，最大限度地保证快件货品的完整性。川航物流与铁路货运行业的紧密合作，提升物流运输的效率，也开启了航空和铁路合作共赢的新模式。

（五）加速推进货运物流智能化、信息化，全面提升物流服务水平。

近年来，各电商平台迅猛发展，为传统航空物流业创造了较大的发展机遇，但对航空物流的时效性和服务品质也提出了更高的要求。各航空物流公司纷纷加大信息化投入，将物联网、移动互联网、云计算、大数据等技术应用在产品订造、智能配货、在线查询调度、自动配送等领域，实现货物销售和运输全流程管理。目前，海航与京东物流达成“航空干线 + 落地配”合作协议，自主研发“天地通”系统，解决快递企业航空段信息盲区，并与 B 端商家和京东落地配无缝对接，为 B 端商家提供“始发港 - 目的港 - 门”全程物流解决方案和跟踪服务。下一阶段，海航将打通各业态产品和服务流程，为客户提供一站式开放服务，并汇聚各业态数据实现商流、物流、资金流、数据流“四流”整合及高价值数据应用输出，优化提升整个产业链的运营效率，打造现代物流体系。

四、总结

随着全球经济整体复苏好于预期，航空物流市场整体保持较快增长趋势，但国内外物流市场竞争剧烈，各航空公司纷纷转型，国内物流公司也在纷纷上市或者加快行业内整合兼并。展望 2018 年全球航空物流市场仍将保持较强劲的增长势头，但国内外航空物流竞争将不断加剧。建议相关企业加大与政府、上下游企业等相关企业和单位的合作，整合内外部资源，不断延伸物流价值链，建立和完善综合物流体系。同时，推广和优化销售和现场运输的智能化管理平台，确保航空物流业务操作的智能化、可视化、标准化、精益化，使其成为航空产业供给侧结构性改革的重要抓手。

（来源：民航资源网 2018 年 01 月 11 日）

3.4.2 航空物流热点

协同发展：跨境电商带动航空物流进一步发展

“当前，经济全球化趋势深入发展，网络信息技术革命带动新技术、新业态不断涌现，物流业发展面临的机遇与挑战并存。伴随全面深化改革，工业化、信息化、新型城镇化和农业现代化进程持续推进，产业结构调整和居民消费升级步伐不断加快，我国物流业发展空间越来越广阔。” 2014 年国务院发布的《物流业发展中长期规划（2014—2020 年）》中这样描述我国当下的物流业。

信息技术加持

下一个阶段，我国物流要充分利用现代信息技术和智能装备，推动物流的数字化、在线化，打造智能协同的智慧供应链服务体系。

上述规划表示，信息技术和供应链管理不断发展并在物流业得到广泛运用，为广大生产流通企业提供了越来越低成本、高效率、多样化、精益化的物流服务，推动制造业专注核心业务和商贸业优化内部分工，以新技术、新管理为核心的现代物流体系日益形成。”

随着经济全球化的深入和电子商务的发展，物流行业正从传统物流向现代物流迅速转型。“未来一段时期，物流业将进入到以质量和效益提升为核心的发展新阶段，向供应链中高端延伸服务，这将成为行业发展的重要的趋势。”中国物流与采购联合会会长何黎明近期公开表示。

此外，他还建议，物流业要积极的延伸服务链条，有效引导生产模式，适应消费者和客户的个性化、多样化的升级需求，配合新零售打造新物流，推动物流业与上下游的合作，构建协同共享的物流供应链的生态圈。“下一个阶段，我们要充分利用现代信息技术和智能装备，推动物流的数字化、在线化，打造智能协同的智慧供应链服务体系。”

国家发展和改革委员会综合运输研究所副所长李连成在近期召开的“三亚财经国际论坛”上表示，物流业作为一个基础性产业，其现代化应该具备三个方面的特征：一是要快，不仅是运载工具速度要快，整个链条的运输时间也要缩短；二是要经济，要降低运输费用占GDP的比例；三是要融合发展，将物流和新业态融合发展，用更少的物流代价支撑更多的经济社会发展的总量。

“新的网络经济带来的对于物流的巨大需求需要物流产业从传统的经营模式向现代化的经营模式提升，与生产端的模式提升相匹配。”海航现代物流集团有限公司董事长兼首席执行官张伟亮介绍，海航的现代物流产业分为五个部分，第一部分是航空货运，这也是海航物流最具竞争力的部分；第二部分是地面支撑，包括航空和货运；第三部分是地面运输，包括冷链和仓储；第四部分是供应链金融；第五部分是线上物流服务，包括第三方支付、跨境通（002640，股吧）关线上服务以及跨境电子服务等。他认为，现代物流与传统物流区别之一就是生产、经营和管理方式的不同，传统物流是高人工、高劳动密集型产业，而现代物流有新兴技术比如云计算、大数据等的加持，能够大幅提升管理效率，改善商业模式。

跨境电商与航空物流协同发展

我国从交通大国走向交通强国，需要梳理好物流通道，建立服务全球的运输体系。

“电商的发展带来航空快件的快速增长。”中国民航大学临空经济研究中心主任曹允春表示，据统计，当前跨境电商贸易价值占全球贸易的35%，而跨境电商多使用航空运输，随着跨境电商的进一步发展，航空物流将发挥越来越重要的作用。

业内人士对中国商报记者表示，截至2016年我国快递专用货机不到100架，而美国最大快递企业FedEx在全球有将近700架货运飞机，第二大快递公司UPS在全球有大约500架飞机，可以说我国的航空物流的发展空间巨大。

随着航空经济发展，“机场已从传统意义上的单一运送旅客和货物的场所演变为全球生产和商业活动的重要节点、带动地区经济发展的引擎，不断地吸引着众多的与航空业相关的行业聚集到其周围，机场及其周边区域正日益演化成为一个特色经济活动高度集中的区域。”曹允春认为，当前国际国内的临空经济发展尚处于起步阶段。临空经济区的发展有三个要素，第一个要素是机场，没有机场就没有临空经济区，并且机场需要有一定的规模；第二个要素是区域经济，区域经济是临空经济区发展的土壤；第三个要素是体制机制，需要政策的支持；第四个要素是科学发展的路径，需要有良好的配套设施；第五个要素是交通，机场要成为综合交通枢纽。

此外，根据中国商报记者了解，我国物流运输空驶率高达45%，远高于发达国家。“我国从交通大国走向交通强国，需要梳理好物流通道，建立服务全球的运输体系。”清华大学交通研究所所长、教授陆化普表示，物流业衔接了生产与消费，覆盖范围广，发展潜力大，带动能力强。与国际物流行业相比，我国的物流业还有较大差距。解决这些问题可以从三个方面着手，一是要大幅度提高集装箱运输比例以及多市联运水平；二是要大幅度降低空驶率；三是要提高道路运输的效率。

（来源：中国商报　2017年12月14日）

民航局启动编制促进航空物流业发展指导意见

2017 年 11 月 28 日，第十二届全国人民代表大会财政经济委员会主任委员李盛霖率调研组来到民航局，围绕民航立法工作、航空物流改革发展等主题进行调研。民航局局长冯正霖、副局长董志毅陪同调研。

在听取了近年来民航相关工作介绍后，李盛霖说，近年来民航发展速度快，安全水平高，此次调研也有助于更加了解民航局对行业发展的新思路，对民航在社会经济中的战略地位有了更充分的认识。党的十九大报告提出，要深化供给侧结构性改革，民航将在其中发挥重要作用，要积极推进机场提升服务质量和运行效率，培育具有国际竞争力的航空物流企业。全国人大财经委的立法工作将紧跟交通运输行业改革发展需要，实事求是解决发展中面临的相关问题，推动民航发展始终保持在法制的轨道上和持续安全的轨道上。

冯正霖感谢全国人大财经委对民航局工作的支持。他说，党的十九大报告明确提出要建设交通强国，民航作为综合交通体系中最现代化、最具国际性和发展潜力的交通运输方式，最有可能在交通强国建设过程中实现率先突破。民航强国是交通强国的重要组成和重要支撑，立法是民航强国建设必不可少的保障措施。民航法律法规体系是交通法律法规体系的重要组成部分，具有安全管理内容多、专业技术性强、独立性强、国际化程度高、修订速度快等特点，现行民航法规体系的基本框架、基本原则和基本制度符合民航发展规律、符合我国国情、符合国际趋势。建议将加快多式联运立法作为当务之急，将各种交通运输形式在多式联运中的主体责任以法律形式明确下来，有机连接和优化配置不同交通运输方式的线路、场站、信息等资源，实现“无缝衔接”，促进网络化运输和集疏运体系建设，满足人民群众对综合交通的美好需要。

冯正霖表示，航空物流业对深度参与国际合作与分工、服务国家重大战略实施、实现经济结构转型升级有重要意义，民航局也把促进航空物流业发展作为深化民航供给侧结构性改革的重要内容。当前，我国航空物流发展面临空域资源紧张、机场服务和运行效率较低、航空物流企业竞争力弱以及外部环境制约等问题。东航物流已经完成混合所有制改革，中航集团航空货运物流混改正在推进中。民航局将主动作为，启动编制《促进航空物流业发展的指导意见》，推进航空物流业发展。

（来源：中国基金报 2017 年 12 月 01 日）

航空物流与港口物流相融合 是全球物流竞争必由之路

8 月 17 日，国务院办公厅印发了《国务院办公厅关于进一步推进物流降本增效促进实体经济发展的意见》，对物流业的降本增效给出了七个方面 27 条具体措施，这给目前的物流业改革给出了方向。

但不能忽略的是，在全球市场的竞争中，我国物流业整体处于弱势地位。同时，航港规模化、网络化、联盟化和航港融合，已成为全球物流竞争和全球经济博弈的必由之路。

在全球物流网络中，港口是物流节点，而航运则是连接物流节点的线，航港联盟及其之上的运营及信息化平台则形成点线交错、支撑全球远洋运输的物流网络。

由于全球经济低迷，货运需求急速下降，导致航运市场竞争压力越来越大，许多船运公司和港口企业不得不进行兼并重组以自救。

2016 年 11 月，日本海运三大巨头日本邮船（NYK）、商船三井（MOL）和川崎汽船（KLINE）宣布合并定期集装箱船业务（包括海外码头业务），并共同投资约3000亿日元，按38%、31%、31%的股份比例成立新公司ONEHD。合并前，三家公司在全球运力市场排名中分别排在第11、第12和第15位；合并后，新公司旗下的业务运营公司ONE（ Ocean Network Express）拥有140万TEU（标准集装箱）的运力，在全球运力市场的排名将会提升至第6位，约占全球7%的市场份额。

然而，这一合并计划先后受到美国联邦海事委员会（FMC）和南非反垄断竞争委员会的明确阻止。好在新加坡竞争委员会（CCS）和欧盟都给予了批准。CCS给出的理由是，未来将会出现更多集装箱航运公司合并的情况；欧盟的理由则是，合并增加了集运市场结构协调发展的可能性。

无独有偶，今年7月，全球集装箱运力百强排名第四的中远海运（COSCO）联合上港集团，以60亿美元要约收购全球运力排名第七的东方海外（OOCL）。并购完成后，中远海运将拥有290万TEU的总运力，经营船队超过400艘，超过达飞轮船（CMA-CGM）跃升为全球第三大航运公司。

在这之前，排名第一的马士基航运（MAERSK）也宣布，以37亿欧元的价格收购汉堡南美（HABSUD），届时其总运力将达到380万TEU，市场份额达到18.6%。

其实早在2014年，航运业就开始了大规模的并购重组，除中远与中海合并外，排名第三的达飞轮船收购了美国总统轮船（APL），总运力达到233万TEU，市场份额达到11.5%；排名第五的德国赫伯罗特（Hapag-Lloyd）先后收购南美轮船（CSAV）和阿拉伯联合国家轮船（UASC），运力规模达到160万TEU。

目前，全球航运超过70%的市场由丹麦的马士基航运、瑞士的地中海航运（MSC）、中国的中远海运、法国的达飞轮船、德国的赫伯罗特和日本的ONE这六大航运公司瓜分。

在竞争压力下，不断合并重组的航运公司还在全球集运市场逐步形成了三大联盟。

2014年，马士基航运、地中海航运和达飞轮船申请组成的P3联盟虽然得到了美国、欧盟的审批，但遭到了中国商务部的否决。中国商务部认为，P3联盟的市场份额达到了45%，超过了30%的反垄断红线。而后，马士基航运迅速调整方案，与地中海航运组成M2联盟，双方签订了为期10年的船舶共享协议，随后韩国现代商船也加入了M2联盟。

目前，在M2联盟的21条共享航线中，涉华航线占了16条，特别是地中海航运经常用低价竞争策略，对中国航运公司形成了较大市场压力。

被M2联盟抛弃的达飞轮船则迅速联合中远海运和台湾长荣海运组成海洋联盟（OCEAN Alliance），后来被达飞轮船并购的东方海皇/美国总统轮船也加入进来，以对抗M2联盟。在亚洲至欧洲这条最繁忙的远洋航线中，海洋联盟占据的市场份额将超过26%。

最新成立的航运联盟THE Alliance则是赫伯罗特（包括已被赫伯罗特并购的阿拉伯联合国家轮船）联合ONE及台湾阳明海运形成的第三个联盟，它将会在东西向的主干航线上向M2和海洋联盟发起冲击。

在国际航运市场持续低迷的情况下，单打独斗是没有任何前途的。在远东-北欧市场上，M2、海洋联盟和THE的市场占有率依次递减；在跨太平洋航线上，THE、海洋联盟又分别排在M2之前。而在远东-地中海、跨大西洋和远东-中东（波斯湾/红海）等其他热门航线上，三大联盟也都寸土必争。

全球集装箱70%的生成量在亚洲，而亚洲70%的集装箱生成量在中国，但全球排名前六的航运公司中中国仅有一家入围；全球集装箱40%来自于租赁，而排名前十的集装箱租赁公司也大都来自于西方发达国家，这说明中国航运乃至亚洲航运，在服务能力、服务增值溢价及服务的效率效益方面还处于较低水平。

得益于中国经济的高速发展，中国港口规模已经位居世界前列，同时中国的造船业规模也超过日韩占据了全球 50% 的份额。如何利用港口的“点”优势来提升航线的竞争力成为目前的关键，而航港联盟及航港融合是其中最易于实现的路径。

中国港口已在寻找结构性整合与网络化调整的过程中形成了港口群。目前，这些港口群基本上以省域为单位，形成了省内港口资源的统一，而天津港也正在与河北的港口集团进行跨省战略合作。但结构性冲突会严重阻碍港口群的有效整合，而航运公司恰恰可以通过航港融合来实现国际物流网络的建立。

现在，招商局集团正在主导辽宁港口群的整合；中远海运也收购了上港集团与青岛港集团部分股份，还在海外并购了希腊的比雷埃弗斯港及阿联酋哈里发二期集装箱港。

不过，这仅仅是航港融合的开始，未来航港融合将会进一步将全球物流资源整合汇集，并通过规模化、网络化和联盟化实现市场竞争优势。

（来源：浙江物流网 2017 年 08 月 23 日）

刘强东的航空物流“野心”原来这么大！亚马逊坐不住了？

6 月 26 日，京东集团宣布与中国东方航空集团公司（以下简称“东航”）签署战略合作协议。就业务层面而言，京东和东航合作的背后，都有哪些看点？此次战略合作又折射出行业哪些发展态势？

补齐航空物流短板

近年来，随着京东第三方业务快速增长，其对航空运输、特殊货物的物流需求越来越大，而京东现有的物流体系及服务能力已经无法满足自身的发展需求了，迫切需要提升全体系物流服务保障能力。因此，进军航空物流板块将是京东的最佳选择。

1、傍上全球平均机龄最年轻的航空公司。

据了解，东航集团是全球平均机龄最年轻的航空公司，其全机队规模超过了 640 架，并已成功跻身于全球十大航空公司之列。当前，东航正在致力于构建开放创新“航空生态圈”，打造东航国际化发展的生态圈和产业链，构建以旅客出行场景为核心的全新出行生态体系。

此外，东航还拥有完整的航空物流产业链条，拥有强大的运输保障能力，航线网络覆盖全球各个区域。就业务层面而言，京东能够傍上这样一家有实力的航空公司，后期发展值得期待。

2、强强合作之花，必结双赢之果。

那么，此次京东与东航“跨界携手”，都有哪些值得关注的热点呢？

首先，东航和京东在战略定位、互联互促等方面，存在着诸多优势互补性。此次双方的合作，必将实现共利、共赢、共享的发展新格局，推动航空及物流产业的发展。

其次，京东与东航在电商运营、品牌建设、云计算、大数据等方面也展开了全面合作。目前，东航已在京东商城开设了官方旗舰店，并将京东机票业务部纳入核心合作伙伴，为京东提供国内机票、国际机票以及相关产品的优质资源，双方将共同开拓细分用户市场，针对不同用户群体推出定制化的产品和服务，以确保用户享受到极致购票服务体验。

再则，京东还将与东航打通会员体系，优化东航的电子商城系统，实现与京东会员积分互通。京东将运用自身的平台优势及营销能力，联合东航为消费者提供直连机票、机场服务以及出行实物产品的自动化组合，创新性地打造“机票 +X”的线上机票产品模式，这势必将在行业内创造一个新的标杆。

最后，在技术层面，京东还将作为东航的技术合作伙伴，全面提升东航的信息化建设，积极参与东航各种云化应用的实践，持续推进东航公有云应用部署在京东提供的基础架构云上，协助东航建设运营积分商城、搭建内部采购体系、升级职能研发 OA 系统，东航将与京东在大数据分析领域进行合作。

另外，根据京东和东航的业务布局，未来，东航将协助京东建设航空转运中心、临空仓储业务，共建跨境物流网络，打造国内国际仓运一体化服务。

凭借无人机开疆拓土

事实上，京东早已盯上了航空物流这块大蛋糕。因为在刘强东看来，如果只是服务于自己的物流需求，那未免显然太过于“小儿科”了；而其更期待的是成为社会物流的成员，旗下声称的无人机、机器人等新技术如何能在社会效率提升方面产生作用，这才是今后发展的硬道理。

为了实现这一目标，前段时间，京东集团与陕西省政府在西安正式签署关于构建智慧物流体系战略合作协议，其中就包括开展无人机通航物流体系项目。据双方透露，将利用载重量数吨、飞行半径 300 公里以上的中大型无人机，合力打造全球第一个低空无人机通用航空物流网络。

1、打造千亿高科技产业集群。

为了加快无人系统产业中心的落地，京东和陕西政府计划在今年底钱完成无人机研发团队的组建，同时开展起“无人机、无人车、无人仓”测试体系的建设，建设工业级的无人机研发基地，打造包括研发、生产、运营和数据分析的全产业链条。

2、重型无人机项目亟待发力。

其实，京东在去年就开始大力推进智慧物流和智慧供应链了，并不断研发和制造无人机等高科技产品。

刘强东曾表示，该重型无人机项目一旦实现了，作为全国的无人机物流样板，复制到全国，相信京东物流效率能够实现质的提升，尤其是三四五线市场，会缩短跟一线市场物流体验的差距。更重要的是，从重人力的物流模式转化到重科技，一定是成本的大幅度下降。

3 无人机将成重大突破口。

从发展趋势看，选择牵手航空研发和制造资源丰富的西安，也是京东物流的必然选择。因为，只有无人机技术不断取得突破，才能让京东云、京东物流有机融合，在物流效率、成本和体验方面实现质的飞跃。

经过十几年的发展，京东目前已经积累了数亿的活跃用户，拥有国内最完整的大数据链条，京东的自营供应链体系覆盖了几乎国内所有城乡区域，这都为智慧物流体系的建设，以及无人机项目的发展打好了基础。

试想一下，未来无人机和无人车替代快递三轮车的时候，京东智能物流设备满街跑、满天飞，这对国内的物流行业必将起到颠覆式的“鲶鱼”作用。

京东对标亚马逊

实际上，无人机配送最早是由亚马逊提出来的。作为电商和物流巨头，亚马逊早在 2013 年就宣布了“Prime Air”无人机物流计划，其第一代产品与其他项目一样采用多旋翼方案。

在意识到该方案难以满足要求之后，第二代产品则采用了多旋翼固定翼混合布局。

除了能够实现垂直起降之外，配送距离也达到了 24 公里，在着陆地点有二维码配合的情况下，可以完成自主起降配送，具有了一定的实用性。

值得注意的是，亚马逊首次实现无人机派件是在去年 12 月完成的。而在此前一年，亚马逊还成功购买了上千辆货运卡车用于满足自己的送货需求，并首次在年报中自称为“运输服务提供商”。

随着亚马逊越来越希望打造完善的供应链物流体系，这家电商巨头在过去一年向包括无人机和运输领域投入了巨大资源，同时也获批了多项同这些领域相关的关键专利申请。然而，自从开展无人配送业务，以及推出两日送货和当日送达服务之后，亚马逊的物流运输成本就直线攀升，其在无人机市场的一举一动颇受业界关注。也许正是亚马逊的无人机物流，让刘强东眼红了。

对此，小编不禁猜想，难道京东集团与陕西省政府及东航的合作，都是为了给自身搭建航空物流体系做铺垫吗？难道刘强东是想像亚马逊一样成立自己的航空公司吗？无论未来发展如何，但能肯定的是，航空物流“争霸”的战火已经燃起，而其他大兵小将也在摩拳擦掌。在无人机市场快速扩容背景下，物流无人机技术的突破和大规模应用已经不再遥远。未来，京东的航空物流能否超越亚马逊，就让我们拭目以待吧！

【补点料】

快递无人机的竞逐者：近年来，随着电商行业的急剧发展，物流配送早已成为各大快递竞相比拼的主阵地。而今，竞争已从地面转移到了空中。那么，除了京东和亚马逊以外，还有哪些快递巨头开展了无人机产业布局？

① 中国邮政：2016 年 9 月，中国邮政浙江安吉分公司正式启动无人机邮路的试运行，首次试飞也成功完成。此次开通试运行的是从浙江安吉杭垓镇到七管村的邮路，而这也是全国第一条无人机邮路。据了解，中国邮政采用无人机投递，每公斤只要 3 元钱，与用汽车运输比，运输成本节省了将近 50%。

② 顺丰速运：2013 年 9 月，顺丰速运在广东省东莞市进行了无人机测试，并于年底进入了试运行阶段。2015 年，顺丰开始在珠三角地区的山区、偏远乡村，以每天 500 架次的飞行密度，来推广自己的无人机速递业务。2016 年，第三代飞控导航系统研发成功，四轴、六轴多旋翼无人机产品化，倾转旋翼无人机完成首飞。2017 年，顺丰自研的 Manta Ray 垂直起降固定翼无人机问世；6 月 21 日，顺丰与赣州市南康区联合申报的物流无人机示范运行区的空域申请得到东部战区的正式批复；6 月 29 日，顺丰无人机在获批空域内进行了首次业务运营飞行。

③ 圆通速递：2015 年 2 月 4 日，圆通速递首次使用无人机运送客户包裹，在北京、上海、广州三地进行公开投送。2017 年 5 月 12 日，由国家发改委批复、圆通速递牵头承建的“物流信息互通共享技术及应用国家工程实验室”在圆通速递上海总部正式揭牌，其中包括开展行业装备智能化和无人化（无人机）项目。

（来源：现代物流报 2017 年 07 月 03 日）

德邦持股 5%，入局东航物流混改

中国东方航空物流混改考虑引入德邦等 4 家投资人，物流业务混改后估值将达约 40 亿元人民币。其中联想将持有东航物流业务 25% 股权。有知情人士称中国东方航空物流混改考虑引入德邦等 4 家投资人，物流业务混改后估值将达约 40 亿元人民币。其中联想将持有东航物流业务 25% 股权，普洛斯（Global Logistic Properties）将持有 10%，德邦持有 5%，绿地持有 5%。据介绍，此次混合所有制改革完成后，东航物流业务的估值将达到约 40 亿元人民币。联想或需支付 10.3 亿元，普洛斯需支付 4.1 亿元。此外，核心员工将持有 10% 的物流业务股份。

此次改革计划尚未最后决定，仍存变数。东航集团一位发言人称公司此前已公布将出售 45% 股权，截至目前没有更多可供披露。联想表示公司并不知悉相关交易，普洛斯、德邦及绿地均拒绝置评。

（来源：华尔街见闻 2017 年 04 月 28 日）

快递企业进入航空物流市场将面临五大挑战

在陆续得到资本市场的巨量资金注入后，中国快递企业之间的竞争也从"陆地"转向了"空中"。2016年9月8日，圆通航空与陕西省交通厅等部门签署了共同组建中国西北国际货运航空公司的合作协议，计划在陕西投资建设圆通在西北地区的快递转运中心和航空基地。之前，在成都举行的2016中国（四川）电子信息产业投资合作推介会上，圆通董事长喻渭蛟已决定在成都投资30亿元，建设圆通速递西南管理区总部基地和圆通航空西南转运中心。这是继顺丰速运在湖北鄂州投资建设货运航空枢纽之后，又一家民营快递企业开始建设自己的航空货运网络。

2016年4月6日，国家民航局正式批复鄂州民用机场选址报告，同意将鄂州燕矶作为推荐场址，这标志着湖北省与顺丰速运公司共同规划建设的鄂州国际物流核心枢纽项目向前推进了一大步。据悉，鄂州国际物流核心枢纽是国家"十三五"重大生产力布局项目，同时也是湖北省的"十三五"重大建设项目，一期工程将建设两条3600米4E跑道，客货两用但以货运为主，规划货运量500万吨/年，建成后将是亚洲第一、全球第四的航空货运物流枢纽。

除投资建设货运航空枢纽外，快递企业还拟定了庞大的运力扩张计划，大力扩充自己的航空货运机队。2016年9月5日，顺丰航空第3架B767-300型宽体全货机平稳飞抵深圳宝安国际机场，加入顺丰机队。至此，顺丰航空全货机数量增长至34架，是目前国内运营全货机数量最多的货运航空公司。

同时，圆通的第五架货机也于9月7日顺利抵达杭州萧山国际机场。圆通航空方面透露，公司的目标是自有机队在2020年达到30架。据介绍，这架波音737-300型货机将用于完善圆通在西北与华南、华东地区之间的航线班次，提升圆通在上述区间的快递运输时效和服务品质。至此，圆通已形成华东、华南、西南、西北以及华北五个区域的自有货机航线网络。

此外，另一家民营快递公司申通也向国家民航局提交了组建货运航空公司的申请，正待批准。

业内人士认为，快递企业争相布局航空物流的背后反映出快递业的竞争日趋激烈，整个行业面临转型升级。近年来，随着电子商务的快速发展，快递行业也步入高速发展期，竞争日渐加剧，特别是价格战和人力成本上升让行业进入了微利时代，行业未来的调整与动荡将不可避免，行业利润进一步下跌。

来自中国物流市场行业协会的统计数据显示，目前国内快递80%采用公路运输，15%采用航空运输，利用其他方式运输的不足5%。在运输方面，我国的航空飞机、货运专机数量偏少，在铁路和公路的交接点更缺乏现代化的物流枢纽，造成公路的提货运距太长，降低了运输效率。因此，从陆地转向天空，便成为国内快递业的共识。

"在中国经济转型升级的压力下，很多行业的货运量出现下降，而航空快递却成为耀眼的增长点。事实上，从购置飞机到组建自有货机机队和航空公司，中国快递企业的'空战'已经打响。"中国快递协会行业发展部主任张玉洲说。

另外，国内机场一直以来都"重客轻货"，在国内的200多个机场中，没有专门为货运打造的机场，这导致货运不仅经常需要跟着客运走，甚至经常会跟客运争夺资源。随着快递业务量的增长，快递企业的航运需求与航空公司货运渠道受限之间的矛盾越来越突出。

对此，圆通董事长喻渭蛟甚至发出了"没有自己的飞机，就谈不上真正的快递"的感叹。而顺丰航空总裁李胜在回答为什么要自建机场时也说，"国内机场是为旅客设计的，它没有考虑到货运，尤其没有考虑到快递业的需求。整个快递流程在地面的实际运作不是很顺畅，与客运资源发生了冲突，所以不得不做这样一个考虑。”

在快递微利、竞争惨烈的背景下，如何在价格战泥潭中脱困，从服务质量和速度上抢占市场，这是顺丰、圆通等快递企业看中航空货运的逻辑所在。不过，对他们来说，挑战同样存在。在中国快递物流咨询网首席顾问徐勇看来，快递企业进入航空物流市场将面临五大挑战：

一是地区经济发展不平衡。我国虽然地域广阔，但是地区经济不平衡。大多数货源是从东部向西部运输，西部、北部发向东部或南部货源较少，造成航空线路来回货源严重不平衡，大大增加了航空运输成本，制约了相关航线的开设。

二是国家对空中管制较为严格，而“重客运轻货运”的管理模式，制约了快递企业自建航空货运公司的发展。由于起降时间受上述因素影响，自建航空货运公司的经济效益大大降低。

三是快件业务结构不合理。欧美等发达国家的快递以高附加值的商务件为主，为其发展航空运输奠定了坚实基础，但我国的快递业务中，低价、低附加值的“网购”快件占75%以上，高附加值商务快件和高附加值的“网购”快件占比较低，制约了快递企业自建航空货运公司的发展。

四是同质化的快递市场竞争环境不利于发展航空快递。一方面，加盟制的民营快递企业竞争模式单一、同质化竞争严重，主要以简单的价格竞争为主，造成快递价格不能支撑自建航空货运公司的运输成本；另一方面，快递业沦落为价值洼地，被产业链中的其他环节控制，最终使快递价格偏离市场价值，大幅降低盈利能力。

五是与四大国际快递企业相比，顺丰、圆通、EMS三家自建航空货运公司的规模较小，国际化程度不高，在覆盖范围、市场份额、机队规模、国际化管理人才等方面不具有竞争力。

（来源：互联网 2016年09月21日）

东方航空物流混改引来众多民企关注

近年來，石油、鐵路和軍工行業接連傳來試水混合所有制改革消息，有知情人士指出，根據我國此前公布的混改重點領域，下一個接過混改接力棒，即將公布混改意見或方案的行業或將是航空業。《証券日報》記者了解到，在國家發改委此前公布的第一批混改試點企業中，屬於航空業的隻有東方航空集團（以下簡稱“東航”）。有專家預測，未來東航或將從貨運、航空餐、旗下賓館等方面開始著手進行混改，飛機延誤等被詬病的問題或將因管理制度改善而得到緩解。

全國人大代表、東方航空總經理馬須倫近日在接受採訪時就透露了東航物流混改工作推進的進展。同時他還提交了代表議案建議我國制定《中華人民共和國空域管理法》。馬須倫指出，由於缺少關於空域管理的統一立法，現行空域管理機制限制了民航發展水平，目前我國的航空運輸增長量已經觸及保障能力的“天花板”。

民航業或接過混改接力棒

對於投資者關心的東航物流混改的進展，馬須倫表示推進順利，很多民企對東航物流的混改非常踴躍積極，“我們開玩笑說，股權都不夠分了。”馬須倫表示，東航物流此次混改，推動民企入股，大家期盼將來能夠實現IPO，“正因為這個考慮，所以才將東航物流轉讓給東航產投公司，為IPO做准備。”

2016年11月29日，東航股份發布公告稱，將其所持有的東航物流100%股權，以24.3億元價格轉讓給控股股東東航集團下屬全資子公司東方航空產業投資有限公司（即東航產投公司）。“推進混改中民企提出希望核心管理層、核心骨干持股。我們了解下來，慣例的持股比例安排是核心員工持股 5%-10%，總經理持股 1%。但因為東航物流盤子很大，1% 也需要幾千萬元，個人難以支付。”馬須倫表示，雖然理論上可以借助於股權抵押貸款獲得一部分資金支持，但金融機構往往會要求提供擔保，而國企無法為個人擔保，也就無法實施股權抵押貸款。“我們也呼吁在混改中，對於對股權抵押貸款給予支持，是不是可以不需要擔保？”

另一方面，馬須倫也期待，混改能夠獲得稅收支持。以東航物流為例，為了推進混改，東航股份將股份轉讓給東航產投，此時就需要評估，增值部分需要繳納 25% 的企業所得稅；等到與民企混改的時候，還需要對溢價增值部分繳納企業所得稅，“我們也建議國家層面推進的混改，是不是可以在稅收上給予支持。”

有業內人士指出，航空的貨運物流之所以成為混改切入口，源於現在航空貨運的模式還是傳統貨運，即等待包裹被其他貨運公司運到機場，放在飛機的貨倉中飛往下一座城市的機場，再由其他公司拉走，航企本身無法對接“最后一公裡”。“目前東航正在做的，就是希望通過與社會資本合作，可能會組建一家貨運公司，培育運貨員，由航企自己完成‘客戶對客戶’的運輸任務”。從而不再依賴快遞、貨運公司，航企可以獲得更多收益，客戶也可能得到更快捷的體驗。

空域管理進入改革攻堅期，通航環境亟待改善

數據顯示，盡管飛行情報區面積與美國、歐盟大致相當，2015 年期間中國的年運行民航航班量僅約歐盟的一半、美國的三分之一，航班正常率也遠低於歐美地區。如何平穩釋放市場需求、合理高效地分配以實現空域資源利用率最大化已成為空域管理供給側結構性改革推進的焦點。

長久以來，我國關於空域管理的基本法一直處於缺位狀態，現行的軍方主導、條款分割、固態使用、靜態管理的空域管理模式嚴重制約了我國民航業的發展。此外，我國空域管理體制框架下還存在軍民航法規依據較少、軍民航法規標准條款差異大等問題，不利於現代航空業的發展。

另外，在對無人機的飛行管制方面，由於近年來相關技術不斷成熟，成本持續降低，全國多地頻繁發生無資質、未申請空域的遙控無人機“黑飛”事件，甚至有多起無人機飛入機場空域的航空安全事件。由於缺乏法律依據和統一的管控系統，相關管理部門難以系統地解決無人機監管難的問題，因此應盡快完善相關的法律標准。

對此，馬須倫建議，我國制定統一的空域管理法，做到空域資源分配機制要與市場需求相匹配；空域的國防資源屬性與公共資源屬性應當兼顧；空域資源管理要協調好軍用需求和民用需求。他認為，目前中國已經具備良好的管理基礎和技術基礎，軍民融合國家戰略的落地提供了重要的改革契機，有條件制定專門的空域管理法。馬須倫認為，應設立專門的空域管理委員會，負責制定具體的空域管理政策，建立民用空域與軍用空域管理協調溝通機制，以滿足不同空域用戶的需求，對我國空域實行統一監督管理。

（来源：証券日報　2017 年 03 月 09 日）

本篇供稿：张旭 张志坚　编辑：张志坚

第四篇 物流业创新研发与应用实践

4.1 “互联网 +”研发与应用

4.1.1 概述

随着“十三五”规划的到来，传统物流行业也迎来了向信息化物流转型的关键性时期。纵观物流的发展历程，我们不难发现除了互联网信息技术的支持之外，“互联网 +”出现更像是物流行业发展的催化剂，点燃了整个行业的激情。“互联网 +”是把互联网的创新成果与经济社会各领域深度融合，推动技术进步、效率提升和组织变革，提升实体经济创新力和生产力，形成更广泛的以互联网为基础设施和创新要素的经济社会发展新形态。在全球新一轮科技革命和产业变革中，互联网与各领域的融合发展具有广阔前景和无限潜力，已成为不可阻挡的时代潮流，正对各国经济社会发展产生着战略性和全局性的影响。积极发挥我国互联网已经形成的比较优势，把握机遇，增强信心，加快推进“互联网 +”发展，有利于重塑创新体系、激发创新活力、培育新兴业态和创新公共服务模式，对打造大众创业、万众创新和增加公共产品、公共服务“双引擎”，主动适应和引领经济发展新常态，形成经济发展新动能，实现中国经济提质增效升级具有重要意义。

打造“互联网 +”高效物流，加快建设跨行业、跨区域的物流信息服务平台，提高物流供需信息对接和使用效率。鼓励大数据、云计算在物流领域的应用，建设智能仓储体系，优化物流运作流程，提升物流仓储的自动化、智能化水平和运转效率，降低物流成本。

构建物流信息共享互通体系。发挥互联网信息集聚优势，聚合各类物流信息资源，鼓励骨干物流企业和第三方机构搭建面向社会的物流信息服务平台，整合仓储、运输和配送信息，开展物流全程监测、预警，提高物流安全、环保和诚信水平，统筹优化社会物流资源配置。构建互通省际、下达市县、兼顾乡村的物流信息互联网络，建立各类可开放数据的对接机制，加快完善物流信息交换开放标准体系，在更广范围促进物流信息充分共享与互联互通。

建设深度感知智能仓储系统。在各级仓储单元积极推广应用二维码、无线射频识别等物联网感知技术和大数据技术，实现仓储设施与货物的实时跟踪、网络化管理以及库存信息的高度共享，提高货物调度效率。鼓励应用智能化物流装备提升仓储、运输、分拣、包装等作业效率，提高各类复杂订单的出货处理能力，缓解货物囤积停滞瓶颈制约，提升仓储运管水平和效率。

完善智能物流配送调配体系。加快推进货运车联网与物流园区、仓储设施、配送网点等信息互联，促进人员、货源、车源等信息高效匹配，有效降低货车空驶率，提高配送效率。鼓励发展社区自提柜、冷链储藏柜、代收服务点等新型社区化配送模式，结合构建物流信息互联网络，加快推进县到村的物流配送网络和村级配送网点建设，解决物流配送“最后一公里”问题。

4.1.2 热点

“互联网 + 医药物流”局势 看得见的变革

中国政府网微信公众号推送了《这个小小的“+”号，国务院为何紧盯不放》一文，再一次提醒着我们，互联网 + 创业创新、+ 先进制造、+ 医疗、+ 食品药品监管……“各行业都在与互联网深度融合。”“互联网 +”已成为经济社会创新发展的重要驱动力量，医药流通也不例外。

“互联网 + 医药流通”并不仅仅是简单的技术上的变革，也不能理解为利用互联网技术简单去替代人力，而是通过将互联网与医药流通领域的深度融合，以实现药品流通模式的转型升级。利用互联网和信息化技术，将外部需求信息与内部物流操作相结合，使企业在药品批发、物流配送、医药电商等方面实现高效率操作，促进产业升格。

“互联网 + 医药物流”，则使传统医药企业能够运用互联网技术进行数据收集、存储、分析及云计算等，从而拓宽流通路径，实现高效率整合。互联网医药平台，通过实现上游医药企业生产厂商、供应商与下游采购商进行信息的无缝对接，将线下的药品环节搬到线上，减少流通环节，降低成本。

“互联网 +”下的医药物流局势

“互联网 + 医药物流”体现在互联网技术支撑起了大数据的物流指挥系统，尤其是随着手持终端设备的普及，以移动互联网运用为代表的 APP 使物流业务变得更加便捷、实时，无论国内外，互联网电商的发展都会对医药物流价值链带来长足的影响：

一是促进第三方物流崛起。消费者购药的特性包含了量小以及分散等因素，物流成本容易抬高。对于实力较弱的医药企业而言，选择第三方物流或众包是最好的办法。新政允许企业委托第三方物流配送药物，物流企业可趁势构建医药物流系统，达到 GSP 体系要求，与医药电商供应链相连接，促进第三方物流的崛起。

二是电商物流将有望为物流价值链带来创新，推动信息化、标准化、自动化、流程化。

国务院办公厅印发《关于进一步改革完善药品生产流通使用政策的若干意见》中，鼓励整合药品仓储和运输资源，实现多仓协同，支持药品流通企业跨区域配送，加快形成以大型骨干企业为主体、中小型企业为补充的城乡药品流通网络。同时，“两票制”的实施将大幅压缩药品流通环节，加速药品零售、物流、电商行业的集约化、信息化、标准化进程。笔者梳理发现，2017 年国家出台涉及医药电商的重要政策法规或通知不少，其中最重磅、对未来医药电商发展影响最大的当属医药电商“三证”的取消，准入门降低，推动医药物流井喷。当然，虽然审批取消了、门槛降低了，监管也更加严格了。

众所周知，刚刚过去的 2017 年是严查年，不少药商挺过去了，但在互联网经济冲击下，中小药商是否还能屹立不倒是个未知数。阿里巴巴、京东商城、天猫医药馆、1 号店、顺丰等跨界互联网企业份分红渗透到医药分销及物流行业，医药物流行业的转型升级将发挥更高效的作用。

京东官方数据显示，截至 2017 年 6 月，京东物流已覆盖全国 2691 个区县，自营配送覆盖了 99% 的人口。52% 的订单 6 小时送达，92% 的订单当日达或次日达。与此同时，京东物流于 2017 年下半年推出“医药云仓”项目，旨在为合作方提供整套系统化的医药供应链解决方案，涵盖了仓储、运输、配送等各环节。这个项目通俗来说就是药品生产企业将产品提前放入医药云仓，下游终端客户下单后，由京东负责物流配送。

发展痛点仍存

“互联网 +”虽然已经成为解决国内医药流通行业效率低下、成本等高弊端的利器，但一些新问题的出现也将影响流通局势。

1. 物流与商流的不匹配。由于医药行业与其他传统行业相比较而言，其市场开放得相对较晚，加上医药物流数量、发展规模不足等问题的出现，都不同程度地为市场的发展拖了后腿。患者选择互联网购药时往往有较为紧迫的时间需求，部分 OTC 药品或医疗器械等因需要特殊包装处理、配送设施，对医药配送物流提出了更高要求。但不管是自营物流的医药生产企业还是专业化第三方医药流通企业，其在配送过程中如何确保产品品质，尚未得到满意解决。

2. 标准体系建设滞后。首先是医药物流标准覆盖率低，某些方面存在真空地带，一些医药物流活动还无标准可依；其次是物流标准不统一，缺乏行业通用标准；再次，由于企业规模不一，有相当一部分企业对标准化问题没有意识或认识不足，出于成本因素等的考虑，缺乏执行相关标准的自觉性。

3. 医药流动渠道复杂。在电商、物联网和互联网的发展带动下，消费者的需求越来越个性化，医药物流订单将走向碎片化，及时、小批量、多批次等特征将愈发明显。我国医药产品供应链节点较多，流通环节与交易复杂。药品在流通环节上的监控也出现了一些新情况。如果售后服务问题不能及时解决，不仅浪费了大量的社会资源，最终还导致医药价格的虚高、“看病难”等社会问题，必须创新医药物流模式。

破局之策

医药物流未来发展的主导方向将会是围绕“互联网 +”而不断创新，并且“互联网 + 医药物流”的融合势必加快医药物流信息化建设，加速资源整合，降低医药物流运营成本，进而提升相关企业竞争能力。

1. 变革终端配送模式。面对日益增长的配送到终端患者的需求，医药物流终端配送模式变革是必然。医药制造企业、医药流通企业通过自营或专业第三方医药物流的方式，逐步建立起多种配送到病患的终端配送体系（包括配送到门店、门店配送到家、直接配送到家、配送到集中取货点、取药箱等）。

在移动互联技术的推动下，终端配送体系可以同步研发用户体验度高的信息系统，即多功能终端 APP 应用（可包含药品签收、回单确认、异常药物回传、患者用药提醒、用药过程查询等多种功能组合）。

此外，如何解决终端配送最后一公里的问题是近几年探讨最多的。现在有快递直送，有社区的生鲜自提柜，有前置微仓、同城闪送，还有与连锁便利店合作等形式，都在探索。现在又看到了无人售货架，预计医药物流的终端配送竞争将全面打响。同时，政府在相关基础设施上也会加大投入，互联网的技术发展高度依托于网络基础设施，与物流业相关的服务业如金融业、保险业等的不断完善，将营造良好的物流环境。

2. 开启互联网与医药物流全方位管控模式。医药物流行业应当在创新改革、平台整合、结盟合作、全诚信建设等方面着重发力。首先，国家层面严格进行药品管理，把控药品源头；其次，企业通过电子监管系统上传药品各类信息，使含有智能监管码药品出厂后的所有物流过程都处于系统监控之下，逐步建成“药品生产 – 药品流通 – 用户”的全程监管体系。在此需要强调的是，全面的药品追溯体系建设将为互联网医药销售长远而健康的发展奠定基础，并规范现有药品，有效防止假冒伪劣，也可在药品流通过程出现问题时及时发现问题环节，并及时采取措施明显提升医药物流行业的规模化、集约化。

3. 推进标准化建设。加强对医药物流及其标准化的研究，为加快我国医药物流标准化步伐、推进医药物流标准化进程奠定理论基础。制订针对医药物流的基础性物流标准，如对于医药物流从业准入门槛、医药物流从业人员职业技能要求、药品物流服务规范、药品容器、包装、编码等基础性标准进行规范，明确从业人员素质、医药仓储、运输环节作业规范等。加强标准化的宣传和引导，提高企业对医药物流标准重要性的认识，鼓励企业、行业协会等从自身工作实际出发，提出符合实践要求的医药物流标准。最后，还要不忘注重专业人才队伍的培养与建设。

4. 实践高效物流。移动互联网能够满足医院、医药企业等各方的物流需要，同时实现信息共享，提高物流运输的效率。医药物流需要和移动互联网进行结合，去掉一些中间环节，更直接地对信息进行传递。具体做法可以是灵活的，如医药物流企业开发出一种 APP 终端，使得医药企业、医院能够借助这个 APP 来实现物流下单的功能。也可以在这个 APP 软件中查找药品库存，对物流信息进行跟踪了解，以实现全品种全链条全程可视化、可追溯，最终实现渠道库存可视、物流过程实时监控、库存科学预测及决策、供应链高效协同等功能。

小结

传统的医药流通领域存在诸多不足，“互联网 + 医药物流”普惠时代的到来尚需时日，相关企业还有很多方面需要改善。随着政策支持力度的不断加大、基础建设投入的增加、相关法律法规的完善，传统医药流通与互联网将会有更好的融合。引进先进的物流设备、信息技术，对物流渠道、物流系统进行必要的整合，实现物流信息的共享和对接，是新时代的召唤。只有这样，才能更好地降低医药运输的成本，提高物流效率，满足产业链各方需要。

（来源：医药经济报 2018 年 03 月 01 日）

互联网技术下医药物流新模式的管理架构设计

打造医院资金流、物品流、信息流三流合一的新型医药购销模式。以信息连接为通路，将现代医药物流信息化系统、自动化技术和管理方法延伸到医院需求科室，为医院提供专业化、个性化的信息管理解决方案。运用自动上下线补货系统（HPD）、电子商务平台（B2B、B2C）、现代化仓储物流管理软件（LMIS），建立库存管理、采购、分发等面向医院的供应链系统，形成运行高效、成本低廉又能相互约束、相互控制的物流系统和制衡机制。对医院所涉医疗及非医疗物资采购、库存管理、配送管理、供应商资质管理等全过程进行优化，使医院相关人员从采购、供应、仓储中解放出来，更好地做好临床医疗服务。

一、引言

随着医改和医院信息化建设的逐步深入，国内医院面临着来自政策、患者、自身的挑战越来越大，医院对管理科学化、规范化、精细化的要求也越来越高，医院越来越重视到药品利润的减少是必然趋势，必须向精细化管理，特别是供应链优化方面寻求利润。目前商业物流与医院库房信息流脱节，药品、耗材从商业物流出库时，信息流就断裂，医疗物资常年占用、积压货物与资金等，使医院库房信息成为孤岛。在这种情况下，提升医院药品信息化和质量管理水平刻不容缓。迫切需要善用一切资源和手段提升医院的管理和创新，推进信息化建设的水平，借力先进医药物流延伸服务，将物流技术、信息技术和管理方法相结合，把专业化的现代医药物流服务延伸到医院中，实现共享信息资源、共享现代物流成果，带动医院药品物流的现代化，提升医院药品管理的信息化和质量管理水平，扩展医药流通业物流的社会化功能，改进医院院内物流系统运作效率。

二、管理架构设计

1. 搭建医院智能供应链体系 医院智能供应链是指对医院所涉医疗水平采购、日常库存管理、院内配送、病人发放的全过程管理与优化，以实现科学订货、优化库存、减低费用、节省空间、简化工作、全程可追溯的目标。

某医院以落实国家新医改政策为出发点和落脚点，借鉴国外同行业先进经验，发挥企业自身优势，以信息连接为通路，将医院药品、卫生材料、药品材料、诊断试剂、非医药物资、供应商资质等纳入统一管理，通过规划改造现有医院库房和引入现代的库房管理系统，实现库房所存物资有序、严格的管理；通过建立面向科室和药房一级的智能配送，提高物资的质量和效率保障；通过建立医院非医疗物资“商超”寄售模式，实现医院非医疗物资一级库“零库存”；通过建立面向供应商的管理协作平台，实现与供应商的数据联动，提升保障水平，提高工作效率。通过对需求科室的统一配送，使需求科室收货次数明显减少，工作量降低，极大节省了院方收货、管理、操作人员和库房运转空间。

2. 建设电子商务智能平台 将名称、规格、价格、照片、材料属性、申领地址等商品信息，维护到电商平台中，科室通过请领，更直观的看到商品信息，合理申请，减少申领差错，做到实耗实销，同时让物流人员更加精准的送货到二级科室。提升医院管理水平，降低医院采购成本，加大采购环节的透明度，成功使库房工作人员从繁琐的库房管理工作中释放出来，将职能工作转化为内控管理。

从需求科室足不出户一键请领，采购计划的一键生成、审核到通过电子商务平台发出短信提醒，供应商订单回传，一键入库等功能实现医院物资统一归口出入、平台审核、无纸化办公，减少计划、采购、供货及入库时间，实现对物品的全生命周期管理（见图 1)，确保老百姓及时安全用药。

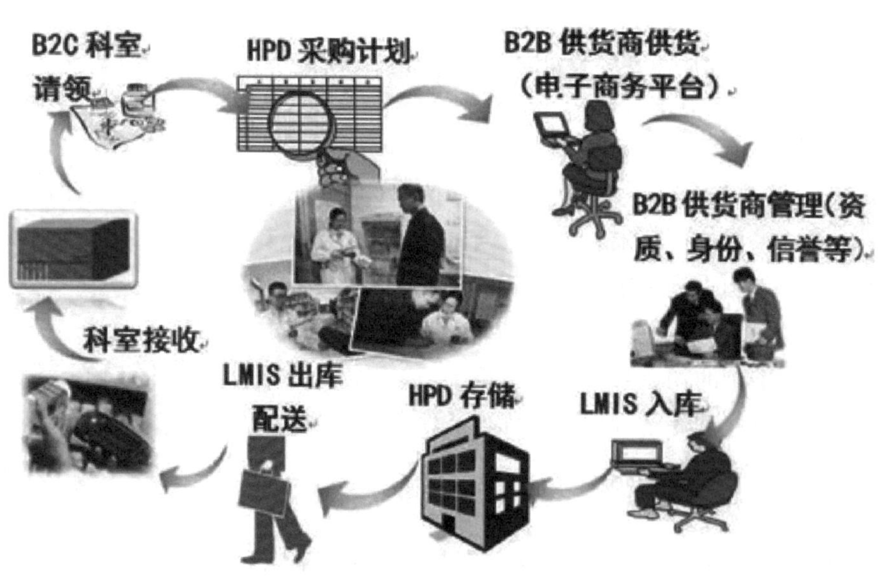

图 4.1 物品的全生命周期管理

在传统模式中，供应商直接向医院供货，其药品、耗材等供应商往往有 200-300 家之多，各供应商服务标准不统一，送货时间易发生冲突，致使物资管理难度大。面对医院供应商数量较多，通过摒弃人工资质纸质收集审核等工作，让各级供应商按医院要求上传企业资质及商品资质，通过平台审核，便于长久存储、调取。资质效期与医院系统联动，近期提醒，过期关闭，无资质单位物资禁止入库等功能来全面协助医院管理人员对供应商的管理。

为加强对供应商的管理，便于对供应商进行科学评价，从而促进双方合作关系，提高服务质量，制定三方评价辅助方案，明确供应商、医院、服务商的评价项以及评价标准。定期汇总与通报，相互制约，相互监督，携手共进。

3. 建设智能库房 智能化库房是指根据实际需要，将医疗物资的收货、验收、上架、存储、拆分、领用、配送、账务信息处理的基本功能实施有机结合，建设成具有现代化设施与现代化流程的医药物流系统，支持医院药品的采购与分发工作。

医院库房按照国内行业标准对医院特殊药品库及冷库进行统一规划，合理布局，设立常温库、阴凉库、冷藏库三大类，采用自动存储货架、电子标签、条形码以及自动温湿度控制系统改造，摆脱传统人找药模式，变成药找人模式，增加使用空间。对物资的批号、效期、盘存、库存管理更加规范，全程无纸化作业，简单易懂；增加出库速度，降低差错率，提高物流转运速度。在硬件设施上配置 2-8 ℃智能化温控系统，人体感应报警系统及实时视频监控系统，做到特殊药品出入库登记制度、双人双锁，与医院安保系统进行全面对接，实现对特殊药品 24 小时监管，冷藏物资温度达标，确保医院物资安全存储与配送。

HPD 上下线自动补货系统建设 HPD 系统与 HIS 进行对接，获取 HIS 中每天药品的消耗数据，并实时在 HPD 系统中自动核减药品库存。实现面向二级库存的直接供货与自动补货（见图 2）。根据药品在各个药房的使用情况，利用数学模型以及经验值，设定上下限，上下限考虑了二级库房的 10-15 日需使用量、供应商的配货能力等因素；各药房、科室不再人工申报采购申请，由 HPD 补货系统自动产生，自动处理；并通过电子商务平台来实现采购订单发布、到货信息预通知、供应商发货信息传递管理等功能。供应商发货信息通过电子商务平台上传给医院，到货后，三方组织验收，收货工作复杂度大大降低，实现二级库存管控与按需配送，提升医院的药品流转效率和准确率，确保药品流转全程中的安全性与可靠性，并进一步降低综合成本。

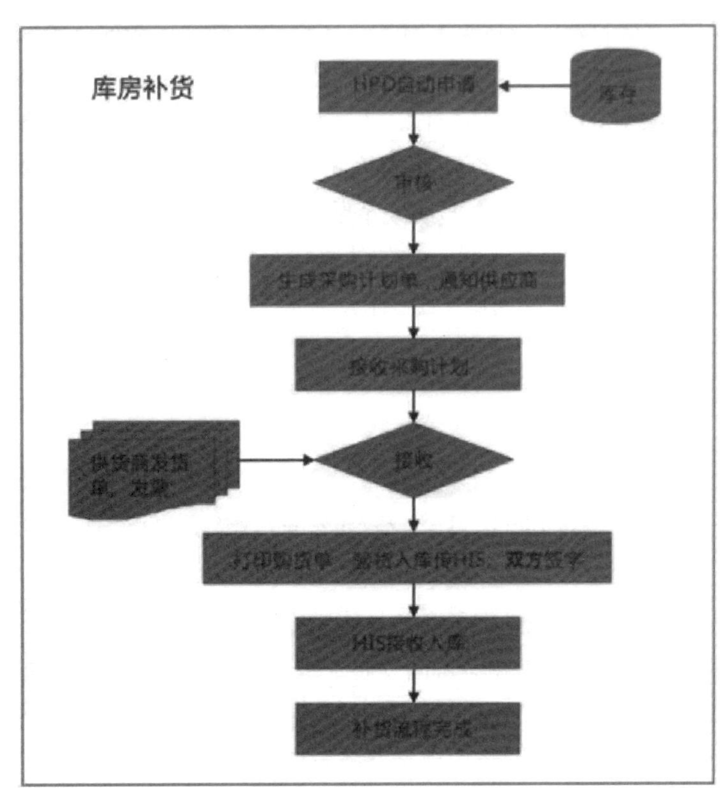

图 4.2 HPD 自动补货流程图

5. 搭建信息安全保障体系

（1） HPD 项目 CA 认证 为确保网上交易和网上业务中能正确标识用户身份，维护中心医院电子商务平台的稳定性，保证企业网上业务安全性、合法性，按照《中华人民共和国电子签名法》《电子认证服务管理办法》等法律法规的相关规定，特携手新疆数字证书认证中心签署战略合作协议，给各供应商分发 UKEY，用于保障各供应商网上业务中的身份识别和信息数据加密，确保各供应商的合法利益。

（2） 增加网络硬件防火墙 纳入医院统一管理，对内数据资源共享，对外数据保密，定期对数据库备份，异地保存等手段，确保网络信息安全。

三、结语

通过运用互联网技术重塑医院物流新模式，某三甲医院一举解决了目前公立医院中普遍存在的管理工作繁重、资金占用高、管理水平低等问题，随着新模式的构建及应用，将物流服务由药房、库房延伸至医院各个病区，减少医院库房的占地面积及库存量，节省开支，加快了物资及资金的周转速度，同时节省了部分人力物力，在保证配送及时性的基础上，提高物流服务水平。原库房人员的的工作重心由繁重的收货配送工作转移到更为重要的管理工作上面来，优化了服务质量。在提升医院管理水平，降低医院采购成本，加大采购环节的透明度方面，做出了有益的尝试，并取得了医院、供应商、政府三方面“共赢”的成效。成功实现“互联网 + 医药物流配送到需求科室的最后一公里”。

（来源：中国数字医学 2018 年 02 月 11 日）

三部门联合发布首批骨干物流信息平台试点名单

根据《“互联网 +”高效物流实施意见》有关工作部署，交通运输部、国家发展改革委和中央网信办联合委托第三方机构组织开展了首批骨干物流信息平台试点评选工作，全国 28 家平台入选。

据悉，此平台试点名单涉及物流市场运作、物流需求支撑、物流服务保障 3 个部分，其中物流市场运作又划分为公路车货匹配领域、铁路运输领域、多式联运领域、冷链物流领域及城市配送领域 5 个子项。下一步，交通运输部、国家发展改革委和中央网信办将探索建立试点单位的动态调整机制，以适当形式在全国范围内宣传推广试点单位的成功经验和做法，加快推动解决“信息孤岛”“信息烟囱”等突出问题，提高物流业现代化、组织化、智能化水平，为深入推进物流降本增效、促进实体经济发展创造更好条件。

（来源：中国交通新闻网 2018 年 02 月 09 日）

当快递进入“分钟级配送”时代

国务院办公厅日前发布《关于推进电子商务与快递物流协同发展的意见》，部署实施“互联网 + 流通”行动计划，提高电子商务与快递物流协同发展水平。《意见》提出，将快递物流相关仓储、分拨、配送等设施用地纳入城乡规划，将智能快件箱、快递末端综合服务场所纳入公共服务设施相关规划，科学引导快递物流基础设施建设，构建适应电子商务发展的快递物流服务体系。

加强快递物流基础设施建设，构建广覆盖、高水平的快递物流服务体系，这项工作纳入国家层面的战略决策，绝非偶然。我国快递物流的发展，一直得益于电子商务的带动，现在我们仍然说推进电子商务与快递物流协同发展，构建适应电子商务发展的快递物流服务体系，不过从普通消费者的角度看，快递物流发展到今天，已经在相当程度上有了自己的逻辑。人们也许对自己在网上买了什么东西没多少感觉，但对自己买的东西是哪家快递送来的，哪家快递送达的时效和服务的好坏等等，往往有十分真切的感受和印象。特别地，人们十分看重快递送达的时效，毕竟快递的本质就在一个"快"字，如果不注重时效成了"慢递"，那就彻底失去价值了。

从这个意义上说，消费者很乐意看到快递企业就"快"展开激烈竞争，希望通过良性竞争使快递变得越来越快，更好地适应电子商务的发展和百姓对美好生活的需求。据报道，阿里巴巴旗下的物流平台菜鸟网络近日透露，新零售带动商业与快递物流互相协同，已经产生以分钟计算的物流配送速度，从盒马鲜生 30 分钟达，到天猫酒水 29 分钟达、超市生鲜 1 小时达，再到天猫旗舰店 2 小时达，消费者的购物体验远远超过了传统的物流大仓模式。

快递物流进入"分钟级配送"时代，意味着快递送达速度不再以天计算（就在几年前，外地快递送达一般需要两三天甚至一周），也不再满足于这两年被树为标杆的"211 模式"（当日上午 11 点前提交的现货订单，当日送达；晚上 11 点前提交的现货订单，次日 15 点前送达），而是缩短到以分钟为单位的"特快级"。"分钟级配送"延伸到外地和海外，送达时限也不过是延长到"小时级"，如天猫、菜鸟与新西兰奶企合作，实现巴氏杀菌鲜奶 B2C 进口零的突破，最快只需要 48 小时，进口巴氏杀菌鲜奶就可以到达中国消费者手中。

快递物流进入"分钟级配送时代"，不只是快递企业之间就"快"展开激烈竞争的结果，也不只是互联网企业充分运用大数据、云计算等先进科技手段，以全新技术赋能新零售物流创新升级的结果，同时也是各级政府和相关职能部门大力支持快递物流基础设施建设的结果。基础设施是电子商务线上发展在线下的落点，是支撑快递物流实现"小时级""分钟级"配送的重要物质条件，是链接制造业、服务业、电子商务企业、快递物流企业和终端消费者的中枢平台，国务院办公厅发布的《意见》高度重视快递物流的基础设施建设，其主要意义正在于此。

中国快递物流进入"分钟级配送时代"，也是中国经济进一步融入全球市场，中国商品"全球卖"范围不断扩展，中国消费者"全球买"拉动世界经济力量不断加大的过程。当今世界，贸易保护主义在一些国家和地区抬头，全球化进程不时受阻，中国电子商务与快递物流协同发展，以不可逆转之势参与世界贸易活动，已成为推动全球化的重要力量。当中国人在家中轻松惬意地喝着 48 小时前新西兰生产的鲜奶，当俄罗斯、西班牙、法国等国消费者订购中国商品，中国快递最快 4 小时就送货上门，越来越多的人会发现，电子商务把这个世界变得更小了，快递把这个世界上的人拉得更近了。

（来源：北京青年报 2018 年 02 月 05 日）

互联网平台能给物流企业带来哪些新机遇?

2017 年 12 月 25 日，卡车之家邀请福佑卡车、天地汇、卡行天下、新杰物流、冠磊物流、奔腾物流、跃起物流、鸿运物流、诺必达速运、运满满、货车帮、传化陆鲸等行业资深专家齐聚上海，举办了主题为《资源共享 思维碰撞》的 2018 物流行业"钱"瞻论坛。福佑卡车大客户部总经理韩阳辉在"物流平台能够带来哪些新机遇"的主题论坛中，分享了对平台如何给物流企业赋能，以及运输市场运力分配会有什么变化等问题的看法。

问：中小物流企业，能否借助物流平台做些什么？有哪些机会在其中？（平台如何为中小物流企业赋能）

答：福佑卡车认为未来的物流企业会呈现两极发展，其中一部分演变成为货主企业提供物流解决方案的三方物流企业，另一部分演变成深耕运力，进行运力运营的中小车队。一些既没有固定运力，也没有固定货源，纯粹的物流黄牛可能会随着信息透明度的提升逐步被优化。可能转行去做三方、专线、车队等，或者干脆不做物流行业了。

平台能为中小物流企业赋能体现在哪些方面呢？主要体现在资金、技术、货源、服务等方面。

在资金方面，对于中小物流企业而言，资金是他们最关心的话题，平台可根据中小物流企业运营情况、履约能力、信用状况，为其提供金融信贷、融资租赁、保险、金融保理等业务，提高其资金周转效率，增强抗风险能力。

在技术方面，平台能够提高物流企业之间的沟通效率和交易效率，以福佑卡车为例，福佑卡车开发的图灵系统具备智能报价和智能匹配的功能，货主询价后，系统秒速报价，提高了交易透明度和报价效率，系统通过为货主和运力画像，自动分析货主和运力的需求和潜在需求，实现智能匹配，实现两小时内派车，大幅提高交易效率，改善上下游用户体验。

在货源方面，福佑卡车的上游是顺丰、德邦、京东、安得等大型货主企业，原来的散户和中小车队可能根本没有机会承接这些企业的货源，现在通过平台赋能，中小车队和个体散户能够有机会接触这些优质并且真实有效的货源，并按时结算运费，这是平台赋能一个非常重要的体现。

在服务方面，福佑卡车通过运输车辆实时定位，实现智能预警，一旦发生异常，福佑遍布全国的线下工作人员能够在 6 个小时内到达现场，根据完善的异常处理预案妥善解决，使得分散的个体运力通过平台系统输出的统一的服务，有效改善上游货主的发货体验。

问：未来几年，国内运输市场的运力分配会有怎样的变化？平台、大型企业、车队、散户等的占比（运力走向）

答：平台 + 小车队和散户的模式将会成为未来干线运输市场的主流运力结构。基于养车成本持续攀升，以及提高运力弹性的需求这两个因素，未来大型企业运力外包的趋势将会越来越普遍。小车队和散户是干线运输市场的最终承运环节，并且会占据越来越重要的位置。平台依托技术优势，为小车队和散户赋能，提高专业化运营水平、服务能力和抗风险能力，通过平台输出标准化的运力服务，匹配大型企业的运力需求，让小车队和散户能够直接承运优质的货源。

问：有公路三方指出，现在小三方在运价透明之下无法生存。有没有一种新商机，以公路价格、利用平台找“整车”货，再转交给铁路运输，赚取中间差价呢？（多式联运）

答： 各个运输方式优缺点，汽运灵活性最高，能够实现门到门，铁路运输最大优点是大批量运输降低成本。公铁联运实施可能还有很长一段路要走。主要受限于三个方面，设施、政策、标准。设施方面，要有最基础的接驳站场；政策方面，铁路部门是否愿意进一步面向市场，跟公路运输一块玩；标准方面，铁路运输和公路运输标准是否能统一，甩挂运输能否大范围推广。

（来源：中国物流与采购网 2017 年 12 月 27 日）

互联网 + 物流怎么做？ 福佑“灵机 AI”系统介绍

物流业是支撑国民经济发展的基础性战略性先导产业，福佑卡车在第四届世界互联网大会发布新产品——灵机 AI。

福佑卡车运营负责人颜潮，具体阐述了灵机 AI 的功能和实现机制。在传统找车模式下，货主企业可能打电话、通过朋友圈、地方信息网站或直接到物流园区找车，询价场景分散，有效运力供给不足导致货主很难在短时间内找到需求的车型。沟通效率极低，一旦耽搁了时间，极有可能诱发异常情况。福佑卡车开发灵机 AI，正是为了解决这些问题。

在报价环节，灵机 AI 实现了整车运输从人工报价到机器报价的根本性转变，整车运输没有标准价格，同一条线路、同一种车型的运价相差幅度可能达到 5000 元，同一天上午和下午，运价波动幅度可能达到 10-20%。因此，以往整车运输价格都是在人与人之间的沟通和谈判过程中生成的，这种方式不仅效率低，还容易滋生腐败。灵机 AI 依托福佑卡车平台承运过程中积累的真实数据，根据历史交易价格、车型、线路、货物品类、淡旺季、市场供需、天气、突发情况等因素对整车运价的影响，运用大数据和人工智能技术，在算法基础上实现秒速报价，报价的精准度与市场实际运价吻合度高达 99%。大幅提高了交易的透明度和交易效率。未来，福佑卡车致力于打造一套标准化的整车运价体系。

在匹配环节，灵机 AI 采用用户画像技术，综合分析货主企业的货品分类、交易偏好、活跃度、履约能力、线路偏好、车型偏好、价格敏感度、装卸货要求、运行时效、特殊要求等因素，以及运力端的货物品类偏好、车型车长、线路偏好、价格敏感度、定位率、信用值、异常率、活跃度、运输距离偏好等因素，在货主和运力画像的基础上，实现货源与运力之间的精准匹配、智能匹配，提高交易效率，改善用户体验。

在服务环节，福佑卡车形成了一套完善的服务标准，确保整车运输全程后顾无忧。福佑卡车利用定位技术、大数据技术和算法模型实现了 100% 车辆定位，实时预警。司机靠台装货、卸货都要实时上传照片，如此，货主可直观感受到货物的具体位置，对货物运输的安全性和时效性了然于胸。平台根据定位信息，进行实时预警，预警范围囊括 137 种异常场景，如定位信号中断、轨迹偏离（可能发生倒货卖货情况）等，并为每种异常场景量身打造处理预案，一旦出现异常，福佑线下工作人员能够在 6 个小时之内到达异常现场，根据预案，妥善处理，减少异常情况造成的损失。

目前，福佑卡车已经与京东物流、德邦物流、安得物流、百世物流、韵达快递、日日顺、大田物流、嘉里大通等知名企业达成了整车运输业务合作。与超过 30 万辆的货运车辆有过合作关系，为货主企业平均节省了 8% 的整车运输成本，异常发生率大幅降低。

（来源：中国物流与采购网 2017 年 12 月 07 日）

给公路物流建智能调度系统

连续四次参加世界互联网大会，这一次，传化集团董事长徐冠巨带给大家的是一张已经布局全国 30 个省市自治区、200 多个城市的智能的“中国货运网”：不但有线下的公路港城市物流中心，还有线上的智能物流平台，货主企业要发货，物流企业要接货，货车司机要找货，都可以轻敲键盘搞定。这张网，就是传化网。与许多互联网企业服务人有所不同，传化网服务的是实体产业。

“传化网相当于给公路物流装了一个智能调度系统，就跟高铁、航空都有自己的调度系统一样。”徐冠巨介绍说。实际上，传化网“智能物流系统”上沉淀分析出的物流数据已经覆盖全国，每一组数字都是产业发展和经济的“晴雨表”。

随着互联网、大数据、人工智能的发展，“万物皆可数字”的数字经济时代已悄然到来。在徐冠巨看来，现代供应链服务体系的构建，是数字经济的新蓝海。传化就是通过其构建的“中国货运网”智能物流平台，运用互联网、大数据、人工智能等技术，与实体经济深度融合，为制造业转型升级服务。

在这张网里，通过线上的传化“陆鲸”平台，长途司机的平均找货时间由原来的 72 小时缩减至 6～9

个小时。最快可实现提前配货，找运力和订机票一样可一键交易、提前预定。专注于城市物流的“易货嘀”平台，已经成功服务了 G20 杭州峰会、大连达沃斯、南京国际马拉松等知名会议 / 赛事的城市配送服务。近日，易货嘀与饿了么达成合作，为其广州区域提供早餐仓配一体服务，在配送量相同的情况下，易货嘀将配送车辆由原来 40 台减少至 28 台。

在线下，传化遍布全国各个城市的公路港城市物流中心，可以满足各类物流企业经营、货车司机生活和生意的一应需求。基于城市物流中心，传化还通过数字化的手段把分散在城市各处的仓库进行连接和协同，形成 “智能云仓”。“传化云仓的‘无人仓’还实现了全流程、全系统的智能化和无人化，较人工作业提高效率 5 倍以上。”徐冠巨介绍说。截至目前，传化已在全国建成并投入运营了 40 多个公路港城市物流中心，传化云仓则连接了全国 120 多个仓库，分拣率准确度达 99.5%以上。

传化支付则好比物流业的“支付宝”，为物流业生态圈内的各个主体提供系统的支付结算服务，提供行业一揽子金融解决方案。智能信息系统则可以实现人工智能和大数据分析预测，优化产业布局，助力行业经营和政府科学决策。

如今，“传化网”已经聚集了 400 多万卡车司机会员，连接了上百万家的货主企业，16.2 万的物流服务商。传化还在推动这张网与铁路、海港、空港互联互通，形成一张覆盖全国的多式联运基础设施网络。

（来源；浙江在线 2017 年 12 月 04 日）

京东联手腾讯，欲打造“互联网采购供应链”新标准

2017 年 11 月 30 日，京东企业购与腾讯在深圳腾讯总部举行合作签约仪式，致力从互联网企业多元、创新和快速响应的诉求出发，打造“互联网采购供应链”新标准。

签约仪式上，双方就本次合作内容表示，京东企业购将利用自身在采购供应链上的一站式采购解决方案，对腾讯现有的 EPO 采购平台在响应速度、效率及运营品质进行全面升级。

腾讯与京东企业购本次联手升级的采购供应链主要集中在两个维度，一是腾讯自身运营所需的采购物资管理，包括腾讯集团的办公集采、员工福利等，另一个是供腾讯社交、游戏等产品用户进行市场活动、积分兑换等的采购供应链升级。

腾讯对双方合作表示认可，其认为通过与京东企业购在采购供应链端的合作，将切实加速腾讯公司的企业采购供应链管理升级，并将高效、精准、便捷的服务进一步延伸至腾讯各事业群面对的 C 端消费者，升级互联网行业 B2B2C 的商业模式。

京东联手腾讯发起互联网采购供应链之变

腾讯与京东企业购联手打造的互联网采购供应链新标准，直击近年来互联网行业发展的供应链痛点。

一直以来，互联网行业为了实现业务的快速发展、高效决策，组织架构通常是以事业群制，这增加了企业管理的难度，也影响了互联网企业的高效运转。作为中国互联网领军企业之一，如何在确保腾讯业务快速发展的前提下，实现集团高效的采购统筹管理，防控采购风险，确保采购链条的阳光透明，也是腾讯致力解决的问题。

对此，腾讯公司采购部总经理任立新对与京东企业购的合作模式表示认可，他告诉记者，与京

东企业购的合作，在办公集采和员工福利两大场景的改善上显而易见。“相较于传统采购的模式，与京东企业购合作后，腾讯原有的EPO采购平台将实现全面升级，不仅能快速响应员工需求，在采购供应链后端的配送环节提效明显，货品配送周期大幅缩短，腾讯采购供应链的综合成本得到了有效控制。”任立新说到。

采购供应链管理效率的大幅提升，对不断壮大的腾讯而言意义重大。腾讯在与京东企业购达成合作后，相比于传统线下采购4～5天的采购周期，其产品采购可在1～2天内完成，采购效率提升2倍以上，在后期配送环节，京东企业购的集采集送服务可大幅降低其二次配送所带来的成本和效率问题。更为关键的是，通过京东企业购提供的产品池，腾讯的采购品类数量将实现5倍以上的提升。任立新认为，与京东企业购的合作，对腾讯采购供应链的升级无疑是一个具有里程碑意义的事件。

同时，京东企业购还与腾讯HR部门展开”鹅民公社”的员工福利合作，遍布保险理财，旅游，生活，实物等个性化的福利采买服务，提升员工满意度。

升级服务标准破解互联网用户粘性痛点

作为本土互联网领军企业的代表，腾讯一直走在互联网变革浪潮的前端。记者发现，腾讯本次开启的互联网采购供应链升级，对整个互联网行业的成效升级、竞争力重构有很好的借鉴意义。

“我国互联网企业发展迅速，但也呈现发展快、淘汰率高的特点。特别是一些创新型互联网企业，虽然好的创意让这些企业在资本助推下快速成长，但其管理水平的欠缺，也导致其在成长过后出现一系列问题，甚至被淘汰出局。”京东集团大客户部副总经理、大型企业客户部总经理陈川告诉记者，“从这个层面来看，腾讯与京东企业购的合作模式，可以为解决互联网企业成长过快之痛提供一个很好的解决方式。”

与此同时，面对互联网行业竞争日益激烈的格局，通过强化企业在供应链管理上的能力，对互联网企业通过高质量的市场营销及客户服务，实现产品流量提升及用户粘性的升级，也将起到很大作用。

而升级腾讯用户的服务体验，同样也是腾讯本次与京东企业购合作的重要考量。记者从签约现场了解到，在升级后的EPO平台上线后，积分兑换场景的品类将实现5倍提升，配送周期将大幅缩短，不管是远至克拉玛依，还是六盘水的玩家，都能快速收到其兑换礼品。从这个层面来看，腾讯通过与京东企业购在供应链管理上进行深入合作，不仅可以给其用户提供品类繁多的礼品选择，同时还大幅缩短用户礼品的配送周期，升级广大“网友”的消费体验。

互联网行业专家告诉记者，腾讯与京东一旦完成互联网采购供应链新标杆的打造，对双方而言无疑是一次双赢。“腾讯可借助优势供应链的重构，强化互联网领军企业的优势地位，而京东企业购则借助这一新模式，打开其在互联网企业级市场的新局面。”

京东集团副总裁、大客户业务负责人宋春正也就与腾讯的本次合作表示，“京东企业购与腾讯在企业级市场的合作，从市场营销、积分兑换、办公用品、员工福利全维度升级互联网采购供应链，其实也是京东向零售基础设施服务商转型，利用自身在技术、供应链、商品和金融方面的优势对外赋能的一次有益实践。我们也希望通过与本土互联网领军企业腾讯的创新合作模式的探索，为更多的中国互联网企业的采购供应链升级服务。”

（来源：企业管理杂志 2017年12月01日）

4.2 人工智能（AI）在物流业的研发与应用

4.2.1 综合

概述

人工智能概念从1956年诞生，历时60年，经历三次热潮：第一次是智能跳棋程序的出现，第二次是专家系统的出现，但在这两次之后，由于技术的限制都有一个长时间低谷期。2010年以后，随着大数据、云计算、深度学习技术突破，人工智能飞速发展，从此开创一个对我们未来产生颠覆性影响的新时代，它将重构经济运行方式，物流可能首当其冲。

人工智能就是探索研究用各种机器模拟人类智能的途径，使人类的智能得以物化与延伸的一门学科。它借鉴仿生学思想，用数学语言抽象描述知识，用以模仿生物体系和人类的智能机制，目前主要的方法有神经网络、进化计算和粒度计算三种。人工智能（AI）的技术在物流行业的影响主要聚焦在：智能搜索、推理规划、以及智能机器人等领域，主要影响到仓储环节、库存管理、运输路径的规划三个方面。

仓储环节：对于企业仓库选址的优化问题，AI技术能够根据现实环境的种种约束条件（如顾客、供应商和生产商的地理位置、运输经济性、劳动力可获得性、建筑成本、税收制度等）进行充分的优化，给出接近最优解决方案的选址模式。因为AI 能够减少人为因素的干预，使选址更为精准，所以物流企业的成本能够大幅降低，企业的利润大幅上涨。

库存管理：AI通过分析历史消费数据，建立相关模型对以往的数据进行解释并预测未来的数据，动态调整库存水平，保持企业存货的有序流通，提升消费者满意度的同时，不增加企业盲目生产的成本浪费，使得企业始终能够提供高质量的生产服务。在降低消费者等待时间的同时使得物流相关功能分离开来，令物流运作更为有效。

运输路径的规划：智能机器人的投递分拣、智能快递柜的广泛使用都大大提高了物流系统的效率，大大降低了行业对人力的依赖。随着无人驾驶等技术的成熟，未来的运输将更加快捷和高效。通过实时跟踪交通信息，以及调整运输路径，物流配送的时间精度将逐步提高。而无人监控的智能投递系统也将大大减少包装物的使用，更加环保。

人工智能（AI）在物流业的具体运用有：

1. 仓储

（1）无人仓

自动化立体仓库，是当前无人仓技术水平较高的形式。自动化立体仓库的主体由货架，巷道式堆垛起重机、操作控制系统组成。钢结构的货架内是标准尺寸的货位空间，巷道堆垛起重机穿行于货架之间的巷道中，完成存、取货的工作。管理上采用计算机及条形码技术。

（2）穿梭车

穿梭车是一种智能机器人，可以编程实现取货、运送、放置等任务，并可与上位机或WMS系统进行通讯，结合RFID、条码等识别技术，实现自动化识别、存取等功能。

（3）穿戴拣选

穿戴拣选技术应用，是最新的无线拣选技术，特别是语音拣选代替了传统的纸质拣选单、或从无线终端拣选过渡到语音技术，提升了拣选效率。

2. 配送

（1）配送机器人

配送机器人先是根据目的地自动生成合理的配送路线，在行进途中避让车辆、过减速带、绕开障碍物，到达配送机器人停靠点后就会向用户发送短信提醒通知收货，用户可直接通过验证或人脸识别开箱取货。

（2）无人机快递

通过利用无线电遥控设备和自备的程序控制装置操纵的无人驾驶的低空飞行器运载包裹，自动送达目的地，其优点主要在于解决偏远地区的配送问题，提高配送效率，同时减少人力成本。缺点主要在于恶劣天气下无人机会送货无力，在飞行过程中，无法避免人为破坏等。目前未大范围使用。

3. 装卸

（1）AGV 集装箱牵引车

AGV 集装箱牵引车备有电磁或光学等自动导引装置，一般可通过电脑来控制其行进路线以及行为，或利用电磁轨道来设立其行进路线，电磁轨道黏贴於地板上，无人搬运车则依靠电磁轨道所带来的讯息进行移动与动作。

（2）装卸机械手

装卸机械手的功能是对自动化机械手的位置、行程、速度、压力、流量等进行检测并反馈给控制系统。装卸机械手产品量大、自动化程度高，机构运动速度高。

4.2.2 热点

智能物流机器人成新风口

随着传统行业不断地与科技碰撞。依赖人力的物流行业，也正努力从劳动密集型向技术密集型转变，从传统模式向机器人智能物流升级。

伴随着电商发展，快递包裹量也在不断增加，统计数据显示，我国快递已进入单日快递亿件的时代。随着包裹量的增长越来越快，物流行业需要思考如何为“未来的日均 10 亿个包裹”做好准备，这使得使用机器人来节省人力成为了一个常见的做法。

电商巨头亚马逊的步伐最早，其 2012 年在全美仓库中就部署了 1.5 万台机器人。此外，国外也成立了很多物流机器人品牌，如硅谷公司 Fetch Robotics、印度公司 Grey Orange Robotic 的 Bulter、日立 HITACHI 的智能机器人等。

使用无人仓是实现机器人智能物流的重要一环。机器人技术的飞速发展，越来越多的物流动作可以被智能化设备所取代。京东物流 CEO 王振辉最近就表示，京东无人配送站点会在近期开始运营。加上此前，京东物流已经在上海“亚洲一号”投入使用了全球首个全流程无人仓，京东无人机和京东配送机器人已在常态化运营，加上京东在宿迁的首个无人机机场的正式启用，标志着京东物流的全供应链“无人化”正在实现。

除了京东外，电商巨头阿里和苏宁，物流巨头申通和圆通等均加大了无人仓方面的布局，阿里去年 8 月份启动的惠阳无人仓是我国实际投入使用的规模目前最大的无人仓库；苏宁双十一前全面上线了云仓库；圆通则从上海中心开始，正在大面积上马自动分拣线，无人仓正在我国遍地开花。

随着各家巨头的积极布局、新锐创业公司的迅速崛起，各大企业纷纷加入了智能物流机器人的市场布局和研发中来，尤其在我国大力推行中国制造 2025 以及企业转型升级的大背景下，智能物流机器人已被认为是下一个风口。

不过值得注意的是，还有一些制约智能物流发展的问题，例如成本高企，才能有效发挥智能物流系统的作用，以及无人机配送能否广泛应用到实处还需要 2018 年给出答案。

（来源：证券日报《聚焦 2017 年八大新经济亮点》 2018 年 1 月 3 日）

电商升级新零售，阿里京东卡位智能物流

阿里巴巴和京东在智能物流行业你争我夺，抢占先机。基于两大巨头的业务运作逻辑的差异，阿里和京东对于智能物流建构的方向和模式也有所不同。

近日，艾媒咨询发布《2017 年中国智能物流行业研究报告》（下简称“报告”），指出中国已成为世界最大的物流市场，并在往智能物流方向转型和发展。2017 年中国智能物流行业市场规模达 3380 亿，较 2016 年增长 21.1%。预计 2020 年中国智能物流行业市场规模将达 5850 亿。“报告”分析，中国智能物流市场在电商发展的推动下快速增长，资本的介入成为我国智能物流行业发展的重要推动力量。2017 年是中国电商全面升级新零售的元年，作为新零售的基础设施，物流智能化成为新零售升级关键。

中国两大电商巨头——阿里巴巴和京东在智能物流行业你争我夺，抢占先机。基于两大巨头的业务运作逻辑的差异，阿里和京东对于智能物流建构的方向和模式也有所不同。

模式：搭建物流产业链生态 VS 自建仓配物流网络

阿里早已意识到物流服务将影响电商发展。截至 2017 年，阿里从仓储、配送、供应链、末端配送，以及海外都已经有所布局，智能物流生态圈基本成型。

2013 年，阿里联合银泰以及各大快递企业等组建菜鸟网络。阿里巴巴组建菜鸟的目的，用张勇的话来说就是“形成一套从前端下单、到运输配送、再到收货售后的一体化解决方案，是端到端的全链路优化”。简而言之，就是“打造像水电煤一样的智能物流网络”。

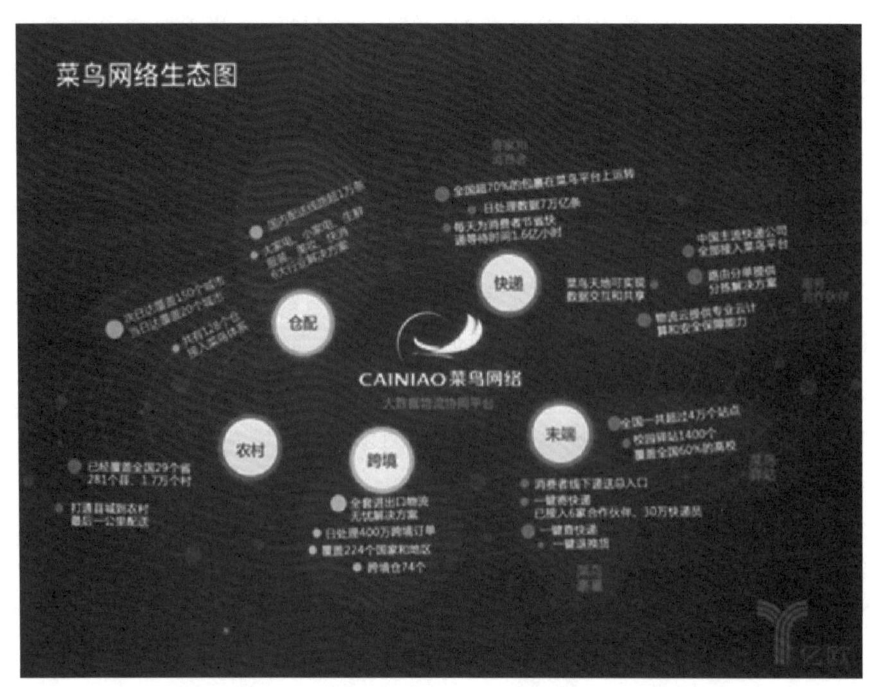

菜鸟重点投入到基础设施建设、信息系统搭建和服务标准的建立，并邀请合作伙伴接入来保证各个环节的服务落地。菜鸟在全国拿地建仓，这一做法曾引起快递企业的忌惮，但是菜鸟目前所有的仓库运营都外包给由阿里投资的心怡科技、日日顺、百世物流等第三方管理公司负责，其依然保留了科技公司的“轻”。

中国物流协会特约研究员杨达卿认为，这种平台型供应链企业对于一个由中小企业支撑的商业生态来说，仍具有巨大的价值。

京东的物流打法则有所不同。通过自建仓配物流体系，并在全国范围内实现统一的操作和管理标准，京东物流以此强调运营质量与配送效率。相比于菜鸟的“轻模式”，京东这种“重模式”做法，也有质疑声，不少人认为其并没有做到创新，虽然向社会全面开放，但无法真正赋能合作伙伴，原因在于京东自营商城和第三方商家存在竞争关系，且京东物流与其他物流也如此。因此，在其开放物流一年多的时间里，并没有传出规模大且知名度高的品牌方合作项目。

而还有重要的一点，成立 10 年多之久的京东物流的盈利能力也成为京东的负担。“京东物流的一个不足之处就是整合社会资本能力太弱，全靠京东自己投资。”前腾讯、京东战略分析师李成东表示，“菜鸟物流早在 2016 年就完成了融资。京东的资金应该更多投在技术和供应链上，而非物流上。”

业务：五个链条网络 VS 六大物流网络

菜鸟打通跨境、快递、仓配、农村、末端配送五个链条的信息流、物流，形成智能网络。

阿里、菜鸟网络物流投资布局

领域	投资公司
快递	圆通、百世、苏宁物流+天天快递、全峰（青旅物流）
即时物流	点我达
落地配	万象物流、晟邦物流
车货匹配	运满满
物流平台	卡行天下
仓储自动化	心怡科技、快仓、北领科技
智能快递柜	中邮速递易
家居物流	日日顺
国际	新加坡邮政
跨境物流	递四方

来源：中国电子商务研究中心　　亿欧（www.iyiou.com）

在仓配方面，菜鸟打造一站式全供应链互联仓储平台，这是吸引商家和快递公司入局的关键一步。菜鸟为商家在全国提供仓储，帮助商家实现智能化库存管理的同时，大幅度提高配送服务效率。继而靠商家订单流量吸纳快递公司。此外，菜鸟推出“联盟仓库”，将智能仓配网的分层做得更密。

菜鸟的跨境物流已经覆盖全球 224 个国家和地区，跨境仓库数量达到 74 个。阿里还两次投资新加坡邮政，现已初步搭建起一张真正具有全球配送能力的跨境物流骨干网。并通过在马来西亚打造的首个“eWTP（电子世界贸易平台）“试验区，建立了中国境外首个超级物流枢纽。

在农村网络方面，菜鸟和老牌的 EMS 合作，阿里早前投资了海尔日日顺物流，并于 2017 年增加持股。此外，阿里也一直在扶植万象、晟邦、黄马甲等落地配公司。

在末端网络方面，阿里的策略则是菜鸟驿站、智能快递柜以及即时物流配送三方出动。目前，菜鸟在全国已有超过 4 万个菜鸟驿站。在 2017 年 6 月，菜鸟还参股了“速易递”智能快递柜。

此外，阿里通过投资国内即时物流公司点我达，在末端即时配送方面布下一子。据“报告”分析，点我达采用智能派单模式的即时物流平台，其无分区技术、智能派单和压力平衡体系等技术创新形成了技术壁垒。

阿里的优势，让其生态圈的成员形成良好的生态资源对接。点我达加入阿里系，和阿里成员的饿了么、菜鸟、盒马、百联、易果、百世汇通等保持了良好的合作关系，在阿里新零售战略中起到举足轻重的作用。

京东物流将其物流网络分为中小件、大件、冷链、B2B、跨境和众包网。

中小件物流配送上，京东资料显示，目前京东在全国范围内拥有 256 个大型仓库，6906 个配送站和自提点。大件物流方面，京东对垒的是阿里的日日顺物流，处理大家电配送服务。

京东目前全国正在使用的冷仓有 10 个，冷链配送覆盖深冷、冷冻、冷藏、控温四大温层，可以实现零下 30 度至常温温层的全覆盖。而阿里系的冷链配送主要是易果的安鲜达，天猫超市等都由其提供服务。

跨境物流方面，京东拥有海运链路和空运链路，已开通 7 个“跨境生态”口岸，并且有两个“京东自营保税仓”。

B2B 网络，与之前公布的京东百万便利店计划和京东家电专营店计划密切相关，将依赖于这张网络进行铺设。

京东的众包物流，正是补足其末端配送的一个手段。2016 年，京东到家和达达合并后，达达作为运力补充与京东物流关系密切，此次被划入了京东物流子公司的物流网络之一。

但是，就目前阿里和京东生态布局情况看，京东的众包物流的订单流量和品类丰富度不及前者。

技术：大数据 + 算法 VS 无人化技术

整个阿里巴巴集团的未来，很大程度上都依仗于大数据，菜鸟网络亦然。它的本质是获取以大数据算法为核心下的商业应用。

根据菜鸟官方提供的数据，菜鸟网络已经实现全中国超过 70% 的快递包裹、数千家国内外物流、仓储公司以及 170 万物流及配送人员都在菜鸟数据平台上运转。这个数据体量的想象空间不容小觑。

菜鸟推动的电子面单，现在在电商物流的使用当中已经达到 85%。此外，菜鸟还想通过数据服务帮助物流企业改善日常的运营和管理，如菜鸟的 “四级地址”，能够实现“路由分单”，以此取代人工分单，提升分拨中心的效率。其承诺达、无忧物流也是基于数据而确保的。

下一个阶段，菜鸟的数据应用就是向上延伸到供应链的生产端，做精准的消费预测，让各环节的生产商提前调配货物的生产和库存。

在新零售的趋势下，菜鸟还会用数据技术帮助商家做门店发货，并实现线上下单、线下发货。而这个合作，菜鸟已经联合天猫、点我达正在逐步落地。现阶段，用户在天猫屈臣氏旗舰店下单，选“定时达”服务，菜鸟会将订单同步推到点我达系统，由点我达配送员直接到离用户最近的门店取货，2 小时内即可送货上门。

京东立志于成为一个通过人工智能技术和机器人技术相结合，打造一个“类似于无人的商业体”。2014 年京东就成立了亚洲一号自动化物流中心，大部分环节上都实现了自动化，提高了仓储的运营效率。

去年，京东物流独立运营，并成立京东 X 事业部智慧物流实验室，第一次向众人展示了由机器人、人工智能算法和数据感知网络打造的全自动仓储场景。

京东的无人仓中的 AGV 机器人（指具有自动导引功能的机器人）利用地面贴着的二维码导航来搬运货架。

图：京东 AGV 机器人投递包裹

同时，京东还与西安航天基地签订了合作协议，将打造京东集团全国最大的综合性智慧物流产业基地。

在无人技术应用方面，菜鸟略晚于京东，但后劲十足。去年 9 月，菜鸟网络开始在全国启动超级机器人仓群，通过智能算法、自动化流水线、AGV 机器人等，提升仓内的无人化作业水平。由菜鸟网络打造的“中国最大的机器人仓库”，也开始在广东惠阳投入使用。

图：菜鸟机器人仓库

智能物流未来趋势

第一，“全供应链化”，大数据驱动整个供应链重新组合，不管是上游原材料、生产制造端，还是下游的分销端，都会重新组合，由线性的、树状的供应链转型为网状供应链。

第二，物流机器人会大量出现，不管是阿里、还是京东，以及顺丰等各大快递企业都会投入智能物流的硬件研发和应用。随着人力成本的不断提高，机器人成本与人工成本会越来越接近。简单重复性劳动被机器人取代只是时间问题。

第三，社会化物流会变成全社会经济的重要组成部分。数字化物流会让物流资源在全社会重新配置，不管是快递的人员、快递的工具、快递的设施，还是商品，都会来进行组合，任何一个社会资源都可能成为物流的一个环节。所以未来智能物流，一定是一个自由、开放、分享、透明、有信用的一套新的物流体系。

（来源：亿欧网 2018 年 01 月 24 日）

新零售下智能物流该怎么玩?

面对物流行业的短板——跨区域协同性仍较弱，末端配送未高效整合和仓配信息普遍孤岛化，富春控股集团副总裁、网赢如意仓总经理吴军旗立足智慧仓储给出了应对新零售，智能物流的几个创新玩法。

物流的快速发展，成就了线上零售。有人说"新零售"的"新"就新在物流上，正是因为物流的高效、快捷才让网购变得顺畅和普及。当同城配送发展起来的时候，线上线下的本地新零售又应运而生。可以说， 过去 10 年，零售给物流行业带来了量的变化，零售业的每一步的变化，背后都有一个新的物流模式在推动。

在富春控股集团副总裁、网赢如意仓总经理吴军旗看来，目前物流行业的跟进和转变还处于被动状态，面对互联网 + 实体的线上与线下的有机融合，尽快补足物流体系的几个短板，变被动为主动才是必行之路：

短板一，跨区域协同性仍较弱。随着新零售的发展，跨区域协调的物流仓配体系的不健全，正逐渐成为阻碍商务流通的一大弊端；

短板二，末端配送未高效整合。实现无缝的协同配送，流量能否支撑运营成本是极为关键的。

短板三，仓配信息普遍孤岛化。在确保消费者个人信息不泄露的情况下，实现跨企业、跨平台的信息规划，从而实现物流资源最大化共享。

从事物流行业近 20 年的吴军旗认为：未来 10 年，新零售将会给物流行业带来质的变化，在这个变化下能够胜出的一定是科技型的物流企业。面对物流行业的短板，他给出了应对新零售，智能物流的几个创新玩法。

玩法 1：网状协同，立体共享

目前许多快递公司发货之后要到达中转仓，再到区域仓，到达本地之后还要到中转中心再分到分中心，最后才到配送点，一次一次的装卸过程损耗了物流企业大量的人力成本和时间成本。

"传统的配送模式是一条线性结构。"吴军旗认为，线性结构在互联网领域存在一定的问题，过程损耗了物流企业大量的人力成本和时间成本。尤其是效率方面的问题很难提升。

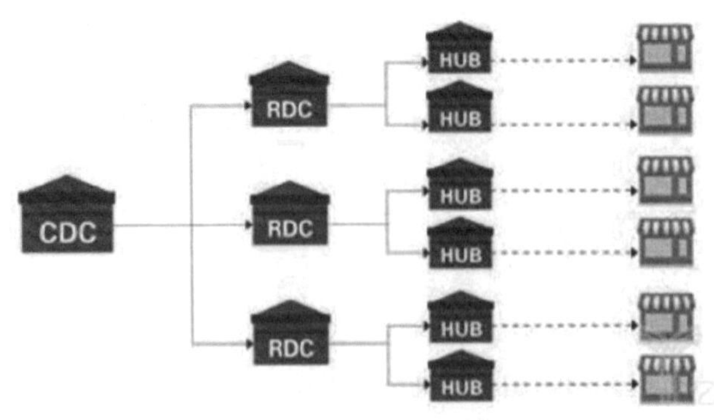

"四级分别的模式成本太高，有些商品不需要进入分拨中心。"吴军旗认为，通过立体化的仓储结构设置之后，多品牌，多仓点的需求匹配，完全可以弥补线性结构的不足。

立体化结构需要仓配供应链从线性向共享网状转型。吴军旗介绍，这种方式，不同于传统的供应链前端到后端、上游至下游的线性和树状程序，新零售重新梳理下的仓配布局，将强化物流与门店匹配度和辐射，通过大数据运算采用最优化的路径从而合理分配人力、物资、设施等资源，因而整条供应链各环节运作将实现有效同步和库存共享。

分仓建模 + 自由组合 + 按需调配

多仓协同、分仓调拨是分仓模式的主要动能。打破了电商物流供应链的单渠道全国配送模式，实现 B2B/B2C/B2B2C/C2B 同仓管理、共享库存，提供一站式全渠道仓配服务。如意仓的分仓数据模型能够为客户定制一套由 CDC+RDC+HUB 组成的分仓和物流解决方案。当客户需求变量发生变化时，数据模型会匹配生成新的最优方案，货物在如意仓的仓网体系内进行重新调拨。

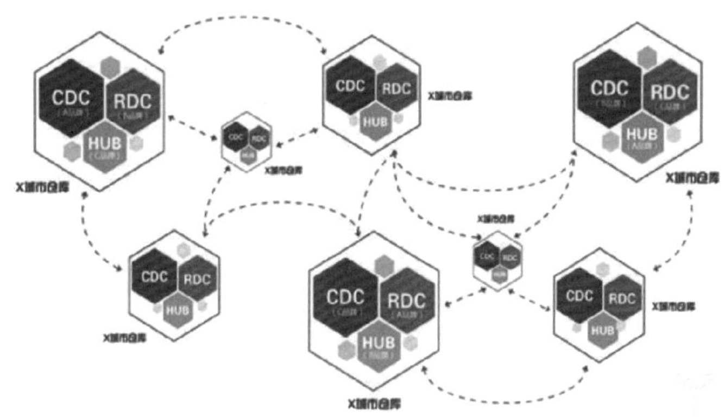

高频、低频商品分级分仓

高频的货物，可以通过发挥本地仓配的优势做到近距离的高效配送。中频的货物可以放在中转仓，进行中转后再进入本地配送。低频的货物在区域中心仓中远程快递。不同频次的货物分别进行有效配送，不至于在仓储过程中拖垮系统。

这样的搭配方式能够有效缩短运输里程，热销爆款商品由城市三级仓（HUB）配送，销量一般的商品和长尾商品由一级仓和二级仓（RDC/CDC）配送，从而全面提升整车到达率、整箱到达率、整单到达率等物流指标。

单仓集 CDC、RDC、HUB 功能于一身

吴军旗表示，立体化仓配网络通过分析客户的工厂所在地、销售渠道、消费人群的区域分布、产品属性等变量，对全国仓网和库内空间进行动态规划，实现单仓集不同品牌 CDC、RDC、HUB 功能于一身。

在系统介入和数据支持下，如意仓为客户提供的仓配网络分仓模型逐渐成为核心竞争力。为此，如意仓不断拓展全国的分仓网络，截至 2017 年底，已经在全国 23 个城市建立了 37 个分仓，共计 70 多万平方米。

吴军旗透露，“未来，‘如意仓’的布局速度将进一步加快，预计 2-3 年里，拓展至 50 个以上城市，建立 300 多个分仓，总计约 500 万平方米的仓配规模。”

玩法 2：大数据驱动，高度匹配

基于多家平台的体量，依托上下游供应商，通过大数据实现共享物流通路上各环节的仓配资源。数据不仅指挥仓内运转，包裹出仓后还能全程监测快递行踪。

构建多级配送模型

在多级配送模型中，干线运输、快递、落地配以及城配等形成一套完善的配送资源。这样的搭配方式能够有效缩短运输里程，从而全面提升整车到达率、整箱到达率、整单到达率等物流指标。

搭建全国分仓共享体系

根据大数据分析，为客户搭建全国分仓体系，线上线下共享库存。系统自动推荐最适合收货地址的发货仓，网络分仓不仅能分解单仓集中发货的压力，订单时效更快，成本更低，而且能打通不同渠道库存的共享，降低库存占用。

大数据调配一体化运营

“通过大数据计算，整体调控物流资源，弥补物流中将仓储配送分割操作的信息断层以及成本高的短板，一体化运营提高配送效率的同时形成集约效应。”吴军旗介绍，比如采取供应商预约送货的方式，加强对供应商的管理，做到收货工作的计划性与预知性，并进行运输安排，做好装车和运输计划，实现了人力的共享和资源管理分配，提高车辆装载率，提高运输效率，节约运输成本，提高送货的准时率。当客户需求变量发生变化时，数据模型会匹配生成新的最优方案，货物在如意仓的仓网体系内尽快进行重新调拨。

玩法 3：全网库存授信，玩转供应链金融

物流不仅是将货物由 A 点转移到 B 点，更是需要为货主提供完整的物流服务解决方案。比如，货主首先提出仓储服务需求，同时因为资金需求质押货物，就需要物流企业同步介入物流金融服务。

精准动态地统计全网库存

如意仓全国分仓网络可以精准动态地统计全网库存，凡是如意仓体系内的货物都可以进行融资，对货主而言，货物的流动性更强，在保证存货价值的前提下，货物可以自由出入，融资额度更高。同时，有利于债权人对债务人的各项资质进行动态评估，降低风险。

零散资产打包获得重新授信

至于供应链金融的玩法，吴军旗表示，在立体化的数据模型系统下，可以把所有商品、销售数据、回购行为等作为资产。

通过系统，可以把商家在所有仓点的资产整理出来然后进行打包，将原本达不到授信最低货物要求的零散货物通过数据集中了起来，通过银行重新授信，帮助品牌企业获得更好的融资。

玩法 4：配送一体，无缝对接

目前，如意仓在杭州试点推广了 4 条城配线路，致力于整合区域和本地订单，优化末端配送，形成完整的仓配服务能力。

线下数字化实现配送一体

“在新零售的趋势下，货物不会只围绕纯电商配置，配置的关键是线下数字化。”吴军旗表示，即消费供给本地化，城配线路进一步形成 60 分钟的距离内的供求体系。

优化末端仓配 实现无缝对接

新零售下，城配线路将进一步固化 3 公里内的供求关系，很多货并不需要纯电商的仓库里发货。吴军旗认为，未来末端配送会变成物流最为重要的支点。

末端快递、落地配、城配未来的发展是没有界限的，“送货模式是一样的，只是针对客户的区别。”吴军旗表示，可以从靠近消费者最近的仓点，甚至是实体店进行仓配无缝对接发货，让货物以最低的成本、最快的速度抵达客户手中。

（来源：亿欧网 2018 年 01 月 16 日）

智能物流时代，机器人将扮演什么角色？

依赖人力的物流行业，正努力从劳动密集型向技术密集型转变，从传统模式向机器人智能物流升级。

物流历史上每一次进化的背后都有消费与产业、技术变化的影子。今天，无论是在消费与产业层面，还是技术层面，都在经历一场变革。而作为零售最重要的基础设施，物流“新时代”同样也呼之欲出。那么，未来物流将会走向哪里？

物流行业即将迎来翻天覆地的巨变

“新一代物流正在到来，它将呈现出短链、智慧与共生三大核心要素。”在 12 月 11 日的 2017 全球新一代物流峰会上，京东物流 CEO 王振辉信心十足地表示。

无独有偶，菜鸟总裁万霖在 12 月 10 日“2017 中国企业领袖年会”上也表达了自己对物流未来的看法，“未来 10 年物流业的趋势是万物互联，所有的物流要素能够被数字化，能够被连接起来，通过我们的大数据智能和人进行完美协同和全局优化。”

虽然菜鸟网络和京东物流的基因有着不小的差异，但两大巨头对物流业的未来却殊途同归。随着“新零售”概念的推出，对仓储系统的智能化、柔性化提出了更高的要求。无论是阿里的新零售还是京东无界零售，物流都是其中最为关键的一环。

「新物流」是阿里“五新战略”的基础，没有新物流就没有新零售，新零售需要新物流、新技术助力新物流、消费升级呼唤新物流。对于京东而言，优质的物流服务则是其面对惨烈的市场竞争中最重要的竞争优势，也是其立足之本，是其实现无界零售的重要支撑。

两大巨头的求变，很大程度上也是因为物流行业的巨变。不久前，国家邮政局公布了 2017 年上半年快递行业运行情况，从今年第二季度开始，我国常态化进入单日快递亿件时代！随着包裹量的增长越来越快，物流行业需要思考如何为「未来的日均 10 亿个包裹」做好准备。

而在快递业务持续增长的同时，消费者多样化与个性化需求也不断提升。竞争的激烈使得消费者对电商的每一个环节都更加挑剔。物流行业的服务标准正在不断升级，“一日达”开始成为配送领域新航标。单日、亿件、一日达，在这些字眼惊人组合在一起的背后，都对物流行业的服务和效率有了更高的标准。

智能化升级关口，机器人将成为物流行业主角

随着中国的人口红利逐渐消失，科技创新正在席卷全球，传统行业正不断地与科技碰撞。依赖人力的物流行业，也正努力从劳动密集型向技术密集型转变，从传统模式向机器人智能物流升级。

机器人智能物流，顾名思义，即是用机器人作为物理载体，综合机器人、人工智能、大数据等先进技术，将物流的不同环节实现自动化、柔性化、智能化的系统级解决方案。一家企业想要实现效率提升、低成本地履行订单，一套自动化、智能化的仓储系统就显得尤为重要。

随着各家巨头的积极布局、新锐创业公司的迅速崛起，各大企业纷纷加入了智能物流机器人的市场布局和研发中来，尤其在我国大力推行中国制造2025以及企业转型升级的大背景下，智能物流机器人已被认为是下一个风口。

1、亚马逊、京东、阿里等巨头的争相入局

过去几年间，电商企业在一路高歌猛进的同时，而这也面临着海量订单快速处理带来的巨大压力。智能物流势在必行，也是因为此阿里、京东、亚马逊纷纷加入到智能物流体系建设中。

亚马逊自2014年便开始在其智能物流体系中使用Kiva机器人，如今亚马逊已启用了如摇臂机器人、仓储机器人、智能运算推荐包装、智能包裹分拣等多款机器人。其中仅仓储机器人便已在全球部署了10万台。

2017年9月初，亚马逊还宣布在纽约的首个订单履行中心将坐落于史坦顿岛，预计创造2250个全新工作岗位，而且将全面启用“机器人员工”帮助提高订单处理效率，公司称这些全职员工“将有机会与先进的机器人协同工作”。

最近几年，京东也一直在加强对物流前沿科技的研发，京东CEO刘强东甚至喊出京东是一家科技企业的口号。目前备受关注的是京东“无人仓”的技术研发和应用，其中关键环节之一则是大量智能物流机器人的协同作业。Delta拣选机器人、搬运型AGV机器人、智能叉车等一系列智能物流机器人与技术在京东无人仓中，组成了完整的智慧物流场景。

在京东“2017全球新一代物流峰会”上，京东官方在开场环节公布的视频中出现一款新型仓储协作机器人，这被猜测是京东在智能仓储中布局的新动作。后来经媒体证实，该机器人是由一家名为灵动科技（forwardx.ai）的AI初创型公司研发。

京东通过人工智能、深度学习、图像智能识别、大数据等诸多先进技术，为工业机器人赋予了智慧，让它们具备自主的判断和行为，适应不同的应用场景、商品形态，完成各种复杂的任务。

2016年5月份，菜鸟ET物流实验室正式对外公布，目标是研发物流前沿科技产品，追求符合未来科技发展的物流生产方式，在末端配送机器人、仓内复杂拣货机器人矩阵、无人送货机等方面努力。该实验室已推出末端配送机器人小G以及智能分拣机器人“曹操”。

菜鸟网络今年最主要的变化就是机器人仓库从过去的单点开花走向大规模应用，不久前，阿里巴巴菜鸟ET物流实验室研发还推出了末端配送机器人小G。同时，阿里自主研发的造价百万的智能机器人“曹操”也正式上线。

2017年双11前，菜鸟网络在上海、天津、广东、浙江、湖北等地都会上线多种类型的机器人仓库，包括自动化流水线、AGV机器人、机械臂等设备，在算法的驱动下提升物流运行效率。这些机器人仓分布在全国从南到北，从东到西的重点城市，不仅有全自动化的流水线，还有各种缓存机器人、播种机器人、拣选机器人，以及机械臂、AGV矩阵等。

2、初创企业也开始集中涌现

据有关调研数据显示，全球物流机器人市场将从2014年的160亿美金增长至2020年的313亿美金，市场空间巨大，机器人智能物流将是百亿规模的市场。

这一年，多家国内的创业新锐公司纷纷瞄准机器人智能物流市场，并涌现出了像Geek+、水岩科技、马路创新、立镖机器人、智久机器人、快仓、灵动科技等一众明星创业公司。

这些公司从机器人智能物流目前可解决的不同应用场景着手，诸如“货到人”拣选系统、机器人分拣系统、机器人搬运系统，也获得了资本市场的青睐。而在这其中灵动科技、Geek+和快仓的快速非常令人瞩目。

Geek+ 于 2017 年 3 月完成 1.5 亿元 A 和 A+ 轮融资，7 月又完成 B 轮融资 6000 万美元；快仓则与今年 3 月完成 B 轮 2 亿元融资；而致力于视觉感知轮式机器人的初创企业灵动科技（ForwardX）则在成立一年左右的时间里相继完成了天使轮和千万美元的 A 轮融资。

Geek+ 的商业场景定位于仓储物流领域智能机器人，主要研发生产以智能机器人为主的拣选系统、搬运自动化系统和分拣系统。经过两年的发展，Geek+ 已经成为国内应用案例最多、业务规模最大的智能物流机器人公司。

快仓主要提供智能仓储机器人服务，其快仓智能机器人有自己的控制系统和决策系统以及软件系统，机器人会在适合的节点配合其他自动化设备和人工展开合理有序的分工配合，不同的拣配流程，不同的分拣产品，快仓机器人都会根据不同的应用场景做出最优的解决配置方案。

灵动科技的产品主要是基于视觉感知的智能仓储协同机器人，在 12 月 11 日的京东物流大会上，官方视频中就使用了灵动科技研发的机器人作为应用示范场景片段。灵动科技的第一批机器人有望在未来一个季度投入生产，预计将会在明年初量产。目前灵动科技已聚集了 60 位资深专业人士，涵盖 AI 领域各技术端的国际团队。

3、传统机器人公司的野心也不容小觑

在智慧物流逐渐成为行业发展趋势的情况下，不仅国外物流装备企业高度重视物流机器人的研发应用，国内一些实力雄厚的物流系统集成商也纷纷投入仓储物流机器人领域，并在市场上取得了显著成果。像新松、昆船、海康、井松这样的传统机器人或者 AGV 公司，已纷纷开始发力着手物流机器人领域，或多或少都向外界抛出自己的物流解决方案。

一片看好之下，机器人行业还存在诸多瓶颈

物流机器人得到前所未有的关注是可喜现象，但这并不意味着中国智能物流机器人的时代已经全面到来。当下中国物流机器人领域面临的挑战其实还有不少。

1、 技术基础比较薄弱

机器人替代人工是大势所趋，但令人遗憾的是很多物流机器人领域最新的技术并非我国原创。事实上，当前我国大多数物流机器人，技术基础比较薄弱。实际上，针对我国仓储物流机器人当前存在的诸多问题，

不过好消息在于，国家有关政策已指明了重点发展方向。其中最重要的一点就是要发展机器人共性关键技术，重点开展人工智能、机器人深度学习等基础前沿技术研究，突破机器人通用控制软件平台、人机共存、安全控制、高集成一体化关节、灵巧手等核心技术。

在可预见的未来，随着行业投入的不断加大，一些新的技术突破将会不断涌现，中国在机器人领域技术上的落差将会很快追上，但现在可能还需要时间。

2、机器人自主导航仍存难题

机器人导航本身是一个比较复杂的系统。物流机器人的自主导航问题被分成三大块：定位，建图，路径规划。定位就是精确确定机器人在环境中的当前姿态。建图就是将环境的多个不完整观测集成到单个一致的模型中，路径规划就是在地图中确定一条通过环境的导航最优路径。

目前仓储物流机器人在感知环节大多使用的是激光 SLAM，通过搭载特定传感器的运动体，在没有环境先验的信息情况下，根据传感器感知得到的信息，在运动过程中建立环境的三维模型，同时估计自己的位置。

但在现实中，因为环境是不停变化的，激光 SLAM 技术所构建的全局地图并不能完全反映导航时的障碍物状况，因此需要凌驾于全局导航之上的视觉避障算法进行实时的运动调整。这也是为什么像灵动科技这类的新一代物流机器人企业会押宝在 VSLAM 上的关键原因。

要知道在物流机器人走向智能化和开放化的过程中，激光 SLAM 可能已经不太适用，例如智能配送机器人需要在复杂的室外环境运行，而 VSLAM 主要用摄像头来实现，这种技术可以提供关于环境更为高层的语义理解，比如包括环境中的特定目标、运动信息、交互关系等。这意味着 VSLAM 的应用场景不仅丰富很多，也完全可以胜任在室外环境下开展工作，

目前国内，灵动科技是第一家将 VSLAM 运用到仓储物流机器人领域的企业，对整个行业来说灵动科技是一个先行者，而这代表了未来物流机器人的发展趋势，从室内走向室外，从物流行业走向多元化。

3、成本仍然是不可抗拒的元素

不过真正制约智能物流发展的其实还是成本问题，智能物流具有数据智慧化、网络协同化和决策智慧化的特征，其承担了“物品识别、地点跟踪、物品溯源、物品监控、实时响应”等工作。只有产业链条的协同发展，才能有效发挥智能物流系统的作用。

像亚马逊的仓库自动化和智能化程度确实高于国内同行，但是其仓库机器人每台 30 万元的价格很难被国内电商快递企业接受。如今快递业正面临利润下滑、成本高企等问题，就连京东物流也是刚刚才实现盈利，距离机器人在物流产业的大规模落地可能还有很长一段路要走。

物流机器人成本高，很大程度上是因为长期可重新定位的导航方案非常昂贵，这些都是很难被平常的消费及工业级的场景所能接受的。从这个角度来说，灵动科技将 VSLAM 和物流机器人结合在一起，又是一大创举。

VSLAM 有一个天生的优势，那就是使用摄像头 +MEMS 惯性传感器的组合，这可以用很低的成本实现高精度。相对于激光 SLAM，VSLAM 具有造价成本低廉、适用范围广泛、感知信息丰富等优点，对于环境的语义理解也更加智能化。

像无人机领域、服务机器人领域、清洁机器人以及工业机器人领域等都特别需要一个小型化、低功耗、低成本和高垄断性的定位方案，这也是为何 VSLAM 越来越得到业界认可的关键。长期来看，物流机器人的成本下降，很可能要落实到 VSLAM 技术的运用。

就整个行业来看，电商发展到一定规模以后，物流才是取胜的法宝。只有在物流成本不断下降的前提下，电商才会有更多的优势，提供更加优质的服务。上一个 10 年是电商，下一个 10 年是物流，大变革即将到来，全面机器人化的时代还会远吗？

（来源：中物联网 2017 年 12 月 13 日）

蓄势智能物流 4.0 链通天下用“托盘”筑梦

“没想到中国的托盘企业可以有如此先进的呈现，很高兴我们选择了正确的合作伙伴，期待着可以早日看到你们有更加爆炸式的成长。”欧洲托盘协会 EPAL 全球总办公室经理 Thomas Beenen 欣喜地说。被 Thomas 所称赞的中国托盘企业就是上海优链供应链管理有限公司。

近日，由中国物流与采购联合会主办的“第 12 届中国托盘国际会议暨 2017 全球托盘企业家年会”在南京举办。与此会议同期，还有一个“邀请制”的小型发布会也备受业界的关注，发布会由“链通天下”（上海优链的服务平台）组织发起，吸引了亚洲托盘系统联盟轮值主席吴清一教授，以及来自欧洲托盘协会、日本最大的托盘租赁公司 JPR、成立 30 多年的韩国 LogisALL 集团等单位和企业的领导的积极参与。

二十世纪的物流领域有两大关键性创新，就是托盘和集装箱。托盘是物流中最基本的集装单元

和搬运器具。在物流行业有句话叫“小托盘连着大流通”，托盘标准化率也成了物流现代化的关键性标志。来自业内权威报告的数据显示，当前全球托盘市场规模超过473亿美元，预计2017年到2025年期间的年复合增长率5.4%，2025年将达到760亿美元的市场规模。这样迅猛的增长就来自于中国等新兴大国。

虽然有着巨大的市场，但是我国的智能物流仍然落后于欧美发达国家。因此，继去年商务部等10部门印发的《国内贸易流通“十三五”规划》提出“消费促进、流通现代化、智慧供应链”三大行动之后，今年8月商务部和财政部又发布了《关于开展供应链体系建设工作的通知》，10月份，国务院办公厅又印发了《关于积极推进供应链创新与应用的指导意见》，密集的政策扶持和市场利好信息将“供应链概念”推进了资本热门区。

民营企业作为中国物流行业的生力军，在最近两年取得了不俗的成绩。其中，以“链通天下”为代表的现代智慧物流平台，正在努力缩短国内与国际的行业差距，并在多个领域取得了受到国际关注和认可的突破。可以预见的是，链通天下也将率先带领国内同仁迈入智能物流4.0时代。

链通天下玩转托盘“黑科技”

上海优链公司成立于2017年，致力于RFID、GS1等物流数据单元信息标准化的研究，利用贯穿供应链的“物流单元＋RFID or传感器”循环共用，设计优化的操作流程，进行关键数据的采集与分析。并结合所属行业特点和需求等，对产品及其流通过程进行分析和统计，整合资源协同重构，构建出一个基于物流单元共用的物联网信息服务平台“链通天下”，可以有效、显著地提高产业供应链整体的效率和效益。上海优链也因其专业性赢得了良好的成绩，短短数月便已获得国内几个大型食品与物流集团的订单，并与超过600家供应商和50多个物流中心展开合作。

该公司创始人为来自台湾的詹敏瑟女士，曾就职于中国智能物流包装公司，是国际安全运输协会中国咨询委员会理事、2011年中国托盘年度人物、中国物流采购联合会托盘专业委员会理事、南京321人才计划重点项目人才，也是多个行业标准的起草人。值得一提的是，在詹敏瑟很年轻的时候，就拿到了世界领先的药企赛诺菲的全台湾销售冠军。

在詹敏瑟的带领下，链通天下的精英团队正在用“黑科技”玩转“小托盘”事业。他们运营的国标1200*1000木托盘与塑料托盘已被众多合作伙伴投入使用，其中，埃帕中国托盘更是“一带一路”能直接互通中欧的标准托盘。除此之外，链通天下运营的托盘和周转箱等物流单元均配置了自主研发的RFID、温度、湿度、震动、重力加速度等传感器及GPS，基站定位系统。通过智能物流单元以及相应的智能化服务系统，可以协助客户完成物流单元的资产管理、商品与物流单元的实时追踪和到货通知、供应链整体流程情况以及运输过程的全程监控。

在中国托盘国际会议的同期，链通天下在发布会上展示了拥有自主知识产权的“黑科技”，即无人与信任交接的系统模块，赢得了各国专家的一致好评。这一技术也充分显示，链通天下已经做好准备，将在国内率先进入智能物流4.0时代。

备受赞誉，更要披荆斩棘

除了欧洲托盘协会Thomas的褒奖，链通天下还收到了很多赞誉。亚洲托盘系统联盟主席吴清一教授和韩国托盘与集装箱协会会长徐炳伦，在观看了链通天下的“创新与智慧的未来物流”演示后，都对上海优链的创新给予了高度肯定。众人盛赞之余，来自韩国LogisALL KPP的朴仁述社长特别表达了合作的意愿。另外，来自日本最大的托盘租赁公司JPR的岗部利文，在观看了“实时动态数据管理”演示后，诚恳地邀请链通天下团队能够到日本做关于行业的交流分享，并讨论未来的合作事宜。

记者也在现场看了一个视频，展示的是链通天下“无人与信任交接门店周转箱的智能笼车”在某知名便利店的应用。带RFID的智能周转箱，可以实现完全智能化控制分拣、关联、锁笼的整个过程，取货司机在出货区等待笼车并扫码取货。智能便捷的操作，极大地提升了交接效率，并大幅降低了人工成本。脑洞大开之余，对链通天下用“托盘”筑梦充满了钦佩，也希望他们在推动中国智能物流的历程中，写下浓墨重彩的一笔。

“要成长为新的物种，就要经历所有你不会再扮演的角色。”詹敏瑟很喜欢这句话。从一个做木托盘的制造商，然后做托盘静态租赁与动态运营，到现在创建起一个基于物流单元的物联网供应链服务平台，一直在践行着自己的理想。多年来的厚积薄发，使上海优链成立不久，便入选了“商贸物流标准化专项行动”第三批重点推进企业名单。虽然已经取得了骄人成绩，詹敏瑟还是表示，征程总是在前方，链通天下今后仍将披荆斩棘，不间断地迭代升级，紧跟世界脉搏。

（来源：环北京网 2017 年 12 月 06 日）

亚马逊全球物流中国总裁薛小林：创新让物流更加有趣

“智能物流毫无疑问是行业的发展趋势，但要关注的是，智能物流并不仅仅体现在自动化技术的应用，它更是基于大数据实现从供应链、仓储到运输配送全体系的协同共享。”

“智能物流毫无疑问是行业的发展趋势，但要关注的是，智能物流并不仅仅体现在自动化技术的应用，它更是基于大数据实现从供应链、仓储到运输配送全体系的协同共享。”

近年来，随着电子商务的快速发展，我国电商物流保持较快增长，企业主体多元发展，经营模式不断创新，服务能力显著提升，已成为现代物流业的重要组成部分和推动我国国民经济发展的新动力。

阿里研究院相关数据统计显示，到 2020 年，整个网络零售将会超过 10 万亿元，社会零售总额占比将超过 20%，5 至 8 年后，全年包裹量将超过 1 千亿件，按照阿里研究院就业预测模型的数据，届时电商从业人员将超过 500 万人。

事实上，拥有 20 多年电商物流运营成功经验的亚马逊，很早就看到了中国电商市场的巨大潜力。在日趋白热化的商业竞争的环境下，亚马逊始终坚守着全球化的理念与策略并取得了巨大的成功，成为深耕本土与全球化结合方面具有典范意义的电商企业。“进入中国市场的这些年，亚马逊见证了中国电商的发展和由此对物流业产生的影响。”在亚马逊全球副总裁、亚马逊全球物流中国总裁薛小林看来，随着电子商务的不断发展，快递和物流服务已经深入到人们生活的方方面面。然而从产业发展的角度看，无论快递、物流都不仅仅是收件和投递那么简单。电商物流面临巨大挑战，大数据计算、物流黑科技、自动化拣选设备等各种技术及设备的投入，在提升着物流各个方面的效率，创新也让物流更加有趣。

面对这个被人们称作互联网的时代，亚马逊也面临着巨大的挑战。“如果说电商是产品，那么亚马逊为我们消费者提供的不只是一条腿，而是通过搭建线上丝绸之路网和线下的物流大陆桥，为众多海外购消费者和全球开店卖家提供跨境直通车的体验。”多年的电商发展经验让亚马逊敏锐的意识到：如何把自身具有的全球优势资源带到中国，并结合中国市场的发展和本地消费者的需求有针对性的做好创新，是最为迫切解决的问题。“对亚马逊来说，就是基于全球物流优势，创新地解决消费者跨境购物的物流痛点。这不仅是挑战，也蕴含着巨大的机遇。”薛小林对此表示。

物流全球化竞争加速

我国物流业特别是 B2C 物流的进步实际上是伴随着电子商务的发展，包括跨境电商的蓬勃发展而快速发展的。据中国电子商务研究中心监测数据显示，过去五年我国电商交易额增长了近 3 倍，跨境电商交易额增加值超过 3 倍。“可以说我国物流业的发展得益于消费者井喷式增长的购物需求以及政府在电商、跨境电商上的扶持政策，助推了行业发展。”薛小林在谈及电商物流近年的发展现状时表示。

他指出，我国物流相对于美国等发展先进国家起步较晚，物流基础设施、物流技术以及物流管理人才的储备等都相对落后。以美国电商的领军代表亚马逊为例，其 1998 年就开启了仓储运营的自动化尝试，随后经历了从自动化仓储，智能系统革命、全球化智能网络、配送模式创新到智能供应链管理全方位、全系统的变革。而中国物流的智能化进程近几年刚刚起步。

但从规模上来讲，我国物流早在 2013 年就已经位居世界第一，并一路增长迅速。尤其是近几年，中国电子商务的快速增长也带来了物流智能化的变革，发展空间巨大。“智能物流毫无疑问是行业的发展趋势，但要关注的是，智能物流并不仅仅体现在自动化技术的应用，它更是基于大数据实现从供应链、仓储到运输配送全体系的协同共享。”薛小林分析表示。

在薛小林看来，尽管中美两大市场物流发展中有很多不同，但有一点是相同的，那就是未来融合的趋势。“特别是在电子商务走向全球化的今天，大数据智能物流日趋成为标配，电商物流的竞争力将愈发着眼于全球物流能力。”他认为，这主要体现在全球化网络、跨境智能供应链以及对全球物流资源的整合能力。这也将成为希望谋得长远发展的物流企业未来的主要发力点。

事实上，随着世界经济全球化、一体化的深入发展，电子商务全球化已成必然趋势。与此同时，电商物流需求也将保持快速增长，服务质量和创新能力有望进一步提升，渠道下沉和“走出去”趋势凸显。

“电商全球化将带来新一轮电商物流革命，驱动全球物流能力的加速构建，推动物流业进入全新的发展阶段。”薛小林对此分析认为。而全球网络布局、智能供应链、资源整合能力则是主要体现全球物流能力的三个方面。新技术、新流程、新模式的投入将更加着眼于实际场景的成熟应用，并以最快的速度进行迭代并做到极致。作为一个物流人，同时也是行业的管理从业者，薛小林对我国物流的发展充满信心，“未来围绕用户体验一定会有更多的创新物流模式涌现，为消费者带来全新的体验。”

全球物流资源整合和创新成关键

目前，亚马逊已经成为我国电商领域不可或缺的一个重要组成部分，并与京东、苏宁、淘宝等形成多足鼎立的格局。与此同时，我国电商物流业也发生了翻天覆地的变化。商务部刊文指出，我国电子商务爆发式增长首先源于各自市场主体竞争力的不断提升，随着竞争的不断加剧，电商已从拼货品、拼价格、拼速度逐渐转变为拼融合、拼生态、拼创新和拼数据。

在薛小林看来，电商竞争的背后是电商物流的竞争，如何高效整合全球物流资源，解决本地市场的痛点，成为亚马逊在跨境业务中的关键，也是其区别于国内电商物流之所在。这一能力使得亚马逊可以针对消费者在跨境购物中的物流痛点进行本地化创新和改进，以不断升级跨境购物体验。

“就电商企业自身发展而言，除了大环境的利好外，国家政策的扶持和落地不可或缺外，其自身的创新也成为关键。”薛小林在分析亚马逊进入中国以来快速发展的原因时指出。实际上，亚马逊在中国的战略非常清楚，就是借助亚马逊全球 14 大海外站点的业务网络以及全球供应链资源发力跨境电子商务。依托亚马逊全球供应商资源和跨境物流体系，持续推进国际品牌战略。“全球资源也让亚马逊中国在跨境电商领域建立起独一无二的优势”。薛小林分析指出，如丰富的国际品牌和商品、可靠的品质保证、独特的跨境物流优势等都为其发展奠定了坚实的基础。同时，为了提升中国消费者的本地化购物体验，亚马逊在跨境领域推出了诸多举措：2014 年在中国推出亚马逊海外购商店，是亚马逊全球第一个本地化的全球商店；2016 年 10 月，亚马逊首次将 Prime 会员服务引入中国；

近期，Prime 会员服务在物流配送服务方面也进行了全面升级。

在亚马逊的运作经验中，全球化的物流布局成为最好的证明。亚马逊首创了横跨中美的一站式跨境直邮物流体系，之后扩展到欧洲和日本，将中国境内的物流网络与国际网络实现了无缝对接，以创新物流模式服务中国消费者。另外，在优化运营系统，不断改进仓储运营流程，加速订单出库发货流程。使得订单处理的时间从原来的 1 小时缩短到 30 分钟，甚至更短。同时，“无人驾驶”的智能供应链，也对仓储运营、运输配送提供了更准确的指导。“新举措的尝试不仅为亚马逊的发展创出了机遇，我们更希望能和行业一起走出一条创新之路，走上新的发展阶段。”薛小林说。

（来源：中国物流与采购杂志 2017 年 12 月 04 日）

双十一后记：供应链“逆袭”背后的“智能物流”

双十一已经过去 10 天了，全国各地的“剁手党”们，你的快递收到了吗？传化智联在这场物流供应链大考中取得了优异的成绩。以下是传化智联部分公路港与业务在双十一期间的几组数据：

图：公路袋鼠

深圳顺丰 传化易货嘀：双十一当天，易货嘀平台上投入战斗的司机达 6000+，服务客户 200+，出车车次 5w+，完成订单 60w+，运送货物 20w+ 吨，总行驶里程达 45w 公里，为天猫、京东、苏宁等众多电商大拿等在内的企业级客户提供了专业化服务。 传化云仓：在金华一号仓电商仓内，“午憩宝”单个产品的双十一发货量就达到了 3w 多单，较平时增长了 10 倍。而在武汉致远仓，双十一单车发货量是平时的 20 倍，仅对顺丰一家快递企业的服务，就出动了 18 车 9.8 米的厢式货车。 苏州传化公路港：承接京东江浙沪双十一快递运输业务。 双十一期间，共提供 7.6 米的车辆 125 台（可装 1500 件），应急可调配车辆 50 台，24 小时滚动发车保障 6 个地区的仓对仓货物运输服务，平均每辆车运输 2.5 次，，车辆使用共达到 312 次，运输货物 468000 件。 长沙传化公路港：今年双十一，整个湖南省美的全品系电商仓都入驻到了长沙传化公路港，双十一当天美的在线上平台的总销售额为45亿元，销售量规模达560万台。而双十一期间，长沙传化公路港日均处理订单6000个，日均出库量8000台，城配+支线日均150车次。金华传化公路港：为百世汇通提供集中的车辆中转、停靠等多重服务，出租20亩停车场用地，满足其集中爆发的运力整合需求。双十一期间，300个停车位爆满，日均车流量达1200余辆，3天共发货35万余件。

在这一串串数字之外，作为智能物流、智能供应链的积极践行者，传化智联更关心的，是利用互联网、物联网等技术，物流大数据、智能系统平台等，赋能商家和生产端口，提升物流与供应链效率，降低企业整体运营成本，让物流业与其他产业，让电商与实体经济可以携手共赢，共生共荣。

就在一个月前，中央电视台综合频道和纪录片频道重磅推出大型记录片《超级工程（第三季）纵横中国》，对传化智联智能物流有一段这样的描述："通过大数据技术，不断优化公路网的使用效率，未来每一件送达我们手上的货物，将更加高效，也更加低能耗。"

这种"智能"的体现，在传化智联双十一及"后双十一"的表现中，得到了深刻的阐释。以传化智联-传化网城际运力指挥调度平台陆鲸为例：据陆鲸大数据显示，11月11日当天杭州物流活跃指数达到最高，浙江省当日物流吞吐量高达近25000万吨位于所有省份的第一梯队。如此高的物流吞吐量，加上货物流入与流出不对等，大量的空返如何解决？这考验的不仅仅是承运能力，更是线上调度指挥能力。

陆鲸依靠公路袋鼠在全国设立的挂车池，通过区域间的往返甩挂形成对流，并依赖于陆鲸自身的智能调度系统匹配到大量的回程车，极大的提升了干线运输时效，降低了物流成本，解决了高峰期间货源流向不同、运力分布不均的问题。对于消费者来说，这不仅仅意味着到手的商品可以保证时效，更意味着其快递成本也在下降。

"智能"不仅仅展现在物流配送效率的提升，更多深刻地体现在供应链的"逆袭"。

有人说，今年的双十一，是一场供应链的"逆袭"："新零售"对传统"生产--零售"模式完成了实打实的流程再造，一反之前的厂商驱动、产能水平决定生产，今年的双十一由前端消费数据得出需求量，再倒拉上游定单，也来得更直接。

而这场"变革"的逻辑在物流领域也慢慢开始展露：如传化智联-传化网这样的智能物流系统平台，通过库存、物流等等数据的实时抓取与共享，让生产端口和商家端口可以更好的配置资源，甚至成为影响生产决策的重要依据。

以传化智能云仓为例，在双十一大战中，接入"云仓系统"的企业，系统可以根据订单中的货物类型和数量，从离消费者最近、库存情况、所在仓库的运力情况、客户需求时限等纬度自动进行订单寻源，安排最佳的分仓进行出库，提升配送效率。此外，库存情况将根据智能硬件实时传送至生产系统，以订单指导整个仓储运输过程以及供应链的制造环节，从而直接对生产企业的生产决策产生影响。

而通过"传化网智能物流系统"，传化智联也逐渐对平台上商户的商业决策与个性化营销产生了影响：一方面通过系统采集近段时间的用户购买信息，对商圈中的用户消费行为进行数据分析，研究消费轨迹和爱好，从而精准地开展双十一营销；另一方面同比去年双十一销售情况，系统可以提供销售预测，商户可以根据预测提前进行生产运输和库存储备，通过工厂与电商、商户的更加紧密的链接，也让实体经济在供应链优化、供需更有效对接中受益。

（来源：中物联网）

人工智能成2017年双十一主角

在如此庞大的压力之下，消费者依然能够体验到物流配送的通畅，各大电商平台和快递公司的努力功不可没。已经走过了9年的双十一电商购物狂欢节，不断刷新着社会对于国人消费潜力的认知，并对中国流通商业领域服务能力、供应能力进行着极限测试。好在经过9年的历练，无论是物流体系，还是支付体系，不仅扛起了“一山还比一山高”的重任，还衍生出新的富有想象力的产业。不过，在消费者逐渐产生审美疲劳的情况下，如何去除虚假广告、价格欺诈等顽疾，契合社会对品质消费的需求，仍有待平台、商家等各方共同努力。

2017年的双十一，消费者最大的感受是，往年频频出现的支付页面崩溃、客服应答迟钝、快递配送缓慢等问题，都已不再是困扰。在微博、微信等社交平台上，不少消费者都有着和郑洁类似的体会，纷纷称赞今年的双十一购物流程“如丝般顺滑”。

在这一切的背后，人工智能的加入、物流全链条的升级改造，可谓立下了汗马功劳。而放眼整个电商领域，消费者购物体验的不断优化，也让双十一这个人造的购物狂欢节，活力依旧。

人工智能登场：导购、客服、设计师都可能是机器人

“今年双十一晚上，大家的主要任务是喝茶。”这是阿里巴巴集团首席技术官张建锋为双十一期间参与运营的工作人员下达的一个特殊任务指标。

这可能吗？众所周知，每年双十一都是阿里巴巴各个环节工作人员压力最大的时刻。而张建锋之所以有底气说出这句话，是因为今年双十一期间，阿里巴巴除了派驻大批工程师外，还特派了一支由十款机器人组成的人工智能军团投入“战场”，创造了史上最大规模的人机协同场景。

在这支人工智能军团里，懂得每个用户喜好的“机器导购员”，可以实现千人千面，智能呈现最符合每个人的商品；客服机器人“店小蜜”，一天能服务350万个客户，单日对话量超过1000万次以上，24小时不间断，还能根据用户购买行为预测问题，快速形成答案；机器人设计师“鲁班”，在双十一前学习了数百万设计图像，可以根据运营提供的产品元素智能生成海报，速度达到每秒8000张，整个双十一期间共设计完成超过4亿张；机房巡逻员“天巡”，能24小时巡查数据中心，排查异常，接替了运维人员以往30%的重复性工作。

不仅仅是阿里，京东也在人工智能上大力投入。法治周末记者了解到，京东在金融板块协同性基础上，加大了深度学习、图计算、生物探针等人工智能技术的应用，构建出3万个风控变量，500多个风控模型，5000多个风险策略，5千万个黑灰名单，能够对申请欺诈、信用欺诈、账户盗用、洗钱、羊毛党、虚假交易等行为进行有效防范，实现无人工审核授信和放款。

2017年双十一到来前，苏宁新一代智能客服“苏小语”闪亮登场。为服务好大批量的用户，苏宁希望打造一个无线端多领域的私人助手，依托于客户的个性化需求，提供导购及多领域的专享1对1体验服务——除了告诉消费者有关商品的信息和反馈外，“苏小语”还拥有庞大的生活知识库，能够实现文本语音识别、多轮对话、信息收集、情绪监测等功能，并提供包括查询天气、充值话费、视频点播、商旅服务、趣味互动等多项服务。

物流全面通畅：自动分拣设备效率极高

每年双十一期间，物流配送环节往往是受人诟病的重点，而在今年，随着人工智能、自动化技术的深入运用，这一现象有了明显的改善。

事实上，2017年双十一期间，快递物流行业依然承载着庞大的压力。根据国家邮政局官方网站公布的监测数据显示，11月11日，主要电商企业全天共产生快递物流订单8.5亿件，同比增长

29.4%；全天各邮政、快递企业共处理 3.31 亿件，同比增长 31.5%。

而在如此庞大的压力之下，消费者依然能够体验到物流配送的通畅，各大电商平台和快递公司的努力功不可没。

法治周末记者注意到，无论是阿里、京东还是苏宁，2017 年双十一均实现了入库、存储、包装、分拣的全流程、全系统的智能化和无人化，可减少 50% 至 70% 的人工，小件商品拣选效率超过人工 5 倍，挑选准确超过 99.9%。

此外，菜鸟网络给每一个包裹分配了最优线路：通过把平台、商家、快递公司总部、网点的数据打通，协同了包括仓配、快递在内全国将近 3000 万平方米的仓库、分拨中心、配送点，超过 300 万物流人员，18.8 万个快递网点，数万个末端驿站、20 万组自提柜、超过 10 万个快递代办点；除了城市，全国还有 2.6 万个物流村点都参与进来；双十一当天，天猫通过菜鸟物流已发货超 3.66 亿件订单。

而另一电商巨头京东，则是在双十一当日订单已经有 85% 离开仓库进行配送，中小件、大件、冷链、B2B、跨境和众包（达达）六大物流网单日总运力超两千万包裹量，全面覆盖全国城乡末梢。

而在跨境电商领域表现抢眼的网易考拉海购，则提前 3 至 4 个月就开始为双十一备货，通过海运、铁路、空运等方式，并在行业内首次实现了专列运输；同时，网易考拉搭建了一套主动服务流程和系统，每个快递公司也搭建了网易考拉专属客服团队，出现异常时可以提前、主动联系客户处理，提升客户体验，打造客户服务大闭环。

“经过 9 年的双十一历练，各大电商平台、快递物流企业的准备都比较充分——自动化分拣设备的广泛运用，极大地提升了作业效率，上游商家发货更加均衡，下游企业接单后能够及时开展科学调度、调整运力，才能有今年良好的配送体验。”中国物流快递咨询网首席顾问徐勇表示。

数据增长强劲：消费升级愈发明显

在 2017 年双十一开始之前，有不少观点认为，已经开展了 9 年的双十一，恐怕已经无法再激起消费者强烈的购买欲望，2017 年双十一各家电商平台的成绩，不会太好看。

然而，事实给予所有质疑一记响亮的耳光——1682 亿元，这是最终定格在上海世博中心媒体报告大厅上的数字，也是 2017 年天猫双十一当天的最终成交总额，相比于去年，同比增长 39.35%。

而京东自 2017 年 11 月 1 日 0 时至 24 时，累计下单金额达 1271 亿元，同比增长超 50%。

这样两个天文数字的背后，反映出双十一对于消费者仍然具有极大吸引力。在互联网评论人士信海光看来，双十一交易额依然能够持续增长，背后的一大原因，是越来越明显的消费升级态势。

“双十一走到今年已经是第 9 年，早已经是家喻户晓，早已是人人参与，从新用户创造新交易角度看，其实可挖掘的潜力已经不大，也是基于此很多人才对增长速度抱有负面看法。然而，他们忽视了消费升级下，人均消费额的增长，也就是说，以前每个用户在双十一的消费可能是 1000 元，现在则变成了 1500 元；以前只是购买日用品、一般服装、食品等，现在可能把范围扩展到家具、高档品牌、奢侈品等；以前国内买，现在是全球买。”信海光说。

而在天猫和京东两大综合电商之外，一些垂直类电商的成绩也十分抢眼，如苏宁易购全渠道取得了 163% 的增长，网易考拉海购双十一销售额达去年 4 倍，唯品会订单突破 800 万元等。

“各大电商平台对双十一都有着非常热衷的参与度，消费者也不再仅仅满足于综合电商上的购物，而是有了更多选择，形成了百花齐放的局面。”互联网分析师于斌指出，“可以看到，2017 年双十一垂直类电商的成交量增长率较高，未来的发展空间依然广阔。”

（来源：法治周末报 2017 年 11 月 17 日）

4.3 物流新技术的应用实践

4.3.1 华东一号和亚洲一号自动化物流仓储

华东一号

由上海威吾德信息科技有限公司设计建造的“华东一号”仓库坐落在上海市松江区，占地面积两万平方米，规划有10万立方米实时有效动态容量，50万种SKU（库存量单位）的管理能力，以及20万的日订单处理能力，这些指标目前在同类智能仓库中已居亚洲第一、世界前三。“华东一号”采用先进的自动化设备、软件技术和符合中国经验的商业模式，所有货物都设计有严格高效的入库和出库策略，拣选方式已从传统的“人找货”转变为“货到人”，与传统仓库相比，其空间利用率也更为充分，能耗也大为下降。目前已有越来越多的电商入驻“华东一号”。

“华东一号”的成功建立与实施，具备了3个方面的要求，即先进的自动化设备、软件技术和符合中国发展的商业模式，其为仓库的所有货物设立了严格高效的入库和出库策略，从传统的“人找货”转变为“货到人”的挑选方式。这种智能仓库与传统仓库相比，其空间利用率也更为充分，能耗也大为下降。

现如今，电子商务的高速发展，也带动了物流企业的快速发展，物流的发货速度与质量，影响者物流企业公司的发展，速度快和高保障是一个物流企业快速发展的竞争力的表现。同时物流的快速也是的电商企业可以快速的完成这笔交易，获得资金，同时和可以加大消费者对电商企业的好评。而“华东一号”智能仓库的建立提高了货物入库出库的效率，使得物流的发货速度更快，更准。

对于物流公司来说，其竞争优势主要在于发货的速度、货物的安全包保障、以及物流网的覆盖面积。如今随着智能化的到来，使得物流的仓库拥有了极大的改善空间，运用智能化的管理来提高货物的管理效率、发货速度，降低仓库管理的成本。这将会是物流企业竞争的又一个方向。然而，要想建立一个智能化的仓库，其投资的资金成本相当的高，这就使得大多数的物流企业望而止步。但是，我们可以分布进行残酷的智能化建设，这样就可以减少资金的一次性投入，给企业一个缓冲时间。针对于“华东一号”仓库的建立的成功实施的分析以及当前信息化的快速发展，物流企业可以先从软件方面来进行改进，通过仓库管理系统来提高管理效率。仓库的管理的过程，包括货物的入库、管理、以及出库3个过程，所以看起来非常简单。但是对于物流企业来说，每天都会有上百上千的货物进行出入库的操作，使得仓库作业和库存的控制作业越来越复杂多样化，管理越加空困难。现如今，物流的仓库管理功能已经不再是单纯的物资存储保管了，已经发展成具有担负物资的接收、分类、计量、包装、分练、配送、存盘的多种功能，这使得物流企业对仓库管理系统的实施越加迫切。物流仓库管理系统是通过入库业务、出库业务、仓库调拨、库存调拨和虚仓管理等功能，综合批次管理、物料对应、库存盘点、质检管理、虚仓管理和即时库存管理等功能综合运用的管理系统，有效控制并跟踪仓库业务的物流和成本管理全过程，实现完善的企业仓储信息管理。

亚洲一号

京东位于上海的“亚洲一号”现代化物流中心是当今中国最大、最先进的电商物流中心之一，一期于今年6月完成设备安装调试后开始试运营。该物流中心位于上海嘉定，共分两期，规划的建筑面积为20万平方米，其中投入运行的一期定位为中件商品仓库，总建筑面积约为10万平方米，分为4个区域——立体库区、多层阁楼拣货区、生产作业区和出货分拣区。其中，“立体库区”库高24米，利用自动存取系统（AS/RS系统），实现了自动化高密度的储存和高速的拣货能力；“多层阁楼拣货区”采用了各种现代化设备，实现了自动补货、快速拣货、多重复核手段、多层阁楼自动输送能力，实现了京东巨量 SKU 的高密度存储和快速准确的拣货和输送能力；“生产作业区”采用京东自主开发的任务分配系统和自动化的输送设备，实现了每一个生产工位任务分配的自动化和合理化，保证了每一个生产岗位的满负荷运转，避免了任务分配不均的情况，极大地提高了劳动效率；“出货分拣区”采用了自动化的输送系统和代表目前全球最高水平的分拣系统，分拣处理能力达 16000 件 / 小时，分拣准确率高达 99.99%，彻底解决了原先人工分拣效率差和分拣准确率低的问题。

京东“亚洲一号”国内最大的单体物流中心。这个位于上海嘉定区的物流仓库 90% 的操作均实现了自动化，达到世界先进水平。亚洲一号建筑面积接近 10 万平方米，仓储高度达 24 米。京东按照快件的大小，将仓库也分为大件库、中间库和小件库。上海的亚洲一号就是一个中件库，快件尺寸在 30 到 60 厘米。

在亚洲一号内，商品在整个立体化存储、拣选、包装、输送、分拣等环节均大规模应用自动化设备、机器人、智能管理系统等，使得自动化程度高。其中，自动化立体仓库系统是亚洲一号的镇仓之宝。其有 32 个巷道，6.5 万个托盘，存储效率是普通存储的 5 倍。该系统囊括了货到人系统、巷道堆垛机、输送系统、自动控制系统和库存信息管理系统。

商品到库时，工人只需将货物放到机器托盘上，机器就会自动将货物摆放到仓储区指定位置。仓储区分为 12 层，每层都有一名工作人员。当收到订单时，工作人员会根据指示将指定的商品从货架取下，扫码后放到传送带上。接下来，商品会通过传送带来到打包区，并自动分配到空闲的工位。工作人员扫描包裹，然后机器打印出物流信息及发票，打包就完成了。打包好的商品会重新回到传送带上，被送至分拣系统。系统通过扫描识别包裹上的配送地点，会将包裹传送至相对应的货道，然后由工作人员运走进行发货。

“‘亚洲一号’的分拣处理能力每小时能达到 1.6 万件，而且是全自动化作业，已达到目前全球最高水平，‘剁手党’完全不用担心暴力分拣。”京东首席物流规划师侯毅说。

据介绍，京东上海“亚洲一号”的仓库管理系统、仓库控制系统、分拣和配送系统等整个信息系统均由京东自主开发，拥有自主知识产权，所有从国外进口的世界先进的自动化设备均由京东进行总集成。

4.3.2 洋山港四期“无人港区”

2017 年 12 月上海国际航运中心洋山深水港区四期工程建成

2017 年，上海国际航运中心洋山深水港区四期工程将基本建成。建成后的港口将全面实现“智能装卸”、“无人码头”和“零排放”。对于上海港的可持续发展，上港集团总裁严俊昨天表示上海港将进一步应用互联网、物联网和自动化技术，对港口设施进行科技改造，对港口业务进行模式创新，建设智慧、绿色的上海港，实现传统港口的转型升级。

2014 年 12 月 23 日，洋山港四期工程正式开工。在建设之初，洋山港就有一个与世界接轨的目标，那就是打造一个全自动化集装箱码头，这不仅代表了当前国际集装箱码头的最高水平，同时也是发展方向。据上港集团总裁严俊介绍，在码头建设推进中，远程操控桥吊、全自动轨道吊、无人驾驶自动导航 AGV 等成为重点。而自动化码头的操作系统和调度系统都来自于上港集团的自主研发，其中码头的装卸设备将全部采用智能化和全电力驱动。建成之后，洋山港四期码头将成为“无人码头”，实现智能装卸，增加整个码头的利用效率。相对于传统码头，实现自动化运转后，码头也将更为安全、高效和可靠。

什么样的港口是智慧的港口？严俊表示，智慧的港口信息应该是透明且畅通的，服务是高效且人性化的，各类业务的物流集疏运模式是高度整合的且基本实现物流单证的电子化，因此上港集团将广泛利用互联网和物联网技术对港口业务进行信息化改造。“目前，我们正在设计集卡作业预约系统。”严俊说，以往集卡司机在提箱送箱过程中，都是被动的接收信息，无法预判货物需要等待时间。“通过上海港搭建的互联网平台，卡车司机在手机终端上就能查询港区的繁忙情况，形成计划安排。客户也能发布需求，卡车司机进行接单。”据了解，除了集卡作业预约系统，上港集团还在推进集预约、查询、支付等为一体的港航业务与电子商务平台项目、集装箱码头智能化生产运营系统项目、散杂货码头智能化生产运营系统项目、理货管理智能化系统项目等多个智慧港口项目。

除了智慧港口建设，上海港还有个目标，那就是创建一个绿色港口。据了解，上港集团投资总额8亿多元来推广绿色能源，优化港口能源使用结构，同时还大力引进绿色设备，提高能源利用效率。并推进建设了能源管理信息系统、油耗精确计量系统、能源及碳排放管理体系等。

科技创新是推动企业持续发展的动力源泉，在创新方面，严俊表示上港集团成立了科技创新推进委员会，并同时设立了集团技术中心，以便统筹各方资源，做实做好科创工作，培育良好的科创氛围，促进科创成果的落地。

（来源：《洋山港四期码头建设“无人码头”》）

揭开洋山深水港区四期工程的智能面目

洋山深水港区四期工程将全面实现港口“智能装卸”、“零排放”和“无人码头”，自动化码头运作较传统码头更为安全、高效和可靠，将有力推动上海港在未来发展中实现“质”的飞跃。在今天举行的“聚焦一号课题建设科创中心 -2015对话上海国企领导”访谈活动中，上港集团党委副书记、董事、总裁严俊透露，整个洋山四期工程计划2016年底基本建成，2017年投入试生产。

上海国际港务（集团）股份有限公司是上海港公共码头的运营商，是我国国内最大的港口集团，也是全球最大的港口集团之一。2006年，上港集团在上海证交所整体上市，成为全国首家整体上市的港口股份制企业。2014年，上海港集装箱吞吐量达到3528.5万标准箱，连续五年位居全球集装箱港口首位。到2014年底，上港集团总资产942.80亿元人民币，2014年度实现归属母公司的净利润67.67亿元。

“我们认为智慧的港口，信息应该是透明且畅通的，服务是高效且人性化的，各类业务的物流集疏运模式是高度整合的且基本实现物流单证的电子化。”严俊表示，上港集团通过广泛利用互联网和物联网的技术来对港口业务进行信息化改造，尝试通过自动化码头技术来提升港口的综合竞争力，全力打造七大公共物流平台以贯通港口生产领域的各类业务，并推动长江流域集装箱业务资源的高效整合，实现港口的转型升级。

大力推广绿色能源，优化港口能源使用结构，也是上港集团近年来工作的重点。据严俊透露，上港集团大力引进绿色装备，提高能源利用效率，同时优化创新节能工艺，实现港口的转型升级。

针对大家非常关心洋山四期自动化码头工程和建设推进情况，严俊表示，《上海国际航运中心洋山深水港区四期工程》采用代表当前国际集装箱码头技术最高水平和发展方向的全自动化集装箱码头方案，全自动化码头在通过能力、装卸效率、节能环保、安全等方面具有较为突出的优势。建成后，洋山深水港区四期工程将全面实现港口“智能装卸”、“零排放”和“无人码头”，自动化码头运作较传统码头更为安全、高效和可靠，有力推动上海港在未来发展中实现“质”的飞跃。

洋山深水港区四期工程于 2014 年 12 月 23 日正式开工，当前，各项建设工作进展顺利，水工码头工程沉桩施工已完成总量的 45%，道路堆场工程于 5 月份全面开工建设，综合管理楼等房建工程正在进行招标准备，第一批主要装卸设备已完成招标采购，自动控制系统开发工作稳步推进，整个洋山四期工程计划 2016 年底基本建成，2017 年投入试生产。

经过多年的发展，上海港已经成为全球最大的装卸及贸易口岸，目前上海港集装箱班轮每个月有 280 多条国际航线，直达 340 多个港口。展望未来，严俊表示，随着“21 世纪海上丝绸之路”、“长江经济带”等国家战略的实施，为上港集团加快推进“三大战略”、拓展发展空间、谋划长远发展提供了历史机遇，上港集团将把握大势，凝心聚力、顺势而为，向着“成为全球卓越的码头运营商和港口物流服务商”的远景目标稳步前行。

（节选自《上港集团总裁严俊：洋山港四期将实现“无人码头”》）

4.4 逆向物流

4.4.1 综述和研究报告

我国逆向物流现状及实施

摘要：从逆向物流的内涵入手，分析了实施逆向物流的意义及必要性：逆向物流是社会循环经济发展的重要手段，是企业降低生产成本、增加企业效益的重要途径。并针对我国的特点和现状，提出了实施逆向物流应采取的措施：政府立法、鼓励企业技术创新、大力发展第三方物流等。最后得出结论：逆向物流对社会的可持续发展及环境保护具有十分重要的意义，实施势在必行，必将成为企业利润的源泉。

关键词：逆向物流；实施；可持续发展；第三方物流

随着市场竞争程度的提高和人们对环保的重视，逆向物流日益成为企业和社会各界关注的热点。据统计，与“逆向物流”相关的文献总量 2008 年比 2001 年增加了近 300 倍，这充分说明了国内外学者对逆向物流重视程度的提高。目前，国外逆向物流的发展已经如火如荼，我国理论界和产业界也对逆向物流的发展进行了积极的探索，但是，其实施仍不尽人意，因此，有必要对这一问题进行深入的研究和探讨。

1 逆向物流的内涵及分类

逆向物流这一概念最早是由 Stock 在 1992 年给美国物流管理协会（CLM）的一份研究报告中提出的：它是一种包含了产品返回、物料替代、物品再利用、废弃处置、再加工处理、维修与再制造等流程的物流活动。经过了十几年的发展，目前，学术界虽然对逆向物流的概念仍然存有争议，但是现在越来越被普遍接受的观点是，逆向物流是在整个产品生命周期中对产品和物资的完整的、有效的和高效的利用过程的协调。

中国国家标准《物流术语》将逆向物流分为回收物流和废弃物物流两类。而通常我们说的逆向物流包括退货逆向物流和回收逆向物流两部分。退货逆向物流是指下游顾客将不符合定单要求的产品退回上游供应商；回收逆向物流则是指将最终顾客所持有的废旧物品回收到供应链各节点企业，包括回收分捡、储存、拆分处理及处理后可再次使用的材料或没有使用价值要填埋的废弃物等环节，处理后再次使用的材料又可回到原供应商，因此，它也被称为“环保物流”。

2 实施逆向物流的意义及必要性

正向物流对于企业的意义是众所周知、不言而喻的，但是，逆向物流的意义及必要性还没有受到应有的重视。

2.1 对整个社会来说，逆向物流是循环经济发展的重要手段

从宏观上看，逆向物流对节约资源，改善环境，实现可持续发展具有非常重要的现实意义。逆向物流的开展为废旧物品的回收和利用架设了桥梁，节省了大量的社会资源，保护了环境，提高了资源的利用率。可以说，发展逆向物流是循环经济实施的主要途径之一，也是时代发展的必然要求。

2.2 对企业来说，逆向物流是降低生产成本、增加企业效益的重要途径

从微观上看，逆向物流具有提高顾客价值、增强竞争优势、降低物料成本、增加企业效益、改善环境行为、塑造企业形象、促进企业质量管理体系的不断完善等多方面的作用。

首先，产品在生产过程中会产生许多的废弃物，如果不加以处理，不仅会影响到生产环境，还会造成资源的浪费。其次，很多产品（如汽车、家电等）经过了一定时期的运行后，就进入报废阶段，而这些报废产品上的某些零部件拆解后也能重新使用。据汽车零部件再制造协会的估计，全世界每年通过再制造而节约的原材料可以装满 155000 节车皮。可见，实施逆向物流具有多大的潜力！

美国在逆向物流方面走在了世界前列。例如，美国大约 75% 的汽车都是再制造或再循环的，几乎每辆车零部件的所有金属部分都是再利用的，极大地降低了汽车的生产成本，增强了产品的竞争力；而美国宇航局重新利用改制与翻新的零部件，也使飞机的制造费用节省了 40%~60%；在美国的地毯行业，很多大公司积极开展地毯回收计划，就是为了用低成本回收尼龙代替昂贵的原材料，因为地毯中的三分之一至二分之一是纤维，而纤维中有 60% 是尼龙，这也大大节约了费用。

另外，许多国际知名的 IT 企业已将逆向物流战略作为强化其竞争优势的主要手段。例如，SunMicrosystems 拥有专门的国际零部件翻修中心，来自亚洲或拉丁美洲的零件经过翻新，可以达到最新设计的要求；Hewlett-Packard 也经常采用翻新或改制的零件，以不同的方式再销售其产品；Thomson 家用电器公司委托第三方物流企业，将可回收的零部件运往墨西哥进行翻新。

2.3 我国逆向物流实施现状

尽管逆向物流反映的是符合时代要求的绿色和生态思想，对节约资源、改善环境、实现可持续发展等有非常重要的现实意义，但在国内，由于逆向物流企业缺乏有效的激励机制和自律机制，消费者自身环保意识薄弱、专业化技术水平较低、信息不对称等诸多因素导致企业和公众对逆向物流的兴趣不大，实施起来非常困难。

据不完全统计，我国每年可回收利用而没有利用的再生资源价值高达 300 多亿元，每年大约有 500 万吨废钢铁、20 多万吨废有色金属、1400 万吨废纸及大量的废塑料、废玻璃、废电池没有被有效、无害地回收利用。而每年因退货、过量生产、不合格品退回、报废和损坏等产生的损失更是以惊人的速度增长。如果能够通过逆向物流将这些“废物”重新利用，那将是一笔巨大的财富。

而我国逆向物流的发展现状是：现在的废旧产品回收主要由一些街头小贩和回收企业承担，他们追求的都是短期利益，有时甚至不惜以牺牲环境为代价来获利，远远不能适应当今社会可持续发展的需要，因而不能也不应成为逆向物流的实施主体；另一方面，主动实施逆向物流的生产企业更是微乎其微。

因此，开展逆向物流对遭遇巨大的资源和环境制约的中国而言，前景诱人。伴随着循环型社会的建立，逆向物流服务需求将会大大增加，逆向物流业会拥有更大的发展空间。

在产业界，随着资源环境观和经济观的演变，一些知名企业已经注意到逆向物流所蕴含的商机并将其作为强化竞争优势、增加顾客价值、提高供应链整体绩效的重要手段。如惠普（HP）、通用汽车（GE）、IBM、3M 等纷纷启动逆向物流发展战略，促进了逆向物流业务的快速增长。

3 我国实施逆向物流的措施

针对我国的特点，实施逆向物流应从以下几个方面入手：

3.1 加强立法

如前所述，资源的短缺，环境的恶化，使得企业实施逆向物流变得十分迫切。然而，对大多数企业来讲，首先是以生存—谋利为目的，仅仅依靠环保还不足以成为企业愿意把宝贵的人力、物力、财力投入到逆向物流的理由，鲜有主动实施逆向物流的企业也就不足为奇了。这时候国家出台强制性的法律措施就显得十分必要。

政府立法管制是指政府通过制定法律，强制企业承担其产品的社会责任。由于政府立法具有强制性，对企业实施逆向物流会产生很大的影响。随着我国环

保法规体系的日益完善，一些污染较大的生产企业（如包装工业、食品工业、农副产品加工行业等）必将面临污染达标排放的巨大压力，实施逆向物流将成为其未来发展中提升竞争力的重要砝码。可见，生产企业实施逆向物流是政府立法管制的必然要求。

在国外，政府的环境立法有效地推动了企业对他们所制造的产品的整个生命周期负责。顾客对全球气候变暖，温室效应和环境污染的关注加深了这种趋势，在美国，议会在过去的几年中引入了超过 2000 个固体废品的处理法案；1997 年，日本国会通过了强制回收某些物资的法案；欧盟制定了包装和包装废品的指导性意见，并在欧盟成员中形成法律，以减少垃圾的产生；为了让垃圾制造者为污染问题付费，英国政府开征了垃圾掩埋税，迫使企业改变处理废品的方法；瑞典推行“生产者责任制”，要求生产者对其产品在被最终消费后继续承担有关环境责任。

目前，我国虽然已经出台了《环境保护法》、《固体废物污染环境防治法》等相关法律，但还不够完善，可操作性也不强。需要研究建立和完善关于循环经济和逆向物流的法律体系，如《再生资源法》、《资源综合利用条例》等专项法律，要以法律的形式明确各行业对环境保护和再生资源回收与利用的法律责任，规范其经营活动，逐步将循环经济与逆向物流的发展工作纳入法制化轨道。

3.2 鼓励企业技术创新

当前我国对资源的循环利用、废弃物的回收处置和资源化的技术比较落后，再生资源的利用率低。这在一定程度上，成为制约逆向物流发展的瓶颈。因此，应加大逆向物流领域相关技术的研发力度。

3.2.1 鼓励企业改进产品设计

在产品的设计阶段，就应考虑如何使得回流产品后续处理简单易行、方便产品的翻新、再制造和原料的回收利用。白色家电厂商和汽车制造商，正在研究并采用的面向拆卸的设计、模块化设计等等，都是这一思想的具体体现。这不仅有助于产品的拆卸回收利用，而且有助于产品的升级，从而延长产品生命周期。例如绅宝新型的 9-5 汽车的油箱使用的聚乙烯材料，含有 35% 的回收塑料成分。而 BMW 公司已经宣布了一个战略目标：在 21 世纪设计出一种面向分解的汽车。当产品生命周期结束后，产品可以回收拆解后重新利用。

3.2.2 加大对供应链相关技术研发

供应链技术是正向物流的关键技术，也是影响逆向物流发展的重要一环。加强供应链相关联接技术、回收和再利用等技术的研发，将会提高逆向物流的处理效率，降低逆向物流成本。

3.2.3 加强与客户的沟通

在产品的销售过程中要加强与客户的沟通，了解客户的需求，尽可能减少客户购物的盲目性，从而减少退货的产生。

3.2.4 加强信息技术等先进技术的应用

应用信息技术也是发展逆向物流的重要手段。在逆向物流中，使用条码技术可使物品管理非常简便。另外，数据管理技术不仅可使企业追踪产品在客户之间的流动信息，同时也允许企业辨识出于回收目的的产品返回比例。而全面改善电子商务环境，打造逆向物流的智能化电子商务平台，也是逆向物流的发展趋势之一。

国外许多著名的企业，如施乐公司、通用汽车、IBM、柯达、佳能、3M、强生等都通过实施一系列管理措施，引进信息技术和信息化系统，在逆向物流管理领域降低由退货等造成的资源损失率。

3.3 大力发展第三方物流

第三方逆向物流(即逆向物流外包)企业由于专门从事物流业务,因而专业化作业能力强、质量高。他们可以提供有针对性的仓储、运输服务，并根据客户需要，对退货产品进行抢救、处置或退回给制造商。

第三方逆向物流企业具有信息网络丰富、成本低廉和管理水平高等优点，而大部分中小企业无力投资进行逆向物流系统的建设，缺乏从事逆向物流的专业知识、技术和经验，因此，由第三物流企业进行逆向物流运作具有明显优势。这也使生产企业可以集中主业，发展核心竞争力，降低产品回收成本。

据悉，国际物流巨头，如UPS、联邦快递等已经进入逆向物流服务领域。第三方逆向物流将成为未来逆向物流发展的趋势。

4 结论

毫无疑问，逆向物流对社会的可持续发展及环境保护具有十分重要的意义，实施逆向物流势在必行。我国逆向物流的发展还处于初期阶段，是一个需要各界从发展战略高度给予关注的领域。可以断言，在不久的将来，逆向物流将会成为企业的利润源泉，潜力无限。

（来源：物流科技 作者：谢霞，王宾等）

基于服务外包的汽保售后服务商逆向物流协同及实证研究

摘要：近年来，随着汽保产品生产企业广泛地将售后服务外包给外部服务商，许多企业在售后服务外包之后遭遇到了诸多与外包服务商之间逆向物流协同的问题。尝试性地对基于服务外包的汽保售后逆向物流协同进行了定义，并认为双方协同运作的过程决非只有外包服务商单方面的努力配合，而更是生产企业与服务供应商双向的紧密联动，这一协同包括了4方面的要素。在此基础上，提出售后逆向物流的外包服务商协同模式。该模式的主要构成因素有：信息实时共享、联合反向预测与补货、回流及决策同步化、协同激励、售后逆向物流外包整合流程、基于时间窗的售后逆向物流外包协同绩效系统。接着，进一步就协同模式提出了外包服务商协同对绩效影响的假设，对假设进行了回归验证并识别出供应商协同3个核心要素的协同变量。最后，由实证研究分析和访谈调研结果证明，服务外包只有建立在合作双方有效协同的基础上，才可能有更长远的成功。

关键词：服务外包；协同；逆向物流

近年来，随着我国机动车保有量迅猛增长，汽车维修保养行业正以每年增涨１５％以上的速度快速发展，对汽保设备的市场需求量也逐年大幅度上升。这一强劲需求也促使汽保设备生产企业从原来生产简单的维修工具，演变为能够开发和生产具有一定水平的检测诊断设备和维修设备，并逐步形成了独立的类别和系列，如维修设备、检测设备、气动工具、液压工具、保养设备、气动工具电动工具、检测工具以及维修软件等。各类汽保产品生产企业为了保有和强化自身核心竞争力，普遍将售后服务外包给外部服务商运行。

然而，不可否认的是，许多企业在售后服务外包之后遭遇到了诸多与外包服务商之间逆向物流协同的问题，这些问题直接导致了售后服务外包成本高于自营成本、服务质量下降、外包反应或灵活性减弱等一系列风险，最终致使售后服务外包决策和运营失败。同时，从已有的文献来看，对如何与售后外包商协同运营和逆物流同步化的研究非常有限，故此，笔者认为进一步展开对售后服务商逆向物流协同模式及相关实证研究具有一定的理论意义和实用价值。

1. 基于服务外包的售后服务商逆向物流协同涵义

服务外包是当今服务全球化和全球产业结构调整的重要载体。随着信息技术的普及和分工的深化，服务外包不再是企业不得已而为之的一种选择，而成为企业为了保持核心竞争力、降低成本的一种重要手段。

本文将基于服务外包的售后服务商逆向物流协同定义为：汽保生产企业在其售后服务外包状况下，生产企业与外包服务商（经销商）协同运作，对因消费者退货和产品维修而产生的逆向物流活动进行有效计划、组织、运行、控制的过程，从而达到树立企业品牌形象、提升客户忠诚度、促进客户重复购买、降低服务成本、增强核心竞争力的共同目标。在这一过程中逆向物流管理活动包括了逆向预测与联合计划、备件补货和库存管理、回流作业与运营、突发事件应对等一系列有机关联的内容，而取得售后逆向物流运作卓越绩效的前提则是外包服务合作双方的高度信任，协同互动和同步化服务运作。需要强调的是，双方协同运作的过程决非只有外包服务商单方面的努力，更是生产企业与服务供应商双向的紧密联动。

从上述概念分析来看，高质量售后逆向物流运作的核心无疑是生产企业与外包服务商的高度协同。这种协同包含 4 方面因素：１）生产企业与外包服务商双方基于共同目标和有效的协调机制联合行动并对逆向物流需求作出快速反应，从而达到建立良好企业形象和提升客户满意度的目的；２）双方建立的是一种长期的“双赢”伙伴关系并不断谋求效益提高；３）共同降低服务总成本，提高服务效率；４）产生“互补”或协同效应。这是因为外包服务商在本质上仍然属于汽保生产企业资源的外部提供者，服务商为核心企业进行服务和代理活动，表明双方关系是较为典型的委托代理关系，同时，双方还需要进行正常的交易结算活动。

2. 售后逆向物流的外包服务商协同模式

基于上述分析及实际调研结果，本研究提出了售后逆向物流的外包服务商协同的基本模式，如图 1 所示。从图中可见，供应商协同基本框架是以协同的组成要素为核心：即信息实时共享、联合反向预测与补货、回流及决策同步化、协同激励，结合售后逆向物流外包整合流程、售后逆向物流外包协同绩效系统而共同构成的。协同框架的各组成部分与其它相关部分相互作用、相互影响，并对最终的绩效表现产生影响，整个过程具有动态循环性。下面就协同模式的各组成部分及相互关系进行分析。

（资料来源：本文整理）

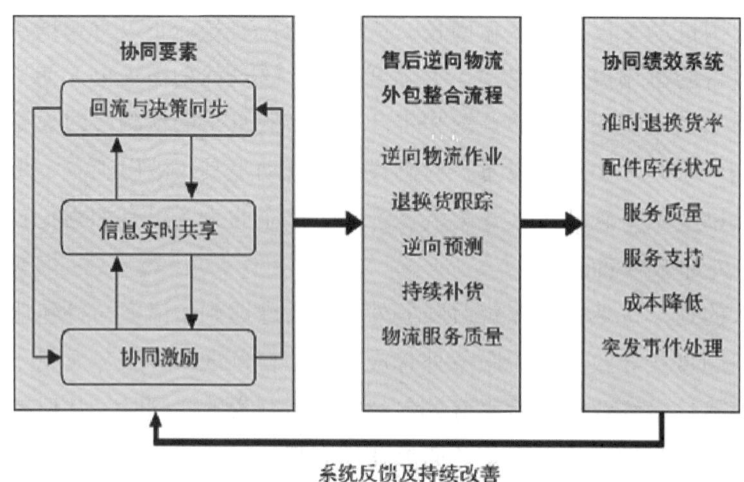

图 1：售后逆向物流的外包服务商协同框架模型

2.1 信息实时共享

逆向物流信息数据在售后供应链上的实时共享和交互是生产企业与售后服务网点（分销商、经销商）、第三方物流协同的初始点。逆向物流信息包括了网点备品备件库存水平、退货清点信息、实收货品信息、货品在途信息、预计到货时间数量等，从上游生产企业到渠道售后各网点，各种信息都是实时共享的（根据不同的权限设置），因此，网点企业的补货、越库（Cross_docking）配货、换货需求计划可以及时满足，并使库存水平保持在一个合理的水平上。一旦某些售后网点企业存货过大或是缺货过频，上游生产企业可以通过信息交互平台发出指令协调上下层级网点或是平级网点进行存货“互助”，相互借货，这样既增强了售后供应链网络的合作关系，又显著地降低了各网点企业由于无法及时作出响应而导致的缺货成本，同时也让一些网点企业的过量库存压力得以缓解。

2.2 联合反向预测与补货

对售后换货、补货、备品备件的预测直接影响到售后供应的持续性和可靠性，因此构建科学的逆向预测系统显得越发重要。由于售后网络驻点的需求存在诸多不确定性，因此预测的难度较大。和一般预测相比，逆向预测涉及的产品品种规格更多，数量和时间的不确定性导致估测判断更大。逆向预测系统的构成要素主要包括：预测技术、锁定 / 滚动周期、时间跨度、历史产品规格、预测责任者、预测精度、安全库存值、售后网络驻点分级预测。逆向预测的组织跨度涉及到了售后网络的所有层级，而在每个层级有效退货信息的反馈都对动态预测的准确度产生重要影响。

2.3 回流及决策同步化

回流及决策同步化是指生产企业与服务外包方共同为降低售后服务总成本水平从而在服务物流和决策层面进行充分协调配合的协作活动。这一活动涵盖了共同决策流程的设计和回流作业发生的同步性，也包括为了使返货诉求和备品匹配而将外包服务运作与售后中心作业同步所进行的再调配决策。判断回流及决策同步的效率性应当通过衡量同步化活动能否权衡好满足客户返货、换货或返修（如服务响应敏捷性、可靠性和柔性）及确保整体售后运营效率（如最低总成本或最优服务输出）的两方面需求从而获得最大整体效益来作出的。例如为了加快售后逆向物流响应速度，生产企业与服务外包方一般需要通过增加库存储备或增加运输频次来实现，但这必然导致供应链总成本显著上升，在这种状况下，生产企业与服务外包方就需要进行共同协商，在有服务速度约束的条件下，针对最优库存及运输总成本水平进行状态假设的分析评估，设计出高效经济性的备选方案并作出决策，最后通过合作双方同步化实施该方案加以实现。实现回流及同步化决策的主要沟通方式有：双方面对面的会议、E-mail、电话会议、网络 / 可视电话交流、传真等。

2.4 协同激励

协同激励是指生产企业与售后服务商、第三方物流在为客户提供服务过程中共担成本、风险和共享利益的过程，它要求生产企业与服务外包方在服务运营中保持战略目标相匹配，包括作出优化售后服务供应链的决策和开放真实可靠的专有信息。同时，协同激励也涉及了成本核算、风险和利益以及激励机制设计，如根据绩效支付或根据投入程度偿付。协同激励应当建立在偿付公平和自我强化原则的基础上。偿付公平是指确保协同激励促使售后服务商、第三方物流及生产企业三方公正地分担逆向物流任务负荷和共享因协同努力产生的效益。自我强化则是指外包合作多方要以自我约束的方式将自身的决策与降低服务成本、提高客户满意度的共同目标协调一致。激励水平可以通过售后逆向物流订单响应系统、ABC 成本分析法（基于活动的成本分析法）、售后逆向预测精度及备件库存周转率来跟踪、计算和显示。

2.5 售后逆向物流外包整合流程

售后逆向物流外包整合流程是指生产企业外包与售后服务提供商、第三方物流共同设计有效的售后逆向物流外包运营流程，从而使客户维修及退换货以更高的服务水平及经济方式得以及时满足的过程。这一模型要素可以描述为协助售后及逆向物流提供商与满足顾客售后需求及快速响应的整合工作活动顺序进行同步。为了在规定时间窗和有限服务效能约束的条件下满足客户多样化的售后需求，外包服务必须具备相应的灵活性。而要保持灵活性，服务外包合作多方需要重新设计售后逆向物流系统、逆向物流作业程序、售后退换货衔接、逆向预测计划和备件库存管理以改善售后物流敏捷性和柔性，从而对不同状况下的客户售后需求作出快速响应。和模型其它构成要素相关的是售后逆向物流外包整合流程的目的，它在于使外包合作多方达到售后逆向物流协同绩效系统中所包含的各项关键绩效指标（KPI）。服务外包合作多方通过同步化回流和决策构建了有效的售后逆向物流外包整合流程并产生了更佳的绩效和稳定性。此外，整合流程的作业成本和非经济指标矩阵对协同激励有着重要影响。同时，流程一体化为信息共享提供了动态过程情况的透明性，从而使监控追踪和问题解决更为便利。

2.6 基于时间窗的售后逆向物流外包协同绩效系统

以时间为导向的售后逆向物流外包协同绩效系统是指为持续改善合作伙伴的整体绩效及客户时间响应而设计、实施绩效矩阵的过程。这一过程和两方面因素相关：生产企业与服务外包方应当确定怎样的共同目标，和这一共同目标关联的绩效矩阵内容。共同目标体现了服务合作多方通过协同关系所希望达到的基于时间成本效率的指标。该指标可以通过售后逆向物流速度和服务品质优势表现出来，如：退换货等待时间、维修周期、补货前置期、预测循环期、回收处置周期、备件库存可得性、服务水平、紧急需求的响应速度、突发事件的应急物流处理等。同时，这些体现时间成本效率的指标也对改善基于客户体验的服务质量、降低总成本支出和增强品牌竞争优势有着积极的促进作用。

3. 实证研究

3.1 售后外包服务商协同的基本假设

根据上述售后外包服务商协同模型中各组成部分的相互关系以及协同构成要素对逆向物流绩效的影响，本研究提出下述假设：

H 1 信息共享程度越高，则售后逆向物流绩效表现越好；

H 2 回流与决策同步化程度越高，则售后逆向物流绩效越好；

H 3 协同激励程度越高，则售后逆向物流绩效表现越好；

H 4 外包服务商协同程度越高，则售后逆向物流绩效表现越好。

3.2 调查问卷设计

上述假设通过对协同的组成要素与绩效表现的相关关系进行验证，其中售后外包服务商协同的组成要素为：信息共享、协同激励、回流与决策同步化，并对协同构成要素及绩效组成的变量因素进行归纳，然后以此为内容设计调查问卷，对汽保设备企业的售后服务商进行调研。最后在回收有效问卷的基础上对统计数据进行回归分析，从而判断提出假设的合理性。

笔者对上海、苏州、北京、天津、东莞、深圳等地的176家汽保设备企业进行了访谈，企业年营业收入从3000万元到8亿元不等，访谈的对象主要是企业总经理、副总裁、销售经理、售后服务经理、物流经理以及经销商网点。经过访谈，将外包服务商协同及绩效表现因素调整到65个，原因在于一些协同因素受企业规模和产品差异影响其普遍适用性不强，因此综合各方面的反馈予以去除。再通过文献分析进一步确定供应商协同组成因素的识别变量40个及绩效指标因素变量17个，并以此为基础设计调查问卷。最后通过调查问卷进行实证分析。

3.3 样本构成

问卷发出的起始时间为2012年7月8日，最后回收日期为2013年2月25日，共计回收145份，其中包括未填任何选项的有5份，每一个问题在填答时都选同一个选项的有3份，问卷只完成了20%～30%的有3份，以上均视为无效问卷给予剔除，最后所回收的有效问卷为134份，有效问卷回收率为85.4%；汽车诊断设备回收的有效问卷为27份，有效回收为24.19%；检测分析设备回收的有效问卷为24份，有效回收为19.35%；养护清洗设备回收的有效问卷为21份，有效回收为14.52%；钣金烤漆设备回收的有效问卷为25份，有效回收为29.03%；轮胎设备回收的有效问卷为23份，有效回收为8.06%；其他14份，占4.84%。被调查样本的设备类型分布如图2所示。统计表明，在售后逆向物流协同调查的145个样本中，性别分布为男性占62.76%，女性占37.24%。从年龄分布来看，31～50岁 占69.66%，成为售后逆向物流管理人员的主体，其观点对协同状况的总体评估有着重要的影响。从职务分布状况来看，中层管理占了43.45%，其余是高层管理15.17%，基层为41.38%，可见对于售后服务逆向物流生产企业的重视程度较高，许多企业都是由中高层管理者直接把关。部门分布数据显示，售后、物流及质量部门负责占到了70%以上的比例，可以推断，售后逆向物流和这几个部门的关系密切。从公司规模和销售额的分布来分析，目前从规模较小到规模较大的汽保设备生产企业都普遍借助服务外包来协助完成售后服务。

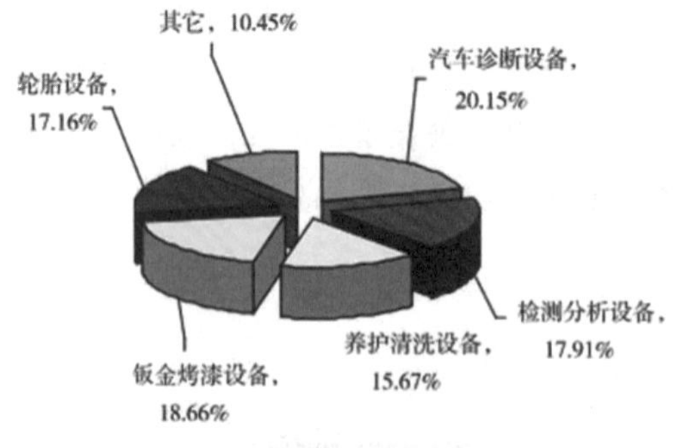

图2 调查问卷样本的设备分布

3.4 统计实证分析

通过运用统计软件进行数据处理，对变量间的关系进行分析。

3.4.1 信度分析

从表 1 中可以看出：1）包括绩效在内的 4 个维度的 Cronbach’s α 系数均超过 0.7，说明本量表内部一致性较高（Nunnally，1978）；2）Corrected Item－Total Correlation（变量与其它变量相关系数）绝大部分超过 0.5，只有少数几个变量的该值小于 0.5，但均接近 0.5。

上述数据充分说明本问卷所设计的变量具有很强的内部一致性，具有很高的信度和有效性，能充分达到问卷设计的目的。

经过上述 Corrected Item－Total Correlation（变量与其它变量相关系数）的检验，信息共享维度的变量因素有 13 项保留下来，Cronbach’s α 为 0.8632；回流与决策同步化维度的变量因素有 15 项可以保留，Cronbach’s α 为 0.8422；协同激励维度的变量因素有 9 项可以保留，Cronbach’s α 为 0.9127；绩效表现维度的变量因素总计 17 项（全部保留），Cronbach’s α 为 0.8967。

3.4.2 关系分析

为了进一步分析售后服务外包合作双方之间的协同关系对核心企业逆向物流绩效的影响，提出绩效指数和协同指数的概念，即对答卷者的 3 个维度各个变量的得分计算平均值，得到协同指数（X）；对绩效维度所有变量的得分求均值，得到绩效指数（Y）。同时，也分别对 3 个维度各自变量的得分求均值，分别得到信息共享指数（X 1）、回流与决策同步化指数（X 2）和协同激励指数（X 3）。接着，需要分析合作指数和绩效指数有着怎样的关系。图 3 所示的散点图显示了协同指数与绩效指数的分布状况。从图示分布状况可以发现，Y 与 X 之间似乎存在着某种相关关系。

为了验证推测，用绩效指数（Y）与合作指数（X）作回归分析，同时也运用绩效指数（Y）分别对信息共享指数（X 1）、决策同步指数（X 2）和协作激励指数（X 3）做线性回归，得到表 2 的结果：在检验水平 α ＝ 0.01 的情况下，上述回归方程显著成立。该表的函数表达式显示，绩效指数与合作指数的相关系数接近 0.69，绩效指数与信息共享指数的相关系数约 0.69，绩效指数与回流及决策同步化指数的相关系数为 0.68，绩效指数与协同激励的相关系数为 0.64，这证明了绩效指数与协同指数及 3 个维度指数均存在着明显的正相关关系。对各回归方程作参数检验，发现各参数均显著不为零。因此，Y 与 X 1、X 2、X 3、X 之间存在着明显的正线性相关关系。

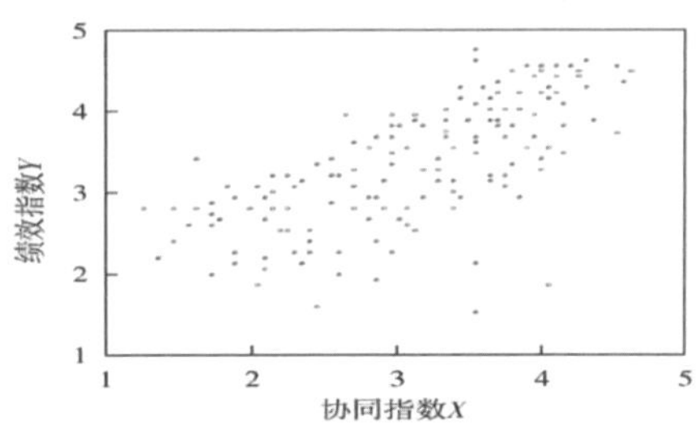

资料来源：问卷调查绘图分析获得

图 3 协同指数与绩效指数关系散点图

表 2 协同各指数与绩效指数的线性回归状况

回归表达式	相关系数
Y=0.667 89＊X1 ＋ 0.986 73	0.689 57
Y=0.687 45＊X2 ＋ 0.897 65	0.683 52
Y=0.557 53＊X3 ＋ 1.327 54	0.641 96
Y=0.683 48＊X ＋ 0.945 82	0.689 352

资料来源：由问卷调查计算分析获得

3.4.3 因果分析

数据说明：售后服务合作双方的协同越高，企业的售后逆向物流绩效就越好，从而可以验证以下结论：1）信息共享程度越高，则逆向物流绩效表现越好；2）回流与决策同步化越高，则逆向物流绩效越好；3）协同激励程度越高，则逆向物流绩效表现越好；4）外包服务商协同程度越高，则逆向物流绩效表现越好。

因此，本研究认为企业间如果能做到充分的信息共享，尽可能地实现回流与运营同步，对他们之间的协同配合进行恰当的激励，将会对他们企业的售后逆向物流绩效产生积极的影响。

从上述实证研究分析和访谈调研结果表明，服务外包只有建立在合作双方有效协同的基础上，才可能有更长远的成功。在协同的环境下，合作双方得以充分地信息共享、建立信任、相互支持、风险共担、利益共享，并最终通过共同的行动和努力不断提高售后物流效率、增强优势互补、降低风险、加速市场反应，取得预想的外包目标。

（来源：重庆师范大学学报 作者：郝皓，邬星根，唐国春）

4.4.2 逆向物流行业活动

由逆向物流分会参与起草的两项国家标准正式发布

中国国家标准化管理委员会发布2017年第26号中华人民共和国国家标准公告，由上海市物流协会逆向物流分会常务副会长郝皓教授带队主持起草的《非危液态化工产品逆向物流通用服务规范》（GB/T 34404-2017）、《非危液态化工产品物流突发事件处理》（GB/T 34403-2017）两项国家标准经国家质量监督检验检疫总局、国家标准化管理委员会批准发布，2018年5月1日正式实施。该2项标准凝聚了上海市物流协会逆向物流分会成员在相关领域持续5年多的研究积累和多项理论、方法创新，以及9个参加单位的合作研究成果。

ICS 71.100.01
G 85

GB

中华人民共和国国家标准

GB/T 34403—2017

非危液态化工产品物流突发事件处理

Specification for emergency handling of non-dangerous liquid chemical products logistics

2017-10-14 发布　　2018-05-01 实施

中华人民共和国国家质量监督检验检疫总局
中国国家标准化管理委员会　发布

其中，《非危液态化工产品逆向物流通用服务规范》（GB/T 34404-2017）也是我国首个逆向物流国家标准，填补了该领域国内标准的空白。

逆向物流国家标准的批准发布确立了上海市物流协会逆向物流分会在国内逆向物流标准化领域的领先地位，进一步扩大了逆向物流分会在全国物流行业、企业及科研院校中的影响力。

（来源：逆向物流界）

"云丰杯"首届全国逆向物流设计大赛成功举办

2017 年 10 月 28 日，"云丰杯"首届全国逆向物流设计大赛决赛在上海第二工业大学顺利举行。本次大赛在中国物流与采购联合会、中国物流学会、全国物流职业教育教学指导委员会、上海市商务委员会、上海市经济和信息化委员会、上海市发展和改革委员会指导下，由上海市物流协会、上海市物流学会、上海市运筹学会主办，上海第二工业大学承办，上海市物流协会逆向物流分会担任策划设计，邀请中国物流与采购联合会、上海市学位办领导、复旦大学、上海交通大学、上海大学、上海市质量与标准化研究院、云丰物流、东方海外物流、法雷奥公司、东方久信等企业共十余位专家、学者担纲大赛评委。

大赛开幕式上，上海第二工业大学徐玉芳副校长首先代表校方致欢迎辞，她表示将努力使当天的比赛成为一个技能切磋、经验分享、感情交流的良好平台，共同为促进全国高校物流管理专业的教学改革，提升该领域专业人才的整体水平做出应有的贡献。

然后，上海市经信委生产性服务业张连生处长发言，他希望通过充分发挥全国优秀大学生的创新思维，以云丰国际物流为平台，共同研究逆向物流行业的发展、逆向物流行业未来前景以及逆向物流创新发展所面对的实际问题，培养学生理论转化实践的能力，促进逆向物流行业优秀人才的培养。

接着，上海市学位办主任束金龙教授、上海市物流协会高瑞监事长、云丰国际物流（上海）有限公司总裁董彬先生分别向进入决赛的各位选手表示热烈的祝贺和对参赛队的希望，并向决赛承办单位表示诚挚的问候。

上午 9 点 40 决赛正式开始，本着公平、公正、公开的原则，参赛队员充分发挥聪明才智，沉着、认真对待赛程，坚持“友谊、交流、团结、进步”的宗旨，以良好的心理素质和精神风貌，赛出风格，赛出水平；决赛工作人员和各位评委严格遵守决赛规则，认真负责，一丝不苟，坚守岗位，公正评审，确保决赛取得圆满成功。

今年的大赛吸引了全国高校共计 173 支队伍的八百多名物流类专业学生参赛。大赛通过海选资格赛、初赛方案设计，决赛方案优化三个环节，综合考查和检验参赛选手对逆向物流理解与运用，让学生在校学习阶段能参与逆向物流运营过程，了解逆向物流运营调度与计划并进行逆向物流运营管理资源优化。在海选资格赛结束后，共有 103 支参赛队取得初赛资格；随后经初赛角逐，最终有 30 名队伍入围决赛并在赛程中充分展现了各参赛队的团队协作精神。决赛中能明显感受到选手们紧张的气氛，争分夺秒的在有限的时间内把方案中最精彩的部分展示给评委，得到了评委们的赞许。

经选手们激烈比拼和评委们严格评议，最终，来自全国各地的 30 支队伍分获特等、一、二、三等奖和优胜奖。闭幕式上，大赛组委会向获得最佳组织奖的三所高校和每支获奖队伍分别颁发了奖牌和奖金。

闭幕式上，复旦大学刘建林教授、上海市物流协会秘书长刘鹰分别对本次大赛进行了精彩点评。中国物流与采购联合会教育培训部主任，全国物流职业教育教学指导委员会秘书长郭肇明在闭幕式上总结了当天赛事。他首先肯定了大赛组委会精心周到的组织工作安排，赞扬了 30 支参赛队伍为大赛的组稿成文制作付出了艰辛的努力，很多队伍的方案都涉及了最新的大数据技术、物流信息技术、云技术等高科技方法，90% 的队伍也在方案中设计了模型和算法。另一方面，他指出各参赛队伍文稿在考虑模型的应更贴合企业的实际，希望参赛队伍能够不断深入到企业实践中去，真正将逆向物流创新理论用于企业实际问题的诊断与解决，期望参赛队伍在本次比赛中积累经验、总结学习，争取在下一届的比赛中获得更好的成绩。最后与会领导和嘉宾宣布了获奖名单，并为获奖队颁发奖杯和证书。

此次大赛的成功举办，是逆向物流分会继参与制定我国第一项逆向物流国家标准 GB/T 34404-2017《非危液态化工产品逆向物流通用服务规范》和发布全国第一个逆向物流指数（上海市逆向物流指数－机动车）之后主办的国内首次逆向物流大赛，填补了该领域国内大赛的空白，得到了参赛队伍的高度好评，掀起了逆向物流“学习热潮”。

在此次大赛中，逆向物流分会近年来提出的 全球首个“主动式逆向物流运作参考模型RLOM”、“第五利润源”等逆向物流创新理论在全国高校物流管理专业与学科中得到广泛传播，进一步夯实了逆向物流与全生命周期供应链理论与实践结合的土壤。

（来源：逆向物流界）

逆向物流分会成功举办中国物流学术年会专题论坛

2017 年 11 月 24 日至 26 日，由中国物流学会、中国物流与采购联合会及合肥市人民政府主办的第十六次中国物流学术年会在安徽省合肥市隆重召开，来自全国物流领域产学研各界以及国外物流专家等 1300 多名代表参加了会议。

11 月 25 日，中国物流学会会长何黎明、合肥市副市长孔涛作了学术年会致辞，国家发改委经济贸易司处长肖光伟、国家发改委综合运输研究所所长汪鸣分别做了《我国物流业发展趋势及政策考虑》、《枢纽经济发展探讨》主题发言。大会还邀请了国务院发展研究中心产业经济研究部主任魏际刚、世界银行交通与信息通信技术局副局长任斌、中国工程院院士杨善林、日本流通研究社会长小山彰一、国防大学徐东教授等 11 位国内外知名专家外作了专题报告，对当前物流领域重点、难点和热点问题进行了探讨，对物流、采购与供应链领域新理念、新政策、新模式、新趋势、新案例进行了深入分析。

11 月 26 日上午，我协会主办的“绿色逆向物流与可持续供应链管理”专题论坛顺利举行，论坛由上海大学管理学院博士王治国担任主持人。智经供应链管理研究院院长、中国物流学会副会长郝皓教授首先以《第五利润源：逆向物流的商业模式和产业指数》为主题揭开了论坛的序幕。通过当前物流行业的背景与挑战，揭示出逆向物流背后隐藏的潜在问题与新竞争优势，并从逆向物流视角提出全生命周期供应链体系（RLOM 方法论）以及全生命周期供应链的重要性，阐述了逆向物流商业模式与生态圈，结合上海市逆向物流指数研制过程，提出了逆向物流未来发展的几点建议。

然后由上海天楹环境科技公司总经理徐樑对《环保巨头跨界之路 -- 天楹的逆向物流探索与实践》进行演讲，通过对天楹的公司发展历程、产业格局以及业务分布的介绍，深入分析了企业的再生资源回收业务线以及 B2B 回收业务模式。

紧接着是上海大学管理学院副院长镇璐教授就《绿色港口与航运物流优化决策》作了精彩演讲，他根据当前国内港口与航运相关的排放与污染的大背景，分析了港口与航运管理的性质并结合数学算法模型提出了一系列港口及航运管理的举措，最后阐述了绿色港口与航运研究的意义和未来研究方向。

最后，云丰国际物流（上海）公司陆晓栩经理对《循环经济下的第三方逆向物流创新》进行演讲，他结合云丰国际当前的定位、规模、战略以及责任，介绍了公司在逆向物流方面的发展进程以及创新，提出了公司在逆向物流方面未来发展的目标，紧接着以四句诗词感悟来结束本次专题论坛。

我会逆向物流团队连续四年在“中国物流学术年会”上成功举办逆向物流专题论坛，带来的第五利润源、商业模式创新理念获得了与会代表的高度好评，与会者在会后纷纷与演讲者进行了深度交流，论坛在参会代表意犹未尽的来年期待中取得圆满成功。

（来源：逆向物流界 作者：张继，张謇）

逆向物流分会成功举办“绿色物流与供应链”专题论坛

2017 年 12 月 1-2 日，由上海大学管理学院、剑桥大学制造研究院主办，上海市物流协会逆向物流分会、上海市物流学会协办的 2017 年第一届工业工程与产业生态学国际论坛（IE^2 论坛）在上海大学召开，来自全国著名高校及企业的 IE^2 领域专家学者以及英国剑桥大学、埃克塞特大学、考文垂大学等多名嘉宾参加了会议。

1 日上午，上海大学副校长聂清作了国际论坛致辞，剑桥大学国际制造中心研究主任石涌江、同济大学教授诸大建、山东大学教授崔兆杰以及上海交通大学教授朱庆华分别做了《The Synergies from IE X IE (IE^2) can beone of the Key Pathways for Chinese Industrial Crises》、《2035：中国绿色发展的关键问题》、《清洁生产与循环经济系列研究》和《可持续供应链研究》主题发言，对当前 IE^2 领域相关研究问题进行了探讨，提出了绿色转型的四个脱钩，对绿色、循环经济与可持续领域研究现状、未来展望进行了深入分析，会议由上海大学管理学院副院长镇璐教授主持。

12 月 1-2 日，主办方设立了四场专题分论坛，分别是“产业生态与新产业战略”、“绿色物流与供应链”、“循环经济与产业共生”和“可持续航运交通系统工程”。1 日下午由上海市物流协会逆向物流分会、上海市物流学会、上海市运筹学会、上海第二工业大学经管学院、云丰国际物流（上海）有限公司联合主办的“绿色物流供应链”专题论坛顺利举行，出席论坛的嘉宾有上海市物流协会逆向物流分会常务副会长郝皓教授、云丰国际物流集团董彬总裁、国药物流朱建云部长、东方久信集团王一明副董事长及秘书处成员。论坛由剑桥大学博士、伯明翰大学助理教授刘洋担任主持。首先刘洋教授以《绿色供应链的挑战与未来》为主题的报告揭开了论坛的序幕，阐述可持续供应链的管理问题。然后国药集团医药物流有限公司规划与管理部部长朱建云从医药角度对逆向物流管理进行了分析和探索，以《医药逆向物流管理思考》为主题进行演讲。

然后是湖南大学信息科学与工程学院唐隆基教授就《数字化逆向物流发展趋势》作了精彩演讲。从宏观和微观的角度，对国内外逆向物流的市场、机遇和挑战进行了分析，并对数字化逆向物流新的发展趋势作了重要阐述。

紧接着罗克博物流研究院院长潘永刚、东方久信集团副董事长王一明和美国哈曼国际全球采购总监刘飞分别从逆向物流的实践、障碍和动力以及企业风险角度作了《国内逆向物流实践》、《逆向物流开展的障碍与驱动力》和《面向企业风险管理的逆向物流》的专题报告。最后在圆桌讨论环节，与会者与嘉宾就行业热点问题进行了深度探讨，代表们自由选择和专家进行交流讨论，表示受益匪浅，专题论坛取得圆满成功。

2日下午，由剑桥大学国际制造中心研究主任石涌江博士主持全体大会，华东理工大学教授马铁驹、上海大学管理学院副院长镇璐、中国物流学会副会长、上海市物流协会逆向物流分会常务副会长郝皓教授、同济大学教授刘光富以及香港理工大学副教授王帅安分别作了《产品空间演化与产业发展》、《港口与航运物流决策优化问题研究》、《第五利润源：逆向物流创新、商业模式与指数》、《面向城市生态的产业共生体系构建》及《Reducing Air Emissions in Shipping: Status, Regulations, and Research》主题报告，分别展示了各自研究领域的新成果、新经验、新模式和新观点。

大会最后环节，由剑桥大学教授、英国皇家工程院院士Mike Gregory爵士和同济大学教授、上海大学管理学院特聘院长尤建新博士分别以《Integrating Industrial Engineering and Industrial Ecology - Processes and Priorities》与《创新生态：IE^2的基础设施建设》为主题对本次论坛作大会总结，感谢主办发对本次国际论坛的筹划，指出该论坛有助于IE^2领域学术探讨与交流，希望与会者能在本次论坛有所感悟有所收获，期待下一届论坛的召开，最后在全体代表热烈的掌声中“首届工业工程与产业生态学国际论坛”取得圆满成功。

（逆向物流供稿：郝皓）

本篇供稿：陈震 张旭 郝皓 张志坚 编辑：张志坚

第五篇 口岸与自贸区物流

5.1 概况

5.1.1 2017年9月12日市政府新闻发布会：介绍上海自贸试验区深化改革、创新发展有关情况

市政府新闻办2017年9月12日举行市政府新闻发布会，市发展改革委副主任朱民介绍了上海自由贸易试验区成立以来深化改革、创新发展的举措和成果。浦东新区副区长、上海自贸区管委会副主任陆方舟介绍了上海自贸试验区年度工作重点。市商务委副主任申卫华、市工商局副局长彭文皓、市金融办副主任李军、市口岸办副主任武伟出席发布会，共同回答了提问。

（一）

建设中国（上海）自由贸易试验区，是以习近平同志为核心的党中央在新形势下全面深化改革和扩大开放的战略举措。到今年9月底，上海自贸试验区挂牌运作将满四年。四年来，在党中央、国务院的坚强领导下，国家各有关部门积极推动，主动服务，全力支持和协调上海自贸试验区总体方案、深化方案和全面深化方案的落实。上海坚持解放思想、大胆实践，紧紧抓住制度创新这一核心要务，加强整体谋划、系统创新，围绕服务国家战略，努力把上海自贸试验区建设成为在新形势下引领全面深化改革、加快创新驱动发展的标杆和引擎。近四年来，上海自贸试验区改革创新主要体现在三个方面。

第一，制度创新进一步激发市场创新活力和经济发展动力。

按照把扩大开放同改革体制结合起来，把培育功能同政策创新结合起来的要求，上海自贸试验区积极推进制度创新优势转化为产业功能优势、产业功能优势转化为产业发展优势的进程。截至目前，上海自贸试验区新注册企业4.8万家，月均注册企业数量是挂牌前的5倍，新注册企业活跃度超过80%。新设企业中，新设外商投资企业8781家，占比已从挂牌初期的5%上升到目前的近20%。实到外资167亿美元，相当于挂牌前20多年总和的两倍。今年以来，区内跨境人民币结算总额为6735.8亿元，占到全市的59.87%，进一步推进了人民币国际化。自政策发布以来，累计有668家企业发生跨境双向人民币资金池业务，资金池收支总额8497.7亿元，有效节约了企业跨境交易成本。

保税区域是上海自贸试验区最先运作的区域。四年来，制度创新在推动保税区域经济结构转型升级和提升经济运行质量效益方面发挥的显著作用。在2013年之前，保税区域90%左右的企业集中在贸易、物流、加工制造三个行业，约7000多家。经过四年建设，这三个行业企业总数增加了1万家，但占比下降到58%。与此同时，新增的高附加值服务业占比达到35%，形成了商务服务、技术服务、文化服务的新三大行业。四年来，保税区域实现了区域经济规模年均增长9%，进出口额年均增长5%的持续稳定发展。

上海自贸试验区扩区两年多来，制度创新显示出对新扩片区经济发展提质增效的积极作用。陆

家嘴金融片区的金融开放创新功能更加完善，黄金国际板、保交所、沪港通等跨境金融服务功能性平台落地运行，区域新增企业8000多家，是扩区前同期的2倍多，其中，持牌金融机构数量增加98家，达835家。金桥开发片区持续推动〞金桥制造〞和〞金桥服务〞协同发展，推动先进制造业向研发、设计、销售、服务等〞微笑曲线〞两端延伸，加快培育互联网+、物联网+、虚拟现实等跨界融合生产性服务业新兴业态，经济发展质量效益明显提升。张江高科技片区持续推进〞双自联动〞，在药品上市许可人制度、海外人才出入境政策、知识产权保护机制等方面取得重大突破，创新创业的生态环境不断完善，新增企业近5000家，其中1/4的企业属于高新技术类企业，增长幅度是扩区前同期的2倍多。

上海自贸试验区建设带动浦东新区经济持续稳定快速发展。新区的地区生产总值增幅连续保持在8%以上。实到外资年均增长率达37%。跨国公司地区总部累计274家，经认定的外资研发中心221家。服务〞一带一路〞建设成果丰富，与沿线国家之间的走出去和引进来项目累计3000多个，进出口贸易额增长保持在22%以上水平，占比新区进出口总额的1/5。

第二，构建与国际投资和贸易通行规则相衔接的制度体系。

中央要求上海当好标杆，发挥先发优势，率先建立同国际投资和贸易通行规则相衔接的制度体系。上海按照中央要求，全球视野，立足国情，保持锐意创新的勇气、敢为人先的锐气、蓬勃向上的朝气，以新发展理念为引领，聚焦投资、贸易、金融和事中事后监管领域，形成了一批基础性和核心制度创新，并在实践中不断成熟、定型，以制度创新促进政府管理经济的方式发生根本性转变，在率先形成法治化、国际化、便利化的营商环境上取得重大进展。

一是确立负面清单管理为核心的投资管理制度，形成与国际通行规则一致的市场准入方式。上海自贸试验区率先制定和实施外商投资负面清单，外商准入政策透明度和可预期性大幅提升。对负面清单以外领域，实施内外资一致的市场准入，取消外商投资项目和外商投资企业设立及变更审批，开放领域覆盖世界贸易组织划分的12个服务部门中的11个，覆盖率达91.7%，超过90%的外商投资企业通过备案方式设立，市场开放度和投资便利度大幅提升。

与外商投资负面清单管理模式相衔接，商事登记制度改革不断深化，推出实施了先照后证、注册资本认缴制、多证合一、集中注册、简易注销等准入环节全流程的创新改革举措，强化了企业的市场投资主体地位。全面实施〞证照分离〞改革，采用取消审批、改为备案、告知承诺和优化准入管理的改革方式完善市场准入管理，使企业办证更加便捷高效。目前，第一批116项行政许可事项中取消审批、改为备案和告知承诺占比由原来的37%增加到47%，告知承诺占比由原来的23%增加到30%。

二是确立符合高标准贸易便利化规则的贸易监管制度，形成具有国际竞争力的口岸监管服务模式。对标国际贸易便利化的最佳实践和通行规则，上海自贸试验区率先探索国际贸易〞单一窗口〞改革，整合口岸管理资源，打破信息孤岛壁垒，单一窗口覆盖范围从最开始的海关、检验检疫两个部门，已经扩展到涵盖中央和地方的22个部门和单位，企业申报数据项在船舶申报环节缩减65%，在货物申报环节缩减24%，累计为企业节省成本超过20亿。上海国际贸易〞单一窗口〞已作为自贸试验区最佳改革实践案例全国复制推广。

上海国际贸易〞单一窗口〞建设的不断深化，确保了风险分类管理为基础，以信息化系统监管为支撑，以贸易安全为基本底线的贸易监管制度高效运行。先入区、后申报，批次进出、集中申报，〞十检十放〞等监管制度创新落地实施，关检联合查验作业在主要口岸现场全面实行，物流类企业货物状态分类监管实现常态运作，以信息化和智能化为核心的风险分析防控和无纸化通关服务系统不断完善，为全国通关一体化改革提供了试点经验。上海自贸试验区在贸易便利化领域的制度创新举措，符合《联合国贸易便利化建议书》和世界贸易组织《贸易便利化协定》的要求，较好地适应了我国贸易货物品类复杂、方式多样的实际情况，大幅度提高了企业办事和政府监管的效率。

三是确立适应更加开放环境和有效防范风险的金融创新制度，形成与上海国际金融中心建设的联动机制。上海自贸试验区创设的自由贸易账户体系，建立了〞一线审慎监管、二线有限渗透〞的资金跨境流动管理基础性制度，具有本外币一体化金融服务功能，并能对跨境资金流动进行逐企业、逐笔、全口径的实时监测，经受住了国际金融市场波动的考验，显示出较成熟的抗风险能力，目前累计开立 6.8 万个自由贸易账户，业务涉及 110 多个国家和地区、2.7 万家境内外企业。

以自由贸易账户为基础，建立了资本项目可兑换、利率全面市场化、金融市场开放、人民币国际化等核心领域金融改革的制度安排和操作路径。建立了银行业市场准入报告类事项监管清单制度，推出了面向国际的金融资产交易平台，实施了航运保险产品注册制改革，开展了金融综合监管试点。上海自贸试验区金融开放与上海国际金融中心建设联动发展，金融资源市场化配置能力显著提升，有效的服务了实体经济发展，完善了宏观审慎和风险可控的金融监管体系，极大提升了金融市场能级，增强了上海资金、资产、资源价格的国际影响力。

四是确立以规范市场主体行为为重点的事中事后监管制度，形成透明高效的准入后全过程监管体系。建立了诚信管理、分类监管、风险监管、联合惩戒、社会监督〞五位一体〞事中事后监管体系，实现由规范市场主体资格向规范市场主体行为转变，目前已经在 67 个行业和领域全面实施。

社会信用信息共享是上海自贸试验区在事中事后监管中最早推出了基础性制度。四年来，上海自贸试验区持续用力，久久为攻，形成了由信息查询、信用监管、信用名单、信用服务、信息归集、效能监督、法规政策和系统管理等部分组成的公共信用信息服务平台，以及具有信息查询、协同监管、联合惩戒、行刑衔接、社会监督、数据分析和双告知、双随机的〞6+2〞功能框架的事中事后综合监管平台，实现了监管信息的跨部门整合，推动了部门之间的协同监管。率先探索新的政府经济管理体制，实施分类综合执法体制改革，改革后，80% 以上的执法力量下沉到基层及一线执法，有效解决了重复监管和多头监管问题。目前，市场监管综合执法体制已在上海区级层面全面推广实施，成立了上海市市场监管工作党委。

第三，为全局性改革发挥了示范引领和突破带动作用。

四年来，上海自贸试验区的改革创新理念和制度创新成果已分领域、分层次在全国复制推广。开展〞证照分离〞改革试点的 116 项行政许可事项，在全国其他 10 个自贸试验区，以及有条件的国家自主创新示范区、国家高新技术产业开发区推广实施。外商投资备案管理、企业准入〞单一窗口〞等 37 项投资领域改革措施在全国复制推广。先进区后报关、批次进出集中申报等 34 项贸易便利化改革措施，已在全国范围、长江流域范围、海关特殊监管区域等分阶段有序推广实施。跨境融资、利率市场化等 23 项金融制度创新改革成果分领域、分层次在全国复制推广。上海自贸试验区的主动开放、自主改革，探索了新形势下推动全面深化改革和扩大开放的新路径，为全国自贸试验区建设提供了可借鉴的经验和模式。

去年底，习近平总书记对上海自贸试验区建设做出重要批示，充分肯定了上海自贸试验区建设成效。今年年初，国务院印发了《全面深化中国（上海）自由贸易试验区改革开放方案》，目前，全面深化方案细化的 98 项改革任务和 2017 年的 24 项重点工作已经全部推开。

上海将深入学习好、领会好、贯彻好习近平总书记重要指示精神，以建设开放度最高的自由贸易园区为目标，以"三区一堡"和"三个联动"为抓手，对照国际最高标准、最好水平的自由贸易区，持续在深化自贸试验区改革上作出新作为，发挥好引领带动作用，更好地服务国家战略，进一步彰显上海自贸试验区全面深化改革和扩大开放试验田的作用。

（二）

近年来，上海自贸试验区在两个方面取得了显著成效：一是经济社会发展方面。四年来，上海自贸试验区制度创新进一步激发了市场创新活力和经济发展动力，带动了浦东新区经济发展质量效益的持续提升。2017 年上半年浦东新区地区生产总值增长 8.7%，一般公共预算收入增长 10.1%。自贸试验区实现进出口 6427 亿元，同比增长 17.9%，占全市 41.4%。二是推进"一带一路"建设方面。截至今年 6 月，"一带一路"沿线 65 个国家中，共计 52 个国家已在浦东投资，累计投资企业 3012 个，利用合同外资 115.83 亿美元。截至今年 8 月，自贸试验区累计对沿线的捷克、印尼、俄罗斯、土耳其等 25 个国家投资了近 40 亿美元，一批代表企业从自贸试验区走向"一带一路"。

上海自贸试验区工作重点主要聚焦两个方面：

一是关于打造提升政府治理能力的先行区。

三年多来，上海加快以自贸区理念推进政府职能转变，探索在一个完整行政区域内一级地方政府的管理新体制、监管新模式，努力做到放得更活、管得更好、服务更优。确立了以规范市场主体行为为重点的事中事后监管制度，搭建了市场主体自律、业界自治、社会监督、政府监管的"四位一体"监管格局，形成了透明高效的准入后全过程监管体系。率先开展市场监管（工商、质检、食药监、物价检查）、知识产权（专利、版权、商标权）、城市管理（环境市容、建设交通、规划土地）及科技经济（科委、经信委）四个"多合一"，推进形成了系统、综合、集成的治理体系。

今年以来，根据《全面深化方案》的任务要求，形成了提升政府治理能力先行区总体方案，基本构筑了政府先行区建设的"四梁八柱"。总的目标是：到 2020 年，率先实现政府治理体系和治理能力现代化，成为开放度最高、市场最高效、制度性交易成本最低、创新要素最集聚、公共服务最优的善治之区。主要任务是围绕"四个化"打造"四个体系"：围绕治理主体多元化、治理方式现代化、治理结构网络化、治理制度法治化，打造"市场导向、社会共治"的政府管理体系、"智能便捷、系统集成"的政府服务体系、"纵向协调、横向协同"的政府组织体系、"依法行政、高效廉洁"的政府运行体系。围绕"四个体系"，重点推进以下工作：

政府管理体系方面，一是深化"证照分离"改革。经过一年多的改革，"证照分离"改革成效明显，今年又取得了新的突破。比如，试点实施工业产品许可证管理改革，从"一品一证"变为"一企一证"，节约检验时间 27 天，减少企业费用近 2 万元。非特化妆品进口实行"审批改备案"试点，较以往审批周期大大压缩，时间从 3 个月以上缩减至 5 个工作日，为企业节约更多成本。目前，已经形成了下一轮《浦东新区"证照分离"改革试点深化实施方案》。二是推进"六个双"监管机制创新。构建了"双告知、双反馈、双跟踪、双随机、双评估、双公示"政府监管闭环，目前"六个双"工作已由先行试点阶段进入到全面推进阶段，在全区 21 个监管部门实现了全覆盖，在 55 个行业全面应用。

政府服务体系方面，重点实施"三全工程"。企业市场准入"全网通办"方面，现已在新区层面全面启动。截至目前，"网上全程办理"办件数达 1744 件，"网上办理，窗口只跑一次"的办件数达 64962 件，总体运行情况良好。个人社区事务"全区通办"方面，现已研究制定"互联网 + 社区事务受理"全区通办工作方案，推进社区事务就近收件、异地办理，在线预审、就近办理，争取今年 11 月实现 100% 全区通办。政府政务信息 " 全域共享 " 方面，目的是实现浦东新区部门间，与上海市相关部门、国家驻区单位间，与企业和市民之间信息资源共享。总的考虑是分四步走，今年推监管信息共享，明年推信用信息共享，后年推与市级部门和国家驻区单位对应共享，2020 年实现全域共享。

政府组织体系和运行体系方面，重点是处理好 " 四组关系 "：一是调整区镇关系。统筹五项核心发展权，下沉八项区域管理权，做实街镇的公共服务、公共管理、公共安全职能。从效果来看，初步实现了基层工作重心的转移，实现了资源的统筹高效利用，实现了街镇村居的减负增能，实现了条块关系的优化提升。二是深化管镇联动。就是把经济发展交由管委会统筹负责，把社会治理和城市管理交由镇统筹负责，发挥各自比较优势，同时实行利益共享机制，保障镇的利益。目前，在张江、金桥开展试点。三是推进承担行政职能事业单位改革试点。目前已制定改革方案，核心是转变政府职能，明晰事业单位的功能定位，特点主要有三方面：1. 理顺政事关系，推动实现行政职能回归行政机关、执法职能由行政执法机构承担、事业单位回归公益服务主业，将文化、环境、劳动、农业、卫生、城管等六大领域 30 家事业单位纳入试点实施范围。2. 体现自主改革，将 14 家受机关委托承担行政职能的事业单位也纳入改革范围，主要聚焦在市场监管、综合交通等重点领域。3. 注重科学布局，进一步加强事业单位的科学设置，按照精简高效的基本原则，确保事业单位数量只减不增、运行效能只升不降。四是优化决策、执行、监督的关系。我们以法治政府建设为突破口，努力做到决策科学、执行高效、决策有力。决策科学方面，重点是规范重大行政决策，制定了实施意见、清单目录以及公众参与、专家论证、风险评估、合法性审查、集体讨论决定等相关配套程序制度。执行高效方面，重点是加强管理与执法部门的信息共享和工作协同，建立管理与执法部门信息互联互通机制。监督有力方面，重点是按照决策、执行、管理、服务、结果 " 五公开 " 要求，全面推进政务公开，不断完善社会监督和网上监督，着力打造 " 透明政府 "。

二是关于服务国家 " 一带一路 "、推动市场主体走出去的桥头堡建设。今年以来，我们重点推进了以下三项工作：

一是积极扩大贸易规模，加强 " 一带一路 " 全方位、多层次经贸合作。设立 " 一带一路 " 进口商品国别馆，扩大 " 一带一路 " 国家优质商品进口，目前中东欧国家中保加利亚、马其顿、匈牙利国家馆已经开业，我们正在和更多的 " 一带一路 " 国家商谈开设国别馆。下一步，我们还要推动线上线下结合，打造 365 天 " 永不落幕 " 的进口商品博览会。

二是坚持众创孵化器国际化发展道路，实现与 " 一带一路 " 创新资源共建共享。聚焦 " 一带一路 " 战略实施，先后与 " 一带一路 " 沿线国家如以色列、俄罗斯、新加坡等国，联合建立跨国孵化器，并引进浦俄论坛、亚太科技创新展览、芬兰成长期项目中国行等活动，搭建跨境项目交流平台，实施境内外创新资源的共建共享。

三是积极搭建平台，更好地服务企业走出去。综合平台方面，完善自贸试验区境外投资服务平台，增设服务 " 一带一路 " 专栏，提升跨境延伸服务能力，今年 6 月与东盟法律服务联盟进行了签约，下一步将推动律师、会计、咨询、评估等专业服务力量跟着企业一起走出去。专业平台方面，在国家质检总局支持下，正筹备设立 " 一带一路 " 技术贸易措施企业服务中心，在认证认可、标准计量等方面与 " 一带一路 " 沿线国家和地区开展更多合作交流。

（上海市人民政府新闻办公室）

5.1.2 2017 年上海口岸主要数据统计表

2017 年上海口岸主要数据统计表

上海市口岸服务办公室

大类	项　目	2017 年	同比（%）	2016 年	同比（%）
货物	上海口岸进出口货物总值（亿元） 出口 进口	79, 211. 4 45, 766. 3 33, 445. 1	15. 1 18. 9 12. 5	68, 820. 4 40, 699. 7 28, 120. 7	1. 5 0. 3 3. 3
	上海关区进出口货物总值 出口 进口	59, 690. 2 35, 006. 0 24, 684. 2	14. 0 19. 3 10. 6	52, 334. 8 31, 651. 1 20, 683. 8	3. 3 2. 1 5. 1
	上海市进出口货物总值 出口 进口	32, 237. 8 13, 120. 3 19, 117. 5	12. 5 15. 4 8. 4	28, 664. 4 12, 105. 5 16, 558. 9	2. 7 -0. 5 5. 2
	上海口岸货物吞吐量（万吨）	41, 389. 0	8. 0	38, 315. 8	0. 6
	航空口岸货邮量	346. 3	14. 1	303. 5	4. 6
	水运口岸货物量	41, 042. 7	8. 0	38, 012. 3	0. 6
	上海口岸集装箱吞吐量（万标箱）	3418. 0	7. 2	3188. 8	0. 6
	出口	1507. 7	8. 3	1392. 8	1. 9
	进口	1397. 4	7. 0	1306. 5	-1. 9
	内支线	512. 9	4. 8	489. 5	3. 6
人员	上海口岸出入境人员总数（人次） 旅客总数	43, 752, 565 39, 943, 371	3. 1 3. 9	42, 418, 039 38, 453, 008	12. 9 12. 7
	航空口岸出入境人员 旅客	39, 086, 792 3, 6868, 775	3. 1 3. 9	37, 927, 452 35, 476. 989	9. 4 9. 6
	水运口岸出入境人员 旅客	4, 551, 480 2, 969, 957	3. 9 3. 3	4, 381, 202 2, 875, 406	58. 9 85. 1
	铁路口岸出入境人员 旅客	114, 293 10, 4639	4. 5 4. 0	109, 385 100, 613	-12. 6 -13. 2
交通工具	上海口岸出入境交通工具总数	268, 495	3. 3	260, 042	6. 6
	飞机（架次）	243, 215	3. 9	234, 047	7. 3
	船舶（艘次）	24, 918	-2. 8	25, 633	0. 3
	列车（车次）	362	0. 0	362	-1. 0
	进出上海口岸国际航行船舶（艘次）	41528	-0. 1	41575	-1. 3
	货船	40303	-0. 1	40361	-2. 2
	邮（客）船	1225	0. 9	1214	36. 7

备注：

① 2017 年上海口岸进出口货物总值占全国进出口货物总值（277920. 9 亿元）的 28. 5%。

②上海水运口岸货物吞吐量占上海港货物吞吐量（7. 5 亿吨）的 54. 7%；水运口岸集装箱吞吐量占上海港集装箱吞吐量（4023. . 3 万标箱）的 84. 9%。

③上海航空口岸货邮吞吐量占上海航空港货邮吞吐总量（424. 3 万吨）的 81. 6%，出入境旅客占上海航空港旅客吞吐总量（11191. 6 万人次）的 32. 4%。

④进出上海口岸国际航行船舶包括在上海口岸办理出入境手续的国际航行船舶（即上海口岸出入境船舶）和在我国其他口岸办理出入境手续但进出上海口岸的国际航行船舶。

（来源：上海市口岸服务办公室网 2018年1月26日）

5.1.3 口岸部门持续支持上海自贸区建设

在日前举行的市政府新闻发布会上，上海海关、上海出入境检验检疫局等口岸部门披露了对接上海自贸试验区建设的有关进展。记者了解到，各口岸查验单位积极推进“信息互换、监管互认、执法互助”，全面提升了执法效能和贸易便利化水平。

上海海关：初步建立四地自贸区海关协作机制

上海海关副关长谭武表示，上海海关一直致力于优化升级自贸区海关配套措施，目前已初步建立四地自贸区海关协作机制，提升全国自贸区海关监管服务整体效能。

据介绍，经过3年的创新试验，上海自贸区已基本形成了一套对标国际贸易通行规则的监管制度框架，全面建立了国际自由贸易园区通行的“一线放开、二线管住、区内自由”的作业制度和监管模式，在接轨国际方面实现了“全面对标、总体达到、局部领先、个别特殊”。汇总征税、“三自一重”等核心亮点制度试点稳妥推进，重点制度效能持续提升。

同时，上海海关积极推进贸易转型升级，推动自贸区10个专业化贸易服务平台和6个国别进口商品中心落户，创新保税维修、保税融资租赁海关监管制度，完成国际中转集拼2.0版系统开发，推出“舱单申报、舱单核销”管理模式。

数据显示，2016年，上海海关共监管进出口货物总值5.2万亿元，集装箱2563.7万标箱，统计报关单2160.2万份，同比分别增长3.4%、8.2%和4.2%。关区征税入库3615.4亿元，同比增长2.2%。

上海出入境检验检疫局：将“放管服”改革向纵深推进

无独有偶，2016年上海出入境检验检疫局立足上海自贸区先发优势，采取简化行政审批、降低企业成本、服务重点区域、重要产业、重点工程等“三简三降三服”措施，不断将“放管服”改革向纵深推进。

据介绍，上海出入境检验检疫局把服务上海自贸区作为重中之重，完成国务院总体方案和深化方案中涉及检验检疫部门的24项任务，累计出台支持自贸区发展制度举措77项，制定配套文件132个，其中15项制度为结合地方产业发展和企业需求推出的自主改革举措，30项制度为全国首创。

上海出入境检验检疫局副局长李晋称，围绕服务重要产业，上海出入境检验检疫局助推国际邮轮、检验检测认证等战略产业发展。创新邮轮维修和过境食品配送监管制度，推动面向亚太地区的国际邮轮食品配送中心选址上海。通过推动“检验检测认证示范区”建设，助力高技术服务业健康发展。目前，上海进出口商品检验鉴定市场年营收90.1亿元，占全国的36.8%。

在服务重点工程方面，上海出入境检验检疫局为中国商飞“大飞机”工程提供零部件快速通关，CCC认证产品诚信监管等专项服务。对迪士尼项目采取一站式服务，截至2016年9月，共完成63个、2.55亿美元进口游乐设备及物资的检验，检疫引种植物90余属19300余株。

（来源：中国（上海）自由贸易区网 2017年2月16日）

5.1.4 11个自贸试验区组成”雁阵”格局 制度改革红利正梯次释放

上海自贸试验区建立国际贸易“单一窗口”后，进口一支口红，只需要企业先在网上提交电子材料，再把纸质版材料交到浦东市场监管局窗口报送备案后，就可开展相关经营活动。原来需要四天到五天才能办完手续，现在半天时间就能完成，这是之前都不可想象的。

对于自由贸易试验区所带来的贸易便利，长期在上海从事化妆品代理工作的王先生深有体会。近日，他在接受《证券日报》采访时说，过去为了进口一支口红，要带着一箱子的产品资料、企业资料和样品，送到北京审批。上海自贸试验区建立国际贸易“单一窗口”后，进口一支口红，只需要企业先在网上提交电子材料，再把纸质版材料交到浦东市场监管局窗口报送备案后，就可开展相关经营活动。原来需要四天到五天才能办完手续，现在半天时间就能完成，这是之前都不可想象的。

2013年至今，国务院经过三轮批复，目前已经形成“1+3+7”共计11个自贸试验区的“雁阵”格局。这些试验区各具特色，承担的试验内容也有些差异，它们共同构成了引领中国新阶段对外开放的新引擎。王先生的体会只是一个侧面。

上海：国际贸易“单一窗口”在全国推广

2017年9月29日，上海自贸试验区挂牌四周年。数据显示，四年来，上海自贸试验区的改革创新理念和制度创新成果已分领域、分层次在全国复制推广。

贸易便利化方面，对标国际贸易便利化的最佳实践和通行规则，上海自贸试验区率先探索国际贸易“单一窗口”改革，整合口岸管理资源，打破信息孤岛壁垒，单一窗口覆盖范围从最开始的海关、检验检疫两个部门，已经扩展到涵盖中央和地方的22个部门和单位，企业申报数据项在船舶申报环节缩减65%，在货物申报环节缩减24%，累计为企业节省成本超过20亿元。上海国际贸易“单一窗口”已作为自贸试验区最佳改革实践案例全国复制推广。

上海自贸试验区还开展“证照分离”改革试点的116项行政许可事项，目前已在全国其他10个自贸试验区，以及有条件的国家自主创新示范区、国家高新技术产业开发区推广实施。外商投资备案管理、企业准入“单一窗口”等37项投资领域改革措施在全国复制推广。在上海自贸试验区形成的先进区后报关、批次进出集中申报等34项贸易便利化改革措施，也已在长江流域范围、海关特殊监管区域等分阶段有序推广实施；跨境融资、利率市场化等23项金融制度创新改革成果分领域、分层次在全国复制推广。

上海浦东新区副区长、上海自贸试验区管委会副主任陆方舟近日表示，上海自贸试验区的主动开放、自主改革，探索了新形势下推动全面深化改革和扩大开放的新路径，为全国自贸试验区建设提供了可借鉴的经验和模式。

天津：试验区做京津冀协同发展的“催化剂”

天津自贸试验区是我国大陆北方第一个自由贸易试验区，也是继中国（上海）自由贸易试验区之后，中央政府设立的第二批自由贸易试验区之一。自挂牌以来，积极服务京津冀协同发展，打造高水平对外开放平台。

天津自贸试验区有关负责人在接受《证券日报》采访时表示，现在有大量京冀企业来天津自贸试验区，他们不是把原有模式在天津复制，而是借助天津自贸试验区的平台，实现企业的转型升级。在京津冀一体化的过程中，天津自贸试验区的角色不是区域资源的“抽水机”，而是为区域转型升级注入活力的催化剂、新引擎。

《天津自贸试验区服务京津冀协同发展工作方案》提出，要建立了京津冀三地商务部门共同参与的工作协商机制，推动自贸试验区改革试点经验在京津冀地区复制推广。

截至目前，实施京津冀海关区域通关一体化改革成效显著，天津企业通过首都机场进出口货物的通关时间节约 8 小时，途中运费降低 30%；北京、河北企业通过天津海港口岸进出口货物通关时间缩短 3 天，通关成本减少近 30%。实行京津冀跨区域检验检疫“通报、通检、通放”和“进口直通、出口直放”一体化模式，通关时间平均每批货物节省 0.5 天，每标准箱节约物流成本 120 元，口岸快速放行率达 88%。在京冀地区建设了 10 个无水港。

在推动区内金融机构为京津冀地区市场主体提供同城化金融服务方面，渤海银行滨海分行、浦发银行自贸试验区分行等多家银行推出“银行电子保函区域通用”业务，实现京津冀地区“一份保函区域通用”。

天津滨海新区政府副区长单泽峰告诉说，天津自贸试验区主动服务北京非首都功能疏解，加强与在京央企的全面合作，目前已吸引中国供销集团、华能集团、中船重工等 40 余家央企或其控股公司在新区设立功能性总部，引入京津冀协同发展项目 400 余个，投资规模超千亿元。拓展津冀两地合作交流，与唐山、沧州等地签署战略合作协议，进一步整合无水港资源，在临港产业、交通设施、旅游、医疗等领域全方位展开合作。拓展丰富京冀消费市场，推进东疆进口商品直营中心在京冀两地布局，目前共批复设立 30 家，累计销售额约为 1.6 亿元。

自贸试验区红利　吸引各地区争相“竞选”

2017 年 3 月 31 日，国务院批复成立中国（辽宁）自由贸易试验区、中国（浙江）自由贸易试验区、中国（河南）自由贸易试验区、中国（湖北）自由贸易试验区、中国（重庆）自由贸易试验区、中国（四川）自由贸易试验区、中国（陕西）自由贸易试验区 7 个自贸试验区。随着第三批自贸试验区挂牌，试验改革的区域广度和内容深度全面升级。

商务部新闻发言人高峰表示，7 个新设自贸试验区围绕总体方案确定的试点任务，在复制推广其他自贸试验区成功经验、推动投资贸易便利化、加快政府职能转变等方面开展了大量的工作，特别是在特色创新方面取得了积极的进展。

比如，辽宁围绕热点难点问题，在国企改革方面提出了相关的工作思路；浙江多措并举，全力推进油品的全产业链投资贸易便利化；河南以制度创新为核心，率先在深化商事制度改革和投资项目承诺制方面开展试点；湖北深化“放管服”改革，发布了首批 378 项“马上办、网上办、一次办”清单；重庆积极推进行邮办理与跨境电商联动，探索国际铁路行邮新规则；四川率先推出多式联运“一单制”，积极探索研究铁路提单物权属性的问题；陕西积极推动现代农业国际合作中心建设，创新现代农业交流合作机制。

那么，为什么越来越多的地区争相申请自贸试验区？自贸试验区的建立到底能为当地贸易发展带来哪些福利？

中国社会科学院金融研究所一位负责人说，面对国际经济政治等方面形势变化带来的挑战，我国经济在进入以结构调整和发展方式转变为核心的新常态后，也亟待培育发展新动能，自贸试验区建设则为我国进一步扩大开放深化改革，提供思路和途径，尤其是在外部整体环境不利于贸易投资自由化发展的情况下，我们更需要大力建设自由贸易试验区，通过自主扩大开放，探索制度创新、服务国家战略、打造改革开放新模式。

上海立信会计金融学院自贸试验区研究院副院长肖本华近日在接受采访时表示，自贸试验区建设对所在地的经济社会发展有深远的影响。当前我国经济发展已从要素驱动转向创新驱动，从依靠土地、人口等要素红利转向依靠制度红利，哪个地区在这种转变中起步较早、力度较大，今后该地区经济发展将会更为良性平稳发展。

西南证券有关专家表示，自贸试验区建设的核心就是通过开放倒逼改革，通过营造国际化、法治化的营商环境，实现从依靠要素红利向制度红利的转变。建设自贸试验区的地区可以在经济转型升级中先人一步，促进当地经济的长远健康发展。从实践来看，在当前国际经济大环境较为困难的情况下，我国三批 11 家自贸试验区因为营商环境的改善，都在招商引资方面有优异表现。

对于未来五年自贸试验区发展的方向，肖本华说，可从两个维度进行分析，一是供给侧结构性改革，即自贸试验区建设是我国供给侧结构性改革的重要组成部分，因此未来自贸试验区发展的方向应进一步通过制度创新，改善我国的制度供给，完善我国的市场经济体系，提高有效供给；二是新型全球化，即从中国引领新型全球化的高度去把握自贸试验区未来五年的发展，通过支持和引领"一带一路"建设等实现创新驱动的增长模式、协同联动的合作模式、公正合理的治理模式和平衡互惠的发展模式的新型全球化。

值得关注的是，在我国现有的 11 个自由贸易试验区当中，大多数都担负着直接与"一带一路"建设进行对接的任务。

中国社会科学院金融研究所上述负责人表示，在接下来的建设中，应当根据现有的发展思路，将东部沿海地区积累的成功经验嫁接到其他自贸试验区的发展过程中，在上海、天津、广东、福建等自由贸易试验区的基础上，向中西部地区推广、普及、扩充和改进这些经验，同时，以"一带一路"沿线国家为依托，不断完善我国的自由贸易试验区网络，下一步可开展沿边自由贸易试验区的建设工作，让更多的省份和国家参与进来，进而提高自由贸易试验区建设与"一带一路"建设的对接效率，从而为我国自由贸易试验区的发展创造更多的机遇，为我国经济社会发展提供新的动力和保障。（证券日报）

（来源：中国（上海）自由贸易区网 2017 年 10 月 13 日）

5.1.5 2017 年自贸区保税区域物流业部分统计指标一览

据中国（上海）自由贸易试验区管委会保税区管理局统计报告：

2017 年 1-12 月，自贸区保税区域完成航运物流服务收入 1454 亿元（指自贸试验区保税区域内航运物流及相关服务产业（包括船公司、仓储、运输、货代、供应链管理和航运租赁等企业）的业务收入），同比增长 21%；其中，洋山保税港区为 1156 亿元，增长 20%，外高桥保税区 240 亿元，增长 21.5%，（含保税物流园区 8.01 亿元，增长 2.2%），浦东机场综合保税区 58 亿元，增长 46%。

2017 年 1-12 月，保税区域港口货物吞吐量 32918.5 万吨，增长 7.1%，占全市总量比重 43.9%。

2017 年 1-12 月，保税区域集装箱吞吐量 3638.18 万 TEU，同比增长 7.3%，集装箱量占全市总量比重 90.4%；其中，外高桥港为 1985.12 万 TEU，增长 8.6%，洋山港 1663.12 万 TEU，增长 5.9%。浦东国际机场货邮吞吐量 382.43 万吨，同比增长 11.2%。

（数据来源：《中国（上海）自由贸易试验区保税区域统计月报（2017 年 12 月）》）

5.2 综合信息

5.2.1 自由贸易港建设

商务部：正会同上海与相关部门研究自由贸易港建设方案

2017 年 10 月 26 日，在商务部例行新闻发布会上，商务部新闻发言人高峰表示，商务部正会同上海市和相关部门研究制定自由贸易港的有关建设方案。

习近平总书记日前在党的十九大报告中提出，赋予自由贸易试验区更大改革自主权，探索建设自由贸易港。

高峰称，目前按照党中央、国务院的统一部署，商务部正会同相关省市和部门在高标准、高水平地建设自贸试验区的基础上，围绕建立自由贸易港区积极开展工作。

高峰用上海和浙江两地自贸试验区探索自由贸易港区建设举例。

上海自贸试验区在全面深化改革开放方案中就明确提出设立自由贸易港区，对标国际最高水平实施更高标准的贸易监管制度，根据国家授权实行集约管理体制，探索实施符合国际通行做法的金融、外汇、投资和出入境管理制度，建立和完善风险防控体系。高峰称，目前，商务部正会同上海市和相关部门研究制定有关建设方案。

浙江自贸试验区制定了初步建成自由贸易港区先行区的发展目标，对接国际标准，推动以油品为核心的大宗商品的贸易自由化。

高峰表示，下一步，商务部将深入贯彻党的十九大精神，会同有关省市和部门，按照党中央、国务院的决策部署，紧扣自贸试验区制度创新的核心任务，加大力度探索自由贸易港，进一步彰显全面深化改革和扩大开放试验田的作用。（澎湃新闻）

（来源：中国（上海）自由贸易试验区网 2017 年 10 月 26 日）

上海自贸区推进工作领导小组会议：自由贸易港建设等 5 方面要有新突破

2018年2月22日，市委副书记、市长应勇主持召开中国(上海)自贸试验区推进工作领导小组会议，部署推进 2018 年全面深化自贸试验区改革工作。

应勇指出，2018 年是贯彻党的十九大精神的开局之年，也是改革开放 40 周年，上海自贸试验区建设进入第 5 年。要按照习近平总书记对上海“在深化自由贸易试验区改革上有新作为”的要求，坚定改革开放再出发的信心和决心，坚持对标国际最高标准、最好水平，进一步解放思想，攻坚克难，实现重点改革任务新突破，以更大的作为彰显上海自贸试验区全面深化改革和扩大开放试验田的作用。

领导小组办公室汇报了上海自贸试验区 2017 年工作进展和 2018 年重点工作安排；浦东新区汇报了“证照分离”改革试点工作进展和设想；市口岸办汇报了优化跨境贸易营商环境工作推进情况。领导小组成员单位围绕自贸试验区下一阶段改革重点目标任务进行了讨论。

“自贸试验区建设已经到了不进则退的阶段，关键要进一步解放思想，深化改革。”应勇指出，进入新时代，要深入贯彻落实中央重大决策部署，进一步增强全面深化自贸试验区改革的紧迫感和责任感，振奋精神，敢啃“硬骨头”，完成好更加光荣、更加艰巨的改革任务。要聚焦重点，牢牢抓住“三区一堡”建设和“三个联动”不动摇，更加注重从综合、系统和整体角度统筹谋划自贸区工作，推动自贸试验区和全市改革再突破。要在探索自由贸易港建设上有新突破，在国家相关部委支持指导下，抓紧完善方案；要在“证照分离”改革试点上有新突破，深化实施现有改革事项的同时，抓紧出台其他审批事项的改革意见；要在优化跨境贸易营商环境上有新突破，既要降低口岸费用，更要压缩口岸耗时，让企业有更多获得感；要在深化拓展自由贸易账户功能和主体范围上有新突破；要在加强调查研究上有新突破，深化研究国际最高标准、最好水平，深入研究企业真实需求和改革实际效果，进一步提高改革针对性和有效性。

应勇强调，要凝心聚力，自我加压，加大自主改革力度，努力把自贸试验区建设提高到新的水平。要注重改革系统集成，加强本市与国家部委、市有关部门和浦东新区联动，强化各方协同配合，形成全面深化改革的更大合力。要进一步扩大开放，发挥好自贸试验区改革先行先试作用，推动更多改革开放举措在全市施行。

（来源：东方网 2018 年 2 月 23 日）

5.2.2 自贸区物流金融

浦发银行完成该行首单自贸区 FT 跨境飞机租赁融资业务

日前，浦发银行完成该行首单自贸区 FT（自由贸易账户）跨境飞机租赁融资业务。此次通过为企业量身定制的自贸区 FT 跨境融资方案，浦发银行突破了飞机融资业务专业性较强、时效性要求较高等难点，有效满足了企业的人民币融资和购汇需求，使其按时支付购机款。

该企业主要经营民航飞机的融资租赁业务，浦发银行于近日获悉该公司有引进飞机的计划，要求尽快完成付款，并且鉴于外汇汇率波动，希望获得人民币贷款，通过购汇付出境外，用于支付购机款。

考虑到飞机融资在融资与支付两端的难点，浦发银行分析了该企业的融资与付款需求，在考虑了信贷和汇率风险等因素后制定了业务方案，最终推荐企业通过 FTE 账户（区内机构自由贸易账户）操作人民币贷款并购汇后完成付款。

通过 FT 账户操作跨境飞机租赁融资，是融资租赁行业在上海自贸区进行的又一项业务创新。

融资租赁集融资与融物、贸易与技术服务于一体，堪称是与实体经济结合最为紧密的新兴行业。正因为这些特点，上海自贸区挂牌成立近四年来，融资租赁业迎来多项政策支持，行业也进入了新的发展阶段。数据显示，截至 2016 年底，上海融资租赁企业数量增至 2089 家，资产规模增至 1.2 万亿元，两项指数均占全国总量的三成左右，而 2011 年，上海融资租赁企业仅有 82 家，资产规模 1200 亿元。

“上海融资租赁企业中的逾八成都是注册在自贸区。”上海市租赁行业协会会长、中航国际租赁有限公司董事长赵宏伟表示，这得益于上海自贸区的多项政策支持和一些业务模式创新。

上海自贸区挂牌后，陆续推出“允许融资租赁公司兼营与主营业务有关的商业保理业务”、“自贸区内融资租赁公司可开立跨境人民币专户，向境外借取跨境人民币贷款”和“支持开展跨境人民币双向资金池”等融资租赁行业政策。

企业数量大幅增长同时，上海自贸区融资租赁业务范围也在不断扩展，已涵盖航空、船舶、医疗设备等领域，且融资租赁创新产品不断出现，在传统租赁业务的基础上，经营租赁、创投租赁、杠杆租赁等不断增加，各种消费类租赁，互联网＋等新兴租赁不断涌现。

随着自贸区改革的不断深化，业内普遍预计，融资租赁行业的发展将逐渐从数量向质量转变，上海自贸区各区域将依靠各自不同的特色完善金融生态体系。其中，上海自贸区陆家嘴片区，吸引了平安租赁、交银租赁、中航租赁、远东租赁等龙头企业，区域内共有融资租赁总部型企业130余家，融资租赁资产总额约占全市的一半；上海自贸区外高桥保税区充分发挥上海自贸区政策先发优势和海关特殊监管区域保税等政策优势，形成了融资租赁企业集聚高地，截至2016年底，共有融资租赁母体公司1524家。

上海自贸区融资租赁行业的发展还源于浦东早已营造的行业发展环境。早在2008年，浦东即已开始发展融资租赁行业，2010年出台了针对融资租赁企业的扶持政策，同时开始单船单机融资租赁行业的业务创新试点。截至今年5月份，浦东新区已经有1860家融资租赁公司落户，其中金融租赁企业8家，内资租赁企业14家，外资融资租赁1839家。

（来源：浦东时报 2017年7月13日）

自贸区推动上海成为中国融资租赁行业集聚地

上海市租赁行业协会2017年6月30日公布的统计数据显示，2011年，上海融资租赁企业仅有82家，资产规模1200亿元人民币，截至2016年底，上海融资租赁企业数量增至2089家，资产规模增至1.2万亿元，两项指数均占全国总量的三成左右。

目前，在上海自贸区陆家嘴区域，共有融资租赁总部型企业130余家，融资租赁资产总额约占上海全市一半；外高桥保税区域充分发挥上海自贸区政策先发优势和海关特殊监管区域免税、保税等政策优势，形成了融资租赁企业集聚高地和创新发展高地，截止到2016年底，共有融资租赁母体公司1524家，保税区域租赁资产总额近5015亿元。

在上海2089家融资租赁企业中，内资融资租赁试点企业18家，外商投资融资租赁企业2064家，金融租赁企业7家。外资占比高度集中，显示出中国融资租赁市场正成为新的外商投资“高地”，市场前景看好。

据上海市租赁行业协会会长、中航国际租赁有限公司董事长赵宏伟介绍，伴随上海自贸区成立快速发展的融资租赁行业，目前业务范围已涵盖航空、船舶、工程机械、医疗设备、新能源、节能环保、基础设施及个人消费等领域。

上海市商务委员会副主任吴星宝认为，上海已成为中国融资租赁行业集聚地，中国（上海）自由贸易试验区的成立，为上海融资租赁行业发展创造了广阔的发展空间。

作为与银行信贷、资本市场并驾齐驱的三大金融工具之一，融资租赁集融资与融物、贸易与技术服务于一体，与实体经济结合紧密，上海融资租赁行业未来在促进相关产业转型升级、优化资源配置、拉动社会需求、支持中小微企业、促进中国制造“走出去”以及国外先进技术装备“引进来”等方面将发挥更加积极的作用，有望成为上海建设国际经济、金融、贸易和航运中心以及具有全球影响力的科技创新中心的助推器。

（来源：新华社 2017年7月4日）

上海芯鑫融资租赁公司副总裁袁以沛谈政策支持—“真心点赞自贸区的创新服务”

2017 年 2 月 14 日，对位于上海陆家嘴世纪金融广场的芯鑫融资租赁有限责任公司进行了采访，这是目前国内唯一一家专注于集成电路产业的融资租赁机构。窗外是浦东世纪公园的初春美景，公司副总裁袁以沛说，“有这样景观的办公楼不多，是浦东新区金融服务局帮我们找的，真心点赞自贸区的创新服务”。

近几年，融资租赁行业呈爆发式增长。2015 年 8 月底，由国家集成电路产业投资基金股份有限责任公司（简称为大基金）牵头，注册资本 56.8 亿元的中外合资芯鑫租赁在上海浦东的自贸区成立。公司的成立填补了行业空白，有利于充分发挥大基金的引领作用，为我国半导体和集成电路企业提供投贷租的完善金融产业链服务。上海自贸区“负面清单”中与租赁直接相关的规定，对于外商融资租赁公司没有明显限制，这不仅为芯鑫租赁的设立扫清了障碍，也使公司与境外联通的业务很多都可以“先行先试”。在“负面清单”第八项“金融业”中，对于“投资金融租赁公司的应为金融机构或融资租赁公司”的规定，为融资租赁公司未来获得金融牌照提供了政策支持。

袁以沛说，芯鑫租赁充分享受到了上海自贸区“负面清单”的改革红利，在突破注册资本金额度、设立海外子公司、国内并购等方面效率显著提高。特别是去年 10 月 8 日，商务部发布《外商投资企业设立及变更备案管理暂行办法》，实行扩大股本方面从原先的审批制改为备案制，减少了芯鑫租赁注册及变更程序，为公司新设子公司和扩大股本方面提供了便利，也有利于公司协同国家集成电路产业投资基金对集成电路产业的扶持、开展创新性融资租赁业务和做大做强资产规模。

在浦东新区商务委帮助下，公司在很短时间内完成了注册程序，一切都非常顺利。“审改备”政策的实施，大幅度简化了公司的工商变更流程。

在原来审批制条件下，商务委审批通过是工商变更的前置条件，公司新设子公司时，与商务委沟通需耗费大量时间，改为备案制后，备案和工商变更可以同步进行，至少缩短了一半时间，这给企业业务扩张和发展带来非常大的便利。芯鑫租赁在香港和新加坡已设立了两个子公司，袁以沛说，“这样的效率是一、两年前无法想象的”。

自贸区许多政策法规的“松绑”，提高了企业的效率，还有许多政策鼓励企业发展，吸引高端人才，这些都是实实在在的优惠。袁以沛认为，“更可贵的是自贸区的服务意识非常高，我们带着问题去商务、工商、金融等部门请教探讨，他们都把企业的事当自己的事一样办，帮我们想办法解决疑难杂症，这比政策法规的‘松绑’让我们感受还要深”。

近年来我国集成电路产业的高速增长，带来了企业对资金的极大需求。芯鑫租赁自成立以来，与大基金投资相互策应，以集成电路行业为主导，积极与国内集成电路龙头企业开展合作，确立了以直接租赁、售后回租、委托租赁、委托贷款、“租赁 + 银行保理”为基础，以经营性租赁、跨境租赁和海外并购融资为特色的业务模式，推动了国内集成电路行业实现跨越式发展。芯鑫租赁正在积极拓宽融资渠道，探索进入更多新兴产业。

再过一段时间，业务快速发展的芯鑫租赁就要搬到央企总部集聚的世博园区去了。袁以沛说，“尽管宏观经济的调整给企业发展带来一定影响，但随着各项政策红利的释放，我们还是基本完成了预期目标”。

（来源：经济日报 2017 年 2 月 22 日）

中国航运业首家自保公司在上海自贸区成立

2017 年 2 月 17 日上午，注册于上海自贸试验区的中远海运财产保险自保有限公司正式宣告成立。这是继中石油、铁路总公司相继设立自保业务后，我国航运领域迎来的首家自保公司，也是上海市第一家自保公司。

由于风险管理和自身保障需求强烈，近年来，越来越多的大型企业开始自建专属的保险公司。与商业保险公司需要为股东谋求最大利益、以利润为导向的立场相比，自保公司由于多是母公司旗下的全资子公司，协助母公司完成风险管理目标，成为自保公司运营的首要目的。截至目前，国内企业设立的自保公司共有 5 家，其中包括注册地在内地的中石油专属保险公司、中铁总自保公司，以及注册地在香港的 3 家公司——中海油、中广核以及中石化的自保公司。

数据显示，全球 500 强企业中有接近 70% 的企业设立了自保公司，全球自保公司总保费规模超过 500 亿美元。与之相比，目前自保行业在国内尚属起步阶段。2013 年 12 月，保监会才针对自保公司下发了专属文件，对于设立自保公司的条件、经营、监督管理等问题进行了规定。

中远海运自保公司成立后，将作为中远海运集团内部的保险机构，针对集团及旗下各成员单位的保险需求，承担集团内部运营风险管控与保险承保职能。同时，作为中远海运集团旗下的国有独资保险机构，中远海运自保还将承担中远海运集团海外战略的特殊风险控制职能。中远海运集团总经理万敏表示，作为中远海运集团航运金融战略板块的第一张真正意义上的金融牌照，中远海运自保公司的成立标志着，中远海运集团在布局“6+1”产业集群的横向和纵深化改革上已见成效。而中远海运的目标是争取全金融牌照，金融资产要占到集团整体的 50%。

作为全球第三大保险市场，中国的自保公司主体还非常有限。有业内人士分析称，成立自保公司与安保基金有类似的性质，但在管理方式和运作模式等方面不同。安保基金主要是在企业内部进行积累，难以合理转嫁风险，成立自保公司不仅可以进行企业化运作，还可以根据自身情况进行更加合理的保险设计，并且可以通过分保的方式将风险分散到国际再保险市场。另外，自保公司可以分享承保股东风险带来的承保利润，改善现金流，减少对外保费支出，降低总的风险成本，并且通过实现风险定价来辅助预算达成。

不过，对于设立自保公司的条件，监管部门设置了比较高的门槛。除法律法规规定的保险公司相关条件外，还应具备“注册资本应与公司承担的风险相匹配”、“盈利状况良好的大型工商企业”、“资产总额不低于 1000 亿元”等条件，无形中将很多企业“拦”在了门外。有公开资料显示，目前符合这一规定的国内企业数量约 100 家左右，未来将有更多企业设立自保公司。

（来源：中国（上海）自由贸易试验区网 2017 年 2 月 20 日）

5.2.3 自贸区物流业其他

《中华人民共和国船舶登记办法》发布 自贸区国际船舶登记外资股比不设限

交通运输部发布了《中华人民共和国船舶登记办法》（以下称《办法》），该办法于 2017 年 2 月 10 日正式施行。《办法》明确了《中华人民共和国船舶登记条例》（以下称《条例》）未尽的船舶登记规范，归拢了船舶登记规范性文件中的要求，并落实 2016 年国务院要求，进行了自由贸易试验区国际船舶登记制度创新。

外商独资企业也可办理船舶登记

《办法》明确，外商出资额超过 50% 的中国企业法人仅供本企业内部生产使用，不从事水路运输经营的趸船、浮船坞可以适用本办法。《条例》原本限制外商出资额超过 50% 企业法人的船舶办理登记，主要目的在于保护国内沿海运输权，限制此类船舶从事国内水运经营，而仅供本企业内部生产使用的趸船、浮船坞不从事水路运输，不具备沿海运输权，不会对水路运输市场产生影响。业内表示，增加这一类别的船舶登记主要是从提供服务的角度满足多样化的市场主体需求，而且不违背《条例》规定精神。

此外，为适应自贸区国际船舶登记制度创新要求，《办法》还规定，在自贸区注册的企业法人的船舶，都可适用本办法。

船舶登记便利服务再次升级

本次出台的《办法》，在自贸区国际船舶登记的制度创新方面，除了根据国务院有关规定，取消了国际船舶在自贸区登记主体的股比限制外，还对标其他国家和地区国际船舶登记的成功经验，开拓信息系统网络申请；优化办理程序，缩短办结时间等。今后，自贸区内海事管理机构还将提供业务办理“一站式”服务。

随着经济发展，企业分支机构不断涌现，船舶融资租赁风生水起，单一的登记地选择导致大量企业分支机构管理和使用的船舶以及融资租赁下船舶登记管理上的繁琐与不便，也造成了船舶营运地与船籍港的人为不一致，给公司管理以及海事监管都带来不便。

因信息化的发展，目前全国船舶登记信息均已实现入网联网并与其他相关系统共享，此次《办法》中增加了登记地的选择：企业法人依法成立的开展经营活动的分支机构经营的船舶，可依据分支机构营业所所在地就近选择船舶登记港。同时，融资租赁的船舶，也可由租赁双方依其约定，在出租人或承租人住所地或主要营业所所在地就近选择船舶登记港。

这意味着，企业可以依据分支机构所在地就近选择船籍港，不用再找部海事局特批。

此前，交通运输部已发布规定，允许外国验船公司经认可，在逐步开放的范围内对自贸区登记的中国籍国际航行船舶实施入级检验，以适应航运企业对增加船舶检验机构的需求，减少因船检机构变更带来的重新检验和停航损失，提高国际船舶登记效率。

（来源：中国（上海）自由贸易试验区网 2017 年 2 月 8 日）

上海海事局：积极推进自贸区内外资企业申请海员外派资质试点

2017 年的 6 月 25 日是第七个世界海员日，上海海事局、上海市交通委、上海海事大学、上海航运交易所、上海船员服务协会联合举行上海地区庆祝活动。

活动上，中国船员发展与保障中心（筹）、上海航交所联合发布了“中国（上海）海员薪酬指数”，这一指数填补了全球国际海员薪酬指数空白，将为政府部门、船舶管理公司、船东、海员劳务公司以及海员等各方提供重要的信息参考，提高行业薪酬透明度，推动海员劳务市场有序发展，提升我国在国际海员市场的影响力和话语权。

将实现国际和国内海员市场全覆盖

据上海航运交易所方面介绍，首期发布试运行的是国际海员薪酬指数（包括高级海员薪酬指数和普通海员薪酬指数），涵盖集装箱船、干散货船、油轮、化学品船 4 大船型，细分船长、大副、二副、三副、轮机长等 16 个职位薪酬样本。

下一步将进一步扩充沿海船员样本数据，待条件成熟时对外发布国内沿海船员薪酬指数，实现国际和国内海员市场的全覆盖。

截至去年年底，中国海船船员注册总数达 67.2 万人，是世界上海员数量最多的国家。

本月，中华人民共和国海事局还发布了《中华人民共和国海事局第四批便利船员服务清单》，提出一系列便利举措：海员外派备用金缴纳方式可以是现金缴存，也可以提交金融机构出具的相应额度保函；船员适任证书的办结时限由十五个工作日缩短至十个工作日；从事海员外派业务审批、从事海船船员服务业务审批和培训机构从事船员（引航员）培训业务审批的办结时限由三十个工作日缩短至二十个工作日等。

推进外资企业申请海员外派资质试点

海员是建设海洋强国一支不可或缺的力量，而海员素质的高低直接关系着海运的发展。

根据《国务院关于促进海运业健康发展的若干意见》，要“完善海运业人才培养体制机制，加强海员特别是高级海员队伍建设，大力培养专业化、国际化海运人才”。

上海海事局服务上海国际航运中心和自贸区建设，先后推动建立“中国船员供需指数”等。2017 年版《中国船员供需指数》也同时发布，指数指出，中国海员供给仍然大于需求，特别表现在国际航区海员与普通海员的供求关系上。但海员总体富余范围进入到了可控范围。

上海海事局局长陆鼎良会上透露，该局正积极推进自贸区内外资企业申请海员外派资质试点，今年已经审批 1 家外商独资海员外派机构，彰显上海航运服务领域的巨大飞跃。

（来源：浦东时报 2017 年 6 月 27 日）

上海自贸区首家外商独资海员外派机构获批

2017 年 5 月 24 日，经上海海事局受理、初审的中英中船船舶管理（上海）有限公司取得了交通运输部海事局签发的海员外派机构资质证书，成为中国（上海）自由贸易试验区第一家外商独资海员外派机构。根据核准，该公司可以为中英中船（香港）有限公司管理的船舶派遣船员。这是海事部门服务中国（上海）自由贸易试验区建设，推进航运业扩大开放取得的又一重大突破。

允许具有先进经验、管理优势和丰富资源的外商独资企业在自贸区内开展海员外派试点，将促进更多的中国海员走向世界，实现海员市场健康发展，同时也有利于推动我国航运企业与国外市场在船舶管理领域的双向交流与互利共赢，助推自贸区航运要素加速集聚。

（来源：中国（上海）自由贸易试验区网 2017 年 5 月 25 日）

中船重工（上海）舸杰自贸流转中心正式运营

2017 年 12 月 28 日上午，中船重工（上海）舸杰自贸流转中心启动仪式在洋山保税港区举行。自贸试验区管委会副主任、保税区管理局副局长王辛翎和中船重工总经理助理、国际部负责人、中国船贸董事长徐子秋等出席仪式并讲话。

中船重工作为中国船舶行业唯一一家世界 500 强企业，在中国船舶生产及维修行业处于龙头地位。中船重工（上海）舸杰自贸流转中心是中船重工设立在上海自贸区的第一个贸易流转平台，致力于发挥自贸试验区的区位、功能优势，拓展企业国际船舶设备和配件的全球分拨配送、保税维修服务，进而逐步建成和完善企业全球售后服务网络和市场营销网络体系。

洋山保税港区作为上海建设国际航运中心的核心承载区，依托连接国际国内两个市场的区域特点，立足多年培育的产业基础，在海关、检验检疫等部门的支持指导下，发挥自贸试验区制度创新和海关特殊监管区域功能创新的叠加优势，全力打造了船舶保税维修、保税展示交易、大宗商品交易等拳头产业，目前已吸引航运龙头企业、国际分拨配送中心等300余家。其中以曼恩为代表的船舶维修产业发展迅速，已带动了一批海内外船东客户选择上海，成为船舶航运企业统筹国际供应链的重要平台。该项目的设立运营，对于链接集聚上下游产业、促进区域保税维修产业发展，对于加快上海国际航运中心建设、服务“一带一路”战略，都将起到积极的示范带动效应。

下一步，上海自贸试验区管委会将在海关、检验检疫等部门的支持指导下，继续深化制度创新，发挥海关特殊监管区域的政策特征和功能特色，进一步完善贸易便利化措施，为区内企业尤其是保税维修企业发展营造更加优越的营商环境、制度环境，共同为服务自贸试验区和“一带一路”战略做出新的贡献。

（来源：中国（上海）自由贸易试验区网 2017年1月9日）

上海海关对标国际先进做法，在自贸区推出31项制度创新—货物分类监管解开企业“缠结”

2017年年初，上海元初国际物流有限公司就急着在“大本营”洋山保税港区“扩容增量”，在原有1.6万平方米仓库对面，又租下一处6000平方米新仓。在已堆得满满当当的老仓库，公司关务主管指着井然有序的货架说：“除了保税货物，现在港区也能存储区外货物，分类存放，实时监控；很多客户已经取消区外仓库，把货运到这里保管，货架都堆满了，不够用了。”

这两年，元初的生意越做越大，主要得益于2014年底上海自贸区启动的一项制度创新----货物状态分类监管业务模式试点，允许非保税货物进入自贸区储存，与保税货物一同集拼、分拨、管理和配送，实时掌控、动态核查货物进、出、转、存情况，在保税仓库增加非保税货物，“同仓共管”使得上海自贸区真正成为国际国内货物中转自由转换的综合物流服务平台。一个系统、一组设备、一套人员，保税和非保税货物就可在同一仓库实现“双卡双待”，自贸区货物分类监管对企业来说意味着实实在在的成本削减和魅力值提升。去年，货物状态分类监管模式已在上海自贸区全面推广。

非保税货物也可存放保税仓库

当初新制度一出，很多物流企业纷纷安装信息监控系统，积极升级软硬件，争先申请加入试点行列，元初就是首批试点之一。“海关的制度创新非常接地气，他们经常来企业实地走访，询问我们发展的‘痛点’，很多创新解开了企业物流链上的‘缠结’，我们很希望率先‘尝鲜’新制度。”元初信息部经理郁雄伟说。

元初自2012年起在洋山保税港区从事电商配送业务，客户中不乏阿里巴巴这样的大户。郁雄伟说：“电商退货率一直非常高，但退货不是坏货，重新整理后还要再销售，有些已缴付税款的退货就不能再进洋山保税仓库，这就复杂了。以前，除了我们这儿，电商还要在自贸区外再租一处非保税仓库放退货；进入再销售配送环节时，更麻烦，要从两处距离很远的仓库调货、配货，物流和时间成本都很高，客户一直都很头疼，走不出这个‘结’。”

自贸区货物状态分类监管把这个“结”解开了。

2015 年起，元初采用货物状态分类监管业务模式，取消了区外仓库，货物清关后依然可以存储在保税仓库内。记者在元初的仓库里看到，11 个高清摄像头监控着 5000 平方米分类监管区———360° 无死角，监控信息与海关信息化监管系统对接，海关可实时获取商品出入库情况。另外，元初和所有试点企业一样，都建立了多种账册管理体系，仓库视频记录保存 90 天，供海关随时核查和定期抽检，保证申报和货物实际相符。

直接以保税仓库存储方式完成整体配送，让元初有了更大的吸引力，客户名单不断增加。现在，货物状态分类监管模式成了元初和客户谈判的一个“筹码”，很多国外企业也正是看中这一点，才舍弃中国香港和新加坡，而把元初在洋山保税区的仓库作为其在亚太区的配送中心。公司相关负责人透露，通过整合区内外仓库，公司节约了运营成本，提升了运转效能，利润增长率达 30% 以上。

贸易专家认为，货物状态分类监管有助于企业同库经营和集约化运作，统筹国内国际两个市场、两种资源，适应了一般贸易、加工贸易、转口贸易相混合及内外贸一体化要求；同时，这一制度创新也将推动海关特殊监管区域从物理围网向电子围网监管转变。据了解，日前，上海海关已完成 5 批次企业联合验收，货物状态分类监管业务试点企业增至 35 家，累计完成国内货物进出区 1.2 万票、货值近 30 亿元；2016 年，上海自贸区货物状态分类监管改革试点运作票数破万，货值约 20 亿元，同比分别增长 10.8 倍和 3.8 倍。

“先进区后报关”节省企业成本最受欢迎

上海自贸区成立以来，上海海关对标国际先进做法，以“刀刃向内”的气魄，先后推出 31 项创新制度，并全部形成公开透明的规范标准，涵盖简政放权、通关便利、税收征管、保税监管、企业管理等业务领域。郁雄伟感叹：“其实，我们还没用足新措施，海关来企业做过宣讲介绍，好多新措施可以叠加利用，比如通关无纸化、先进区后报关、批次进出集中申报等‘连环’制度，可以大大减少报关时间，节省各项成本。”

自贸区企业普遍反映，最受欢迎的新措施之一是先进区后报关。元初负责人介绍，进保税区的货物最先拿到的都是预归类信息，以前是据此做申报，但很不详细，他们得反复跟客户沟通，更烦心的是有时客户也不知道具体装货状况，归类时间特别长，很多时候在做无用功，事后还要再改动；预归类做完，要申报还要等放行，然后到港区提箱，箱子入到仓库，整个周期快的十几天，慢的则要二十几天。现在，根据先进区后报关的制度，海关允许企业在一定时间内完成申报，企业根据自贸清单做简单申报后，集装箱可以在两天内运到仓库，货物入库和申报整理同步进行，再次出货时，真实申报信息已整理完成。“这对我们客户影响非常大，节省了很多成本，他们都拍手称快。”该负责人称。

集中申报也是企业现在最常用的。郁雄伟说，在自贸区做配送，以前每次出货都要完成海关申报，周期约两三天；现在是分批配送，集中申报，海关允许企业每天申报、也可以在一个月内把这段时间已经调出去但还没申报的货物统一申报，“从保税区配送的进口货物，你前一天下午 3 点前下订单，电商第二天就送到了，这个速度就是集中申报带来的，出货不再受时间耽搁，手续上 15 天之后统一申报就行了。”

（来源：文汇报 2017 年 1 月 9 日）

本篇供稿：陶惠民 张志坚 编辑：张志坚

第六篇 制造业物流

6.1 汽车物流

6.1.1 2017 汽车物流行业年度热点盘点

第一个关键词：低增速

2017 年 1 到 9 月份的汽车市场情况不太好，过去已经习惯了最高的时候 30%，近几年也都是超过 10% 的增长。突然汽车行业没有跑赢 GDP，只增长 4.46%，所以大家很不适应。反应到汽车物流上，今年业务显得比较淡，业务量不是那么充足，这是一个实际的情况。在这种情况下，就迫使大家更多要关注怎么样提高自己的效率，控制自己的成本，才能够在未来的行业中决胜。另外一点就是保有量持续增加。虽然增速没有去年那么高，但是销售量依然保持着一个非常高的高，在未来保有量会越来越高。反应到物流领域，后市场物流，二手车方面的机会会越来越多，这部分的业务比例现在虽然不大，但是未来还是会持续的增长，特别是二手车的业务。2017 年有 1200 万的二手车销售，比 2016 年增长了 20%，增长的速度要比新车的增长速度多得多。

第二个关键词：运力

公路运力方面，新增了 2500 台中置轴，新增的半挂车 5000。新增是不包括企业把原来的超长车辆恢复到合规长度的改装。大家都在积极增添车辆应对未来可能出现的运力紧张。铁路运力方面，新增专用车辆 7000 台，商品车堆场达到 34 个。水运滚装方面 6+1+N。，传统的 6 家滚装企业包括中外运长航、安盛船务、中甫航运、中远海、民生物流、华阳嘉川，2017 年又增加了一家中江海，都在从事滚装运输。沿海内贸滚装船 37 艘，总的舱位数可以达到 7.5 万辆运力，每年大概可以运输到 270 万到 300 万台的水平。提到的 N，是希望未来更多的企业加入到这个领域。

第三个关键词：效率

就行业而言不能多拉了，要从快跑方面提升。2017 年 5 月份开始每个月发布行业的平均运行里程，上面的曲线是行业的前 10%，就是运行最好的这部分的车每个月跑的大概稳定在 1.6 万公里每个月的里程。下面的这个曲线是行业平均水平，大概可以到 6600 公里，大家一起来努力，让这两条线靠得越来越近。平均的水平还有做的最好的车辆之间的差距不要这么大。

第四个关键词：一带一路

现在包括重庆、成都、义乌郑州、哈尔滨、西安、武汉都有相关的铁路到欧洲的中欧班列，而且其中的货源很多是以整车汽车零部件为主的。长久物流今年一带一路取得巨大的成果不光是比利时沃尔沃的整车运输项目，还有成都到米兰的货运专线，过两天还会有一个飞机的线路，从郑州到欧洲去的，这是一个非常大的改变。安吉 23 号第一次首航北美，这是内贸滚装公司开始做外贸的业务，可以说未来可能这个方面业绩越来越多，长久跟安吉两家公司在国际化方面 2017 年取得的成绩。

第五个关键词：产业延伸

现在汽车物流企业开始做非汽车物流的业务已经非常普遍了，包括安吉物流成立的快运公司，包括长久“一带一路”的国际货运货代业务。产业外的企业也开始向产业内进军，京东的物流体系现在进入售后市场，认为他们做售后市场最有优势的就是物流，这个产业未来可能有一部分企业做非汽车业务，很多非汽车的企业进入行业里面来。

第六个关键词：融合

一个是业务的融合，一个是资本的融合，还有一个就是中外企业之间的融合。一汽物流跟一汽国际物流业务合并了，资本市场今年有第二家汽车物流企业，原尚物流 2017 年 9 月 18 号在 A 股主板上市，这个也是未来的大趋势，未来行业内的上市公司会越来越多。

第七个关键词：绿色物流

北京已经开使用新的叫做京六排放标准，老的车高排量排放比较高的车已经不允许进入北京的市区了，接下来全国都会进一步进行车型的切换。城市配送方面，电动车现在已经不是观望的态度了，电动车已经变成很多企业采用，快运行业里面顺风跟京东采购了大量车辆，他们一次性采购了一千台电动车进行配送，电动车获得了更多的路权，现在成都、深圳、西安、苏州、天津、武汉这些城市对于电动车开放了路权。蓝牌电动车不受时段限制 24 小时可以城内运行，这样改变了行业特别是售后有一些以前需要夜间进城配送的情况。

（以上内容根据左新宇秘书长在“2017 全国汽车物流行业年会”上的演讲整理）

6.1.2 汽车物流综合信息

“一带一路”背景下 汽车企业走出去成趋势

在第三届中国汽车企业走出去战略高峰论坛中，中国汽车工业协会秘书长助理兼贸易协调部主任许海东分享的数据显示，随着“一带一路”的发展，中国汽车及零部件已经出口到全世界 210 个国家和地区，整车出口超过 195 个国家和地区，出口总量中 80% 以上为发展中国家。2017 年 1-8 月，中国出口至“一带一路”沿线国家汽车整车出口 39.45 万辆，同比增长 22.19%，占出口整车总量的 60.88%。目前，汽车“走出去”有两种方式，一是贸易，二是投资（分为利率投资和并购投资）。电子商务将成为汽车零配件市场的核心方式。在美国，在线汽车零配件市场的销售额从 2015 年的 63 亿美元增加到 2016 年的 74 亿美元，增加了 17.5%，在 2019 年之前预计达到 100 亿美元。这表明，越来越多的消费者习惯于从网络购买汽车零配件，网络销售将成为中国制造商扩大市场的主要渠道。在汽车企业“走出去”的过程中，对贸易国的法规和政策，包括当地的清关速度、海关了解不足，将直接影响汽车的运输成本、运输时间，直接影响用户体验，用户忠诚度，最终导致销售额，企业海外市场占有率。UPS 全球物流服务网络，将助推中国汽车企业国际化发展，多年清关经验将帮助中国企业，了解当地政策和法律法规，保证货物在降低成本的情况下及时送达目的地。

中国物流与采购联合会公布 2017 年中国物流企业 50 强名单

中国物流与采购联合会公布 2017 年中国物流企业 50 强名单。有 20 家企业营业收入突破 100 亿元大关。位于第十的安吉汽车物流股份有限公司年收入 185.71 亿元。位居同行业第一。

上海铁路局在苏北建成首个商品车物流运输基地

2017 年 2 月 18 日 46344 次货物列车满载着东风悦达起亚汽车有限公司 280 辆小汽车的商品车缓

缓驶出上海铁路局南京货运中心伍佑商品车物流基地，标志着上海铁路局在苏北建成首个商品车物流运输基地。

伍佑商品车物流基地地处江苏省盐城市亭湖区伍佑镇，占地面积约 120 亩，该站于 2016 年 12 月 28 日开站，于 2017 年 2 月 18 日实现首列发车。

东风悦达起亚汽车有限公司在盐城有二厂和三厂两个汽车制造工厂，盐城也做为我国沿海继上海、广州之后第三大汽车制造基地处于越来越重要的地位，因此上海铁路局与中铁特货运输有限责任公司上海分公司合作，联手将伍佑打造成苏北地区最大的商品车装车基地，伍佑商品车物流基地首列发运的为东风悦达起亚汽车有限公司发往西安、银川、太原等方向的智跑、狮跑、K3、K5 车型，预计 2017 年伍佑商品车物流基地年发运量为 45000 辆商品车。来源：新华网

“义新欧”牵手上汽安吉物流将首批大众汽车零部件运抵义乌

2018 年 1 月 11 日，从德国杜伊斯堡发出，运载有 16 个标箱大众发动机缸体的“义新欧”中欧班列抵达义乌铁路口岸。在中国铁路上海局集团有限公司、金华货运中心以及中铁集装箱上海分公司的大力支持下，“义新欧”牵手安吉汽车物流股份有限公司，将欧洲产汽车零部件运回中国的铁路运输方案测试成功。安吉汽车物流股份有限公司积极融入“一带一路”建设，大力推进国际化战略。2017 年 7 月，上汽集团和中铁总公司签订的战略合作协议中，明确把合作开发“中欧班列”作为双方的战略合作方向之一。安吉物流打响了进军中欧班列业务的第一枪，运输效率更符合市场需求。“义新欧”班列连通了整个上汽集团的零部件物流、整车物流等业务，

安吉物流“转型升级 聚力共赢”中置轴轿运车首发仪式

2017 年 5 月 11 日，安吉汽车物流股份有限公司于上汽通用金桥基地举行了“转型升级 聚力共赢”中置轴轿运车首发仪式。随着《车辆运输车治理工作方案》的持续推进和国家宏观政策变动的大背景，作为行业龙头的安吉物流是国内最早开展中置轴轿运车研发的物流企业之一。自 2012 年始，安吉物流就积极参与了 GB1589 的修订，并配合交通部、工信部共同启动了中置轴轿运车试验论证和研究工作。并作为国家标准 GB/T26774《车辆运输车通用技术条件》的起草单位，从汽车物流行业的实际出发，提出了符合实际并满足道路交通安全的标准建议。2015 年安吉物流联合相关汽车生产厂家共同研发了 6 款中置轴轿运车型，于去年北京国际车展上成功发布了样车，并成功获得了国内首批工信部产品公告和交通部燃油公告，具备了投入运营的实际条件。

安吉航运入列史上最秀美的智能型 3800 车位滚装船

2017 年 4 月 25 日，安吉物流旗下安吉航运有限公司投资建造的 3800 车位 PCTC 系列汽车运输船 1# 船交船暨 2# 船上船台仪式在江苏金陵厂区隆重举行。来自安吉物流、安吉航运、长航重工、金陵船厂、中国船级社、上海船舶研究设计院等单位的领导和嘉宾共同见证了这一重大时刻。3800 车位 PCTC 汽车运输船总长 169 米、船宽 28 米、试航航速大于 16 节，共有 10 层车辆甲板，最大载荷达 50 吨，可一次装载小轿车 3800 辆（RT43）。该船具有装载量大、油耗低、适货性强、自动化程度高、外型美观等特点，还拥有无人机舱，她是国内首艘智能型汽车运输船；也是国内第一艘取得中国船级社 Greenship II(绿色船舶II)入级附加标志的汽车运输船，代表了我国汽车运输船自主研发设计、建造、检验和营运管理的先进水平。随着 3800 车位 1# 船的交付使用，安吉物流船队规模达到 22 艘，在“一带一路”战略大背景下，为安吉航运“十三五”国际化发展提供有力支撑。

（来源：上海市物流协会 供稿：高玲）

6.2 钢铁物流

6.2.1 2017 上海钢铁物流巡礼

2017 上海钢铁物流巡礼

概述

中国经济迅速发展的吸引力和一带一路合作双赢倡议正在引领新兴经济体国家经济融入国际合作的历史洪流。深化供给侧结构性改革促进中国经济转型发展并与世界经济的深度融合，不仅为中国经济拓展了发展空间，也推动了发展中国家经济崛起。这种世界经济格局的变化新趋势将是 21 世纪人类社会最伟大的实践。不难看出，目前世界经济大格局的变化新趋势和中国经济转型发展的阶段性大趋势特点，与过去相比已经发生了根本性的变化。

机遇和挑战是上海当前面临的时代发展课题。经过三十年的改革发展，上海不仅已经成为我国重要的钢铁制造业基地和钢铁流通消费集散地。改革开放过程中，长三角钢铁物流行业尤其是以上海为主的钢铁物流企业在经济建设中发挥了很大的作用，做出较大贡献。在繁荣时期，上海钢铁物流企业超过 12000 家，300 多座钢材仓库，100 多家钢材加工中心，60 余家钢材交易市场，其中最大的一家，驻场的钢铁企业达到 1200 多家，最小的一般也有 100-200 家，而整个银行信贷规模达到 2000 亿元，所需的物流能折合超过 400 亿吨公里。

2017 年，上海钢铁物流行业正在发生重大改变。在我国供给侧结构性改革影响下，这些钢铁物流企业几十年来传统的“买断式”销售模式正在面临着历史性挑战。与此同时，他们也肩负着建设现代钢铁供应链物流服务新体系的时代责任。事实上，未来决定企业市场竞争力的将不再是现在意义上的大流通商独立经营模式，而是新的钢铁物流产业供应链条服务模式形成的规模效应、服务竞争力和市场品牌影响力。因为只有在未来市场博弈中胸怀目标、不断探索和创新发展的企业，才能不断创造市场比较优势和新竞争优势，才能有希望成为未来市场竞争红海里的强者。我们不难发现，目前现代钢铁供应链物流服务体系建设步履艰难，我国钢铁贸易流通企业在建设现代钢铁物流供应链条服务体系的出路中承受着各种困惑与压力。事实上，在这一建设过程中，上海钢厂和钢铁物流企业要特别重视物流要素整合、电商融合、资本融合和服务品牌影响力建设四个环节，要从战略上破解这些难题，从市场深层次经济关系演变大趋势中寻求新思路。如果忽视从目标出发，破解深层次市场经济关系入手，就不会有真正意义上的创新发展。

事实上，我国推进供给侧结构性改革的积极意义是通过破解深层次市场经济关系难题促进深化改革，全面推动经济的转型发展。这就决定了中国经济转型发展重点是不断深化涵盖包括钢铁行业在内的整个制造业和物流业的供给侧结构性改革。为此，上海要在实践中形成一批创造引领行业、市场的企业集群优势，并能够通过打破植根于企业利益格局的体制障碍，创新发展模式，形成相互参与合作，共同实现发展战略目标的市场活力和竞争优势。只有这样，企业才能把握机遇，迎接时代挑战，赢得转型发展的市场新机遇。

30 多年中国经济的快速发展冲破了传统计划经济体制的束缚，可面对过剩经济形态的形成和企业转型发展的巨大压力，彻底让上海看清了建立工业经济强国的现代市场经济体制和现代钢铁大物流服务体系，仍然面临着许多亟待解决的与新市场形势发展和供给侧结构性改革任务很不适应的体制课题。例如：企业如何冲破市场利益格局的体制限制，推动资产和市场物流要素的整合，让有一定市场资源要素优势的钢铁物流企业改变自己的存在方式，融入做强钢铁业和现代大物流的再创业时代洪流中；如何在去产能阶段性成果中，不走过度竞争老路，依据市场需求变化趋势建立产需平衡机制和市场淘汰落后机制，以此促进行业和市场的长期健康稳定发展；如何快速发展非钢产业，让企业包括劳动力在内的各种生产经营资源要素在社会化经济布局结构调整中得到合理配置，从而创造人均社会水平的劳动生产率；如何让老钢铁生产企业彻底摆脱负担重、改革难问题，承担起创新区域经济繁荣的社会责任……

例如：如何发展战略融合与合作，加快整合钢铁供应链上各环节流通要素，增强供应链整体服务能力与竞争力；如何把从钢厂到消费者手中的钢铁物流转变到一站式第三方物流供应链一体化全流程服务；面对钢铁电子商务的迅速发展，如何加快推进钢铁供应链上各环节与电子商务技术的深度融合，最终通过钢厂、流通商和电商平台的共同努力，形成大区域市场的钢铁供应链电子商务服务平台；如何把握钢铁全产业链条服务的区域性市场特点，从钢材市场经营实际出发，以大区域钢材市场现代钢铁供应链物流体系建设为重点，加快培育大区域钢铁供应链物流服务优势……总之，目前发展中国家钢铁需求已经进入年度 4% 的增长轨道。加快建设具有中国特色的上海钢铁物流供应链条服务体系，助力我国钢铁全产业链的国际化布局已然成为当前亟待改革发展的大趋势。

发展现状：钢铁物流步入“暴风雨后宁静”

2017 年，在我国钢铁行业供给侧结构性改革的大环境下，受政策性钢厂停产、限产以及终端需求复苏等多重因素带来的影响，上海钢铁贸易物流业率先进入“产业结构调整与转型”的关键阶段。与此同时，我国钢材市场价格正逐渐迎来趋势性回暖行情，为改善上海钢铁物流行业的盈利空间和能力提供了基础环境。据统计数据显示，2017 年上海钢铁物流行业企业总体盈利水平出现大幅改善，从之前的“温水煮青蛙”过渡到了“暴风雨过后的宁静”，曾经的“无人问津”一度出现“门庭若市”的前兆。回忆早些年间，中国物流与采购联合会钢铁物流专业委员会主任虞钢便曾预言：“这个行业正处于一个伟大变革的时代，有些东西正在消亡的过程中，而另一些事物正在经历着分娩的痛苦，但是我们要相信暴风雨过后一定会迎来一片宁静和一缕阳光。”

一、集中度提高、行业盈利空间和能力大为改善

十年河东，十年河西。据中国物流与采购联合会钢铁物流专业委员会的不完全统计数据显示，截至 2017 年初，上海有接近 72%、全国其他地区有近 40% 的钢铁贸易流通商退出了行业，现今全国钢铁物流企业数量已从繁荣时期的 20 万家迅速缩减至之前的五分之二，通过本轮深度洗牌，行业集中度出现大幅提高。

与此同时，本次调查结果显示，有 44% 的受访上海钢铁贸易流通商反映年均利润为 0 ～ 50 元 / 吨；26% 在 50 ～ 100 元 / 吨，亏损比例为 8%（见图 2-4-2）。而在 2014 年这一统计数据是：18% 亏损，17% 盈利在 1 ～ 5 元 / 吨，29% 盈利在 5 ～ 10 元 / 吨，35% 盈利在 10 元 / 吨以上（见图 2-4-1）。鉴于此，2016 年我国钢铁贸易流通商的盈利水平普遍出现显著好转。不过，2017 年盈利情况，有 41% 的钢铁贸易流通商预期 2017 年全年企业净利润相比 2016 年会增长 10% ～ 30%，有 19% 的甚至预测增长 30%；只有 5% 的参与者预期 2017 年净利润会出现下降。

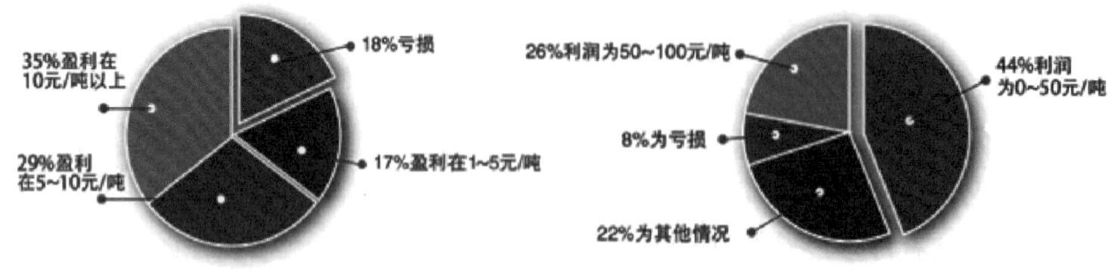

图 6-2-1 2014 年钢贸商抽样调查盈亏占比　　图 6-2-2 2016 年钢贸商吨钢利润抽样调查占比

对于盈利模式而言，目前我国钢铁物流行业的主流盈利模式还是靠“赚差价”，这一模式所占比例为67%，较2014年上涨6个百分点。不过，这在2016年钢价持续上涨的牛市中，是属于符合预期的现象。需要强调的是，本轮调查盈利模式中除了“赚差价”的比例有所上升之外，还有25%是赚取服务费（包括加工、仓储和物流等），该比例较2014年的20%上升了5个点。这是难能可贵的地方，同时折射出上海钢铁贸易流通企业较之前开始更加注重服务能力，盈利模式也更为综合化，行业整体呈现出“扎实稳健、回归理性”的态势。至于盈利的主要因素，有53%的上海钢铁贸易流通商表示是卖货能力强，有稳定的终端用户和次终端用户。一般来说，在钢铁行业供不应求时，有稳定的拿货能力是关键；而在供大于求时，有稳定的卖货能力是关键。本次调研是在钢铁牛市的背景下进行的，但是上海大多数钢铁贸易流通商却并不认为“拿货能力”最重要，而认为卖货能力更重要，这说明大家的心态较上一次的牛市已经发生了质的变化，也印证了上述提及的我国“钢老大”的地位正在减弱。

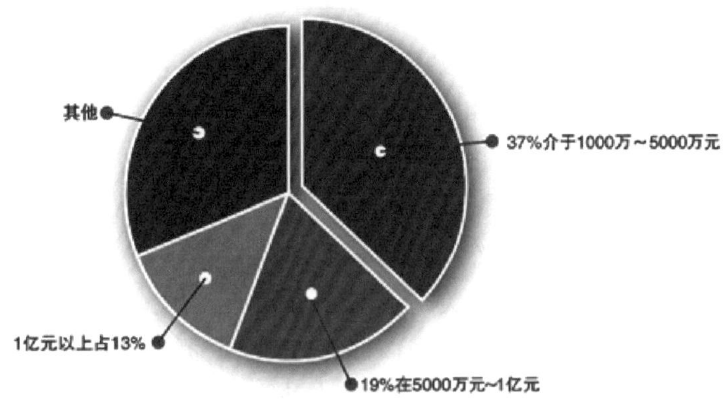

图 6-2-3 2016年我国钢铁贸易流通商整体实力数据分析

与此同时，在盈利能力不断增强的情况下，上海钢铁贸易流通商的整体实力也在稳步增强。调研数据显示，有37%介于1000万元～5000万元之间，有19%在5000万元～1亿元之间，而1亿元以上的占比达到13%（见图 2-4-3）。而在2014年的调研中，5000万元以上的仅占18%，说明当前上海钢铁贸易流通商的自有资金量较2014年底已有明显提升，整体财力显得更加雄厚。另外，经过本轮钢铁供给侧结构性改革后，上海钢铁贸易流通企业经营资产杠杆率开始出现下降。调研数据显示，61%的上海钢铁贸易流通商财务杠杆在1倍以下，34%的在1～3倍之间，4%在3～5倍，5%的在3倍以上。而在2014年的同样调研中，3～5倍的比例是10%，有5倍以上的占比高达7%。这说明所调研的3倍以上杠杆的数量占比已由2014年底的17%下降至2017年初的5%，这些数据充分表明当前上海钢铁贸易流通商的财务杠杆整体上有所降低。

二、电商抢蛋糕、市场份额和议价能力不断下降

自2012年中国钢铁贸易流通危机以来，上海钢铁物流企业数量开始出现大幅减少，钢厂生产出来的钢材，通过他们分销的量占钢材总销量的比例呈现出较为明显的下降趋势，市场活跃度进一步降低，行业深度洗牌并进入“新常态”在所难免。据本次调研统计数据显示：“全部钢材品种的贸易流通商分销比例已从2012年的44%降至2016年的38%，而通过钢铁贸易流通商分销的长材比例已从2012年的52%降至2016年的48%。”

从整体数据对比来看，这两年我国钢铁生产企业通过钢铁贸易流通商销售的钢材占比确实出现明显萎缩，这主要是因为直供、出口和零售等其他渠道的崛起，都在逐渐蚕食传统的市场份额。在

此值得强调的是，这两年上海钢铁电子商务交易平台的迅猛崛起，对传统行业的肆意解构和线下资源的强势整合，抢占了 2016 年全年分销钢厂出厂销售量（直供电商）的 15% 左右，而且这一数字还有很大的增长空间，对我国钢铁贸易流通商市场销售份额带来严重冲击。与此同时，上海钢铁贸易流通商使用钢铁电子商务交易平台的频率也在不断增加。调研数据还显示，36% 的上海钢铁贸易流通商 2016 年通过电子商务交易平台的销售量占全部销售量的比重小于 5%，37% 认为在 5% ～ 10% 之间，13% 在 10% ～ 30% 之间，14% 在 30% 以上。另有 61% 的钢铁贸易流通商表示，2017 年通过电子商务交易平台销售钢材量的增幅在 15% 以上。

在此需要解释的是，我国钢铁贸易流通商通过电子商务交易平台销售钢材的理由多种多样。有的是为转嫁市场价格风险、有的是看着电商平台上游钢材资源、有的是期待获得下游终端采购客户，更有许多是为了顺便帮平台“走量”，以此博取微薄的积分返利，少数钢铁贸易“空壳”企业甚至过上了电商平台“寄生虫”生活。总之，受新形势下各种因素交织影响，现在我国钢铁贸易流通商的发言权较钢铁电子商务平台、终端用钢企业还弱。在和钢铁贸易流通商和电子商务交易平台同时有合作的钢厂中，有 48.7% 的钢厂表示“愿意跟电子商务交易平台议价让价”；有 38% 的钢厂表示“一视同仁”。而在 2014 年调研时，仅有不到 24% 的受访钢厂选择“愿意跟电子商务交易平台议价让价”，如今该比例提升了一倍之多，这充分表明，近年来我国钢厂的定价权确有减弱，不过“抢夺”市场定价权接力棒的不完全是钢铁贸易流通企业。

三、利息成本高、融资难仍是发展制约因素

进入“十三五”时期后，资金紧缺仍然是悬在我国钢铁贸易流通商头上的一把“利剑”。这两年来，长三角地区一些钢铁贸易流通商的失信行为造成的行业信誉度大打折扣，引致其在银行机构的贷款缩减比已经超过七成。不过，本次调研中发现，目前上海钢铁贸易流通商仍然存在帮助钢厂、下游企业垫资或进行存货融资现象，至少 52.6% 的企业存在垫资行为，资金需求仍旧较为强烈。可以说，目前上海钢铁贸易流通商对资金的强烈需求程度和银行资金供给短缺极度不匹配，大量钢铁物流企业很难得到贷款。未来利息成本高、融资难的顽疾仍将长期存在。换句话说，融资难度大、融资成本高造成的大量资金缺口，这同样是我国钢铁贸易流通行业面临的最严峻挑战。

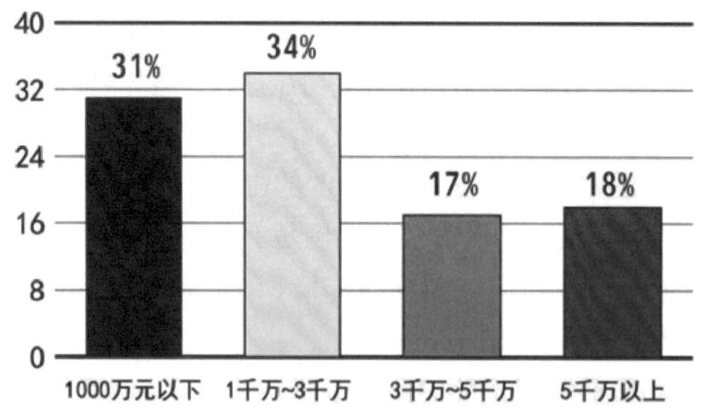

图 6-2-4 公司用于钢材购销的自有资金占比情况（单位：%）

众所周知，中国钢铁物流行业属于典型的资金密集型产业。以往一个普通的钢铁贸易流通商一天账面上至少需要几百万的资金周转，大型钢铁贸易流通商则需上千万日常周转备用金。我们摸底调查统计发现，其中 65% 以上的企业自有资金量低于 3000 万元，只有 18% 的企业自有资金量高于 5000 万以上（见图 2-4-4）。更何况，倘若去掉包含在其中的注册资金、固定资产等，实际用于经

营的流动资金或不足注册资金的十分之一。在钢铁行情整体较差情况下，上海钢铁贸易流通商依靠利润积累的自有资金已经有限，很多企业的自有资金甚至无法支持企业日常运转。这也是造成当前罕见的“钢材低价位阶段社会库存不断降低”怪象的原因之一。2016 年下半年开始，我国钢材市场出现了几波大好行情，可即便如此，以他们的自有资金量也难以发动大的“战役”。

“这一轮钢价上涨，许多钢厂赚得盆满钵满，可钢铁贸易商切实没能喝到点汤。”以前遇到这种行情，上海钢铁贸易流通商在自有资金不足时，可以借用银行大量的信贷资金支持，但如今银行对钢铁贸易流通贷款持续紧缩，83% 的企业资金杠杆已不超过三倍，以往多次质押获得十倍乃至更高杠杆的商家们几乎绝迹。在吸取以往众多企业血淋淋的教训以及融资难度加大的情况下，为加快适应“去产能、调结构”的新常态经济转型，我国钢铁贸易流通行业正在“被迫”淡出高杠杆融资运作模式。

与此同时，以往我国钢铁贸易流通商常见的获得 3 ～ 5 倍放大杠杆的融资模式——“托盘”的业务量开始出现大幅下降。本次调查统计显示，上海 63% 的钢铁贸易流通商普遍反映托盘融资仍有较大风险，大量的国企托盘融资风险还没有完全暴露，上海钢铁物流行业危机还没有完全结束，行业企业普遍开始对高杠杆融资模式展开深刻反思。尤其自 2012 年中国钢铁贸易流通危机以来，使得钢铁贸易流通贷款难度和成本大幅提升，各类金融机构对其信任降至冰点，“一刀切”地缩减了“涉钢业务”信贷，同时加重钢铁全产业链的举步维艰程度。据本次调研结果显示，现在能拿到正常生产经营所需资金 100% 以上银行贷款的上海钢铁贸易商几乎不到 2%，82% 的企业正常资金需求的一半都难以被满足。与此同时，92.8% 的企业还反映贷款规模同比出现降幅，只有 4.1% 的企业反映贷款规模同比基本保持不变。

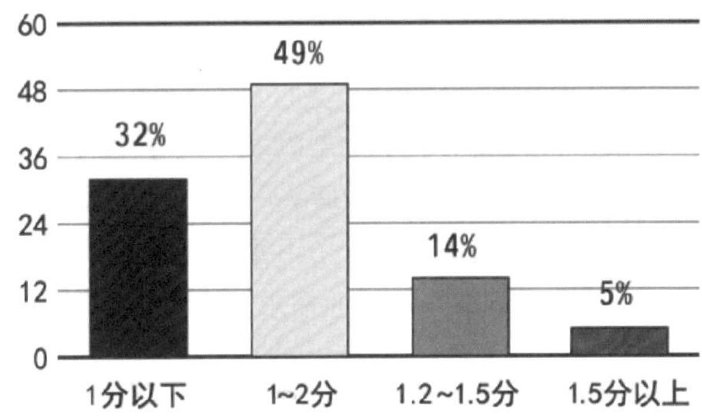

图 6-2-5 公司融资的平均月息占比情况（单位：%）

不仅仅是融资难，融资利息高昂同样困扰着上海钢铁贸易流通商。调查显示，仅 32% 的钢铁贸易流通企业反映融资平均月息在 1 分以下（银行贷款月息在 0.6 ～ 0.7 分左右，部分电子商务交易平台提供 0.8 ～ 0.9 分的月息），49% 的企业融资平均月息在 1 ～ 1.2 分（行业企业间拆借成本），还有 5% 的企业融资平均月息在 1.5 分以上（民间借贷成本）（见图 2-4-5）。

四、不断调结构、流通经营模式演变历程

通常情况下，我国钢铁贸易流通行业在不同时期会有不同的经营模式，这主要是由当时的社会经济大环境所决定的。但不乏有些模式因为自身的独特优势一直与其他新模式并存于整个市场，具体如下：

1. 偷偷串换

在双轨制时期，整个钢铁贸易流通市场仍以计划经济为主导，辅之以部分计划外的商品流入市

场调剂。当时，我国钢铁生产企业因受“三角债”困扰，资金相当紧缺，经常处于“等米下锅”的困境，为了缓解资金缺口，不少钢厂接受生铁、废钢铁来料加工，按一定比例串换钢材。在市场上出现两种价格：平价与议价，议价往往高于平价近一倍。废旧物资部门、供销合作社往往用回收生废铁到钢厂串换钢材，钢厂可以用超额部分钢材予以“平对平”交换。

以后，这种交换又广泛用于改善和激励钢厂员工福利上，一些单位想方设法搞来当时紧俏的各种票证或农副产品，利用“协作”关系到钢厂平批到提单。这些拿到钢材的单位，除一部分留作本企业消耗外，将其余部分高价卖向市场，从中牟取暴利。当时，计划内外的钢材价格不同步，价差有时高达 100%，拿到了串换的平价批条，就意味着拿到了钞票。

2. 争做代理

在我国钢材市场真正进入全面流通时期，具有一定资本实力的钢铁贸易流通商都想争取成为钢厂代理商，这正是“资源为王”的时代所致。大体上是通过钢厂定期召开的订货会议，与这些代理商签订协议，定价、定量、定时和定交货地点，确保资源渠道畅通，并根据定量规模划分出多级代理关系，通常分为一级、二级和三级代理商资质。

当然，一些不是代理商的中小钢铁贸易流通商，虽然不能在钢厂直接订到货，但也可以在订货期间，到订货会相关旅馆里向代理商购买提单，俗称“飞单”。事实上，这段时期由于我国经济发展迅猛，钢材供不应求，钢铁贸易流通商绝大部分精力耗在进货渠道上，“争取到资源就意味着能赚到钱”。

3. 搬搬砖头

搬搬砖头又称“零库存”。有些实力欠缺的中小型钢铁贸易流通商没有大量资金做库存，只得以“搬搬砖头”来博取赢利。起初，这些钢铁贸易流通商只是利用市场信息不对称，根据需求物色价格便宜的钢材，然后再通过赚差价来获取赢利。久而久之，钢材市场圈内自然而然地形成了多级化分销体制。

一个大的钢铁贸易流通商常常会有若干家中小型流通商协作，而这些中小型流通商为自己做一部分库存外，还让若干家比自己规模小的企业来“搬砖头”。这些流通商往往规模很小、资金实力很弱，主要是跑工地找终端，没有需求就到处找下家，有了下家就到处询价拉差价。在价格出现跳水时，市场价往往比钢厂订货价低，为了满足下游终端企业需求，一些企业无论大小，都愿意借“搬砖头”来应付救急。

4. 资金托盘

前些年，由于我国钢材供求关系发生根本性改变，市场出现阶段性供大于求的情况，钢价为之大起大落、跌宕起伏。因此，一些做库存的钢铁贸易流通商在价格暴涨暴跌时遭受了严重的打击。一波行情低谷过后，市场内总能听到某家企业亏损上亿、老板跳楼自杀等传闻。

为了规避这种风险，这两年市场出现了这么一拨中间企业：一些现金流颇为丰厚的大型钢铁贸易流通商在行情低迷时，往往通过控制好库存量，把多余的钱为缺少资金的进货中小企业进行垫资盈利，直接将款项打到钢厂，做到专款专用，并以所购的货作为抵押物，款到后才能提货，提货后再按事先协商的比例分得赢利。

5. 合作经营

存在即为合理。在我国钢铁贸易流通领域，还有一些中小流通商或个人在承接到大型终端用钢工程后，往往因为资金不足、资质不符合等障碍，只得设法寻找合作伙伴，以求共同合作完成这一工程项目，并一起共享所得利润。

而这样的合作经营，业内较为流行的有三种形式：一是寻找合作伙伴共同出资，进行分工协作，合力完成工程项目。分利润时，或按出资比例分配或按作用大小分配，均在合作之前商定各自义务和权利；二是借用有品牌企业出面承接工程，再用该企业的资金来完成工程合同，待拿到盈利后按协商条款进行二次分配；三是请熟悉的亲朋好友到钢厂代订货，以代理销售模式展开终端销售和配送活动。

6. 个性服务

我国钢铁贸易流通商本身更应该是一个服务商。如何为客户提供满意的个性化服务，这是整个行业长期以来一直在思考的问题。

目前市场上大致有三种情况：一是按照钢材品种进行细分，专业经营某一种或数种钢材品种，根据经营品种制定客户群体。一旦完成销售后，注意收集客户反馈的意见，以达到提供客户所需的合适钢材产品。久而久之，在业内形成一种品牌效应。二是针对客户需求提供加工配送服务。目前，一些钢材市场和大型钢铁贸易流通商，都有自己的加工配送设施，并能够按照客户个性需求建立需求档案，根据不同需求进行加工配送。三是商家在客户采购时提供专业意见供客户参考，做好客户采购的采购经纪人、需求参谋官。有的商家甚至还主动参加客户项目评审会，从用料角度提供专业意见，并设计出根据项目实际用料合理化情况进行加工配送的方案。

创新发展：钢贸流通商站在“五道口”探寻新走向

新形势下，伴随我国钢铁供给侧结构性改革深入推进，在同业竞争依旧激烈之时、融资成本尚未彻底解决之前、下游需求解决更加考验智慧之际，上海传统钢铁贸易流通商要认清形势，加快摈弃旧的经营与盈利模式，毕竟这个行业的传统时期已经过去。目前我国钢铁贸易流通商出现的新常态、新问题乃至大量退出，是钢铁全产业链变革在最薄弱环节的突破和开始，这看似直面生死，实则正是涅槃之时，顺时适变，方可有为，上海应该期待这个行业凤凰涅槃、浴火重生后的另一种精彩，也应该积极站在“五道口”探寻这个行业的新走向、新趋势、新变化。

一、从“空壳”走向“新业务”，苦苦坚守本行不如尽快转行

在本次调查中，我们欣喜地发现：上海大多数钢铁贸易流通商在危机面前没有选择逃避，更没有“坐以待毙”，而是积极采取了应对措施，从危机中寻找机遇，这非常有利于行业的整合和业态的提升。这两年，伴随我国钢铁贸易流通行业赢利空间持续缩小，上海已有超过 56.4% 的受访者选择不再继续坚守而是转型或转行，仅有 28.8% 的受访者选择了坚守，另有 14.8% 的受访者选择直接放弃或关门停业。针对市场之前流传的“钢贸商大规模逃离”“钢贸行业空壳化”说法，本次调查数据结果显示，造成这部分人转型或转行的真正原因是行业利润率太低、资金占用太多、操作风险过大，有的上海被采访者形容过去的从业经历犹如“刀口舔血”般的日子。

选择离开本行业创新转型或转行，最主要的出路为投资金融领域和互联网热点新项目，两者超过了 30% 的被选率。投资金融领域包括对担保、保险、信托和基金等金融产品进行投资，投资互联网热点新项目种类更多，包括制造业、加工配送以及目前政策扶持的果蔬、农产品行业，甚至环保、能源等高新技术产业也有涉猎者。当然，进入钢铁电子商务行业的占比偏高，78.9% 的上海钢铁贸易流通企业职业经理人、业务高管和销售精英纷纷加盟新兴钢铁电子商务交易平台。由于本行业与房地产行业高度相关，因此，在出路选择上，房地产行业也成为重要选择，尤其是经营螺线品种的流通企业，转行进军房地产领域更为通畅一些。

二、从“倒爷”走向“服务商”，在产业链分工中找到一席之地

不难发现，我国钢铁贸易流通商传统经营模式多以“倒买倒卖”或者“搬砖头”为主，一旦遇上钢铁市场价格处于单边下行通道，囤货就意味着亏损，还会引发上游钢厂和下游终端商家同样经营困难，“倒买倒卖”加价的空间就会变得更加有限。这两年，在“产能严重过剩、淘汰落后产能”

的严峻形势下，上海钢铁贸易流通商正在加快转变经营方式，由“倒爷”转向“服务商”，靠服务好终端客户、提供采购咨询甚至垫资服务来博取市场，这种操作已被事实证明是正确的。换言之，这样的盈利模式起码是由“博行情”转变为了“赚佣金”，无论钢材市场牛熊，中间服务商均可以实现稳定盈利。而在服务过程中，包括流通商在内的钢铁产业链上各企业细化分工、联动合作尤显重要，因为它决定着流通企业最终服务化转型是否真正彻底。

事实上，一个强大的钢铁产业链不在于简单制造生产、贸易、流通产品，而在于制造价值，这个价值主要来自服务。由“贸易”到“服务”，从产品流通商到品牌商、供应商、服务商，应该是上海钢铁贸易流通商乃至全国钢铁供应链条发展壮大的必由路径。未来在统一标准化生产性服务平台系统下，我们可以通过构建“战略合作供应链”实现资源统筹，并借助供应链协同发展，促使产业链上的钢铁原材料供应商、钢铁生产商、钢铁贸易商、钢铁物流基地、钢铁消费企业、加工配送企业和金融服务企业充分融合，完成物流、资金流和信息流的全方位对称，实现资源、资金配置有效合理，充分满足市场上各类用户的个性化服务需求。如此一来，上海钢铁贸易流通商就可以凭借自身优势能力，量体裁衣，快速在钢铁产业链细化分工中找到自己的“一席之地”。

三、从“草根”走向“高富帅”，通过交易数据获得廉价融资服务

站在当代视角看钢铁业，传统贸易流通显得很低端，互联网 +、大数据才是“高富帅”的队列。于是长三角地区许多传统钢铁贸易流通商在供给侧结构性改革推动下，纷纷把创新升级集中在了互联网 +、大数据领域，无论哪方面或多或少地沾上边就是走在“前沿”。比如此次调查统计结果显示，上海广大钢铁贸易流通商开始尝试交易互联化、融资数据化等前沿技术。事实上，融资难一直是我国钢铁贸易流通商的痛点之一。当前，银行对钢材的抵押普遍非常谨慎，甚至对其采取“一刀切”式停贷限贷。造成这一事实的原因：一方面与银行“矫枉过正”“下雨收伞”有关，另一方面也与我国钢铁贸易流通商自身存在的许多经营问题有着密切关系。

虽然前两年我国钢铁贸易流通行业确实出现了众多重复质押式“骗贷”行为，在银行的信用“扫地”，但这并不代表所有企业都是这种操作，而如何证明自己是“守信”“经营正常”的企业呢？通过第三方电子商务交易平台提供的各种公开、透明的交易数据佐证，无疑是一个比较理想的方法。目前我国非常流行的供应链融资可以不需要传统的钢材抵押，但需要公开、透露的第三方交易数据，进行“数据抵押”。鉴于此，步入“十三五”时期，上海钢铁贸易流通商不妨试着拥抱互联网 +，积极同钢铁电子商务交易平台展开合作，借助平台或物流云的公信力和透明度，进而获得更便宜的数据直接融资或者担保间接融资服务，继而缓解特殊时期内企业“资金链与现金流”愈发紧张的尴尬局面。

四、从“单兵”走向“联盟军”，进而获取直观的规模经济效应

可谓时势造英雄。在钢铁市场进入萧条时期，“集团军”规模经济的优势会更加明显，因为此时渠道对于钢厂来说更显重要，有一定实力规模的钢铁贸易流通商和钢厂的议价能力会变得更强，自然而然能够获得钢厂更为丰厚的“返佣”与“补差”资格。因为在钢价一路下跌的时候，许多钢铁贸易流通商基本上不再囤积过多库存，这样很容易导致缺货，进而影响下游客户的采购体验，此时如果各家统一战线联盟起来，缺货的概率会小很多，快速挣钱的机会还是有的。所以，我们建议上海钢铁贸易流通商要在行业组织的引导下，在共融、共享、共赢、共进退的机制下，抓紧从“单兵”走向“联盟军”，以此获取更大规模经济效应，争得和钢厂议价的能力。

2009 年底，由温州市金属流通行业协会牵头，当地 71 家钢铁贸易流通商达成共识组建“联盟”，开始走“集中采购、分摊销售”之路。这一伟大壮举无疑成为全国钢铁贸易流通行业学习的“样本”。而其真正目的还是因为这样将会大大提高它们的定价权，从钢厂博取批量低价的优势，充分实现钢材流通服务型企业的角色转变，促使钢厂与流通商的合作模式发生根本性变化，对于那种分级代理制所带来的低效和高成本的流转方式将会被摒弃。我们在调查中还发现，传统的钢厂定价模式对市场的主导作用已经越来越弱，目前被调查的钢铁贸易流通商中仍完全被迫接受钢厂定价的占比已降成个位数。而对新型定价模式的探索和应用已成为常态，在被调查的企业中，7% 的流通商选择厂商共同定价模式，而 83% 的则选择了市场定价模式。

五、从“跳蚤”走向“招财猫”，专注终端市场摈弃寄生虫生活

一边是海水一边是火焰。一面是产能过剩的焦灼，一面是电商崛起的狂欢。这两年，我国钢铁电子商务正在挟裹着变革的力量，肆意解构钢铁产业链的每一个环节。作为钢铁产业链条上的中间服务环节，钢铁贸易流通商对其是“又爱又恨”。最新调查数据显示，上海有近一半的流通商表示 2016 年通过电商平台的销售量，相较 2015 年增幅在 10% 以上，其中有 18% 反映其增幅超过 30%。至于 2017 年预计通过电商平台销售的量，更有 61% 的流通商表示相较 2016 年的增幅将在 10% 以上。而在 2014 年调研时，有 50% 受访的上海钢铁贸易流通商表示不会增加电商平台销量。

上述数据证实已有更多的上海钢铁物流企业接受了电子商务平台。这其中也不乏许多发展成为电商平台的“寄生虫”，业内俗称“跳蚤”，即当钢材市场行情低迷的时候，这部分钢铁贸易流通商自己不做生意，仅靠主动加盟各家电商平台，通过平台开户、自我交易等手段赚取平台积分优惠或现金返点，以此获取微薄利润，供养公司员工生计。2017 年上半年，在钢铁供给侧结构性改革深入、市场行情回暖、平台条件苛刻和自主创新发展等综合原因促使下，这部分流通商开始逐步退出寄生生活，创新终端用钢企业配送服务模式，不求成交量只求打造钢铁全链条系统服务。譬如：通过一个小小工地的钢材采购需求完成包括采购、加工、仓储、配送和垫资等全过程专业细分服务，以此回归自我，提升市场竞争优势，博取现实而又可观的市场利润。

转型方向：由“物流商”向“服务商”快速转变

进入“十三五”时期，我国钢铁贸易流通行业生态环境已然发生变化，之前的暴利时代已经一去不复返，传统的贸易流通盈利模式也不能再适应时下经营环境。鉴于此，伴随本轮钢铁供给侧结构性改革深化，未来摆在长三角地区乃至全国钢铁贸易流通商面前的两条路无非就是“转行”或“转型”。一是计划转行，打算放弃钢铁贸易流通行业的，与其慢慢“被淘汰”，还不如现在主动“割肉止亏”先行离场；而另一条路则是，试图在竞争日益惨烈的环境中生存下去的，与其苦守等待转机，还不如尽早开始实施转型“自救”。

至于转型自救的办法与程度，就要看其能否在危机中寻得“良机”，能否真正走出同质化竞争、建立起差异化竞争优势。当然，可以肯定的是，未来我国钢铁贸易流通商面对的市场将是一个“渠道为王、服务至深”的市场，面对的主体客户将由钢厂全面转型到终端客户，新的角色定位要由“贸易商”向“服务商”快速转变。未来不能再单纯追求规模快速扩张，要努力实现从规模效益型向服务效益型转变，要更加突出经济效益，切实提高核心竞争力水平。从长远生存和发展来看，这才是我国钢铁贸易流通商转型发展的必由之路和必然趋势。

一、延伸产业链，更好“衔接服务”上下游两端

近年来，我国钢铁行业的迅速发展带动了钢铁物流业的快速发展。作为钢铁产业链上的不同环节，每个企业扮演的角色不同，分工也不同。行业未来的发展趋势只会越来越细分，产业链上的各个环节都将面临巨大竞争压力，每个环节都得做精、做专，才能保持自己的竞争力。俗话说：“三流企业靠产品、二流企业靠品牌、一流企业靠服务。”当前我国钢铁行业正处在供给侧结构性改革的重要时期，作为钢铁产业链上的重要环节——钢铁贸易流通业自然也要跟随大势，由原来的“赚差价”转型为“靠服务”，只有紧跟市场步伐，才能在本轮钢铁市场“大洗牌”浪潮中幸免于难。

而对于长期以来夹在钢厂与终端用户之间的钢铁贸易流通商来说，要想一下做好衔接上下游的工作十分不易，毕竟两头都是“大爷”，谁都得罪不起。要想衔接服务好上下游两端，必然要求我国钢铁贸易流通商加快延伸钢铁产业链服务。众所周知，随着我国钢铁产业布局的完成，钢铁集群的建立也将告一段落。钢铁行业产业升级正迫使贸易流通商向着更高层次的经营模式转变与发展，向供应链管理要效益，向产业链升值要效益，因此，加强供应链管理与延伸产业链条两端服务必然是上海钢铁贸易流通商未来转型发展方向之一。

细节决定成败，上海钢铁贸易流通商无论是在提升服务还是经营管理上也是这个道理。而把钢厂与终端用户衔接起来的细节就是对每一个客户群体制定差异化的服务策略，做好“本职”工作，形成专业的市场发展道路，努力做深、做精、做专、做透。当然，我国钢铁贸易流通商转型过程中同样离不开金融服务。如何依托金融产品服务于上下游，是摆在众多流通商面前的问题，未来钢铁贸易流通商需要借助一个平台，在平台上借助一些有资质的平台企业来完成一些金融产品创新服务。目前上海一些有影响力的大型钢铁贸易流通企业在尽力打造一个这样的平台，并尽力整合更多的上下游企业到这个平台中来，比如：西本新干线和钢源城电子商务平台等。

二、拓展“直销”，加大终端市场网络化营销服务

“钢材直销到终端、服务到终端”是当前最为时髦的话题。不光钢铁贸易流通商在做，钢厂也在做，针对终端市场，钢铁贸易流通商彼此在“拼”的同时，还与上游钢厂在“搏”。可不管怎样“拼”与“搏”，钢厂都不可能把钢材全部直销到终端，大型钢铁贸易流通商也不会把小微钢铁贸易流通商全部洗牌出局。中国钢铁产业链上的资源重新配置是必然的，但资源能量的发挥是有条件的，它掌握在那些加快构建现代钢铁贸易流通服务平台，并极具前瞻性的企业家手里。

我们历经多次调研发现，面对钢铁行业未来较长一段时期内供大于求的事实，传统的钢铁贸易流通经营模式显然已经不能适应。除了建立第三方监管机制以外，行业企业要想适应新的环境，还应该在相互信任基础上，通过优化互补，打造战略合作供应链体系，加快市场网络化、服务终端化。在此不得不提到的是，网络化连锁经营是我国钢铁贸易流通商当下快速实现规模经营的最佳途径。它不但能降低运营成本，还能利用原有的市场资源，为“直销”终端用钢市场网络化布局打下良好的基础。

与此同时，在未来发展中，我国钢铁贸易流通商还要把工作重点从“注重钢厂”转变到“既要注重钢厂还要注重用户”上来。事实上，更多的时候要注重用户的需求，把为用户服务作为首要任务，真正从企业内部树立“用户是上帝”的服务理念。当然，针对终端客户的服务功能应该是多样化的，不但要在信息上、价格上提供最实惠的产品，而且要在时间上、质量上提供最好的产品，还要在技术上、理念上提供更多的服务。使终端用户离不开你，且把你作为采购商品的重要参谋、使用消费中的顾问指导、经营活动的良师益友。

三、统购分销，加速区域化“抱团整合”步伐与力度

这两年，伴随我国钢铁供给侧结构性改革稳步推进，有效促进了我国钢铁行业进一步整合的步伐和力度，为加快“提高钢铁产业整体集中度”发挥着重要作用。近年来，从河钢集团完成重组、宝钢武钢的高调联姻到建龙集团收购负债累累的海鑫钢铁，以及沙钢集团弯道“接盘”抚顺特钢等，一场如火如荼的整合大潮席卷而来。然而，与之相关的钢铁贸易流通领域“散、小、乱”的经营格局仍如死水一潭。尽管早期亦有不少钢铁贸易流通企业试图重组，但均以无果而终。其实我国钢铁贸易流通行业的集中度远低于钢铁生产领域，加快实现钢铁流通业实质整合更显得尤为迫切。

2009 年底，这一僵局被彻底打破。据多方调查求证，当时，由温州市金属流通行业协会牵头，历经 88 次会议，真正优化整合了旗下 71 家钢铁贸易流通会员企业，这一伟大壮举无疑成为全国钢铁贸易流通行业加速整合的成功“样本”。而钢铁贸易流通行业加速抱团整合的真正目的还在于走“集中采购、分摊销售”之路。因为这定将会大大提高其与上游钢厂之间的定价权，从钢厂博取批量低价的优势，充分实现钢材流通服务型企业的角色转变，进而改变多年来我国钢铁贸易流通商所做经济贡献与身处社会地位不相称的局面。

据调查，当年这 71 家温州钢铁贸易流通商联合出资 2.8 亿元，抱团组建的温州市金属投资有限公司还在“统购分销”新模式上取得突破性进展。该公司曾与承德某特殊钢有限公司签订了棒材购销协议，订购钢材资源总量为 3.6 万吨 / 年，每月均衡订货，年度总量及月度交付量允许有 ±10% 的量差。尽管这笔统购资源仅有三家需求会员企业展开分销，但这一小小尝试已经为以后的大批量统购分销做出成功试验，为中国钢铁贸易企业未来创新发展开辟出一条新的翻身道路，切实值得行业效仿与学习。去年，江苏盐城钢铁贸易商会以及北京金属流通企业尝试“团购”现象均是这方面的极好例证。

四、借船出海，借力电商新兴平台拓展渠道

伴随“互联网 +”国家战略实施，我国钢铁贸易流通商要想健康、快速发展，一定要学会“借力”，在“借力”上动脑筋、想办法。未来借力“电商平台”发展，必将成为大势所趋。这两年我国钢铁电子商务交易平台迎来突飞猛进的发展，钢铁贸易流通商借力好它，就会插上腾飞的翅膀。

随着信息技术及电子商务技术的迅速发展，电子商务及信息化平台建设越来越被重视。一批优秀的电子商务交易平台，利用先进的电子商务及大数据信息化技术，通过建立现代钢材现货电子交易与信息服务平台，聚合了钢铁原辅材料、生产、加工、配送、仓储、运输以及金融、服务和钢铁终端用户，涵盖了钢铁采购、生产、物流、资金流、营销和服务的企业流程，通过产品在供应链上的增值，可以最大限度地降低运营成本，增加企业利润，赢得用户，提高企业在市场上的综合竞争力。如果钢铁贸易流通商与电子商务平台合作，通过“借力”其品牌、资源、资金、技术、配置、服务、人才和管理等优势，实现“借力发展、合作共好”，将可以大大改革钢铁供应链上各个企业间资源优化配置，促进全行业健康、快速发展。

当然，除了“借力电子商务”外，长三角地区许多大型钢铁贸易流通商还积极拥抱互联网 +，通过自建电子商务交易平台，快速延伸拓展销售渠道。譬如：注册在上海的西本新干线电子商务交易平台，以电子商务为载体，通过先进的 IT 技术、强大的财务支持和专业的统筹管控，实现了钢铁物流产业供应链的闭环交易，可以与客户在关键的垂直行业与交易相关的领域展开深度合作。这种交易方式结合了传统现货贸易和网上电子交易的优点，它是钢铁现货市场在时间和空间上的延伸，是现货市场交易功能的完善和补充，不仅可以改变多年来单一的传统营销模式，还为探索现货电子交易开创出新的道路。

五、延伸深加工，从生产型贸易转为流通型服务

在过去的资源时代，我国钢材商品销售是不会过多地考虑服务增值的，但这个时代已经成为历史，现在对于钢铁贸易流通商来说，通过钢材商品的深度精细化加工、物流综合配套服务等获得的利润，将远远大于简单地靠差价博取来的钢材商品销售利润。在“终端为王”时代，我国钢铁贸易流通商之间的竞争已不完全是为争夺客户，而是为客户提供专业化和一体化的流通型服务。尤其当前价格信息极其透明，钢铁贸易流通商的传统“赚差价”模式已经终结，未来只有通过产业深化和产业延伸来实现战略转型和升级，进而才能实现成本节约和规模优势。当然，由于工业分工的进一步细化、客户对钢材的规格要求也越来越趋向多样化和复杂化，这同样要求我国钢铁贸易流通商加快向深层服务型企业转变。

譬如：上海百营钢铁集团作为传统钢铁贸易流通商，这几年通过开发现代钢铁贸易物流体系，组建集钢铁加工、仓储、配送等功能一体化的大型加工配送中心——上海万汇物流有限公司，并形成区域配送规模，向上与钢厂建立直接联系，稳定货源和大幅节省成本，向下获得优价终端客户资源。如此一来，还可以通过钢材产品精加工、深加工、个性加工等二次加工，专业化配送等节约客户成本和产品周转时间，降低客户原材料库存跌价的风险。当然，还有早期具有代表性的华冶集团，十年前便已提出建立全国钢材大型深加工超市的规划。

在供给侧结构性改革的新形势下，未来上海钢铁贸易流通商要想保持竞争力和领先优势，必须嵌入钢铁物流供应链系统管理，在钢铁行业的上游原材料或下游用钢终端方面延伸服务、谋求发展，争取在整个供应链中形成相当影响力和稳固定位。这其中最具发展前景以及被业内一致看好的就是，通过深加工、精加工、个性化服务、技术解决方案和统筹物流配送，把服务延伸到供应链的末端，不仅可以节约用户生产成本，使用户逐步向零库存过渡，还可以最大化规避市场中的各种不确定风险。

六、跳出重围，组建培育中国版的“日本商社”

这两年，随着我国钢铁产销矛盾的日趋凸显，钢铁供给侧结构性改革的哨声已经传达到钢铁贸易流通领域。为顺应当前钢铁供给侧结构性改革大势，摆脱“散、小、乱、差”等传统局面，真正提升自身社会地位与核心竞争力，我国钢铁贸易流通商必然面临一次全新的“洗牌”和“转型”，上海钢铁物流企业要率先探索出一条更为合理的钢铁供应链物流服务创新模式。同时，在这一转型过程中，上海钢铁物流企业要坚持避免市场出现无序和恶性竞争，通过支持和鼓励典型流通模式，稳定行业流通格局，加快创新物流交易生态。

当然，这一过程当中不乏包括以下关键服务要素：对于用户，钢铁贸易流通商要设法从性能、规格、交货期、付款方式及提供其他增值服务等方面满足其要求；对于钢厂，钢铁贸易流通商应及时做到反馈市场供需信息，引导钢厂根据市场需求生产，并制定适时的营销策略；对于金融机构，钢铁贸易流通商需要与其建立稳定合作关系，以降低资金成本，保持稳定的资金流；对于仓储物流，钢铁贸易流通商要与其紧密合作，真正保障货物的安全，确保货物能够及时送达。

未来要整合上述所有关键服务要素，必将需要建立一个全新的钢铁供应链物流综合服务业态，类似“日本商社”模式，通过产业有效整合，聚集上下游资源，把传统钢铁供应链上的各环节集聚于一家，并能够涵盖钢铁产品仓储、交易、物流配送、金融服务和订单跟踪服务体系，完全向现代钢铁供应链物流综合服务商转型。众所周知，在钢铁贸易流通领域，日本市场率先推行了钢材代理制，钢厂 95% 以上的产品是通过少数的几家综合商社或专业商社代理服务销售。各综合、专业商社又通过参股、投资方式控制着钢材加工配送企业在国内销售，并通过海外机构在海外市场开展销售。目前我国钢铁贸易流通商是钢铁生产企业数量的上万倍，如果“十三五”时期，可以将其整合为钢厂同等数量的话，必将大大优化与改善当前我国钢铁产业链和谐共存的新格局。

发展建议：上海钢铁物流加快提升“现代物流”

现代物流是实现现代流通的主要途径。“十三五”时期，上海要以《物流业产业调整和振兴规划》为契机，遵循上海打造国际金融中心和航运服务中心的目标，按照“政府营造环境，企业自主经营”的原则，加速发展现代物流业，巩固物流业作为上海现代服务业支柱产业的地位，努力构建上海国际重要物流枢纽和亚太物流中心。

具体来讲，上海将构建“两大类型、五大园区”的物流发展格局，即建设西北、西南两大内陆口岸型综合物流园区和浦东空港、外高桥、海港新城三大沿海口岸型综合物流园区，形成布局合理、层次多元、功能配套、有机链接的现代物流服务体系。

尤其是国家级重点工程上海大虹桥交通枢纽项目的建设，将大力带动上海长宁、闵行、青浦、普陀、嘉定、松江六个区域的发展。“虹桥交通枢纽区域”规划面积是 26.26 平方公里，而“环虹桥枢纽”

各区规划的面积已经远远超过86平方公里，几乎涵盖了环大虹桥各区大部分地区。

而上海南部地区，长期以来都是物流业聚集的地方，但多年来一直缺乏规划，发展进程中多次遇到瓶颈。目前物流业尤其是钢铁物流业还存在诸多问题，主要表现在管理和经营模式尚较传统、效率低下、信用缺失、人才素质不平衡、标准化工作滞后等方面。譬如：

1、加快上海钢铁物流区域合理规划

以闵行地区为例，这个地区的钢铁物流企业多、小、散、乱，长年来缺少有关部门重点培育和规范物流市场体系，推进物流产业化，引导和扶持行业发展的相关政策。值得提到的一种现象是，现在许多企业物流部门附属于企业内部，物流部门规模小、效率低、成本高，流通费用占生产成本的比例居高不下，社会化、专业化的第三方物流尚未真正发展和普及。

建议通过改造和提升，培育大型、超大型的第三方钢铁物流企业和企业集团，促使传统钢铁物流企业经营模式转换、升级。同时，政府也应鼓励引进物流发展资金、技术和管理，加强对外合作，实现“经济全球化”、“物流无国界”，使上海的物流业在短期内实现跳跃式发展。并能逐步取消对国内特别是国有钢铁物流企业的保护措施，对所有钢铁物流企业，不论国有、民营还是外资，都采取同等的税收、银行贷款、地租优惠，创造公平竞争的市场环境。

此外，物流企业也应利用上海南部的铁路专用干线，通过建立企业联盟型或合作型新体系，实现综合物流链管理，共享物流设施，提高物流效率，最大限度节省社会投资和经营成本，实现系统最优化、整体成本最小和效益最大化。上海铁闵钢材市场就是一个例子，有5条铁路专用线，与国内的钢铁生产地直接相连，这里还有3000吨级和6500吨级的两个专用水运码头；使铁闵钢市具有“坐拥沪中南，辐射长三角”的功能。

2、加快推进钢铁物流标准化、信息化建设

上海钢铁物流系统是流通系统的“桥梁、纽带”，连接着生产与再生产、生产与消费，钢铁物流系统的运行需要多地区、多部门、多行业相互衔接，多种设施、多个操作系统分工协作，因此需要统一的标准化体系。由于制造物流装备的厂家分属各部门，以致目前各个部门、各个地区、各个物流作业环节使用的设备，如各种运输工具、包装容器、托盘、集装箱、仓库等物流设施和装备的标准还没有形成有利于物流活动的标准化体系；在包装、运输和装卸等一些流通环节，缺少必要的行业规范和行业标准；物流用语、计量标准、技术标准、数据传输标准、物流作业和服务标准等基础标准的制定工作还未完全开展起来，特别是没有形成一个与国际接轨的标准体系。

这种状况导致钢铁物流成本上升和服务质量降低，影响了上海钢铁物流活动的质量、效率和效益的提高以及国际物流活动的通畅。我们要尽快淘汰已落后于经济技术发展水平的标准，大力推行钢铁物流业的新型标准化体系建设，实现钢铁物流标准的国际化和体系化，并在统一标准的基础上，不断改进钢铁物流技术，实现钢铁物流活动的合理化。据悉，由全国物流标准化技术委员会发起的“重点物流领域关键技术标准研究”项目已正式启动。项目涵盖了钢铁物流、家电物流等重点项目，其中钢铁物流项目由中国物流与采购联合会钢铁物流专业委员会牵头组织，整个钢铁物流标准的制定预计会在两年内完成。

3、大力倡导发展上海绿色物流

绿色物流是物流发展的又一趋势。上海钢铁物流虽然促进了上海经济的发展，但是钢铁物流的发展同时也会给城市环境带来不利的影响，如运输工具的噪声、污染排放、对交通的阻塞等，以及生产及生活中的废弃物的不当处理所造成的对环境的影响。二十一世纪提出了绿色物流的要求，即对物流系统污染进行控制，在物流系统和物流活动的规划与决策中尽量采用对环境污染小的方案，如采用排污量小的货车车型，近距离配送，夜间运货（减小交通阻塞，节省燃料和减小排放）等。

上海钢铁物流业的发展应高瞻远瞩，在规划、发展初期就制定相关环境保护措施，建立工业和生活废料处理的物流系统，大力倡导绿色物流，将钢铁物流乃至所有物流对环境的负面影响降至最小。

4、加强物流人才的培育与引进

上海现代物流的发展对物流人才提出了新的要求，而目前能满足市场需求的物流人才严重短缺。因而政府在制定物流业发展规划的同时，也应该重视物流人才的培养与引进，通过采取长期培养与短期培训相结合、正规教育和在职培训相结合的多层次、多方面培养方针，扩大高素质物流人才的供给，尤其是精通国际物流的复合型人才，如物流企业经理、物流部门经理、物流策划人员和物流信息系统开发人员。

同时，建议上海钢铁物流行业企业要积极面向全国和全世界引进高素质物流人才，通过人才的引进，加速上海钢铁物流技术更新、管理更新和人才的培养。还可采取召开全国或国际物流研讨会的方式，提高上海钢铁物流业的战略地位和科研管理水平，全面提升钢铁物流产业健康高效发展。

5、发展现代物流实现产业升级

现代流通主要包含商流、物流、资金流、信息流。由于现代科技的发展，特别是信息技术的突飞猛进，大大加快了商流、信息流、资金流的速度。商务活动可以通过互联网联结方便、快捷地实现，货币支付可以通过电子交易系统瞬间完成，但是唯有物的移动不能像信息流传输那样转瞬间实现，物流只能依靠科学合理的设计和提升技术含量来提高效率。

正因为如此，从生产到流通，90% 的时间集中在物流过程，10% 的时间集中在生产过程；工业品的物流成本占商品价格的 50%，农产品的物流成本占商品价格的 60% 至 70%，汽车零部件的物流成本占商品价格的 70% 甚至 90%。因此，生产资料流通要降低流通费用和提高流通效率，必须发展现代流通技术，而现代物流是现代流通的核心。只有大力发展现代物流，才能实现生产资料流通由传统流通业向现代流通业转型。尤其进入钢铁行业后危机时代，我国钢铁物流业能否迎来新的机遇与发展，需要加快转变模式，实现产业升级发展。

（作者：王京（《现代物流报》记者、中物联钢铁物流专业委员会副秘书长））

6.2.2 行业热点

钢铁全产业链供给侧改革与流通创新正当时——《鏖战·破局：钢铁供给侧改革与流通创新法则》正式出版

2017 年 12 月 1 日，从中国物流与采购联合会钢铁物流专业委员会获悉：作为年度优秀研究成果——《鏖战·破局：钢铁供给侧改革与流通创新法则》（简称《鏖战·破局》）一书正式出版问世。这是我国第一部关于钢铁全产业链供给侧结构性改革与流通创新的系统性研究著作，也是一份具象式调查研究报告，全书通过剖析钢铁全产业链生态图景，试图为你真正捅破“供给侧改革”那层纸。

《鏖战·破局》分为三十三个章节展开，全书大约 30 万字。由钢铁物流与供应链专家、西本新干线股份有限公司高管王京和“互联网 + 钢铁”企业管理实践者赵颖，耗时半年多调查总结形成，由企业管理出版社公开出版。值得提到的是，该书还得到了著名经济学家贾康、著名财经金融评论家余丰慧、原国家冶金工业局副局长赵喜子、中国钢铁工业协会副会长迟京东和著名钢铁市场专家马忠普等行业领导与专家学者们的指导点评。

2017 年是我国钢铁供给侧结构性改革的“攻坚年”。基于经济发展新常态的环境下，《鏖战·破局》坚持“聚焦钢铁全产业链”主旨思想，全面问诊“供给侧结构性改革”的逻辑思路和路径，既有对供给侧结构性改革引领下的中国钢铁工业发展现状剖析，也有对钢铁流通发展未来的前瞻性预测，同时也寄期望钢铁全产业链供给侧结构性改革的实践经验和有效良策，不但使改革效果更具象、更显现，也使未来的操作性路径更清晰、更准确。

两年前，国家提出“供给侧结构性改革”，强调要“着力加强供给侧结构性改革，着力提高供给体系质量和效率，增强经济持续增长动力”。而钢铁行业作为我国供给侧结构性改革的第一个行业，肩负着政策“破题”，为其他行业提供可复制性经验的重要使命。从流通角度来看，物流业连接着供给和需求两侧，是关乎国民经济发展的战略性基础产业。对此，《鏖战·破局》作者王京表示：“在新时代下，我国钢铁供给侧结构性改革的持续推进必然需要流通环节的深层变革，迫切需要加快改善供需链管理、调整流通模式和提升物流技术，有效促使钢铁上下游供应链整体的良性运转与创新发展，而这一过程同样值得记录和研究。”

记者在翻阅书序时，有一段评价这样描述：该书既系统研判了当前宏观经济政策的走向和着力点，也拓展延伸出对我国钢铁行业供给侧结构性改革的认知、感知和具体实施思路，并重点从行业现状、存在问题、创新发展和未来趋势四个角度展开调查研究，着重论述了“钢铁生产”“贸易流通”“钢材市场”和“钢铁电商”四大主战场，运用抽样调查、事件盘点和夹叙夹议方式，深刻剖析出行业“乱象”问题与难题，全面揭露我国钢铁全产业链供给侧结构性改革中一些“混淆概念”和“草率武断”的现象。

与此同时，全书勇于围绕核心问题和热点话题大胆发问，敢于抛出自己独特观点与鲜明看法。书中通过“僵尸企业、顶风违法违规、囫囵吞枣、重复建设、跑马圈地、大跃进和钢贸危机”等词汇直指现存问题。同时，文中也引用“壮士断腕、不能让一颗老鼠屎坏了一锅汤、创新升级、做优增量、走出去和兼并重组”等词汇表达了整个钢铁产业链条核心企业整改治理和创新升级的坚定决心。

在此值得强调的是，《鏖战·破局》以“供给侧结构性改革”为写作主线同时，特别涵括了钢铁生产、贸易、流通和加工配送等全产业链多个领域和一些产业的专题调查。因此，该著作也被定义为：“一本关于中国钢铁全产业链供给侧结构性改革与流通创新的系统性调查研究”。英国著名供应链管理专家马丁·克里斯多弗（Martin Christopher）曾经说：“未来市场上只有供应链没有企业”，“真正的竞争不是企业与企业之间的竞争，而是供应链和供应链之间的竞争”。

“寒冬是一种考验，更是一种机遇。”针对当前经济新形势，中国物流与采购联合会钢铁物流专业委员会秘书长王建中认为，我国正在积极推进钢铁供给侧结构性改革，我们要关注钢铁全产业链上每一个行业在这次改革中出现的创新和变化，以此应对未来供应链和供应链之间的竞争。当然，“我们在审视钢铁全产业链遇到寒冬和机遇的时候，更要以一种乐观的视角正视行业价值，要相信没有哪个冬天不可逾越，没有哪个春天不会到来，而几经鏖战后，这个春天已经到来。”

《鏖战·破局》专家推荐语：

原国家冶金工业局副局长赵喜子：我国钢铁行业正进入一个新的发展周期，这个周期的特征不是规模和数量，而是绿色和质量。这个质量不是“小质量”而是“大质量”。目前“顶层”正在全国部署这种“质量行动”，该书聚焦钢铁全产业链，也是钢铁质量行动的一部分。

中国物流与采购联合会副会长虞钢：这是我国首部聚焦钢铁全产业链，全面问诊供给侧结构性改革与流通创新破局红海至关重要的“参考指南”，不仅使得改革成效更具象、更显现，也使得未来的操作性路径更清晰、更准确。

中国钢铁工业协会副会长迟京东：本书是对我国钢铁全产业链供给侧改革推进进程较为全面深入的调研，对产业链落实“三去一降一补”战略任务、实现竞争突围进行了细致思考，从大众认知角度为产业链改革提供了有意义参考。

中国电子商务协会副秘书长聂韵：这本著作既有钢铁供应链前瞻性问题调查与思考，又很好凝聚了产业信息化升级的智慧，从“互联网+”角度看待整个钢铁供应链、用电子商务手段拯救整个钢铁行业，十分具有学习价值。

现代物流规划研究院院长宗树明：本书详细且系统化地剖析了中国钢铁物流行业遭遇的各类“乱象”问题，从而引申出供给侧结构性改革的“元问题”，论述深入浅出，原则普适性强，非常值得钢铁物流从业者一品。

著名钢铁市场专家马忠普：该书抓住了我国钢铁全产业链的发展趋势和供给侧结构性改革的热点、难点问题，并通过对深层次流通市场矛盾关系的观点激辩，澄清了许多模糊概念和认识混乱，提出许多极具参考价值的供给侧改革和现代钢铁供应链物流服务体系建设的思路框架，值得一读。

著名财经金融评论家、经济学家余丰慧：这是一部既跌宕起伏、振聋发聩、直陈问题、直面钢铁全产业链“寒冬”，又寻觅机遇、提出建设性观点、以一种乐观的视角正视钢铁供应链物流金融价值的难得著作。

著名经济学家、华夏新供给经济学研究院首席经济学家贾康：这是一本从点到面、从钢铁产业到产业生态链，全面描述国家供给侧结构性改革大计带来深远影响的调查性研究著作。作者透过深刻而冷静的洞察力勇于总结改革创新和预判未来，值得大家阅读。

中物联钢铁物流专委会主任虞钢：加快提升钢铁物流服务质量

刚刚过去的 2017 年是不平凡的一年。这一年，我国继续以供给侧结构性改革为主线，经济社会保持平稳健康发展，经济形势出现全面好转。经济大环境的向好也对钢铁流通行业持续产生了积极的影响，随着钢铁去产能政策和彻底清理“地条钢”政策的严格贯彻实施，钢材价格不断震荡上行，钢铁流通企业经营状况进一步好转，盈利水平得到明显提升。

过去的一年，中物联钢铁物流专业委员会认真贯彻“维护会员合法权益，推进行业健康发展”的办会宗旨，主动了解和反映企业诉求，积极发挥自身所具有的公信力、权威性和所拥有的政府、社会、专家、媒体等资源优势，为会员企业在品牌提升、市场拓展、市场信息等方面提供多元化服务。

一、发挥指数经济作用，为产业提供预警服务

由钢铁物流专业委员会在行业内广泛调查、采集数据并定期（每月 30 日）发布钢铁行业采购经理人指数（PMI）已逐步成为钢铁行业的重要评价指标和反映景气度变化的晴雨表。

尤其是 2017 年，国内钢价出现剧烈波动，引起会员企业的高度关注，为了进一步增强指数的行业前瞻性、贴近性和代表性，专委会进一步提高服务效能，提升服务水平，统筹协调相关工作开展，下大力气对钢铁 PMI 编制领导小组进行了优化，目前已经有 160 多家左右的大中小代表性钢厂加入，每期的样本采集单位都达到 130 家左右。

此外，专委会还坚持为行业以及会员企业提供每周钢材价格走势预警报告和西本新干线行业指导价等，并形成了日报、周报、月报、年报等整体的分析报告系统，预警报告的准确率保持在 80% 以上。

二、推进优质品品牌认证，严把行业质量安全关

2017 年，钢铁行业形势变幻莫测，终端客户对产品质量提出了更高的要求，针对这一现状，中国优质商品（钢铁）品牌认证织委会大力规范市场钢材产品质量监督，提高钢材流通市场的产品质量水平和竞争力。

2017 年，专委会组织品牌认证专家委员及工作人员对盐城联鑫、河北敬业、宁夏申银特钢股份有限公司、江苏省镔鑫特钢材料有限公司等等进行了品牌认证或者咨询工作。目前，已经通过盐城市联鑫钢铁有限公司生产的“黄海”牌钢材入选专委会优质商品（钢材）认证品牌。

对已到期的20多家优质商品（钢材）认证企业，向社会及品牌认证办公室全体工作人员公开征求其产品质量、质量异议处理以及企业信誉等方面的意见与建议后，给予其办理续版换证相关手续；对已授牌企业的产品质量，进行日常跟踪及全面市场调查与用户意见征集、意见反馈、意见处理。

三、积极开展行业调查，公开出版学术研究著作

2017年是我国钢铁物流供给侧结构性改革的“攻坚年”。为全方位打造专委会影响力，全面服务会员企业需求，上半年由专委会牵头，联合多个地方行业协会、研究机构开展了超过200多家企业参与的问卷调查活动，并形成一份近2万字的调查报告，供会员企业免费参考决策。

下半年，由专委会立项发起的《鏖战•破局：钢铁供给侧改革与流通创新法则》（作者王京、赵颖）一书在2017年年底正式对外发布。这是我国第一部关于钢铁全产业链供给侧结构性改革与流通创新的系统性研究著作，也是一份具象式调查研究，全书通过剖析钢铁全产业链生态图景，试图为大家真正捅破“供给侧改革”那层纸。作为专委会的年度优秀研究项目成果，该书由企业管理出版社荣誉出版，合计近30万字，并得到了著名经济学家贾康、著名财经金融评论家余丰慧、原国家冶金工业局副局长赵喜子、中国钢铁工业协会副会长迟京东和著名钢铁市场专家马忠普等行业领导与专家学者们的指导推荐。

四、持续加强互访机制，提供点对点咨询服务

会员服务工作是钢铁物流专委会最基础的工作之一，2017年专委会重点强化了对行业企业的服务，每周都会电询会员企业诉求，每月都会安排人员重点走访企业，了解其经营情况，发展规划，并点对点提供意见及建议等咨询服务，针对企业提出的市场走势、企业经营管理与发展等咨询，及时提供相应服务。针对企业发展的咨询需求，专委会成立了由钢铁物流产业链上的行业组织领导、资深专家、学者、社会名流、企业领袖等组成等精英组成的专家顾问团，为会员提供更专业的指导和意见服务，为企业日常经营转型等提供意见建议。

2017年会员发展工作注重质量，全年吸收了一批在业内影响力大、经济效益良好、转型经验优异的企业。发展并审核、批准了河北敬业钢铁有限公司、北京建龙重工集团有限公司为专委会副主任单位；河北敬业集团副总裁陈利杰先生、建龙集团副总裁兼吉林建龙钢铁有限公司总经理张玉才先生为专委会副主任。发展北京中港贸易有限公司、北京忠华鸿业商贸有限公司、天津海纳投资有限公司、淮安市水利物资开发有限公司等为专委会会员企业，其中北京中港贸易有限公司、淮安市水利物资开发有限公司等为委员会单位。充分发扬这些企业在行业转型方面等新经验、新模式，为其他企业提供借鉴。

五、高端沙龙研讨丰富多彩，倡导会员企业联动合作

根据行业发展动向、行情的最新变动，2017年钢铁物流专委会专门举办多期行业沙龙及探讨会，帮助企业及时把握行情走向，共同探讨行业走势，集思广益，为产业链上下游人士，提供交流合作沟通的平台及商机。

2017年2月24日，由中物联钢铁物流专业委员会主办，现代物流报社、光大证券钢铁团队协办了“2017年春季钢材市场形势研讨会”，钢铁生产、贸易流通企业经营高管与现货交易平台代表100余人参加了此次研讨会，收到了良好的社会效果。

2017年10月26日，由中物联钢铁物流专业委员会主办，江苏省盐城市工商联钢贸业商会、西本新干线股份有限公司和现代物流报协办的“2017年秋季钢材市场形势分析研讨会”，钢铁生产、贸易流通企业、现货交易经营高管以及证券期货分析师和媒体记者200余人参加了此次研讨会；会议获得了多方好评。此后，专委会还举行夏季等沙龙、研讨会，而且规模不断扩大，目前该沙龙已经成为华东地区钢铁行业协会沙龙活动的一面旗帜。

六、深化宣传互动，加强行业引导力

今年，专委会还利用微信、报纸、电视、网站等媒体，深化通联互动，加强专委会对行业发展的引导力，针对行业发展的热点难点问题，进行舆论引导，多次安排专委会领导、会员企业、专家顾问，接受媒体采访等。

为打造有影响力、行业性、权威性、可读性、娱乐性的行业协会微信公众号，2017 年对微信进行了重点调整，增加了人文素质教育方面版块内容，周六日和节假日也增加了推送内容，扩大了发送的范围及人数。尤其是在重大活动期间，加大政策宣传力度。十九大期间，先后制作了《我爱你，中国》、《喜迎十九大 钢企通过各种方式收听收看大会直播》等特辑，收到了良好的传播效果。从 1 月份开始和《现代物流报》联合发布每周全国主要钢铁电商微信公众号影响力排行榜，目前榜单的权威性、准确性已经得到市场的一致认可。

展望 2018 年，专委会将不遗余力地继续助力行业的发展，做好个性化服务，完善服务功能，做到管理型服务。根据会员单位的要求，继续组织好会员单位之间考察交流活动，学习彼此的先进经验；结合行业的发展和业内关注的热点问题进行重点服务，办好各种交流和研讨活动；全力打造行业智库，为企业在行业变革中出谋划策，引导企业积极探索行业新趋势、新方向。

（供稿：《现代物流报）王京）

6.3 医药物流

6.3.1 发展中的上海医药物流

发展中的上海医药物流

一、概况

医药物流是医药流通中的重要环节，也是衡量医药流通能力的指标之一。上海市的医药物流根据医药产业的发展和 GSP 的要求，经过“十一五”、“十二五”期间的快速发展期，已经形成以大型企业为骨干，中小企业为补充的架构。基本具备满足本地区医疗机构和零售药店医药等商品的配送能力，并依托国药、上药、九州通等全国或区域性的物流中心，向其他省市辐射配送。

上海医药物流基本情况

上海现有 124 家药品批发企业，其中 96 家企业自设药品物流。国药物流、上药物流、九州通、康德乐等 6 家企业开展第三方医药物流业务，承接生产和批发企业的委托配送。根据商务部统计结果，上海市样本的 43 家企业中，拥有 61 个网点；医药物流仓储面积 55.05 万平方米，其中阴凉库面积 22.31 万平方米，冷库面积 2.14 万平方米；配送车辆 535（含冷藏车）辆；从业人数超过 1.2 万。到 2015 年底全部通过 GSP 认证，符合药品安全储存和运输要求。

上海医药物流的配送能力

本市医药物流承担医疗卫生机构 4000 所，其中医院 287 所，社区卫生服务中心 241 所，3 千多家零售药店和 40 家药柜以及其他用药机构的配送业务，医药物流企业不但基本满足本市药品的配送，同时也承担了医药商品进出口和自贸区内的物流业务；国药、上药等企业同时还承担特殊药品（麻醉药品、精神药品〈含一类〉、医疗用毒性药品）储存与配送；在疫苗的经营和配送方面，上海市一类疫苗由上海市公共卫生中心委托国控生物医药有限公司统一配送，二类疫苗和进口疫苗由国药和上药等企业完成配送；上海的药品经营企业通过自设冷链物流和第三方委托储运冷藏和冷冻药品。此外，上海的医药物流除基本满足各用药单位的药材、饮片、部分医疗器械、医用辅料等商品的流通需求外，还向周边省市延伸，在江浙和其他省市设立物流仓库。

自贸区生物医药园渐显雏形

上海保税区的医药物流建设已初具规模，目前已有总量超过 5 万平方米的高端空调库、冷藏库、冷冻库群，规划建筑面积约 2.2 万平方米的国药二期项目正在如火如荼建设中。目前，上药、国药、康德乐、奥森多、罗氏等国内外知名医药医疗器械巨头已纷纷抢滩入驻。源源不断地把全球最先进的医疗器械、进口药品、生物制品及保健品，安全、快捷地输送到全国。

上海医药物流融入信息化

上海的医药批发企业全部采用计算机管理手段，在供应链管理系统（ERP）系统的基础上，大部分企业还拥有仓储管理系统，包含温湿度自动监测系统、订单管理系统，大型医药物流和部分中型企业运用仓库控制系统（WCS）（设备控制系统），国药、上药、等大型医药物流还设立了数码拣选系统（DPS）、射频识别系统（RFID）、和运输管理系统（TMS)、可追溯温湿度监控系统，以及客户关系管理系统（CRM）和货主管理系统（TPL）。部分经营危险品、药品冷链运输管理企业还运用 GPS 定位系统，对安全运输商品进行全过程跟踪。基本实现了现代医药物流的专业化、信息化、标准化的融合。

二、上海医药物流的主要特点

建设、改造、整合并举，医药物流整体水平快速提高

“十二五”期间，受用药刚性需求的增长，大健康产业对产业涵盖范围的扩大，以及药品流通集中度不断提高，各大型医药企业纷纷加快布局医药物流。九州通建成青浦物流中心，国药现代物流中心二期扩容近 5 万平方米，上药持续增加物流建设。另一方面根据 GSP 标准的不断提高，各企业均加大了软硬件设施的投入，立体库位自动化作业不断扩大，信息技术被广泛利用，分类管理和温控区域更加强化，药品储运安全性进一步提高。

加强冷链管理，第三方医药物流发挥作用

各药品企业加大了实施温湿度监控系统的投入，通过信息系统监控、调控、报警等加强冷链药品的库区管理，开发冷链运输车辆、冷链保温箱、冷链过程跟踪，提高冷链管理和硬件控制能力。为了避免重复建设，上海市药监部门鼓励和支持医药第三方物流，引导一些企业将冷链管理的药品委托第三方医药物流进行配送，既保证冷链药品储运安全，也充分发挥社会资源的利用。

利用信息化管理，医药物流进入“互联网 +”时代

上海医药企业全面实施计算机管理，在普及 ERP 的基础上，医药物流不断完善物流专业系统，并探索开发远程跟踪、可追溯体系及物联网技术的建设和应用。另外在探索医药物流增值服务方面，国控、上药着力解决医院药事延伸服务，开发医院综合资源计划管理信息系统 HRP。国药、上药、九州通等大型医药企业加强现代化物流技术和信息技术的创新和应用，立体库位、自动分拣等技术大大提升配送效率。

专业管理规范运作，人才储备逐步完善

医药物流区别于其他物流的主要标志是实施 GSP 管理，严格的制度管理和执业药师的岗位设置，形成全过程的质量控制系统，目前上海的医药物流全部通过 GSP 认证。发展现代医药物流还要具备仓储、养护、运输管理的专业人才，以及信息技术的开发、维护和管理人才。大型医药物流经过多年的引进和培养，已经具备了一批供应链管理、现代物流、药事服务、信息管理等专业人才队伍。

三、上海医药物流展望

医改政策和药品监管带来医药物流的变革

“两票制”全面推广，医药分开和分级诊疗等医改政策不断推出，将推动医药企业转型。医药物流也将随着医药企业的功能定位变化而发生新的变化，诸如“最后一公里”、供应链上下游延伸服务、行业运行效率和客户满意度等更高要求。根据《国务院办公厅关于进一步改革完善药品生产流通使用政策的若干意见》精神和上海“十三五规划”，医药物流将加快模式创新和流程再造，整合仓储和运输资源，实现资源共建共享，提升区域内整体配送服务能力，形成安全、高效、智慧的现代医药物流网络和服务体系。根据《总局关于推动食品药品生产经营者完善追溯体系的意见》企业主体责任的要求，医药物流将进一步强化 GSP 管理，建成来源可查、去向可追、责任可究，全程可追溯的药品追溯体系。

“互联网 +”推动医药物流向智慧型发展

在国家“互联网 +”战略的推动下，移动互联网、物联网等信息技术将在药品流通领域得到更广泛应用。如何发挥互联网技术作用，创新管理和服务模式，将成为医药物流企业在竞争中保持领先的重要环节。医药物流企业不断开发和利用互联网技术应用，提高行业服务能力和综合管理能力，创新智慧型综合服务生态，推进医疗健康大数据的应用将成为趋势。

（来源：《现代物流》杂志 供稿：上海市物流协会 童瑶）

6.3.2 医药物流综合信息

国药上药市场化改革 携阿里京东暗战医药电商

在上海医药高调布局医药电商“上药云健康”，并引入京东作为战略合作者后，国药集团也借由医药电商业务，深化市场化改革的探索，在合作的“小伙伴”上，国药则选择了阿里。

日前，国药集团旗下医药电商品牌国药在线正式宣布完成由云锋基金及朗盛投资共同参与的 1.2 亿元 A 轮融资，其中，云锋基金的发起人为马云和虞锋，并为港股上市公司阿里健康的控股股东。

“在中国做电商是需要选择 BAT 站队的，公司分析下来，选择了阿里，是阿里基本上掌握了医药领域 80% 的流量。”国药在线总经理王乐天在接受第一财经采访时表示。

药企触网 倚重电商巨头

在上药、国药加入这场医药电商战役之前，各类民营医药流通巨头一直是医药电商布局的主体，其中包括上市公司益丰大药房、老百姓、九州通等。医药企业积极布局，其最重要的因素是在于一旦网售处方药放开，超过 80% 医药市场的处方药流通渠道变化将会重塑医药企业的竞争格局。

中康资讯曾对中美两国医药电商的发展趋势做出对比，2016 年美国网上售药占比 30%，而中国则只有 0.35%，其中最大的政策因素在于美国网上药店已经支持处方药销售，但目前国内网售处方药政策尽管从 2015 年就开始酝酿却至今仍未出台。

不过，在包括民营医药流通企业及国企医药巨头的布局者看来，此前处方药网售难以出台的根本在于医院不愿放权，而随着如今“医药分家”的持续推进，医院药房从医院的“利润中心”转化为“成本中心”，处方药网售放开可谓势在必行。

对于上药、国药而言，相比较民营医药流通企业布局并不算早，但手笔颇大。更重要的是，双方均不约而同的看重了电商巨头，在战略和资本层面深度结合，在弥补线上流量短板的同时，依托电商巨头已有的物流布局，解决送药的“最后一公里”难题，而对于想要切入健康领域的电商巨头而言，上药、国药所拥有的物流体系以及在医院体制内多年布局所获得的资源也正是他们所看重的。

根据王乐天对第一财经记者透露的信息，目前国药的医药电商业务仍将围绕国药已有的线下资源来进行调配和发展，而主体仍将是处方药以及慢病用药。

国企医药巨头不约而同的选择医药电商业务来作为市场化改革的阵地，其中一个原因是不同于普通消费品类的电商布局，医药电商耗财、耗力，医药企业要想做大做强离不开传统电商在财力和资源上的支持。根据益丰药房 2016 年的财报，其去年的销售费用从 2015 年的 7 亿 6 千万元上升至了 10 亿 2 千万元，上涨 33.96%，财报解释，其销售成本的增加主要源自于“公司加快了医药电商的运营发展”。

流量是电商巨头给传统药企“触网”带来的第一个资源优势。黄鑫透露，云锋基金作为阿里健康的控股股东之一，未来不排除利用阿里健康旗下的天猫医药馆与国药在线来进行引流方面的合作。

而在另一方面，包括京东、阿里所擅长的打通“最后一公里”的物流资源也正是医药电商所看重的。根据此前上药集团战略运营部总经理刘大伟在接受第一财经采访时透露的信息，在上药云健康的业务中上海医药主要在药品供应链管理上提供专业药方、医院药房、社会药房、自动取药 / 售药环节的配送和管理，而京东的最后一公里配送服务会在患者取药环节发挥作用。

市场化改革新尝试

根据商务部统计，16 年医药电商直报企业共 93 家，销售总额 612 亿元，其中 B2B 业务销售额 576 亿元，占医药电商销售总额的 94.2%；B2C 业务销售额 36 亿元，占医药电商销售总额的 5.8%。

对于国药、上药而言，布局医药电商可谓势在必行，但意义不仅于此。不论是上药还是国药，事实上都将医药电商业务视作了市场化改革的一个重要阵地。

“其实上药云健康就是上药进行管理层持股的一次尝试。”此前上药的一位高层人士对第一财经记者透露。从上药的改革模式来看，其医药电商“上药云健康”可谓承载了引入市场资本、员工持股等多项国企改革措施。在上药云健康成立初始就建立了自然人股东持股的激励机制，其中上海医药占股 70%，上药云健康 CEO 季军持股 30%，而在 A 轮引入京东和 IDG 作为战略投资方后，其股权比例变更为上海医药和上药控股共同持股 80.02%，京东持股 12.5%，IDG 持股 5%，自然人季军持股 2.48%。

而国药在线作为国药控股的一个重要分支，此次引入云锋基金和朗盛投资的战略入股也被视作为社会资本引入国企的市场化改革动作。而无论是国药还是上药，希望从社会资本上所获取的“战略合作”意义均远大于资本意义，可以说，他们更看重的是社会资本身上的“新鲜血液”。

“国药在线更欢迎战略投资人，更看重战略投资人能提供的资源，以及之前在医药领域投资的经验。选择云锋，看中其在大健康领域的战略定位，包括其背后的阿里集团，阿里的双 H 战略（娱乐 + 健康）。”王乐天说。

（来源：《第一财经》 供稿：童瑶）

上海医药收购康德乐中国业务

中国医药产品制造及服务市场领先的综合性医药产业集团上海医药集团股份有限公司（以下简称 “上海医药”）日前宣布其下属全资子公司康德乐集团之下属全资公司签署购股协议，以现金收购“康德乐马来西亚”100% 的股权。交易完成后，上海医药将持有康德乐马来西亚于中国的业务实体（以下简称“康德乐中国”）。

与此同时，上海医药与康德乐集团宣布结成战略合作伙伴关系，基于双方各自优势，共同开拓全球医药及医疗器械产业的巨大商业机会，包括打造创新医疗及医药业务模式，以更好地服务病患和消费者。

上海医药集团董事长周军表示："在中国医药行业综合改革的背景下，上海医药战略性收购康德乐中国业务将有助于我们进一步强化药品流通领域的领先地位，加快推进向现代健康服务转型升级的发展战略。我们还将通过分销和零售业务的强化，有效拉动制药业务的快速发展，切实参与和服务好国家健康中国战略的落地。"他还表示："中国医药市场已充分融入国际市场，上海医药与康德乐集团的战略伙伴关系在行业深度整合的当今开创了强强联手的佳话，双方优势互补、资源共享的出发点也符合商业本质。我们真切地期待抓住时代机遇，拥抱科技革命提供的增长跳板，以服务医患为宗旨，把上海医药尽快打造成具有国际竞争力的综合性医药产业集团。"

在中国供给侧改革的宏观背景下，中国医药流通领域正迎来新一轮产业集中高潮。特别是在行业政策层面，以缩短药品供应链和降低患者负担为宗旨的"两票制"和取消以药品加成为公立医院收入来源的"零差率"等多项改革的全面落地，对药品流通企业的网络规模、营运效率、资金实力和物流配送等综合能力提出了大跨度的升级要求，引发原有行业经营模式的深度变革，催化和加速了行业整合。

上海医药积极把握行业变革的历史性机遇，坚持存量增长和收购兼并相结合，加快推进分销网络的全国化布局，拓展业务领域，丰富代理品类和凸显特色产品，充实在信息和物流管理方面的能力并不断创新服务模式，满足终端对服务升级的迫切需求；同时不失时机地吸收行业变革催发的零售增量，发展 DTP 业务和零售电商创新服务。康德乐中国业务与上海医药有高度的协同和互补性，是难得的大体量、高质量资产。通过收购后的整合协同，不仅将显著提升上海医药分销业务整体的竞争格局与产业优势，还将进一步巩固上海医药在多个细分业务与创新领域的领先优势，加速整体战略目标的实现。

作为中国第八大药品分销商，康德乐中国拥有 14 个当地直销公司，直接覆盖全国 13 个重点城市，次级网络覆盖 322 座城市，服务近 11000 家医疗机构。收购之后，上海医药分销网络覆盖的广度与深度将得到极大的提升，一方面是强化了在上海、北京、浙江等核心区域的网络深度，加强市场终端渗透，从而巩固包括华东在内的重点市场的竞争优势，另一方面是拓展了天津、重庆、贵州等尚未覆盖的空白区域，加速实现全国网络布局。上海医药的产品线还将得到有效扩充，代理的药品和非药产品种类与数量将有显著增加，特别是进口药品总代理的品种数将跃居行业第一。

（来源：《经济日报》供稿：童瑶）

"2017 中国药品流通行业供给侧改革创新论坛"在上海举行

2017 年 5 月 15 日，由中国医药商业协会主办的"2017 中国药品流通行业供给侧改革创新论坛"在上海举行，商务部、卫计委、食药监总局、人社部等领导出席论坛并讲话。在此次论坛上，发布了《2016 年药品批发、零售连锁药店百强名单》。

药品批发企业增速放缓

2016 年药品批发企业主营业务收入前 3 位同比增长 11.0%，前 10 位同比增长 12.5%，前 50 位同比增长 14.5%，前 100 位同比增长 14.0%，增速与上年相比，分别回落 8.6、5.5、1.8、1.6 个百分点。

大型药品批发企业增速高于行业平均水平，但增速逐渐减缓。

百强药批占据全国 70% 流通市场

流通集中度正在提高。从市场占有率来看，2016 年前 100 位药品批发企业主营业务收入占同期全国医药市场总规模的 70.9%，比上年提高 2.0 个百分点，其中前 3 位药品批发企业占 33.5%，与上年持平，前 10 位企业占 47.7%，比上年提高 0.8 个百分点，前 50 位企业占 65.3%，比上年提高 2.2 个百分点。

主营业务收入在 100 亿元以上的批发企业占同期全国医药市场总规模的 55.9%，比上年提高 4.2 个百分点；排序最后一名主营业务收入由 2015 年的 11.5 亿元增长到 2016 年的 12.4 亿元。

根据以上数据分析，百强药批的市场占有率正在提高；其中，排名前 50 位的企业通过布局整合资源，正在加紧追赶榜首企业。

流通寡头时代，药企双手欢迎

众所周知，“两票制”的全面推行，将加强流通行业的集中度。可以预见，将来很可能出现寡头的时代。小药商慢慢凋零枯萎，药企可供选择的配送公司将屈指可数。

对此，在赛柏蓝策划执行的“中国医药企业管理协会七届七次会长（扩大）会议、暨第三十一届中国医药产业发展高峰论坛”上，笔者就此问题和一位药企老总做了交流。

“你们生产企业不担心流通市场高度集中后，对方要配送费狮子大张嘴吗？”

“完全不担心”这位老总表示，“一方面，流通寡头的形成虽然是必然趋势，但也没那么容易。华润、国药固然厉害，但是各个地方的国资委也有力推的企业。角力平衡下来，只要不形成全国一家独大的局面，那就没事。”

“事实上，一个区域内，只要有 3 家流通企业存在竞争，对于药企来说，即是利好。如果流通寡头时代一定会来的话，作为工业，倒是希望更快一点！”

如果这种声音在生产企业中有一定代表性的话，上有政策主导，后有药企期待，中间更有以下榜单里流通企业的枕戈待旦。寡头的形成，天时地利人和就占全了。

附：中国医药商业协会榜单

批发企业主营业务收入前二十位

序号	企业名称	地区
1	中国医药集团总公司	北京市
2	华润医药商业集团有限公司	北京市
3	上海医药集团股份有限公司	上海市
4	九州通医药集团股份有限公司	湖北省
5	广州医药有限公司	广东省
6	南京医药股份有限公司	江苏省
7	中国医药健康产业股份有限公司	北京市
8	康德乐股份(香港)有限公司	香港
9	华东医药股份有限公司	浙江省
10	安徽华源医药股份有限公司	安徽省
11	重庆医药（集团）股份有限公司	重庆市
12	浙江英特集团股份有限公司	浙江省
13	四川科伦医药贸易有限公司	四川省
14	山东瑞康医药股份有限公司	山东省
15	云南省医药有限公司	云南省
16	天津天士力医药营销集团股份有限公司	天津市
17	山东海王银河医药有限公司	山东省
18	嘉事堂药业股份有限公司	北京市
19	民生药业集团有限公司	河南省
20	中国北京同仁堂(集团)有限责任公司	北京市

零售企业销售总额前二十位

序号	企业名称	地区
1	国药控股国大药房有限公司	上海市
2	中国北京同仁堂(集团)有限责任公司	北京市
3	重庆桐君阁大药房连锁有限责任公司	重庆市
4	大参林医药集团股份有限公司	广东省
5	老百姓大药房连锁股份有限公司	湖南省
6	云南鸿翔一心堂药业(集团)股份有限公司	云南省
7	益丰大药房连锁股份有限公司	湖南省
8	辽宁成大方圆医药连锁有限公司	辽宁省
9	上海华氏大药房有限公司	上海市
10	云南健之佳健康连锁店股份有限公司	云南省
11	漱玉平民大药房连锁股份有限公司	山东省
12	成都百信药业连锁有限责任公司	四川省
13	甘肃德生堂大药房连锁经营有限公司	甘肃省
14	河南张仲景大药房股份有限公司	河南省
15	哈尔滨人民同泰医药连锁店	黑龙江省
16	南京医药国药有限公司	江苏省
17	重庆和平药房连锁有限责任公司	重庆市
18	吉林大药房药业股份有限公司	吉林省
19	湖北同济堂药房有限公司	湖北省
20	河北华佗药房医药连锁有限公司	河北省

（来源：医药网 供稿：童瑶）

2017 国际医药供应链峰会暨第四届中国医药物流行业年会在上海召开

2017 年 11 月 1-3 日，由上海市商务委员会指导，中国物流与采购联合会和上药控股有限公司主办的 2017 国际医药供应链峰会暨第四届中国医药物流行业年会在上海召开。

本次峰会主题为“ 审时·聚势”，吸引了众多医药生产企业、医药经营企业、第三方物流企业、第三方医学检验机构、零售药店、医院、疾控中心、医药电商、医药产业园、医药物流园、院校、研究机构、咨询公司、地方协会、物流地产商、物流设备设施与信息技术服务提供商、风险投资商等参会代表参加，会议规模逾 1000 人。会议开幕式由中国物流与采购联合会副会长兼秘书长崔忠付主持。中国物流与采购联合会会长何黎明、市商务委副主任刘敏出席开幕式并致辞。

何会长站在国家经济发展的战略高度，分析了当前物流和供应链的发展前景及趋势，指出了当前我国医药物流和医药流通领域一些变化和存在的问题，并讲到随着健康中国战略的实施，医药物流将会迎来大发展的新时代。何黎明指出，我国医药流通和物流业正处于以提质和增效为核心的重要阶段，呈现出以下发展新趋势：第一，行业集中度将持续提升。第二，物流专业化、社会化将更加普遍。第三，服务模式创新将成为竞争热点。第四，医药物流标准化将取得阶段成效。第五，物流技术应用将拉大竞争差距。第六，医药供应链转型将迎来热潮。

上海市商务委员会副主任刘敏详细地介绍了上海医药流通的发展特点和改革现状，并倡导医药流通行业在企业自治、行业自律，社会监督、政府监管的大背景下建立社会共治新格局，助推医药行业在十三五期间再创新的辉煌。刘敏指出，上海医药流通有以下 4 大特点：行业规模和集约度不断提高，行业结构和供应保障体系不断完善，行业发展方式和服务模式不断创新，行业服务能级较低及现代流通技术有待提升等。十三五期间有医药智慧供应链创新和大健康服务转型等两大战略任务，部署了全面医药供应链追溯、探索上海国际医药交易中心、医药流通商务诚信体系建设等 9 大重点工作。

本次峰会会期 3 天，主要有影响力论坛、医药实践分论坛、X 分论坛、2016-2017（第二届）医药供应链“金质奖”授牌颁奖和《医药物流承运商审计与现场运行改善》培训等活动。来自美国、欧洲以及国内医药物流及供应链相关企业的 1000 多位嘉宾与会参加。

（来源：市商务委员会网 供稿：童瑶）

大胆变革引领行业发展——专访国药集团医药物流有限公司总经理顾一民

近期，中国的医药物流乃至整个物流行业都在讨论同一个热点——国药集团医药物流有限公司上海物流中心二期项目（简称：国药物流二期），对于保守的医药行业来讲，这座用自动化系统服务业务需求的物流中心无疑是大胆的一步。

国药物流二期自开建就受到了广泛关注，这个有着 6 万平方米的物流中心能够为国药物流提供 45 万件的吞吐量，其中最吸引人的莫过于中国医药物流领域首个“货到人”拣选系统。

用自动化均衡效率和成本

众所周知，医药物流由于各种政策的限制，物流设备的投资相对保守，尤其像国药物流之类的传统大型医药物流企业更是相当谨慎。

为此国药物流总经理顾一民解释道，随着“一票制、两票制”的推行，不仅加速医药流通领域改革，同时催生了完整的药品配送体系，即从原有的向医院配送转成向诊所、药店配送，如此带来拆零业务的增长。加上人力成本的不断高涨，自动化成为最合适的选择。

“选择自动化是从多个角度考量的，既要保证效率，又要兼顾成本，所以国药物流从几年前就决定使用‘货到人’产品。而且对于国药物流整个体系乃至整个行业来讲，国药二期能够提供丰富的经验，这也是其价值的重要部分。”顾一民说道。

多重优势铸就行业标杆

依托于母公司国药控股的业务，国药物流打造了完整的物流体系，物流网络覆盖全中国。国药物流仅在2016年的配送货值达600亿人民币，其中社会化物流业务也占到了半壁江山，国药物流俨然成为了中国第三方医药物流企业发展之路上的标杆。

多重核心竞争优势

“国药物流能够有这样的发展，与其长期以来积累的经验和优势密切相关。”顾一民总结道，“从国药物流的角度来讲，首先就是专业。国药物流是从药品流通企业延伸出来的一个专业的药物物流企业，无论是高层领导还是底层员工，其对产品的质量意识和合规性要求相当严格，这铸就了我们的专业性。其次我认为企业要有前瞻性，这包括了对行业方向的把握、企业战略的制定等多个方面。例如在疫苗一票制的模式下，国药物流敢为人先做出改变，如运用‘赛飞’供应链管理云服务平台把全国的网络全部打通，建立‘天网’的概念，并率先引入自动化等物流体系，因此获得了较高的市场占有率。此外，团队的服务意识也同等重要。因此，国药物流才能够与世界排名前十的制药企业合作，这也让国药物流最重要的质量与安全管控方面做到了极致。”

清晰定位社会化

同时作为企业物流，顾一民认为国药物流在社会化时的定位足够清晰，拥有足够的配套资源，相关基地的措施非常到位，这些是国药物流能够得到众多企业认可的原因。“目前很多行业的企业物流在逐步社会化，这对不同的企业来讲应对的挑战不尽相同，因此不能一概而论，这些问题需要在经历这个发展的过程中面对并解决。”顾一民补充道，“幸运的是，在国药物流社会化时做了充足的准备，并且整个医药行业物流还没有形成成熟的市场化格局。”

搭建标准化体系和提供差异化服务

顾一民着重谈到了如何平衡在服务社会企业时面临的标准化和差异化的问题。相比于国药体系的业务，社会业务存在诸多的个性化服务。在顾一民看来，现下“一票制”、“两票制”的推行本质上其实是对质量方面的管理要求，核心就是监管。不可否认国内外众多企业由于拥有不同的供应链，造成了服务需求的差异，但是所有企业对于质量的要求是不变的。国药物流为此制定了严格的质量管理标准，包括药品、医疗器械等等，既能满足客户的质量要求，同时满足了自身对质量的要求。

鼎力合作打造经典案例

业务及流程的标准化带动了作业的标准化，自动化则成为了标准化的体现，2016年11月投入运营的国药物流二期自然成为了关注的焦点。“整个项目是国药物流和其他几家知名集成企业一起合作的，其中像科纳普这种国际企业也是首次出现在中国医药物流领域，这些企业确实发挥了他们在各自领域的作用。”顾一民坦承地说道。

丰富经验和强大技术成合作首选

据顾一民透露，在与科纳普合作之前，国药物流确实考察了数家类似企业，之所以选择科纳普，不仅因为其拥有更高的市场占有率以及在全球拥有超过1000个不同行业成功案例的丰富经验，更重要的是科纳普在仓储物流自动化解决方案上的能力，他为国药物流提供了中国医药领域首个“货到人”拣选系统。该系统打破了传统的拣货方式，采取货到人的拣货方式，减少了人员行走的时间，是传统拣货方式效率的3倍，是目前中国医药流通行业最先进的零拣设备。

相互信赖和努力是成功关键

“科纳普员工的专业性和对工作的投入是国药物流最值得学习的地方，”顾一民继续说道，“未来中国医药市场随着政策的推动下会发生极大的变化，这次与科纳普的合作不仅是其在中国市场的绝佳范例，同时也是国药物流今后与其合作的基础。”

国药物流二期正式投入运营的短短几个月中，就已经不断地有业内人士参观学习，对此顾一民认为，国药物流作为中国医药第三方物流的标杆企业，有责任推动行业的发展，只有将自己的经验分享出来，才能与同行间有充分的互动，共同发展才有可能实现。

对于未来中国医药流通市场的趋势，顾一民有着自己的看法：“中国医药物流市场可以说是政策市场，‘一票制’、‘两票制’改变了流通模式，这在未来需要通过物流来解决。而流通体系发生变革造成的渠道扁平化，则为从事第三方医药物流的企业带来了机会，同时也带来了挑战。机会在于门槛降低后，社会物流企业都能够参与到医药物流市场，那么对于原来的医药物流企业来讲，一方面要应对原有的内部竞争，还要面对来自新晋者的冲击。”

面对这样的未来趋势，顾一民认为无论政策如何变化，对于企业来讲就是不断地去应对和解决由此带来的问题。目前国药物流在社会化上做得比较好，未来也会坚定不移地往这个方向走。通过保护门槛而降低行业竞争是不现实的，国药物流也不惧怕来自社会物流的竞争，关键在于企业有没有做好充足准备和一个明确的战略方向。

（来源：《物流技术与战略》供稿：童瑶）

“大佬”争食医药物流大蛋糕

全国1.3万家医药商业、物流配送公司将面临重新洗牌，而未来网购药品也更大可能交给第三方物流配送，而非医药电商全都自建物流。此前国务院发文规定取消从事第三方药品物流业务批准，这意味凡符合药品运输的要求者，都可入局抢市场。包括顺丰、中国邮政等物流“大佬”，都在快速切入医药物流这一领域。

行业集中度或将提高

去年底顺丰举行了旗下公司成都顺意丰医药有限公司与跨国药企赛诺菲的合作启动仪式。在双方合作第一阶段，赛诺菲将把制药药品的运输交付给顺丰，后期根据业务推进或把疫苗配送业务也一并交付；无独有偶，此前中邮旗下医药公司也已被福建省作为基本药物配送企业。

“这些物流‘大佬’拥有显著优势的地方在于，其有实力支撑医药冷链配送，而且可以承担起将药品配送深入到边远区县医疗机构的职责，而以往一些中小型医药商业公司，都不太爱往山区等边远地区送药。”一位行业观察人士告诉本报记者，在仓储、运输方面，物流“大佬”都已拥有扎实根基，可以按照医药物流要求，快速调整自身配置。

实际上，此前我国九成以上药品配送商按规模都只能算是中小型医药企业，而这些配送商难以与时俱进提高自身冷链配送条件，因为需要较大资金投入；甚至有部分中小型药企，直接将配送业务外包了出去，而这些都不能符合新版药品经营管理质量规范要求。“层层外包也不符合当前新医改政策反复强调的‘两票制’要求，所以长远来看，未来很大一部分中小型配送商会被龙头医药商业公司以及顺丰、中国邮政等第三方物流‘吞没’或排挤出局。”该观察人士表示，行业集中度提高指日可待。

网购药或也“外包”配送

为何政策会逐渐放开，允许第三方物流加入药品配送竞争大军中来？对此，有业内人士分析认为，成熟高效的现代物流已经可以“揽下”特殊商品药品的配送业务，而且可以有效改善目前药品经营流通领域的“沉疴”，比如太多流通环节导致药价“层层加价”的现象。

另外，虽然处方药网售尚未解禁，但长远来看，药品电商蓬勃发展依然是大势所趋。一旦处方药可以网上销售、网上医保支付也能得到解决，届时药品电商规模会急速扩大，相应的药品配送问题就会凸显出来，能够自建物流者显然较为有限，而且成本高效率低，到时候网购药物交给第三方物流的可能性非常大。

（来源：《财经快递》 供稿：童瑶）

第三方物流开始盈利，医药流通四大趋势

2017 是中国医药流通结构发生剧变的一年，最为具有代表性的就是“两票制”的全面展开，并且可以预见局部地区将试点推行“一票制”。可以说，中国将迎来医药流通经济新启始年。

1、供应链扁平化趋势显著

随着“两票制”的推行，药品出厂经过最多一个医药物流平台企业的服务即直达销售终端（医疗机构）将成常态。

在这一大前提下，工业药企、医药物流企业、医疗机构将比以往任何时候都更具有紧密的合作机会与需要。以往层级配送的药品流通形式和管理体系，已经不符合政策需求和市场导向，而工业药企和规模商业药企会成为医药供应链扁平化管理的直接推动者。

另外，大型医药流通企业基于现代物联网技术应用的医院药品院内物流延伸服务方兴未艾，实现了企业和医院药品供给信息的共享，迈出了整合药品供应链资源的决定性一步。可以预见，各区域内的龙头医药流通企业将不断向当地主流医院输出院内药品供应链智能化物流延伸服务解决方案，在更高程度上推动医药供应链管理的扁平化，提升配送效率，提高药品流通企业响应医院药品订单的供应链协同能力。

根据全国药品三方物流联盟的调研，很多规模商业药企已投入资金研发或使用医院院内信息系统、针对工业药企的供应链管理系统等工具，实现与上下游客户的信息高效共享、订单共生和线下及时服务。

同时，工业与下游医院机构也逐步接受了彼此更加紧密的共生关系，很多机构的组织体系已经做出了调整，并向扁平化趋势迈进。据笔者了解，修正药业等近年来不断在国内各地自建、共建各类医药商业企业，试图实现供应链体系更加高效、扁平化和接地气，已经取得了一定成绩。

2、信息技术贴上“智慧”标签

管理与物流体系的扁平化离不开物流体系和智慧信息技术的支持。去年 10 月，国务院办公厅下发《关于积极推进供应链创新与应用的指导意见》（国办发〔2017〕84 号）（下称《指导意见》），该文件的发布在系统上支持了智慧信息技术在医药流通业的运用。

事实上，以“两票制”为代表的政策导向有助于推动大型药品物流服务平台的成长，更大储存能力、更大拆零处理能力、更高效与快捷的配送要求、更远范围的异地仓库的协同管理，车辆的同

温异地调配等，无一不要求现代药品物流体系必须具备大数据的处理与分析、管理能力。在销售终端，无论是医院用药的快捷配送还是药店终端的会员健康服务管理，都需要智慧信息技术的商业化运用更加贴近民生，才能有效整合新药研发生产、流通使用、疾病谱变化及患者健康需求、消费习惯等数据信息的商业使用。

在实践中，一些科技公司如上海通量信息科技等已在多个大型医药物流中心案例中使用了智慧货到人缓存系统、拆零货到人自动拣选系统，以及针对百姓个人的自动发药机系统，极大缩短了药品物流过程，提高了准确率和响应率。

还有，国药新项目中使用到了机器人作业：机器人箱拣区的整箱货物来自高位货架区与零箱收货入库，自动分拣区主要负责机器人区与拆零区货物进行自动分拣。笔者了解到，本项目的移动机器人实现“货到人”作业，在所有涉及分拣库区的业务流程中（包括上架、补货、拣货、盘点、退货等），员工均无需进入分拣库区内部，只需在工作站等待，系统就会自动指派移动机器人将目标货架运到工作站。待员工在系统指导下完成业务后，再将货架送回到分拣库区，由此，作业效率得以大幅提升，有效降低了人工强度及成本。相比传统人工仓，机器人运作效率提升 2 ～ 3 倍，快仓系统单台工作站拣选效率可达 250 箱 / 小时；空间利用率提升 15%，仓库储量提升 1.5 倍多。

可以预见，智慧信息技术在中国医药大健康领域将更加贴近老百姓，更加人性化，有望成为支持企业管理的基础技术，也将围绕“人”的健康需求继续长足发展。

3、第三方物流开始盈利

第三方医药物流中心在国内已有五六年的运营历史，但真正盈利的不多。正是“两票制”的实施给予了药品三方物流成长的机会：“两票制”实行后，大量挂靠或实力不强的医药流通企业、自然人将消亡，这些业务自然而然地将聚集在优质的大型医药物流企业手中。

此一背景下，国内知名医药物流规划设计与自动化集成商牵头成立了全国药品三方物流联盟，据悉，现已构建了覆盖全国绝大部分区域的医药物流标准化服务网络。

同时，京东物流也正式介入了药品三方物流，在国内多个区域与全国药品三方物流联盟的成员单位合作，正在推广“医药云仓”业务。有消息显示，目前已经完整覆盖中国主要区域，下一步将进一步细耕市场。邮政物流、顺丰、中铁等也纷纷加快了进入医药三方物流市场的步伐。

此外，以上海百奥泉物流等为代表的专业医药、器械三方物流承运商业，还重点拓展了冷链药品、器械、体外诊断试剂等产品的运输市场，其盈利性也在成长之中。

4、电商经营宽进严管成常态

2017 年医药电商迎来了多次政策的变化：当年年初取消医药电商 B、C 证，大幅降低了实体零售药店进入互联网领域的门槛。国务院 13 号文的发布，明确支持“互联网 + 药品流通” “网订店送、网订店取”等创新模式。9 月底国务院公布新一批取消行政许可的事项，备受关注的互联网药品交易服务企业（第三方）的审批（医药电商 A 证审批）也涵盖在内，被业内视为医药电商的“全面解禁”。

在国务院取消审批的文件中，亦同步强调取消审批后，食药监管部门会对互联网药品交易服务企业严格把关，加强事中事后监管。有关部委近期还发文强调处方药外流暂不可实现，本质上还是强调了在外部条件不具备的情况下，百姓健康始终是需要放在第一位的考量因素。

不难预见，未来医药电商行业“宽进严管”是常态，医药电商企业面临的不再是拿证时一次性考察，而是事中、事后的监管措施，真正的全程管理。当然，目前被鼓励的网订店取、网订店送的药品线上零售模式，若能与各地医疗机构正在试点的电子处方外流对接，承接相关业务，做到凭真实处方销售处方药，机会仍存。

（来源：《医药经济报》 供稿：童瑶）

第三方医药物流的生存发展之路

日前广东省食药监局公布了17家“第三方药品现代物流企业名单”后，再次引发业界对第三方医药物流的热烈讨论。

一、何为第三方医药物流

1、药品第三方物流服务企业，接受药品生产、经营、使用单位的委托，采用现代化物流管理手段，为其提供符合GSP要求的药品验收、存储、养护、配送管理服务的活动。

2、传统的医药商业配送功能

传统的医药商业配送分为两个功能，一是获得终端医院的准入功能，二是提供符合GSP要求的物流配送到终端功能。第三方物流主要是单纯地起到物流配送到终端功能，不具有终端准入的资源。

二、第三方医药物流的现状

1、2016年2月3日，国务院印发《关于第二批取消152项中央指定地方实施行政审批事项的决定》（国发〔2016〕9号），规定取消从事第三方药品物流业务批准等7项省级食品药品监督管理部门实施的审批事项，审批门槛的降低，有力地促进第三方医药物流发展。

2、目前包括中国邮政、顺丰及UPS等在内的3家企业已陆续进入医药物流市场，但药品批发巨头仍占据主流，面对新形势，国内的药品批发企业也在调整自己的结构，比如九州通已经将公司物流部门单独列出来，成立了独立的物流公司，除承接集团自身的医药物流配送业务外，也还承接第三方的医药物流业务。

3、2017年8月1日，广东省药监局公布了17家“第三方药品现代物流企业名单”，国控、华润、广药、九州通等传统医药商业巨头名列其中，备受瞩目的是“门外汉”顺丰医药供应链有限公司也在其中，顺丰的第三方药品物流又下一城。

4、未来的第三方药品物流市场在行业分工更趋专业化的背景下，将获得大的发展机遇。传统医药批发商业和非医药物流配送企业同台竞技的产业格局逐渐形成；在冷链运输板块非医药物流配送企业有可能实现弯道超车。

第三方医药物流的发展已实现起步，那么对于第三方医药物流企业来讲，未来的生存并能很好的发展之路在哪里，需要有清晰、精准的定位。

1、对于一些民营的中小型医药商业，在局部市场拥有丰富的终端准入资源，实现了一定规模的终端医院开户，但如果建立自己的医药物流配送体系，硬件的投入将是巨大的负担，也不是很现实。对于这部分医药商业，第三方医药物流将弥补物流配送的短板，最大发挥终端医院准入资源优势。

2、在两票制甚至鼓励一票制的政策背景下，比如浙江市场，在政府保障30天回款的情况下，工业直接由第三方医药物流配送到终端医院，将节省相当一部分的流通费用。在国家完成两票制配送体制改革后，更凸显了第三方医药物流的作用。

3、在目前尚处在起步发展阶段的医药互联网平台，第三方医药物流将是至关重要的一环，就像天猫、京东的发展离不开物流平台一样。未来的医药互联网平台将实现网上需求匹配、达成交易、网上支付、第三方配送的发展模式，第三方医药物流也会随着互联网平台的发展而逐步壮大，并成为整个链条中不可或缺的一环。

4、对于在转型期代理制企业，依据自己的代理商资源，直接获取终端准入，那么配送终端就由第三方医药物流解决，在众多的代理制企业中，发展机会不容小觑。

总而言之，新形势下的第三方医药物流将随着行业更专业化的发展，也会得到更大的发展机遇。

（来源：医药观察家网 供稿：童瑶）

降低药价、疫苗配送...第三方医药物流或将带来这些变化

广东省食药监局公布了17家“第三方药品现代物流企业名单”。除了华润、国控、广药、九州通等知名药企，一直被医药界密切关注的顺丰也在名单中。

业内人士指出，社会化物流企业杀入医药配送市场，凭借其冷链优势，疫苗配送或成为其重大突破口，随着第三方医药物流体系建成，药品招标制度改革，流通环节更加扁平化，药价有望进一步下降。

疫苗配送或成主要发力点

所谓“第三方药品物流”，是指药品生产经营企业或医疗机构委托其他企业进行的药品储运活动。这里的其他企业，可能是其他药品批发企业，也可能是其他不持有《药品经营许可证》的物流公司。

作为社会化物流公司龙头，发力医药配送市场，顺丰筹谋已久。早在2014年3月，顺丰便单独成立了医药物流事业部；两年后，顺丰正式成立了“冷运事业部”，分离医药冷链和生鲜冷链资源。根据顺丰控股发布的2016年年报，报告期末，冷运网络覆盖26城市及周边区域，其中有2座医药冷库、12条医药干线，贯通东北、华北、华东、华南、华中核心城市，可见在医药冷链上已经初具基础。

实际上，自2016年山东非法疫苗案爆发以来，国家层面对于疫苗的安全配送高度重视，但目前国内还没有一家可以覆盖全国的医药冷链运输企业，国药、上药等巨头在疫苗领域介入也不深，这对于配送网络发达且自建冷链物流系统较完善的顺丰来说无疑是个机会。因此，不少业内人士指出，疫苗或是顺丰医药参与第三方药品物流配送的重大突破口。

而顺丰也试图凭借巨大的配送网络，积极探索疫苗这一高端物流市场。去年，顺丰旗下公司就率先与赛诺菲启动合作，赛诺菲目前将制药药品的运输交付给顺丰，后期将根据业务推进，将其疫苗配送业务也一起交付给顺丰。顺丰医药冷运事业部总监马建聪对外表示，全国共有60家疫苗生产企业，顺丰正在针对性地配置冷链运输能力，并已经实际参与到成大疫苗等企业的配送业务中。

此次，广东省食药监正式将顺丰纳入到第三方药品现代物流企业名单中，顺丰继续布局医药冷链迎来了良好契机，未来有望实现对基层尤其是农村、边远地区的有效覆盖，解决疫苗、药品等医药产品配送的“最后一公里”。

压缩流通成本降药价

早在去年，国务院发文取消了“从事第三方药品物流业务批准”，只要符合药品运输的要求，任何公司包括流通公司、社会快递公司都有资格加入到第三方医药物流中来。随着顺丰的入局，药品第三方物流体系正在加快构建中。目前，既有了广药这样的区域性龙头国企，九州通为代表的民营快批类龙头企业，也有了顺丰为代表的社会化物流企业。

据悉，在药品层层流通中，由于物流成本昂贵，加上分销商加成，助长了药价。若制药企业只须凭借着第三方物流平台配送产品到医院，绕开分销商，流通环节简化，则可以在一定程度上实现削减药价的目的。

第三方医药服务平台麦斯康莱创始人、医药行业专家史立臣指出，现有的药品流通配送费用高，通过发展第三方物流，特别是允许顺丰这样“以件收费”的企业进来，将让整个产业链的配送成本大幅度降低，对于招标谈判降低价格提供空间。但想要真正影响到药价，还需继续扩大第三方配送

的规模。

而这也与“两票制”改革相互呼应。由于两票制允许商业公司“委托配送并不算一票”，这给了顺丰这样的第三方物流打开新大门。可以预见，出于成本考虑，会有更多的医药商业公司与第三方物流达成合作，提升整个医药配送市场的效率，以规模效应带动成本下降。

加速中小配送商淘汰

顺丰介入医药配送领域后，是否会掀起原有的医药配送企业和第三方物流的大战呢？

据统计，中国医药流通产业目前有超过 13000 家商业流通公司，数量庞杂，其中，前三强的企业市场占有率只有 30%，行业集中度不高，中小型配送商占了绝大多数。这些公司药品或器械等的配送通常依赖自有物流，少数通过第三方物流也就是其他方的物流体系来完成。据商务部统计，截止 2015 年底，第三方物流完成了整体配送额的 14.4%。2016 年全国医药物流直报企业 192 家，无税销售额达 9006 亿元。

史立臣指出，目前的医药配送企业，真正具有配送能力的不超过 1000 家，顺丰在物流管理水平和价格上，都具有绝对的优势。“按照这个趋势发展，将对整个医药商业进行大洗牌。”

据悉，中小型配送商的短板在于新版 GSP 对冷链与信息化的管理要求，其承担不了大规模资金的投入。目前已经有部分中小型配送商，直接委托给第三方物流仓储与配送。从短期看来，这是两者合作，但长期来看，未来部分中小型配送商很可能会被顺丰等第三方物流吃掉。

不过，值得注意的是，虽然拥有强劲的配送网络和冷链实力，顺丰布局医药第三方物流也非畅行无阻。史立臣指出，与华润、国药等传统商业巨头相比，顺丰缺乏上下游的药企、医院资源和品种资源，很多药企出于对药品流通信息等商业机密的顾虑，也不一定愿意把药品配送权交给顺丰。如何克服这个“短板”，顺丰仍需探索。

（来源：羊城晚报 供稿：童瑶）

构建“透明医药物流体系”是医药物流企业的通行证

“两票制”来袭，原有的医药供应链体系因此被彻底打破，这对于医药供应链上所有涉及的企业而言，既是机遇又是挑战。

“近期，有两则社会新闻吸引了我们的注意力，一是北京的一场大火，另一件事‘红黄蓝’事件，这势必会引起国家多行业监管力度的增加，医药行业作为国家高度重视的行业，其监管的严格度可想而知，那么，我们医药物流企业如何更好的服务医药产业，是我们医药物流企业不得不去深思的。”深圳市易流科技股份有限公司高级顾问南兴军表示。

的确， 2013 年以来，药品生产、存储、运输、配送、终端销售等环节在执行国家相关 GMP、GSP 等认证的过程中，既让医药行业做出了精英标杆型客户，也让行业管理及医药企业经营中出现了诸多难点及痛点。

比如，生产企业无法实现药品的可视化监控管理，干线运输质量合规成本高昂，时效无法保证，温度出现断链。存储环节出现漏洞无法达标食药监局的监管政策，配送无法实现智能化，运作效率低下，销售及终端消费者无法确保药品的质量安全。

如何搭建药品全生命周期的可视化追溯体系，如何让大型医药企业构建全国性医药流通网络，如何让医药产业链上各要素间运作更加高效，监管更加合理。

11 月 24 日，由深圳易流科技股份有限公司与中航长城计量联合举办的“机遇。 融合—医药产业链的创新与发展”为主题的专场活动，涉及医药行业的药厂，药企，药批，医药三方物流，从多方位、多视角、多层次的展开医药流通产业的深度交流和探讨。

两票制让医药生产企业“痛并快乐”

“在两票制背景下，作为医药产业供应链体系的一员，我们能深切感受到一大痛点就是，受两票制限制医药的经营渠道受限，而且经营渠道必须下沉。这让很多医药生产企业都很头痛。”北京盛世华人供应链管理有限公司副总经理刘刚会上坦言。

就刘刚分析，原来医药生产企业可能在省会级城市找到一两家经营企业，就可以把整个省域的分销工作，通过总代模式进行覆盖。但是，两票制则要求，第一票到经营企业，第二票必须到医院。这种情况下，大量的医药生产企业面临的矛盾和痛点就逐渐显现出来了。

比如，经销商的渠道必须下沉，下沉到地级市，未来更甚至下沉到更末端的区域，而这就让一些库房硬件设施比较落后的经销商无法应对。

“首先，面对一些冷链药品，要求经销商必须做到冷藏车和冷库的无缝对接，但由于自身经营条件有限，他们的库房甚至没有卸货平台，这种情况下，冷链药品，就面临‘断链’的问题。”刘刚强调。

未来，医药物流企业面临五大挑战

另外，在南兴军看来，目前医药物流企业面临着五大方面的挑战。

一是，市场化运营和公益性监管的矛盾。现在很多企业在搭建自己的平台，有自己的 ERP、TMS 等系统，但这些系统会相对比较独立。

从目前趋势来看，这些系统肯定会逐渐向外开放，向上下游、向货主、合作伙伴、消费者等相关主体开放，要做数据对接以及数据共享，另外平台也会向一些公共性平台、行业监管平台形成对接。

二是，大规模的市场和经营主体相对散乱。目前市场上所有大的经营主体加起来可能也达不到总市场的 20%。经营主体大部分还是一些小的批发运营商。但是医药物流经过多年的发展，未来医药物流市场会是巨头时代。

三是，C 端消费不断扩大。当前我们在很多电商平台都可以买到品类繁多的非处方药品，因此，可以看出，医药电商物流的商机潜力也非常大。

四是，中医药的复兴。目前国家正在逐步加大发展中医药行业力度，针对当前中医药特性，物流行业如何更好的提供服务？

五是，智能医疗。物流企业、仓储企业在自动化方面如何适应行业的发展？

透明供应链助力医药物流协同、优化、智能

站在全行业基础上，医药物流分布在整个医药供应链中的不同阶段扮演着不同的角色。从原材料的供应商，到药厂，到医药分销企业，到医院或者药店，最终到患者分为，医药生产物流、医药采购物流、医药渠道分销物流、医药电商物流、医药逆向物流等。

目前来看，没有一家医药物流企业，可以把整个医药链条中全部物流需求都做下来，而是按照自身优势承担某一阶段的物流服务。而国家层面在构建国家的医药监管体系方面，现在的监管更多不是事后监管，而是更加趋于线上监管，物流企业要适应这样变化。

“我认为，眼下医药物流企业要考虑的问题主要是，如何配合供应链‘链主’企业达到透明体系。”南兴军强调。其实医药物流每个环节受国家监管的力度也是不一样的。

比如，制药厂商到医药分销企业这段，是由国家药监局按照 GMP+GSP 安全质量监管来监管的，而在医院或者药店到患者手中，是由卫生部按照药品招标的方式来监管的。

由于医药行业特殊性，医药领域的透明供应链的构建，需要考虑供需、物流、监管等诸多方面，其中物流无疑是一个重要的基础板块，而物流透明将为透明供应链的实现打下坚实的基础。

那么，物流透明服务在医药物流中如何落地？对此，易流北方区总经理金春雷表示，从产业结构发展来说，透明现在是一种趋势，未来的产业中透明就是标准化，精准化，我们在不断的通过计量的应用、物联网技术下的使用，保证我们透明的真实性、准确性，让业务不断的数据化，从而达到业务的协同、优化、智能。

总体来说，构建透明连接协同的医药物流体系，是解决当前医药物流问题的基础，也是医药领域与智能医疗接轨的通行证。

都透明了，企业的商业秘密能否保得住？

“目前，我们全部冷藏车的 GPS 系统全部用的是易流的系统，这也是国内最成熟的车载温湿度、定位监控系统。”刘刚表示。

易流这家企业发展至今，已达 11 年。11 年的沉淀，让易流走过了物流透明 1.0，进入夯实物流透明 2.0，发展物流透明 3.0 阶段。

而说到透明供应链，是指应用互联网及物联网等先进技术，把供应链的各个节点及相关要素进行透明连接，以实现供应链中的信息流、工作流、物流、资金流的数据化；在供应链数据化的基础上，构建最终用户与品牌商之间供需对接机制，以及构建品牌商与供应商、制造商、分销商及物流商等供应链伙伴的有效协同机制。

在满足最终用户需求的前提下，维持供应链伙伴各方利益的平衡，并尽最大可能的减少供应链增值过程中的不必要环节，追求供应链总成本的最小化，进而使得供应链的到持续的改善和优化，以提高供应链的整体效益。

这时候有些企业或许怀疑：都透明了，我们的商业秘密还能保得住嘛？

“很多人对‘透明’这两个字是有误解的，透明不是把所有的信息都给呈现给别人，我们合作的部分只是‘部分透明’或者‘半透明’。透明不是绝对性的，而是一定程度上的透明。而且我们与每家客户合作时都会签订严格的合作合同，这方面，大家是不必担心的。”南兴军坦言。

（来源：第一物流网 供稿：童瑶）

医药行业竞争愈演愈烈 医药物流前景看好

随着医药体制改革不断深入，行业竞争愈演愈烈，药企面临巨大的降成本压力，亟需医药物流的配合。医药物流的发展，对于我国医药行业健康有序发展也具有重要的指导作用。因此，医药物流行业发展前景还是很大的。

近年来我国医药流通业虽然发展迅速，但由于地域差距、行业差距较大，医药流通市场整体发展还不完善，医药物流实现方式过于单一，特别是面向医药行业的综合性的大型物流服务体系尚处在起步阶段，有的还停留在传统物流的操作阶段。

药品本身关乎百姓切身利益，生命健康，医药物流作为药品流通过程不可缺少的环节，其每个环节安全性都是药品高质量的保障。医药物流是通过整合供应链网络中上下游企业资源，利用先进的物流设备、技术和物流信息系统，对药品流通中的运输、装卸、搬运、存储、分拣、配送等物流业务流程过的有机结合的过程。

据前瞻产业研究院发布的《医药物流行业市场前瞻与投资预测分析报告》指出，目前国内医药物流利润率仅为 0.6%-0.7%；费用率仍高达 10% 左右，就其原因就是因为传统的物流模式运营成本太高，所以国内许多大型医药企业，例如上海国药、上海医药、南京医药等，都把原有的物流业务、资产人员剥离或托管给第三方物流公司，并与第三方物流公司实行独立结算、相互考核。

据商务部的预测，2019 年医药市场规模达 2.2 万亿。巨大的医药市场也将带来巨大的医药物流市场。此外，人们购买部分医药的途径在逐渐向网购转变，天猫医药馆的数据显示了这一强烈的转变趋势，而目前网购医药规模仍小，未来有很大的发展空间，这为医药物流行业的继续扩大提供了保证。

前瞻产业研究院认为，从行业现状来看，全国性的龙头已基本形成，格局较为稳定。而区域性的龙头企业机会很大，且具有很大的成长空间。上市公司中，只有南京医药、广州药业、华东医药等少数几家区域性商业企业达到或接近百亿规模，其他的区域性商业龙头如嘉事堂、瑞康医药等规模还在 30 亿左右，未来市场成长到 100 亿不成问题。

行业集中度的进一步提高，形成“全国龙头 + 地方割据”的行业竞争格局，这是医药流通行业发展的一个必然趋势。无论从国家政策的倾向，还是从国际上发达国家的医药物流发展方向来看，行业集中度提升是个必然趋势，而同时考虑到中国的特殊国情，地方保护主义和各地方利益博弈的结果就是形成“全国龙头 + 地方割据”的这样一种竞争格局。

医药物流走出国门，走向世界，必须加强供应链企业合作，实现物流资源优化和物流业务的整合，发展第三方物流，建立现代化医药物流电子商务平台 降低成本，实现物流、商流和信息流从供应到销售终端统一化，增加医药企业供应链企业竞争能力，实现利润的最大化。

（来源：前瞻经济学人 供稿：童瑶）

医药物流行业面临大变革 “两票制”新政执行 “小散”出局

医药物流行业面临大变革，“两票制”今年全面落实执行，原代理商“过票模式”转为厂家直发，1 万家批发商将退出江湖，而医药物流龙头们纷纷进入了“大鱼吃小鱼”的兼并高峰期，行业规模效应更为凸显。

记者了解得知，无论是专业医药流通企业还是顺丰等社会化物流巨头，要想稳赚送药的钱，还得“服药练内功”。

商务部不久前发布报告称，2018 年 “两票制”全面落地后，医药流通领域鼓励“异地建仓、多仓协同”，这意味跨区域药品流通集团、医药物流中心将兴起。业界估算大批“中间商”将被淘汰，约 1 万家中小型药品批发企业面临被并购或直接出局的命运。“两票制”试点近一年，食药监总局等单位多次表示，我国 1.3 万家批发企业只需要 3000 家就已足够。

2016 年 23 家上市医药商业板块企业年报数据表明，医药商业巨头超过千亿的已有三家——国药控股、华润医药、上海医药。2016 年底，商务部发布的《全国药品流通行业发展规划（2016-2020 年）》提出：“提升行业集中度，培育超过 5000 亿元规模的医药流通企业。”

据了解，我国医药电商、医药流通企业当下发展迅猛且百花齐放，开始试水“互联网 + 药品流通”、“互联网 + 药学服务”等不同的细分领域，就行业趋势来看，未来这些企业或将重点向线上线下融合、多领域跨界融合的综合服务商转型。

医药流通企业拼抢“送药”赚钱

作为社会化物流公司代表，顺丰、京东都在不断发力医药配送市场。2014 年初顺丰单独成立了医药物流事业部；两年后成立冷运事业部，分离医药冷链和生鲜冷链资源。顺丰 2016 年年报显示，报告期末其冷运网络覆盖26个城市及周边区域，其中有2座医药冷库、12条医药干线，贯通东北、华北、华东、华南、华中核心城市。

但在“送药”专业、精细服务方面，社会化物流企业仍有软肋存在。“药品属于特殊商品，误投迟投或是冷冻、避光过程中有闪失，都会导致药物安全性、有效性大打折扣，影响的是消费者健康乃至性命。”一位行业观察人士表示，“送药”绝对属于“瓷器活”，虽然物流巨头自认有“金刚钻”，但在专业人才储备、药品配送售前售中售后服务等方面依然要“苦练内功”。

旧的“送药”模式有软肋

另一方面，告别“小而散”的配送局面之后，当前物流配送有几大巨头林立，包括国药系、华润系、上药系、九州通等。“看似‘蛋糕’大了、‘小散’退出了，几大巨头可以瓜分市场，但实际上不少医药物流公司仍存在技术和理念上的软肋。”该观察人士认为，长期以来行业内的区域性固有配送格局使得企业容易“固步自封”，没有匹配专业团队处理数据信息，对于配送环节的验收、储存、分拣等也不似社会化公司般高效，自身依然处在陈旧的“送药”模式中。所以在其看来，专业医药物流企业同样要学会使用现代化信息技术，缩短配送时间、提高物流水平。

（来源：广州日报 供稿：童瑶）

中国医药物流市场潜力有多大?

新一轮医改已进入攻坚期!

改革完善药品流通体制是深化医药卫生体制改革的重要内容，是医疗、医保、医药联动改革的重要一环。

“两票制”政策的实施，将大幅压缩药品流通环节，快速提升行业集中程度，加速药品零售、物流、电商行业的集约化、信息化、标准化进程，促进全行业服务创新、升级转型。

《关于进一步改革完善药品生产流通使用政策的若干意见》，鼓励整合药品仓储和运输资源，实现多仓协同，支持药品流通企业跨区域配送，加快形成以大型骨干企业为主体、中小型企业为补充的城乡药品流通网络。

2019年我国医药市场规模有望超过2.2万亿元!

目前，我国主要的医药物流模式有三种:

一、以国药为代表的医院配送企业，其配送对象主要是以二级以上医院为主，特点是配送网络覆盖不全。

二、以九州通为代表的终端配送企业，其配送对象以二级以下医院、诊所、和连锁及药店为主，特点是多、小、散，配送要求和投入较高。

三、以顺丰为代表的物流企业，以冷链配送为主，配送规模较少。

目前，资本相继在医药物流平台、冷库、信息平台等医药冷链的基础设施建设方面投入。其次，医药物流加快精益化管理。随着医药流通环节毛利逐步降低，国药物流、华润医药、上海医药均已开展物流精益化管理，以期达到降本增效、提高自身竞争力的目的。医药物流市场在保持快速发展态势的同时，佐证了医药市场空间的巨大，也体现出医药作为朝阳产业的特点。目前市场上医药物流鱼龙混杂，市场、品牌等都尚未整合完毕。

巨大的医药市场也将带来巨大的医药物流市场 .

未来医药物流领域将出现以下变化：

一、人们购买部分医药的途径在逐渐向网购转变，天猫医药馆的数据显示了这一强烈的转变趋势，而目前网购医药规模仍小，未来有很大的发展空间，这位医药物流市场的继续扩大提供了保证。

二、医药物流行业规则的出台。医药物流先天存在有别于平常物流要求的独特性，这一点随着医药物流市场的发展愈发明显。

三、市场、资本的有效整合。从市场的发展规律来看，医药物流市场鱼龙混杂的局面，将在未来出现整合，资本、资源的有效整合重组，将在这一领域诞生巨头企业。巨头企业的出现也将主导医药物流新秩序的建立，这将是资本竞相追逐的焦点。

（来源：现代物流 供稿：童瑶）

6.4 危化品物流

6.4.1 2017 年危化品物流

运输量年均增长 10% 我国危化品物流需求强劲

2017 年我国危化品全行业货物运输量超过 16 亿吨，实现 10% 以上的年增长，致使我国危化品物流仓储行业需求旺盛，且逐年增加。但整体看来，在规模巨大的物流市场中，铁路运力无法提升、仓储能力不足、专业人才短缺三大短板问题制约了行业的发展。

2017 年我国危化品全行业货物运输量超过 16 亿吨，实现 10% 以上的年增长，致使我国危化品物流仓储行业需求旺盛，且逐年增加。但整体看来，在规模巨大的物流市场中，铁路运力无法提升、仓储能力不足、专业人才短缺三大短板问题制约了行业的发展。

运输规模庞大 铁路运输是短板

来自中国物流与采购联合会危化品物流分会的数据显示，我国每年运输的危险化学品中大部分通过道路运输，每年通过道路运输的危化品超过 10 亿吨，占危化品运输总量的 60% 以上，占公路年运输总量的 30% 以上，且呈上升趋势。数据显示，截至 2017 年 6 月，我国从事危化品货物运输的企业为 10928 家，预计去年年底危化品运输汽车车辆超过 21 万辆，总吨位超过 220 万吨。各地区车辆规模排名中，广东、新疆、辽宁位列前三。

危化品运输车辆主要分罐车、厢式车等类型。据危化品物流分会统计，目前我国危化品罐车占比已超过 70%，规模达到 151590 辆。去年年底我国危险货物运输汽车车辆的吨位总规模超过 220 万吨，从各省拥有的危化品车辆规模及吨位上看，广东、安徽、江西、新疆、河北等省份车辆吨位占比较高。截至 2017 年 6 月，我国从事危化品货物运输的挂车为 15 万辆，总吨位为 422 万吨。

从水路运输来看，交通运输部数据显示，截至 2017 年 6 月 30 日，国内沿海省际运输油船 1319 艘、994.73 万载重吨，比 2016 年底减少 33 艘，载重吨增加 1.42 万载重吨，载重吨增幅为 0.14%。2017 年上半年新增运力 33 艘，其中，新建油船 14 艘、16.02 万载重吨。

国内沿海省际运输化学品船 269 艘，105.93 万载重吨，比 2016 年底减少 3 艘，载重吨减少 0.41 万，载重吨降幅为 0.39%。2017 年上半年新增运力 3 艘，其中，新建化学品船 3 艘、3.23 万载重吨。

国内沿海省际运输液化气船68艘、22.03万载重吨，比2016年底增加1艘，载重吨增加0.82万，载重吨增幅为3.86%。2017年上半年新增运力1艘，为新建船舶1艘、0.91万载重吨。没有强制报废船。

2017年1～11月，仅长江江苏段危险货物运输量就达到1.74亿吨，其中，散装液态化学品6843万吨，散装油类9110万吨；沿海危险货物运输约2200万吨。预计2017年全年我国水运危化货物总量将超过2.5亿吨。

从铁路运输来看，由于我国铁路货运运力严重不足，现有运力主要从事大宗货物的运输，因此，危化品运输较少。

仓储缺口明显 高端仓储供不应求

目前，我国约有各种类型的仓储企业共5000家，危化品仓储面积在1亿平方米的规模。我国石化仓储企业平均资产为1.9亿元，平均占地面积15万平方米，平均建筑面积3万平方米，平均储罐库容量4万立方米。危化品仓储需求则在1.3亿平方米左右，供需缺口大约在30%以上，部分区域甚至更高，尤其是对危化品高端仓储的需求缺口更大。

数据显示，2016年各类型仓储形式大致占比是：储罐约55%，立体仓约25%，平仓约15%，其他类型仓储约5%。2017年储罐仓储占比约接近60%，立体仓约30%，平仓及其他类型仓储的比例将逐步下降。最近几年，虽然危化品仓库储存能力有所增加，每年大约增长6%～7%，但仍然难以满足市场需求。预计未来，危化品仓库短缺情况，在短期内仍难以缓解。

从我国危化品仓储能力分布看，我国东南沿海、长三角、珠三角、环渤海湾地区占我国危化学仓储业的70%以上，中西部地区不足30%，且大多分布在大中城市和能源产地，地域性集中分布的特点非常明显。

我国危化品仓储业，大型仓库数量占30%，仓库容积可达上万平方米，多为大型石化企业自己建造；小型及以下仓库数量占70%，但储量仅占30%。

从仓储类型上看，随着我国原油产量和原油加工量不断增长，煤化工、天然气、油页岩化工发展速度加快，其产品多为液体和气体，储罐需求量不断增加。

专业人员短缺 行业呼唤正规军

安监部门数据显示，目前我国危险化学品仓储业一线保管人员中，农民工占有33.57%的比例，他们文化素质普遍较低，对专业知识、商品养护、科学管理知之更少，只能从事简单的出入库业务和装卸搬运作业。另据调查，有70%～80%的一线保管员没有进行过正规的职业技术培训。

道路运输业从业人员主要包括驾驶员、押运员和装卸管理员等人员。目前，我国道路运输从业人员约3000多万人，其中从事危化品运输的驾驶员、押运员和装卸管理员共约148.9万人。2017年，全国危险货物运输驾驶员、押运员和装卸管理员数量分别为72万、70万、7万人。

从全国各省危化品运输从业人员占比情况看，山东、江苏、广东等地区人员规模较大；而重庆、青海、西藏和海南等地区占比较低。危化品运输从业人员数量及其占比的高低，除与本地经济社会发展水平相关外，主要是由本地多年来形成的产业结构决定的。

危化品物流人才存在较大缺口，也存在懂物流的人不熟悉危化品，熟悉危化品的人不懂物流的问题，因此在人才政策上建议结合市场需求，分类培养综合素质人才。鼓励大专院校和职业院校开设相关专业和课程，分类培养危化品物流人才。

（来源：中物联网《物流沙龙》 2018年2月23日）

危化品物流呈现四大趋势

现代物流作为支撑国民经济的战略性基础性产业，在我国经济结构调整和提质发展过程中发挥着越来越重要的作用。随着政策环境持续改善和供给侧结构性改革深入推进，2017 年我国物流业实现了稳中有进、稳中提质的目标。1 ～ 11 月，全国社会物流总额 229.9 万亿元，同比增长 6.7%。

危化品物流作为现代物流产业重要细分领域之一，在化工市场整体向好的形势下发展迅速。据中物联危化品物流分会统计，2017 年我国各类危化品企业已达 31 万家，危化品全行业货物运输量将继续保持在 16 亿吨以上。随着化工产业的蓬勃发展，对危化物流业提出了更高、更新的要求。未来，提质升级和融合共享成为物流行业发展的方向，总体看来，行业呈现出四大发展趋势。

供应链持续创新升级

“物流基础设施网络建设”和“现代供应链”写入党的十九大报告；国务院办公厅一年中就“物流降本增效”和“供应链创新与应用”两次发出指导性文件，为行业发展指明了方向。作为化工产业供应链中的重要环节，当前危化物流的发展趋势是从整个供应链上创新升级，提升上下游的运力、仓储匹配能力，提升安全、降本增效，把企业做大做强并实现规模化。

“陆、水、铁”等的多式联运正是危化品物流供应链提升效率的重心。但长期存在装备不统一、信息不能互通的问题，而铁路运力的开放性不足成为主要短板，目前液体化工（甲醇、成品油）罐式集装箱铁公海多式联运示范工程已经开展，行业都在期待铁路的政策能够放开，以补足运力短板，提升危化物流效率、降低企业物流成本。

除第三方物流外，为前三方物流提供规划、咨询、信息系统、供应链管理等内容服务的第四方物流正在兴起并有望获得快速发展。第四方物流将以“强强联合 + 区域联合 + 板块联合”的模式，通过商业模式和物流模式的创新、资源的整合及资本的有效运用，为化工企业提供安全、高效、一体化和精准化的物流服务，有效降低托运方的物流成本，为企业产生新的效益增长点，让整个危化品物流行业走上开放、联合、高效的供应链发展创新之路。

同时，智慧物流热潮涌动，智能仓储、车货匹配、无人机、无人驾驶、无人码头、物流机器人等一批国际领先技术在物流领域得到应用；无车承运、甩挂运输、多式联运、绿色配送等一批行业新模式得到推广，现代供应链正在成为新的增长点和发展新动能。

园区成为重要物流载体

化工企业搬迁入园的政策正在对物流模式产生新影响。物流企业将以园区为主要载体，集中经营成为提高管理水平的突破口。

我国化工园区的发展建设多处于沿海、沿江、化工经济重点区域和化工资源产地，这些地区临近港口码头和公铁路交通要道，为仓储物流发展提供了便利条件；而丰富的资源和高密度的石油化工企业，也为仓储企业提供了充足的货源和稳定的市场需求，提供了发展空间。根据我国现行政策，所有新建和搬迁的危化品生产、储存企业必须进入专业化工园区，化工园区已成为危化品仓储企业生存发展的主要载体。

新的一年，推动物流企业入园，加强园区危化品物流服务配套设施的功能性与安全性、港区化工码头、罐区和公路港等将成为危化园区物流服务工作的重心。

电商 + 平台开始发力

化工行业被认为是全球第三大电子商务市场，也是当前电子商务发展的增长热点。电子商务将对化学工业产生巨大的影响，改变传统的交易模式，引发整个化工行业利润的重新分配。目前国内化工电商平台众多，其高速发展也催发物流平台建设的加速。

2017 年 7 月国务院总理李克强主持召开国务院常务会议部署推进互联网 + 的高效物流，以互联网 + 高效物流为标志的智慧物流加速起步。这无疑给危化品物流平台化注入了新动力，行业企业对危化物流电子平台建设的呼声也越来越高。2018 年危化品物流分会也将进一步推进互联网平台在化工物流行业的应用。从实际情况来看，由于对安全要求的特殊性，危化品车货匹配平台面临着比普货更大的难题，特别是安全风险防控极为重要。因此，第一必须建立严格的企业认证体系；第二在服务规模化企业的同时尽可能扩大对小、散户的吸纳与整合，让这些企业也能享受到电子商务的便利；第三理性面对危化品运输的风险性，合理防范；第四注重平台信息的时效性和准确性。

环保安全智能化升级

2017 年国家政府部门、环保部门加快划定并严守生态保护红线，环保力度逐步加大，环保部发布的关于印发《生态保护红线划定指南》的通知、《建设项目危险废物环境影响评价指南的公告》等一系列法规文件，均对危化品仓储企业的环保工作提出了高标准、严要求，这些标准和要求已成为危化品仓储企业准入门槛和运营许可的“硬杠杠”，企业发展规模化、集约化，绿色物流正在加快发展步伐。在道路运输方面，2017 年国务院安全生产委员会印发《道路交通安全“十三五”规划》，其中着重提到要提升危化品车辆安全性，优化机动车产品结构，提升道路交通安全科技支撑能力，提高危险货物道路运输安全环保水平。

随着人工智能、物联网、大数据、云计算和主动安全防护等新技术的诞生应用，不仅提升了危化物流的管理水平、运行效率，还大幅提升了行业的安全和环保水平，如轮胎压力分析、自动驾驶等智能控制技术，可有效减少运输中的车辆事故。未来，协助推动 GB7258-2017 标准、新版 JT617 的落地与实施，加快主被动安全技术的应用，推动道路交通安全研究成果转化和资源共享等，都将是危化品物流分会的工作重心。

（来源：中国产业经济信息网 2018 年 01 月 11 日）

危化物流业进入产业提升阶段

危化品物流安全一直牵动着整个化工行业的神经。“根据我们对危化品物流行业去年的运行汇总分析，规模化、集约化、绿色化将成为危化品物流行业的发展趋势。整个行业正处于产业提升阶段。”2 月 22 日，中国物流与采购联合会危化品物流分会秘书长刘宇航这样告诉中国化工报记者。

该物流分会近日发布的《中国危化品物流行业年度发展报告》显示：我国每年通过道路运输的危险货物总量达已超过 3 亿吨，道路运输占整个危化品运输量的六成以上；从事危化品货物运输的企业已超过 1 万家，运输车辆超过 36 万辆，从事危化品运输的驾驶员、押运员和装卸管理员共约 130 万人。

“危化品物流行业已是一个规模不小的行业。但目前行业存在着运输供给与需求错位、仓储区域布局不合理、危化品管理标准不健全、信用体系缺失和信息化建设滞后五大问题，这对行业安全构成威胁。”刘宇航表示，“今后环保安全升级将给危化品物流带来新变化，企业发展将进一步规模化、集约化。一系列环保、安全方面的法规文件的出台已成为危化品仓储企业准入门槛和运营许可的硬指标，绿色物流将是危化品物流行业发展的终极目标。”

分会会长、中石化化工销售有限公司副总经理张国明则认为，目前危化品物流行业正处于产业地位的提升期、服务体系的形成期和物流强国的建设期。国家经济进入新常态，化工市场持续向好，2017 年，煤制聚烯烃、PE、PP、化纤原料等产能都将继续增大，这意味着化工物流需求也会随之增加。他希望行业企业能够统一思想，把各项管理措施落实到位，营造良好有序的发展环境，共同打造更加安全、更加健康、更加绿色的化工物流行业。

中外运化工国际物流有限公司总经理王笃鹏表示，天津“8·12”事故后，政府对危化品物流提出新要求，针对国内危化品物流安全情况不佳的现状，中外运开始推出全国“零担”危化品网络化运输产品“外运新快线”，并建立长效营运机制，形成一个跨区域、面向危化品运营和管理的大型综合性远程监测、预警与应急系统，保证物流安全。“今后我们将严格标准化、集约化的精细运作，加强专业人才与培训体系建设，进一步提升专业化物流水平，为行业树立正面标杆。”王笃鹏说。

“从长远发展来看，新的技术革命将促使危化品物流行业突破传统边界，向信息化、智能化方向发展，将为客户提供除物流外更多的增值服务，危化物流行业也将更为安全。”刘宇航表示。

（来源：国家石油和化工网 2017 年 2 月 23 日）

6.4.2 危化品物流综合信息

进入无车承运试点危化品物流企业有哪些?

为鼓励无车承运物流创新发展，促进货运物流业“降本增效”，2016 年 9 月 1 日，交通运输部发布的《交通运输部办公厅关于推进改革试点加快无车承运物流创新发展的意见》（简称《意见》）指出，自 2016 年 12 月至 2017 年 11 月为无车承运人试点实施阶段，2016 年 10 月份始启动工作。此次公布试点企业都具有较强的货源组织能力与社会货运车辆整合能力，最终在 29 个省（区、市）共筛选确定了 281 个无车承运试点企业。其中从事危化品物流的企业有 11 家。他们分别是：

上海地区企业名单

中外运化工国际物流有限公司

上海中石化工物流股份有限公司

上海北芳储运集团有限公司

上海网盛运泽物流网络有限公司

上海荣庆国际储运有限公司

广东地区企业名单

宝供物流企业集团有限公司

招商局物流集团有限公司

华南中远海运集装箱运输有限公司

江苏地区企业名单

江苏金陵交运集团有限公司

林森物流集团有限公司

重庆地区企业名单

重庆公路运输（集团）有限公司

在过去几年当中交通运输部做了很多努力，同时，国家和其他部委对无车承运人也在积极的推进。去年国务院二个文件提到了要鼓励发展无车承运业务。商务部文件也提到了发展无车承运人。尤其是财政部、国税总局 36 号文出来，明确“无交通运输工具的承运业务，适用于交通运输业的增值税率”，也就是 11%。尽管无车承运人试点单位还需要解决许多行业问题，但不得不说这是一个好的开始。

（来源：中物联网 2017 年 3 月 1 日）

全国危货运输监管系统 2020 年基本建成

交通运输部印发通知，明确加快推进危险货物道路运输安全监管系统（简称危货运输监管系统）建设，进一步提高危险货物道路运输行业安全监管和服务能力。到 2020 年，全国危险货物道路运输安全监管系统将基本建成，为实现危险物品全生命周期信息化安全管理及信息共享奠定基础。

据了解，全国危货运输监管系统分为部级危货运输监管系统和省级危货运输监管系统。前者由交通运输部组织建设，重点实现危险货物道路运输安全监管信息交换共享、危险货物管理基础知识库及行业统计分析等功能；后者由省级交通运输主管部门组织建设，重点实现电子运单等监管信息的采集、分析及应用等功能。市县级交通运输主管部门使用省级危货运输监管系统相关功能模块具体实施行业监管，不再新建系统。

交通运输部将统一制定危货运输监管系统基础性关键标准，制定发布省级危货运输监管系统建设指南，统一开发省级危货运输监管系统基础、核心功能模块。具备条件的省份作为首批建设省份启动本地危货运输监管系统建设，其他省份抓紧完善基础条件，陆续启动本地危货运输监管系统建设。

交通运输部还将积极争取中央财政资金，对符合要求的省级危货运输监管系统建设给予支持。拟申请部补助资金的首批省份，要于今年 6 月底前按照有关要求提交投资补助申请。

（来源：中物联危化品物流分会 2017-03-23）

亚洲最大危废处置厂落户上海化工区

距离上海市中心约 60 公里的上海化学工业区是亚洲最大规模的石化产业基地之一，拥有着逾百家知名的跨国石化企业巨头，如巴斯夫、英国石油、拜耳等。

2017 年 3 月 16 日，随着苏伊士新创建有限公司（以下简称“苏伊士新创建”）在上海化工区第三条危废处置生产线的建成投产，上海化工区坐拥亚洲最大危废处理厂，危废处置能力达 12 万吨 / 年。

危险化学品的处理能力一直是制约城市化工园区扩容的瓶颈。环保部相关负责人称，随着工业经济的快速发展，一些地方危险废物末端处置能力紧张、危废处置产业局部结构失衡，以及一般工业固体废物信息平台缺失等问题一直是地方工业园区亟待解决的难题，也是地方环保执法的重点难点。

“上海固体废物处置已基本做到了游刃有余。”上海化工区管委会规土建处环保办负责人朱斌 3 月 16 日接受采访时表示，苏伊士新创建的第三条生产线全部投产后，不仅可以全部处置工业区的危险废物，而且处置能力还有富余。

上海化工区管委会主任马静表示，2016 年，化工区内企业销售收入近 157.1 亿美元，利润近 16.6 亿美元。目前，有英国石油化工、德国巴斯夫、德国拜耳、德国赢创、美国亨斯迈、日本三菱瓦斯化学、日本三井等跨国公司，以及苏伊士集团、荷兰孚宝、法国液化空气集团、美国普莱克斯等国际知名工程公司落户园区。

自该化工区 2002 年成立以来，园区内石化企业的污水处理服务一直由苏伊士集团支撑。从 2006 年起，隶属于苏伊士集团的上海升达废料处理有限公司为园区提供危险废物处置服务。其一期设计运营的两套大型工业危险废弃物焚烧处理装置年处理能力为 60000 吨。

为协助园区持续发展，苏伊士新创建（由苏伊士集团与其多年合作伙伴新创建集团有限公司合资成立）于 2015 年 9 月开始了第三条处理线的施工建设，并于今年 3 月 16 日正式建成投产。至此，该工业园实现了危废处置能力翻一番，达到 12 万吨 / 年。

据了解，第三条处理线投资达 3.5 亿元人民币， 配备先进的竖式熔炉技术。该工艺尤其适合处理上海化工区内的石化企业所产生的各类液态及气态危废。

上海市环境保护局的统计数据显示，2015 年，上海市危险废物市内转移处置约 40.43 万吨，危险废物跨省市转移 10.96 万吨，较 2010 年分别上升了 41.4% 和 77.6%，有效防范了环境风险。

朱斌说，第三条生产线的投产，不仅解决了园区危废处理难题，也进一步缓解了上海危废处置压力，有助于处置能力和水平的提升。马静同样表示，这条生产线的投产，也进一步改善了上海化工区的投资环境，提升了化工区的综合竞争力。

不仅如此，该项目的投产，还将有效实现上海化工园区经济的循环利用。园区相关负责人说，该厂在处置危废过程中所产生的热量将全部被回收利用，用于生产蒸汽输送给园区内的企业使用，以此降低园区对化石燃料的消耗和减少温室气体的排放。第三条生产线所产生的蒸汽能源每年可减少 4 万吨标准煤的消耗量。

同日，苏伊士新创建在该厂内为其研发中心举行了揭牌仪式，该中心旨在开发危废回收和处置方面的创新性解决方案，并重点开展关于提升废转能回收率、工艺优化及工业标准化的制定等方面的研究。苏伊士集团全球高级执行副总裁兼国际业务 CEO 邓瑞安女士接受采访时表示，研发中心每年将获得该厂年营业收入 3% 的资金投入，并拥有 13 名专业的工程师和研发人员。苏伊士新创建也将利用此研发平台加强与上海交通大学及同济大学在废物处置及利用方面的创新技术合作。

邓瑞安说：“该厂第三条处理线及研发中心的运营旨在支持苏伊士新创建在华危废处置业务的发展。这是一个极具潜力的市场，2013 年中国产生了 4000 万吨危废，而这一数字在 2020 年将可能达到 7600 万吨。中国各地政府及工业企业已意识到这其中的环境风险，并积极在现有环境政策引导下调整自己的发展模式。”

据悉，苏伊士新创建在大中华区已拥有 6 个危废及市政废弃物处置项目，其中有 3 个项目已投入运营。

在南通经济开发区，苏伊士新创建运行着一座废转能工厂，该厂具备年处理 30000 吨危废及 3300 吨医料废弃物的能力。今年 3 月 2 日，苏伊士新创建又刚刚为其在泰兴市经济开发区新建的危废处置工厂举行了奠基仪式，该厂亦具备每年 30000 吨的危废处理能力。南通及泰兴两厂均设有能源回收装置，用以生产蒸汽并回供给周边工业企业使用。业内专家表示，作为化工园区发展循环经济的典型，上海化工区的模式应该在中国进行复制。

（来源：中物联危化品物流分会 2017-03-27）

化工企业及油气罐区 国家级安全规定印发

国家安全监管总局近日印发《化工（危险化学品）企业保障生产安全十条规定》和《油气罐区防火防爆十条规定》。

化工（危险化学品）企业安全规定包括，必须依法设立、证照齐全有效；必须建立健全并严格落实全员安全生产责任制，严格执行领导带班值班制度；必须确保从业人员符合录用条件并培训合格，持证上岗；必须严格管控重大危险源，严格变更管理，遇险科学施救；必须按照《危险化学品企业事故隐患排查治理实施导则》要求排查治理隐患；严禁设备设施带病运行和未经审批停用报警联锁系统；严禁可燃和有毒气体泄漏等报警系统处于非正常状态；严禁未经审批进行动火、受限空间、高处、吊装、临时用电、动土、检维修、盲板抽堵等作业；严禁违章指挥和强令他人冒险作业；严禁违章作业、脱岗和在岗做与工作无关的事。

油气罐区防火防爆规定包括：严禁超温、超压、超液位操作和随意变更储存介质；严禁手动切水、切罐、装卸车时作业人员离开现场；严禁关闭在用油气储罐安全阀切断阀和在泄压排放系统加盲板；严禁停用温度、压力、液位、可燃及有毒气体报警和联锁系统；严禁未进行气体检测和办理作业许可证，在油气罐区动火或进入受限空间作业；严禁内浮顶储罐运行中浮盘落底；严禁向油气储罐或与储罐连接管道中直接添加性质不明或能发生剧烈反应的物质；严禁使用非防爆照明、电气设施、工器具和电子器材；严禁培训不合格人员和无相关资质承包商进入油气罐区作业，未经许可机动车辆及外来人员不得进入罐区；严禁油气罐区设备设施不完好或带病运行。

（来源：中物联危化品物流分会 2017-03-28）

上海化工区多项措施并举控制环境风险

区域面积 36.1 平方公里的上海化工区，拥有关联度超过 80% 的 55 家石油化工企业、每年各类化工产品总产量达数百万吨。到 2020 年，上海化工区将与毗邻的上海石化连成一片，形成 60 平方公里的杭州湾北岸化工产业带，达到每年 3500 万吨炼油和 350 万吨乙烯生产能力，成为亚洲最大的乙烯生产基地、世界最大的聚碳酸酯和异氰酸酯生产基地。要达到这样的规模，其环境风险压力不言而喻。

“从国内外大型石油炼化项目安全生产和环境保护实践来看，只要认真履行生产主体责任，严格落实安全生产和环境保护各项制度、操作规程，强化日常管理，是完全能够实现安全、绿色生产的。”上海化工区管委会环境保护办公室相关负责人介绍。

不久前，上海化工区刚刚举行了一场大型应急处置演练，目的是进一步检验化工区有毒有害气体泄漏应急预案的可操作性，完善化工区重大事故应急处置程序。

演练假设拜耳公司 HDI 装置光气发生泄漏，拜耳消防中队接警后迅速赶赴现场，途中及时向化工区应急响应中心报告灾情并请求增援。拜耳消防中队救援力量到达现场后，第一时间利用厂区固定消防设施结合水幕水带、屏风水枪等，设置防线进行稀释，有效控制光气泄漏范围。

与此同时，固定式监测仪将监测到的数据传到园区应急反应中心的 SAFER 系统。SAFER 系统通过模拟计算光气未来可能的扩散路径和影响范围，让应急反应中心提前通知下风向人员疏散。

在园区方面，迅速启动由化工区应急处置领导小组、应急处置指挥部、应急响应中心、专家咨询委员会和应急联动单位组成的五个层次的应急管理组织体系。

“化工区应急响应中心全天 24 小时提供区内各类应急服务，并从 3 个层次构建预案体系框架。第一层为化工区应急处置总体预案，第二层为化工区应急处置专项预案（包括环境污染应急预案、火灾应急处置预案等），第三层为企业厂区、各生产装置的应急处置预案。一旦有事故发生，这三层预案将相应启动。”相关负责人介绍。

园区环境监察支队增援力量到达现场后，立即组织力量继续稀释降毒，并派专人利用仪器在下风方向进行不间断监测。最后，在灾情得到有效控制的情况下，现场指挥部组织攻坚组实施堵漏，演练圆满结束。

拜耳建设了一个容积达 1 万立方米的事故应急池，一旦发生化学品泄漏等事故，可以将事故废水和消防用水排往应急池。这一事故应急池与化工区的污水处理厂通过管道连接。

负责上海化工区内废水处置的中法水务污水处理厂建有 2.5 万立方米的事故水应急池。如果发生极端不利事故，还可将事故废水排入化工区的中央河。中央河全长 24.5 公里，可与外界通过闸门隔断并始终保持低水位运行，事故状态下可容纳约 100 万立方米事故水。通过企业、污水处理厂和园区封闭式人工河道三道防线，确保事故废水不对园区外水环境造成影响。

氯气属于剧毒化学品，一旦泄漏会造成严重的环境污染和健康危害，但氯气在一些化工生产中却扮演了重要角色。三菱瓦斯化学工程塑料（上海）有限公司环保相关负责人龙向银介绍，他们公司每年的氯气使用量约 2.5 万吨。

据龙向银介绍，三菱公司生产使用的氯气由化工区内的上海氯碱化工有限公司供给，液态氯通过管道输送到公司后进入位于气密室的液氯缓冲罐中。在气密室内将液氯气化后，通过管道送至光气气密室与一氧化碳合成制造光气，因光气合成中一氧化碳处于过量状态，参与光气合成的氯气全部被消耗。

龙向银说，要做好氯气的环境风险管理，首先是确保工艺安全，防范生产过程中的氯气泄漏。同时，在气密室内、室外、厂界均设有固定式光气检测器，并配置相当数量的移动式光气、氯气、一氧化碳等有毒有害气体检测器，一旦发生泄漏立刻报警并启动相应的应急措施。

此外，三菱瓦斯化学工程塑料（上海）有限公司还建立了应急管理体制，制定了光气、氯气等有毒气体泄漏相关应急预案，并成立应急组织，每年定期进行演练。“将 DCS（分布式控制系统）室设置为安全岛，在紧急情况时使用专用气瓶组向 DCS 室供气，保持 DCS 室为正压，确保在有毒气体发生泄漏的紧急情况下，DCS 操作人员也可将所有光气消除完毕后安全撤离。”龙向银说。

除了定期举行应急演练外，上海化工区还建立了常规的风险和隐患排查制度，采取企业排查和管理部门排查相结合的模式。根据要求，企业每周开展风险排查，并做好台账记录；园区环境监察支队每周对企业开展不间断的巡回交叉检查。

同时，上海化工区还建立了联络员制度，每家企业均设联络员。联络员根据检查情况，整理、汇总各自负责企业的环境隐患、环保问题及其整改、落实情况，并在每周例会上进行交流，确保各小组掌握企业存在的问题及落实情况，并持续跟进。

此外，上海化工区管委会的环保、安全、消防、公安、物业等相关部门在每周一召开会议，汇报交流上周工作中发现的各类安全、环保、消防等隐患和本周工作重点，确保各类问题得到跟踪解决。

经过近 20 年的发展，昔日芦苇丛生的滩涂已成为引资 245 亿美元的黄金宝地，上海化工区目前是全国集聚跨国化工企业最多、开放度最大的开发区之一，英国 BP、德国巴斯夫、拜耳、美国亨斯迈、英国璐彩特等一大批公司纷至沓来。在产值规模不断增长的同时，上海化工区在环境风险管理方面也积累了丰富的经验。

上海化工区环保负责人介绍，上海化工区重视从源头减少污染废弃物的产生和排放，并在末端建立全覆盖的环境监测系统，对化工区环境空气质量和污染排放实施 24 小时监控。同时，园区建立了五个层次的应急管理体系以及环境风险和隐患排查制度，努力将环境风险控制在最低，避免石化行业成为环境事故频发的“不定时炸弹”。

这位负责人同时表示，为全面落实环境保护部环评批复中的环境风险控制和管理要求，园区还制定了专项实施方案并逐条落实。

首先，优化产业规划、合理产业布局。园区将环境风险大的项目布置在靠海边的南区，严格控制同类规划项目的环境风险不超出已建项目的环境风险影响范围。

其次，严格执行项目准入制度。园区通过有计划地招商选资，延长产业链，综合考虑产业发展、环保、风险防范等因素，确定各类产品的规模。除入区项目污染物排放和环保措施必须满足法律、法规要求外，上海化工区还对项目明确提出了安全、环保、节能、降耗的指标要求。第三，建设区域风险缓冲区。按照区域规划环评批复要求，上海化工区在园区北面边界建成了长 6 公里宽 250 米的绿化隔离林带，有效减缓了对周围环境的影响。

最后，完善园区环境监测体系，开展定期环境监测。针对整体区域和重点企业，上海化工区委托上海市环境监测中心定期开展环境监测，监测要素覆盖空气质量、地表水、地下水、近海水域、土壤、噪声等方面。2010 年，上海化工区建成总投资 764 万元的环境空气质量超级自动监测站，监控因子包括挥发性有机物、无机有毒有害气体等园区主要污染物。

2013 年，园区再次启动了总投资 3400 余万元的“上海化工区环境综合监管项目”，通过固定监测站、移动监测车、企业有组织排口在线监测、雨水排口在线监测、厂界和公共区域传感器监控等相结合的方式，实现对园区环境实时监控，完善园区环境风险预警与应急管理体系。

根据上海市政府办公厅印发的《金山地区环境综合整治行动方案》文件部署，2016 年度，上海化工区共计安排环境综合整治任务 51 项，其中 32 项纳入上海市政府的行动方案内，另有 19 项任务为园区自我加压，进一步提升园区环境质量所采取的工作。

目前，51 项任务均已启动实施。纳入上海市行动方案内的 32 项任务，分成五大类。

第一，加强对生产企业的监管力度——2016 年实施的危险化工品运输监控系统、安全诚信信息系统、职业危害因素数据库等建设工作。

第二，完善环境应急体系——园区污染源溯源工作已依托化工区院士工作站开展相关研究工作；污染扩散模型研究已结合化工区环境监控网络建设一并实施中。

第三，园区环境监测网络建设——化工区南边界监测站和移动监测车建设工作已完成项目立项，正在实施项目招投标工作；区内所有企业雨水排放口和大气在线监测数据已完成接入园区环境污染监控平台。

第四，园区严格执法监管，加大环境整治力度，针对易发生恶臭影响的企业加大执法监督，提高对生产企业污染物排放监控力度。

第五，园区化工特征污染物减排方面，2016 年度共计安排区内 24 家企业实施 VOCs（挥发性有机物）的减排工作。

据有关负责人介绍，园区除了积极推进纳入上海市金山地区环境综合整治项目外，目前还加大推进自我加压实施的 19 项环境综合治理项目。化工区环境标准对标国际先进标准的课题研究已通过专家论证，进入最后总结和编制实施方案阶段。

目前，园区 LDAR（泄露检测与修理）第三方复核工作已完成了对园区内 5 家企业的复核，共计检测近 15000 个点，确保了区内企业 LDAR 工作的实施效果。

在排放许可证发放工作上，区内在已完成 13 家主要企业的基础上，2016 年 4 月又完成 35 家企业排污许可证的核发工作，目前已覆盖区内所有污染物排放企业。同时，上海化工区开展园区挥发性有机物排放控制与监管体系研究工作，目前受委托方北京大学已完成了初期研究报告。

（来源：中物联危化品物流分会 2017-04-13）

开展船舶载运危险货物综合治理 实现三个 100%

从交通运输部获悉，为深入贯彻落实党中央、国务院关于加强安全生产工作的一系列重要决策部署，全面加强水路危险货物运输安全综合治理工作，有效防范遏制船舶载运危险货物重特大事故发生，保障人民生命财产安全，今年 4 月 1 日至明年 5 月 31 日，交通运输部将组织开展船舶载运危险货物安全综合治理行动。通过整治活动实现“三个 100%”，即在活动期间，对载运危险货物船舶专项安全检查覆盖率达到 100%，对负责危险货物船舶安全管理的航运公司安全管理体系专项检查率达到 100%，对从事水路危险货物运输企业经营资质核查率达到 100%。

据了解，此次治理行动有六大任务。

一是严格落实企业安全主体责任。强化企业安全生产责任意识，严格落实航运公司经营资质和安全管理要求，严厉打击船舶管理公司“代而不管”和接受船舶挂靠等违法违规行为。推广实施危险货物船舶选船机制，鼓励有条件的企业建立实施危险货物船舶选船机制，通过市场的机制，促使航运企业由“要我安全”向“我要安全”转变。

二是加强水路危险货物运输安全源头管理。严格航运公司经营资质准入，严格航运公司安全管理，加强危险货物船舶检验质量控制，加强内河危险货物运输管理，加强危险货物船舶船员管理。

三是加强船载危险货物申报管理。加强危险货物申报员和集装箱装箱现场检查员管理，进一步明确船载危险货物申报要求，进一步完善船载货物安全适运评估，严格船载危险货物进出港申报审批。

四是加强船载危险货物现场监督检查。开展载运危险货物船舶的专项安全检查，加强危险货物集装箱监督检查，加大危险货物谎报瞒报行为查处力度。

五是加强水路危险化学品运输应急工作。建立健全水路危险化学品运输应急预案体系，开展船舶载运危险货物安全风险评估。

六是深化安全监管长效机制建设。加强水路危险货物运输的法制建设，加强水路危险货物运输规范标准建设，加强水路危险货物运输安全监管信息化建设，加强执法队伍建设，完善督导机制，加强业务督导，确保行动取得实效。

行动方案要求，从事水路危险货物运输的航运企业须汲取重特大事故血的教训，开展安全风险分级管控和隐患排查治理工作，加强安全投入和人员培训力度，严格落实航运公司经营资质和安全管理要求，加强安全管理体系和制度建设，确保体系有效运行和制度有效落实，确保岸基支持、风险管控、隐患排查、事故应急等要求落实到位。

（来源：中物联危化品物流分会 2017-04-01）

破解“化工围城”的指南针

日前，国务院办公厅印发《关于推进城镇人口密集区危险化学品生产企业搬迁改造的指导意见》，为破解“化工围城”、有效降低安全和环境风险，提供了时间表和路线图。这是贯彻落实党中央、国务院关于推进安全生产领域改革发展一系列决策部署的重要制度性安排，是强化红线意识、坚持问题导向和底线思维的顶层设计，也是着眼于标本兼治、重在治本的系统解决方案。

化工行业产值高、税收多，是 GDP 及财政收入的重要来源，向来是各地争抢的“香饽饽”。据统计，目前，我国仅各类危险化学品就近 3 万种，涉及企业 30 余万家。随着城市人口增多、城市外延扩展，拔地而起的住宅楼逐渐与化工企业亲密接触，“化工围城”、“城围化工”问题突出。

江苏南京是一座典型的石化工业重镇。在梅山、长江二桥至三桥沿岸地区、金陵石化及周边、大厂地区，遍布着百余家化工、钢铁企业。这四大片区位于南京西南、正北、东北方向，几乎对这个城市形成了“包围圈”。

辽宁大连被称为中国“化工围城”的样本。从南到北，该市前后规划和建设了老甘井子、双岛湾、大孤山、松木岛、西中岛、长兴岛等石化基地，以及与化工产业链相关的工业园区，重化工项目像棋子般密布在这座海滨城市近百公里的海岸线上，对市区形成环抱之势。

作为北方最大的港口城市，化工产业一直是天津八大支柱产业之一。早在 2011 年，天津滨海新区已经成为国内最大的炼化一体化基地之一，也是华北地区最大的炼油及深加工基地。资料显示，2015 年，滨海新区石油化工产值达 4500 亿元，占新区工业总产值的 19%左右。

近年来，上述地区化工行业安全环保事故连续不断。2010 年 7 月 28 日，原南京塑料四厂丙烯泄漏爆炸，造成爆炸地点 100 米范围内的建筑物毁坏严重，13 人死亡。2010 年至今，中石油在大连的下属公司和相关储运企业发生多起火灾和爆炸事故。而 2015 年天津港“8·12”特别重大火灾爆炸事故，更是举世震惊。

其他地区的日子也不好过。这些年，危险化学品事故呈现多发、高发态势，“东方不炸西方炸，按下葫芦浮起瓢”。

“化工围城”是中国城市化快速发展与化工布局缺乏长远规划共同作用的结果。要从根本上破解“化工围城”的困境，需要多管齐下，如统筹规划、科学布局、源头治理、转型升级等。而要化解迫在眉睫的现实威胁，最直接的举措就是推进城镇人口密集区危险化学品生产企业搬迁改造。

从实践看，各地搬迁改造之路困难重重，受多方面因素制约。如化工企业搬迁改造需要很大的资金投入，而近年来许多化工企业效益并不好；城市及周边土地越来越稀缺，地价越来越昂贵，如何腾挪出搬迁用地，协调起来阻力重重；一些化工企业规模之大、工艺流程之复杂、机器设备之庞大，也给搬迁改造增加难度等。

党中央、国务院高度重视“化工围城”问题的解决。党的十八届五中全会要求，加快实施城镇人口密集区危险化学品生产、储存企业的搬迁、转产和关闭工作，全面推动石油化工企业退城入园，全力维护广大人民群众生命财产安全。《中华人民共和国国民经济和社会发展第十三个五年规划纲要》和《中共中央国务院关于推进安全生产领域改革发展的意见》也明确要求，加快危险化学品和化工企业生产、仓储场所安全搬迁工程。

有的放矢事易成，无的放矢事难成。国办《意见》提出了六项重点任务，制定了三项政策措施，可谓找准了靶子、点中了穴位。不折不扣地贯彻落实，对解决危险化学品生产企业安全和卫生防护距离不达标问题、有效遏制危险化学品重特大事故、保障人民群众生命财产安全和促进石化化工产业转型升级等，必将产生重大而深远的影响。

（来源：中物联危化品物流分会 2017-09-06）

推进城镇人口密集区 危化品企业搬迁改造

国务院办公厅日前印发《关于推进城镇人口密集区危险化学品生产企业搬迁改造的指导意见》。

《意见》指出，实施城镇人口密集区危险化学品生产企业搬迁改造，是适应我国城镇化快速发展，降低城镇人口密集区安全和环境风险的重要手段，对解决危险化学品生产企业安全和卫生防护距离不达标问题、有效遏制危险化学品重特大事故、保障人民群众生命财产安全和促进石化化工产业转型升级等具有重要意义。到2025年，城镇人口密集区现有不符合安全和卫生防护距离要求的危险化学品生产企业就地改造达标、搬迁进入规范化工园区或关闭退出，企业安全和环境风险大幅降低。

《意见》提出了六项重点任务。一是组织开展摸底评估。各省级人民政府要组织开展情况调查，对城镇人口密集区现有不符合安全和卫生防护距离要求的危险化学品生产企业逐一登记造册。二是编制搬迁改造实施方案。各省级人民政府要统筹制定本地区危险化学品生产企业搬迁改造实施方案，方案实施前要向社会公示。三是组织实施搬迁改造。各省级人民政府要加强组织协调，积极协助企业解决搬迁改造过程中存在的问题，最大限度降低搬迁改造对企业生产经营的影响。四是强化搬迁改造安全环保管理。地方各级人民政府要加强项目管理，严禁搬迁改造企业在原址新建、扩建危险化学品项目，督促企业依法开展搬迁改造项目安全和环境影响评价。五是妥善化解各类风险问题。妥善解决因搬迁改造带来的职工分流安置问题，认真做好社会稳定风险评估。六是促进产业转型升级。充分发挥行业规划和产业政策引导作用，鼓励搬迁改造同兼并重组、淘汰落后产能、流程再造、组织结构调整、品牌建设等有机结合，提升企业市场竞争力。

《意见》制定了三项政策措施。一是加大财税政策支持。对符合条件的搬迁改造项目，给予资金支持、享受政策性搬迁所得税管理办法等支持政策。二是拓宽资金筹措渠道。支持符合条件的搬迁改造企业通过银行贷款，发行企业债、公司债、中期票据和短期融资券等方式募集搬迁改造资金。三是加大土地政策支持。新增建设用地计划向搬迁改造企业承接地适当倾斜，地方政府收回腾退土地的出让收入，可按规定通过预算安排支付企业职工安置费用。

（来源：中物联危化品物流分会 2017-09-05）

安监总局和国资委联合召开中央企业危化品事故警示会

2017年8月30日，国家安全监管总局和国务院国资委联合召开了中央企业危化品事故警示会，传达了党中央、国务院领导关于河北沧州中海油中捷石化“8•10”火灾事故和辽宁中石油大连石化“8•17”火灾事故的指示批示要求，听取了有关单位关于两起事故情况和遏制事故多发势头工作措施汇报。国家安全监管总局党组成员、总工程师王浩水出席会议并讲话。

王浩水在讲话中指出，近期发生的这两起事故暴露出当前中央企业危化品安全生产形势依然严峻，安全生产工作依然存在漏洞和薄弱环节，各中央企业要认真学习领会习近平总书记等党中央、国务院领导关于安全生产工作的一系列重要指示批示要求，从政治和全局的高度充分认识安全生产工作的极端重要性，切实做好危化品安全生产工作。

王浩水强调，这两起事故发生在全国安全生产大检查期间，各有关中央企业要深刻认识事故的严重性，认真做好事故调查，查明事故情况、原因及责任，彻底整改，严肃问责；要深入吸取教训，举一反三，强化科学管理，全面提升安全管理水平，坚决防范遏制危化品事故，同时以开展危化品安全综合治理为契机，加快建立危化品安全生产长效机制；要认真按照全国安全生产电视电话会议和工作会议部署，深入开展安全生产大检查，全面排查整治隐患，为党的十九大胜利召开保好驾护好航。

国务院国资委综合局、国家安全监管总局监管三司有关负责同志，有关中央企业总部分管安全生产负责人、安全管理部门主要负责人及相关省级安全监管局、市级人民政府负责人参加会议。

（来源：中物联危化品物流分会 2017-08-31）

国务院安委会督查上海、重庆安全生产大检查

2017 年 9 月 11 日至 22 日，国务院安委会安全生产大检查综合督查组对上海市、重庆市大检查工作进行督查。督查组检查了所辖 20 个区和相关行业管理部门，以现场执法和明察暗访相结合方式，重点抽查了轨道交通、建筑施工、煤矿、危化、非煤矿山、人员密集场所等重点行业领域的 47 家生产企业，对 8 月份国务院安委办督导组发现问题和隐患情况进行再检查，并对上海市、重庆市开展大检查工作组织现场考评。

国务院安委会部署开展大检查以来，上海市、重庆市各级党委政府及有关部门按照“党政同责、一岗双责”要求，严格监管执法，强化问题隐患整改，严肃追责问责，大检查工作推进有力、成效明显。上海市问责曝光工作不力单位 152 家、人员 19 人，追究刑事责任 320 人。市区两级安监部门通过电视、报纸、政府官网、微信微博等多种形式，分批对 598 个行政处罚案件进行公开曝光。重庆市完善区县安全生产监管体制，在各镇街、园区、重点行业部门设立专门的安全生产监管机构，充实业务人员，强化专业培训，推行村居（社区）安全网格化管理，延伸监管触角，夯实安全监管“最后一公里”。

同时，督查中发现上海市和重庆市大检查工作存在不足和薄弱环节。上海市个别区大检查工作力度不够，有的未建立隐患问题清单台账或台账不全，整改进度和落实情况不明。部分企业自查自改流于形式，上海雷迪埃电子公司自查是“零隐患”，督查组实地却发现占用消防通道、剧毒急救药品过期、危化品混放储存等 10 项问题和隐患。有的企业隐患整改周期长、进度慢，上海迪士尼乐园、上海虹桥国际机场甚至将未整改隐患却上报为已整改完成。重庆市有的部门未明确政府层面自查自改要求，只查别人，不查自己。不少区县事故追究失之以软，一般生产安全事故结案按下限处罚，事故单位相关责任人追究偏少。督查组抽查的 22 家运营企业中，13 家企业主体责任落实不到位，现场仍存在安全隐患。春瑞医药化工有限公司车间的防火防爆、职业健康防护等存在较多事故隐患，重庆市永辉超市有限公司万盛名都分公司室内消火栓内无水，重庆市武隆区圣和燃气公司控制室 GDS 系统（可然气体检测仪）失效。

督查组已将现场发现问题反馈给上海市、重庆市安委会，要求两市认真查找原因，抓紧制定改进和预防措施，督促整改到位，整改情况将被纳入 10 月份国务院安委会“回头看”重点检查内容。同时要求各地深化细化大检查工作，严格落实各项责任措施，确保大检查工作取得更大实效。

（来源：中物联危化品物流分会 2017-09-26）

上海口岸进出口危化品检出不合格率达 30%

上海出入境检验检疫局（以下简称上海检验检疫局）在召开上海口岸危险化学品监管新闻发布会。东方网记者在发布会上获悉，2017 年 1 至 8 月，该局对 2.2 万批次进出口危险化学品实施检验，检出不合格情况 6490 批次，不合格率高达 30%。不合格原因主要集中在安全数据单和危险公示标签不符合国家强制性要求。

上海作为国际贸易中心，是中国最大的危险化学品进出口口岸，保障进出口危险化学品质量安全成为上海出入境检验检疫局（以下简称上海检验检疫局）的重要职责。

2017 年 1 月 -8 月，上海检验检疫局共完成进出口危险化学品检验 2.2 万批次，检出不合格情况 6490 批次，不合格率高达 30%。不合格原因主要集中在安全数据单和危险公示标签不符合国家强制性要求，其中也包括查出危险化学品集装箱泄漏、涂料甲醛等有害元素超标、农药有效成分不合格等情况，有力保障了化学品安全、消费品安全和三农安全。

记者了解到，在新修订的《上海市危险化学品安全管理办法》中，上海检验检疫局立足上海，参与地方立法，明确对进出口危险化学品安全管理提出要求，协同地方政府共同打击违法违规行为。同时，该局主动作为，服务和保障"一带一路"战略中进出口化学工业原料和成品的安全运输和生产；加大对化学工业集聚地—上海化工区的政策支持，将自贸区中涉及科创中心建设的新政策首先复制推广至上海化工区内企业，助力化工区内科研、检测等高端服务业的健康发展。

该局还与金山区政府、化工区管委会联合打造了集国际规则研究、检验检测服务、咨询培训科普、科研标准技术为一体的综合性平台，建设国际一流、国内领先的"国家化学品安全中心"，为杭州湾北岸化工产业发展提供技术保障。

为配合质量月活动，国家化学品安全中心还开展了首届"实验室开放日"科普活动，促进"产城融合"，请企业和市民走进实验室，亲身体验和感受检验检疫部门在为国门安全和化学品安全所做出的努力。

（来源：中物联危化品物流分会 2017-09-19）

上海市安监局持续加强安全生产执法监察

2017 年，上海市安全监管局持续加强安全生产执法监察，取得显著成效。据统计，截至 11 月底，共组织本市各级安全监管部门出动检查 316240 次，检查生产经营单位 159216 个。查处隐患 192855 处，实际完成整改 184287 处，整改率 95.56%，其余隐患正在有序整改中。

下一步，市安全监管局将继续加强安全生产执法监察。一是以危险化学品、冶金煤气、涉氨制冷等高危行业领域为重点，会同有关各方加大联合执法力度，从严整治各类隐患和问题，督促企业严格落实隐患整改措施、责任、资金、时限和预案；对非法违法和违规违章行为采取停产整顿、关闭取缔、上限处罚、严厉追责等"四个一律"刚性执法措施。二是强化安全生产日常执法检查、行政许可现场核查以及重点抽查和暗查暗访；深化专项监督检查，重点开展重要时段、石油库、非药品类易制毒化学品、有限空间作业、粉尘防爆等专项执法检查。三是集中查办一批不符合安全生产基本条件违法事实积聚较多的企业等典型案件，出重拳严厉打击，切实做到处罚一批、曝光一批、关停一批、移送一批，提高执法震慑力。四是加强对各区安全生产监督检查计划实施情况的督促检查，指导、推动各区全面落实属地监管责任。五是对前期已排查整治的隐患开展"回头查"行动，严防隐患反弹回潮。六是加强社会舆论监督，对安全制度不健全、现场管理不完善、安全法规不宣贯、安全培训不落实、"三不伤害"理念不扎实、违法违规现象时有发生的企业，在主流媒体公开曝光。七是健全安全生产信用约束机制，按照有关规定将违法失信企业及时录入安全生产信用系统，通报有关各方加大失信企业联合惩戒力度。八是认真抓好信访举报核查工作，按照分级属地原则，理顺举报核查工作机制，确保案源畅通。

（来源：中物联危化品物流分会 2017-12-18）

GB7258-2017 标准危险品物流落地解决方案研讨会在南京召开

2018 年 3 月 9 日，由中国物流与采购联合会危化品物流分会、陕西重型汽车有限公司主办，威伯科汽车控制系统（中国）有限公司、南京现代服务业联合会协办的 GB7258-2017 标准危险品物流落地解决方案研讨会在南京成功召开。会议邀请到标准起草单位、车管部门、化工企业、化工物流企业、运输装备企业、信息化技术企业等代表共计 200 余人。

目前，全新的《机动车运行安全技术条件》（GB7258-2017）已于 2018 年 1 月 1 日正式实施，作为强制性标准，GB7258-2017 从进一步提升重中型货车、汽车列车和危险货物运输车辆运行安全技术要求出发，扩大了安全装置的配置要求，增加了货箱（厢）、厢体、罐体等技术要求，作为强制性标准，GB7258-2017 相比于 2012 版，调整和修改内容超过 150 项，与危化品车辆相关的达到 40 多项，并从法规层面提升产品主、被动安全，对车辆的安全、标准化程度提出更高要求，对危化品运输行业将产生深远的影响。

标准主起草人公安部交通管理科学研究所主任应朝阳指出，GB7258-2017 通过对涉及危险货物运输车辆制修订内容相关条例的调整和特殊要求进行强化，提升危险货物运输车辆本质安全水平，预防和减少涉及危险货物运输车辆事故；南京市公安局车辆管理所高级查验员吕俊围绕升运输车辆运行安全技术要求、扩大安全装置的配置要求、车辆外观及设备、轮胎、车辆结构等方面向大家详细介绍了 GB7258-2017 实施后危化品运输车的查验要求和注意点；陕西重型汽车有限公司销售公司危化品运输车项目经理刘彦表示，在新法规对危化品运输行业的影响下，陕汽重磅推出产品方案、服务保障、车辆运营的整体解决方案，积极应对新标准的要求；西安康明斯发动机有限公司华东大区经理杨海山向大家详细介绍了康明斯发展与产品，核心竞争优势 ISM11 的五大关键技术以及 SC-Cloud 远程智能服务系统、营运智能管理等方面；威伯科汽车控制系统（中国）有限公司挂车部销售总监孙江海通过对 GB7258-2017 中若干产品解析与危化品运输相关的车辆安全技术探讨，向大家展示了威伯科在车辆主动安全技术及智能系统方面的应用和优势。

来自南京三圣物流有限公司副总经理杨文生、公安部交通管理科学研究所主任应朝阳、南京市公安局车辆管理所高级查验员吕俊、陕西重型汽车有限公司销售公司危化品运输车项目经理刘彦、威伯科汽车控制系统（中国）有限公司高级客户产品经理刘兴、山东京博物流股份有限公司总经营师毛爱勇和滁州永强汽车制造有限公司副总经理安洪昌七位嘉宾共同围绕更高安全要求、更严执行标准的 GB7258-2017 标准实施对危化品运输行业将产生的深远影响以及在过渡期间 GB7258-2017 如何更好地落地、装备设备企业应对措施与未来规划，车管部门的监管方案，企业的主体责任和老车老标准，新车新标准的解决方案以及物流企业面对成本上升，有何考虑、需求及选择？成本上升与效益之间的平衡等问题展开。

分会希望大家能够通过本次会议更细致更深入的了解 GB7258-2017 标准修制定条例的具体内容要求和对行业产生的影响，在标准实施过渡期，积极应对标准中提及的车辆、安全、技术要求，推进标准切实落地，也希望危化品物流企业能够根据自己的实际情况，及时更换不符合新标准要求的车辆，来提高车辆的稳定水平，来实现提升我们整个危化品车辆的本质安全水平的目的。分会还将陆续在山东和华南区域组织召开 GB7258-2017 的落地宣贯会。

（来源：中物联危化品物流分会 2018-03-12）

本篇供稿：高玲 王京 童瑶 张志坚 编辑：张志坚

第七篇　城市配送

7.1 连锁超市、卖场物流

百联集团探索全渠道商业模式

按照上海市推进内贸流通体制改革试点的部署，百联集团积极顺应创新时代、开放经济、共享平台，以改革激发创新、以创新促进转型，加快建设客户化、专业化、国际化、互联化领先的全渠道商贸企业，努力实现脱胎换骨的转型。

推行全渠道模式

百联集团有限公司副总裁浦静波向国际商报记者介绍道，百联集团全渠道平台以“i 百联，云享生活”为核心理念，充分利用百联现有 5000 家实体门店资源、10 余万从业人员、每年超过 10 亿人次客流，充分运用互联网技术，聚焦商品、体验、供应链三大核心要素，打通“线上、移动、线下”三大渠道，打造百联“全渠道、全业态、全客群、全时段”的“互联网 + 流通”商业新模式。平台首期上线 33 个业务模式、78 个应用产品、五大特色服务场景——百联通享、百联财礼、百联店取、百联到家、百联奥莱，五大特色购物场景——精品闪购、全球购、生鲜随心订、精选篮筐、百联云店，为消费者带来触手可及的新时代海派品质生活。2016 年 5 月 19 日，经过近两年的系统开发、资源整合、迭代建设，“i 百联”全渠道平台正式上线，标志着百联“十三五”时期从“互联网”到“互联网 +”战略转型迈出了重要一步。

百联目前在全国 20 个省份拥有百货店、购物中心、奥特莱斯、专业专卖店、大卖场、超市、便利店七大零售业态、各类网点约 5000 家。在当前消费转型升级的大背景下，百联零售业务的业态结构、商品结构、经营模式总体比较传统，难以适应当前消费偏好个性化、消费场景移动化、消费时间碎片化的需求，尤其面临跨国零售巨头、跨渠道电商企业、跨界新型资本等日趋激烈的市场竞争，企业发展亟待变革，创新转型迫在眉睫。

创新零售终端模式

为改变传统百货店“千店一面”的形象，百联加大力度推进商品品类品牌结构调整。一方面，百联集团加大力度引进国际品牌、快时尚品牌、时尚专业专卖店；另一方面，推进自营业务发展，探索深度联营联销模式，加强与海内外大供应商的战略合作，包括畅销款买断经营、定制开发等。在营销创新上，改变以往过度依赖价格促销的方式，更加注重整合营销资源，统筹营销节奏，加强主题营销，积极运用数字新媒体和社交平台，形成线上线下联动营销。

百联集团根据不同商圈的特点，适应消费者需求的变化，对目标客户、商品组合、品牌组合等进行转型调整，形成差异化竞争优势。2015 年 12 月 12 日，百联旗下东方商厦淮海店整体转型并更名为“淮海 755”，根据年轻时尚定位进行全面调整，增加美妆、家居、手工坊、西餐等品类，引进 MUJI 旗舰店，预计转型后整体效益可提升 40%。百联方面表示，下一步将全面推进第一百货商业中心、第一八佰伴、东方商厦旗舰店等重点门店的转型。

（来源：百联集团 2017-01-04）

连锁经营与物流共生存

连锁经营企业离不开上海物流企业支撑，两者命运共存，尤其国外进入上海的连锁经营的企业。由于上海物流企业城市配送日趋成熟，加上对上海，华东地区，全国各地的风土人情熟悉，不少国外企业一踏上上海这块土地，就寻找上海物流企业合作，选址，开店，建仓，设计物流方案，共同开展市场调查，共同进行研究设计，共同开展连锁运作。上海诺尔国际物流有限公司就与多家国外连锁经营企业合作。星巴克常温牛奶进入上海市之后，上海诺尔国际物流有限公司就同常温牛奶供应商合作，2009 年，建立了四个简单常温牛奶 DC 仓配，当时，星巴克店铺只有五十家，经过九年合作，到今天，DC 仓已达 31 个，服务的星巴克店铺超过 1000 家，并由上海走向了山西省，海南省，吉林省，湖南省等省市，建立全国云仓配送，上海诺尔物流有限公司，在物流运作中不断积累经验，连锁物流业务，已涉及奢侈品，中高端鞋服，餐饮等连锁经营。

上海的超商连锁经营，餐饮连锁经营，食品连锁经营，药品连锁经营，农产品连锁经营等，形成了一批具有专业物流水准的连锁物流企业。

（来源：上海物流协会）

联华江桥物流中心：全温带多业态共同配送典范

联华超市股份有限公司（简称“联华超市”）是香港联交所上市公司，隶属上海国资委百联集团，年销售额 300 亿元，员工近 50000 人。联华超市于 1991 年起在上海开展业务，以直接经营、加盟经营和并购方式，已发展成为一家业态齐全、品牌众多、全国布局的零售连锁公司，除了大型综合超市、超级市场、便利店三大主要零售业态外，电子商务业务也在有序开展，实现了线上、线下齐扩张。截止到 2017 年上半年，联华超市的门店总数达到 3595 家，遍布全国 19 个省和直辖市。

2011 年，江桥物流中心开始规划建设。2016 年底，联华江桥物流中心建成并投入使用，江桥物流中心是目前亚洲地区单体跨度最大的杂货物流中心，业内第一座全温带、多业态共同配送中心，上海市现代服务业综合试点项目。通过开放的信息系统、标准的作业流程、可视化的运作管理模式、先进高效的物流装备，实现了全方位的高质量物流服务，为联华超市的业务发展提供了强大支撑力。

2017 年 11 月，记者采访了联华江桥物流中心筹建办公室主任张启强。他介绍联华超市 81.6% 的门店处于华东区域，近年来发展迅速。在联华超市原有物流体系中，上海的两个常温配送中心、一个便利拆零物流中心以及一个生鲜加工配送中心，共同支持华东区业务发展。但鉴于四个物流中心布局分散，人员、设备、配送能力等各方面资源也相对分散且难以满足需要，联华超市于是决定新建一个大型物流中心，将原有四个物流中心的业务整合在一起，实现集中化运营及管理。

江桥物流中心位于上海市嘉定区，其东西长度约为 426 米，南北长度约为 137 米，是目前亚洲最大的单跨杂货物流中心。物流中心占地面积约为 13.5 万平方米，建筑面积近 20 万平方米，其中包括：一栋三层的配送中心，约 18 万平方米，分为常温库区 15 万平米与低温加工库区 3 万平米；两栋四层的办公楼 7000 平米及一些辅助用房。

江桥物流中心为除江浙区域外的长三角地区的世纪联华大卖场、快客便利、联华、华联标超、i 百联电商等提供采购、集货、分拣、储存、理货、加工、配送、信息处理、资金结算等物流及相关配套服务，涉及门店 2000 余家。江桥物流中心作为目前国内为数不多的大型“全业态、全温带、全天候、全渠道”物流中心，处理的货品不仅涵盖食品、日杂、百货、家电等常温商品，还包括常温生鲜食品、需冷藏冷冻的低温食品，以及与百姓日常生活密切相关的各类快速消费品和耐用消费品，甚至邮包、信函等，充分满足了各业态发展需求。

值得一提的是，规模巨大的江桥物流中心定位独特，功能强大：不仅是商品供应链与物流服务链的关键节点，还是商品贸易的集散中心和商品流通的转运中心及配载中心，成为联合超市商流、物流、信息流的综合服务平台，为其业务进一步发展奠定了坚实基础。而且，物流中心还实现了各业态共享商流资源，可协同采购议价，分享规模红利。

联华江桥物流中心作为业内首创的全温带共同配送中心，该项目吞吐能力强、作业效率高：常温库日进库峰值为 25 万箱，日出库峰值为 25 万箱，极限库存容量 200 万箱，储存型商品品项数为 20000-25000 个，拆零品项数为 5000-8000，库存商品周转天数为 7 天，年配送金额超百亿元。低温加工库日配送量达 580 万元，冷库存储量 8 万箱，生鲜食品加工量 7600 万元，年配送金额超 20 亿元。

联华江桥物流中心运营一年里，以开放的信息系统、标准的作业流程、可视化的运作管理模式、可追溯的全程监控措施为保障，以联华集团遍布长三角地区数千家门店的商品配送需求为依托，面向社会、面向供应链上下游客户提供全方位的物流综合服务，成为了名副其实的能辐射长三角地区的城市共同配送枢纽，成为了规模宏大、功能齐全、技术先进的行业示范工程。

（来源：物流技术与应用杂志）

上海市商务委员会认定本市第二批贸易型总部企业名单

为进一步构筑上海开放型经济新优势，鼓励具有国际国内资源配置能力的企业在沪设立贸易型总部，提高贸易集聚度和辐射力，促进长江流域贸易投资一体化发展，推动贸易型总部服务全国、走向世界，根据《上海市推进国际贸易中心建设条例》以及《上海市鼓励企业设立服务全国面向世界的贸易型总部若干意见》（沪商综〔2015〕48 号）精神，经审定，2017 年 12 月 12 日，上海市商务委发出通知决定认定 28 家企业为上海市第二批贸易型总部企业，其中中通快递股份有限公司，上海韵达货运有限公司，顺丰速运集团（上海）速运有限公司，德邦物流股份有限公司等四家物流与快递和快运为主要运作模式的企业。

（来源：市商务委通知）

七家大型连锁超市公司力推标准化托盘循环运作

商贸连锁经营的物流标准化建设，最近 3 年，一直被列入上海市重点支持推进项目。物流要转型升级，提高效率，降本增效，支持实体经济健康发展，物流标准化建设是重要举措，而托盘标准化循环运作，又是物流标准化建设的突破口，上海市取得了一些显著成绩。2017 年 12 月 11 日，上海市商务委又经过评审，认定了25家企业重点支持项目，其中大型连锁超市公司有7个项目。联华物流有限公司推进《联华供应链体系建设》、上海莲源物流有限公司推进了《卜蜂莲花物流标准化体系化建设》，家乐福（上海）供应链管理有限公司提出了《家乐福物流标准化项目》，锦江麦德龙现购自运有限公司提出了《锦江麦德龙现购自运有限公司标准托盘循环共用体系建设项目》，上海乐购物流有限公司提出了《乐购华东供应链体系优化项目》，星美润实业（上海）有限公司提出了《华润万家供应链体系优化创新项目》，上海顶实仓储有限公司将建设《顶新集团全家便利店智能标准化配送载具循环共用系统》。

（来源：上海市物流协会）

“跑腿的”如何跑出一片新天地

从事快递业的朋友，常戏称自己是“跑腿的”，不过“跑腿的”照样能跑出大市场。近几年，伴随电商发展，快递业呈爆发式增长，是中国发展最快的行业之一。2016年，我国快递业务量突破300亿件，居世界第一。2017年，全国快递业务量完成401亿件，增长28%，光中通快递全年就完成业务量62.2亿件，同比增长38.28%，件量居国内行业第一，并超过多家国际巨头，居全球首位。快递业不仅产业规模持续扩大，资本化进程也在加速。2016年至今，圆通、中通、申通、韵达、顺丰、百世、德邦纷纷上市，我国民营快递公司中的上市公司达到七家。多家企业已瞄准了国际市场，将其作为竞争的新战场。

上海，已成为快递企业总部的集聚地，前文提到的头四家（业内号称“三通一达”）都将总部选在青浦区。今年上海两会上，市人大代表、青浦区副区长倪向军介绍，青浦区已聚集了全国近60%的品牌快递业全国总部和区域总部，今年业务收入有望突破600亿元。继EMS和顺丰后，圆通速递成为国内第三家拥有航空公司的快递企业，去年圆通还完成国家级快递服务标准化试点项目，建立由238项标准构成的科学、完整的快递服务标准体系。国内最先进的双层全自动分拣设备已在中通快递使用，该设备一小时最快能处理分拣快递包裹72000件。这些都有效地提高整体快递物流行业水平，形成具有行业优势的核心竞争力，是上海现代物流服务业中的新亮点。去年，青浦区还被命名为全国唯一的“快递行业转型发展示范区”。

然而，我国快递企业与国际快递巨头相比，还存在不小的差距。首先是收入体量，“三通一达”加上顺丰的收入总和，还抵不上美国一家UPS。除顺丰外，“三通一达”普遍以低价占领市场，延续多年的“五元江浙沪包邮”，导致件量巨大而收入、利润不高。从装备来看，美国FedEX拥有飞机650架，而国内快递企业拥有的飞机数量只是其零头。

其次，粗放型管理阻碍着快递业进一步发展。每逢“双11”、春节等特殊日子，快递爆仓，大量快件滞留在始发站或者中转站、“快递变慢递”随处可见。此外，民营快递企业的人力资源管理也是软肋。大部分快递员享受不到“五险一金”，企业只为他们提供一份人身意外伤害险。这其中有员工的原因，很多做快递的员工，都是农村出来的壮劳力，他们更希望现在能多挣钱，并不愿意缴纳保险，以网点加盟为经营模式的民营快递企业对此也未引起重视。

作为现代物流重要组成部分，快递业也需要转型。专家指出，随着中国快递业“服务时代”来临，快递企业多元化更趋明显，越来越多的快递企业将通过多元化战略升级成为综合物流服务提供商。

有消息称，包括EMS、顺丰、“三通一达”、京东物流等在内的十家快递企业均表示，今年春节期间不打烊，部分快递企业会加收一定的服务费。EMS和顺丰往年加收10元左右的费用，韵达方面也表示，每票快件会加收 10 元服务费。消息传出，许多网友表示，春节期间原本就应发三倍工资，提价可以接受。而在去年 10 月，也有快递公司宣布涨价。这也表明“低价快递”时代即将过去。实际上，在国内几大快递公司中，顺丰的价格一直高于中通和韵达，但这并不影响消费者的选择，顺丰的营业收入和利润在民营快递企业中都居第一。只有优质服务与合理价格并举，才是可持续发展之路。

倪向军表示，一方面，多家民营快递企业瞄准国际市场，上海应当依托跨境电子商务，为快递物流企业开展多元化经营与国际化发展提供便利。同时，促进快递物流产业从传统物流向智慧物流转型升级。另一方面，须改变快递企业粗放型管理状况，加快企业标准化建设。要全面提升快递行业安全服务水平，加强行业监管力度，推出人才输送新模式。只有练好内功，“跑腿的”才能跑出一片新天地，为打响“上海服务”品牌做出新贡献。

（来源：《新民晚报》 2018 年 2 月 6 日）

7.2 邮政、快递和电商物流

2017 电商物流十大事件

2017 电商物流十大事件大盘点，并购拆分抱团站队，最强戏码频上演；物流行业的生态型布局越来越明确，1000 亿规模只是基础。2017 电商物流十大事件、7 大物流生态最全盘点是：

十大事件

1、最大转折 苏宁物流收购天天快递

吸睛事件：2017 年元旦刚过，1 月 2 日，苏宁云商宣布旗下苏宁物流以 42.5 亿估值全资收购天天快递，当时先行支出 29.75 亿元收购 70% 的股份，余下 30% 股份在此后 12 个月内完成。

2017 年 818 苏宁周年庆，天天在多个城市承接苏宁物流配送服务；10 月底，天天总部搬迁至南京苏宁总部园区。“双 11”两家业务在武汉、南宁等城市进一步融合。

上榜理由：构想了一年上市规划的天天，还是在 17 年 1 月把自己卖给了苏宁。因为体量完全不具备对抗性，卖身也在情理之中，意外的是没有选择阿里和申通，虽然结果没什么不同。

对苏宁来讲，无疑增强了最后一公里的业务能力，短期内整合双方在仓储、干线、末端上的资源，缩短了继续拓展物流网络的时间。

2、最重拆分 京东物流独立并盈利

吸睛事件：2017 年 4 月 25 日，京东物流宣布独立，正式组建物流子集团。其独立后提出建设一个涵盖物流、电商、金融、保险、数据、技术在内的智慧供应链价值网络，成为各方面都处于领先地位的智慧供应链解决方案提供商。

上榜理由：重资产、负资产 --- 京东物流一直是一个神奇的存在，其阻碍影响拖累着京东的盈利水平，却又同时是京东杀出重围与阿里逐鹿天下的最强依仗。

更令人瞩目的是，17 年 12 月京东物流宣布外单实现盈利，按照这一节奏，下一步就是规模千亿，外单过半，然后尝试独立 IPO，妥妥的一个顺丰 2 号。

3、最强互撕 菜鸟与顺丰天天与京东

吸睛事件：17 年 6 月 1 日，顺丰与菜鸟因为“物流数据接口”陷入纠纷，双方就谁关闭物流数据接口、信息安全与不合理请求等问题展开唇枪舌剑、分庭抗礼。

17 年 7 月下旬，京东向平台商户发布通知，称天天快递在京东的考核中综合服务质量较差，要求商家在 7 月 25 日前更换合作快递，后续名单扩大至百世，双方就服务质量评价真实性、商业竞争手段等展开口舌大战。

上榜理由：这两场架打得可谓是昏天暗地，前一场重量选手的互搏，更是引来了大家长邮政局的插手叫停。

信息安全的理由也罢，服务质量的借口也好，归根结底还要追溯到数据本质上，这是一场抢夺未来数据话语权的先导战。

第一场战役唱罢，让原先界限不算分明的多方势力迅速抱团，京东全面接入丰巢就是铁证。而后一场或许可以看做是小团体内的借力反击，针对的是必然无法成为自己人的几方，让楚河汉界来得更为清晰。

4、最尬站队 618 大促的混战

吸睛事件：2017 年 618 大促，天猫京东平台出现“二选一”尴尬局面，天猫指责京东强行将诸多品牌拉入会场，强制锁死商家后台，随后有爆料称天猫通过流量手段胁迫商家战队。

物流上，京东完成了全球无人车配送首单，刘强东发言物流行业格局只剩下京东、顺丰两大巨头和一家高度依赖平台的搬砖头、打酱油者。

上榜理由：2017 年 618 只能说大家都是戏精上身。“二选一”站队，阿里说京东强拉硬拽，京东说阿里流量捆绑；经过第三方手，神州数码上演先举报后辟谣戏码；裂帛、七格格等公开退出京东，京东喊冤称自己话语权小；然后京东物流秀肌肉，配送了无人车首单，大秀无人机、无人仓。

借着大促的关系交织，快递企业对京东物流抢夺三方的顾虑更重，也让物流从业者对智慧物流未来多了一些彷徨。

5、最绿物流 菜鸟绿动计划与京东青流计划

吸睛事件：17 年 6 月 5 日，京东物流发起“青流计划”，三年内减少供应链中一次性包装纸箱使用量。10 月底计划升级，组建新能源产业联盟，替换内部车辆为新能源车。 12 月，计划继续升级，成立“京东物流绿色基金”，先期投入 10 亿。

2017 年 3 月中旬，菜鸟联合六大快递企业成立物流环保公益基金，“双 11”期间，菜鸟绿色行动推出加强版，在北京、上海、广州、深圳、杭州等十个城市全面开展快递纸箱回收行动。

上榜理由：菜鸟的绿动计划是在 16 年提出，从绿色包裹到新能源车再到公益基金，而京东的青流计划每个进程几乎与其一致，对标的意图明显。而这种种背后，更明显的深意是抢夺绿色物流标准的制定主动权。

6、最“黑”科技 京东发力无人机、无人仓、无人车

吸睛事件：17 年 7 月 26 日，京东宣布宿迁的京东无人机飞行服务中心正式启用。后续试飞区域不断扩展至江苏宿迁、西安、四川等地。

2017 年 10 月 9 日，继京东武汉亚一小件无人仓、华北物流中心 AGV 仓、昆山无人分拣中心投入使用以后，首个全流程无人仓正式亮相。

去年 618 当天京东物流完成无人车全球配送首单，“双 11”期间，京东无人车 3.0 版本在其总部试运行。

上榜理由：京东以“三无”产品为代表的智慧物流水平在业内一直是领先地位，智慧物流时代的到来已毋庸置疑。但新的问题来了 --- 庞大的物流团队何去何从，真的能完成人才转型？真的能做到不因技术而失业？还是让时间去检验吧。

7、最强信心 阿里增持菜鸟

吸睛事件：17 年 9 月 26 日，阿里发布公告，斥资 53 亿元增持菜鸟，同时，阿里表示，预计未来 5 年将持续投入 1000 亿元，用于建设全球物流网络。

上榜理由：原本阿里就是菜鸟的第一大股东，但增持之后股权从 47% 达到 51%，这意味着阿里在意菜鸟的绝对控制权，加强把控力度后，对阿里服务电商体系的建设有莫大好处。毕竟作为平台，本身物流服务体验上就不如自建物流的苏宁、京东，此举就变得势在必行。

更重要的是全球网络搭建，阿里电商平台的天花板需要海外市场打破，随着阿里云信息化先行，物流落地需要更强势的领导力量带动。

8、最强记录 “双 11” GMV 破 1682 亿

吸睛事件：2017 年天猫“双 11”再破记录，GMV 突破 1682 亿元，物流订单突破 8.12 亿件。京东 2017 年也首次公布战绩，11 月 1-11 日累计交易额达到 1271 亿元。

上榜理由：每年的“双 11”GMV 和物流订单数据都在创新高，也留给明年继续打破。而由此带来的物流负担也是显而易见，就像万霖所说破解这样的难题最为关键的是协同和连接。这一点上自建物流的京东都要依靠达达众包团队，就足以证明。

而随着包裹量不断刷新，未来已经不是人力能够承担，解决的基础是数据和算法，核心是在此之上的供应链的优化。

值得关注的是，往年阿里“双 11”GMV 增速都是持续走低，2017 年增速 39%，超越去年，逆势增长，是否意味瓶颈打破？期待 2018。

9、最新品牌 菜鸟发布全新品牌战略升级

吸睛事件：2017 年 5 月 22 日，全球智慧物流峰会上菜鸟发布了全新的品牌标识，并宣布了赋能行业的两大升级战略。一个是开放战略的升级，另一个是赋能中小商家和中小物流。

上榜理由：菜鸟新标识融合了货物和数据的流动，包含了人工智能和世界通用的技术语言，意味着菜鸟将持续运用大数据和智能，推动智慧物流升级。大数据和算法是菜鸟最有力的赋能到物流的毛细血管的武器。

但反过来，这些中小商家、中小物流企业、各个渠道的数据同样对于菜鸟来讲至关重要，这或也是菜鸟不断争取伙伴、联盟，做大生态的缘由吧。

10、最搭配合 菜鸟联合中国人寿设物流仓储基金

吸睛事件：2017 年 6 月 20 日，菜鸟网络宣布，与中国人寿共同设立物流仓储基金，规模为 85 亿元人民币。这是菜鸟设立的首支物流仓储基金，也是中国市场的首支人民币核心基金。

上榜理由：菜鸟的入局依然延续平台模式，为的就是赢得更多金融合作伙伴，形成合力去支持各类他们看好的物流仓储项目。

线下的仓储效率提升对整个供应链效率至关重要，原先仓储物流收益来自固定资产运营所得的老套路已经走入末路，而物流园创新、服务深度又需要更强有力的领导者和引导者，去做资源整合的事情，希望加快智慧供应链步伐的菜鸟入局成为必然。

电商“十三五”规划来袭 物流新焦点新任务全在这里！

网络零售从 7500 亿到 3.88 万亿，从被王健林不屑一顾到占社会消费品零售 10%，从星星之火到电商园区燎原全国，数量超千个，仓储面积超 4000 万平方米……“十二五”期间的电商变化堪比平地拔高楼、沧海变桑田，如今“十二五”已过，“十三五”的征程开启。

2016 年 12 月 30 日上午，商务部官网正式发布《电子商务“十三五”发展规划》全文（以下简称《规划》）。《规划》由商务部、中央网信办、发展改革委三部门联合发布，对未来 5 年电商发展做出指导，整体分析了“十三五”期间电商发展面临的机遇和挑战，明确了电商发展的指导思想、基本原则和发展目标，提出了电商发展的五大主要任务、17 项专项行动和六条保障措施。在《规划》中被明确称为“电子商务发展的支撑保障能力”的物流在其中占有重磅地位，与之相关的物流人才问题、智能转型问题、制造业对接问题等均被涉及。未来电商物流焦点有 6 个。

从业人员稳步递增 将成重要力量

《规划》中的 5 年目标：预计 2020 年，电子商务交易额同比“十二五”末翻一番，超过 40 万亿元，网络零售额达到 10 万亿元左右，电子商务相关从业者超过 5000 万人。

2020 年，40 万亿，5000 万从业者，令人惊叹的目标，而物流作为其中的重要支撑，作为完成一件件商品递送到家的不可或缺力量，将会形成一支庞大的军团。

根据 2016 年初，北京交通大学、阿里研究院和菜鸟网络联合发布《全国社会化电商物流从业人员研究报告》来看，2015 年的电商物流从业者已经高达 203 万人，而这一数据在 2010 年还只有 60 万，5 年间翻了 3、4 倍。而到 2016 年“双 11”期间，菜鸟曾对外公布过参与“双 11”物流的人员高达 270 万，增长速度之恐怖，完全无法想象这种势头下，“十三五”末，这支军团的壮大程度。但随着电商交易额的突飞猛进，希望不仅仅是人员壮大了，这部分人员的荷包也同时能被壮大。

焦点一：跨境电商物流

纵观整个《规划》，跨境电商被提及甚多，与之配套的物流问题，也有不少关键点被指出，例如：海外仓、单一窗口等。

关键词一：海外仓

《规划》明确“因地制宜地优化发展……海外园区及海外仓等产业服务载体”、“鼓励设立海外仓储和展示中心，推进 B2B 业务创新发展。”“发展跨境及海外电子商务园区、海外仓设施。”海外仓作为跨境电商物流的重要模式，有利于打造聚集效应、完善产业链和生态链，早在 2015 年就被重视，成为政策的重点扶持对象。据规划内容看，政府将其视为与国外企业建立合作的重要途径，能逐步实现经营规范化、管理专业化、物流标准化和监管科学化的目的。相关企业可以把重点目标放在进攻“国外零售体系”上，这或将是政府部门希望的切入口（通过规范的海外仓、体验店等模式融入国外零售体系），重点国家首先应当放在“一带一路”的沿线国家（推动与“一带一路”沿线国家和地区开展电子商务合作）。

关键词二：公铁水联运

《规划》明确：“围绕跨境电子商务对物流服务的迫切需求，加强国际港口、公路、铁路、水路等基础设施及物流资源的互联互通，打造国际电子商务物流协作体系。”公铁水等基础设施互联互通并不仅仅是国际物流的需求，国内物流同样迫切需要，而在此次规划中加入国际港口，或是看到了跨境电商物流的长时效、高成本问题。这对未来国际物流资源整合、消费者购买跨境商品或是一大有利信号。

关键词三：跨境电商综试区

《规划》明确：“推进跨境电子商务综合试验区建设。”“总结评估并复制推广各综合试验区经验，推动全国跨境电子商务持续健康发展。”从杭州成立全国第一个跨境综试区开始，跨境综试区获得的政策支持、保税仓优势等就一直被企业关注。但从政府层面来讲，可能更关心的是长效机制，所以建立适应跨境电子商务特点的政策、监管和数据标准等体系，提高贸易各环节便利化水平才是政府不断试点综试区的重要原因。

其中跨境电商物流中通关问题一直是时效的牵制，《规划》明确了“建设单一窗口平台”，将会建立和完善电子商务海关、检验检疫、结算、税收等管理制度，加快推进形成跨部门共建、共管、共享机制。未来跨境电商企业和消费者将享受到更为便捷、快速的通关时效。

焦点二：农村电商物流

在整个《规划》中，农村和传统产业与电商的结合被政府部门重视，由此，农村电商物流问题就成为了迫切需要解决的关键。

关键词一：农村物流基建

《规划》明确：“解决‘快递止于乡镇’……等问题”、“加大城乡之间仓储配送、冷链物流等和农林地区物流服务站基础设施投入力度，创新发展双向畅通的电子商务物流模式。” 农村农业转型与电商联系起来，政府方面是希望促进农林产品、农林地区加工品进城，方便农资和消费品下乡，由此就必然要求打造一条双向流通的物流便捷通道。但根据最新数据显示，我国农村快递网点乡镇覆盖率还只有70%，这就必然要求继续完善农村的物流基础设施建设，从而服务农村电商。其中比较大的瓶颈在于物流基建完善后，农产品上行问题，因为农产品的保鲜问题，普通快递依然解决不了，为此《规划》明确了“加强智能冷链物流体系建设”，虽然这依然是电商物流深水区难题，但一旦解决将形成难以撼动的壁垒。

关键词二：售后服务

《规划》明确：“开展农资网上销售，建立农资电商配送和售后服务体系。”这是毋庸置疑的趋势，但值得注意的是，政府层面可能并不希望各个企业无休止地重新投入、开辟新渠道，所以重点提到“充分利用信息进村入户平台、大型农业、农资电商平台、邮政、供销社等渠道”来做这件事。

焦点三：绿色环保

《规划》提到“促进电子商务物流绿色发展”，包含了绿色包装、环保用车、转型升级等多个方面。

关键词一：环保用车

《规划》明确：“降低车辆排放与能源消耗，全面提升节能环保示范的深度和广度”，“推广新能源车辆使用，鼓励利用电子商务创新物流运输及交通出行方式”。这一年里发生了不少“禁摩限电”引发快递与城管摩擦的事情，也有不少人呼吁给予快递行业用车一些便利。不少地方已经做出了相应调整，但整体走绿色低能耗之路是不变的。

关键词二：绿色包装

《规划》明确：“推动包装绿色化”，“ 坚持电子商务包装标准化和分类回收利用，提高循环利用率”。在这个方面，国家邮政局已经出台了《推进快递业绿色包装工作实施方案》，菜鸟、京东等平台也都推出了可降解包材，快递企业等也都抱团向环保方向迈进。

关键词三：快递企业转型升级

《规划》明确：“鼓励骨干快递企业拓展服务领域，健全仓储、冷链、运输、供应链管理等能力，加快向综合性快递物流运营商转型。” 在规划宣传绿色的包装、运输、仓储、快递理念下，快递企业走向转型升级，不再走原先粗放低价竞争的老路成为必然，快递上市后几乎都已经意识到需要向综合性快递物流运营商转型了。

焦点四：物流标准化

《规划》要求：“逐步完善电子商务物流标准体系。”

关键词一：配送车标准化

《规划》明确：“建立快递配送车辆标准”。快递三轮车标准在行业引发了不少争议，但标准化方向不变，以近期北京推出的快递三轮车登记系统为例，就开始对快递车外观、标识等率先标准化，后续或将继续统一标准。

关键词二：供应链数据标准化

《规划》明确："加强重点标准制修订工作，鼓励实现物流公共数据平台供应链数据的标准化处理，探索物流数据开发、管理，推动建立统一标准机制。"供应链数据标准化有利于整个电商物流上下游打通，提高整个运作效率。

关键词三：物流单元标准化

《规划》明确："促进仓储、车辆、托盘、包装等物流设施设备的标准衔接。"此前商务部已经出台不少政策，例如要求快递外包装推广 600×400 mm模数，托盘推广 1.2 m ×1.0 m标准等都是环环相扣，确实是好大一盘棋。

焦点五：大数据智能化

关键词：大数据

《规划》明确："依托大数据及分享经济模式，减少车辆在途时间。""支持应用新技术，实现库存前置、供应链协同，探索智能化仓储物流配送服务。"减少货车空驶率、降低车辆在途时间、库存前置等都需要大量的数据累计，并在此基础上进行大数据分析和预测，这也是未来有效降低社会物流成本的有效途径。

焦点六：最后一公里

关键词：末端多样化

《规划》明确："鼓励社区及机关单位设置包裹领取场所"，"鼓励企业整合社会存量资源，大力发展分布式区域物流配送中心，积极探索城市共同配送、众包物流、社区自提等电子商务物流新模式。"最后一公里配送一直是难点，服务如何标准化、时效如何提高、如何满足不同需求等难点不少，但未来快递小哥配送到家、消费者自提、自提柜、众包等多样化末端服务将会百花齐放，相辅相成解决最后一公里难题。

（来源：第一物流网 2017-01-03）

中央一号文件公布 农村电商物流上行或成风口

中央一号文件（《关于深入推进农业供给侧结构性改革，加快培育农业农村发展新动能的若干意见》）具体内容正式出台，目光再次放在了"三农"问题上，这也是第 14 年聚焦"三农"工作。其中有几个事关快递、电商物流的要点值得关注。例如，继 2016 年一号文件提及快递下乡工程后，2017 年再提快递下乡，更令人振奋的是农村电商成为农村产业新业态被单独陈列。农村电商被重视，城乡双向流动将加快

农村电商被单独列出

纵观中央一号文件，可以发现，政府部门在理顺农村产业体系方面，注重的关键字眼是"新"。而近几年迅速火热起来的农村电商被寄予厚望。此次在文件中单独成为了第 14 条。

在这一条——推进农村电商发展中，文件要求"促进新型农业经营主体、加工流通企业与电商企业全面对接融合，推动线上线下互动发展。加快建立健全适应农产品电商发展的标准体系。支持农产品电商平台和乡村电商服务站点建设。推动商贸、供销、邮政、电商互联互通，加强从村到乡镇的物流体系建设，实施快递下乡工程。深入实施电子商务进农村综合示范。鼓励地方规范发展电

商产业园，聚集品牌推广、物流集散、人才培养、技术支持、质量安全等功能服务。全面实施信息进村入户工程，开展整省推进示范。完善全国农产品流通骨干网络，加快构建公益性农产品市场体系，加强农产品产地预冷等冷链物流基础设施网络建设，完善鲜活农产品直供直销体系。推进“互联网+”现代农业行动。”

这其中有这些关键词：标准体系、乡村服务站点、快递下乡、电商产业园、冷链物流、直供直销都值得相关企业重视。今年，相关部门或在这几个方面有较大动作。

农产品上行增收作用显著

据国家统计局官网消息，2016年全年，全国网上零售额51556亿元，比上年增长26.2%，占社会消费品零售总额的比重为12.6%。并有相关机构预估，2016年，农村网购市场规模全年达到6475亿元。虽然占整体网络零售额比重还不高，但其发展速度却非常迅猛。

同时，国家发改委也曾公布数据，2016年上半年，全国农村特色产品等实现网络零售额1500亿元。同样在整体网上零售战绩中并不算起眼，但对于缺乏销售渠道的农民来讲却是一笔颇为可观的收入。据阿里研究院和西南财经大学中国家庭金融调查与研究中心联合发布的《农村网商发展研究报告2016》显示，网商提高农村家庭平均年收入2.05万元。

农村电商发展，不仅仅是城镇快消品下行，丰富农村销售市场、方便村民生产生活，同时更需要的是农特产品上行，让村民的钱包鼓起来。而这离不开快递下乡，打通村到乡镇的物流通道，实现乡村最后一公里畅通。

农产品上行迎风口 物流通道将加速打通

这也是从2016年一号文件提及快递下乡工程，今年再次重申快递下乡的重要理由。

据悉，2015年前瞻产业研究院公布数据，当时的快递网络乡镇覆盖率只有48%。而国家邮政局近日公布，快递服务网点乡镇覆盖率已经超过80%，并称将到2020年力争100%覆盖。

乡镇快递覆盖率发展如此之快，与快递下乡工程的开展关系紧密。同时，记者也注意到在文件第23条，深入开展农村人居环境治理和美丽宜居乡村建设中，明确“推进建制村直接通邮”。

联系农业部2016年底印发的《全国农产品加工业与农村一二三产业融合发展规划(2016—2020年)》，要求2020年实现农产品电商交易额8000亿元，不难猜测，在距离2020年并不遥远的2017年，除了乡村的快递发展会继续加速，村特产品上行或将更受重视，农村电商双向流通渠道将更加畅通。

结合此次一号文件中，要求“支持供销、邮政、农机等系统发挥为农服务综合平台作用，促进传统农资流通网点向现代农资综合服务商转型”、“加强农产品产地预冷等冷链物流基础设施网络建设”等表述，未来服务于农资产品下行、农特产品上行的电商及物流企业或将获得更多政策支持。

“贵”和“路偏”是农村

电商物流上行之痛

虽然农村电商上行受到重视，但目前仍有不少问题困扰其发展。当下仍旧呈现“买的火，卖的少”的状况。

农产品上行物流成本高

一方面是物流成本受物理距离影响，价格较贵。之前有媒体报道，贵州农村电商发展受制于物流成本的原因，不少偏远地区发展的并不如意。据称，目前东部沿海地区物流每公斤首重已经降到4元，但贵州大部分地区还在6元以上，就是这2元钱的价差拉慢了贵州黔货出山的脚步。

一位经营野生中草药的贵州网店店主介绍，自己经营最大的困境就在物流上，因为2块钱价差让她的商品丧失了竞价优势。而当地不少销售火爆的品类则是在政府邮费补贴的基础上取得的佳绩。

以此为典型的物流窘境是中国农村电商深水区的一个缩影。虽然农村地区货好质优、快递覆盖率也在上升，但受制于地理位置偏远、农产品中多生鲜，对物流配送要求严苛，价格很难降下来。

偏远地区物流通道不畅

另一方面，100% 乡镇快递覆盖前行困难。虽然已有超过 80% 的快递乡镇覆盖率，但剩余的 20% 都是极度偏远地区，例如大山之中、戈壁边缘、孤岛小村等等，都是地广人稀、道路交通不发达的地区。此外，已经覆盖的 80% 中，不少也是送达乡镇一级，村内消费者走几公里自行取货的模式，下行网购已属不便，上行运作起来更有困难。

政府引导企业 布局基础设施是良方

现今状况下，政府部门不少都以补贴的手段进行农村电商产业支持。虽然有效，却并非可持续方案，并且还出现不少骗补的情况。解决农村电商物流问题，应当结合政府、企业、社会组织等多方合力，多管齐下。政府在补贴手段下，更应该多做些引导工作。

政府需补贴、引导双管齐下

一方面，鼓励支持直接向偏远地区的投资行为，通过投资、管理、服务，降低这类地区的仓储物流成本，提高物流效率，为整体农村电商物流畅通体系建设打全补丁；另一方面，引导电商快递企业在这些地区多投入，调动他们进行农村物流基础建设的积极性。

企业需公益、利益兼而有之

企业则更需要从公益和长远利益的角度看待农村电商，用技术的手段来破解当前的难题，例如：亚马逊、京东的无人机技术、菜鸟网络的大数据技术等对于打通农村最后一公里颇具意义。

补点料：

阿里巴巴千县万乡计划

2014 年阿里启动千县万村计划，在 3 ～ 5 年内投资 100 亿元，建立 1000 个县级运营中心和 10 万个村级服务站。普及村民对电子商务的 认知和理解，突破信息，物流，金融的瓶颈，解决农村买难卖难问题，加快实现“网货下乡”和“农产品进城”的双向流通功能。

截止 2016 年年中，菜鸟网络成立三年，已经在全国建立起一张覆盖 320 多个县，1.6 万个农村服务站的农村末端网络。菜鸟网络表示，超过三成的农村包裹能够实现县城到农村当日达，近七成的包裹次日送达。自己不直接配送这些货物，而是利用数据系统将各地的快递及物流公司的运力组织起来，在农村搭建了一张更密、更深配送网络。

京东农村电商及“京东帮”

京东农村电商推县级服务中心，由京东自主经营。其主要针对县以下的 4~6 级市场打造的集市场营销、物流配送、客户体验和产品展示四位一体的京东服务旗舰店，可为客户提供代下单、配送、展示等服务。一个县级服务中心将管理该区域所有乡镇的合作点，通过招募乡村推广员、扩建京东物流渠道等，使京东自营配送覆盖至更广阔的农村区域。

京东推“京东帮”，面向 4 ～ 6 级市场的大家电业务，此业务不在京东县级服务中心的经营范围内。针对大家电产品在物流、安装和维修上的独特需求，依托厂家授权的安装网络及社会化维修站资源的本地化优势，通过口碑传播、品牌宣传、会员发展、乡村推广、代客下单等形式，为消费者提供配送、安装、维修、保养、置换等全套家电一站式服务解决方案。“京东帮”服务店与京东之间属于合作关系，但其承载的则是京东的自营家电业务。

截止 2016 年年中，京东京东县级服务中心数量已超过 700 家，服务覆盖超过 800 个县；计划到 2016 年底，累计建设 1500 家县级服务中心，招募 25 万推广员，完成 1600 多家京东帮运营，覆盖全国 40 多万个行政村。

苏宁农村电商“三化五当”战略

三化：一方面将通过苏宁易购直营店、中华特色馆等渠道反向推动农业的产业化发展； 与此同时，借助苏宁大聚惠、苏宁众筹等互联网特色营销平台助推农产品的品牌化发展；此外还将通过成立苏宁农村电商学院推动农村电商人才的专业化发展。

五当：即销售、纳税、就业、服务、造富的五个“在当地”。苏宁对外表示，2016 年投资 50 亿元，再建 1500 家苏宁易购直营店和 200 个线上地方特色馆，打造 20 个“最美乡村”样本，将苏宁在三四级市场的物流覆盖率，从 77% 提升至 87%，进一步加大苏宁物流面向农村企业、农村商户的开放力度，把农产品资源“引流上线”，打通农产品进城的流通渠道

苏宁 2015 年建成苏宁易购直营店 1011 家， 2016 年计划再建 1500 家，至 2020 年完成 10000 个直营店的目标，覆盖全国绝大部分农村市场。

（来源：现代物流报 2017-02-07）

电商物流绿色风起

当前，绿色物流已成为全球关注的焦点。各大电商企业也纷纷意识到自己的责任，开始在仓、运、配等各个物流环节展开绿色行动，并初见成效。

8.5 亿件！这是国家邮政局发布的 2017 年“双 11”当天主要电商快递物流订单数据，而整个“双 11”期间（11 月 11 ～ 16 日），快递业务量超 15 亿件。统计数据显示，2016 年快递行业共使用包装量 313 亿件，其中包括 120 亿个塑料袋、144 亿个包装箱、247 亿米封箱胶带，产生二氧化碳数千万吨。毋庸置疑，在电商的快速发展下，物流单量和包裹量增速惊人，随之产生的天量耗材和随处可见的纸箱等废弃包装物，影响到每个人的生活环境，以及整个社会的生态环境，成为全行业面临的巨大考验，已经引起全行业乃至全社会的广泛关注。近年来，各大电商企业逐渐认识到自己的社会责任，开始积极采取行动，推进仓储、包装、运输与配送等各个物流环节的绿色化，并初见成效。

绿色专项行动

随着绿色物流重要性的不断凸显，以京东、菜鸟为首的企业积极做出表率，开展了绿色物流专项活动，这些活动的内容也成为绿色物流未来发展的重要方向。

1. 菜鸟“绿动计划”

从 2016 年开始，菜鸟联合全球 32 家物流合作伙伴开始了绿色物流的探索，并与环保部合作成立了首支物流业的环保基金，正式把物流的绿色化纳入了国家行动。在 2016 全球智慧物流峰会上，菜鸟便宣布联合 32 家中国及全球合作伙伴启动菜鸟绿色联盟——“绿动计划”，承诺到 2020 年替换 50% 的包装材料，填充物为 100% 可降解绿色包材，将行业总体碳排放量减少 362 万吨。

2017 年“双 11”，菜鸟还在全球启用了 20 个“绿仓”，这些绿色仓库使用的都是免胶带的快递箱和 100% 可降解的快递袋。

2. 京东“青流计划”

京东也是在 2016 年成立了电商行业首家物流包装实验室，一方面通过压缩包装耗材的尺寸和面积减少材料成本，从而减少社会资源的浪费；另一方面用更加环保的新材料替代旧材料，使包装物能够循环利用，进而实现节能环保。京东物流组建子集团后更是发起大规模环保活动“青流计划”，预计将在 2020 年内，减少供应链中一次性包装纸箱使用量 100 亿个（2015 年全年全国快递纸箱使用量）；实现从品牌商到电商企业供货端 80% 商品包装耗材的可回收、单位商品包装重量减轻 25%；

50%以上用户端塑料包装将使用生物降解材料、100%物流包装使用可再生或可回收材料、100%物流包装印刷采用环保印刷工艺。

2016年，京东率先在自营生鲜业务中使用全生物降解包装，包装材料在堆肥条件下3～6个月可分解为二氧化碳和水，不会对环境产生污染。

绿色包装

11月初，国家邮政局、国家发改委、科技部等十大部委联合发布《关于协同推进快递业绿色包装工作的指导意见》，要求进一步推进快递包装的绿色环保化。

每一个快递包裹都需要包装。包装的材料与形式，不仅影响着电商平台的运营效率与成本，也与商家的利益紧密相关，更关系到每一个消费者的服务体验。因此，快递包装绿色化最受关注，其实现方式也多种多样。

1. 纸箱回收再利用

随着电商订单的成功交付，每年有数百亿件包装物在完成使命后将难以避免地走向垃圾场，其中纸箱是最重要的耗材。据统计，电商行业每年消耗纸箱量超过100亿个，相当于数千万棵大树，由此造成的废水废气以及碳排放量自不待言。纸箱的丢弃既对环境造成极大负担，也是资源的极大浪费，因此如何实现纸箱的回收及再利用，也成为电商企业实施绿色物流的重要内容。

在纸箱回收再利用方面，中粮我买网等电商企业行动较早。近年来，苏宁物流也积极推进并取得了显著成效。截至2016年底，苏宁物流共回收了200万个包裹进行循环使用，年节约包装成本约160万元。

今年3月，京东开始在北京、上海、广州、深圳四大城市试点上线纸箱回收系统并在全国范围推广，方式是京东配送上门送货时回收用户闲置的纸箱，用户获得相应的京豆。据悉，这是在2016年京东针对月饼盒浪费展开纸箱回收行动成功之后的又一次环保创举。纸箱回收看似简单，其实涉及多个方面人员与作业流程，京东为此做了大量的前期筹备工作，主要包括针对纸箱回收对现有配送系统进行调整，回收纸箱筛选标准和规范的制定，以及如何对回收纸箱进行分门别类的整理和再利用等，并对仓储作业人员与配送人员进行了相应培训。

而菜鸟的行动无疑更是声势浩大。今年“双11”，菜鸟在北京、上海、广州、深圳、杭州等十个城市，数百个驿站，全面开展了快递纸箱回收行动，即“回箱计划”。这是菜鸟在绿色回收方面的最新尝试，与以往被动回收方式不同，此次菜鸟联合了中国造纸龙头企业山鹰国际共同行动。纸箱经过消毒、加工后，将被制成包装箱再次用于快递行业，节省大量社会资源。

菜鸟表示，今年“双11”将有近1000万个快递纸箱得到回收，相当于省出近10万棵树，回收率提升至8成以上，节省纸张成本近亿元。

2. 塑料共享快递盒

今年“4.18”期间，苏宁首次推出可循环快递盒，之后逐渐放大共享和循环包装在绿色物流中的应用，即用可循环的塑料周转箱代替普通纸箱，用户取出商品后将其放回苏宁自提点或者交由快递员带回作循环使用。数据显示，截至今年10月，苏宁共投放5万只共享快递盒，累计节约650万个快递纸箱。

今年“双11”期间，共计20万个苏宁共享快递盒在杭州、深圳、重庆、郑州、济南等全国13个城市投入使用。

据悉，这种快递盒的成本为25元，预计可使用1000次，也就是说，单次使用成本仅0.025元，如果平均每个箱子每天循环两次，相比同等大小、成本两元的纸箱而言，10天左右就可收回成本。苏宁表示还将继续研发新型材质，并计划2018年将共享快递盒投放量扩大到20万只。如果这种快递盒能够在全行业普及，那么每天可节约 40 棵 10 年树龄的大树，一年可省下近 46.3 个小兴安岭的树木。

3. 包装减量化

对于电商、快递等企业而言，如何减少每年数百亿个包裹的耗材使用量是重中之重。在这方面，以京东、菜鸟、苏宁等为代表的电商企业均展开了积极行动。

电子面单的使用就节省了大量纸张。如，今年“双 11”菜鸟电子面单使用量超过 7 亿张，仅此一项每年就可以减少纸张成本数十亿元。苏宁物流通过合并包装（同一用户订单），平均每天减少了 12400 个包裹，每年降低成本 450 万元。

京东在各个作业环节进行绿色创新和改进，节省包装耗材，通过电子发票、作业无纸化、电子签收等每年可减少使用纸张 8000 吨以上；通过将封箱环节中所用的胶带宽度由 53 毫米降至 45 毫米，2016 年减少至少 1 亿米的胶带使用；采用三层电子面单代替 A5 面单纸，每年节省纸张 5000 吨以上；物流标签由 100×100 毫米降至 100×70 毫米，每年节省纸张上千万平方米以上。

4. 智能包装算法

由于电商 SKU 众多，商品大小形态各异，需要的包装类型也五花八门，这就使得打包环节常常出现“小商品大包装”的现象，不仅造成包装过度，也耗费材料，而且不适合的包装更容易引起纸箱破损，影响商品质量。不过，这一问题正通过算法得以有效解决。消费者订单一来，智能打包算法系统会立刻对商品的属性、数量、重量、体积，甚至摆放的位置进行综合计算，并匹配相应规格的箱子和数量，以及商品的摆放位置。目前，这种智能打包算法已经在几大电商企业得到了普遍应用。据悉，未来的算法还将进一步升级，实现包装定制化，即根据仓库内商品特性、结合消费者购买组合习惯，定制最适合仓库使用的包装，快递包装耗材有望进一步降低 15% 以上。

根据菜鸟提供的数据，由于箱子空间和数量得到合理利用，可以减少 5% 的耗材使用，每个订单可节省 0.16 元耗材费和 0.12 元配送成本费。以一个日均 10 万单的仓库来说，一年至少可节省 1000 万元。按照 2017 年天猫“双 11”当天产生的约 8.12 亿件包裹数来算，一天便能节省 4100 万个箱子，相当于省出 53 万棵梭梭树。

绿色运输与配送

在运输与配送环节，如何避免运输次数增加或运输迂回，减少运输里程，降低污染排放，是电商企业打造绿色物流的重要方面。借助全行业物流信息化水平的提升，以及“带板运输”、“甩挂运输”等方式的日益普及，上述方面正逐步得到优化和完善。数据显示，通过菜鸟智能调度中枢系统实现全链路路径优化下，可以降低线路用车量 10%，空驶率降低 30%，单车行驶距离缩短 30%。苏宁物流则通过搭建智能物流调度平台，根据订单动态优化配送路线，降低单车行驶距离和空驶率。

此外，更加环保节能的新能源汽车的使用得到了越来越多电商的关注。今年 5 月，京东集团董事会主席刘强东在微博发声，表示运输系统将是京东最大的绿色环保项目，京东已经用了数年时间和国内外六家汽车厂商通力合作，持续研发电动货车，并在今年取得重大突破。“未来五年，我们承诺把数万辆货车全部替换成不冒烟的电动车。”刘强东说。10 月 31 日，京东物流正式宣布引进千辆新能源车，并在北京、上海、成都、西安、沈阳等 10 多个大中城市投入使用。目前，已经有超过 30 款不同车型在末端配送、市内转运等物流环节进行测试及投入运营。

今年在阿里的“全球智慧物流峰会”上，菜鸟正式发布了“ACE”未来绿色智慧物流汽车计划，将打造 100 万辆搭载“菜鸟智慧大脑”的新能源物流汽车，让大数据助力绿色物流，通过数据帮助快递公司、配送员思考和决策，最终打造一张移动的绿色智慧物流骨干网。今年“双 11”期间，菜鸟数万辆新能源车辆在全国 30 多个城市运行。

绿色仓储

绿色仓储是一个庞大的系统，包括仓库建设、节能设备应用、仓库作业优化等多个方面内容，如仓库屋顶光伏发电技术的应用以及仓库LED节能照明系统的改造，新能源叉车以及密集存储系统的使用，标准托盘、周转箱的循环共用等，均属于绿色仓储的范畴。因此，电商企业在选择堆垛机、输送分拣设备、穿梭车、叉车等物流设备时，越来越关注节能指标；屋顶光伏发电、LED照明系统成为越来越多仓库建设的选择。根据中国仓储与配送协会的测算，仓库屋顶光伏发电每平方米每年可发电45度，如果全国仓库屋顶实施光伏发电，每年可发电数百亿度。例如，京东“亚洲一号”通过广泛采用微波感应LED照明系统实现省电72%；同时通过全面采用保温隔热材料，保证良好的通风和自然采光效果，降低了能耗。

结语

实际上，电商企业的绿色物流行动远不止于此，也超出了自身范畴。如，菜鸟通过数据算法能力把消费者购买绿色包裹的行为与支付宝的蚂蚁森林连通，让人人都可以为物流环保出力，并承诺在西北沙漠化土地上种植出一片“双11绿色包裹专属生态林”，预计首期植树至少10万棵。未来菜鸟还将以“双11”为场景，推动绿色物流在政府部门、物流行业、商家和消费者之间的互动，已获得踊跃响应。京东每年投入数亿元，致力于实现贯穿整个产业链的全链条绿色物流，力争在全国年收入过万亿的企业里碳排放量、能源消耗量都最低，污染趋向零排放，为社会创造更大价值。苏宁也表示未来还将着眼于全行业，上下游全供应链，在包装材料、节能环保、新能源等领域发展绿色包装、节能仓储、高效分拣、低耗运输，将绿色智慧物流进行到底。

除了几大电商在绿色物流方面的持续发力，快递行业作为物流的一大主体也在积极行动。近日，菜鸟联合圆通、中通、申通、韵达、百世、天天等中国主要快递公司发出联合倡议，希望物流行业全面投入绿色物流行动当中，通过新型材料研发和替换、资源回收和循环利用等方式，让绿色成为物流最美的风景线。

正如阿里巴巴董事局主席马云呼吁的那样：“‘快’保证不输，‘绿’才能赢”。通过梳理电商绿色物流进展情况，记者已经感受到一股清新的绿色之风正迎面扑来。

（来源：物流技术与应用　2017-12-27）

外媒：中国电商物流的深刻变革 即将全面袭来

外媒报道称，根据国际物流咨询机构Armstrong & Associates的统计数据显示，目前全球物流市场价值约9万亿美元，而中国内地市场就占据了2.2万亿美元的份额。在这其中，价值达到435亿美元的快递行业则是增速最快的一部分，这一细分领域的年度复合增长率甚至超过了30%。因此，在低廉的快递费用博得越来越多消费者青睐的同时，许多投资者也开始对中国快递业充满了兴趣。

中国电商物流现状

国际咨询机构BDA董事长克拉克-邓肯（Duncan Clark）表示：“从某种程度来说，中国的消费者可以说是被宠坏了。因为快递费用低廉，中国消费者相比美国和欧洲更偏爱网上购物。”

邓肯称，目前中国的平均每单快递费仅为1.9美元（约合13元人民币），而美国的平均每单快递费用则高达5-10美元（约合35-69人民币）。因此，中国消费者在买上半打套衫后再通过快递的形式退回五件也毫不担心。与此同时，走街串巷的快递员将自行车停在一边在马路边分拣包裹的现象也是随处可见。不过，类似这样的场景可能会很快从中国物流行业中消失。

德勤中国物流和运输行业负责人John Song说“中国物流行业的变化非常快，已经有许多自称‘科技物流’企业在包括IT系统、大数据、无人机派送、自动驾驶以及最后一公里配送方面投入了巨额资金。”

其中，最为典型的一个例子或许就是菜鸟网络。而且，中国电商巨头阿里巴巴持有菜鸟47%的股份。同自建物流体系的亚马逊、京东等公司不同，菜鸟网络通过联合数十家中国大型快递企业（包括顺丰集团、申通、圆通、中通、韵达、宅急送、汇通等）打造出了一张辐射全中国的物流版图，并且通过数据平台的方式帮助快递快更加高效的实现配送。该公司的最终目标是“让全中国任何一个地区做到24小时内送货必达”，而截至目前，已经有70%的快递包裹运行在了菜鸟平台上。

BDA董事长克拉克－邓肯注意到，菜鸟网络的出现其实同美国富国银行在19世纪中期出于对国家邮局低效办事方式不满而创办私有包裹邮寄服务如出一辙。菜鸟网络CTO王文彬表示，即便我们的IT系统迎来升级，中国快递企业也依旧远远落后于诸如UPS和联邦快递这些企业。幸运的是，虽然我们起步较晚，但中国完全有能力在快递领域实现跨越式变革。

可以肯定的是，中国目前仍然是一个劳动密集型市场，同时面临着一系列问题。比如，邮政编码不准确、城市快速扩张导致新地址层出不穷等。不过，菜鸟网络却通过标准地址库和统一数字编码的方式减少了配送时间、成本和错误率。

通过减少纸质单据、采用电子面单可以帮助快递企业平均每单减少0.54人民币的成本。对此，王文彬透露菜鸟网络在2016年就通过这一方式节省了大约10亿人民币的成本支出。　　但外界更为关心的一个话题是，已经成立三年之久的菜鸟网络究竟还要多久才能实现盈利。

深刻变革即将全面袭来

全球咨询公司汤普金斯供应链咨询主管吉姆－汤普金斯（Jim Tompkins）将菜鸟网络的运营模式形容为“下单前竞争、下单后合作”（pre-click competitionand post-click collaboration）。

“通过多方合作，菜鸟和传统快递企业能够达到更大规模级。这非常聪明，是非常理想的合作模式。换句话说就是，将你和我的包裹一起送出去意味着数据利用的最大化，效率得到提升，成本则迎来下降。”汤普金斯说道。

王文彬还表示，大数据的介入还意味着我们能够更加准确的管理库存，并知道应该将货物提前存储在哪个区域。“如果我们可以整合诸如天猫和淘宝的产品销售数据，我们就能准确知道明天有多少包裹将发往上海。最终，我们能为快递公司、仓管企业、商家和供应链管理公司提供端对端的预测服务。”

法国里昂证券驻香港通信与互联网行业研究主管梁向奕（Elinor Leung）指出，数据表明亚马逊那种自营物流的模式在中国是行不通的。他表示，亚马逊的23万员工每天需要处理580万个包裹，而京东的十万员工每天需要处理350万个包裹。如果我们将这一包裹量数量提高到阿里巴巴每天数千万单的级别，那么就需要雇佣100万的员工。但事实是，菜鸟网络一共只有1200多名员工。

德勤的John Song认为，快递企业的行业整合即将来临，而放眼全球范围也只有三家最大的快递巨头：UPS、联邦快递和DHL。

国际咨询公司Armstrong & Associates总裁伊万－阿姆斯特朗（Evan Armstrong）指出：“如今物流行业的竞争仍然十分激烈，许多大型国际快递企业正在花费巨资打造在中国国内的快递网络。因此，我们相信在这个市场未来高速发展的过程中将会吸引到更多的投资，同时也伴随更多的行业内部整合。”

（来源：腾讯科技 2017-02-09）

菜鸟联盟春节物流忙不停 上海收发包裹最多

随着春节假期接近尾声，菜鸟联盟打造的“春节不打烊”物流服务也即将同步收官。“不打烊”期间，菜鸟联盟持续为全国数十个城市的消费者提供了优质物流服务，其中上海是春节收发包裹数量的全国之最。 随着大批物流从业者节后返工，快递服务将逐渐恢复到日常的节奏。 上海收发包裹最多 春节期间，菜鸟联盟“春节不打烊”服务的消费者遍布全国。

据菜鸟网络平台的数据显示,“不打烊”期间包裹发货量最大的城市分别是上海、广州、北京、苏州、天津、成都、武汉、金华、无锡和杭州。 包裹收货量最多的城市则分别是上海、北京、杭州、广州、苏州、深圳、天津、成都、重庆和南京。 从数据上看，一二线大城市依然是春节电商消费的主要区域，其中上海是收货量和发货量的双料冠军。 为了保持物流服务始终在线，菜鸟联盟的物流合作伙伴高效投入，把菜鸟联盟的包裹准时送到了消费者手上。送出最多的商品是暖宝宝 菜鸟联盟的数据显示，超市类商品和大小电器是消费者春节期间特别钟爱的年货商品。 尤其是天猫超市的商品，依托于菜鸟联盟提供的高效精准的物流服务，在春节期间继续成为消费者的购买重点。 这个春节，菜鸟联盟为“不打烊”区域的天猫超市订单提供了“迟到免单”的服务承诺，受到了消费者的交口称赞。 数据显示，菜鸟联盟“春节不打烊”送出的商品中，数量最多是的天猫超市售出的“暖宝宝”。

在包裹数量排名前十的商品中，仅天猫超市售出的食品就占据了 6 席。 菜鸟联盟送出的包裹，还成为支付宝集福卡的一种热门方式，吸引了大批消费参与。 物流服务促进消费升级 与双 11、双 12 等电商大促相比，“春节不打烊”对物流业的考验更加严格。 菜鸟联盟负责人介绍，如果说双 11、双 12 等大促消费还能在国外找到黑五这样的类似形式，那么春节消费则是在全球都找不到经验的独特场景。

在物流方面，春节的独特性主要包括：大部分物流人员处于假期，少部分物流资源值班应战；大量消费者离城返乡，改变了惯常的物流链路；特殊的节日气氛和传统习惯对商品的消费需求不同于平时。 “菜鸟拥有全球最大的物流数据库，菜鸟联盟把大数据作为核心武器，可以准确分析判断节日消费需求，帮助商家提前分仓布货。通过大数据的优化，我们可以提高端到端的物流效率，从而保障在少量的物流资源投入下，整个物流效率不打折。”菜鸟联盟负责人表示，通过大数据实现春节这种特定场景下的智能物流服务，将有助于促进消费升级。 数据显示，在冬季天气极端、物流资源少等客观条件下，菜鸟联盟的春节物流订单依然有 9 成以上实现了次日送达。

（来源：北京物流公共信息平台 2017-02-06 ）

物流成为电商角力新战场

“双十一”过后，最辛苦的当属快递哥了，相关统计数据显示：电商“购物节”后的 3~5 天内，是各大快递公司最繁忙的时候。有了前几年的经验，很多物流企业在 2013 年“双十一”到来前，就已经做好准备，出动各种运输工具，用来备战“双十一”，即便如此，还是出现了不少快递滞后配送的情况。

传统行业笑了：原来电商也有弱点，一旦物流系统“不给力”，就会令其名声大减，这样一来，我们就有机会了。现实并非预想得那般美好，当电商之间展开激烈竞争的时候，已经意识到物流的重要性，于是，他们转而开始建立自己的物流系统，对于传统行业来说，当物流变成电商角力新战场的时候，你们更应该注意了。

长期以来，电商都不得不依靠第三方物流生存，虽然很无奈，但又是短时间内无法改变的状况。这时候，有人按捺不住了，开始将资金投入对物流的建设上，不难看出，这会令电商的经营业绩更上一层楼。这个过程中，已经出现了佼佼者，通过建立自己的配送平台，从而留住顾客。

上线几年来，苏宁易购一直以“黑马”形象示人，不但创造了令人骄傲的成绩，还建立起自己的物流系统，这在电商中很少见。苏宁电器管理层表示，到 2015 年，物流方面总投入可能会达到 150 亿元，做到在全国 60 个城市有物流点。

面对线上产品越来越多的情况，苏宁易购拿出了新的方案：不但要保证大件按时送达，还要做好对小件的处理，以满足不同客户的需求。

随着越来越多的产品上线，建立更多自动化仓库成为迫在眉睫的事情，所谓自动化，是要做到立体存储、语音拣选、电子标签拣选和自动包装等，这些技术的投入，会大大提升物流配送的效率。苏宁方面表示，一个自动化仓库，能同时存储 300 万件货物，每小时可以处理 5000 个订单，满足 350 家门店的调拨需求，并实现 200 公里以内在一天里送货的需要。

依托强大的苏宁商城，线上销售网络正向全国各地撒网蔓延，同时，苏宁易购也在一些重点城市设立了小件配送模式，自建的毛细物流平台，更是承载了百货、小家电等商品的配送任务，保证物品能够快速准确地到达顾客手中。

想要抢占更多市场份额，电商便需在物流环节上做足功课，越是能缩短配送时间的电商，越能抓住顾客的心。目前，国内已经有好几家电商逐步建立起物流系统，虽然能进行独立操作的屈指可数，但这已然成为不可改变的趋势：在互联网经济日益发达的今天，电商之间也开始激烈追逐，做自己的物流便是其中一个很重要的方面。

说到国内电商，阿里巴巴一直保持较领先的地位，它也在建立自己的物流平台，去年 9 月已经宣布即将整合物流事业部和菜鸟网络，并且加大此方面的投入，争取早日创建数据化平台，从而帮助物流事业的发展。可见，当传统行业还在与电商打价格战的时候，后者已经把重心放在了物流环节上，这更令实体店感觉措手不及，因此感觉到互联网正带着强大的气势走来。

如今的情况是：未建立物流平台的电商，开始逐步打造适合自己的配送中心；已经尝试过自有配送系统的电商，开始减少物流的外包比例，增加本公司物流配送率；对于同苏宁易购相类似的电商来说，不断扩大仓储能力和提升配送速度，成为他们要考虑的事情。

互联网企业已经进入竞争白热化的阶段，曾经的“蓝海”已经变成“红海”，此时，传统行业的压力更为明显，如果还没有足够的危机感，就有可能陷入更严重的灾难中。

（来源：电商部落 2018-01-26）

2017 年全国网络零售额达 7.18 万亿元 同比增长 32.2%】

在 2018 年 1 月 25 日的商务部例行新闻发布会上，商务部新闻发言人高峰披露，2017 年我国网络零售额达 7.18 万亿元，同比增长 32.2%，增幅连续两年下降后迎来反弹。高峰表示，2017 年全国网络零售额由高速增长向高质量发展转变，网络零售对消费的拉动作用进一步增强，其中，智能穿戴、高端家电、生鲜食品、医药保健等商品品类网络销售增速均超过 70%。

高峰介绍，2017 年，我国网络零售市场规模不断扩大，业态多元化、消费品质化趋势显现。2017 年，全国网络零售额增速较上年提高 6 个百分点，结束了 2015、2016 年连续两年增速下降的趋势。

北京商报记者进一步梳理发现，2011-2017 年，全国网络零售额一路攀升。2011 年，全国网络零售额仅有 0.78 万亿元，而到了 2017 年这一消费规模已增至 7.18 万亿元，是六年前的 9 倍多。其中，2011-2014 年增幅较大，均在 40% 以上。而后，随着电子商务规模基数的扩大，全国网络零售额增幅逐渐放缓，2016 年全国网络零售额增长 26.2%。对于 2017 年，业内分析称，随着我国网络零售行业逐渐成熟，电商新业态发展迅猛，再加上区域结构不断优化等因素，使得全国网络零售额增幅在连续下降两年后再次上涨。

有专家表示，网络零售市场规模的不断扩大，得益于区域结构的不断优化，以及电子商务新主体、新业态的快速发展。2017 年中西部地区网络零售市场发展迅速，据商务部监测的信息显示，网络零售交易额排名前五的广东、浙江、北京、上海、江苏五个省市占全国比重为 74.8%，同比下降了 3.8 个百分点，区域集中度有所下降，西部地区交易额增速达 45.2%，比东部地区高出 12 个百分点。

（来源：北京商报 2018-01-26）

2017，你不能不知道的十种最赚钱的电商运营模式

选择什么样的运营模式，就决定了什么样的生存发展之路！如何杀出重围，获得竞争优势？如何成功转型，塑造自己的品牌？就目前先进的发展模式进行了深入研究，本文总结出以下十种最赚钱的运营模式。

模式一：中粮模式——玩转产业链

中粮集团作为国内龙头农业产业集团，已经从单一的粮油贸易延展到全产业链。通过对涉及农业的各领域，包括技术、信息、种子、金融服务、网络、渠道、终端等进行投资和整合，从而使产业链的各个环节进行全方位的投资与服务开发，在米、面、油、糖、肉、奶、饲料、玉米深加工产品、番茄酱、葡萄酒等均在国内取得了一定的市场规模和影响力。

解读：整合产业链是基础，玩转产业链的各大环节才是王道！在我们服务的很多农业企业中，涉及到米面粮油、鸡蛋、榨菜等各大领域，虽然他们只涉及到一个细分产业，但却把产业做到了极致！您为您的企业找到玩转产业链的有效方法了吗？

模式二：依云模式——用稀缺产地资源

依云，法国最普通的矿泉水，为何能在中国的超市卖到 20 几块？原因不仅仅因为它来自阿尔卑斯山，还在于背后的关键词：世界少有、无污染地区，海拔 2000 米以上，年均温 0° C 以下，丰富无污染。就是因为地域的唯一性和独特性，造就了产品的唯一性和独特性。使之成为了世界上最贵的水！

解读：学会利用产地优势，形成强大竞争力，不是所有矿泉水都叫“依云”！在与客户的接触中发现：他们背后并不缺乏资源，缺乏的是学会如何嫁接资源的方法！如乌江榨菜企业，一句“中国榨菜数涪陵，涪陵榨菜数乌江”顿时红遍大江南北，还迅速带动了当地企业形成产业化发展，大大刺激了当地经济的飞快发展！更多精彩欢迎关注公众号创业中国。　　您为您的企业找到独特的稀缺产地资源了吗？

模式三：双汇模式——走深加工之路

作为老牌肉食品企业，双汇不是单纯的卖火腿，而是借助当地（河南）养猪的原料资源所具有

的规模优势，通过引进先进技术，不断挖掘深加工，双汇摩拳擦掌打造“畜禽—屠宰加工—肉制品精深加工产品链”，加强畜禽养殖基地和产业带建设，提高工业化屠宰集中度，依托精深加工，加工销售生鲜肉是双汇发展新的战略重点，双汇一手推开了市场之门，一手则挽起农民同奔富裕。

解读：立足自身资源，引进先进技术，走深加工之路，不断挖掘深加工环节的含金量，大大转化高附加值，绷紧整个产业链条，这是农产品加工企业制胜的关键，正在成为越来越多涉农企业的选择。您的企业资源虽然雄厚，但您找到使之转化为高附加值的方法了吗？

模式四：阳澄湖大闸蟹模式——饥饿营销 + 网络营销 + 会员卡制度

为何偏偏阳澄湖大闸蟹每年没上桌前，都被能被炒的“红遍全球”核心：转变营销模式！阳澄湖大闸蟹在产品尚未上市之时，利用微博在网上热炒，并实行团购预定。为了满足顾客的多样化消费需求，以渠道为依托，直营店里的蟹卡采用了磁条记忆的技术，实现了可多次刷卡消费及反复充值使用的便利。“饥饿营销 + 网络营销 + 会员卡制度”让一只小小的螃蟹在经济低迷的时期依旧火爆！

解读：老树如何开新花？传统农业品牌需要在营销思路上大胆创新！转变固有的传统营销模式，产品在墙内开花还仅仅是第一步，只有墙外香遍消费群的内心深处，才能成为真正的品牌！您有为您的产品深度思考过全新的营销模式吗？

模式五：极草 5X 模式——利用稀缺效应

极草 5X，更是被戏称为“极草 X5”。一年的销售额就达到 18 亿，据了解，目前仅北京市场单店的月销售额基本都在 100 万左右。即便在今年在大市场环境不佳的严峻形势下，市场表现依旧强劲。为什么？一根小小的“极草”威力为何如此大？极草“5X”利用产地的唯一性，利用产品的稀缺性，贩卖稀缺打造了一个亿级的礼品市场。

解读：利用产品本身的稀缺属性，再加上贩卖稀缺的营销方式，让极草 5X 的盆满钵满！只有站在战略的高度，通过新奇的营销思路，挖掘您产品背后的稀缺特质，才能使之与其他竞品形成鲜明的差异化。

模式六：百瑞源模式——嫁接旅游资源，赚大钱

以往被外界一贯认为是“地摊货”的宁夏枸杞，有时候实在是让人拿不出手，但又没有更好的东西可送，最后只能落于自豪与羞涩的尴尬境地。但百瑞源是个例外。这家企业创造了一个奇迹：日销百万元，单店年销破亿元。它是怎么做到的呢？文化元素 + 旅游整合，创造前所未有的行业奇迹！百瑞源大力挖掘枸杞背后的文化元素，打造了百瑞源枸杞养生馆及博物馆，百瑞源枸杞养生馆以“尊贵、优雅、品位”的品牌个性，融枸杞养生文化、枸杞系列产品与品牌文化于一体；让客户在体验和购买产品的同时品味优雅生活、感受养生文化。更多精彩欢迎关注公众号创业中国。

解读：在产品背后，还要深挖其背后的文化，可结合故事化的手法，延伸品牌的文化内涵，让消费者不仅能感受到产品的品质，还能联想到其所代表产品的深厚文化底蕴，同时巧借当地资源优势实现产品动销，可以达到意想不到的效果。您有深入研究过您的产品及其产品背后可以嫁接的地理优势和旅游资源吗？

模式七：沱沱工社模式——玩转电子商务，赚大钱

随着食品安全问题频发，导致很多中小食品企业倒闭，但也有一些企业抓住了这个契机，大赚了一把！很火的网上购物平台沱沱公社，依托其自身的产业基地，利用消费者对食品安全问题的恐慌，创办中国首家专业提供有机食品的 B2C 网上购物平台，抓住了食品供应体系的根源问题，贩卖有机让它成为白领购买有机产品的首选。

解读：传统渠道已经逐渐呈现出“僵尸化”态势。天猫、淘宝、京东商城等电商们的电商大战，就已见端倪！对目前的农业企业而言，随着信息技术及移动互联网技术的飞快发展，人们的消费环境及消费手段正在发生变化。在这个时刻，对众多农民企业而言，一定要学会运用新兴渠道的力量来贩卖自己的产品！您找到适合您企业及产品的电子商务模式了吗？

模式八：斯慕昔模式——社区会员直供，赚大钱

如果你是一家做饮品的企业，如果有人问你，你的产品在哪里卖？估计大多数人首先会想到超市或是其他流通渠道。但斯慕昔告诉我们，这些方式都已经被我们“玩剩下”了！斯慕昔饮品在网上直接销售会员卡，只要会员一个电话，足不出户，几个小时之内就能喝上“特供”的饮料，再加上还有“月卡、“季卡”、“年卡”等优惠措施，受到不少白领的喜爱。不仅如此，斯慕昔还走进社区便利店，让消费者能够更快、更便利的喝到纯正无添加的果汁。

解读：给消费者提供更为便利的购物体验，将是未来战胜竞争对手的有力法宝！目前像鸡蛋、米面粮油等一些跟我们生活贴近的农民企业，已经开始深入社区，让老百姓足不出社区，就可以吃到最新鲜、健康的食品。您为您的产品找到“贴近”客户的方法了吗？

模式九：千岛湖模式——跨界餐饮，赚大钱

面对日益激烈的市场竞争，已经使不少企业开始转换思路，开始了新的玩法。浙江的千岛湖就是其中的一例。对外地游客来讲，来千岛湖就是“赏天下第一秀水，品淳牌有机鱼头”，否则便是枉到千岛湖了。杭州千岛湖发展有限公司开创了我国有机水产品养殖的先河，并以鱼味馆为载体，成功举办千岛湖杯全国淡水鱼烹饪大赛，把有机鱼头卖给全国各大的品牌餐饮店，成为各大品牌餐饮主打的招牌菜，从地区走向全国。迅速提高知名度，占领市场。更多精彩欢迎关注公众号创业中国。

解读：在市场竞争激烈的今天，跳出传统产品开发思路，提升产品的技术含量及其附加值，在“跨界”之中借力，在借力之中形成合力，跨界开发新产品正在成为越来越多企业的选择。您为您的企业找到新的突破思路了吗？

模式十：黄飞红模式——错位变身，赚大钱

一个做调味品的企业居然做起了休闲食品？而且一年还有2个亿的销售额，这能不让人羡慕吗？它就是黄飞红！作为这两年休闲食品市场备受瞩目的一颗新星，它只是把最普通的农产品——花生变了一个新的吃法，就迅速杀出一片新天地，成为时尚白领的最爱！这让多少休闲食品望尘莫及，但也只能羡慕、嫉妒、恨而毫无办法。

解读：开发适合市场的产品，错位营销能有效规避产品功能的同质性和营销策略的趋同性，走出一条属于企业自身的产品和营销之路，错位营销也能赢得新商机。

以上就是未来最赚钱的十大运营模式的全面解读，这些吸金运营模式你get到了吗？好的案例你也只能学习人家的思路，而不能照搬。

（来源：北大纵横 2017-01-17）

电商：移动端品类新战场

阿里巴巴董事局主席马云说，从2017年起不再提电子商务概念。言下之意是，未来线下企业必须走到线上，线上企业必须走到线下。阿里巴巴与京东是目前中国最大的线上零售巨头，一同走在这条路上。

阿里巴巴以平台模式为傲，京东以自营模式起家，近年来模式逐步趋同。双方的年度活跃用户分别为4.23亿与1.881亿，但活跃用户的增速呈下滑趋势。这迫使电商巨头在战略定位上从电商升级到“新零售”。一方面，继续向线下进攻，抬高行业的“天花板”；另一方面，还要在稳固各自地

盘的同时，从对手那里虎口夺食。（详见《财新周刊》报道《对决新零售》）

阿里希望打造菜鸟物流，冲击京东自营物流体系的高壁垒，同时深入其优势品类3C和家电；京东则想自营和平台业务两条腿走路，打进阿里擅长的服饰和美妆品类。当下双方短兵相接的品类是网上超市业务，仅2016年9月以来，双方在这一领域分别投入的补贴就达数亿元。

随之而来的是一系列相互卡位的新动作。6月，沃尔玛与京东宣布达成深度战略合作，沃尔玛将1号店的第三方平台1号商城的主要资产：包括“1号店”的品牌、网站、App打包卖给京东，获得京东约5%的股权。10月，“京东+沃尔玛”的O2O（线上线下）合作宣告落地，沃尔玛全面接入京东及其旗下物流平台新达达。同样在10月，阿里与苏宁各投资10亿元成立“猫宁电商”，苏宁占股51%，阿里占股49%。

京东的平台化也就意味着资源和权力的重新分配。这也是2016年下半年以来京东人事布局的起因。京东成立了新的营销体系，下设六个一级部门，前台是市场、公关、广告；中台是平台运营部、UED（用户体验）、平台产品研发部。此前，京东的平台体系直邮仓配售后等运营部门。

高层人事随之更替，“老臣”重握实权。2015年跳槽京东负责整体营销的前宝洁高管熊青云，入职不到一年就被调离，由负责无线业务的徐雷接替；京东“老人”、商城运营体系负责人王振辉晋升为高级副总裁；从京东内部培养起来的管培生，大批进入中高层。

阿里巴巴也在按照新零售的未来布局，打通业务、营销和运营等环节。将天猫团队和聚划算团队合并。新天猫平台增多一个层级，成立营销平台事业部和运营中心。具体而言，天猫将成立三大事业组：快速消费品事业组（包括天猫超市、美妆洗护、食品母婴、天猫生鲜等业务）、电器家装事业组（包括电器城、天猫美家等业务）、服装服饰事业组（包括男女装、箱包鞋帽、内衣配饰、珠宝首饰等业务）。值得注意的是，天猫超市被并入新成立的快消品事业组，原负责人江畔被调往CEO办公室。（详见财新网报道《阿里零售电商平台架构调整 超市业务并入天猫》）

阿里巴巴旗下的另一购物平台淘宝同样在寻求新定位，即从原来的简单的商务平台会转向创造创意和创新的平台。2016年，整个淘宝在市场规划上进行了很大的调整，从以往更强调品类的导购，到推出了针对人群的细分市场，例如关注家居的“极有家”，迎合年轻人的“潮玩生活”等等主题。“为了迎合这样的需求，在消费者这样的体验上面，除了提供商品的购买的体验之外，我们开始提供娱乐、提供更多内容，以及互动情感类沟通的功能。”淘宝网副总裁张勤表示，天猫是帮助消费者节省时间，淘宝更多的是帮助消费者消磨时间。（详见财新网报道《淘宝求变 要从“万能”到“造物”》）

阿里巴巴旗下物流公司菜鸟网络被视为继电商平台、蚂蚁金服之后的阿里第三个增长极。阿里借此进入物流领域，并开始为这个领域制定行业标准。2016年3月，菜鸟宣布完成首轮融资，融资额达百亿元，整体估值近500亿元。菜鸟将以阿里为核心，依托各股东及合作方，成为整合电商物流上下游资源的纵向一体化平台企业。（详见《财新周刊》报道《500亿菜鸟起飞》）

在过去三四年，跨境进口零售从无到有，并随着巨头加入，迅速兴起。4月，跨境电商新政出台，因新政实施过急、缓冲期太短，同时“正面清单”实施细节不明、权威部门解读缺失，诸多技术问题存在，让商家、平台、跨境服务企业及海关集体陷入“熔断”危机。一个月后，财政部关税司宣布，跨境进口零售新税政暂缓一年实施。（详见财新网报道《跨境电商急刹车》）

财政部关税司负责人表示，在2017年5月11日前（含5月11日），对天津、上海、杭州等十个试点城市经营的网购保税商品从中央仓库进区时暂不验核通关单，暂不执行化妆品、婴幼儿配方奶粉、医疗器械、特殊食品的首次进口许可批件、注册或备案要求；对所有地区的直购模式也暂不执行上述商品的首次进口许可批件、注册或备案要求。

“无商不电”是中国当下商业的真实写照，但电商在实际运行中仍存有诸多法律空白。12月，在十二届全国人大常委会第二十五次会议上，备受关注的《电子商务法》草案首次提请审议，有望在2017年底前出台。草案强制推行电子支付实名制，同时设专门条款保护消费者个人信息。

（来源：财新网 2017年01月02日）

小斑马货栈共享云仓：让企业利用物流确立优势

物流成本一直以来都是商业活动中备受关注的问题。越来越多的企业开始关注到如何通过降低物流成本提高整体效益。在物流成本中，管理费用和运输成本都在下降，而仓储费用明显上升。这促使仓储行业的变革正向深度和广度发展。

在电商行业，仓储物流更是成本中心。电商想要给客户更好的购买体验，快速的送达时间。比如，上海本地有5000平米仓库的母婴电商，每日来自全国的订单近6000单，部分江浙沪的订单可以实现次日达，而发往东北、西南等地的订单则需要发顺丰来保证时效，顺丰成本比普通快递高上好几倍。若采用分布式云仓，全国各地客户就有可能上午下单，下午就收到了离他最近仓库发出的商品。这种类似于京东的做法，在多个区域建立多级仓储体系的方式，通过数据管控和集中协同，真正实现了低成本高时效的发货保证。而对于中小电商企业来说，全国建仓显然不可行，保证时效难度非常大。

小斑马货栈的出现，极大的帮助电商企业解决了全国分仓与仓配一体化的需求。截至目前，小斑马平台各类共享仓共计300余座，与适合不同业务的多种运力网络结合，编织了一张覆盖全国的仓配网络，可以满足不同用户的仓配业务需求。用户可以通过全国分仓发货的方式，实现200多个县市的包裹次日达。这样任何小斑马货栈的用户都可以通过平台缩减配送时间和降低物流成本获得买家的极致到货体验，从而确立自己明显的竞争优势。

另一方面，无论是电商企业本身的仓库，还是传统连锁企业的B2B仓、落地配企业转型仓等面临不同周期的仓库空置率问题，在淡季时仓储空间大量闲置，而在旺季时仓储空间又不够。小斑马货栈通过共享将全社会闲置的仓储资源整合，并帮助其赋能以更专业、更标准化的仓配服务来向更多电商提供服务，使其利用闲置资源创造新的利润。

小斑马货栈CEO马超说道："就像美国房租共享经济提供商Airbnb的经营模式一样。让仓库业主将自己仓库的闲置部分共享出来，由我们负责规划、改造、评星、定级、招商、担保、管理、结算等服务，帮助仓库打破行业限制，实现集约化运营，整合优化资源配置。仓库业主可以共享智能系统，平台客服等，降低运营成本、获客成本、服务成本，获得更大规模和效益。"

通过平台，搭建服务于供应链上下游的用仓、分仓、共享仓网络，同时满足仓库、运力、电商客户在不同场景下的不同需求。这样任何企业都可以通过平台，利用物流确立他们的优势。据了解，目前，小斑马货栈是国内率先提出这种解决方案的公司。平台已帮助158名用户共节省了3000万小时配送时间，同时节省了500多万元仓配成本。 "未来电商企业将仓储、配送、生产等能力进行变现的能力将成为其核心竞争力。"马超认为。

在今年7月5日的国务 院常务会议中，国务 院确定了进一步降低物流成本的措施，持续为企业减负，助力经济升级。其中，推动物流降本增效，是推进供给侧结构性改革的重要举措，也是促进大众创业、万众创新，扩大就业和发展现代服务业的基础。在这样的大背景下，小斑马货栈厚积薄发，依托共享经济搭建了全国仓网体系，帮助中小电商企业解决仓配需求的重大难点，同时打通供应链上下游打造扁平化供应链系统。这种共享云仓模式无疑为物流行业的变革打开了新的篇章。

（来源：产业动态 2017-10-13）

盘点：2017 年电商和快递物流五大事件

由于电子商务的高速发展，快递市场蛋糕越来越大，许多快运企业纷纷开始转型做快递，而与此同时快递企业又相继布局快运领域，快递与快运的邂逅，已然是一首巴赫的演奏曲，其最后的休止符何时出现，仿佛成了今年物流圈的一大谜题。

物流在未来的定位到底是小型包裹还是大件，现在下定论为时过早，面对变化多端的市场，国有企业、私有企业相继在今年加大快递和快运的融合，竞争越来越激烈。

圆通勇敢试水快运

3 月 1 日圆通快运正式试运行。圆通试运行涉及北上广江浙等地，不出意料的采用“中心直营 + 加盟网点”的扁平化管理方式，且在其现有转运中心开设快运操作模块。

之后，圆通速递正式发布公告聘任邓小波（原德邦副总裁）担任公司副总裁，明确邓小波分管营运中心、快运管理部（原快运事业部）工作，协助总裁处理速递国内业务板块工作，汇报对象为总裁。

实际上，圆通进军快运已经是“公开的秘密”，喻渭蛟多次公开表示，未来的圆通要做“新物流”，涵盖快运、仓储、冷链、金融等业务。特别是在去年上市后，圆通就曾试图收购一家全国排名前五的快运公司，但最后以失败告终，当时业内普遍认为该快运公司为天地华宇。可是先前的公告中就有称，拟通过重大资产重组，收购优势资产，从而推进原有快递业务，整合产业上下游，实现协同发展。

而对于圆通收购先达国际一事，快递专家赵小敏曾说，圆通此举是为了更快地加速国际布局，“目前国内几大上市快递企业在国际化道路上都没有自己的特色，圆通也在其列。所以，收购成为圆通比较好的选择，先达国际在市场规模方面做得比较不错，而且布局全球，在中亚地区也有一定的影响力，但此次收购的价格有些偏高”。所以在快运业务方面，圆通依旧坚持以内带外，兼收并蓄，发扬“桐庐帮”骨子里永不放弃的精神。

随着各家快递企业跨界零担快运，后入局者会越来越难，而就在圆通入局快运两个星期以后，德邦向 A 股证监会提交了招股说明书，没赶上去年上市潮的德邦在这个时间点急着上市，到底是出于什么目的，其扩建网点的质量又能否对现有的快递市场造成冲击，等等一系列尖锐而又深刻的问题及答案渐渐浮出水面。

德邦强势出击快递

3 月 16 日国内零担物流领域巨头德邦的招股说明书出炉，从说明书披露的数据可以看出，零担佼佼者正在发力快递领域。德邦对于快递业务的定位是“中国性价比最高的重货快递”，更是号称要赶超顺丰，可见是卯足了劲要死拼快递领域。

德邦募集资金的投放方向果不其然的聚焦在快递业务，其中仅直营网点的建设就需要 3.7 亿元，可见德邦在配送方面的布局有多么深入。

众所周知，因为德邦的电商件主要是大件，可是这样的件数不是特别多，无法达到一定的规模，难以均摊成本，拉低单价。天风证券姜明团队评论认为，“公路零担运输行业由于客户多为小型货主的原因，其增速与纯消费 + 互联网驱动的快递行业难以比肩，整体受经济活动（贸易商）活跃度的影响较大，因此在增速上将弱于快递，这一点从德邦自身零担业务的收入增速也有所体现。”

同样作为零担巨头的远成，在董事长黄远成出山后，便极力推崇快递，并与菜鸟联盟走到了一起，深入拓展了业务类型。

远成求助菜鸟转型快递

7 月 18 日，远成快运获得国家邮政局颁发的全国快递业务经营许可证。

公司董事长作为一名在物流行业摸爬滚打几十年的老兵，凭借着极强的市场敏锐度和整合能力，将透明化供应链能力提升了不止一个档次，此次出山以后想必是要在快递领域掀起一波势不可抵挡的洪波。

实际上，远成之前的核心板块只有五个，分别是快运、物流、冷链、供应链、物流园，但是唯独没有快递这一业务。作为一个综合物流服务商，实力自然毋庸置疑，当很多快递企业在着手快运市场时，远成却强势进军快递圈，把以前快运板块升级为快运快递。

今年双 11 远成也与菜鸟一起并肩作战，将研发的“朱雀 SRM”系统运用在快运快递领域的全生命周期，和菜鸟在系统上形成了完美的对接，进一步提高业务水准。

可惜，远成暂时在上门取件业务上不成熟，快递单件的价格制定成为了一大难题，对于自身的市场定位也很尴尬。所以远成快运想要迅速转型快递，还是得一步一个脚印，按部就班的跟随产业链的节奏来操盘。

韵达快运迎接“大件时代”

10 月 10 日，韵达快运第一票货物从上海出发，标志着韵达快运正式起航。2016 年底坊间就流传，韵达股份多元化发展将至，总裁办成立项目组，并启动快运业务。“韵达股份在快递行业近二十年的沉淀，在网点、车辆资源、人员等方面具备优势，一定程度上可将冗余资源利用、实现共享。”知乎大 V 杨浩峰认为，公司在这个时候布局快运业务，未必是最佳时机，但越早布局越有利于在市场中形成有利地位和竞争力。

而物流行业资深分析师赵小敏则有不同看法，其认为市场“玩法”已经发生变化，传统快递企业原有的架构体系、网络系统、模式等已无法适应市场竞争，以“旧瓶”套用新业务，至少三年之内难见竞争力。

赵小敏同时强调，网络系统优化整合，是快递企业快速拓展快运板块急需解决的战略问题。在市场创新机制滞后的情况下，收购较有影响力的同业公司是快速进入快运体系的捷径，但目前未有成功案例。

“快递公司进入快运板块需要重新打造适合自身业务发展的管理系统。”杨浩峰进一步剖析，传统快递公司目标送达人群多是 C 端的个人，而快运业务更多以 B 端企业为主，B 端和 C 端的业务需求差异性较大。快递公司要适应并快速融入快运市场，必须突破德邦物流等快运公司走过的老路，结合自身要素禀赋，寻找一条与主营客户潜在需求相符、深度整合的快运之路。

眼看着民营物流企业相继探索跨界合作，国企中铁快运也坐不住了，依托原有的铁路运输体系，与顺丰一起打造了新物流产品。

中铁快运与顺丰合作加快

11 月 9 日中铁与顺丰共同推出高铁极速达，中铁发现顺丰不论在是快递定位还是在配送品质上，都与自身相吻合；另一方面，随着其与顺丰之间的合作逐渐深入，双方之间建立的信任和默契也越来越高，故而有了进一步深入的合作。日前，中铁快运联合顺丰，在京沪高铁正式推出“高铁极速达”，打造中国速度最快、最高端的当日达快运服务产品。

实际上，早在去年各大快递公司就已经开始和中铁寻求合作，中铁快运分别于顺丰、京东、邮政、申通等企业合作推出电商特快班列、高铁快运、特许列车等快捷货运产品，这是电商快递和国有快运划时代的融合。

中铁快运与顺丰此次走向产品方面的深度合作，将真正建立起以物流为核心的生态闭环，而这全新的生态不仅是中铁快运的一次重大变革，也将是物流行业的全新起点。

中铁快运公司总经理田野表示，中铁快运在铁路总公司新一届党组领导下，适应国企改革要求，做强做优做大主营业务，积极为铁路发展做贡献，加快市场化发展的战略运作情况，表示愿意与顺丰速运集团全面合作，实现共赢发展。

去年快递企业相继上市以后，关于快递和快运的争论就没有休止过，供应链服务多元化使得整个物流行业有了更多的突破点，新零售时代个性化的客户需求拉动了新型物流服务的产生。

在竞争日益激烈的市场状态下，快递快运两者间的界限越来越模糊，快递企业拓展快运业务时常常会撞在干线运输这面铜墙铁壁上，而快运企业对配送难题也屡屡摸不着头脑。

中国快递物流咨询网首席顾问徐勇表示，伴随着客户消费习惯的转变，“快递化”已是现代物流发展趋势，“门到门服务将成为物流领域基本形式”。

“大型快运企业和快递企业都建有全国性网络，不过，快递企业的跨界更具优势”，徐勇还曾说过，“快递领域的门到门服务及精细化运作是对快运企业跨境的不少挑战”。

（来源：电商报 2018-01-15）

7.3 生鲜，冷链物流

2017 中国冷链的现状和新趋势

2017 中国冷链的现状和新趋势

中物联副会长兼秘书长崔忠付

（二〇一七年十一月二十七日，广州）

习近平总书记在十九大报告中指出，要以“一带一路”建设为重点，坚持引进来和走出去并重，深化供给侧结构性改革，在中高端消费、现代供应链等领域培育新增长点、形成新动能，加强物流基础设施网络建设。物流业作为支撑国民经济的战略性、基础性产业，近年来，在城镇化、消费升级的带动下，发展取得重大成就，尤其是冷链物流发展迅速，成为消费升级的代表行业，备受关注。

2017 年中国冷链物流业主要呈现以下几个特点：

首先，是政府的关注上升到前所未有的高度

2017 年以来，中央和地方政府因势利导的出台了多项冷链政策。4 月 21 日，国办印发《国务院办公厅关于加快发展冷链物流保障食品安全促进消费升级的意见》（国办 29 号文），《意见》立足于推动冷链物流发展，着眼于保障民生和促进消费升级，着力于带动上下游产业协同发展，聚焦于发掘和培育经济增长新动能这一系统性目标，体现了鲜明的供给侧结构性改革发展思路。8 月 24 日交通运输部印发了《关于加快发展冷链物流保障食品安全促进消费升级的实施意见》，重点围绕设施设备、运输组织、信息化、行业监管、配套政策等核心要素，明确了交通运输促进冷链物流发展的主要任务。10 月 13 日，国务院办公厅印发《关于积极推进供应链创新与应用的指导意见》，《意见》立足振兴实体经济，提出了六项重点任务：其中之一是构建农业供应链体系，提高农业生产组织化和科学化水平，建立基于供应链的重要产品质量安全追溯机制，推进农村一二三产业融合发展。商务部、财政部今年继续支持十个省市冷链物流发展，广东、福建、河南等省市发布地方冷链物流发展规划，带动冷链产业投资、加速产业升级。

第二、冷链市场继续保持平稳较快增长。

今年前三季度，我国经济运行延续了稳中向好的发展态势。在此背景下，物流运行延续了良好发展的势头。物流需求增长总体平稳，需求结构持续优化，物流市场规模呈现较快扩展势头，物流企业经营总体向好；物流运行质量进一步提高，物流单位物流成本稳中趋降。1-9月份，全国社会物流总额为184.8万亿元，同比增长6.9%。物流总费用与GDP的比率为14.5%，年内呈现连续回落态势。物流市场规模稳步扩大，物流业总收入6.3万亿，同比增长13.3%，增速比上年同期提高8.6个百分点。

据中物联冷链委和链库统计分析，2017年全国冷库总容量预计达到4775万吨，折合11937万立方米，同比增长13.7%。据中物联冷链委和CCLC车辆认证平台统计分析，2017年全国冷藏车总量预计达到13.4万量，全年增加1.9万辆。

刚刚结束的双十一，以天猫和京东为首的电商平台，其中除了服装、3C这样的传统强项，生鲜全面飘红非常引人注目。据统计，天猫生鲜频道在4个小时内卖出加拿大北极甜虾超过270万只，阿根廷红虾超过160万只；在京东生鲜海产频道，截止到11月11日第1分钟，共卖出超过1万吨生鲜产品，订单量同比增长220%。中国电子商务研究中心（发布的《2017年（上）中国网络零售市场数据监测报告》中表示，2017年上半年，中国生鲜电商交易规模为851.4亿元，预计2017年年底，中国生鲜电商市场规模将达到1650亿元。（艾媒咨询）数据显示，中国在线餐饮外卖市场自2011年一直保持较高速增长，2016年市场规模达到1662.4亿元，增长率为33.0%，2017年市场规模预计将达到2045.6亿元。在这背后，是我国冷链物流行业的快速发展，带动了第三方冷链物流企业供应链服务的不断完善和提高。

随着供给侧结构性改革的积极效应进一步显现，居民收入增长和社会就业情况维持在较好水平，预计后期居民消费潜力将会进一步释放，消费市场将保持平稳较快增长。

第三、冷链行业竞争将愈演愈烈

2016年中国冷链物流百强企业营业总收入225亿元，同比增长29.3%，百强企业市场份额一直没有明显地扩大，依旧占整个冷链市场份额的10%左右，这说明我国冷链物流行业市场规模仍旧不大，冷链行业竞争目前还处在小组赛。随着资本的大量进入，传统物流大鳄纷纷宣布并布局冷链物流网络，将加快冷链行业的整合。今年4月，京东物流子集团成立，发力冷链物流；7月份万科参与收购普洛斯，10月16日，万纬沈阳浑南冷链物流园的开业标志着万科物流地产正式进入冷链细分领域。铁总和各铁路局开通多条线路的冷链班列，传统物流企业开始进入并分羹冷链市场，它们有庞大的基础网络和设施设备，有雄厚的资金和大量的专业人才，这对未来的冷链物流市场格局产生深远影响。中信资本、凯雷投资战略入股麦当劳中国。新希望布局冷链物流，整合了近十家冷链物流企业。郑州华夏易通物流有限公司与郑州报业集团合资，进行异业合作，拓展河南省内最后一公里服务。卡力互联由九家传统干线运输公司抱团发展，战略重心放在冷链物流领域。

第四、新零售驱动线上线下融合发展，也带来冷链增量市场

京东、沃尔玛线上平台和线下门店的深度融合，尝试“共享库存”、阿里巴巴集团与百联集团达成战略合作，将基于大数据和互联网技术，在全业态融合创新、新零售技术研发、高效供应链整合、会员系统互通、支付金融互联、物流体系协同等六个领域展开合作。11月20日阿里巴巴集团将投入约28.8亿美元，直接和间接持有高鑫零售36.16%的股份。高鑫零售是中国规模最大及发展最快的大卖场运营商，以欧尚、大润发两大品牌在全国29个省市自治区运营446家大卖场。线上线下融合发展，需要在信息、采购、物流、销售、技术等环节重构，实现降本增效提升服务质量。依托于电子商务和新零售的冷链物流企业迎来快速发展。

2018 年冷链行业将呈现以下趋势

第一、政府将加强冷链行业的监管

国办 29 号文中提出，将冷藏保温车辆作为专用货运车辆加强管理，并将温度监控设备性能要求作为冷藏保温车辆投入运营的基本条件。对于不符合相关标准要求的，不允许投入冷链物流市场。引导高耗能、低效率、不合规的冷藏保温车加快退出市场。依据相关法律法规、强制性标准和操作规范，健全冷链物流监管体系，在生产和贮藏环节重点监督保质期、温度控制等，在销售终端重点监督冷藏、冷冻设施和贮存温度控制等，加强对冷链各环节温控记录和产品品质的监督和不定期抽查。研究将配备温度监测装置作为冷藏运输车辆出厂的强制性要求，在车辆进入营运市场、年度审验等环节加强监督管理。充分发挥行业协会、第三方征信机构和各类现有信息平台的作用，完善冷链物流企业服务评价和信用评价体系。由国家卫生计生委正式立项食品冷链国家强制性标准《食品冷链卫生规范》，由中物联冷链委作为主起草单位负责编写。

第二、冷链行业竞争将走向规范化

上海市食品药品监督管理局制定颁布了《上海市食品贮存、运输服务经营者备案管理办法（试行）》于 2017 年 11 月 30 日起施行。相信接下来很多地方政府也会效仿。

冷链行业劣币驱除良币的现象将会不断改善，链库是冷库物联网大数据平台，平台现有 10000 多家冷库信息，链库目前正配合中物联冷链委在全国范围开展温度达标冷库认证工作，通过温度监测筛选出温度符合国家标准的冷库，从而达到净化冷库市场环境的作用。中物联冷链委 CCLC 冷藏车认证平台主要面向货主、第三方物流、冷藏车专用厂等行业主体，通过平台认证，整合优质冷藏车资源，提高优质冷藏车使用率，从而实现良币去除劣币，促进公平竞争。

第三、优质冷链资源将迎来春天

沿海地区冷链资源多，中西部冷链资源少的问题依旧存在，发达地区尤其北、上、广、深等一线城市冷库资源越来越稀缺。一方面是政府加强监管，对违建冷库加大拆除力度（特别是今年北京）；再者城市中物流用地批复减少或无冷库建设用地；三是冷链市场需求的增加，多方面因素导致冷库资源紧张，必然会推动冷库租金上涨。第一代储存型冷库建设会越来越少，集仓储、加工、分拣、包装、办公等多功能的现代化配送中心会成为趋势。数字化、智能化、节能化是冷库升级和改造的关注点。

第四、冷链人才需求越来越旺盛

无论是一线的驾驶员、操作工、搬运工、制冷工，还是中层的主管，或是负责整体运营的高级管理人才，都越来越稀缺，中物联冷链委将支持本科院校和中高职设置冷链物流相关方向与课程，并大力开发在职人员培训课程，推动冷链专业教育和职业培训，形成多层次的教育、培训体系。

第五、冷链的模式创新和新业态将不断涌现

一方面随着节能环保的推进和政府对城市配送的管理，冷藏运输车辆城市通行依旧困难，对冷链城市配送提出更多挑战，将倒逼冷链行业企业不断创新。另一方面新零售、冷链宅配、同城冷链需求也快速增长，订单将越来越小批量、多频次和个性化，电动冷藏车、冷链包装、社区微仓等新技术和新模式将迎来快速发展。

第六、技术将驱动冷链服务快速升级

随着易果、京东、盒马鲜生、超级物种、无人零售业态的发展，将带动冷链物联网技术、信息技术及人工智能与自动化设备的快速发展，冷链物流将迎来新的机遇。为全面提升用户体验，京东物流将陆续在全国范围内投放超过 20 万个智能保温箱，以其为载体，搭建起了全球首个冷链物流全流程智能温控体系，消费者将有机会实时查看在京东上所购自营生鲜商品在仓储、运输、配送等各环节的温度反馈和实时位置，实现全流程可溯源。这些智能保温箱是集保温、定位、实时温度监测为一体，冷库和冷藏车也很快会实现，未来温度将会向消费者公开会成为标准服务。

各位行业同仁，国家高度重视冷链物流发展，今年冷链政策密集发出，支持冷链行业健康发展。我们应顺应现代流通模式发展趋势，加快冷链物流创新发展。十九大报告中提出中国特色社会主义进入新时代，我国社会主要矛盾已经转化为人民日益增长的美好生活需要和不平衡不充分的发展之间的矛盾。中产阶层和城镇人口的不断增长，冷链市场规模继续扩大，政策、经济、市场环境持续向好，再加上技术的不断成熟，这将助推冷链行业加速发展。

（来源：中物联冷链物流专业委员会 2017 年 12 月 03 日）

上海冷链 2017 年概述

1、冷链物流定义

根据物品特性，为保证物品的品质而采用的从生产到消费的过程中始终处于低温状态的物流网络。

2、上海冷库基本信息

截止 2017 年底，经对雪链针对上海冷库企业调研，上海地区冷库保有量约 860 万立方米，其中冷冻库约 670 立方米，冷藏库约 190 万立方米，同时拥有冷冻及冷藏库的客户约占 91% 以上。从地域分布来看，冷库主要分布在浦东、宝山、嘉定、闵行、青浦、奉贤等区域，占总量的 92% 左右；从冷库功能来看，冷库主要以冷冻仓储、城市配送型，中转贸易型为主，占总量的 93% 左右。近年来随着市场的发展，新建冷库项目容积大多都在 3 万立方米以上。目前市场冷库仍以 -18℃的冻库为主，伴随着生鲜电商的发展，冷藏库快速增长，0-8 度的冷藏库也是未来大量需求增长趋势，并且随着冷链市场的进一步发展，越来越多的冷库发展成为多温区、多功能，高标准的综合型冷库，并且都在逐步实现冷库数字化信息化和智能化。

3、上海冷藏车基本信息

2017 年上海市冷藏车辆保有量 17,001 辆，其中 9.6 米以下车辆占 9,351 辆，9.6 米及 9.6 米以上车型占 7,650 辆。

4、上海餐厅基本信息

截止到 2017 年底，本市共有中餐厅约 36000 家，西餐厅约 4800 家，简餐餐厅约 19200 家，奶茶店约 12500 家，日系餐厅约 3300 家，其他类型餐厅约 9000 家。其中对比 2016 年底的数据可以发现，2017 年市场竞争加剧，优胜劣汰明显，中餐发展势头迅猛；简餐竞争比较大，正处于调整期和品牌的转型期；以日系为代表的生鲜类餐饮企业由于麻木迅猛发展，也出现了部分的企业亏损关停或转型，但市场需求仍然旺盛，前景依然看好。

5、上海生鲜商超基本信息

2017 年全国大型商超总数量及年销售额与 2016 年没有大的变化，总体差不多还是约 11 万家左右，年销售额 3.38 万亿元，生鲜占比 30% 左右。2017 年全国连锁便利店总数量约 12 万家左右，年销售额 1384 亿元，生鲜占比 25% 左右，比 2016 年有所提高。其中，销售额份额大于 1% 的品牌仍维持 17 家左右，其中包括日资便利店巨头 7-Eleven、全家、罗森以及台湾润泰旗下的喜士多（C-STORE）。2017 年上海本地大型商超的数量约有五百多家，年销售额约 500 多亿，生鲜占比 30% 左右。2017 年上海本地连锁便利店数量约有 1 万 7 千家左右，其中全家、罗森等知名品牌的占比约有 40% 左右，生鲜产品的占比约 25% 左右”。

6、上海农产品、水产品交易市场分布

截止到 2017 年底，上海主要农产品、水产品市场交易总额约 2366 亿元，与 2016 年的 2450 亿有所较少，但围绕在上海周边（如昆山的天环、众品）的冷冻品交易市场则处于迅猛发展阶段，主要辐射上海和周边城市。

7、上海餐饮外卖配送基本信息

2017年上海网络餐饮配送单量约2350万单，gmv13.5亿，配送成本10.8元，从业人员月薪8k左右，以上数据均为估计值。

8、上海生鲜电商发展数据

据统计，2017 年上海市生鲜电商交易量达到 92 亿元，客单价约为 60 元左右。上海作为中国生鲜电商的发源地，稳定运营的本地生鲜电商数量近 200 家，但各家经营情况差异巨大，形成两极分化现象。部分经营迅猛上升，部分业务低迷甚至逐渐退出市场。其中易果生鲜作为中国第一家生鲜电商，2017 年完成来自天猫的 D 轮融资，进一步与天猫融合，成为上海生鲜电商第一巨头并且后势强劲；盒马鲜生以上海为起点，开启线下生鲜超市与线上电商平台深度整合，快速爆发，在 2017 年迅猛爆发并引领了生鲜零售行业模式探索的潮流。

安鲜达、雪链、众美联、小码大众、广德、饿了么提供以上数据。

（来源：上海市物流协会冷链分会 供稿：孙汕）

生鲜电商在上海滩如何 PK 新物种，精准物流难题谁能破解

前置仓代表了供应链发展的一种趋势，虽然目前我们看到的可能还不是最优解。

1. 生鲜电商是一个存量市场，对于市场玩家意味着什么？

2. 为什么说，前置仓是“不可逆”的物流？

3. 未来，前置仓有没有可能走向品牌外包？

本文是年终回顾系列的“近场景之战”第三篇。

在第一篇文章中，我们介绍了北京每日优鲜的前置仓玩法（点击查看）。其背后的核心逻辑是，坚信到家场景比到店场景更加贴近年轻人的未来。但是这里又衍生出一个新问题。如果用传统超市来对标生鲜电商，可以说这里面存在到家场景与到店场景的分野。但是在新物种的语境下，情况又发生了变化。以大本营在上海的盒马为例，盒马、永辉超级物种这些新物种，都是兼顾到家与到店场景的，甚至从订单的取向上看，盒马是希望到家场景（也就是线上订单）能够远远大于到店场景。

目前对于传统超市的改造中，也很多采用了类盒马模式，比如京东达达和沃尔玛的合作；比如多点 MALL 与中百的合作。比如好邻居新开的社区生鲜店，陶冶就表示，我们采用的是全渠道模式，前置仓模式是电商模式。

那么在同为到家的场景下，应该如何认知前置仓的解法，这次我们来到上海，看看与诸多新物种同在一城的 U 掌柜（在 2017 年 10 月完成超过 1 亿元人民币的 B+ 轮融资。其服务建立在前置仓模式之上。数十家前置仓合理分布在上海市内）的做法，并结合果乐乐、首农电商以及物流人士的观点，由此展开探讨。

一、生鲜供应链究竟难在哪里？

对于生鲜电商的难点，经过多年尝试，业内已有共识。其难度除了时效保鲜外，还有一个原因

在于链条过长，产业链无比复杂。

首农电商 CEO 李志起就有个观点，他认为生鲜电商本质上是互联网 + 农业，农业的产业链本身就无比复杂。因此生鲜电商一共有六大痛点：上游、标准化、冷链、体验、流量、补贴。

果乐乐创始人陈功伟还有一个观点，他认为生鲜电商本质上是个存量市场，只是在某些特定品类构成了一定的增量，但是这些增量能否形成新的稳定的细分市场，还有待观察。典型如盒马主打的海鲜产品以及近一两年大热的爆款水果“牛油果”。

顺着这个思路来看，生鲜电商还是生鲜超市，他们都是在和庞大的已经非常成熟的农产品供销通路来竞争。在商品经营层面想做出明显差异，非常困难。生鲜电商一开始的竞争着眼点，就在于希望通过优质的符合快节奏城市生活的年轻白领的服务来占领市场。

但是为了优质于农贸市场的体验，生鲜电商们包括生鲜超市，都付出了高昂的成本代价。于是这成了一个跷跷板似的左右博弈，一个天平上一边是成本，一边是体验，如何找到一个平衡点？

从供应链的角度看，必须对链条进行简化，才有可能在兼顾用户体验的情况下，降低成本，高效的完成商品配送，使之系统化、可复制。这种简化的方向，核心是：通过缩短配送时间来节约在途的冷链成本。

所以在这种思路下，才会出现前置仓的解决方案。

二、两点之间，未必直线最短

对于所谓前置仓增加了供应链环节的说法，U 掌柜联合创始人、董事长王海晖对《零售老板内参》APP 解释说，两点之间直线最短，但是站在整个供应链的效率看，两点之间未必直线是时效最高效的。王本人在与祝鹏程创立 U 掌柜前，是前 1 号店高级副总裁，负责 1 号店仓储、物流、配送、研发及客服等后端全部供应链运营环节。

他举了快递企业的例子。以全国网络快递公司为例，一般是先将快件集中，然后经历转运中心——分拨中心——市内的分拨网点，层层转运。仅就单个订单的效率而论，这套成熟的体系永远是不敌点对点的人肉快递。但是面对海量订单时就系统而论，先集中再层层分拨，是效率最高的。

明白了这个前提，就可以知道所有说前置仓增加了一个环节所以效率更低的说法，是一种赤裸裸的误导。说直白点，前置仓即使有弱点，也不在这个点上。

前置仓真正的关键点在哪里？介绍说，其实在一号店期间，就已经开始尝试前置仓模式，但是当时的效果并不好，原因并非在于前置仓本身的设置成本，而是无法做到精准库存管理。

真正的前置仓，往往是在 100-200 平米内，用电商仓内常见的小货架分温区陈列商品，由于面积有限。所以前置仓从物流角度来说，要求库内商品可以快速周转，尽量减少滞留时间。从商品角度看，前置仓又必须保证畅销商品的备货是“充足”的。

总而言之，前置仓的库存管理要求，可以和便利店相媲美，不多不少，要“恰到好处”。

在生鲜行业之前，其实前置仓的应用已经开始广泛起来，特别是在快消品的分销中，很多品牌商的总仓会直接发货到前置仓，然后配送到门。问题是，在快消品供应链中，虽然也有时效要求，但是终究没有生鲜商品这么苛刻。在库存周转方面，以天为单位，可以有比生鲜产品更加宽容的余地。别说方便面，即使是牛奶，也有常温奶这样保质期较长的产品。而生鲜的周转时间，是以小时为单位。

库存的一个作用，实际上是调节供需的节奏。打比方说，就像一个水池。水池越大，调节能力越强，但是水池越小，调整的余地越小。

生鲜产品中，不存在所谓的品牌商总仓，一般都是从产地发货，那么，也可以使用前置仓吗？

生鲜产品短保质期的特点，加上前置仓的狭小面积，导致从库存角度看还有一个特点：这个物流链条是不可逆的。原则上说，有些快消品或者耐用消费品的库存，可以实现库存调拨或者走逆向物流，但是，生鲜产品不可以。

这也是为什么唯品会是电商里最早玩前置仓的，因为服装过季了打折还可以变个方式卖。香蕉放两天就会变黑。但是相应碰到的问题是，服装的 SKU 数量过大。所以生鲜电商采用前置仓模式的，一般都是全品类精选模式，SKU 会控制在几百个，讲究高频复购。

那么对于前置仓，物流圈的人是怎么看的呢，专注物流研究的运联研究院总监李忠心对《零售老板内参》APP) 表示：

1. 从客户体验的角度，前置仓当然好，时效和体验很好；

2. 从成本角度说，前置仓其实成本非常高，尤其是一线城市的冷库资源价格很高，单品价格不超过 150 元的生鲜是很难盈利的；

3. 前置仓还是适合低价值、高频次的货物，不怕积压；高价值的生鲜很难精确匹配达到消费人群，如果不是高频消费，存储成本太高。

4. 在不设前置仓的情况下，（生鲜）单纯的冷链长途 + 短途城配的运输成本已经是爆掉了，单片都是亏损的。

概括一下，李忠心实际上提到了两个要点：

第一，前置仓真正的难点在于库存管理难度太大，就是本文前面所说，这是一个精准物流的概念。（第 2 点）

第二，前置仓的生鲜商品能否实现高频复购，是能否活下来的关键。这个门槛非常高。（第 3、4 点）。

那么生鲜电商活下来的门槛究竟有多高？又如何解决精准物流的问题？

三、电商物流界的阿尔法狗

对于这两个难题，U 掌柜也承认，王海晖表示，U 掌柜能够在竞争激烈的上海市场“活着”，也是因为对这两个难题找到了自己的应对之道。

第一，如何在前置仓内做到精准物流。

早在一号店的时候，王海晖跟复旦大学合作曾经设过一个物流的博士后站点，专门研究这一问题。创立 U 掌柜后，U 掌柜从美国请到一位科学家，利用大数据手段，来进行前置仓的库存预测。这套进行库存预测的“人工智能神经网络模型”，也可以通俗的理解为物流圈的的 AlphaGo（阿尔法狗），是 U 掌柜的大数据“核武器”。

现在每天早上，这套系统会自动去跑数据，然后针对未来三天每个前置仓的库存做出预测。比如预测今天在徐家汇商圈的前置仓，香蕉会卖 95 份 -100 份，U 掌柜的采购工作人员根据这些数据补货，这套系统成为了 U 掌柜的核心竞争力。该系统依据神经网络模型搭建而成，可以通过过去 30 日平台上 SKU 的销售情况，预测未来的日销量，拟合率（准确度）超过 90%。通过这套系统不断优化平台的补货量和品类，目前，U 掌柜的损耗率已经降至 7‰，缺货率也控制到了 5% 以内。

由于系统一次预测的是三天行情，所以也给了整个供应链比较充足的备货时间。

王海晖指出，之所以说这套系统和阿尔法狗类似，是因为这套系统有很强的自我学习功能。起初，U 掌柜也不放心把前置仓的命运交给一台冷冰冰的机器，每天会做两套预测，一套是机器的，一套是人工做的。当两者之间的鸿沟过大时，会进行人工干预。“在一些新品上市时，也有过一些比较离谱的预测。”王海晖承认，但是随着这套系统越来越“聪明”，人工的辅助预测已经彻底退出了。

第二，如何解决生鲜客单价高门槛的问题。

目前，U 掌柜的包邮起步价是 19 块 9，这与永辉生活的价格相当。但是王海晖坦诚这个起步价只是一种姿态。“如果真的 20 几元一单也是亏的。”目前 U 掌柜的客单价大约在 70 元上下。

提高客单的方法一方面是利用电商的运营技巧，利用营销手段来加强销售。另一方面，SKU 的选品结构在精选的基础上保持结构完整也很重要。现在U掌柜有600多个SKU，11大类，水果蔬菜，肉禽，面点，米面粮油等，基本是生鲜产品加便利店的组合。

每日优鲜的许晓辉举了个例子，为什么一个听上去很潮的生鲜电商要卖葱姜蒜？因为做鱼的时候也用得着，要不消费者买完鱼还要去菜市场买大蒜，那么就无法锁定消费者。

还有一点，U掌柜的王海晖认为，必须要跟上新一代消费者的习惯，发掘并巩固新的需求。"比如，夏天的时候，我们一天在上海可以卖出2万支冰激凌，你能相信吗？"

冰激凌这个例子说明，消费者的需求不仅包括一日三餐，年轻人的即时消费碎片化消费更强，而且这种消费的场景也不仅仅局限在社区，已经延展到商圈和办公场景。这使得前置仓的选址也需要向商圈和办公区拓展。

对于这一年来，传统超市纷纷改做生鲜超市的现象，王海晖认为，前店后仓模式和前置仓模式各有优缺点。关键是企业要选择最适合自己的发展道路。这个观点和首农电商的李志起观点一致，李志起认为，生鲜的竞争是"长板战争"，资源导向很强，所以每家企业扬长避短就是最好的选择。

实际上，U掌柜自己在上海也有体验店，但是开过体验店后，王海晖更加坚信前置仓的两个优势：

第一，选址门槛低。在选址上，王海晖认为前置仓的成本显然低过开一间店铺的成本，位置偏僻、断头路的房间、地下室都可以作为前置仓的选址。门店的选址要难得多。

第二，和前店后仓的门店模式相比，前置仓可以快速占领市场。因为，"开一家店的周期显然要比设置前置仓长得多。"

对于盒马鲜生等新零售网红的进攻，同在上海的U掌柜倒是认为，盒马鲜生首先要冲击的不是生鲜电商，而是线下传统的生鲜渠道，包括传统超市的生鲜区。更重要的是，他相信，虽然新物种来势汹汹，但是"零售业的历史上从来没有出现过垄断，未来也不会出现"。

目前，U掌柜的顾客月复购率（即顾客在一个月内重复购买）高达79%。

四、猜想：未来的前置仓可能走向第三方外包

我们在第一篇文章中提到，其实前店后仓模式相对于前置仓模式，主打全渠道概念，同样是有互联网基因的。只不过，在生鲜这个领域，最终大家要比拼的还是供应链效率和商品运营能力。这一点上个体差异很大，不存在一种模式对另一种模式的压倒性胜利。

但是，从前置仓的流行倒是可以看到，互联网的作用之一，是去掉中间层或者说中间环节。在这一点上，无论是零售行业还是物流行业，都已经是非常明显的趋势。

在零售业，我们可以看到，一方面是大型购物中心，主打体验业态的购物中心继续崛起，功能单一的百货业态继续萎缩。另一方面，在2000-4000平之间的生鲜超市在过去一年大量涌现。甚至200平左右的大号"便利店"业态也频频亮相。这说明，在业态方面，零售业态已经两级分化，要么超级大，要么缩小面积走精品路线。这其中尤其生鲜超市特别多。

在物流领域，其实这种去中间层的作用也已经显现。

近年来物流业的发展，确实存在去中间层的做法，简言之就是"大仓更大，小仓更小"。这其中消失掉的是哪一层？其实是中心仓这一层。在U掌柜，很多商品也是从产地仓发货，蔬菜品类每天是从上海的崇明岛直接发往前置仓。

甚至在物流圈，已经出现了微仓的概念，又叫迷你仓，这种仓多数是针对TO C用户。最近刚刚宣布即将IPO的德邦物流，曾经推出过TO B的微仓。

据德邦公关部介绍，这种微仓业务还在运行。德邦"小微仓"，主要面向刚起步的小微电商，包括 PC 电商、移动电商以及微商，客户所需仓库面积不超过 500 平方米，库存量单位（SKU）不超过 200 个，重点覆盖家电、酒类、家具、化妆品、汽配、保健品、食品、3C 等众多行业。

目前，德邦还没有针对专门的生鲜电商的小微仓，但是笔者大胆预测，也许随着物流业与零售业的同步发展，未来会有像德邦这样的一线品牌物流公司，为生鲜电商们提供标准化的前置仓服务，到那时，生鲜市场的格局或许会发生新的变化。

新零售的棋盘上，还有许多令人兴奋的未知等待发生，前置仓是这个棋盘上的过河之卒，仍旧势单力薄，但是后手变化莫测。

（来源：连锁运营思维 2018-01-02）

这家马云投资的生鲜电商，自建物流非常厉害！

有消息称阿里巴巴投资的易果生鲜将上市。随着电商高速发展，传统零售渠道中的信息不对称问题逐渐已被打破，生鲜电商也成了互联网巨头的必争之地，除了阿里巴巴之外，腾讯，京东都纷纷聚焦生鲜行业。

易果生鲜创立于 2005 年，采取的 B2C 的模式让企业与消费者建立了稳定的关系，其中与阿里、苏宁等平台建立起战略合作关系。冷链物流服务 27 个省份 200 余座城市，并且冷链物流基建还在不断增加。

对供应链进行，拥有水果、蔬菜、禽蛋、肉类、水产等在内的全品类生鲜单品约 4000 个。2016 年成立生鲜供应链公司，进一步加强对上游供应链的整合，推动生鲜产品的标准化。

借助大平台的流量，提升供应链能力

加强产品标准化建设：目前公司共制订了 5 大类冻品原料标准、6 大类水果标准等，其中水果产品按照外观、产地等指标划分产品，严格的把控产品的进出库。

加大渠道拓展：经过多年的市场开拓，易果生鲜已建成包含官网、APP 和天猫旗舰店的自有渠道，以及天猫超市、喵鲜生、下厨房等多渠道运营。不同渠道服务不同客户群体。

1，依靠阿里的平台与流量支撑：阿里为易果带来亿级流量和平台支持。

2，借力苏宁，进军社区模块：2016 年 11 月，易果与苏宁达成全面合作协议。

3，借力华联，进军 O2O 业务：2016 年 12 月，易果生鲜以 8.5 亿元入股华联超市，与华联超市保持战略协作关系，线上线下结合。

自建物流冷链体系，提升服务质量

冷链物流在生鲜的运输和配送中非常重要。为了保障起物流部分足够的权限和灵敏的反应速度，安鲜达从易果生鲜剥离出来，以独立的公司形式运营，目前在有 12 个冷链物流基地，建立常温、冷藏、冷冻 3 大类的温控体系，总仓储面积超 10 万平米，冷链覆盖全国 27 个省份约 300 个主要城市，可以满足生鲜全品类的仓储要求。

生鲜电商的战场只是刚拉开了硝烟的序幕，真正要建立各自的运营模式、占据市场份额，赢得生鲜电商这块大蛋糕，还有很长的道路要走。随着新技术发展，线上线下融合日益紧密，生鲜电商探索出诸如盒马鲜生等新模式，现已初显成效。希望生鲜行业能够引领新零售的发展。

（来源：物流勇说 2018-01-09）

除了快递，这个细分市场正在加速跑!

我国冷链物流起步晚、基础薄弱，市场规模不大，行业集中度不高，原因之一在于专业化水平不高。冷链物流对储存、运输以及安全管理控制的要求相对较高，经过一年的发展，我国冷链物流在技术层面和模式方面均取得了突破性创新。

年关将至，年底大促，又到了抢购年货的好时候，淘宝、天猫、京东等已开启“年货节”模式，推出各种优惠活动。而在人们的消费清单中，生鲜食材所占的比重越来越高。这不仅得益于人们生活水平的提高，更得益于冷链物流的快速发展。

过去一年，中央和地方政府因势利导出台了多项政策措施，包括国务院办公厅印发了《关于加快发展冷链物流保障食品安全促进消费升级的意见》、《关于积极推进供应链创新与应用的指导意见》；交通运输部印发《加快发展冷链物流保障食品安全促进消费升级的实施意见》等鼓励冷链物流健康发展。冷链物流的发展问题，成为影响人们生活的重大课题。

新技术新模式，助推行业升级

在2017年7月召开的第九届全球冷链峰会上，中国物流与采购联合会会长何黎明曾对我国冷链物流的现状和问题做出分析，他表示：我国冷链物流起步晚、基础薄弱，市场规模不大，行业集中度不高，原因之一在于专业化水平不高。冷链物流对储存、运输以及安全管理控制的要求相对较高，经过一年的发展，我国冷链物流在技术层面和模式方面均取得了突破性创新。

北京工商大学商业经济研究所所长洪涛在接受《中国企业报》记者采访时表示，2017年我国冷链物流在技术层面上的创新有：产后商品处理技术、屠宰加工环节实现低温控制技术、包装规模化技术、一体化冷链技术、温度监测技术、食品追溯技术、HACCP技术、3S技术、生鲜农产品质量等级化技术、上下游企业冷链对接技术、供应链管理技术、食品追溯技术等。在供应链模式上的创新有“智能整合型”模式、“共同体”模式、“托管式”模式、“闭环形”模式、“即时即控”模式、供应链“并联型”模式等。

新技术新模式的应用，带动供应链效率的提升。中物联冷链委秘书长秦玉鸣对本报记者表示，以食品追溯技术为例，食品追溯技术对于产品来说就像每个人的身份证号码，具有唯一性和连通性，通过食品追溯技术可以全面记录产品从源头产地到终端消费的冷链全过程，每个关键环节都有信息记录，不仅让消费者对于食品安全有清晰地了解，对于出现问题的环节也可以清晰地了解和处理，在增加食品安全意义的前提下，带动冷链物流效率的提升；而“智能整合型”等新模式，通过提高供应链涉及的采购、仓储、运输等环节，推动行业转型升级。

2017年的工作取得明显成效，商务部2018年1月4日发布最新公告显示，我国确立成立了4个“农产品冷链流通标准化示范城市”和9家“农产品冷链流通标准化示范企业”，2017年我国冷链物流可谓实现了跨越式发展。

降本增效是重中之重

交通运输部2月7日指出，2017年全国物流成本降低了881.6亿，2018年将确保降成本不低于2017年的水平。对于冷链物流，何黎明指出，除了专业化程度不高，我国冷链物流还存在企业运行成本高，经营心态浮躁等问题。路桥费、燃油费、人工费等逐年走高，三者加起来占到冷链企业总收入的80%以上，已成为压在冷链物流企业身上的大山，在一定程度上加剧企业心态的浮躁，在支出方面精打细算，很少有企业主动在信息系统、设备升级、人才培养、服务提升等方面加大投入。

为降本增效，我国在这一年做了很多相关工作。包括：“一是2017年国务院颁布了《关于加快发展冷链物流保障食品安全促进消费升级的意见》；二是 2017 年我国冷链物流仓预计达到 1.4 亿立方米，约 4775 万吨，冷藏车预计达到 13.4 万辆；三是冷链消费旺盛，如蔬果、乳制品、冷冻产品、冷藏产品、鲜冷藏肉，市场规模超过 2400 亿元；四是冷链标准不断出台，国际标准得到广泛地应用；五是第三方冷链物流崛起，如希杰荣庆、上海领先物流、上海海航物流、鲜易供应链、招商美冷；六是物流配送，如安鲜达、九曳供应链、安家宅配、极客冷链等。”洪涛向记者分析道。

秦玉鸣表示，降本增效是针对整个冷链物流大的行业来说，当前降本增效的工作主要体现在冷链设施用电、建设用地、冷链运输车辆通行、冷链企业融资等方面，各地政府有大力推行并支持。中国分段、分散的物流方式使目前冷链食材成本较高。要满足人们日益增长的美好生活需求对物流服务的要求还有很长的路要走，未来标准化、规范化、集约化是行业的最终目标，未来的冷链企业也一定是走向智能化的企业。

市场潜力待挖掘

我国冷链物流与发达国家相比还存在较大差距，虽拥有较大的人口基数，市场规模仍旧不大，同时冷链物流还存在诸多问题。

在洪涛看来，当前冷链物流存在的主要问题是行业分散，缺乏具有整合力的全国性网络巨头。政府多部门投资，如商务部、农业部、发改委、国家工信部等，多个企业投资，多种经济成份投资，特别是农村物流“红海”变成了“蓝海”，许多投资没有形成体系，因此不能够形成效益。

秦玉鸣表示，我国冷链物流现存的问题主要体现在冷链基础设施设备结构性不平衡、冷库区域差异性较大、冷链物流企业参差不齐、以及冷链人才缺乏等方面。据中物联冷链委和链库网统计，2017 年全国冷库总容量预计将达到 4775 万吨，目前中国冷库总量已经与美国持平，但人均拥有量却只占美国的四分之一，占日本的三分之一。冷藏车合规数量不多，“假”冷藏车市面上仍然存在，很多二手海柜改装冷藏车还在路面上跑 ，这对于发展都起到限制作用。

另外，发展结构性不合理，沿海区域以及一线北上广城市冷链基础设施设备数量较多，西部中部地区资源较少。冷链物流企业集约化程度不够，企业整体呈现散乱小的状态，中物联冷链委统计冷链百强企业合计大约只占市场份额不足 5%。冷链物流专业人才缺乏，市场需求爆炸式增长，但冷链专业人才出现短板，制约企业发展。

为此，洪涛提出了未来冷链物流发展的意见措施。他表示，2017 年国务院颁布了《关于加快发展冷链物流保障食品安全促进消费升级的意见》对我国冷链物流发展指明方向。根据国务院《指导意见》，冷链物流要在以下 8 个方面加强工作：一是进一步健全冷链物流标准和服务规范体系；二是进一步完善冷链物流基础设施网络；三是鼓励冷链物流企业经营创新；四是提升冷链物流信息化水平；五是加快冷链物流技术装备创新和应用；六是加大冷链物流行业监管力度；七是创新冷链物流管理体制机制；八是完善冷链物流政策支持体系。

（来源：快递物流之声 2018 年 02 月 09 日）

细化温度分区作业冷链宅配规范将出台

精准于家庭服务的生鲜宅配正备受消费者青睐，对需要冷链配送商品在存储、配送、出库等环节制定严格的温度标准就成为当务之急的举措。北京市商务委日前发布了关于对北京市地方标准《食品冷链宅配服务规范》（以下简称“规范”）征求意见的通知，对冷链宅配的易腐食品贮藏温湿度要求进行了明确的规定。有分析认为，提供宅配服务的企业多以生鲜品类为主，而生鲜对温度极为敏感，相应的规定出台后将为企业提供统一的衡量与执行与标准，利于企业把控冷链商品的品质。

在规范的附录 A 中，对部分冷链物品贮藏温湿度要求制定了明确的要求，涉及根茎类蔬菜、叶菜类蔬菜、仁果类、浆果类、畜禽肉等 20 个商品类别。在叶菜类蔬菜中，包含了家庭宅配消费中常需的油菜、奶白菜、茼蒿、大白菜等，该类别中多数蔬菜的贮藏温度为 0℃ -1℃，相对湿度为 95%-98%%，个别蔬菜的贮藏温度与相对湿度会上浮和下调。瓜菜类蔬菜、菜用豆类蔬菜以及瓜类等商品类别中的多数商品的贮藏温度会高于叶菜类蔬菜，相对湿度的百分比则低于叶菜类蔬菜。以瓜菜类蔬菜中的苦瓜为例，贮藏温度为 12℃ -13℃，相对湿度为 85%-90%。

值得一提的是，规范对冷链食品的储存空间进行了“差异化”的规定。规范显示，冷链食品存储应采取分区作业原则，包括收货区、存储区、加工区、发货区、预冷区等。收货区、存储区、加工区、发货区、预冷区的冷冻库温度要求设定为 10℃以下、-18℃以下、5℃以下、10℃以下和 -10℃以下。这些区的恒温库温度中，除存储区的温度要求是 10℃ -20℃外，其余四个区的恒温库温度均为 10℃ - 零下 20℃。冷链物品应根据其特性选择适宜条件进行分类、分区存放，定期检查，及时清理变质或过期食品。

同时，冷链食品的仓储设施与运输设施也需要有严格的监管机制。冷链食品存储应采用冷库、低温物流箱或其他低温箱体设施设备，冷库应根据作业需求配备不同的功能区，包括低温穿堂、封闭月台、预冷间或复冻间等。冷链运输作业时，应采用冷藏（冻）车、保温车、冷藏集装箱，或附带低温物流箱的运输设备。

目前，规范的征求意见稿已完成，根据《北京市地方标准管理办法（试行）》要求，2 月 12 日开始在在网上公开征求意见，业关于规范内容中的相关意见将在 3 月 12 日前结束。

无论是对企业平台还是消费者来说，宅配都不是一个新鲜事物。2017 年 4 月，首农集团旗下首农电商宣布推出宅配服务“首农 HELO 宅鲜配”，同年 3 月，中粮我买网上线宅配平台“顶英生活”，用会员制模式进军生鲜电商。生鲜电商本来生活已经开通了有机蔬菜和牛奶的宅配业务。众多企业以生鲜宅配模式撬动家庭消费市场时，始终面临着较高折损率、冷链配送覆盖面有限、冷链配送温控带来高成本的难题，企业要大量时间教育消费者和培育市场。

（来源：商业新闻中心 2018-02-23）

多温层冷藏运输车变身物流业“新贵” 节能型冷藏车将受青睐

交通运输部发布《关于加快发展冷链物流保障食品安全促进消费升级的实施意见》（简称《实施意见》），明确到 2020 年，初步形成全程温控、标准规范、运行高效、安全绿色的冷链物流服务体系，“断链”问题基本解决，全面提升冷链物流服务品质，有效保障食品流通安全。

近年来，我国冷链行业整体发展持续增长，冷链物流发展提速带动冷藏运输车的需求增长，同时也对冷藏运输车的技术要求越来越高。

杜绝“断链” 打造规范冷链物流服务体系

据了解，目前我国冷链物流运输环节“断链”现象比较普遍。冷链运作方（司机或仓库方）为了自身利益有意关闭冷机使货物失温，导致货物变质，出现“断链”现象。由于运输装备技术水平低、行业监管不足、标准规范执行不到位，影响了冷链物流整体服务品质和安全保障能力。

“形成这一问题有一定的行业背景。”物流业资深专家、深圳市易流科技有限公司高级顾问南兴军接受记者采访时表示，“断链”现象的出现就是货主对自己货物的状态无法实时监控，而事后检测又因成本、技术和管理原因不能有效实施而导致的。

镇江飞驰汽车集团有限责任公司销售公司总经理徐见则认为，冷链是个系统工程，一个封闭的链条，各个环节都很重要。“断链”问题的产生一个是人为造成，运输途中人为关闭制冷设备；另一个是运作环节中，冷冻冷藏的货物送到卖场等目的地，卸货后常温放置时间过长，导致温度管理缺失。

“断链”问题严重影响行业信誉，对货主品牌的影响也很大，对消费者身体健康也有极大的伤害，“有些产品如疫苗在运输过程中“断链”，更可能产生致命伤害。”南兴军认为，在市场经济环境下，各利益主体的行为是逐利为主，如果没有有效的行业监管措施，就会出现为了利益违规违法的现象。

“随着消费者的食品安全意识逐步增强，对于食品的品质也越来越关注，‘断链’问题将会显著减少。”徐见认为，消费者的需求将倒逼冷链运输解决“断链”问题；其次，国家对于冷链的监管将更加严格，特别是疫苗等特殊物品在运输过程中，决不允许“断链”现象的出现。在他看来，“断链”问题的解决是一个长期过程，随着终端消费者的消费品质提升，冷链物流将逐步规范化发展。

天津品优冷链物流董事长赵春波告诉记者，产品从生产地和到消费者手中，在整个干线运输环节，却无据可查，监管处于空白状态。

“行业监管需要一定的技术手段。”南兴军表示，近年来，多数货主和负责任的冷链物流企业已经开始利用物联网技术解决这一问题，效果非常显著，基本杜绝“断链”现象出现。

不合规冷藏车将加快退出市场

2017年4月，国务院办公厅印发《关于加快发展冷链物流保障食品安全促进消费升级的意见》（简称《意见》），要求加快冷链物流技术装备创新和应用，加强基础性研究以及核心技术工艺等自主研发，加速淘汰不规范、高能耗的冷库和冷藏运输车，提高冷藏运输车专业化、轻量化水平。

“冷藏运输车非法改装的问题比较严重，市场上非法改装的冷藏运输车还比较多。”徐见强调，由于国家对冷藏运输车非法改装的监管存在空白，同时部分主机厂的合格证发放比较混乱，使得非法改装车辆依旧有生存空间。

非法改装和不合规车辆的危害主要是箱体保温绝热不够、冷机的制冷效率不达标，冷机功率与箱体不匹配，在运输过程中无法有效保持货物适温。

南兴军也认为，首先，国家没有对冷链货物的储藏和运输制定强制性法规标准，冷藏运输车的资质也不像危险品运输车那样有强制要求，所以市场上出现很多不合规冷藏运输车；其次，冷藏运输车、冷冻库基本上依靠货主自行监管，国家行业监管处于缺位状态。因此，不合格车辆大行其道。

“很多货主对承运商都会进行适温性能测试，通过测试淘汰不合规车辆。”南兴军表示，随着监管升级，不合规冷藏运输车将加快淘汰步伐。同时，南兴军建议，冷藏运输车应参照危险品运输车进行资质审验，并对冷藏运输车给予市内无障碍通行权，可以参照当前很多城市给予新能源车辆的路权优惠。

节能型冷藏车将受青睐

“《意见》针对加强冷链物流技术装备创新和应用，明确指出‘加速淘汰不规范、高耗能的冷库和冷藏运输车，提高冷藏运输车专业化水平，推广标准冷藏集装箱’。”中冷联盟常务副理事长兼秘书长刘京告诉记者，基于对《意见》的分析，未来冷藏运输车的市场机会将更多体现在科技型、标准型冷藏运输车上。

《意见》提出，鼓励推广应用多温层冷藏运输车等设备，按照规范化、标准化要求配备车辆定位跟踪以及全程温度自动监测、记录和控制系统。此外，《意见》还提出，将配备温度监测装置作为冷藏运输车出厂的强制性要求，在车辆进入营运市场、年度审验等环节加强监督管理，加强城市配送冷藏运输车的标识管理，以及指导完善和优化城市配送冷藏运输车的通行和停放管理措施。

在刘京看来，冷藏运输车的节能性、容量大小、是否能准确控制温度、如何实现有效监测、车价是否可以压缩、车辆适合多长距离的运输等因素，将逐渐成为冷链用户购买冷藏运输车时考虑的因素。“我国冷藏运输车的品质与国际上的差距并不大，但对于车辆的个性化需求不同。”徐见表示，我国冷链运输企业多采用常规车辆加冰袋的运输方式，成本相对比较低，而采用多温层冷藏运输车才是合理的运输方式。“多温层冷藏运输车的优势非常明显，特别是在城市配送领域。这种车辆可以有效解决目前冷链货物品类复杂、一单多品（多种温度要求）的配送要求。”南兴军也认为，随着消费者对食品安全和品质的要求越来越高，多温层冷藏运输车的需求会出现快速增长，特别是一些注重品牌的货主会对车辆提出更高要求。

有冷链物流企业反映，一辆好的冷藏运输车，不是单纯温度越低越好，而是车厢内温度能够适应运输要求。单纯意义上的低温车辆，不仅成本高，油耗也会增大；其次，一些植物类的产品保鲜要求温度精准，冷气风速适中，否则起不到保鲜车的作用。要用不同的技术来满足不同的物品，才是冷链运输技术含量所在。

“冷藏运输车品质更多的要靠行业的良性发展和消费者的需求来不断推动。”徐见表示，基于广大客户的需求，上汽跃进今年在上海车展推出 C300-33 多温区数字物流概念车。“我们就是要推广一个概念，冷冻产品在‘最后一公里’配送时，能够以更高的装卸效率、更新鲜的状态到达消费者手中。”徐见说。

据跃进产品研发团队负责人介绍，跃进 C300-33 多温区数字物流概念车，是专为混搭型配送需求而设计，专用于冷链物流运输。按照其设计理念，该车型在提升装卸效率的同时，装卸工劳动强度也大大下降。另外，这款车针对冷链物流客户量身设计，在运营成本方面优势突出。徐见表示，比如配送不同的货物，一般冷藏运输车可能需要多次配送才能完成，而 C300-33 多温区数字物流概念车一次就可以完成多种不同种类的冷冻货物配送。

（来源：中物联网 2017 年 10 月 11 日）

本篇供稿：张悦来 固晨曦 孙汕 张志坚 编辑：张志坚

第八篇 物流装备、标准和信息化

8.1 物流装备

8.1.1 综合

物流装备后市场蓄势待发

近年来，各种物流装备得到广泛应用，同时物流自动化、信息化、智能化水平不断提升，保证物流系统的稳定、安全、高效运行越来越离不开专业服务的支持。因此，围绕物流装备售后服务等的后市场逐渐受到重视，很多物流装备企业开始探索新模式、新技术，并根据客户需求提供适合的服务。

随着我国劳动力成本、土地成本的持续上涨，利用物流装备取代人工作业，提升物流效率，成为越来越多的企业的必然选择。由于物流装备的自动化、信息化水平不断提高，在其使用过程中需要的维护与支持服务越来越专业，但是多数企业并不具备专门的团队与人才，难以独立完成此项工作，因此近年来专业的物流装备售后服务需求快速增长。

目前，我国已成为世界上最大的物流装备市场，有专家预计，未来3～5年将达到千亿级的市场容量。但是在市场规模不断扩大的同时，物流装备行业竞争愈演愈烈，很多企业陷入价格战，导致利润下降。在此情况下，部分物流装备企业迎合市场需求，开始向服务要效益，从产品向服务转型，在物流装备后市场业务中获益。目前，围绕物流装备后市场服务的新理念、新模式、新技术开始涌现，值得关注。

什么是物流装备后市场？

物流装备是指用于各个物流环节的设备，主要包括运输装备、储存装备、装卸搬运装备、包装装备、流通加工装备、集装单元化装备等。近年来，我国物流装备市场需求旺盛，整个行业得到快速发展。

其中，叉车作为主要的装卸搬运装备，叉车后市场概念早就被提出。所谓叉车后市场，即叉车销售以后围绕其使用过程中的各种服务，包括维修、租赁、配件销售、二手车销售、旧车翻新以及相关培训、信息服务、技术支持等。目前国内叉车后市场已经形成了完整的产业链，并且成长迅速。而物流装备后市场还没有明确的概念，很多物流设备企业与系统集成商往往把售后服务作为一项必备的经营业务，主要服务方式包括：全生命周期管理、7x24全天候技术支持、定时服务、驻场服务、培训、运营支持服务等。

我们认为，物流装备后市场也称为售后服务市场，是指物流设备销售以后，用户在使用过程中所需要的一切服务。即，物流设备或物流系统从售出到报废的全生命周期内，围绕使用环节各种后继需要的一系列服务交易活动的总称。

上海睿丰自动化系统有限公司（以下简称“睿丰”）总经理彭锋表示，目前我国物流装备后市场服务主要包括：用户使用培训与指导、维修、保养、备品备件供应、系统升级改造（包括软件与硬件）或搬迁、二手设备回收等，近年来新兴起的有物流中心代运营服务。他认为，随着物流装备企业对后市场服务重视程度的提升，服务内容还会不断增加。

物流装备后市场基本状况

其实，单一物流设备的后市场服务已出现并渐成规模，如叉车后市场已形成完整的产业链。根据中国叉车后市场联合会对全国 50 家叉车租赁企业的数据进行测算得出的结论显示，2016 年，中国叉车租赁市场的叉车存量接近 8 万台，比上年增长 20% 左右；叉车后市场带动的配件及维修服务市场超过 200 亿元，各类代理服务商超过一万家，服务人员预计数万人。此外，托盘租赁、工业门等领域也有少量公司提供专业化服务。

总体来看，我国物流装备后市场规模大，服务专业性要求高，但是除了叉车行业外，目前还缺少专业的第三方物流装备后市场服务商。

1. 整体规模庞大

物流装备后市场整体规模与我国物流装备的产量、保有量密切相关。据不完全统计，截至 2016 年底，我国叉车保有量已经超过 150 万台，每年新增叉车 30 多万台；托盘保有量超过 10 亿片，工业货架年产量超过 60 万吨；以自动化立体库、自动化输送与分拣系统、AGV 与机器人等自动搬运设备为代表的物流自动化设备，连年保持近 30% 的增长。目前，我国累计已建成自动化立体仓库 / 物流中心近 3000 座，在役近 2300 座，每年约新投入 300 座。

如此数量庞大的物流装备没有不需要维护、保养服务的，因此后市场规模十分可观。

2. 专业化特征明显

物流装备后市场服务，不是简单的设备维护、保养、备件更换，还应该包括物流系统运作的支持性服务，如设备运行质量分析，以及系统升级和技术改进服务。由于物流设备种类繁多，一个物流系统项目不仅包含各种设备，还包括计算机系统和自动控制系统，涉及的软、硬件都具有极强的专业性，需要专业技术团队来提供售后服务。鉴于物流系统定制化程度高，而且系统越来越复杂，自动化程度越来越高，对于一般用户来说，很难自己来做物流系统维护，因为需要具有一定数量的经过培训的专业人员，但能够设置专职人员的企业属于极少数。因此，将售后服务外包成为大多数企业的必然选择。

3. 缺乏专业的第三方服务商

据了解，从运营主体来看，我国大部分物流装备的销售与后市场服务基本上都是由同一家企业完成的，几乎不存在专业的物流装备后市场服务商，只有极少量的标准备件供应或者简单维护是由第三方完成。主要原因有以下几点：

一是物流装备标准化、模块化程度低，定制化程度极高。物流装备种类繁多，而且往往由于用户所在行业不同、项目不同、或者供应商不同，使用的物流设备千差万别，备品备件难以统一采购，维修困难，所以很难形成统一服务；

二是多数物流装备企业将售后服务作为自己的核心竞争力之一，尤其是核心设备与软件涉及关键技术，更不会轻易告知第三方；

三是捆绑销售。有些物流装备企业在给客户提供的装备或系统中的备件上并不标明具体参数详情，多为企业内部型号，一旦设备出现故障，用户只好向原供应商寻求服务支持。

四是商业利益分配。如果后市场服务外包给第三方，各方商业利益该如何分配也是一大难题，而一个项目往往存在多家物流装备企业，涉及的利益主体越多越难协调。

新模式 新技术 新服务

在激烈的市场竞争中，越来越多的物流装备企业开始重视后市场服务，积极开创新模式，应用新技术，并不断增强服务能力。

1. 新模式探索正在继续

物流装备企业正在积极尝试开展一些新的后市场服务，主要有以下模式：

一是物流代运营服务。2015 年 12 月，兰剑与唯品会在其华南物流中心正式开始国内首例物流代运营服务，即“蜂巢式电商 4.0 系统”，由兰剑规划建设并运营管理，按照订单处理量向唯品会收费。随后，国内其他物流装备企业也对物流代运营服务进行了更进一步的探索。例如，苏州金峰物流设备有限公司（以下简称“金峰”）在后市场服务的核心理念是，为客户提供非核心业务的整体外包服务，其中就包括：按照所提供物流系统的处理能力、处理量、处理时效等不同的指标来收费，为客户提供物流代运营服务。

二是公共服务平台。大型物流园区内正在构建公共物流服务平台，例如，建立共用备品备件仓库，提供叉车、托盘等租赁平台或者整体物流系统的租赁使用。目前，金峰公司也在此基础上在探索公共分拣平台的建设。这种模式一旦兴起，后市场服务将会有新面貌。

2. 新技术应用已有突破

智能技术与产品开始在物流行业被大量应用，目前在物流装备后市场服务当中，应用这些先进技术与产品的多为外资企业。

如 AR 增强现实技术。去年 TGW 在售后服务领域推出 AR 智能眼镜，将其作为总部热线专家和 TGW 维护工程师

或客户驻场工程师之间视频通信的“便携”工具。

借助这种高效的沟通方式，TGW 可以远程精准地找到问题并提供相应的解决方案，为用户带来了可观的附加值，众多客户表示对该技术十分感兴趣，并且愿意尝试。这一技术的应用将会省去更多后市场服务过程中的人力成本、时间成本，并且能大幅提升服务效率。

3. 服务内容多元化

当前，物流装备后市场的服务内容与形式正在呈现多元化的趋势。

整体来看，外资物流装备企业的售后服务内容更为丰富。以 TGW 为例，该公司可以通过电话热线支持、在线诊断、远程监控和现场维修的方式，为客户提供设备维护保养服务；通过升级改造（更新、改善、扩建）服务，实现物流系统全面现代化、机械现代化、控制系统升级、基础设施和服务器升级、软件升级；驻场服务等。TGW 提供了三种服务包：基础包，基础包 +，整体服务包。如整体服务包在基础服务之外，还包含了服务创新、定制化解决方案以及统一费率包，其主要目的是不断地找出那些可以改进的地方，并根据实际情况改进相关流程、程序和设备，提升合作的灵活性，保障系统的可用性。

国内物流装备企业服务定制化则更为灵活。虽然在服务内容丰富性上，国内物流装备企业可能不及外资企业，但是其服务形式更为灵活，也更多元化。

例如，睿丰十分看重后市场服务，为此成立了上海睿丰自动化工程技术有限公司，为客户提供多种服务模式供选择，其中包括：总包，即对物流装备全生命周期内出现的任何运行问题及时解决，并随时根据客户需求，对系统进行升级改造，这种服务效率高，但价格也较高，独资、外资企业采用较多；按次响应，即用户报修之后，提供设备维修服务，有可能存在服务 / 备件不及时，但价格十分优惠；定时巡检，睿丰在用户方设立备件库，提供定期巡检服务，避免故障发生，在意外故障发生时也能够及时解决，服务价格居中；此外，还可以提供完善备件库、定时巡检、应急维护三种形式相结合的售后服务。

再如，招商路凯作为托盘循环共用领军企业，为了帮助客户更好地使用托盘等单元化物流载具，发挥其价值，建立了完善的后市场服务体系。其覆盖广泛的营运网点布局为保障客户长距离、跨区

域运输以及实现异地起租、退租奠定了基础。自主运营的营运中心，提供载具的收发与维护保养服务（载具收发运输、优化运输跟踪、质量检验与分级、载具维修、清洗）。

此外，服务内容还包括：托盘使用培训；租赁系统操作培训；日常跟进；每月对账；定期拜访；给每个客户发放《客户服务手册》等资料，以便客户发生人事变动时能够顺畅交接，帮助新负责人快速上手；针对重大客户，会长期派驻工作人员进行载具的数量盘点、分拣、收发等工作。

价值与前景

无论是对于物流装备应用企业还是供应商，物流装备后市场服务价值都不可小觑。

对于应用企业来说，物流系统对其业务发展的支撑作用越来越重要，因此保证物流系统的正常稳定运行是他们关注的首要问题。规范完善的后市场服务，不仅可以让他们不必担心因物流系统发生故障而影响经营，而且可以得到物流系统的运营质量分析，从而提高系统运行效率，还可以得到技术改进和系统升级服务建议，使物流系统能够伴随企业发展而持续优化。同时，将服务外包，应用企业也不必设置专门的维护团队，可以把更多的人力、时间、资金等用于自身业务的发展。

对于物流装备企业而言，目前的后市场服务虽然不是创收的主要来源，却会逐渐成为重要的利润增长点；同时，也是为应用企业提供附加值的重要途径，是赢得用户赞誉与信任的关键手段，有助于获得新项目；此外，良好的售后服务口碑更是树立品牌效应的有力法宝。

据物流系统集成商瑞仕格仓储及配送解决方案事业部中国区售后服务经理魏川介绍，瑞仕格在一体化解决方

案提供过程中，对于售后服务非常重视，建立了严格的管理制度、服务规范与收费标准。售后服务人员早在售前阶段就开始接触客户，了解并评估其专业能力。在系统上线后，按照与客户签订的售后服务协议提供相应的服务，例如，通过备品备件供应、日常维护保养，维持系统良好运行；过几年后，对系统性能进行分析，根据用户的业务需求提供系统改造方案，助力其实现系统能力拓展等。可以说，完善的售后服务体系使瑞仕格与用户建立了良好的合作关系，有助于自身业务的长足发展。

从发展趋势来看，多位业内人士表示，随着物流装备后市场服务的价值越来越受到用户的认可，物流装备企业也将逐渐完善其服务体系，以满足市场需求。目前，物流装备后市场正处于新模式、新技术创新，以及服务形式多元化的探索初期，包括专业第三方后市场服务模式已经有企业在尝试。随着我国物流装备市场规模的进一步发展以及市场竞争的日趋加剧，与之密切相关的物流装备后市场将会得到更为长足的发展，将来也会出现越来越多成熟的模式与先进的技术应用，根据客户需求提供多元化服务形式，后市场服务将会成为物流装备企业提升品牌竞争力、创造价值的重要途径，相信前景一片光明。

（来源：中国物流产品网 2017-07-31）

2017 亚洲最大物流装备展 CeMAT Asia 申城盛献

一年一度亚太地区最大的物流装备技术盛会——“2017 亚洲国际物流技术与运输系统展览会（CeMAT Asia）”于 2017 年 10 月 31 日在上海新国际博览中心开幕。这是由中国物流与采购联合会、德国汉诺威展览公司和汉诺威米兰展览（上海）有限公司、中国机械工业学会、联合主办的亚太地区最受瞩目的年度物流盛会，吸引了来自德国、法国、韩国、土耳其、西班牙、意大利及中国台湾等 20 多个国家和地区的 600 多家知名企业在超 6 万平米面积上进行展出，共同打造“智”造盛宴，

在参展人数、展出的覆盖范围等均创历史新高。

本届展会创新亮点：

一、重磅打造了全新叉车主题馆，吸引了杭叉、比亚迪、伟轮、诺力、宁波如意、潍柴动力、卡斯卡特，等众多行业大咖，共同演绎叉车的智能与创新。在W4馆对于叉车零部件创新获奖企业设立创新展示区（CITIA），鼓励叉车行业推陈出新，砥砺前行。

二、专设机器人展区：ABB、FANUC、新松等机器人巨头大幅进军物流界，推呈高新技术产品的跨界应用。传统AGV企业同样不甘示弱，叉车AGV引领AGV行业新潮流，厚达、柯金、井源等带来的全新技术革命空降W3和W4馆，与新型Kiva机器人企业快仓、极智嘉等企业同台竞技。物流行业重中之重的系统集成商们，包括德马泰克、胜斐迩、瑞仕格、TGW、Intelligrated、Vanderlande、SFA、Fives、北起院、北自所、伍强、中鼎集成、今天国际、德马、刚玉、江苏高科、科陆等也不甘示弱，掀起了一场百家争鸣、百花齐放的技能大比拼。

三、首届举办“单元化物流现状与发展研讨会”，会议由中物联托盘委常务副主任马增荣主持，亚洲托盘系统联盟轮席主席吴清一、招商路凯大中华区副总经理高松骥、EPAL亚洲首席代表安晓玮等来自中国、韩国、日本等国的单元化物流服务提供方、使用客户、单元化物流器具及装备的生产企业等参加了本次会议。

四、首届设立“运输车辆展示专区”：中国重汽集团携旗下汕德卡、豪沃、轻卡等重点车型专设了品牌展示区，而中国作为新能源汽车最大的市场，中物联装备技术专业委员会为促进我国新能源汽车的推广应用，加速推进新能源汽车技术的成熟、升级，开拓性地为本次盛会首次设立“新能源物流车辆应用推广展区”（N2馆），福田、地上铁、熊猫新能源、上汽捷泰（圆通战略合作伙伴）、申龙等国内知名新能源物流车辆及运营提供商设立了专门的展区和洽谈区。

在创新沙龙上，装备委定向邀请了圆通、地上铁、福田、宁德时代等国内新能源物流车辆生产企业、运营单位及核心零部件企业，于11月2日上午“新能源物流车应用发展高峰论坛”上做创新演讲（N2馆），共话新能源汽车新篇章，为大会独添一抹亮色！

除此之外，作为主办方，中国物流与采购联合会还在现场上专设了一个主办方咨询台，为现场参展及参会企业了解中物联提供了一个直接面对面的交流途径，并为到场咨询的参会人员讲解《2016中国物流技术发展报告》的创新性及全面性。展会同期还举行了一系列的专业技术研讨会，共同探讨全球制造业技术发展风向标。

随着展会影响力的不断扩大和贸易洽谈量的逐年攀升，作为大会中方主办方，中国物流与采购联合会将不断致力于推进全球先进的设备制造及技术在物流相关行业广泛的应用、推广，使我国从“智”造大国迈向“智”造强国。

“Driven to be SMART 驱动未来”，未来已来！

（来源：中物联物流装备专业委员会 2017年11月02日）

8.1.2 热点

燃油车被叫停，燃气车和电动车谁将称雄物流用车

日前，工信部副部长辛国斌在中国汽车产业发展论坛上透露了这样一个信息：我国已启动传统能源车停产停售时间表研究。这也就意味着继欧美等国后，我国也将进入禁止燃油车产销的队列，

尽管尚未明确是否会对汽油车和柴油车双双叫停，但根据近几年对柴油车的治理，这种情况还是极有可能的。

数据显示，2016 年全年我国汽车总销量为 2803 万辆，其中商用车销量为 365 万辆，货车销量则为 310.8 万辆。具体到能源类型：天然气重卡销量近 2 万辆，纯电动商用车（含客车）为 15.2 万辆，其余大部仍旧被燃油车辆所占据。因此，这一消息对于商用车 -- 尤其是卡车行业而言，用“一石激起千层浪”来形容实在是再恰当不过了，记者对业内反响进行了一番探查。

燃油车退市 几家欢喜几家愁

柴油车产销若真被叫停首先波及的整车厂和用户。也许我们的第一反应会认为这一消息对国产整车厂家而言会如同晴天霹雳，但记者得到的答案却恰恰相反。

1、整车厂无压力。

“其实对于我们整车厂家而言，这个消息的影响并不是很大。”中国重汽商用车销售部副总经理刘军如是说。首先，目前的重卡企业基本都具备燃气车与燃油车两种研发制造能力，车企只需格根据政策市场需求，及时调整生产结构即可。再者，2016 年我国卡车出口销量为 18.6 万辆，尽管占总体销量份额小，但市场需求仍旧存在。一旦国内柴油车产销被叫停，卡车出口不受影响的情况下，车企的油车业务是不会完全停止的。那么对于车辆生产链条上的其他人员呢？

2、零部件或洗牌。

从车辆结构上来讲，燃气车与传统燃油车并无较大区别，因此油车转换为气车对上游零件供应商而言并不存在影响。但是电动车型与油车结构存在很大的差异，相较于传统燃油车上万个零件纯电动车型的零件数量会大幅精简，这对于上游零件供应商而言绝对不是利好消息。以发动机为例，目前国内发动机厂基本都拥有燃气发动机呵呵燃油发动机两类产品，但一旦车辆采用电驱动，届时传统发动机厂产销量势必将有所降低，取而代之的将是一批电机厂和电池厂。当然，这一过程中也不排除传统发动机厂与电机厂或电池厂联手求生存的情况，不过无论如何，传统发动机厂经历一轮洗牌已是避无可避。

柴油车若被叫停，最不淡定怕是司机

3、司机最怕淘汰。

在此之前，欧美一些国家已经发布燃油车停产停售时间表，基本年份都在 2030 年至 2050 年之间，我国虽未确认但初步估计应不会早于 2030 年。油车禁止产销后，紧接着必然会面临淘汰事宜。而对于用户而言，连番排放升级所导致的黄标车淘汰已然令他们倍感无力，如今油车禁产销消息一放出，他们更是一阵慌乱。油车何时退市？是否会给予缓冲期？是否可以给予相应补贴？都是他们最为关注的问题。不过从时间跨度上来看，保守估计距离禁售年限还有 15 到 30 年，留给用户的时间尚且充裕，且随着技术变革，在油车退市前其市场份额早已大幅下降也未可知。

多种燃料共存 谁会占“大头”

柴油车一旦被叫停，那么市场将势必被燃气车、电动车以及以燃料电池为代表的新型燃料车刮分，届时谁的市场份额将更大也是大家关注的一点。

1、纯电技术待突破。

对此，业内人士表示，燃油车一旦退市各类能源车型会出现“产品互补，均分天下”的局面。基于当前技术情况，阻碍电动卡车发展因素仍在续航里程和载重量方面，“未来如果纯电动卡车技术有重大突破，那么纯电动车型和燃料电池车的优势会更大，但若情况相反，那么长途、重载运输自然会以燃气车为主。”而燃气车要大范围应用也具备一定前提。

2、加气站点待补充。

数据显示截止到2016年底，我国共建成2700座LNG气站以及7.2万座CNG气站，且集中分布在陕西、山西、山东等地。气源、燃气转运、气站建设都是影响天然气卡车上量的原因，因此要在当下提高天然气卡车市场份额，为燃气车替代燃油车参与物流运输打好基础，燃气转运和气站建设合理规划都是必须要解决的问题。

综合以上，无论技术完善还是加气站布点都需一定时间来完成，故此业内人士预计即便燃油车禁令颁布也不会出现“一刀切”情况，很有可能会根据各地现实情况分阶段进行。

氢燃料电池车在当下被认为是最具发展潜力的车型

指向意义或大于执行意愿

事实上，工信部此番给汽车行业“吹风”，看似突然却也在情理之中。从排放标准连跳三级，到各地加紧淘汰黄车，再到政府层面对新能源产业大力扶持，直至此番燃油车禁产禁销，相关部门的每一次决议与举措无疑不再重复一个讯号：降低尾气排放污染，大力推进清洁能源车产业发展。从这一角度来看，有业内人士表示，燃油车禁产禁销所释放出的指向意义或大于其执行性。

因此，毋庸置疑的是无论禁令何时颁布，商用车行业而言节能减排、提升新能源技术已是势在必行。文章开头车企之所以表现“淡定”，也是源于对政策导向的捕捉在此之前已经着手多类型能源开发。而用户也暂且不必慌乱，一方面确定标准尚未出台，另一方面不同于此前所颁布的政策，禁售燃油车是一个相当浩大的工程，需要时间进行消化，“一刀切”绝不现实。因此，大家只需安心过好当下，顺应市场动向循序渐进即可。

（来源：第一物流网 2017年09月13日）

托盘标准化不只是托盘这一件事

“物流装备的标准化对于提高物流效率，规范物流市场有积极意义。但每一项装备标准的制定都不是孤立地看这个装备本身，托盘也是一样。”中国物流与采购联合会物流装备专业委员会秘书长左新宇，在接受第一物流全媒体·现代物流报（微信：cn156news）记者采访时说。那么，我们的托盘标准制定要结合哪些因素？

“物流装备的标准化对于提高物流效率，规范物流市场有积极意义。但每一项装备标准的制定都不是孤立地看这个装备本身，托盘也是一样。”中国物流与采购联合会物流装备专业委员会秘书长左新宇，在接受第一物流全媒体·现代物流报（微信：cn156news）记者采访时说。那么，我们的托盘标准制定要结合哪些因素？

要兼容上下游装备

首先，通常托盘标准的制定，要参照集装箱标准以及参照运输车辆标准。目前，中国的标准托盘尺寸有两种，一是1m×1.2m，一是1.1m×1.1m，而国际通用标准托盘体系里还有欧标和美标。欧标尺寸为1.2m×0.8m，美标为40英寸×48英寸（大于国标1米×1.2米的托盘）。

应该说，我国的托盘标准体系里的两个标准，同时参照了集装箱尺寸和车辆尺寸，更是兼顾了国际标准以及日韩标准。现在，我国大力推广的1m×1.2m标准托盘刚好并排存放在新GB1589标准规定的2.55米的车宽内，但是对于2.35米的集装箱内径，这种规格的托盘就会不适应，相对来讲个，1140规格的非标托盘反而利用起来更方便。

从标准的实施规则来看，推荐性标准应该适应强制性标准。作为我国现有的托盘标准都属于推荐性，不属于强制实行的标准。所以，托盘标准要适应车辆标准，在和车辆这种强制性标准的匹配上，不能过于强调托盘标准的核心作用，应该尊重和适应车辆的相关标准。

第二，托盘标准的制定，要考虑向下兼容仓储设施以及商品包装尺寸。我国制定托盘标准及相关物流装备标准，一般都要参考欧美等国家的相关作法。据悉，在成熟的欧标体系下，仓库货架都要跟随托盘标准化。这样，系统的自动化设备才能完全与所有装备衔接，顺畅运行起来。

托盘在物流包装设计中起到的是承上启下的作用。托盘大多情况下不是最小的包装单元，往往需要承载更小的周转箱或者一次性销售包装，这也存在相互匹配和兼容的问题。很多托盘企业抱怨商品包装的不规则。问题的根源在于整个的单元化包装体系缺乏系统的设计模数。

何为包装模数？通俗地讲，其就是根据单元容器的尺寸确定商品包装的若干尺寸的一个参考值。比如，一件商品，要放到 1m×1.2m 的托盘上运走，必须将商品等分为若干个小包装，这些尺寸的小包装加起来，刚好够存放一整托盘。如何计算，是设计师的事情，但是道理很明显，那就是设计师也必须以 1m×1.2m 的尺寸设计包装。事实上，除非商品受到属性和出口国家、地区等的规则方面限制，否则，企业就一定会采用最通用的标准进行包装设计。

因此，托盘标准的制定，还必须要考虑商品的属性问题。这是标准化推广的根源问题。用左新宇的话说，托盘的尺寸不是最重要的，重要的是如何使它用起来，我们制定标准不光是从上而下，也要考虑从下到上的兼容性。如果我们制定了一款托盘标准是适合其它设备的，但就是不适合具有特别属性和要求的商品的托盘需求，那就应该尊重这些需求。比如说，在烟草行业内使用 1250 规格的托盘，在其内部行业应用非常普及，虽然非标，但在烟草行业内已经形成了循环利用，值得借鉴。目前，我们推广和制定托盘标准，恐怕还要多考虑企业层面的需求。

另外一个方面，托盘的规格还需要考虑到人工作业的问题。在自动码货还没有普及的情况下，托盘上的货品还需要人工进行码垛。很多制造企业也会把整托的零部件直接送上生产线边，取用零部件也是要靠人工。如何减少人的劳动强度，方便作业，也是托盘适应性的一个问题。在这方面，欧洲的 1200*800 的托盘就具有优势，工人只在托盘的一个侧边就可以完成整托货的操作，不需要绕到其他方向上去。

着力打通整个供应链

同时，托盘标准化还要考虑应用的整个供应链。我国托盘标准化化为何多年都在推，但多年都未见统一、规范地应用起来？

左新宇认为，除了标准的制定和推广外，标准化还与托盘应用的行业、领域、企业的供应链水平有关。托盘标准化的前提是应用企业的上下游要达成共识，形成有效协同机制，建立起供应链合作伙伴关系，才能使托盘流通起来，其后不但能正向流通，还能逆向流通，多点流通。

当前，快消品行业推广的带板运输，就是很好的案例。虽然现在五花八门的托盘标准都存在，但只要在这样一个供应链链主较强势的环境下，比如连锁商超配送，就一定能够使带板运输高效运营。也就是说，供应链处在较封闭和可协同的环境中，标准化托盘就利于推广。

从这一角度看，与其说我们为了推广托盘标准化，不如说是我们要顺应供应链标准化的需求。因此，托盘标准化也就不是让所有的托盘的都用一个标准，或者标准越高度统一越好，而是让托盘能够流通起来，没有闲置，这便能达到高效。

在制造业里流行的循环取货，就是基于“送牛奶”原理，可以更形象地说明让托盘流动起来这一要义。例如，某小区的居民，在某牛奶公司订购了牛奶服务，约定每天上门来送奶；接下来，牛奶公司的配送人员，每天都来送牛奶，每次只送一瓶。除了将装满了牛奶的瓶子送来外，走时还要带走客户消费过的空瓶；当天，配送员送完该区域所有定量的装满牛奶的瓶子外，收获的就是所有回收的空瓶。

这其中，奶瓶就如同托盘一般，而带板运输，循环共用模式则与此相同。总之，只要与客户达成配送协定，这一配送规则、标准化运作将成为高效的配送方式。那么，标准化将不存在推广的难题。

汽车行业就是一个使用单元化集装器具最规范的行业，多年的精益生产和精益物流管理，已使主机厂与供应商之间建立了完善的供应链体系，托盘、周转箱都是单元化标准化流通器具，基本不存在标准化推广的问题。近几年逐渐推广的循环包装租用模式，在汽车制造业内很受认同，已经有非常成功的案例。

不可否认，托盘适应标准化应用的行业是有所限制的。一些特殊商品不能用托盘承载，一些形状特异的商品不可用标准化工具运输，那就要考虑特定行业的装载工具标准化。总之，忽视托盘的重要性和过于以托盘为核心看待标准化问题，推进标准化，都将是不适合的。托盘标准化是物流基础装备标准化，要想推动它，行业主管部门、企业不但要了解标准化，还要了解企业应用的需求和供应链特征。毕竟物流效率的提升是一个系统工程，从装备上下游兼容性、商品包装以及供应链协同的角度看问题，其结果才更利于问题的解决。

（来源：第一物流网）

全球智能集装箱产业联盟在深成立

2017 年 8 月 15 日，“全球智能集装箱产业联盟”在深圳成立，并举行第一次会员大会。深圳市市场监督管理局副局长夏昆山表示，该联盟将打造智能集装箱产业链和生态链，以先进标准促进制造业转型升级，推动优势传统产业向价值链高端发展，在推动深圳港口运输经济发展、服务粤港澳大湾区建设中将产生深远意义。

该联盟是由深圳中集智能科技有限公司牵头发起，并联合全国集装箱标准化技术委员会、交通运输部水运科学研究院、中国电信集团公司、华为技术有限公司、中兴通讯股份有限公司、中集集团集装箱控股有限公司、深圳市标准技术研究院等近百家相关政府监管机构、产业应用、技术研发、生产制造、系统运营等业务的企、事业单位自愿组成的民间非独立法人的联合体。

目前，全球贸易中超过 80% 总货值的货物使用集装箱运输，集装箱已成为全世界最大数量的运输载体。希望联盟有效地组织行业企业制定和推广实施团体标准，并推动团体标准向国家标准和国际标准转化，推动深圳乃至全国港口运输产业在国际竞争和分工中占据领先位置。

（来源：中国水运网 2017 年 08 月 17 日）

“共享集装箱”该如何玩

“共享经济”无疑是 2017 年经济领域又一个热点，从遍布街头五颜六色的共享单车，到带动一时热点的共享雨伞、共享充电宝、共享床铺……一时间，“共享经济”，似乎已经成为资本青睐、社会鼓励、用户得益的“万能”商业模式。

回过头再看航运市场，今年虽然有所回暖，但很难说全球经济贸易的基本面就此得以改观，伴随着需求不振、“逆全球化”、地区冲突等一系列问题，对于航运公司而言，面对众多的不确定因素，唯一可以确定的事情仍然是控制成本。

无奈，航运业在此前已经经历了太长的冬天，依靠传统“拧毛巾”式的控成本，毛巾里已经实在挤不出太多的水分了。可以说，控制成本也同样面临着“创新”的迫切需求，于是，在一片“共享经济”的呼喊声中，有人将目光投向了集装箱设备。

一、 集装箱，是否能够参与“共享经济”的盛宴？

关于这个问题，乐观者有其理由：

1、市场足够大：全球海运集装箱总数超过 4000 万 TEU，如果每个新箱按照 1 万元人民币的平均造价计算，这就是一个 4000 亿人民币的大市场；如果再加上铁路箱、航空箱、陆用建筑集装箱等衍生产品，其市场空间将更大。

2、通用性足够强：集装箱生产是严格按照全球统一标准进行生产的，世界各地的集装箱装卸设备在技术方面也具有很强的通用性，这就为“共享”奠定了良好的基础，使得其可行性大为提升。

3、自带数据流量：很多共享单车的运营者或者支持者宣称，共享单车赚的不是租金，而是消费者的出行数据，这是最有价值的部分。但这个骑行数据，如果与集装箱的流量数据相比，简直就是太“low”了，因为全球每年超过 10 万亿美元的货物，其中很大比例是直接装载在集装箱里面运往世界各地，这个想象空间，实在是太大了。

4、有利于提升效率。集装箱船队和箱队之间，存在一定的配比关系，按照全球集装箱船总运力 2000 万 TEU 计算，当前的平均配比约为 1；2，如果能通过推广集装箱得共享，将箱位比降到 1：1.5 的比例，全球至少可以减少 1000 万 TEU 的海运集装箱，可以极大地降低运营成本。

上述观点，不仅仅停留在理念上，也有实践的支持：

首先，绝大多数的集装箱设备，本来就是天然带有共享经济属性的。因为货主订舱以后，所取得的是对于集装箱设备一定时期的使用权，当运输完成以后，集装箱回到班轮公司手中，投入下一轮的运输，从这个意义上讲，不同货主事实上对同一个集装箱实现了“共享”。

其次，当前少量班轮公司之间已经开始尝试在特定地区实现集装箱设备的“共享”，比如 A 公司在某地有订舱需求，但没有合适的设备，而 B 公司正好在该地有闲置设备，A、B 公司之间也签订了“集装箱设备共享协议”，那么，A 公司就可以用 B 公司的集装箱接受订舱。

二、 “共享集装箱”，最大的瓶颈是什么？

既然“共享集装箱”这么美好，那为什么不抓紧推广呢？一般的观点认为，推广 “共享集装箱”，存在着比较显著的瓶颈：

1、信息技术瓶颈。 实现“共享经济”的一个前提，就是要通过技术手段迅速实现需求和资源的匹配，这一方面需要信息技术的提升，另一方面还要求设备本身能够符合信息采集要求。目前，物联网技术在集装箱设备上的应用才刚刚提上议事日程，集装箱实现全球双向智能定位的技术远未实现。

2、各国监管的限制。集装箱既不像船舶那样只能在海上航行，也不像卡车那样只能在陆上行驶，而是能够实现海陆联运的一种特殊设备，这也意味着对其的监管有比较严格的要求，而事实上各国监管机构也都对集装箱有一整套的监管体系。比如说，用于国际运输的集装箱设备，未经许可就不可以随意用于国内运输。所以，要实现“共享经济”，首先要了解和满足各国监管机构的要求。

3、商业模式的局限。在班轮公司眼中，集装箱是船舶在陆上的延伸，也就是说，“船”和“箱”的主体是不可分割的。这是支撑当前集装箱运输商业模式运行的基础理念。要推行“共享集装箱”，必须要在“船箱分离”的理念下，重构商业模式，要不然，在现行商业模式下推行“共享集装箱”，只会增加交易环节（货方需分别联系船公司和箱公司），却不会降低交易成本（船公司对于“货主自有箱”通常没有运费优惠）；此外，由于全球货物流不平衡的特性，如果集装箱的提供者不能依托船公司遍布全球的运输网络，那么，仅仅是调运空箱就是一笔巨额的开销，在经济性上不一定合理。

信息技术、监管政策、商业模式犹如压在集装箱共享经济头上的“三座大山”，如果不能很好地解决这几个问题，“共享集装箱”看起来似乎是一个遥不可解的梦想。

就拿前面两个例子来说，前一种本身就是当前的运营模式，这种模式下的集装箱更多是“生产设备”而不是“闲置资源”的概念；而第二种模式虽有一定的“共享”成分，但其计费和结算模式比较复杂，更何况作为参与者的船公司数量十分有限，且彼此之间存在着竞争关系，因此，短时间内很难大规模推广。

三、“共享集装箱”，正确的切入模式是什么？

如此说来，莫非“共享集装箱”，真的是一个伪命题？

对此，笔者认为并不尽然。但同时认为，要真正实现“共享集装箱”，首先必须改变传统的思维模式，特别是要跳出“集装箱设备”本身，来考虑“集装箱共享”的问题。

跳出“集装箱设备”谈“共享集装箱”？这难道是在开玩笑吗？其实这个问题不难理解，因为集装箱只是实现运输服务的一个辅助设施而已，而大众真正需要的是运输服务产品。也就是说，“集装箱设备”本身并非一个完整的运输产品，所以也不是一个理想的“可交易化”的产品。

因此，要实现真正的“集装箱共享”，必须从“闲置运能”这个角度出发，比如：

某甲有 15 立方的货物需要从上海运到洛杉矶，该客户订了一个 20 英尺的集装箱，装箱后发现箱子里几乎还有一半的空间富余……

某乙有 5 立方的货物，重达 15 吨；而某丙有 25 立方的货物，只有 2 吨，货流也都是从上海到洛杉矶，正常情况下，某甲和某乙需要各订一个 20 英尺的集装箱……

某丁在洛杉矶生产的产品，需要一种特殊的 40 英尺集装箱运输（特种箱），但由于此类货源是单向货源，所以每次某甲还需要付钱将该空箱设备从上海调运到洛杉矶……

这个时候，如果有一个“集装箱共享”的信息撮合平台，那么：

某甲就有可能将其集装箱内多余的空间，分享给其他有同样需求的用户；

某乙和某丙，就有可能联合起来订一个 20 英尺的集装箱，实现“满舱（箱）满载”；

某丁将集装箱空载的这一航段的信息发布出去，向其他需求方提供运力资源。

而在最理想的状态下， 甲、乙、丙的货物，最后都装到丁的箱子里去，这将使得相关各方的运输成本都得以大大降低。

有人可能会质疑，某乙已经和某丙拼一个小箱，还有必要再去跟别人拼吗？确实，单独就海运舱位费而言，两者差别并不大，但如果考虑到两头的装卸费、拖车费，这中间的差别，可能比“滴滴专车”和“滴滴拼车”之间的差价还要大。

总之，共享经济的最大意义，就在于通过闲置资源的使用权交易，实现资源的最优匹配。当然，在此过程中，还需要解决技术、规则、标准、服务、监督等一系列问题，但从发展方向看，这恐怕已经成为一种趋势。

（来源：中国港口网 2017 年 08 月 17 日 ）

共享集装箱将改变中国多式联运全球话语权

共享集装箱或可成为下一个共享经济的成功应用。虽然共享单车属于 B2C 模式，而共享集装箱更多属于“B2B+B2C”模式（因为集装箱的使用者往往具有规模性，不是以单个数量进行租用）。

多式联运是物流业降本增效的重中之重，但目前仅占货运总量的 2.9%，而集装箱海铁联运占比更是仅有 1.9%。这与 2016 年美国铁路集装箱海铁联运占比达到 49.2% 形成了鲜明对比。

抛开不同运输方式企业及“一关二检”之间的利益冲突及管理架构矛盾，多式联运最大的障碍应该是归属不同企业的集装箱特征导致难以在不同运输主体循环共享。自备箱（SOC）、船东箱（COC）和单程箱（OWC）等不同主体归属的集装箱既阻碍了集装箱的循环共享，也极大地增加了不同主体异地还箱、空箱集配、集结点建设维护以及逾期费用等成本。而共享集装箱恰恰从技术上解决了上述问题。

2016 年 8 月，中国铁路集装箱保有量共计 32 万只，日均装车量 10905 只；而 2016 年底全球集装箱船队运力则为 2107 万 TEU（20 英尺集装箱），全球前 30 名港口的日均吞吐量为 102 万 TEU。尽管目前全球集装箱保有量难以准确统计，但初步估算，2500 万只至 3000 万只共享 TEU 就可以满足全球集装箱货运的需要，而启动这个共享产品仅需要 100 万只 TEU 即可。

以当前普通 TEU 1.2 万元至 1.8 万元的售价计算，加上共享功能化模块的成本，规模化制造 TEU 的售价可以控制在 2 万元以内，那么前期投资估算只需 200 亿元就可以完全覆盖目前国内的铁海联运及公铁联运需求。

共享单车目前的资本投入已经超过 110 亿元，但只是解决和满足了部分城市的一小部分市场需求。而共享集装箱则仅需 200 亿元资本，就可以撬动目前业界最为关注的多式联运提升问题，并可以通过股权投资和债权投资等金融杠杆的综合利用逐步滚动，直至用 2500 万只至 3000 万只共享集装箱覆盖全球市场。

共享集装箱发展后将剑指集装箱租箱公司。据统计，全球保有的集装箱 40% 属于各类租箱公司。目前，全球十大租箱公司均在海外发达国家，租赁费用一方面可折价成运费折扣，另一方面可直接收取租赁费用。而共享集装箱则可以以极低的价格甚至免费租赁给用户，快速接管传统租箱市场。

对于小用户甚至单箱租赁企业来说，可以直接收取集装箱价值的 150% 作为租赁抵押金，而对于大型客户则采取租赁抵押金再贷款方式进行金融配置。这样一来，100 万只共享集装箱就可以回收 300 亿元租赁抵押金。同时，租赁抵押金再贷款还能有更高的收益。

当共享集装箱形成规模之后，其规模化空箱集结点建设与运营、还箱点的智慧布局、空箱智慧调配、集装箱维修保养、逾期费用结算等运行成本将呈现 30% 至 50% 的递减，特别是大数据及物联网技术的引入，将极大地降低运营成本提高利润，并增大运营壁垒。此外，加大集装箱的交易应用频次，也会进一步实现租赁收益的提升。

在逐步完善共享集装箱运营模式后，以半年为一个周期，进一步引入债权杠杆，将有效实现 5 倍至 20 倍规模递增。在既能防范金融风险，又能充分发挥金融杠杆作用下，可以通过 3 轮至 4 轮的倍增，形成 6000 亿元至 8000 亿元的资金规模，从而完全满足对全球集装箱的共享化替代。

共享集装箱将从根本上提高中国集装箱多式联运的跨越式发展，并进而实现集装箱多式联运的全球话语权。

因此建议，中国铁路总公司下属的经营公司、港口、地方城投及船东、集装箱制造商等，可以以股权投资加债权投资的形式，成立初期规模为 200 亿元的资产公司，而萌芽投资仅 5 亿元至 10 亿元即可，用来逐步购买装有 NB-IoT 窄带物联网、远程安全防护等共享技术条件的新型集装箱，或对符合标准的传统集装箱进行功能化改装升级。另外，成立混合所有制或民营公司，负责共享集装箱的共享平台建设、空箱集结、维护保养、租赁收费、融资操作等。

当然，共享集装箱也存在着运营风险。第一类风险来自于共享业务的吸引力，毕竟资本的吸引力来自于业务的吸引力；第二类风险在于使用频次，这也是共享经济成功的关键要素，甚至能影响到支付征信的场景；第三类风险是利润可持续增长的能力，它将极大地影响资本的进入速度，从而决定规模化倍增的速度。

（来源：第一物流网 2017 年 08 月 02 日）

不合规冷藏运输车将加速淘汰 多温层冷藏车将加大应用力度

国务院办公厅印发了《关于加快发展冷链物流保障食品安全促进消费升级的意见》（以下简称《意见》）。其中针对冷藏运输车辆，《意见》多处内容有所涉及。不合规冷藏运输车将加速淘汰，多温层冷藏车将加大应用力度。冷藏车的规范和标准化应用，将助力物流企业在冷链中不断链。

《意见》明确相关部门负责研究发布冷藏运输车辆温度监测装置技术标准和检验方法，在相关国家标准修订中明确冷藏运输车辆温度监测装置要求，为冷藏运输车辆的温度监测性能评测和检验提供依据。

《意见》鼓励推广应用多温层冷藏车等设施设备，提出按照规范化标准化要求配备车辆定位跟踪以及全程温度自动监测、记录和控制系统，并且大力发展“互联网 +”冷链物流，整合产品、冷库、冷藏运输车辆等资源。

对于冷链物流企业，《意见》要求其从正规厂商采购或租赁标准化、专业化的设施设备和运输工具。《意见》指出，要加速淘汰不规范、高能耗的冷库和冷藏运输车辆，取缔非法改装的冷藏运输车辆。

《意见》提出，要结合冷链物流行业发展趋势，积极推动冷链物流设施和技术装备标准化，提高冷藏运输车辆专业化、轻量化水平，推广标准冷藏集装箱，促进冷链物流各作业环节以及不同交通方式间的有序衔接。

最后，《意见》还指出，研究将配备温度监测装置作为冷藏运输车辆出厂的强制性要求，在车辆进入营运市场、年度审验等环节加强监督管理，提出加强城市配送冷藏运输车辆的标识管理，以及指导完善和优化城市配送冷藏运输车辆的通行和停靠管理措施。

（来源：第一物流网 2017 年 07 月 07 日）

工信部设下“3 万公里”这道坎儿，电动物流车跨着有点难

产销激增、骗补丑闻、补贴调整……新能源车的发展总是喜忧参半。

2016 年年底，工信部下发《关于调整新能源汽车推广应用财政补贴政策的通知》，要求非私人用户购买的新能源汽车累计行驶里程要超过 3 万公里才能领取国家补贴，一时间无论是新能源汽车圈还是物流圈全都“炸了锅”。如今，上述新规上马已半年有余，各方争议声音仍未停止。

争论：多久才能跑够 3 万公里，城市配送与新能源车始终被认为是最佳匹配

① 效益好，一年足以。一位新能源车企负责人告诉记者，目前电动物流车多应用于快递等城市配送领域，车辆在中小型城市一天的运行里程在 80—120 公里之间，而在规模较大的城市运行里程则可超过 150 公里。这样核算之下，只需不到一年的时间，车辆便可完成 30000 公里运行标准，进而领取补贴。

② 效益差，两年有余。另一方观点则认为，上述情况只适用于规模大、效益好的物流企业，对于一些“小本经营”的企业，要在短期内达到 30000 公里绝非易事。

③ 耗时长，资金断链。除了效益问题，30000 公里运营背后，还有资金链条或被拖至断链可能。

一家新能源汽车企业的负责人表示，根据补贴申请流程，每年底申请一次，次年4、5月如审核通过，最终拿到补贴可能要再等上两个月。假设一家企业2017年下半年投放车辆，2018年此批车辆达到要求并在年底申请补贴，那么最快拿到补贴也要到2019年，这对中小企业的资金链来说是较大考验。

改变：产销环节萌生新职能

① 不协议，但有预估。为了保证顺利申领到补贴，一些新能源车企是否会以维护自身利益为目的与用户将30000公里达标时间量化写入采购合同，成为一些用户比较关心的问题。

对此，一家新能源物流车企业负责人告诉记者，他们并不会与用户签署类似协议，但确实要在签订购车合约之初对用户的实力与运营状况作出评估，这样做的目的在于更好的与用户协作，帮助他们通过选择适宜车型、针对不同路线调配不同车辆等方法，使车辆运营里程尽快达标。

② 新职能，商家担保。一位新能源经销商告诉记者，目前有地方规定新能源车辆除需将车辆接入监测平台外，还需一家"新能源汽车公司"作为担保，此举意在进一步杜绝"骗补"。新规实施后已经有不少"XX新能源汽车公司"随之成立，为了进一步服务用户，他们也在计划成立该类公司，供新能源物流车挂靠。

成果：无空可钻，"骗补"被遏制

新规调整的目的，一是遏制"骗补"，二是促进新能源技术升级，如今来看前者似乎已初见成效。本是鼓励行业发展的补贴金，竟逐渐成为有心人眼中的"奶酪"。

① "公转私"行不通了。以往新能源车企"骗补"的套路基本是：先走量，将大部分新能源车辆上"公司牌照"，而后再转为"私人牌照"，新规之后这一操作需要跨越两年时间，企业拿补贴的不规范行为就这样被堵住了。

② "私转公"也堵住了。既然"公转私"行不通了，那么反其道而行之呢？为了钻新规"非私人用户"的空子，一些企业开始尝试先将车辆销售给个人，而后再转手给公司。

不过，已有地方出台对应措施，例如天津市出台的2017年的新能源补贴政策显示：申报地方补助的新能源汽车，个人用户购车自初次登记之日起两年内，不得过户给非个人用户；非个人用户存续期内，所购车辆两年内不得转让过户。如此一来，"捷径"也就不复存在了。

猜想：技术升级，规定或改变。充电难、续驶里程不稳定，仍旧是阻碍新能源物流车应用的难题。

① 催升技术水准。用户和企业都亟需补贴，原因还在于新能源物流车的成本高，成本高源于规模不够大，而规模不够大绝不是物流用户本身的购买力不足，而在于新能源物流车的技术还不足以令人完全放心。

无论是补贴退坡还是30000公里硬指标，根本目的还是期待新能源车行业不再依靠补贴存活，转而以技术致胜。补贴规定的调整可谓给技术升级加了一剂"猛药"，新能源车行业无疑将经历洗牌，自然新能源车技术与质量也将有望升级。

② 规定或许会变。对于"30000公里"这一标准，从用户角度也好、车企角度也罢，或很严苛，因此一直有声音在问：这政策有没有希望调整？为此，记者也和新能源圈内人进行了交流，得到的答案是：有希望改，但不是现在。

业内人士普遍认为，这"一刀切"的30000公里标准，的确不是适用于所有新能源车用户，未来政府部门很有可能在充分调研市场，了解新规实施情况后对标准加以调整，或将标准一次性放宽，或是对不同企业、不同车型提出细分标准。但是，考虑到政府部门公信力，短期之内政策还是无法调整的。

（来源：现代物流报 2017年07月04日）

8.2 物流标准

8.2.1 综合

上海物流标准化：撸起袖子加油干

上海的物流标准化工作做得不错，这是国家领导认可的。

在 2016 年 12 月底召开的全国商务工作会议上，国务院副总理汪洋充分肯定了上海托盘标准化循环共用试点取得的成效。

当前，全国第三批物流标准化试点城市出炉，上海为“元老”。自被列为国家首批物流标准化试点城市以来，上海牢牢抓住国家政策机遇，并按照上海市政府提出的“深入实施标准化发展战略”总体要求，将物流标准化工作列为国内贸易流通体制改革发展综合试点的重点改革项目，立足对标国际，政、企、学、协联动，有序有力推进物流标准化试点工作全面基本完成。

撸起袖子加油干

上海市商务委主任尚玉英近期在调研时强调，物流标准化工作的方向明确、意义重大，是推进内贸流通供给侧结构性改革的重要抓手。通过试点，上海在物流标准化方面已经有条件、有基础、有优势、有需求，该是“撸起袖子加油干”、总结复制推广的关键时刻了。

尚玉英提到，接下来，根据国务院、商务部、国家标准委关于物流标准化工作的部署，上海要加大力度、加快进度，深化内容、细化措施，结合企业、协会提出的建议，抓好五个重点：一是推动建立与质量技监、交通、食品药品监管等部门的联动工作机制，共同做好顶层设计；二是出台鼓励、引导、扶持政策措施，精准施策，调动社会各方积极性；三是结合食品安全城市建设，形成制约和倒逼机制，推动标准化托盘循环共用；四是借鉴国际先进的管理理念和制度，制定托盘循环共用的操作规范与指引；五是着眼国内、面向国际，依托亚太示范电子口岸网络，探索面向亚太地区的物流标准化建设与合作。

政企学协出“组合拳”

事实上，物流标准化的实施领域目前主要集中在快消品、农产品、医药、化工等产业，以提升产业链上下游协同能力，提高物流效率。上海市商务委会同市质量技监局、市财政局经充分调研制定了《上海市物流标准化试点方案》，围绕“四个一”，系统推进物流标准化试点。以“板”为抓手，推进以托盘社会化循环共用为重点的托盘标准化，支持企业带托运输，提高一贯化物流作业效率。

为规范资金使用和管理，上海市制定了《上海市物流标准化试点专项资金使用和管理办法》和《上海市物流标准化试点项目验收管理办法》，委托第三方评审机构对项目进行申报预审、评审、资金拨付评审及验收。

同时，发挥企业自身作用。针对每个试点项目，与试点企业共同制定《物流标准化试点项目责任承诺书》，对设备设施采购、效率提升等实施责任承诺。此外，支持 26 家试点企业建立企业标准体系，包括标准体系框架、标准明细表和标准文本。

在国家大力提倡发挥协会作用的背景下，会同上海商学院、上海市标准化研究院等高校、研究机构及市物流行业协会、市物流企业家协会，政、企、学、协联动，成立上海市物流标准化创新联盟，协调推进项目，并开展标准研制、实施应用、推广培训等工作。还加强与欧洲托盘协会的交流与合作，引进先进的管理经验和运营模式，对标国际标准，促进托盘循环共用的专业化和国际化发展。

求真务实出成效

试点以来，上海市新增标准化托盘351万块，比试点前翻番，在长三角9城市建立了一批标准化托盘公共营运中心；试点企业实施带托运输，供应链效率提升35%，装卸效率提升2~3倍，人工成本降低15%，商品破损率降低50%，标准化托盘循环共用体系基本形成，农产品全流程物流包装标准化体系雏形初现，城市配送物流服务体系逐步完善，公共信息服务平台标准化构建。

招商路凯在标准化托盘循环共用方面就是一面旗帜，其上海营运中心的服务能力得到了进一步提升，带动沃尔玛、华润万家、1号店、永辉、宝洁、益海嘉里、雀巢等1500家知名企业推行带板运输模式。创新业务流程，将门店订单处理流程前置，省去了在区域配送中心进行拆板、分拣的环节，避免二次倒板、组板，大幅降低货差和货损。实行区域集货配送，集合订单实现整车带板运输，降低运输成本，提升车辆的装载率、利用率和周转率。

城市超市则在农产品全流程物流包装标准化体系方面卓有成效。打造了从田头到餐桌，跨越生产、加工、运输、销售的完整食品产业链，形成"上控资源、中控物流、下控网络"的竞争优势。建立依托共有周转箱的农产品"三次不倒框"运输模式，即从田头到清洗包装车间不需要倒框、从清洗包装车间到装车不需要倒框、运输至门店后不需要倒框。在蔬菜菜筐和库笼上增加RFID芯片，提高交接效率，提升追溯效能。同时升级改造了冷链配送中心，促进了上下游设备的衔接，形成了相互配套、有机结合、互为支撑的标准化体系。

（来源：市商务委网 2017-03-24 ）

国家发展改革委印发2017年推荐性物流行业标准项目计划

发改委印发2017年推荐性物流行业标准项目计划，列入2017年推荐性行业标准项目计划共10项，涉及汽车物流、医药物流、石油化工物流、钢铁物流、物流装备等物流服务、技术和管理标准。

其中，物流人关注的焦点：生鲜宅配作业规范、道路运输、医药冷藏车功能选型技术规范、食品冷库能效设施评估指标、城市配送电动物流车辆应用选型规范都已经明确提出，并将于2018年完成。规范计划的明确提出，对于物流标准化发展，将起到实质性的推进作用。

仅仅8月份，国家重要部委已经先后推出三个文件、规划，其中都明确提出了物流标准化建设，并针对性的提出了发展物流标准化的主要举措。8月17日国务院办公厅印发《关于进一步推进物流降本增效促进实体经济发展的意见》（以下简称《意见》），意见指出，加快推进物流仓储信息化标准化智能化，提高运行效率，成为进一步推进物流降本增效，着力营造物流业良好发展环境的重要举措。

关于如何做到仓储信息化、标准化、智能化，意见提出了四点主要措施：

推进物流车辆标准化：加大车辆运输车治理工作力度，2017年年内完成60%的不合规车辆运输车更新淘汰。保持治理超限超载运输工作的延续性，合理确定过渡期和实施步骤，适时启动不合规平板半挂车等车型专项治理工作，分阶段有序推进车型替代和分批退出，保护合法运输主体的正当权益，促进道路运输市场公平有序竞争。推广使用中置轴汽车列车等先进车型，促进货运车辆标准化、轻量化。（交通运输部、公安部、工业和信息化部、各省级人民政府负责）

推广应用高效便捷物流新模式：依托互联网、大数据、云计算等先进信息技术，大力发展"互联网+"车货匹配、"互联网+"运力优化、"互联网+"运输协同、"互联网+"仓储交易等新业态、新模式。加大政策支持力度，培育一批骨干龙头企业，深入推进无车承运人试点工作，通过搭建互联网平台，创新物流资源配置方式，扩大资源配置范围，实现货运供需信息实时共享和智能匹配，减少迂回、空驶运输和物流资源闲置。（国家发展改革委、交通运输部、商务部、工业和信息化部负责）

开展仓储智能化试点示范：结合国家智能化仓储物流基地示范工作，推广应用先进信息技术及装备，加快智能化发展步伐，提升仓储、运输、分拣、包装等作业效率和仓储管理水平，降低仓储管理成本。（国家发展改革委、商务部负责）

加强物流装载单元化建设：加强物流标准的配套衔接。推广1200mm×1000mm标准托盘和600mm×400mm包装基础模数，从商贸领域向制造业领域延伸，促进包装箱、托盘、周转箱、集装箱等上下游设施设备的标准化，推动标准装载单元器具的循环共用，做好与相关运输工具的衔接，提升物流效率，降低包装、搬倒等成本。（商务部、工业和信息化部、国家发展改革委、国家邮政局、中国铁路总公司、国家标准委负责）

推进物流车辆标准化。加大车辆运输车治理工作力度，2017年年内完成60%的不合规车辆运输车更新淘汰。保持治理超限超载运输工作的延续性，合理确定过渡期和实施步骤，适时启动不合规平板半挂车等车型专项治理工作，分阶段有序推进车型替代和分批退出，保护合法运输主体的正当权益，促进道路运输市场公平有序竞争。推广使用中置轴汽车列车等先进车型，促进货运车辆标准化、轻量化。（交通运输部、公安部、工业和信息化部、各省级人民政府负责）

8月16日，商务部办公厅财政部办公厅发布“关于开展供应链体系建设工作的通知”（以下简称通知）。

通知表示，为贯彻《国民经济和社会发展十三五规划》及中央经济工作会议关于推进供给侧结构性改革、供应链物流链创新的精神，提高流通标准化、信息化、集约化水平，2017年商务部、财政部将在天津、上海、重庆、深圳、青岛、大连、宁波、沈阳、长春、哈尔滨、济南、郑州、苏州、福州、长沙、成都、西安市（以下称首批重点城市）开展供应链体系建设。

通知要求试点城市，围绕建设标准规格统一、追溯运行顺畅、链条衔接贯通的供应链体系，重点企业标准托盘使用率达到80%，装卸货效率提高2倍，货损率降低20%，综合物流成本降低10%；形成一批模式先进、协同性强、辐射力广的供应链平台，供应链平台交易额提高20%，供应链交易管理成本下降10%；建成并运行重要产品追溯管理平台，供应链项目支持的重点企业肉菜、中药材、乳制品等重要产品追溯覆盖率达到80%，流通标准化、信息化、集约化水平显著提升。

试点城市的主要任务之一就是，推广物流标准化，促进供应链上下游相衔接。

以标准托盘及其循环共用为主线，重点在快消品、农产品、药品、电商等领域，推动物流链的单元化、标准化。

一是加快标准托盘应用。

鼓励使用符合国家标准1200mm×1000mm规格和质量要求的标准托盘，支持托盘租赁、交换（不支持用户自购）；推广“集团整体推进”、“供应链协同推进”、“社会化服务推进”、“平台整合推进”等成熟模式，引导商贸连锁、分销批发、生产制造、第三方物流、托盘运营、平台服务等企业合作开展带托运输；推广“回购返租”模式，加速非标托盘转换。

二是建立社会化托盘循环共用体系。

扩大托盘循环共用规模，完善运营服务网络，由托盘向周转箱、包装等单元器具循环共用延伸；推动“物联网+托盘”平台建设，拓展“配托+配货”服务，鼓励“带托运输+共同配送”、“带托运输+多式联运”；探索托盘交易、租赁、交换、回收可自由转换的市场流通机制。

三是支持与标准托盘相衔接的设施设备和服务流程标准化。

支持仓库、配送中心、商超、便利店等配送设施的标准化改造，以及存储、装卸、搬运、包装、分拣设备和公路货运车辆（外廓 2550mm）等标准化更新；鼓励以标准托盘和周转箱（符合 600mm×400mm 包装模数系列尺寸）为单元进行订货、计费、收发货和免验货，促进物流链全程“不倒托”、“不倒箱”；推动利用配送渠道、押金制等对标准包装物进行回收使用；探索标准托盘箱替代快递三轮车箱体，以循环共用推动分拣前置、环节减少。

四是支持物流链数据单元的信息标准化。

支持探索基于全球统一编码标识（GS1）的托盘条码与商品条码、箱码、物流单元代码关联衔接，推动托盘、周转箱由包装单元向数据单元和数据节点发展，促进供应链和平台相关方信息数据传输交互顺畅；探索用数据单元优化生产、流通、销售管理，转化为商业价值，促进降本增效，满足不同商品的不同用户需求和服务体验。

除此之外，《国内贸易流通标准化建设“十三五”规划》、《物流业发展中长期规划（2014-2020 年）》、《物流业降本增效专项行动方案（2016 － 2018 年）等政策文件，也都重点部署了物流标准化等工作。

从以上相关政策可以看出，物流标准化建设已经成为物流业降本增效、物流供应链建设的焦点，是克服目前物流业发展瓶颈和小散乱差的重要举措，也是“治本”之策。

商务部流通业发展司副司长王选庆曾对媒体表示，近年来，我国物流业取得快速发展，但是基础仍然比较薄弱，社会物流成本远高于发达国家，除发展阶段、产业布局等因素影响外，还有物流标准化、信息化、组织化程度不高等原因。尤其是物流上下游之间标准缺乏有效衔接，物流技术、设备设施与作业标准，包装标准，不同运输方式间的装备标准不统一，导致物流各环节无效作业增多，物流成本上升，制约了物流系统整体效率的提高，这些问题亟待解决。

（来源：亿欧网 2017 年 08 月 23 日）

商务部在推进物流标准化方面取得三大成效

商务部新闻发言人沈丹阳回应了国内外媒体高度关切的热点敏感问题，其中关于推进物流标准化工作方面实录如下：

问：近日，商务部发布了多项涉及物流业的国内贸易行业标准。请问近年来商务部在推进物流标准化方面已取得哪些积极成效？

答：近日，商务部发布了《托盘共用系统运营管理规范》等 7 项物流领域行业标准，进一步完善商贸物流标准体系。近两年来，商务部着力实施商贸物流标准化专项行动，调动地方开展商贸物流标准化工作的积极性，激发有关协会推广宣传标准的主动性，通过典型引领、试点示范、宣传引导，上下联动、多措并举、多方合力，取得了三大积极成效。

首先，创新了若干成熟可推广的经验和模式。在京津冀、长三角、珠三角等区域，城市间“结联盟”、企业间“结对子”共同推进物流标准化，掀起贯标热潮。如：上海牵头成立“长江经济带托盘循环共用联盟”，沿江 9 省市 33 家物流协会签署倡仪书，推广物流标准化；南京、芜湖牵头 8 个城市成立“环南京都市圈物流标准化联盟”，以项目带动提升区域物流标准化水平；北京朝批商贸股份有限公司与京客隆、物美等下游客户合作，实行整托盘订货和交接货的单元化模式，优化了商业流程；上海清美绿色食品有限公司、上海城市超市有限公司等从田间地头到超市门店，全程“不倒盘、不倒筐、可追溯”，实现了提效降本、降货损。

其次，提高了广大企业应用标准的自觉性。广大企业尤其是全国商贸物流标准化重点推进企业和地方试点企业，纷纷将标准化与提升品牌形象、核心竞争力结合起来，全面提高标准化水平。如：中外运、华润万家、苏宁、京东、雀巢等企业积极开展带托盘运输，招商路凯、集保、天下大白、集托网等企业积极推广托盘循环共用系统，加快发展单元化物流，有效提高了物流效率，降低了物流成本。

第三，取得了良好经济效益和社会效益。据第三方机构统计，通过开展商贸物流标准化专项行动，重点企业提升装卸货效率 3 倍以上、货损率降低 20%-70%、综合物流成本平均降低 10%。试点城市租赁标准托盘同比增长 97.18%，平均综合物流效率提升 3.8%。经测算，2015 年减少托盘用量 960 万片，相当于少砍伐成材树木 160 万棵，减少二氧化碳排放量 18.1 万吨。

（来源：商务部）

全国物流标准化技术委员会 2017 年度工作会议

2018 年 1 月 12 日，全国物流标准化技术委员会（以下简称物标委）2017 年度工作会议在北京召开。国家标准化管理委员会服务业部经济服务业处副处长薛强，全国物流标准化技术委员会主任单位、国家发展改革委经济运行局副局长李泽鹏，全国物流标准化技术委员会常务副主任、中国物流与采购联合会副会长兼秘书长崔忠付，全国物流标准化技术委员会副主任、商务部流通发展司副司长王选庆，全国物流标准化技术委员会秘书长李红梅以及来自国家发改委、商务部等部门、相关协会、科研院所、大专院校、物流企业的标委会委员及代表参加了本次会议。会议由全国物流标准化技术委员会常务副主任、中国物流与采购联合会副会长兼秘书长崔忠付主持。

国家标准化管理委员会服务业部经济服务业处副处长薛强在讲话中传达了新《标准化法》的文件改革精神，肯定了 2017 年物标委的工作成绩，表达了对物标委未来工作的希望。

全国物流标准化技术委员会秘书长李红梅在会上对物标委在 2017 年度标准制修订、基础性研究、标准实施和推广，以及标委会建设等方面所做的工作进行了总结，并向委员汇报了 2018 年拟开展的重点工作。

委员们对 2017 的工作及 2018 年工作计划进行了审议，并从物流标准化建设、物流标准的制修订、物流标准的推广、以及标准走出去等方面提出了工作建议。全国物标委秘书处会后已汇总各委员的合理化建议，部分工作将纳入 2018 年的工作计划中。

来源：中物联标准化工作部

（来源：中物联标准化工作部 2018 年 01 月 16 日）

8.2.2 热点

2017 年 7 月 1 日开始实施的四项物流国家标准批准发布

2016 年 12 月 30 日，国家标准化管理委员会发布第 27 号公告，批准发布《物流单证基本要求》（GB/T33449-2016）、《公路物流主要单证要素要求》（GB/T33458-2016）、《仓储货架使用规范》（GB/T33454-2016）、《家电物流服务通用要求》（GB/T33446-2016）四项物流国家标准。

四项物流国家标准的主要内容：

1. 物流单证基本要求

该标准规定了物流领域运输、仓储单证编制的基本原则、要求、要素以及单证填制和使用的要求。该标准适用于对物流领域单证的编制与应用。

单证是物流流程的记录，是物流信息传递的可视形式。近年来，我国物流业发展迅猛，必然对物流操作过程中所使用单证的标准化、规范化提出更高的要求。然而，物流单证的应用存在许多问题，如各企业所使用的物流单证缺乏统一的标准，各自为政现象严重，甚至出现了同一物流企业面对不同客户时使用不同单证的现象。另外，还存在单证名称不统一等问题，不利于物流效率的提升。该标准发布实施对规范物流单证，促进物流服务产业健康发展具有重要意义。

2. 公路物流主要单证要素要求

该标准规定了公路物流主要单证的基本要素。该标准适用于公路运输物流活动交接环节所使用的单证。

单证是物流流程的记录，是物流信息传递的可视形式。然而，在实际操作过程中，物流单证的应用存在许多问题，如各企业所使用的物流单证缺乏统一的标准，各自为政现象严重，甚至出现了同一物流企业面对不同客户时使用不同单证的现象。另外，单证的名称不统一，像运单、运输单、托运单等，这些问题将提高物流成本，降低物流作业效率。该标准的发布实施，可以规范公路物流业务活动，保证公路物流单证的内容一致，确保物流操作过程的高效有序，避免和减少纠纷。

3. 仓储货架使用规范

该标准规定了仓储货架的使用要求、操作要求和维护检查。该标准适用于以人工或叉车存取货物的仓储货架（以下简称货架）。该标准不适用于自动化立体仓库及其他自动化仓储货架。

随着现代物流业的发展，仓储货架的使用需求大幅上升，应用领域不断扩展，品种繁多，使用中出现各种各样的问题，甚至导致安全隐患的存在。该标准的发布实施，可以有效的解决这些问题，明确仓储货架的规范使用要求，有利于该行业的正常发展。

4. 家电物流服务通用要求

该标准规定了家电物流服务的基本要求和服务流程、实施保障以及评价与改进的要求。该标准适用于家电产品的仓储、运输、配送等物流服务。

我国家电市场规模巨大，家电物流也颇具规模。但是，家电企业在招标物流服务商时由于成本压力往往只关注价格，忽略了企业条件和服务质量，导致我国家电物流服务市场门槛低，整体服务质量不高，服务纠纷多。该标准的发布实施，对于规范家电物流市场，提高家电物流服务质量，促进家电物流行业健康发展具有重要意义。

四项物流国家标准于 2017 年 7 月 1 日正式实施。

（来源：中物联网 2017-01-09）

五项行业标准批准发布

2017 年 11 月 8 日，国家发改委发布 2017 年第 19 号公告，批准发布《垂直回转库》《货架安装及验收技术条件》《乘用车水路运输服务规范》《乘用车物流质损判定及处理规范》《乘用车运输服务通用规范》五项行业标准。

1.《垂直回转库》规定了垂直回转库的术语和定义、结构及型号、要求、试验方法、检验规则、标志、包装、运输和贮存等。标准适用于垂直回转库的设计、制造、安装及验收。

2.《货架安装及验收技术条件》规定了仓储货架的安装验收流程、安装条件、安装与调整、检测、调试及验收。标准适用于以立柱、横梁、悬臂梁、导轨梁为主要承载构件的组装式仓储货架的安装及验收。该标准不适用于自动化立体货架；也不适用于结构独特货架，如：旋转式货架、抽屉式货架。

3.《乘用车水路运输服务规范》规定了乘用车在水路运输服务过程中的基本内容和要求。标准适用于乘用车的水路滚装船运输服务。其它类型车辆的滚装船运输服务可参照该标准执行。

4.《乘用车物流质损判定及处理规范》规定了乘用车在物流过程中发生或发现质损后的判定及处理规范。标准适用于乘用车在物流过程中对质损的判定及处理。其它类型车辆的质损判定及处理可参照该标准执行。

5.《乘用车运输服务通用规范》规定了乘用车在运输过程中的基本服务内容和要求。标准适用于乘用车的公路、铁路、水路、航空等运输服务。

（来源：中物联标准化工作部 2017 年 11 月 21 日）

一块板、一个筐、一平台，
装卸效率提 3 倍，货损降一半，物流成本降 1/4，只因这一招！

一切围绕高效物流开展的工作，都绕不开集装单元运输作为基础。这是托盘界泰斗吴清一的观点。

一块板、一个筐、一辆车、一平台，600×400mm 系列包装模数、1200×1000mm 托盘、2550mm 货车外廓尺寸、系列 2 集装箱宽度 2550mm，这一系列规格数字，这些耳熟能详的物流单元、物流数据背后有怎样的关系？代表供应链上下游怎么的衔接？又是怎样的协同合作压下高高的物流成本？这就必须要谈两个关键词：标准化、信息化。

从 2014 年，商务部、国家标准委组织开展商贸物流标准化专项行动开始，一批又一批试点城市就开始进入了这个艰难的副本，每个试点都在努力攻克一个又一个拦路“小怪”，以期打下最终的“boss”——全国物流标准化，收获丰厚的奖励。

而就在 11 月 15 日，这批先行者和全国的物流玩家们齐聚天津，召开“全国物流标准化现场经验交流会”，其中一部分“高玩”已经探索出初步标准化的模式并打造出标志性项目，并大方表示要向全国传授攻略。

商务部流通发展司司长郑文、副司长王选庆、中国物流与采购联合会标准委主任李红梅、中国商业联合会部长李祥波、中国仓储与配送协会副会长李燕以及全国各试点城市代表和重点企业等出席会议。

单点标准化转不动 供应链上下游要协同

某些地方理解尚不到位。郑文在会上说：“目前有些地方对物流标准化理解还不到位，在项目选择上，存在设施设备标准化改造与托盘应用关联不紧密、托盘共用体系建设运营服务不配套、托盘租赁以内部自用为主等问题。”

标准托盘是切入点

作为优等生之一，天津商务委是怎样的解题思路呢？天津商务委代表张爱国在交流中表示要以标准托盘循环共用为切入点，以标准化箱盘匹配、盘车匹配、盘库匹配为抓手，以智能化平台为支撑，以标准体系建设为保障，有效降低流通成本，提高流通效率。

以点带链标准化运作

举例解析，首先有个切入点——标准化托盘，所以天津就以此为核心，引入了招商路凯、集保两家在托盘服务上举足轻重的企业，为能用到托盘的商贸连锁、电商物流、快消品生产、商贸批发、第三方物流等企业搭桥，提供标准托盘租赁和带板运输解决方案。

"链主企业"倒逼带托运输。然后就是发挥第三方物流和沃尔玛、华润等"链主"企业的话语权优势地位，带动供应链标准化提升。

因为目前车辆箱体外廓尺寸有规范2550mm，1.2*1.0m的标准化托盘是非常对胃的，商贸连锁企业因为带托运输的强势效率优势也乐见托盘循环和带托运输的应用，在他们的倒逼下，供货商带托运输、托盘互换就能成行，"供货商—分拨中心—门店"的标准化托盘循环共用模式就实现了。

跨区域标准化水到渠成

如果你以为这种模式只是当地受益，就太小看物流标准化的强大力量了，因为像可口可乐、宝洁、联合利华等快消品生产企业可是覆盖全国的，在上述标准化托盘循环共用模式之上，不仅仅天津，整个京津冀，全部都能实现从生产商到零售商分拨中心，再到下游门店的全程托盘运输，未来随着网络成熟，这个区域界定范围还在继续扩大。

配套设备改革辅助标准化

此外，张爱国表示还要在托盘生产企业、第三方物流企业、商贸企业设备上下功夫。例如支持托盘生产企业的标准化托盘生产，减少非标托盘订单，支持维修和回购非标托盘业务等；再比如因为供应链的协同效应，鼓励招商物流、苏宁易购等企业采用标准化货架、租赁标准化托盘、叉车、装卸月台、运输车辆等。

这样的解题方式让天津取得的成绩尤为可观，据悉，2年试点以来，天津市标准化托盘租赁使用量由48万盘增加至80万盘，增长67%；物流周转箱应用增加至4700余万箱，配送金额超过44.3亿元。带板运输量由2014年的不足30万次，提升至320万次。试点企业仓储、备货效率提升50%以上，装卸作业效率提升一倍以上，库存周转成本降低35%、货损率低于1%。

卸货质检半小时内解决

上海的物流标准化模式类似，招商路凯、集保等搭建托盘循环共用网络；华润万家、沃尔玛、京东、苏宁等一批企业推行带板运输；新通联对供应链各环节物流包装方式进行整合设计，使其适合标准托盘运输；比较特别的是供应商采购入库上，例如苏宁物流推出了优先预约、优先装卸、互信免检、费用统盘等一系列政策，这种方式对于供应链效率的提升毋庸置疑，比如天津沃尔玛配送中心和雀巢、宝洁等就有这样的互信机制，原先搬运、换托、质检等都要1到2小时，现在不到半小时就能解决，人力上也只需一个司机即可。

不倒筐模式助力农产品供应链

同时，上海在农产品领域也探索"从田头到门店"的不倒筐配送模式，上海市商务委刘敏介绍。上海有一家市场占有率超5成，在长三角有7000多家超市专柜和专卖店的豆制品企业——清美豆制品，就是完全不倒筐，在形成产品和半成品（豆干胚）放入周转筐内进入杀菌和下道工序，直到成品出来进入冷库、通过托盘将装满产品的周转筐送入冷库、冷藏车、门店，全部不倒筐。

跨区域物流网络搭建，资金使用也可创新

未来跨区域物流网全国覆盖。北京作为首批试点城市，在跨区域物流标准网络搭建上有不少攻略。其中"环首都1小时鲜活农产品流通圈"就是物流标准化和农产品物流跨区域协同的经典案例。

目前在北京和津冀环京地区蔬菜、肉蛋等农副产品生产基地完成建设，首都市场的物流仓储、分拣、加工、配送等设施完成改造，其中标准化周转箱的应用，建设的标准供应链物流网络发挥重要作用。据北京商务委代表介绍，为了物流标准衔接，已经确定了 44 个重点项目，并且有 130 余家企业共同发起成立了国内首家跨区域物流标准化联盟。

这样的跨区域物流网目前集中展示在长三角、京津冀、珠三角等地，但未来的网络必然是全国性的。

资金跨区域使用是必要条件

但除了组织模式创新，这还需实现跨区域物流统一、衔接，资金和诚信机制也是考验。目前已经实现资金突破使用地域范围限制了，例如京津冀区域范围内就能实现资金使用跨区域，北京的企业，拿到资金可以用在天津的物流标准化建设上。

诚信上不少品牌企业之间已经开始尝试互信免检协议，商务部也鼓励供应链上下游企业摒弃过去“各自为政”的传统观念，以物流标准化为切入口，建立新的运作模式和利益分配机制。

信息化协同标准化，一个码串联一条链，GS1 实现信息化标准化协同

习近平总书记在视察物流基地、考察物流企业时，曾指出：“物流业一头连着生产，一头连着消费，在市场经济地位中越来越重要。要加快物流标准化、信息化建设，提高流通效率，推动物流业健康发展。”

物流标准化不仅仅是实物流，更是信息流，因此推进物流链数据单元的信息标准化就显得格外重要。目前普遍的做法是将全球统一编码标识（GS1）的托盘条码和商品条码、箱码、物流单元代码关联衔接，实现托盘、周转箱由包装单元向数据单元和数据节点转换，实现供应链的数据信息传输畅通。

托盘编码关联推动供应链信息畅通

现代物流报记者参观天津光明乳业的仓库，就采用了该种做法，其物流负责人表示，每个标准托盘上都贴有一个整托箱码，箱码内有托上商品的详细信息，包括生产日期、商品编码等，箱码关联托盘编码，实现了身份认证，不仅下游能保障货物安全、流通高效，上游也能掌握物流动态，消费者还能由此追查商品来源，真正实现溯源。

例如上海在电商、商超领域就全面普及了从生产端到销售端的整托下单、带板运输、信任交接模式；农产品领域，推广从田头到门店的“三次不倒筐”配送模式，肉类蔬菜主供应渠道流通追溯覆盖率达到 90% 以上，13 个紧密型规模化上海市外延蔬菜基地实现从源头到零售终端的二维码全程追溯。

例如山东的阿帕网络技术有限公司就为每个托盘建立“身份证”，实行“一托一证”，已经完成认证标准化托盘 10 万个，与 35 家企业达成托盘共享协议，以标准化托盘为计价单位，通过信息平台的模式探索托盘交易、租赁、回收可自由转换的市场运行机制，据悉已经为上下游客户节省了物流费用 400 多万元。

试点城市综合物流成本下降超 1/4

郑文总结表示：“据测算，全国新增托盘中标准托盘占比达到 35%，提升 12 个百分点；物流标准化试点企业标准托盘占比达到 80% 以上，带托运输比率由试点前的 15.5% 提高到 32.5%，提升了 1.1 倍，供应链协同作业效率提高 10% 以上，装卸货效率提升 3 倍以上，车辆周转率提升 1 倍以上，货损率下降 50% 左右，综合物流成本下降 25% 以上。”

（来源：现代物流报 2017 年 11 月 16 日）

资本加持第三方家居物流 标准化运作成未来方向

第三方家居物流是一块大蛋糕，最令人垂涎之处在于整个家居行业有上万亿的交易规模，家居物流亦有巨大的市场空间。今年，家居物流行业似乎颇为热闹，有 3 家第三方家居物流服务商先后被资本青睐。一智通获景林投资和清控银杏等 6000 万元 A+ 轮投资；蚁安居获得千万美元级 Pre-A 轮融资；居家通获得红星美凯龙 B 轮 5000 万元投资。此前，送货神器、万师傅家居物流服务商也获得过资本加持。

第三方家居物流正逐渐受到资本广泛关注以及市场的需要。那么，第三方家居物流是如何发展起来的？未来的趋势又是怎样的？

缘何兴起？在家居电商还没发展之前，国内家具生产与展销基地均以 B2B 传统销售渠道为主。而自 2012 年以后，家具电商市场开始兴起，且有了快速发展的势头。

据公开资料显示，2012 年家居电商销售额为 490 亿元，到了 2016 年，国内家居市场约 4.5 万亿，电商渠道销售占 5.7%，约 2600 亿；其中家居建材类从出厂到用户家进行安装过程的物流服务费用占到产品出厂价的 15%-20%，约 390-520 亿。

随着家居电商规模持续壮大，有着“大件、非标、易损”等特性的家居商品已无法像一般商品那样送货、安装和退换货，尤其是最后一公里配送安装已然成为家居行业发展的最痛点。同时，家居行业一直缺少一体化的供应链服务，多头对接导致物流过程不可控、货损责任分不清、到货周期长、管理效率低等。居家通总裁蒋继东告诉泛家居网，“家居物流行业正处于较小而散乱的状态，基本上都是“游击队”，缺乏服务标准。”

在此背景下，一批旨在解决家居电商存在的断层问题、为企业和消费者提供快、准、全的家居一体化服务的一站式家居供应链服务平台顺势而生，如居家通、蚁安居、一智通、万师傅、送货神器、易友通等，进一步挖掘家居物流行业巨大的市场潜力。

两大阵营

伴随着家居电商的快速发展，家居物流行业也在不断发展壮大，逐渐形成了 2 大阵营，即自营家居物流服务商以及第三方专业物流服务商。实力雄厚的家居生产和流通企业，如京东、苏宁、海尔、美乐乐等早已选择自建物流。

“自建物流需要强大的客观条件，比如京东、苏宁等大型销售平台，海尔等大型生产工厂。自建物流，除了自身实力外，还要有大的市场容量和需求做支撑。”居家通总裁蒋继东告诉泛家居网。以京东物流体系为例，京东从 2007 年开始独立自建物流业务模式，截止 2016 年 9 月，京东物流已经形成“中小件 + 大件 + 冷链”的物流体系，拥有 7 个智能物流中心、254 个大型仓储、550 万平米的仓储设施、6780 个配送站点，完成了对全国 2646 个区县的覆盖。京东物流已经能够独立承担仓储、运输、配送、客服、售后等一体化供应链服务。

而另一大阵营主要是以居家通、蚁安居、一智通、万师傅、送货神器等为主的第三方家居物流服务商。第三方家居物流服务商不仅能为没有自建物流的家居品牌商及互联网家装企业等 B 端客户提供从产品出厂开始的仓储、干线、配送、安装、售后等全流程一体化解决方案，还能为 C 端消费者提供专业技师、送装一体、全程维护的一站式家居供应链服务。

不同的是，第三方家居物流服务商具有自己的个性化服务。以居家通为例，居家通主要是聚焦“最后一公里”，以服务为企业核心。从 2012 年发展至今，网络已覆盖 21 个省、自治区、直辖市，一共 800 个配送安装网点。在今年与红星美凯龙的战略合作发布会上，居家通透露将打造泛家居的城市供配中心，建 50 个全国核心城市直营落货仓库，进一步加强“最后一公里”服务质量。

选择自建物流还是第三方家居物流，都是家居、家装、建材类企业不容回避的问题。如果选择自建，则需要投入大量的资金购买物流设备、建设仓库和信息网络等专业物流设备，这对于大多数企业来说是个沉重的负担；而第三方家居物流广阔的物流网络、集约化的运作方式以及一体化的服务，对于大部分企业来说是更好的选择。相对于自建物流而言，第三方家居物流具有更强大的市场竞争力。

未来趋势

第三方家居物流正处在快速发展时期，对于未来行业的发展趋势，居家通总裁蒋继东表示，“未来，第三方家居物流企业将朝着个性化、专业化、供应链一体化方向发展；而行业标准化的运作是必然方向。”

个性化的服务是企业的核心竞争力。目前来看，居家通聚焦“最后一公里”，注重实体大件家具的配送、安装、售后服务，牢牢把握整个家居物流供应链的重难点与盈利点；蚁安居聚焦家居领域全品类全供应链综合发展，尤其在卫浴品类中，蚁安居市场竞争优势明显，已与箭牌、科勒、美标等知名卫浴厂商展开合作；一智通则聚焦用户流量与科技创新，研发强大的家居 SaaS IT 系统，链接服务全流程，实现订单的可视化、智能化、透明化，提升家具物流整个链条的效率……可以看到，每一个第三方物流家居企业的聚焦点及对公司未来的发展规划都截然不同。

专业化、供应链一体化是企业立足的本根。所谓专业化，即在前端配送过程中实现商品的准确及时和零损坏，在末端提供专业的安装和售后维修服务。要实现这样的情况，就必须打通从仓储、运输、配送、安装、揽件、客服、售后、逆向物流等多个环节，实现一体化供应链流服务。在这一方面，可借鉴海尔日日顺物流与中国标准协会发起的国内首个家居大件智慧物流的流程服务标准 ?? “天龙八步”，涉及到“仓、干、配、装、揽、鉴、修、访”八大环节，覆盖了产品从仓库到配送再到退货的全部流程。而在末端服务上，需要专业的安装师傅进行家具的装修与维护。这一方面，居家通和蚁安居都设有专门的培训学院，主要培训自己的安装师傅。

标准化的运作是行业发展的必然方向。去年，由广东联运汇物流牵头，来自业内的 13 个企业和单位共同起草了《家具物流服务质量规范》行业标准，并于今年 8 月举行了研讨会。该标准给出了家具物流服务中仓储、运输、配送、安装环节中需进行质量评价的指标，包括收货及时率、收货准确率、交付及时率、交付准确率、货损率、货差率、回单及时率、安装服务满意度、客户有效投诉率、客户满意度共 10 项评价指标，使家居物流能够实行统一的标准与流程，从而提升整个家具物流行业的服务水平。

第三方家居物流行业虽然个性化的特点明显，但会朝着标准化的运作发展。有行业人士认为，随着家居末端配送安装市场的规范以及商家利益的追求，未来第三方家居物流市场应当是一个以整合专线资源以及末端师傅资源的专业的平台化公司为主导的市场。

（来源：泛家居网 2017 年 10 月 24 日）

福佑卡车参加全国货运行业发展论坛 以技术驱动整车物流标准化进程

2017 年 7 月 7 日 -8 日，由中国物流与采购联合会主办的全国货运行业发展论坛在河南省商丘市召开。国家发改委经贸司、交通运输部运输服务司、中国物流与采购联合会、商丘市政府的相关领导参加了此次会议，详细解读了近期物流行业政策，深入探讨了物流行业发展趋势。招商局物流集团、新杰物流、佳怡物流、赤湾东方等知名物流企业参加了 2017 年全国货运行业发展论坛。

福佑卡车应邀参加了 2017 年全国货运行业发展论坛，福佑卡车大客户总经理韩阳辉参与货运互联网平台助力高效运输发展的圆桌论坛。

从当前物流行业发展形势来看，快递市场的产品和服务的标准化程度最高，快递市场涌现出了顺丰、京东、三通一达、百世等知名快递企业，全国性的快递巨头占领了绝大部分的快递市场份额。零担快运市场同样涌现出了德邦、安能等知名零担快运企业，标准化的产品和服务推动零担快运市场的规模化发展步伐。

整车领域的个性化需求较强，对成本极为敏感，整车运输企业组织规模增大时很难满足市场的个性化需求，很难设计出标准化的产品和服务，并且企业的管理成本会随着规模的增长快速攀升，这些因素造成整车运输市场规模化发展程度非常低，数万亿的整车运输市场没有以整车业务为主的巨头企业，小三方、信息部、车队、个体司机是整车运输市场的核心力量。

移动互联网、大数据、人工智能技术的发展为整车运输市场标准化和规模化发展提供了一条新路径，韩阳辉具体阐述了福佑卡车基于移动互联网、大数据、人工智能技术，以平台真实交易数据为依托，建立整车物流运价标准、服务标准和信用标准的具体做法。

在运价标准化建设方面，福佑卡车首创经纪人竞价模式，提高交易透明度，遏制腐败，建立阳光透明的交易体系；同时，福佑卡车基于大数据和人工智能技术开发了图灵智能报价系统，根据市场供需、货物品类、线路、车型、天气等要素精准推算运价，平均 5 分钟就能报出价格，报价准确度高达 90%，大幅提高了交易效率，福佑卡车致力于让整车物流有价可依、明码标价。

在服务标准化建设方面，客户下单后，福佑卡车及时为客户提供车辆信息，发货前 30 分钟，车辆到位；在运输途中，福佑能够提供实时定位服务，每隔 30 秒，系统能够实时抓取一次车辆位置，根据位置数据，及时预警；此外，福佑与人保财险、大地保险、悟空保等合作，根据历史出险数据，开发具备针对性的运输险种，提高平台各方应对风险的能力。同时，福佑总结了 137 种异常场景，并形成相应的处理预案，运输途中一旦发生异常，福佑工作人员能够在 6 个小时内到达现场，妥善处理各种异常情况，将平台各方的损失降到最低。

在信用标准建设方面，福佑卡车极为重视公司的品牌和信誉，进行严格的运力资质审核，并通过真实的交易数据，构筑覆盖客户、经纪人和卡车司机的多维信用体系，建立经纪人黑名单和卡车司机黑名单，让良币驱逐劣币，重塑整车运输市场的互信机制。

福佑卡车已经与顺丰、招商物流、中外运、嘉里大通、日日顺、圆通、韵达、百世、德邦、安能、宅急送、荣庆等知名企业达成整车运输业务合作，货主企业在福佑卡车发货，交易成本平均降低了 5%-8%；平均异常发生率从初始的 1.09% 下降到 0.68%。

目前，福佑卡车平台单月交易额突破 4 亿元，2016 年平台交易额突破 28 亿元，崛起成为了中国最大的城际整车运输在线交易平台。

（来源：中国物流与采购网 2017 年 07 月 10 日）

《绿色物流指标构成与核算方法》国家标准专家研讨会

2017 年 6 月 20 日，《绿色物流指标构成与核算方法》国家标准专家研讨会在京召开。中国物流与采购联合会副会长兼秘书长、全国物流标准化技术委员会常务副主任崔忠付出席并主持会议。来自国家发改委经济运行局、商务部流通业发展司、交通部物流工程研究中心、北京物资学院、北京理工大学、北京交通大学、天津大学、中国航空运输协会、中国标准化研究院资环分院、中国民航机场建设集团公司科研基地、中国铁路总公司运输局的领导及专家参加了会议。

随着世界经济的不断发展，人类的生存环境出现能源危机，资源枯竭，臭氧层空洞扩大，环境遭受污染，生态系统失衡等等现状。各国政府采用各种方式推动绿色发展，包括加大投入以促进环保事业的发展、组织力量监督环保工作的开展、制定专门政策和法律引导企业的环保行为。我国政府也越来越重视绿色发展，党的十八届五中全会提出“创新、协调、绿色、开放、共享”的发展理念，把环境问题明确提了出来，为我国未来经济发展指明了方向。

物流业作为现代新兴产业，绿色物流是现代物流可持续发展的必然选择。而我国物流过程中的不规范运作、资源运用的不合理所产生的资源浪费、高能耗、高排放也是物流发展中存在的一大问题。2014 年国务院印发《物流业发展中长期规划（2014—2020 年）》，提出“传统的物流运作模式已难以为继，按照建设生态文明的要求，必须加快运用先进运营管理理念，不断提高信息化、标准化和自动化水平，促进一体化运作和网络化经营，大力发展绿色物流，推动节能减排，切实降低能耗、减少排放、缓解交通压力。”，将“大力发展绿色物流”作为七项主要任务之一。为了落实国务院发布的《物流业发展中长期规划（2014—2020 年）》提出的主要任务，国家标准委汇同 13 个部门于 2015 年 11 月发布了《物流标准化中长期发展规划（2015—2020 年）》，《规划》也将绿色物流指标及评价、绿色仓储及设备、绿色包装、逆向物流等绿色物流标准列为标准制修订重点。

《绿色物流指标构成与核算方法》是经国家标准化管理委员会批准，列入 2017 年第一批标准制修订计划的国家标准项目之一，项目编号：20170457-T-469，标准由全国物流标准化技术委员会提出并归口。由中国物流与采购联合会、北京交通大学等单位共同起草。

《绿色物流指标构成与核算方法》国家标准，依据绿色物流的内涵，从物流所使用的资源（物流设施、设备、材料、能源、管理系统等）入手，到物流运营控制，以及物流活动后所产生的污染控制等，按照输入－运作－输出过程，选取资源、运作、环境为一级指标，提出了 31 项指标构成的绿色物流通用指标体系，并给出了这些指标的具体核算方法及说明，标准适用于从事物流活动的企业绿色物流的管理。

会上专家针对绿色物流指标体系的科学性、指标核算方法的合理性及可操作性等给出了改进的建议。最后，崔会长充分肯定了标准前期工作成果和体系框架的合理性，希望起草小组在此研究的基础上，将绿色物流指标的选取聚集在物流企业、物流环节的通用指标上，同时要与国际对标，继续扩大国外相关标准的收集研究，加强与相关主管部门的沟通，为标准的实施打好基础。

（来源：中物联标准化工作部 2017 年 06 月 21 日）

《冷链物流从业人员能力要求》团体标准发布

2017 年 5 月 9 日，中国物流与采购联合会发布 2017 年第 2 号公告，批准发布团体标准《冷链物流从业人员能力要求》。

该标准共 5 章。1. 范围；2. 规范性引用文件；3. 术语和定义；4. 能力要求等级与主要职责；5. 职业能力要求。

标准规定了冷链物流从业人员的能力要求等级与主要职责、职业能力要求。适用于冷链物流从业人员的考核、评估、聘用、教育和职业培训。标准的发布实施将有助于优化冷链物流人才结构，规范大专院校制定相关课程，为冷链物流从业人员培训提供指导意见。

中国物流与采购联合会、中国物流与采购联合会冷链物流专业委员会、教育部高等学校物流管理与工程类专业教学指导委员会、全国物流职业教育教学指导委员会将根据该标准组织冷链物流人才职业能力认证、课程体系设计、教育与培训资源开发等工作。

（来源：中物联标准化工作部 2017 年 06 月 21 日）

崔忠付出席并主持 2017 年物流标准立项专家评审会

2017 年 2 月 28 日，全国物流标准化技术委员会在京主持召开了“2017 年物流标准立项专家评审会”，来自国家发展改革委、商务部、全国物流标准化技术委员会、全国物流信息管理标准化技术委员会、交通运输部水路科学研究院、交通运输部科学研究院、中国机械工程学会、中国再生资源产业技术创新战略联盟、天津安联程通信技术有限公司等部门和单位的专家参加了会议。中国物流与采购联合会副会长兼秘书长、全国物流标准化技术委员会常务副主任崔忠付出席并主持会议。

本次立项专家评审会专家共评审 27 项申报标准，其中申报立项的国家标准 11 项，行业标准 16 项，专家在听取了标准各申报单位对标准的前期预研、立项必要性、主要技术内容等的介绍后，逐项对立项标准的类型、立项的必要性等进行合议，给出一致性结论：

申报的标准项目中，5 项国家标准、5 项行业标准通过专家立项评审，推荐立项。专家建议申报单位按提出的修改意见完成申报材料，尽快提交国家标准委、国家发改委申报立项。

（来源：中物联标准化工作部 2017 年 03 月 01 日）

2017 版《物流标准目录手册》完成

为了做好标准的应用和推广工作，首先要让标准的使用方了解标准，为此，中国物流与采购联合会标准工作部、全国物流标准化技术委员会秘书处连续五年完成《物流标准目录手册》的编制和更新工作。

为了做好标准的应用和推广工作，首先要让标准的使用方了解标准，为此，中国物流与采购联合会标准工作部、全国物流标准化技术委员会秘书处连续五年完成《物流标准目录手册》的编制和更新工作。2017 版《手册》收集了我国已颁布的现行物流国家标准、行业标准和地方标准目录共计 1013 项，比上一年新增 61 条标准。按其内容分为基础性标准、公用类标准、专业类标准和标准化指导性文件四大部分，在每部分中又按基础性标准、物流装备、物流技术、物流服务及管理、物流信息进行分类，以便使用者进行查询。《目录手册》可供物流标准化工作者、物流专业研究人员、物流企业管理者、物流从业人员参考、学习、使用。

《手册》中收集的标准目录为 2017 年 6 月 30 日以前发布的标准。由于标准具有一定的时效性，加之国家标准委正在开展国家标准和行业标准的复审清理工作，《手册》所选取的标准可能会修订、废止或转化，在购买相关标准时请注意采用标准现行有效文本。

（来源：第一物流网 2017 年 08 月 09 日）

中物联网：2012－2016年发布的部分物流业标准

一批物流国家标准正式发布（2012-01-04）

2011年12月30日，国家质检总局、国家标准委发布公告《中华人民共和国国家标准公告》（2011年第23号），正式发布了625项国家标准，6项物流国家标准正式发布。标准涉及物流作业、物流设备及邮政物流等，将于2012年5月1日正式实施。标准名称及编号如下：

GB/T 27923-2011 物流作业货物分类和代码

GB/T 27924-2011 工业货架规格尺寸与额定荷载

GB/T 27915-2011 组合式塑料托盘

GB/T 27917.1-2011 快递服务 第1部分：基本术语

GB/T 27917.2-2011 快递服务 第2部分：组织要求

GB/T 27917.3-2011 快递服务 第3部分：服务环节

《物流作业货物分类和代码》规定了物流作业货物分类原则、代码结构、编码方法、分类与代码。适用于规划和设计物流设施、选择物流装备、制定物流方案、进行费用清算和信息化管理及相关分析，也可用于行政管理部门进行行业管理、信息处理、信息交换和统计分析。《工业货架规格尺寸与额定荷载》规定了工业货架的尺寸系列以及额定荷载。适用于以托盘为装载单元、单元荷载不超过2t的组装式工业货架的生产。《组合式塑料托盘》规定了组合式塑料托盘的术语和定义、产品结构和分类、要求、试验方法、标志、包装、运输和贮存等，适用于以高密度聚乙烯（HDPE）、聚丙烯（PP）等塑料为原料制成的组合式塑料托盘的生产。《快递服务 第1部分：基本术语》、《快递服务 第2部分：组织要求》、《快递服务 第3部分：服务环节》规定了快递服务的基础术语，快递服务组织的基本要求，以及国内、国际快递服务组织在国内从事快递服务的具体要求等。

15项物流和物资管理行业标准正式发布（2012-04-05）

2012年3月24日，由中国物流与采购联合会提出，国家发改委批准的15项物流和物资管理行业标准正式发布，这些标准将于2012年7月1实施。目前中国物流与采购联合会按照相关程序规定，正在办理标准的备案工作。

物流行业标准包括：物流企业客户满意度评估规范（WB/T 1040-2012）、自动分拣设备管理要求（WB/T 1041-2012）、货架术语（WB/T 1042-2012）、货架分类及代码（WB/T 1043-2012）、托盘式货架（WB/T 1044-2012）、驶入式货架（WB/T 1045-2012）、易腐食品机动车辆冷藏运输要求（WB/T 1046-2012）。

物资管理行业标准包括：木质门安装规范（WB/T 1047-2012）、木质门修理、更换和退货规范（WB/T 1048-2012）、阻燃木质地板（WB/T 1049-2012）、木地板铺设辅料（WB/T 1050-2012）、木地板铺装工技术等级要求（WB/T 1051-2012）、木地板养护精油（WB/T 1052-2012）、菱镁复合材料农用大棚架（WB/T 1053-2012）、玻镁复合保温屋面板（WB/T 1054-2012）。

《工业货架设计计算》等六项物流国家标准正式发布（2012-07-16）

2012年6月29日，国家质检总局、国家标准委发布公告《中华人民共和国国家标准公告》（2012年第13号），正式发布了352项国家标准，其中6项物流国家标准也正式发布。标准名称及编号如下：

GB/T 28576-2012 工业货架设计计算

GB/T 28577-2012 冷链物流分类与基本要求

GB/T 28578-2012 出版物物流 接口作业规范

GB/T 28579-2012　出版物物流 退货作业规范

GB/T 28580-2012　口岸物流服务质量规范

GB/T 28581-2012　通用仓库及库区规划设计参数

《工业货架设计计算》国家标准规定了组装式工业货架的基本结构、计算模型、计算工况与荷载组合以及强度、刚度与稳定性校核方法。适用于组装式工业货架中的自动化立体仓 库货架、窄巷道托盘货架、普通托盘货架的设计计算。

《冷链物流分类与基本要求》国家标准规定了冷链物流的分类和冷链物流的基本要求。适用于冷链物流管理。

《出版物物流 接口作业规范》国家标准给出了出版物物流接口的构成及接口作业的结构化命名，规定了出版物物流接口的作业分类、名称和作业内容。适用于从事出版发行活动的不同参与方之间出版物物流流程的衔接。标准中所指的出版物包括图书、报纸、期刊、音像制品、电子出版物。《出版物物流 退货作业规范》国家标准规定了出版物物流退货类型、退货作业基本要求、退货信息标识。适用于出版物发行及相关企业的出版物退货作业和管理。

《口岸物流服务质量规范》国家标准规定了一般货物（不包括危险货物、鲜活易腐货物）口岸物流服务的基本要求，确立了方案设计服务、信息服务、作业服务、客户服务的具体要求和主要服务质量指标。标准适用于提供一般货物口岸物流服务的相关企业，也可作为对一般货物口岸物流服务提供企业进行选择和评价的依据。

《通用仓库及库区规划设计参数》国家标准给出了通用仓库及库区规划设计中基于现代物流运作需要的基本要求与参数。适用于单层通用仓库及库区的新建、改建或扩建。这六项国家标准将于2012年10月1日正式实施。

八项物流国家标准正式发布（2014-01-03）

2013年12月31日，由全国物流标准化技术委员会提出，国家标准委批准的八项物流国家标准正式发布，这些标准将于2014年7月1日开始实施。

八项物流国家标准包括：物流企业分类与评估指标（GB/T 19680-2013）、仓储绩效指标体系（GB/T 30331-2013）、仓单要素与格式规范（GB/T 30332-2013）、物流服务合同准则（GB/T 30333-2013）、物流园区服务规范及评估指标（GB/T 30334-2013）、药品物流服务规范（GB/T 30335-2013）、物流景气指数统计指标体系（GB/T 30336-2013）、物流园区统计指标体系（GB/T 30337-2013）

2014年第一批物流国家标准发布 日期：2014-09-17

2014年9月3日，由国家标准化管理委员会批准（《中华人民共和国国家标准公告[2014年第21号]），全国物流标准化技术委员会提出并归口的六项物流国家标准正式发布，这些标准将于2014年12月1日开始实施。

六项物流国家标准包括：《联运通用平托盘 性能要求和试验选择》（GB/T 4995-2014，替代GB/T 4995-1996）、《联运通用平托盘木质平托盘》（GB/T 31148-2014）、《汽车物流服务评价指标》（GB/T 31149-2014）、《汽车零部件物流 塑料周转箱尺寸系列及技术要求》（GB/T 31150-2014）、《汽车整车物流质损风险监控要求》（GB/T 31151-2014）和《汽车物流术语》（GB/T 31152-2014）。六项国家标准的介绍如下：

一、《联运通用平托盘性能要求和试验选择》（GB/T 4995-2014，替代 GB/T 4995-1996）

新发布的《联运通用平托盘 性能要求和试验选择》是一项修订标准，标准替代《联运通用平托盘性能要求》（GB/T 4995-1996）国家标准。我国已发布的联动通用平托盘国家标准共有三项，分别为：

《联运通用平托盘主要尺寸及公差》（GB/T 2934）、《联运通用平托盘 试验方法》（GB/T 4996）和《联运通用平托盘 性能要求》（GB/T 4995）。其中，《联运通用平托盘 主要尺寸及公差》于 1982 年首次发布，1996、2007 年分别两次进行了修订，《联运通用平托盘试验方法》和《联运通用平托盘性能要求》于 1985 年首次发布，1996 年进行了第一次修订，本次为第二次修订。

本次标准的修订主要依据国内托盘行业现阶段发展的新要求，对应新修订发布的国际相关标准，修改采用了 ISO 8611-2-2011《物料搬运托盘 平托盘 第 2 部分：性能要求和试验选择》，标准规定了联运通用平托盘的性能要求和试验选择原则，适用于公路、铁路和水路的联运通用平托盘的设计、生产、检验及使用。

本次修订的主要内容包括：

（1）修改了标准适用范围。原GB/T 4995-1996适用于公路、铁路、水路和航空联运的通用平托盘。本标准适用于公路、铁路、水路和航空的联运通用平托盘的设计、生产、检验及使用。

（2）增加了有关选择预处理环境条件的内容。在 GB/T 4996-1996《联运通用平托盘 试验方法》的“6 预处理”基础上对如含水量、环境温度等试验条件进行了修订。

（3）修改了托盘性能要求。按照 GB/T 4995-1996 的规定，联运通用平托盘按性能要求划分为 N 级（普通级）和 S 级（特殊级），不同级别托盘的性能要求指标不同。新编制的 GB/T 4995-20×× 对应新编制的GB/T 4996-20××《联运通用平托盘 试验方法》中对试验方法的分组（即额定载荷试验、最大工作载荷试验和耐久性对比试验共三组），对不同组别的试验项目定义了不同的性能要求指标。

（4）增加了试验选择原则。即增加了根据托盘用途选择所需进行的试验项目的内容。

（5）增加了确定试验载荷方法的内容。

二、《联运通用平托盘木质平托盘》（GB/T 31148-2014）

本标准主要规定了适用于联运通用以及公用系统用的木质平托盘样式、要求、试验方法、检验规则以及标志、包装、运输与贮存，一次性托盘也可参照使用。

标准的发布对于推行托盘的循环使用，实现托盘共用，更好引导企业设计与生产符合共用要求的优质托盘，降低用户的采购成本，减少资源消耗具有积极的意义。

三、《汽车物流服务评价指标》（GB/T 31149-2014）、《汽车零部件物流 塑料周转箱尺寸系列及技术要求》（GB/T 31150-2014）、《汽车整车物流质损风险监控要求》（GB/T 31151-2014）、《汽车物流术语》（GB/T 31152-2014）

汽车物流是伴随着汽车工作的迅速发展而发展起来的专业物流服务领域，是将汽车零部件、商品车整车及服务备件从生产运送到经销商的一系列物流过程。目前我国专业从事汽车物流的骨干大中型企业近 100 家，具体从事汽车运输、仓储的企业上千家，已形成了一体化全方位的综合物流服务格局。

近几年，在中国物流与采购联合会汽车物流分会及大型汽车生产企业、物流企业共同努力下，已经研制了一批汽车物流标准，新的四项国家标准发布对解决汽车物流领域基础概念不统一、服务流程及指标缺失、汽车物流服务技术标准空白，规范汽车物流服务，提高服务质量，完善汽车物流标准化建设，推动我国物流业整体水平的发展具有重要的作用。

《汽车物流服务评价指标》（GB/T 31149-2014）规定了汽车整车物流服务评价指标、零部件物流服务评价指标和售后服务备件物流服务评价指标。适用于对从事经营性汽车物流服务企业的仓储、运输、装卸作业、流通加工等物流服务能力进行评价。

《汽车零部件物流 塑料周转箱尺寸系列及技术要求》（GB/T 31150-2014）规定了汽车零部件物流用塑料周转箱的尺寸系列和技术参数要求，标准适用于以注射成型法生产的塑料周转箱。

《汽车整车物流质损风险监控要求》（GB/T 31151-2014）规定了汽车整车物流运作过程中对有可能产生质损的环节进行监控的要求，适用于汽车整车物流运作的过程管理。

《汽车物流术语》（GB/T 31152-2014）确定了汽车物流的基础术语、作业服务术语、设施设备术语、信息术语、管理术语及其定义，适用于汽车物流及相关领域的信息处理和信息交换。

《联运通用平托盘试验方法》国家标准正式发布（2014-10-10）

2014年10月10日，国家标准委在北京召开了“世界标准日重要国家标准暨国家标准委标志发布会”。会上，国家标准委副主任崔钢宣读了国家标准公告，由国家质检总局、国家标准委批准发布了33项国家标准。由全国物流标准化技术委员会提出并归口的《联运通用平托盘 试验方法》（GB/T 4996-2014）是本次发布的标准之一，标准将于2015年6月1日正式实施。此次发布的标准涉及健康安全、生态环境、经济发展、社会管理等多个方面。

《联运通用平托盘试验方法》（GB/T 4996-2014）国家标准介绍如下：

一、编制背景

托盘作为物流最基础的作业单元，在运输、仓储、装卸搬运、配送等物流各环节中起着有效衔接、顺畅贯通的关键作用，对提高物流作业效率、降低物流成本也至关重要。我国托盘的循环利用正在引起社会、政府和企业的高度重视。

当前，我国托盘保有量总体较大，托盘利用普及速度加快，托盘结构逐步优化，但是标准化托盘占比较低，托盘共用系统建设开展不力，远远落后于发达国家的水平。

联运通用平托盘的系列标准对标准化托盘的尺寸和质量进行了明确规定，相关系列标准的制定和实施是提高托盘利用水平、实现托盘共用的基础和有力保障。《联运通用平托盘试验方法》国家标准是系列标准之一，1985年首次发布，1996年第一次修订，此次为第二次修订。

二、标准主要内容

我国现行的“联运通用平托盘”系列国家标准主要有四个：《联运通用平托盘主要尺寸及公差》、《联运通用平托盘 性能要求和试验选择》、《联运通用平托盘 试验方法》和《联运通用平托盘 木质平托盘》。

本标准规定了联运通用平托盘性能的试验方法，适用于公路、铁路和水路的联运通用平托盘的设计、生产、检验及使用。为了确保与国际标准的相互衔接，本次修订的标准为修改采用ISO 8611-1:2011《物料搬运托盘 平托盘 第1部分：试验方法》。标准共分九章，给出托盘主要试验方法14项，包括：抗弯试验、叉举试验、垫块或纵梁抗压试验、堆码试验、底铺板抗弯试验、翼托盘抗弯试验、气囊抗弯试验、静态剪切试验、角跌落试验、剪切冲击试验、顶铺板边缘冲击试验、垫块冲击试验、静摩擦系数试验和滑动角试验。以考量托盘及其构件在堆码、叉举、货架存取、吊索提升等不同工作环境的承载能力、抗变形抗冲击能力以及防滑性能等，确保在整个物流过程中托盘及所承载的货物不受损坏。

本次修订的标准为修改采用ISO 8611-1:2011《物料搬运托盘 平托盘 第1部分：试验方法》，为了确保与国际标准的相互衔接，修改内容包括：

修改了试验方法的分组方法，修改了“堆码试验”的内容，修改了试验方法在试验载荷、试验时间、加载设备结构尺寸及其安放位置、挠度或变形量的测量与评定、试验次数等方面的内容；新增加了“叉举试验”、“垫块或纵梁抗压试验”、“气囊抗弯试验”、“静态剪切试验”、“静摩擦系数试验”和“滑动角试验”等试验项目。

三、标准实施意义

随着我国木材资源短缺，不同材质托盘数量的增长，托盘结构总体向着节能、环保、循环利用的方向发展。实现托盘的循环共用，即是在一定的区域或某一领域建立运输包装物循环共用的网络及运营体系，进而实现高效物流和资源有效循环，实现商品包装和物流的集装化、标准化、信息化和作业一贯化。共用的前提是使用同质量的标准化托盘，本标准即是为了保障托盘的质量，而提出的试验方法类标准。

据中国物流与采购联合会调研显示，截至 2013 年 12 月我国托盘保有量约 9.1 亿片，而我国大部分托盘尤其是木质托盘还是一次性托盘，非可循环使用的标准化托盘，究其原因，托盘的尺寸不统一、质量不过关是导致循环使用率低的一个重要因素。按每片木托盘需要消耗 0.05 立方米木材计算，即使每年仅生产 15000 万片，也需要消耗 750 万立方米的木材，对中国这样一个森林资源严重短缺的国家来说，无疑是个沉重负担。本标准的发布，与联运通用平托盘的其他标准相互配套实施，对提高托盘质量、实现托盘标准化，减少资源损耗、实现节能环保和低碳循环提供了科学的实验依据。

近几年，托盘的利用率在加快普及，大型超市、连锁零售企业配送业务中托盘利用呈快速增加态势，以标准化托盘为单元的物流系统，物流机械化、自动化程度高，可大幅度降低劳动强度，节省人力，对物流成本的降低影响已经逐步明显。据北京某大型连锁超市配送中心数据显示，一辆 5 吨载重量的卡车装载 600 个纸箱货物，托盘装载时卸货时间仅需 10 分钟，而非托盘装载时卸货却要花 90 分钟，作业效率相差 9 倍之多。目前，物流行业也在积极推进托盘共用社会化，但由于托盘标准化程度低，我国进入托盘共用系统的托盘仅 800-900 万片，不足全国保有量的 1%。通过标准化托盘利用，进而在此基础上发展托盘共用系统，托盘总量可以减少三分之一，托盘寿命可以延长到 6 至 8 年。本标准的发布，与联运通用平托盘的其他标准相互配套实施，为降低物流成本、提高物流效率，推进托盘共用社会化提供了标准化保障。

四项物流国家标准发布（2014 年 12 月 22 日）

2014 年 12 月 22 日，国家质检总局、国家标准委发布公告《中华人民共和国国家标准公告》（2014 年第 30 号），正式发布了 106 项国家标准，其中由全国物流标准化技术委员会提出并归口的 4 项物流国家标准也正式发布，标准将于 2015 年 7 月 1 日正式实施。标准名称及具体介绍如下：

GB/T 31081-2014　塑料箱式托盘

GB/T 31080-2014　水产品冷链物流服务规范

GB/T 31078-2014　低温仓储作业规范

GB/T 31086-2014　物流企业冷链服务要求与能力评估指标

《塑料箱式托盘》国家标准规定了塑料箱式托盘的分类、技术要求、试验方法、检验规则、标志、运输和储存。适用于以高密度聚乙烯、共聚聚丙烯等塑料为主要原料，满足一定额定载荷、堆码载荷等性能要求的可重复使用的塑料箱式托盘。该标准的实施，将可以更好指导企业设计与生产符合共用要求的优质托盘，减少资源消耗。

《水产品冷链物流服务规范》规定了水产品冷链物流服务的基本要求、接收地作业、运输、仓储作业、加工与配送、 货物交接、包装与标志要求和服务质量的主要评价指标，标准适用于鲜、活、冷冻和超低温动物性水产品流通过程中的冷链物流服务，水产品生产过程中涉及的水产品冷链物流服务亦可参照执行，标准规范了水产品冷链物流服务行为，对提高水产品冷链物流服务质量具有重要的指导与促进作用。

《低温仓储作业规范》规定了低温仓储的入库作业、储存作业、出库作业、环境控制、安全控制及信息处理的要求，适用于公共低温仓库的仓储作业活动。标准规范了低温仓储作业活动，对提升我国低温仓储企业的作业水平，促进现代服务业发展具有十分重要的意义。

《物流企业冷链服务要求与能力评估指标》规定了物流企业从事农产品、食品冷链服务所应满足的基本要求，以及物流企业冷链服务类型、能力级别划分及评估指标，适用于物流企业的农产品、食品冷链服务及管理，对规范物流企业冷链服务行为、提高物流企业冷链服务水平具有重要的指导作用。

应急物流等四项物流国家标准正式发布（2015-01-08）

2014年12月31日，国家质检总局、国家标准委发布公告《中华人民共和国国家标准公告》（2014年第33号），正式发布107项国家标准，其中包括由全国物流标准化技术委员会提出并归口的5项物流国家标准，这些标准将于2015年7月1日正式实施。标准名称及具体介绍如下：

GB/T 30672-2014　模压平托盘 植物纤维类

GB/T 30673-2014　自动化立体仓库的安装与维护规范

GB/T 30674-2014　企业应急物流能力评估规范

GB/T 30675-2014　阁楼式货架

GB/T 30676-2014 应急物资投送包装及标识

《企业应急物流能力评估规范》国家标准规定了企业应急物流能力分类与分级方法和企业应急物流能力评估指标，适用于为应对自然灾害、事故灾难、公共卫生事件及社会安全事件等突发事件应急物资保障时，企业应急物流能力的建设与管理。《应急物资投送包装及标识》国家标准规定了应急物资投送包装及包装标识的要求。适用于储存到应急物资储备仓库中的或由各级应急物资保障机构筹措的应急物资投送前的包装及标识。应急采购物资或社会捐赠物资投送前的包装及标识可参照执行。两项应急物流国家标准可用于各级政府应急物流管理部门对参与应急物流的企业应急保障能力的认定，还可为企业开展应急物流建设提供参考，标准的发布与实施对建立国家应急物流体系，进一步提升我国应对突发事件水平，做好救灾减灾工作具有重大的现实意义。

《模压平托盘 植物纤维类》国家标准规定了模压平托盘的产品分类、技术要求、试验方法、检验规则、标志、运输、贮存，适用于以竹木加工剩余物或农作物秸秆为主要原料、添加少量胶黏剂，并通过模压成型工艺制成的能四向进叉载荷的单面使用的模压平托盘。该标准的发布与实施，将在促进技术进步、改进产品质量、提高市场竞争力，提高社会经济效益等方面具有积极意义。

《自动化立体仓库的安装与维护规范》国家标准规定了自动化立体仓库的安装与维护要求，适用于采用巷道堆垛机，对货物单元进行自动存储作业的立体仓库的安装与维护。本标准对规范行业内自动化立体仓库的安装与维护保养，提高我国自动化立体仓库的应用水平起着积极的作用。

《阁楼式货架》国家标准规定了阁楼式货架的术语和定义、分类与标记、材料、要求、试验方法、检验规则和标志、包装、运输、贮存，适用于用型钢制成的、由立柱、支撑梁、楼面板、楼梯、护栏、货架等组成的、楼层不低于二层（含二层）的阁楼式货架。本标准的制定，对阁楼式货架产品的质量提升，进一步规范仓储设备的健康发展具有积极意义。

中国物流与采购联合会第一项团体标准《物流诚信共享信息构成要素及交换要求》批准发布（2016-09-22）

中国物流与采购联合会发布2016年第1号公告，批准发布团体标准《物流诚信共享信息构成要素及交换要求》。该标准共5章。1. 范围；2. 规范性引用文件；3. 术语和定义；4. 共享信息的要素构成；5. 共享信息交换基本要求。

该标准规定了物流诚信共享信息的要素构成和共享信息交换基本要求。标准适用于中国物流与采购联合会信息平台与其他物流信息平台间诚信共享信息的交换和使用。联合会分支机构的信息平台诚信共享信息可参照执行。该标准由中国物流与采购联合会网络事业部等多家单位共同起草完成。

该标准的发布实施对贯彻落实国务院《社会信用体系建设规划纲要（2014 — 2020年）》、《关于我国物流业信用体系建设的指导意见》等文件精神具有重大意义。该标准的发布实施有助于推动诚信信息的整合共享，建立诚信信息交换共享机制，按照共享目录和统一标准，及时交换共享，形成物流行业统一的诚信信息共享平台，逐步实现全国物流诚信信息的互通和共享，使物流企业的诚信状况透明、可核查，并为社会查询提供便利。

通过标准实施，构建物流平台间诚信名单互联互通机制，推动守信者优先达成交易，对失信者实施联合惩戒，“一处失信、处处受限”。物流诚信的标准化与互联网化，必将促进和推动物流平台互联互通的物流标准化建设，有效提高物流效率，逐步实现健康诚信、互联互通、共同发展的物流平台交易环境，促进行业健康有序发展。

未来通过物流诚信信息积累，接入外部相关信息，其大数据作用将会凸显，其为互联网 + 物流模式的推广应用、降低全社会物流成本、促进物流业转型升级将具有重要意义。

《物流园区分类与规划基本要求》国家标准批准发布（2017-10-12）

2017 年 9 月 29 日，国家标准化管理委员会发布 2017 年第 23 号公告，批准发布 237 项国家标准。其中包括全国物流标委会归口的《物流园区分类与规划基本要求》（GB/T21334-2017）。该标准于 2018 年 4 月 1 日实施。

《物流园区分类与规划基本要求》是对 2008 版的《物流园区分类与基本要求》（GB/T21334-2008）的修订。标准规定了物流园区的分类与规划要求，适用于对物流园区的界定以及物流园区的规划建设。

7 项推荐性物流国家标准批准发布（2017-10-16）

2017 年 10 月 14 日，国家标准委发布【2017】年第 26 号公告，批准发布 425 项国家标准。其中，由全国物流标委会归口的《汽车整车出口物流标识规范》《平托盘最大工作载荷》《托盘共用系统木质平托盘维修规范》《 托盘共用系统管理规范》《医药产品冷链物流温控设施设备验证 性能确认技术规范》《非危液态化工产品物流突发事件处理》《非危液态化工产品逆向物流通用服务规范》7 项国家标准批准发布，并于 2018 年 5 月 1 日起正式实施。

1.《汽车整车出口物流标识规范》规定了汽车整车出口物流标识的一般要求及制作、张贴的内容。标准适用于汽车整车出口物流的标识。

2.《平托盘最大工作载荷》规定了在已知有效载荷条件下，针对不同作业环境下新的平托盘，确定其最大工作载荷的方法。标准适用于物料搬运平托盘的最大工作载荷的确定。

3.《托盘共用系统木质平托盘维修规范》规定了托盘共用系统中木质平托盘判定维修准则、维修要求、维修标识、维修检验及回收处理。标准适用于托盘共用系统木质平托盘的维修。其它木质平托盘的维修可参考使用。

4.《 托盘共用系统管理规范》规定了托盘共用系统运营管理的基本框架，规范了托盘共用系统的服务保障、共用托盘的通用要求、作业和运营管理信息平台的基本要求。标准适用于托盘共用系统的管理。

5.《医药产品冷链物流温控设施设备验证性能确认技术规范》规定了医药产品冷链物流涉及的温控仓库、温控车辆、冷藏箱、保温箱及温度监测系统性能确认的内容、要求和操作要点。标准适用于医药产品储存运输过程中涉及的温控仓库、温控车辆、冷藏箱、保温箱及温度监测系统的性能确认等活动。

6.《非危液态化工产品物流突发事件处理》规定了非危液态化工产品物流突发事件的处理原则、种类、应急准备、监测、应急处置和纠正预防。标准适用于提供非危液态化工产品物流服务的企业，逆向物流服务作业也可参照执行。

7.《非危液态化工产品逆向物流通用服务规范》规定了非危液态化工产品逆向物流服务要求、服务内容、服务质量的评价及持续改进。标准适用于提供逆向物流服务的企业，非危液态化工产品的其他物流服务作业也可参照执行。

《托盘共用系统塑料平托盘》国家标准批准发布　日期：2018-01-26

2017 年 12 月 29 日，国家标准化管理委员会发布 2017 年第 32 号公告，批准发布 1090 项国家标准。其中包括全国物流标委会归口的《托盘共用系统塑料平托盘》（GB/T 35781-2017）。该标准于 2018 年 7 月 1 日实施。

标准规定了托盘共用系统塑料平托盘的分类、要求及试验方法、检测规则、运输、贮存、标志等。标准适用于共用系统中的塑料平托盘。其他用途塑料平托盘也可参照使用。

8.3 物流信息化

8.3.1 综合

物流信息化发展特点及趋势

物联网与物流业深度融合

物联网、云计算、大数据等新型技术在物流业得到了广泛的应用，货物跟踪定位、RFID、电子数据交换、可视化技术、移动信息技术、智能交通及定位服务等先进信息技术在物流行业的应用成效显著。

其中，物联网正与物流业深度融合，从技术、模式、空间等诸多方面改变了传统物流的运作方式，提高了行业的效率水平。据悉，目前行业已经有超过 400 万辆重型货车安装了北斗定位系统，大量的托盘、集装箱、仓库、货物等接入物联网，以信息互联、设施互联带动了物流的互联。车联网技术从传统车辆定位向车队管理、车辆维修、智能调度、金融服务等方向延伸。

大数据技术应用更加深入

随着政府监管从以统计报表为主的静态监管升级为以运营数据为主的动态监管，物流企业不仅要有采集数据、传递数据和储存数据的能力，而且要有大数据的意识。传化物流集团副总裁、陆鲸总经理孙方明表示，中国物流行业从业者众多，但是关联性很少。降低物流成本必须依靠信息化和透明化管理，这些都需要大数据技术。

在物流领域，大数据帮助快递企业预测运力需求，缓解“双 11”等特殊时期的爆仓问题。大数据具有多种应用场景，包括个性化、精准化的运力匹配、智能车队管理、信用档案建设、高效的多式联运、服务区域经济决策、通过智能学习预测调度未来空车等。未来数据的采集和应用都需要进行动态的分析与优化，同时应用智能化学习记忆的方式，使其应用更加广泛。其中，仓储将会成为未来物流数据沉淀的重要部分。

物流云是构建物流新生态的基础

数据日益成为企业重要的战略资源，数据上云的同时，仍然需要与产业链中的其他生态聚集，互为有效利用。为了迎合物流企业升级互联网平台运营的需求，相关云产品及服务越来越多。如中国物流与采购联合会打造的综合性物流交易云平台——联物流生态私有云，既保障了物流数据连接各方互联互通，又相对保护了企业信息的私密性和安全性，这是构成物流生态的技术基础。此外，诸如唯智的“混合云”以及科箭的“智慧供应链云”等，帮助企业进行仓库选址、供应链网络布局、车辆分配优化及智能路径规划等，实现整个供应链的协同优化与降本增效。

区块链技术应用将更加广泛

“区块链不仅仅是技术，更是战略。”IBM 中国研究院区块链技术总监黄胜博士强调。区块链包括四个部分：共享账本、智能合约、隐私许可、交易共识。简单来看，区块链 = 超级账本 + 供应链。黄胜指出：物流领域存在大量的纸质单据、有大量的全局可视化、溯源、追责等需求，以及供应链金融服务需求等，因此区块链在物流领域拥有大量的应用场景，如在食品溯源方面，区块链解决方案不仅可以提供对多方参与的供应链网络的信任度，还可以找准食物来源，减少不必要的广泛找回，以及改善食品供应链的协调。对此他建议，物流企业应该积极探索和制定可行的区块链实践商业模式和步骤；开展广泛的行业内外合作，共建区块链生态圈；从内部的 IT 治理和业务建设走向生态圈商业网络间的企业共治和新业务模式的建设。

“互联网将万物信息化，区块链将信息价值化，未来 10~15 年，区块链的力量和价值将更加充分地体现。”中国物流与采购联合会副会长兼秘书长崔忠付强调。

无车承运人试点将促进物流平台建设

2016 年 9 月 1 日，国家交通运输部办公厅发布了《关于推进改革试点加快无车承运物流创新发展的意见》，并最终筛选确定出 283 个无车承运试点企业。无车承运人已经成为平台企业和部分有条件的物流企业转型的必然选择。

无车承运人通过与移动互联网相结合，可以更大范围地整合车、货、站场等物流运输资源；更快速地拓展运输网络辐射范围；实现物流资源的科学配置。据交通运输部运输服务司货运处处长余兴源介绍，无车承运人可以有效降低中间环节交易成本（约占总营收的 6%~8%）；提高车辆运输效率 10%~20%。因此，无车承运人将是物流业降本增效的重要部分。围绕无车承运人试点工作，交通运输部下一步将完善政策，鼓励探索，健全制度，陆续推出《无车承运人管理办法》、《无车承运人运营服务规范》等。

2017 年，随着无车承运人市场不断深入，市场愈发多元化，因此需要借助完善的信息平台和互联网技术、信息技术对无车承运的全过程进行管理，互联互通将成为公共平台和无车承运人试点企业共同的发展方向。

物流诚信平台为实现联合惩戒搭建平台

“信息化是物流业发展的引擎，是物流企业转型升级的动力，每个企业都身处信息化发展大潮中，因此怎么强调信息化的作用都不过分。” 国家发改委经济运行局巡视员魏贵军表示，物流诚信体系建设是物流信息化系统建设的重要组成部分，是强化企业监管的基础，可有效地约束和规范企业的经营行为，营造良好的市场环境。对此，国家发改委接下来将会同有关部门从信息共享、联合惩戒等方面加快推进。

物流信息化建设仍有较大改进空间

在企业的信息化、公共服务平台的信息化、社会物流监管的信息化等方面还存在较大的改进空间。

随着新零售的快速发展，消费者服务需求及体验的升级，智慧物流的创新发展已经进入关键期，但传统物流企业运营互联网的意识和能力不足，而新兴高科技企业又欠缺对物流产业的理解和把握，新技术、新业态、新模式受传统监管模式和体制制约而进展缓慢，成为智慧物流发展的现实障碍。因此，还需要政府、企业、行业协会的进一步重视和解决。

中国物流与采购联合会专家委员会主任戴定一指出，数据已经成为物流信息化时代的资产和新的生产要素，但是目前人们在利用数据时仍没有相应的依据。因此他认为：首先，数据时代尚未解决的基础制度和法律建设，已经影响到行业发展，这是政府的事，更是大家的事；其次，数据的产权与交易的契约是信息化的两块基石，既要规定所有权，也要规定其他责权利及其传递，需要在实践中提炼，信息时代的法律和制度建设迫在眉睫；第三，信息的整合不能沿用工业化的所有权集中、谋求控制和分层管理方式，而是要适应多元化和扁平化演进发展的规律。他表示，未来的物流信息化将是分工协作的互联互通，而不仅仅是信息所有权的分享。

（来源：《物流技术与应用》2017 第 7 期《“互联网 +”进一步促进物流信息化建设》）

物流信息化演变简单回顾

物流行业的信息化大约分以下阶段：

1、纸质版的台账系统：记录、管理物流的资产、业务量、异动、结算支付等。

2、EXCEL 办公软件电子版台账：2000 年左右，微软及国内办公软件应用成熟（因为盗版和中国特色的免费模式），通过办公软件管理业务、资产等。

3、单机版管理系统：免费的，简单的小型数据库性质的单点业务管理系统，数据存储本地。

4、局域网 C/S 架构的管理系统：和 3 一样，印象中大约是 2000 年到 2010 年左右物流信息化的主流技术；不同的是，3 是小公司用，4 是一定规模公司应用。

5、B/S 架构的集团、跨区块应用的管理系统：这大约是 2010 上下及以后到如今物流公司信息化的主流，无论是 WEB 版还是应用软件版的。

6、SAAS 版的平台化物流软件：包括 TMS、WMS 等的都有应用，大约是 2015 年上下及当下，最近几年，这种模式一直以创新模式存在。

物流信息化的下一个模式会是什么？

信息化发展的时代局限性：软件是辅助企业管理、提升企业效率的工具，不同阶段的软件模式，都在当时的时代发挥着一定的作用，也有自己的局限性。比如比较新的 SAAS 模式（第三方的公有云或混合云）这些中心化系统，其优点体现在：

1、体现了专业分工思想，物流企业专注于客户服务和运营管理，将信息化外包给平台化 SAAS 公司，不需长周期、定制化开发软件，购买服务器、数据库；用户信息化的硬、软件成本大幅降低。

2、符合快速发展公司信息化迭代更新快的需求。

3、以租代买模式运营维护成本低。

缺点或不能有效解决的问题有：

1、数据中心化存储，存在数据安全风险

2、用户担心数据、商业机密泄露

（作者：杨浩峰）

8.3.2 热点

“爆款”的区块链

大量热钱的涌入，一批包含区块链技术的行业应用相继上线，显示区块链已然站上风口，其巨大的商业价值和伴随的风险，受到各方高度关注。

2018 年春节黄金周，一个名为“三点钟无眠区块链”的微信群忽然在朋友圈“刷屏”——

“三点钟无眠区块链”聚集了国内一批顶级数字货币玩家和资深投资人，这些“大咖”围绕数字货币、区块链展开的深度探讨和争论，被人整理成文并流散出来，引发围观者疯狂转发，并带动更多人参与讨论。其涉及人群之多、讨论话题之深入与专业，超出所有人的预期。

虽然不久之后即有知情者爆料证实，“三点钟无眠区块链”的忽然“爆款”，是“币圈”某大咖精心策划的一场营销活动。不过，作为数字货币的底层技术，区块链却因此被广泛传播，进入普通人的视线。

“去中心化的分布式账本数据库”；“没有中心，数据存储的每个节点都会同步复制整个账本，信息透明难以篡改”———区块链的特性被广泛相传，越来越多巨头开始加码区块链技术的研发，加速行业应用的布局，由此引发资本市场的新一轮投资热潮。

大量热钱的涌入，一批包含区块链技术的行业应用相继上线，显示区块链已然站上风口，受到各方高度关注。本期圆桌论坛邀请复旦大学管理学院信息管理与信息系统系教授凌鸿、复旦大学管理学院管理科学系教授宁钟，一起聊聊区块链这一技术的应用前景，以及风险防范。

区块链的生命力从何而来。什么是区块链?

国家发布的《中国区块链技术和应用发展白皮书2016》，对于区块链是这样描述的：广义来讲，区块链技术是利用块链式数据结构来验证与存储数据、利用分布式节点共识算法来生成和更新数据、利用密码学的方式保证数据传输和访问的安全、利用由自动化脚本代码组成的智能合约来编程和操作数据的一种全新的分布式基础架构与计算范式。

暂且抛开专业性词汇的迷雾，不妨先看一个用微信约饭的身边例子：有个人在微信群中提出聚餐的想法，让有意愿者以“1、2、3”的次序接龙报名，如“张三1”“李四2”，以此类推，待报名时间截止，有哪些人参加、总共有多少人参加等核心信息一目了然。这比以前靠人工逐一通知、确认、记录要高效许多。

但在实践中，依然存在不尽如人意的地方。比如报名信息大量集中时，难免会发生错漏或抢号的情况，另一方面还要提防冒充、恶意改掉序列等情况发生的可能性。因此在这些问题没有得到解决之前，100%依赖微信完成一次约饭，只能是一种理想状态。“区块链就是要解决这些问题，它是技术的集合体，最核心的技术包括了Hash函数、非对称的加密、数字签名和P2P网络技术。简单地说，就是一种去中心化的分布式账本数据库。”凌鸿教授表示。

那么，区块链技术又有哪些特性?

可以参考比特币系统来理解区块链技术的概念。在比特币系统中，区块是保存交易记录的，如果把比特币的10分钟交易记录看作账页，那么一个区块就是一个账页，区块链就是把不断产生的账页连起来的账本。在系统里，每一个参与者都是按照规则来维护账本的，所以区块链又是一个分布式账本。

同时，账是所有参与者都来维护，而且公开透明，所以它是一个去中心、去组织的记账系统。每个人都在维护同样的账本，又不需要公开身份，所以它是自信任的、匿名的，并且具有隐蔽性的。如果把所有账本看成一个数据库系统的话，区块链系统就是一个分布式数据库系统。

从原理上看，区块链应用主要分为公有链、联盟链、私有链。公有链指的是网络空间中人人都能参与，但实际上并没有人来负责，这种应用很大程度上需要得到网络空间参与者的认可。不过，这种完全没有中心的系统在现实社会中很难持续运营，于是，逐渐产生了联盟链———也就是少数人之间或者几个中心之间可以彼此认可的区块链。第三种叫私有链，私有链实际上是一个传统中心或者组织内建立的区块链系统，保证系统中的参与者在没有中心或组织的干预下可以实现参与者之间安全、完整、自信任、去中心的彼此认可。区块链的这三种类型，被认为是在“去中心”和“完全集中”之间达成了某种平衡。

综上所述，总结出区块链的六大特性———

第一个特征是分布式、去中心。去中心意味着另外一种组织方式的可能，从而带来组织的成本降低。理想状况下，网络空间追求的就是这样的一种情景：人人参与，没有任何中心或组织的干预情况下完成交易。当然，现实社会是否认可这样的组织方式或交易方式，那是另一个需要讨论的话题。

第二个特征是安全可信。它保证参与者的交易是安全、可信任的。

第三个特征是时序记录的数据可以追本溯源。区块链技术可以做到数据逐笔验证，确保数据不可篡改、不可伪造、永久记忆。

第四个特征是所有交易由集体维护，公开透明。

第五个特征是交易的规则具备可编程，这也是创新很重要的一个着力点。

第六个特征是具有隐私保护。

凌鸿认为，从价值记录角度来看，区块链可以看作是一个集体记账系统；从数据管理的角度来看，它是一个分布的数据处理系统；从网络的角度来看，它是一个P2P的网络；从信任体系角度看，它也可以看作是一个运用加密技术解决信用的系统；从技术角度看，还可以看作是一种底层结构。它同时也是一个虚拟空间的价值交换体系，而且是由程序自动完成的，尽管这样的价值交换体系只在网络空间得到认可，但渐渐地影响到了现实世界。

价值与风险并存

从2009年网络世界诞生第一个区块链开始，至今已经迎来了第三个发展阶段。宁钟教授认为，业界将第一代区块链视为以比特币为代表的可编程货币，更多是数字货币领域的创新；第二代则基于区块链的可编程金融，解决跨境支付、票据、银行之间的清算结算等大量应用，更多涉及合约方面的创新，如以太坊的智能合约；当前正在演进中的“3.0版”区块链技术，开始探求在其他行业的应用，倾向于将区块链技术与实体企业相结合，拓展用途。“目前‘测试版’虽已诞生，但距离所谓的‘里程碑’还存在一定距离。”宁钟指出。

凌鸿表示，区块链纵有诸多优势，其应用也存在着一些局限。这一点，可以从技术和业务两方面看。从技术方面看，首当其冲的是标准化的问题。以数字货币为例，要制定一个统一的数字货币的标准，包括中间的交易协议、传播协议、共识机制等，目前存在一定难度。

第二是性能的问题。很多时候，去中心化的程度和共识机制的效率两者之间达不到均衡，带来处理效率低的问题，满足不了实际的需求。

第三是容量的问题。现在，网上一个区块账页差不多是1兆左右的容量，随着时间的推移、交易量不断增加，容量也会呈几何级数爆发式增长，当超出了网络的承受容量，就会出现处理上的问题。如何防范这一必将发生的风险，目前来看办法不多。

凌鸿认为，相比技术上的各种瓶颈，区块链应用在业务方面的局限可能更严重。

业务上最大的问题也是去中心化，去中心化就意味着没有中心，但系统需要一个初始的规则，那么会产生这些问题：初始的规则由谁来定？ 这个规则是不是有必要？ 如果没有规则的话，如何持续运营？ 这个规则是不是中心？

第二个是新规则的问题，如果业务有旧的规则，那么新旧规则之间的冲突如何协调解决？

第三个问题，是未来的系统由各个分布式的网络结点构成并集体主导，如果某一个节点出现“非理性介入”怎么办？“去中心化”是不是就是没有组织、没有管理？

凌鸿认为，这些问题都是在应用过程中需要解决的。同时，区块链应用过程中，还会面临一些新挑战。除了上述存在的技术方面，如标准、效率、持续性的问题，还有系统整合的问题。区块链效率的实现在于P2P网络的建立，P2P网络一旦建立后，网上的无数个体需要在这个系统中完成整合，一个组织内部整合相对容易，如果从私有链扩展到联盟链了，就会出现跨组织整合。而整合就需要有共识，这个时候，可能就会出现系统必须整合、但却无法达成共识的困境。

同时，区块链技术的商业化是需要有投入成本的，不仅包含初期建设的成本，还有运维、推广过程中间的成本，使用过程中改变习惯也是一种成本，改变模式又是一种成本，这些成本不可小视。此外，隐私保护也是一个区块链应用的障碍，在私有链和联盟链中间，由于交易的透明，隐私可能得不到很好的保护。

最重要的一点是，“当一个行业或业务发生变化，要得到社会的认可，需要新的监管。如果没有来自政府和社会的鼓励和认可，区块链的应用将面临更大的挑战”。凌鸿这样表示。

（来源：《文汇报》，记者：史博臻 2018 年 4 月 3 日）

区块链寻找更多“落地”场景

当一个行业或业务发生变化，要得到社会的认可，需要新的监管。如果没有来自政府和社会的鼓励和认可，区块链的应用将面临更大的挑战。

在“三点钟无眠区块链”里的各种讨论话题中，区块链将如何形成新的商业模式、颠覆现有行业，是一个相当“吸睛”的标签。

哈佛大学商学院商业管理教授、创新大师克莱顿·克里斯坦森认为，颠覆性创新是指能够开辟一片新的市场———也就是所谓的新市场颠覆（New-Market Disruption），或者能给现有产品，提供一个更简单、低价或更方便的替代品———也就是低端颠覆性（Low-End Disruption）。在专家看来，区块链技术能否成功落地，帮助传统企业、中小企业、实体企业突破其成长的瓶颈，是最为关键之处。

“一般来讲，对于技术能否应用或者应用效果取决于技术和业务两方面的理解，首先是对技术的理解，当你深入理解技术的新特性后，再结合对业务本质的理解，颠覆性应用就会自然而生。”凌鸿教授认为。

追踪一口鸡肉的来龙去脉

为了让消费者更深入了解自家的食材经历了怎样的“前世今生”，食品业巨头们近几年发力布局餐桌食品溯源：区块链、物联网、人工智能企业纷纷入场。一时间，小小的餐桌上，各种智能防伪溯源识别技术“八仙过海、各显神通”。

众所周知，区块链是由节点参与的分布式数据库系统，它的特点是不可更改、不可伪造，也可以将其理解为账簿系统。通过这些信息，人们可以找到任意时间、地点的数据。

根据第三方统计数据，中国人每年要吃掉近 50 亿只鸡，鸡已成为中国人饭桌上最常见到的肉食，巨大的市场需求是大家都能想得到的。去年年中，众安科技宣布将区块链技术全面应用于国内养鸡业，推出一个叫作“步步鸡”的项目，去年底今年初，第一批产品也在电商平台面市售卖。

根据众安科技的消息，“步步鸡”基于区块链不可篡改和物联网设备自动采集等特点，保证每只鸡从鸡苗到成鸡、从鸡场到餐桌的过程中，所有产生的数据都被真实记录，实现防伪溯源。在养鸡场，雏鸡过了脱温期后，就会被戴上鸡牌，从此每只鸡在饲养、屠宰、运输等各个环节的数据都被记录在案，如鸡的活动状态、位置轨迹……诸如此类。这些数据会被实时上传到一个名为“安链云”的生态联盟链上进行分布式存储。消费者在购买时，可以通过手机 App 进行溯源防伪信息查询，了解这只鸡过去 100 多天的各项数据，包括鸡的年龄和养殖地、每天行走的距离、周围环境的空气污染指数、饮用水的质量、屠宰时间等细节。

据称，为了保证数据不可复制，鸡牌采用具有国际专利的防伪技术，结合了混沌学防伪、光学防伪等技术，做到“一鸡一牌”。而鸡牌一旦损毁，区块链上的数据也将自动销毁。

在与食品有关的供应链场景中，溯源防伪技术的使用早已不是新鲜事。比如我国工商部门强制要求的食品台账制度，食品供应链上的各个参与主体要自我维护一份台账，对食品在供应链上的每一次流转进行登记，确保发生安全问题时可以溯源追责或者实现其他目的。但是这些由各个不同主体维护的台账，相互之间仍是独立的“信息孤岛”，缺乏有效的外部监督，一旦出现不利于自身利益的账本信息时，相关利益方能轻松对其进行修改甚至损毁。在近年来曝光的各类食品安全事件中，关键数据的恶意篡改或主动损毁屡见不鲜，像是摄像头在关键时候遭遇停电，或者硬盘坏了，诸如此类。

正如之前所述，区块链的作用，可以看作是在这些账本登记结算的场景上又增加了事实对账能力：在区块链技术介入下，各个账本节点不再是孤立的存在，由于技术本身的特点，任何人都无法篡改和毁坏账本，这让食品流通场景的溯源防伪过程，第一次有了完全可靠的技术保证。

另外，把试水的目光投注到“区块链养鸡”之上，显然还有其他考虑。在宁钟看来，首先鸡的体量不大，消费者有能力和需求购买一只完整的鸡，但显然不能购买一只完整的猪牛羊。试想如果消费者购买一块猪肋条，生产者如果要证明“猪肉出在猪身上”，需要更多的技术投入。其次，鸡苗的体积能够佩戴上相应的区块链防伪设备，且鸡的养殖环境相对简单，对设备的干扰比较小。

不过，这其中目前仍有两大难点需要克服。一是使用区块链技术带来的养鸡成本增加。从目前公布的售价来看，步步鸡精品版售价为238元/只，豪华版258元/只，相比于市场上其他鸡肉类产品价格仍然偏高。技术提供方表示，使用区块链技术的确会带来成本提升，但未来这些成本增量，将随着养殖规模的扩大逐渐被摊平。其次是鸡牌等硬件设备的强度和稳定性。目前步步鸡的鸡牌被固定在鸡的脚上，在屠宰和运输的过程中难免会有损坏。因此生产商需要不断研究更好的方案，在控制成本的同时，保证鸡牌的强度和稳定性。

从目前来看，区块链在养鸡产业中的发力，或是因为农业信息化基本上处于半原始状态，没有“另起炉灶推倒重来”的成本和压力。从信息化程度低的行业入手，让区块链应用的品牌落地，不仅可以更快取得成效，更重要的是，可以创造一个获利较高的市场。

颠覆更多商业模式

随着移动互联网的进一步普及，区块链技术可以颠覆更多的商业模式，比如，商家的消费积分管理系统就可以引入区块链概念，多方联合共同开发一个积分的发行及兑换的平台。在这一场景下，银行、电信运营商、零售商等各类机构可以实现全程透明、无法篡改的积分交验、存储、记账流程，从而彻底改变现有的积分玩法。

区块链也可以改变供应链管理。在现有的供应链格局中，通常会有一家核心企业——“链主”负责整个供应链的管理。但是“链主”企业的管理幅度、管理能力和影响力都是有限的，供应链协调机制会日趋复杂化，管理和获取信任的成本也会越来越高。假如把区块链技术与供应链管理相结合，将所有相关流程环节都加入进来，建立一个信任体系，那供应链“链主”的核心就不再重要，甚至以后都可以不需要“链主”——整个供应链商业模式就会发生颠覆性的变化。

除此之外，区块链在金融服务、公益服务、商品打假等领域的应用也有相当可观的商业前景。在金融服务领域，区块链技术可以解决支付、资产管理、证券等多个领域存在的痛点，有助于降低金融机构间的对账成本及争议解决的成本，显著提高支付业务的处理效率。同样，区块链也为金融监管机构提供了一致且易于审计的数据，通过对机构间区块链的数据分析，能够比传统审计流程更快更精确地监管金融业务。而在公益领域，区块链技术也大有可为，促进公益更加开放透明。在商品打假、尤其在正品溯源上，跟此前商家自录入商品信息不同的是，区块链是让多位“记账师”公正、独立、不可篡改地完成记账，极大提升了监管流程的透明度和可信度。

随着区块链的发展生态逐渐丰富，区块链技术上行前景虽广阔，但对此也要保持一颗“平常心”。凌鸿认为，在区块链应用落地的过程中，对区块链技术本身，有必要形成进一步的共识：

首先，区块链不是数据的革命，它更多的是一种信用的革命，传递的是价值，价值背后实际上是信用的保障。其次，区块链是一种技术，不是一种产品。它只是一种技术，需要有设计、有框架、有模式才能进行应用。第三，区块链应用主要面临的是行业问题，不是技术问题。技术已经相对成熟了，关键是行业能不能接受挑战，能不能接受调整。

最后，凌鸿表示，区块链技术与金融是一个互利共盈的关系。区块链直接传递的是信用，而金融的本质就是信用，所以对金融的影响巨大，但它不是取代金融，不会因为有了区块链，传统的金融就没有存在的必要了，更多的区块链应用会使得金融的效率提高、成本降低、模式更加创新。

（来源：《文汇报》，记者：史博臻 2018 年 4 月 3 日）

区块链技术下的物流信息化构架的改变

现在来看，区块链技术下的物流信息化系统能解决的问题：

1、数据完全可追溯

这点现在中心化的信息系统也在一定程度上具备；但据目前该技术资料来看，区块链下的数据追溯可更好地和物联网、人工智能、大数据等结合，更可信。

2、去中心化的技术架构

这点可以解决中心化架构下，数据采集、存储唯一从而存在造假、管理风险的问题；关联链条，由多个采集、存储节点，数据实时同步、共享，不易造假，数据不能篡改，规避系统数据集中存储的管理风险。

3、去信任化

数据加密传输，多点共享同步；解决中心化系统对专业性、权威化的质疑，通过技术手段来解决专业性、权威化的问题。

区块链技术发展现状

有人打比方说，区块链技术的现状和九十年代末微软操作系统状态类似，是一项划时代的技术，但技术状态及发展应用还不明朗。目前，国际 IT 巨头 IBM、微软等都对区块链技术进行研究、探索应用。SAP 等软件巨头也加入区块链技术联盟；许多国家银行、金融、产业、学界都投入人力、物力研究区块链技术及探索应用落地。

目前有几个底层技术联盟：超级账本、以太坊、R3 等；全球已经有 24 多个国家正在投资区块链技术，80% 的银行将在 2017 年前启动区块链项目；在过去三年里，区块链的风险投资超过了 14 亿美元，产生了 2500+ 的区块链相关专利。

在我国，区块链应用已被写入《“十三五”国家信息化规划》；各级政府、央行、商业银行、万向、乐视等产业集团、区块链技术创新公司、行业组织在做研究、探索应用，出台了包括《中国区块链技术和应用发展白皮书 2016》、《贵阳区块链发展和应用》等报告，在银行、供应链等一些产业作了应用落地尝试。

区块链技术存在问题

区块链技术 2009 年左右就提出，区块链核心技术分布式存储、加密技术、点对点通讯等都是成熟的技术，相比人工智能、大数据等技术的发展显得比较慢，去中心化系统在国家治理、政治、经济模式上可能会产生颠覆性改变、其共生、演化还有过程，这是制度上的原因，还有技术上的原因。

1、现有技术下，应用区块链技术的交易系统速度和以电商、银行等中心化系统每秒数万交易相比，远远不足。

2、区块链技术目前接受度不高，如何在用户间达成共识及如何进行激励用户使用，是个难点。

3、区块链需要多节点记账共享，目前技术下是高能耗、不经济的。

综观近百年人类生产力演化历史，新科技、新思想作用巨大，尤其是我们体验到近十年来，互联网、物联网、人工智能、大数据技术的发展和应用，社会管理、产业发展模式改变很大；诺基亚不是没有掌握智能手机技术，而是对将要产生的手机智能化漠然！

对从事物流软件、物流信息化的物流平台企业、靠第三方信用背书、通过中心化系统提供一定中介价值的公司来说，需要思考：在互联网已将信息交互去中心化情况下，能将价值传递去中心化的区块链技术将会对自己带来什么样的影响？是否会是颠覆性的？是不是也是如 IOS、安卓智能手机能赛班系统的颠覆？技术发展日新月异，温水煮青蛙诚需为鉴。

（作者：杨浩峰）

物流中心网络化布局运作和智能化发展方向

互联网技术和大数据技术广泛且深度的应用，使得商业环境出现两个特征，对极度个性化需求的满足，和对分散需求的整合服务。首先，企业的营销传播变得非常快捷高效，个人社交网络得到前所未有的发展，其结果是 to-c 的商业模式获得巨大成功，但消费者个体的特征更加自由化 / 时尚化 / 休闲化 / 个性化，更容易接受新的品牌和新的服务。对应 B 端来看，市场需求结构不断快速变化，市场需求预测难度增大，企业供应链物流网络规划面临不确定性的挑战。

其次，在 to-b 领域，信息技术正在帮助实现整合满足企业原先分散的需求，提高需求方的采购效率。目前，b2b 供应链平台模式正在蓬勃发展，供应方 B 端的企业，面临着更多产品线和巨大数量级 SKU 的供应链规划组织，其物流网络布局和运作模式与传统的单个企业自己的分销物流网络相比，在服务功能和订单履行模式方面都有很大的差异。

对于 b2c 物流网络布局规划， 网点数量的布局依据主要来自客户需求分布和企业对客户订单履行时效（order lead-time）满足率的设定目标，可以是一个总仓服务全国，也可以多个区域仓服务多个区域。更快速的订单履行时效满足率要求，将驱动更多区域仓的布局，或者采用更快的运输、配送模式来实现。

另一方面，对 c 端客户体验度的追求，特别是生鲜电商的发展，催生了线上线下融合服务模式的持续发展。传统零售企业在电商零售的冲击下，展开被动式的转型。如，在百联集团商务电子化转型过程中，本人负责其物流整合发展战略规划，见证了大型传统零售企业转型过程的艰难和企业领导者的坚定决心。传统零售门店设施资源不再仅仅是零售设施，而是成为新零售模式下实现消费者购物体验的多种功能一体的社区服务最重要的网点；门店服务人员也从单纯的零售功能转为零售服务和线上订单履行的作业人员和末端服务人员。在这里，传统的供应链物流网络布局结构的框架和边界被完全打开，信息技术 + 网点设施功能转型，帮助企业重新构建了开放延伸型的物流网络服务平台，上下游库存被打通，网点设施资源被更多的参与者共享，多种订单履行模式借助该平台得以实现，建立了开放型的城市新零售和供应链物流网络融合一体的服务平台。

对于 b2b 平台型的物流网络布局规划，驱动要素可能很多，包括产品类别的复杂性，巨大量的库存 SKU，库存管理策略，客户服务要求，以及采购地集散等。受产品类别供应地的影响，网络布局可能走向区域仓 + 类别总仓的模式。库存管理模式方面，除了自有网点设施的库存外，还可能要包含对部分供应商网点的库存协同管理。为了从战略层面满足末端对客户的服务需求，可能需要布局大量的末端区域服务网点，其数量可能从几十个到几百个，此时，末端网点的发展模式成为重点，开放合作将有利于增强企业物流网络服务能力的战略弹性。

近几年实现大发展的汽车后市场配件供应链物流网络，就属于整合服务型的 b2b 供应链物流服务网络平台，将标准件和复杂的车型件通过网络平台服务于终端维修厂客户。其规划重点在于供应链的订单履行模式，通过不同的库存管理模式、网点库存部署策略和末端网点的合单和配送服务来实现不同的订单履行模式。这其中有多种模式选择，与企业的商业模式战略选择高度相关，重点在于库存管理模式和部署策略。企业的风险也在于此。

库存部署策略是物流网络规划的重点和难点，也是不同企业物流网络布局和运作模式的差异点，影响整体运作效率和运营管理水平。库存部署策略的决策依据很多，包括品牌维度策略，产品类别维度策略，特别是不同品牌或产品类别的供应地分布特征驱动的库存部署策略；还包括库存 SKU 快品 / 中品 / 慢品的结构特征，快品趋向于分散布局，提高订单履行时效，慢品趋向于集中管理，提高订单满足率。

对于 b2b 平台，SKU 数量巨大（如汽配行业、建材行业，以及工业品），慢品的库存管理模式和部署策略关系到该物流网络的运作效率，还伴随着巨大的风险，甚至最终导致企业经营困境。这就需要考虑建设协同 / 开放型的供应链物流网络，除了企业自营的网点设施布局，还需要考虑将上游供应商的网点设施包含到整体网络布局中来，利用自营库存和供应商库存构建更加协同的供应链物流网络资源和运作体系。也需要考虑与更广大的市场末端的区域型服务商的设施资源相互合作，构建高度柔性的末端服务网络。

传统的供应链物流网络的主体是相对封闭的，但处于互联网时代的今天，企业的商业模式、营销战略和服务范畴已经发生很大的变化，或者往大覆盖发展，大者将更大；或者往深度服务挖掘，建立无可替代的服务功能。因此，我们深刻意识到，互联网时代的供应链物流网络必须是开放的，必须是上下游协同的。只有开放，才能实现服务延伸，才能构建需要的服务功能、能力和服务水平，才能实现需要的战略弹性；只有协同，才能保持供应链网络整体生产、库存和运作流程实现最优，实现可持续的多赢发展格局。

上述物流网络结构被我们称为“开放协同型供应链物流网络”。除了对实体网络布局和运作进行规划，更需要依靠信息化系统的建设，从采购管理、库存管理、订单履行管理、仓储运作管理、运输配送管理、到整体供应链网络运营可视化管理，需要专业的信息系统支持协调计划和具体运作，构建供应链网络运作各方的效率最优共赢体系。

然而，基础信息系统的实施，并不意味着就能够实现开放协同的最终目标。在供应链领域，信息技术已经从企业运作运营的基础技术设施走到了前台，开放协同型的供应链物流网络依赖智能化的信息技术来实现。供应链协同的重点在于信息及时传递和获得，最重要的是快速及时作出响应。传统的信息技术侧重点在信息管理和传递，但相关的响应、决策和执行还是依赖人工实现。供应链协同涉及多方，所有需要人工协调决策的体系，其效率都是低的，至少是不可靠的（不稳定性的），难以实现快速响应的协同目标。

对于信息技术的智能化应用，我们最期待的是供应链上下游日常活动中的部分协同计划、决策和调整实施指令能够由信息系统完成，即由信息机器而不是人工完成。这涉及库存管理、库存 SKU

部署策略调整、库存补货、客户订单履行模式、运输管理、末端服务资源管理，以及上游生产计划组织等多方面。

上述系统的实现，最终将为供应链物流网络的敏捷性打下基础。敏捷供应链概念早在上世纪九十年代已经提出，但传统供应链物流的决策体系若仍旧依赖人工决策，供应链的敏捷就无从谈起。当今信息智能化技术和大数据的发展应用，为敏捷供应链的建设提供了基础技术支持。敏捷供应链的核心是，应对市场需求环境变化、竞争环境变化和供应链组织变化，及时调整策略，其目标是最大化满足客户需求，降低库存。

信息系统智能化趋势的另一个驱动力，是传统需求预测系统的失效。传统商业模式下，需求预测非常重要，企业基于此开展各项业务规划，供应链物流网络体系依据产品销售计划和供应计划来制定各项计划，以及相关物流能力的规划准备。互联网商业环境下，消费者需求切换快，需求预测对于企业来讲变得非常困难，对于某些行业甚至毫无意义。相反，基于企业的发展规划，制定供应链物流体系相关规划，在实际运作中，要基于市场需求的变化、供应结构变化和企业的销售实际情况，快速做出相应的调整，最大化满足市场需求，同时保持尽量小的库存投入。这些目标，都依赖信息智能化技术帮助实现供应链网络运作的敏捷性。

此外，智能化技术在物流中心运作环境的应用也令人期待。在过去十多年的发展建设中，国内物流中心经历了现代物流基础设备和技术应用、仓储运作管理信息系统实施、作业模式和流程优化、自动化技术应用等阶段，运作水平已经有了很大的提升。尽管常规的作业策略和优化改善途径显而易见，但大部分物流中心的日常运作还面临一些共性问题，包括如何通过储位布局优化来提升作业效率，如何对不同的订单结构进行归组处理、采用对应的作业略提高订单履行效率，如何制定补货作业策略提高整体效率，如何实现最小化的物料搬运次数完成订单履行作业，如何不断提高库存周转率，如何实现连续作业而降低等待时间，对于超大空间的仓储设施如何有效分配人力资源，以及预警系统和可视化管理等。

互联网环境下，物流中心的运作挑战主要来自不断增长的SKU数量，客户订单结构的不断变化，以及订单履行时效性要求的不断提高。智能化的建设方向不是自动化技术应用，也不仅仅是信息自动化问题，更应该是用机器学习和优化的决策机制替代人工对日常运作做出最优的决策并自动安排履行作业，实现储位策略和作业策略的最优，资源利用率最优。信息技术供应商应该在这些领域帮助客户企业开展相关实践，推动物流中心的智能化发展。

总之，供应链物流网络的布局规划和运作模式，与企业的商业模式和服务目标要求高度相关。在新经济环境下，传统的供应链物流网络边界已经被打开，智能化信息技术将帮助企业建设开放协同型的敏捷供应链物流网络体系。

在传统思维中，物流中心的建设与升级的顺序是，从机械化到信息化，作业流程优化，自动化，最后到智能化。这种顺序是不合理的。其实，信息化是现代物流的基础，智能化是信息化的高级阶段，不论物流中心的体量大小，不论是否应用了自动化设备，都应该开展智能化技术应用，实现效率提升。

（作者：王祖锦）

2018年可能会有以下四类平台会得到快速发展

一是，无车承运人平台。无车承运人平台实际上早就存在了，但是真正确立其法律地位、合法地位，在前年9月份交通部发布了《无车承运人试点文件》才开始，然后各地的交通运管部门就推荐了一些企业，总共有 283 家无车承运人平台作为交通部无车承运人的试点单位。

第一、无车承运人经过这些年的发展，从政府部门、协会包括企业来说，对无车承运人的理解是逐步深入，这是一个过程，这也是市场倒逼政府的一个典型的案例，就是说行业协会向政府反映企业诉求，促进政府部门发布这么个文件。从一年多的试点来说，可以说交通部门对无车承运人试点的目标是逐渐清晰的，交通部当时发布这个文件时，也是因为市场的需求发布的。但可以说，部分地方交通部门对无车承运人没有看的很透彻，理解的也不深，这也造成了这 283 家无车承运人中很多是不符合要求的，但经过一年多的试点、运行、包括一些无车承运人数据监测、监管，从国家交通部来说，其看的已经基本清晰了，前不久在泰安开的一个座谈会里面，已经明确了要对 283 家无车承运人进行重新的梳理，可能只有一半能留下来。目前，据我所知，各个省的已经梳理完毕了，然后上报国家，国家交通部门这段时间可能会举行一个专家认证会，可能会刷掉一批不太合格，这是正常的，让无车承运人回归正常发展轨道。

第二、税务部门面对企业的诉求也在转变思路。从我们无车承运人试点来说，无车承运人最关注的不是道路许可证，最关注的是税收问题，但试点的第一年，税收这一点没有解决。经过我们协会包括企业的诉求，税务部已经正面直视这个问题，最近也出台了对互联网平台代开小规模纳税的增值税发票，这个我觉得对我们无车承运人的发展、平台的发展打下了一针强心剂，虽然说还有要完善的地方、改进的地方，但是税务部门已经正视这个问题了，已经从原来的完全的以车控票、以票控税的方式变成了通过大数据、通过平台的数据来给司机、给个人开票，这是一个很大的进步，是一个跨越性的进步。到了这里，在实施过程中可能会有一些问题，但是我相信沿着这个步伐前进的话，可能国家税务部门发布越来越多的实施的细则。

第三、无车承运企业更加务实。原来很多申请无车承运人的企业，很多是希望要税收、资金支持。后来发现没有，很失望，所以很多平台在给国家平台报监测数据的时候不是很用心。但是现在税务部门已经出台了相关政策，现在企业已经更加务实了，而不是追求一些政策、税收，实际上现在更着重于无车承运的真实业务，你的真实的数据是否做得好，你的业务是否做得好，这很关键，你把这个做好了，你自然在国家的政策包括税收方面我觉得会给一些支持。

二是，智慧物流平台。刚才说到无车承运人由于前期比较混乱，现在都基本上走向正轨了，可能 18 年会有一个大的发展，一个走向正规的趋势。那么智慧物流平台是有显著一点，跟无车承运人不太一样，实际上更多的是物流和先进的技术的结合，特别是一些大的企业包括像菜鸟、京东、苏宁都在提智慧物流，他们有钱，他们能把物流用技术设备做的更高端一点。智慧物流的特点就是分享协同，很关键的就是数据要共享，另外要协同，这是很关键的一个特征。第一就是推动智能设备与物流业的融合，来实现物流的数据化和在线化，这个大家都很清楚。智慧物流必须把所有的业务数据都要上线，而且要有大数据中心，要有即时的信息。第二，上线之后还要物流的各方智慧互联，而不仅仅自己有数据，这是不行的，整个产业链都要联，智慧物流是建立在万物互联的基础上，你联的多少，可能你智慧物流触角就伸的有多远。第三，就是原来专业化的分工协作方式逐步被实时化、多样化、个性化所取代，这也是由市场倒逼的，由问题导向产生的，我们的客户就是个性化、多样化和差异化的需求，那么服务客户的整个链条，你都得适应这个变化，我们的物流系统、我们的信息系统都得有这个变化，你都有多样化、快捷这种迅速的反应，这是很重要的。另外一个就是为我们政府和企业决策者提供数据支持，这是很明显的，政府就包括发改委也希望我们的平台能提供一些数据来决策，包括交通部的无车承运人也要数据做来评判是不是合格的依据，税务部门平台给个体、司机开增值税也需要数据做支持，所以说这块数据已经在潜移默化中已经越来越重要了，这是我们必须要认识到的。所以我们企业在所有的和企业有关系的平时的数据记录下来，企业有数据了，政府才有，企业没有了，政府也没有数据，所以说企业平时的数据要记录下来，对以后的加工、决策、协同是有需要的。

三是，共享物流平台，我们也叫分享（物流平台）。这一块我觉得也是发展比较快的，在党的十九大报告里面就提出在共享经济等领域培育新的增长点、新动能，就是我们现有的在物流方面的也存在物流的众包、众筹共享等等。在物流方面我觉得主要包括物流创新能力的共享，这个实际上是一种智慧、一种高级的知识、一种能力的共享，大的规划、大的策划、企业的运作，这方面你可能要大的咨询公司、一些大的智库做些这方面的共享，这个目前我们国家有，但是这一块大家可能还不够重视，物流创新这一块我觉得还是需要加强，比如说我们各个平台都有创新，但是创新、共享、提升这方面还是交流不够。第二个就是物流设备的共享，我觉得大家已经交流的比较多，比如说有一些新能源车，包括一些长途车，我记得很多已经都在用，我这个车，就跟单车一样，他就停在那儿，你要用，你去开，用完了，你再走。这就不存在有什么返空之类的现象，反正车是你提供给我的，有货我就运，司机我可以开不同的车，还有物流的一些托盘、充电桩、快递员的共享等，这方面都已经比较多了，所以说要集约化、高效化的方式去发展。另外就是物流资源的开放、共享，这个里面也有很多包括园区、仓库、人力资源这方面很多，无车承运平台调用社会车辆，这也属于我们物流资源的共享。所以这几个方面，我觉得物流的共享平台的发展在2018年也会有一个大的提升。

四、供应链平台。大家可能听过供应链，但是供应链平台这方面的发展大家可能不太清楚，因为现在供应链是衡量一国经济竞争力的重要指标，是物流业迈向价值链中高端的必然的选择。前不久，国务院就发布了促进供应链创新发展的文件，也是我们中物联推动的一起发布的这么个文件，这个对我们国家供应链的发展起着很好的指导，这里面就有几条，一个是平台也要积极延伸服务链、要有效引导生产模式适应消费者的个性化、多样化的发展需求，这也是我们我们无车承运人平台包括我们物流平台都要延伸服务，现在你专门这么个服务的话，你可能很难独立，你必须得延伸，这个大家都会有很好的体会。第二个就是推动物流业与上下游企业的合作，构建物流生态圈，这个我想大家很清楚，很多企业包括前不久京东也投了福佑，菜鸟也和一些企业包括苏宁都是有合作的。第三，推动供应链与互联网的深入融合、智能技术与供应链协同打造智慧协同的智慧供应链体系，这个就是说我们有供应链链条，但是关键就是要协同，你不能仅仅是信息共享，我们的数据就是要尽快的反应。这样的话，整个链条的效益才会最高，所以我的竞争就是链条和链条的竞争，哪个链条效率最高，他就是我们的整个效益最高的。另外一个就是我们供应链、我们国家的规划是要走向全球的，这个是要配合“一带一路”战略，打造带动全球贸易的便利化，形成开放互联的全球供应链体系。其实做供应链平台这方面，我觉得他还有一专业的发展，比如说做大宗商品、做冷链、做危化品等这些我觉得都可以，更多的是一个链条可能会更专业化一点，就是说除了我们物流平台通用化之外，专业领域的这些供应链平台可能会发展的比较快一点，这就是我介绍的四个平台。

那么2018年驱动物流平台变革的四种力量是什么呢，我也简单说一下。第一就是说共享的理念，这是刚才也说了，不管是哪个平台，无车承运人平台、共享平台、智慧物流平台还是这个供应链，都得有个共享的理念。

我想共享理念原来我们可能体会得不是太深，但是经过这两年的发展我觉得每个人都已经肯定对共享都有过切身的认识，必须得这么做。这个里面包括物流信息资源的共享、技术与设备资源的共享、仓储、终端配送，包括营运的共享，都是这方面的共享。正由于我们有共享的理念，以后我们在这方面推动平台的发展才有一个动力。我可以说物流平台是我们物流行业最新技术、最新模式、最新业态的第一个实践者和创新者，所以平台对于我们整个物流业、推动物流行业的发展起着非常重要的领头羊的作用，虽然说我们很多平台在实验中可能失败了，但是他留下的一些经验和教训我觉得这都值得我们后来者学习，所以说我们都是站在巨人的肩膀上、在前人失败的基础上发展。

第二就是技术的进步，实际上我们经常说现在物流的发展，发展到现在平台已经作为我们生活中物流的基础设施，他跟我们的技术是相关的。如果没有技术进步，我们物流平台发展不起来，也做不了这么好的服务，包括我们的物联网，你获取信息、获取一些个体信息，你都得物联网，包括云计算、包括大数据，我就不细说了，大家都很清楚互联网、人工智能这方面。最新的区块链技术，区块链觉得很遥远，实际上区块链已经在物流行业利用了，包括我们无车承运人，比如说假如税务局说你这个数据是真还是假的，你怎么证明你没有改动，这个我觉得区块链这个技术可能会慢慢应用，据我所知，已经有试点了。正是有这些技术的存在，我们物流才会真正走向智慧物流、走向共享，所以说这个技术的应用是非常非常的重要的，我们获取信息、传输信息、包括处理这些信息很快很快、很方便，所以说技术的进步推动了我们平台的发展，另外包括很多这种做金融产品的、做资本的，他都会有互联网的这种模式，很方便接入我们的物流平台，很容易的融合在一起。

第三个就是资本，资本是越来越理性了，说理性就是实际上他对物流越来越理解，可能前两年的时候投物流平台，只要是平台他就投，不光是平台，包括020的，包括做互联网的他都投。但是说实话很多都失败，现在进入资本的寒冬，所以说他们更理性了，现在认识到了，只有把这个业务做扎实才行，那么就是说原来更注重什么流量，所以原来很多平台就是一些去刷单的、去造假的很多，我觉得现在资本都不看重这个，更多是看你有没有效益，这商业模式有没有前途。所以说资本对共享的实现提供了资金支持，不要以为资本跟物流没有关系，实际上有很大关系，因为平台离不开资本，资本他的投资的方向从一个方面来说他左右了我们平台的发展。所以说他对平台的认识、对我们平台的发展、怎么去运作都是有很大的关系，所以说今天也有一些具体做物流资本的过来和我们交流，这是很好的这么一个机会。

另外一个是诚信问题，这个很关键，我们无车承运人，包括物流平台都是在网上陌生人的交流，很容易出问题，没有诚信系统怎么行呢？不光是我们的物流，社交媒体也是，就是缺少一个诚信体系，非常好的是国家很重视，包括习近平、李克强都说了要做好诚信工作，包括现在发改委在牵头做这个事情。目前，这个物流诚信工作主要是中物联在做落实，发改委已经授权我们作为物流黑名单的认定单位，前不久12月25日发改委专门发布了一个文件，就是怎么认定黑名单，一些标准，包括哪些机构可以认定，专门有一个管理办法。目前还在征求意见，就是说我们政府、协会与企业共同努力要营造一个诚信联盟。所以说我们企业、平台也肯定关注这个，因为你每个平台都有自己的诚信评价体系，包括自己的惩戒办法，只不过是没有共享出来，我们正在做这个工作，希望我们大家努力，不光是要有经济效益，而且要有社会的责任共同推动我们国家实现公平信任的环境。黑名单共享，联合惩戒，一处受限，处处受限，让违约者没有藏身之地很关键，提高他的违约成本。另外一个我们最近也做了一个红名单的研究，我们准备也是以大数据为基础来做这个，制定一个标准，然后弘扬先进。这样的话，实际也可以促进我们物流的大数据，这个我们正在做的一个工作，也希望我们大家能给予支持，所以这个诚信环境对于我们平台的发展是一个提升，假如平台都诚信了，可以降低平台上的很多交易成本，我们的时间成本都可以降低，那我们更多的平台就可以把精力放在拓展业务上，放在提升自己的服务水平上，这个对我们平台的发展是一个很大的提升。

刚才说了2018年驱动平台发展的四种力量，另外一个就是2018年物流平台的发展可能有四大热点。第一是兼并重组，这些大道理大家都清楚，俗话说：“合久必分，分久必合”，这是我们物流平台经过3到5年的发展，大家也应该冷静下来思考，我们应该怎么做。这个里面最近我也不细说，大家肯定也知道。

一个是同质化竞争者之间的兼并，这有很多例子，包括滴滴快滴，做物流的包括运满满、货车帮也在做这个事情，还有其他的平台也有，我就不多说了。竞争只会两败俱伤，如果合起来的话就可以提升客户服务水平，这个是 18 年可能会加重、会加快重组化建设，因为对于资本和企业共同的想法。第二个是供应链上下游的兼并重组，这大家也比较清楚，比如说制造业，包括京东投资福佑，都可以看做是上下游这方面的一个重组，这样的话可能会让他整个供应链两条效益更高，把利益捆绑一起发展。然后物流生态的兼并重组，大家知道生态包括我们资本、互联网、物流金融、保险等等，这些生态可能都会通过资本的纽带紧紧的联系在一起，提升自己的水平，这就是 18 年可能物流平台要提升的，我觉得物流平台可能要有自己的一个利润。所以产业资本会起到一个非常重要的一个作用，实际上也可以起到一个风向标的一个作用，很重要。所以说我也希望产业资本能正确的认识物流的方向，就是我们真正物流的一个发展方向，不要做和我们物流本来的发展相违背的事情，如果资本对物流不是很了解，他对你投的不是正确的物流发展方向，反而会把整个市场扰乱了，所以说产业资本这方面也应该多参加一下我们物流平台的会议、多交流，这是有好处的。

另外一个就是金融产品越来越成熟，针对物流平台包括金融、保险这些产品越来越成熟，因为经过这几年的发展，很多物流的保理、贷款，包括保险，是专门针对物流平台、针对物流企业的产品，更贴近物流的实际业务的需求，而不是说一种通用的产品，他是一个更个性化需求的产品，这就很好，而且还很方便，可以从网上操作，可以对接，这些对我们物流平台的发展都是很有好处的，而且是规范、风险可控，这也是很关键的，如果你风险不可控的话，风险太大，这将很少有人会进入到这个行业，因为我们做这些产品的企业他都是要盈利的，这方面越来越成熟，这个对于我们物流平台的跨界的合作都会有很大的好处，这都是物流的一个特点。这样的话，我想针对这个特点开发出物流的服务的产品。

另外一个是大数据，这个大数据大家不要空泛的讲，实际上在物流上已经在用了，而且政府也在用了。一，政府的监管越来越依靠大数据，我们来举几个例子，交通部门、税务部门可能还有其他部门我就不说了。这是政府监管要用，但实际上另外一个很关键的第三方基于市场规则建立的大数据中心会越来越受欢迎，商业这种大数据比政府要好，为什么呢？政府他就监管，要企业你给我数据，但是他不负任何责任，而且企业你给他大数据，企业也可能怕他超出职权去用，所以说企业对于政府是弱势的一方，他没有什么话语权。这个跟市场建立的大数据不一样，市场规则大数据中心跟企业是完全平等的，基于商业、基于合同建立的规则，这很重要，而且第三方建立的他更专业、更规范而且责任更明晰，这个大家要认识到，这个会慢慢在我们国家建立更多。就是说大企业可以建立自己的大数据中心，小企业可能没有经济建立，他可能要依据第三方的数据，随着我们政府对数据的需要越多，第三方大数据中心会越来越重要，所以我们平台分在这块会做更多的研究，可能会对我们的会员做更多的服务，这后面可能会成为政府和企业之间的桥梁，在这方面作用可能会越来越突出。

第四就是汽车后服务市场，这个可以说大家实际上都用到了，而且很多都在用，这是物流平台应用的一个新的增长点，具有巨大潜力的市场。目前还没有完全开发出来，但是已经有人在做开发工作了，这个市场巨大，我们平台真正在做物流业务里面可能盈利比较少，但是这一块，肯定是可以盈利的。包括汽车维修、零配件、加油、保险这些都可以算这方面，大家有个共识。但是共识是不是条件具备呢？可以说是基本具备，因为物流平台经过前期的发展，资源已经比较丰富了，技术条件也具备了，是可以开拓了，这是很关键的，可以说我们物流平台前期做了扎扎实实的工作，一直没有赚钱，一直像老黄牛整天在耕田，一直没有收获，我想现在是收获的时候了。但你做物流后服务市场，你必须得看得清楚，在汽车后服务必须平台和司机要有很大的粘信度，必须你的服务深入进去，而不是简单的有个联系方式，而是要有业务的合作，这样的话他才是你可以开拓一个客户。另外就是建立物流新生态圈的必然要求，所谓生态？就必须得是个圈，是个闭环，我们物流从制造企业、物流企业到金融企业、保险企业都有，但最终末端的事情因为太分散，他们使用高技术的时间也比较晚，没有延伸进去，没有真正的研究，但如果把最终司机延伸了，我们的路会一帆风顺。实际上像税务局文件里面关于给司机开增值税发票，也是司机进入物流生态的很重要的催化剂，通过这个，你可以把司机的粘信度、数据、服务建立起来，这是个很好的引领。通过这一系列的从政府和物流企业的服务，包括对司机的关怀、诚信化，最终我相信我们的闭环就会建立起来，这可能是我们18年着重要做的一个点，所以说汽车后服务市场可能是我们的一个新的蓝海。

（来源：中物联信息中心网 作者：晏庆华）

8.3.3 区块链

区块链与物流与供应链的关系和发展趋势

中国物流与采购联合会会长何黎明

2016年12月28日

近年来，中国经济发展步入新常态，在党中央、国务院全面深化改革一系列政策措施的强有力推动下，企业转型升级的步伐加快，产业结构调整取得积极进展，大众创业万众创新，为国家经济发展提供了新的动能。在这一轮变革中，信息技术是全球研发投入最集中、创新最活跃、应用最广泛、辐射带动作用最大的领域，是引领新一轮变革的主导力量。云计算、大数据、区块链、物联网等新兴技术，正在快速推动金融业、物流与供应链等行业的变革。今天我们聚集在深圳市，共同讨论金融科技带来的高效的金融服务和生产运作服务对我们的经济和生活的影响，非常有意义。

我想借此机会与大家分享区块链与物流与供应链的关系和发展趋势。回首过去，展望未来，我们仍然处于康德拉季耶夫周期的第五次长波周期中，也就是信息技术、社会劳动组织形式和内容的重大变革中，在这个周期的前25年互联网深刻的改变了世界，将万物信息化；而在未来的10-15年，区块链的力量将突显，将信息价值化，从而推动基于价值和信用的交换更加高效、快捷、公平。区块链作为分布式数据存储、点对点传输、共识机制、加密算法等技术的集成应用，近年来已成为许多国家政府研究讨论的热点，产业界也纷纷加大投入力度。目前，区块链的应用已触及到物联网、智能制造、供应链管理、数字资产交易等多个领域。大家知道，供应链是一个由物流、商流、信息流、资金流共同组成的，将行业内的供应商、制造商、分销商、零售商、用户串联在一起的结构体系。由于区块链技术的分布式、不可篡改、可溯源的特性，天然地适合运用于物流与供应链管理行业。物流与供应链行业与金融行业一起，成为区块链技术两大重要应用场景之一。我们研究认为，区块链技术在物流与供应链领域的应用将会最便捷最快见到实效，并引领在其他领域的应用。

在国家供给侧改革大势推动下，我国物流与供应链行业处于持续、快速的发展阶段，行业内的竞争、整合不断加剧，一批具备较强供应链管理运作能力的物流企业迅速崛起，专业的第三方物流与供应链管理能力逐步增强。特别在广东深圳，近年来涌现了一大批优秀的供应链管理企业，如：华为、怡亚通等，正在引领全国物流与供应链的创新发展，行业对科技创新尤其是跨界科技的期盼比任何时候都强烈。为促进区块链技术在中国物流与供应链行业的应用，规范区块链技术在物流与供应链领域的产业化发展，中国物流与采购联合会决定发起成立“区块链应用分会”，就是意图依托区块链去中心化技术，共同搭建物流与供应链行业分布式数据库，让区块链技术助力物流与供应链产业的突破性发展。

同志们，中国物流与采购联合会作为中国综合性的物流行业组织，自2000年成立以来，一直秉承“为政府服务、为行业服务、为会员服务”的宗旨，引导和规范着全国物流与供应链行业的发展。今天，我们在深圳这个全国改革开放的窗口、创新创业的热土，挂牌成立中国物流与采购联合会区块链应用分会。为什么我会将区块链应用分会设在深圳，因为推动区块链技术在中国的发展应用，本身就是一种创新，而创新的事业放在深圳，是深圳这座改革、开放、创新、敢为人先的城市的基因和禀赋。我们怀揣一个美好梦想，希望从深圳出发，推动区块链技术尽快在物流与供应链领域落地生根，开花结果。我们真诚地期望深圳市政府以及相关部门能够关心指导区块链应用分会的工作，对区块链技术研发应用给予关心和支持。我也希望分会团队秉承服务的宗旨，加强行业自律，推动标准制订，培育专业人才，加强技术研究，为区块链技术的发展，为区块链技术的落地应用，以及为千百万中小物流与供应链企业的经营环境的改善和信用体系的建设做出贡献。我相信，在政府、行业、企业的共同努力下，广大区块链应用企业一定能够蓬勃发展，科技进步将会为中国经济的发展带来更加美好的明天！

区块链技术如何重塑物流和航运业

区块链技术背后的理念是开放的安全性。作为“链”的一部分的每个人都可以随时全面了解流程，没有人可以修改或伪造文档，除非“链”中的任何一个人均不知道。

我们知道随着物流业的不断发展、变化和巩固，也许影响最大的将从技术层面出现。近年来，随着电子商务的发展，货物运输过程变得异常迅速，从理论上讲，比以往任何时候都要简单。这一速度与港口增长、服务扩展和大型集装箱船的引进相匹配。我们将看到，这个行业的基础设施和应用科学之间的航运军备竞赛，其下一步应该是数字化，但既然全球货物贸易增长如此之快，又涉及如此多的参与者，那么技术如何能在这种规模上跟进全球贸易的发展呢？答案似乎就是区块链技术！

所谓区块链技术是一种互联网数据库技术，其利用全新加密认证技术和全网共识机制，维护一个完整的、分布式的、不可篡改的连续账本数据库，参与者通过统一、可靠的账本系统和时间戳机制，就能够确保资金和信息安全。

该技术由比特币创造者Satoshi Nakamoto开发，区块链是数字化台账，记录参与的每一笔交易，在我们的案例中，货物不能进行逆向赔偿。据Eft.com显示，区块链中的每个信息“块”都将包含一个时间戳和一个有关前一块的链接。想象一下，每个参与货运的商家都将在创建的“块”中留下他们的“印戳”，这将显示他们所扮演的角色以及他们参与其中的时间。

那么重点是这种规模的透明度如何?

福布斯指出，马士基与IBM在区块链技术方面的合作最近完成了一项实验。从法国里昂施耐德电气公司到美国施耐德电气设施处，其对一个装载着鲜花的40英尺冷藏箱的旅程进行了追踪。从A点到B点，这听起来很简单，但考虑到这批货物经过了众多机构，沿途包括荷兰海关、美国海关和边境保护局、美国国土安全部，而不包括通常的堆放点：仓库、铁路、集装箱码头、货运设施、承运船、中转港，及中转船等。区块链技术的实现将使我们能够在高度安全，共享的网络上查看所有这些动作，这将给所有重要的参与人员提供完全的透明度。

这种技术将影响到所有的数字货币交易，且将重塑物流和航运业。

在理想情况下，所有参与方将能够查看这些块，以跟踪他们需要的信息。其将为每日成本的累积带来透明度（承运人最大的收入因素之一），方便港口接入配载计划，以更好地为船舶抵港做好准备，并允许目的地确认收到的付款和条款，以便更快地卸载货物。这些只是一些潜在的应用。如果在港口中丢失了集装箱或封条被破坏，承运人可以审查信息块，以便更好地了解导致这些情况的所有行动（和有关各方）。除了便于控制成本外，它将大大提高技术效率，减少纸质文件的必要性（从而降低成本）。

但是该技术虽然优势明显，但对一些人来说，缺点可能更大。

随着技术越来越简化，航运业对“中间人”的需求将下降，这可能会导致无船承运人和货运代理人成为过去。消息人士认为，如果小公司无法执行先进的物流功能，他们将被市场淘汰，不仅是因为区块链的发展，还因为具备在线功能、可以满足货物运输需求并提供货物运输（包括集装箱化和散货）的平台整体数字化发展。考虑数字平台，如 Expedia，航线代理——虽然现在没有很多。一旦这个行业发展到明晰度、组织化和透明度的顶峰，那么行业从业者会在哪里找到自己的位置？它会使我们过时吗？

无船承运人和货代作为协调员来处理 BCO 和承运人之间的混淆问题，以确保顺利运营，减少损失（额外费用）。因此，随着技术和基础设施之间的军备竞赛将继续重塑该行业，我们将需要找到新的优势来保持领先地位。因此我们是否遵循航运公司的建议，并建立自己的联盟？还是所有这些发展都会产生新的激动人心的混乱，但是又会让我们健康成长？虽然在全球范围内的集装箱航运业实现区块链技术还有很长的路要走，但我们很高兴能够面对其带来的好处和挑战。

而在此前，就有利用区块链技术进行研究的公司机构。如 T-Mining 目前正在进行的一项试点项目，其将使位于安特卫普港的集装箱装卸更加高效且安全。　　使用区块链技术，包括承运商、码头、货运代理、拖运公司、司机、托运人等多方在内的流程将可以在没有任何主要中间商参与的情况下，安全数字化。

因卡车司机或托运人会在集装箱到达港口时，将其从码头收集到一起。为了确保各方准确无误且不费力地找到其对应的集装箱，会使用 PIN 码。然而，PIN 码是通过多方传送的，自然会存在风险。一些不怀好意的人会轻而易举地复制 PIN 码，这自然会导致很严重的问题。

因此为了解决这些问题，采用了区块链技术，其不仅无中间商的干扰，完全实现数字化，而且使得贵重物品的转交更安全，更快速。

目前在安特卫普港运行的试点项目配有 PSA、MSC、一个货运代理和一运输公司，旨在测试这些工作是否可以在实践中顺利进行，以确保安全处理区块链平台上的第一个集装箱。

另外，丹麦海事局也在 2017 年宣布，其将启动一个创新的试点项目，以检查区块链技术的价值，从而探讨数字化“蓝色丹麦”里的整个船舶注册流程的长期可能性。该试点项目涉及解决当船东在进行船舶登记时，需手动填写和处理文件的问题，因为他们现在经常需要这么做。

工业、商业和财政部部长布莱恩·米克尔森（Brian Mikkelsen）表示：“海事战略小组建议完全数字化，特别是船舶注册。通过一种全新的技术，如区块链，这个试点项目可能为丹麦更加开放、安全且有效的船舶注册铺平道路。这对于一个特别注重保持低成本，并维持所有相关各方必要的信任的行业而言至关重要。”

用户将参与试点项目，这是为了明确区块链技术是否可以积极支持丹麦海事局的数字化工作，并帮助为记录航运注册日期提供一个开放、安全和有效的方法。

区块链技术背后的理念是开放的安全性。作为“链”的一部分的每个人都可以随时全面了解流程，没有人可以修改或伪造文档，除非“链”中的任何一个人均不知道。因此，无论您是否在哥本哈根或新加坡，您都可以安全无误地处理抵押契据等文件。

（来源：水陆联运网 2017-12-20）

货运与物流业用区块链技术变革在即

如果你看看当今最成功的公司，他们一直处于创新的最前沿，你会发现他们都有一个很小的改进之路——更细化的流程，更快的技术和大众消费者的认可。亚马逊开始只是作为一个可以在网上购买书籍的商店；苹果早在它的 iPod、iPad 和 iPhone 之前，是以其电脑闻名于世的。

即使七八十年代的技术或电信公司提出了一个网上书店或 iPhone 的想法，但当时的科技还没有出现。就像相机已经发展成为拍照手机一样，每个行业都必须开创一条稳健的创新之路。区块链技术的到来，即将破坏已经长期寻求这种解决方案的少数几个行业。

如果一直关注区块链相关的消息，就会看到关于比特币的头条新闻，看到关于加密货币的猜测，以及围绕区块链技术平台的以太坊（Ethereum）的兴趣指数。实际上，CNBC 的分析师 Brian Kelly 最近表示“比特币正在加入‘亚马逊’银行。”但这只是一个开始。比特币的弟弟——以太坊（Ethereum）将对世界上一些最大行业背后的流程产生同样的影响：食品、大型制药、货运和物流等。

已经有一个叫做 ShipChain 的区块链平台，专门负责货运搬运工和物流协调员每天面对的问题，并变革了无数依赖物理货物运输的公司。货运和物流业是由第三方经纪人，托运人和运输公司联合起来的一个行业，所有这些行业都分开工作，将特定物品从供应商一直转移到最终消费者。

ShipChain 是第一个基于区块链的平台，旨在解决一些货运和物流行业最大的难题：跟踪不足，相关各方透明度差，包装欺诈和盗窃以及经纪人加价。而这些问题之所以能够得到解决，是因为区块链技术终于来了。借助以太坊的智能合约，业内最显眼的一些问题现在可以自动化，追踪和存储在分布的网络中。难怪 ShipChain 即将到来的代币融资已经吸引了各位知名的顾问委员会，其中包括着名的连续企业家 Kevin Harrington 和 NYT 畅销书作家兼营销商 Joel Comm。这些企业家都是以冒险著称的，从各个方面的意义来看。

以同样的方式，人们继续怀疑加密货币的未来（然后又见证了比特币价格再创历史新高），许多大品牌和历史悠久的行业确实不知道使用区块链技术如何变得有效。据彭博社报道，比特币和区块链技能组合是一些最热门的需求，只有持续上升。随着越来越多的企业家和企业家队伍进入这个空间，开发商，战略家和创意思想家们将会有机会涌现。

是什么让区块链从基础的过程观点看出如此巨大的飞跃，真正归结为分散的网络。这意味着信息可以通过公共账本进行存储和访问，在货运和物流的情况下，所有相关方都可以更有效地相互沟通。而使用以太坊的智能合同，货物不必由仓库工人手动添加——他们可以被自动跟踪和实现。

对于这个行业的任何人来说，这都是改变游戏规则的。而这类技术的应用远不止是运送包裹。区块链将改变食品生产者跟踪他们对温度敏感物品（如鸡肉）运输的方式。例如，ShipChain 的第一个主要合作伙伴是 Perdue Farms。随着区块链技术变得越来越成为可行的解决方案，那些严重依赖大数据跟踪和订单履行的行业，改革迫在眉睫。货运和物流只是一个开始。

（来源：佚名译文 2018-01-17）

本篇供稿：陈震 固晨曦 李佳 张志坚 编辑：张志坚

第九篇 物流金融和供应链

9.1 物流金融

9.1.1 综述

中物联会长何黎明在2017第二届中国物流金融峰会上的致辞

金融助力产业升级 创新推动物流发展

——在2017第二届中国物流金融峰会上的致辞

中国物流与采购联合会会长 何黎明

（二〇一七年五月二十一日，镇江）

今年是我国实施〞十三五〞规划的重要一年，也是供给侧结构性改革的深化之年。物流业作为支撑国民经济发展的基础性、战略性产业，面临诸多发展机遇和挑战。在此背景下，2017第二届中国物流金融峰会的顺利召开，恰逢其时。

今年以来，在国民经济整体增速回升的带动下，我国物流需求稳中有升。根据中国物流与采购联合会发布的数据显示，一季度全国社会物流总额为56.7万亿元，同比增长7.1%，增速比上年同期提高1.1个百分点，比上年全年提高1.3个百分点。一季度社会物流总费用与GDP的比率为14.9%，比去年同期下降0.2个百分点，与上年全年持平。物流产业转型升级、“降成本”取得新进展。从经济运行规律来看，二季度是企业生产经营的传统旺季，一季度的良好发展势头有望在二季度得以延续。物流运行有望延续基本平稳、结构持续改善的态势。

我们知道，在深入推进我国供给侧结构性改革，推进经济结构调整和产业转型升级过程中，金融的力量不可或缺。伴随着“产融结合、脱虚向实”的国家政策引导，金融也要回归支持实体经济发展的本源。

一方面，我国中小企业融资难问题一直十分突出。特别是在当前经济形势下，产能过剩及盈利能力下降已经成为各行业产业链中上下游企业所共同面临的难题，各企业的金融需求更为迫切。

另一方面，随着经济全球化进程的提速，企业与企业之间，国与国之间在供应链上的竞争日益加剧，谁在供应链中处于有利的地位，谁就拥有更多的主动权。基于供应链上的物流与供应链金融的作用也愈加凸显。其在助力我国产业经济发展中发挥着越来越重要的作用。

近年来，物流与供应链金融发展得到我国政府的高度重视。相关部门陆续出台了诸多有利于供应链金融发展的利好政策。为物流与供应链金融的创新发展创造了良好的政策环境。

去年2月，中国人民银行、银监会、发改委等八部委联合发布的《关于金融支持工业稳增长调结构增效益的若干意见》专门提及“大力发展应收账款融资”，“推动更多供应链加入应收账款质押融资服务平台”，“推动大企业和政府采购主体积极确认应收账款，帮助中小企业供应商融资”等方面内容。

今年 3 月，中国人民银行、工信部等五部门发布的《关于金融支持制造强国建设的指导意见》进一步强调指出，要大力发展产业链金融产品和服务。鼓励金融机构依托制造业产业链核心企业，积极开展仓单质押贷款、应收账款质押贷款、票据贴现、保理、国际国内信用证等各种形式的产业链金融业务，有效满足产业链上下游企业的融资需求。

刚刚结束的“一带一路”国际合作高峰论坛令世界各国高度瞩目。在“一带一路”伟大倡议中，金融合作既是“一带一路”建设的重要内容，也是推进这一倡议的重要支撑力量。这同样为物流与供应链金融提供了新的发展机遇和良好契机。

在物流与供应链金融发展一系列利好环境下，近几年来，我国商业银行、物流企业、核心企业、供应链管理公司、平台企业等纷纷布局物流与供应链金融，不仅极大地推动了物流与供应链金融市场的蓬勃发展，而且涌现出更多创新的商业模式，京东、阿里等电商平台以及招商、平安等商业银行都在这方面走在了行业的前端，其创新的经营模式和发展经验值得我们关注和借鉴。

目前，我国开展物流与供应链金融业务的企业总体呈现数量不断增多，参与主体丰富，增速快，交易规模大的特点。与此同时，物流与供应链金融需求空间也不断增大，呈现良好发展态势。据国家统计局数据显示，截止到去年底，全国规模以上工业企业应收账款余额达到 12.6 万亿，较 2015 年增长 9.6%；产成品存货 39752.1 亿元，增长 3.2%。2017 年 3 月末，全国规模以上工业企业应收账款余额达到 12 万亿，同比增长 10.5%；产成品存货 38832.9 亿元，增长 8.2%。产成品周转天数为 14.5 天，同比减少 0.9 天；应收账款平均回收期为 38.6 天，同比减少 1.1 天。

大数据，物联网等技术的发展也为物流与供应链金融提供了新动能。随着互联网技术和大数据技术的日趋成熟，物流与供应链金融和信息技术的结合日趋紧密。物联网、大数据、云计算等技术在物流与供应链金融领域的逐步应用，对于推进物流与供应链金融的规范发展呈现出诸多利好。

大家知道，风险是否安全可控，一直是摆在物流与供应链金融企业面前的一道核心难题。在信息技术等的支撑下，大数据和云计算已经被应用于海量数据的挖掘、分析和计算，这有效增加了物流与供应链金融风险的可控性。此外，基于云计算和存储的大数据物流与供应链金融也促使平台和平台上的企业开始对沉积的数据进行大数据分析处理，实现数据即信用，信用即资产的有效循环。

近年来，区块链技术也成为物流与供应链金融领域关注的热点。由于区块链技术的分布式、不可篡改、可溯源的特性，天然地适用于物流与供应链金融领域。其应用已引起我国产业界、理论界以及包括中物联在内的行业组织等的广泛关注和讨论。

从理论上讲，区块链技术可以解决基于场景的运营管理问题，基于分布式的风险控制问题，并提高行业的透明度，降低供应链交易成本，甚至有可能重塑商业模式。目前，业内已有企业在金融业务中对这项技术进行积极探索和实践，相信随着研究和探索的逐步深入，这项技术将带给物流与供应链金融更为广阔的发展空间。

当然，我们也要看到，我国物流与供应链金融市场发展起步晚，虽然发展速度较快，但也存在一些不容忽视的问题。这突出地表现在：行业制度不够规范，利益相关方合作机制不够健全，信息孤岛现象存在、未实现信息的互联互通，大数据和云计算应用不足，缺乏现代化风险控制手段等。相信随着行业的进一步规范发展，这些问题将逐步得到改善和解决。

今天，我们在这里齐聚一堂，共同聚焦和探讨物流与供应链金融领域热点话题、行业难题，创新商业模式、未来发展走势等。可谓干货满满、亮点纷呈。希望与会代表通过 2017 第二届中国物流金融峰会能够积极的展开讨论，也希望大家有所收获。

（来源：现代物流报 2017 年 05 月 23 日）

物流金融业务探航之一

物流金融（Logistics Finance）是指在面向物流业的运营过程，通过应用和开发各种金融产品，有效地组织和调剂物流领域中货币资金的运动。这些资金运动包括发生在物流过程中的各种存款、贷款、投资、信托、租赁、抵押、贴现、保险、有价证券发行与交易，以及金融机构所办理的各类涉及物流业的中间业务等。

是一种创新型的第三方物流服务产品，它为金融机构、供应链企业以及第三方物流服务提供商业间的紧密合作提供了良好的平台，使得合作能达到“共赢”的效果。它为物流产业提供资金融通、结算、保险等服务的金融业务，它伴随着物流产业的发展而产生。

“三赢”的业务模式

我国的物流金融业务发展起步较晚，业务制度也不够完善。相比国外以金融机构推动物流金融服务发展的模式，国内物流金融服务的推动者主要是第三方物流公司。物流金融服务是伴随着现代第三方物流企业而生，在物流金融服务中，现代第三方物流企业业务更加复杂，除了要提供现代物流服务外，还要同金融机构合作一起提供部分金融服务。

截止 2010 年 5 月，作为全国港口第一家涉足物流金融业务的天津港散货交易公司，组建两年来已与 77 家物流企业建立了紧密物流金融业务关系，累计为客商争取到了近 48 亿元的融资贷款，实现收入 1100 万元。而在全国，有超过百万家的物流企业，其中 5A 级的企业有 65 家，每年营业收入超过 8 亿元的企业有近 50 家。银行借助物流企业介入后，能获得不菲的收益。

在传统的物流金融活动中，物流金融组织被视为是进行资金融通的组织和机构；现代物流金融则强调：物流金融组织就是生产金融产品、提供金融服务、帮助客户分担风险同时能够有效管理自身风险以获利的机构，物流金融组织盈利的来源就是承担风险的风险溢价。所以，物流金融风险的内涵应从利益价值与风险价值的精算逻辑去挖掘，切不可因惧怕风险而丢了市场。虽然物流金融在我国发展时间很短，但该业务的吸引力已经显现出，加上我国将在上海建国际金融中心和航运中心，物流金融将迎来发展的春天。作为商业银行，物流金融是决胜未来的秘密武器，是开辟中小企业融资天地的新渠道。对于物流行业来说，物流金融已经成为某些国际物流巨头的第一利润来源。而作为物流企业，谁能够提供金融产品和金融服务，谁就能成为市场的主导者。物流金融已成为获得客户资源以及垄断资源的重要手段，在物流金融刚刚兴起的过程中，谁领先介入物流金融，谁就能够率先抢占先机。

物流金融是为物流产业提供资金融通、结算、保险等服务的金融业务，它伴随着物流产业的发展而产生。在物流金融中涉及三个主体：物流企业，客户和金融机构，物流企业与金融机构联合起来为资金需求方企业提供融资，物流金融的开展对这三方都有非常迫切的现实需要。物流和金融的紧密融合能有力支持社会商品的流通，促使流通体制改革顺利进行。物流金融正成为国内银行一项重要的金融业务，并逐步显现其作用。

物流金融是物流与金融相结合的复合业务概念，它不仅能提升第三方物流企业的业务能力及效益，尚可为企业融资及提升资本运用的效率。对于金融业务来说，物流金融的功能是帮助金融机构扩大贷款规模降低信贷风险，在业务扩展服务上能协助金融机构处置部分不良资产、有效管理 CRM 客户，提升质押物评估、企业理财等顾问服务项目。从企业行为研究出发，可以看到物流金融发展起源于“以物融资”业务活动。物流金融服务是伴随着现代第三方物流企业而生，在金融物流服务中，现代第三方物流企业业务更加复杂，除了要提供现代物流服务外，还要与金融机构合作一起提供部分金融服务。于是，物流金融在实践上已经迈开了步子，这个起因将“物流金融学术理论”远远的甩在了后边。

物流金融产生背景

第三方物流服务的革命。金融物流，是物流与金融相结合的产品，其不仅能提高第三方物流企业的服务能力，经营利润，而且可以协助企业拓展融资渠道，降低融资成本，提高资本的使用效率。金融物流服务将开国内物流业界之先河，是第三方物流服务的一次革命。中小型企业融资困境。在国内，由于中小型企业存在着信用体系不健全的问题，所以融资渠道贫乏，生产运营的发展资金压力大。金融物流服务的提出，可以有效支持中小型企业的融资活动。另外，金融物流可以盘活企业暂时闲置的原材料和产成品的资金占用，优化企业资源。

供应链″共赢″目标。对于现代第三方物流企业而言，金融物流可以提高企业一体化服务水平，提高企业的竞争能力，提高企业的业务规模，增加高附加值的服务功能，扩大企业的经营利润； 对于供应链企业而言，金融物流可以降低企业的融资成本，拓宽企业的融资渠道；可以降低企业原材料、半成品和产品的资本占用率，提高企业资本利用率，实现资本优化配置；可以降低采购成本或扩大销售规模，提高企业的销售利润。对于金融机构而言，金融物流服务可以帮助金融机构扩大贷款规模，降低信贷风险，甚至可以协助金融机构处置部分不良资产。

金融机构创新意识增强。当前金融机构面临的竞争越来越激烈。为在竞争中获得优势，金融机构，比如银行，不断地进行业务创新。这就促使了金融物流的诞生。金融物流可以帮助银行吸引和稳定客户，扩大银行的经营规模，增强银行的竞争能力；可以协助银行解决质押贷款业务中银行面临的“物流瓶颈”——质押物仓储与监管；可以协助银行解决质押贷款业务中银行面临的质押物评估、资产处理等服务。

物流金融起源和发展

物流金融发展起源于物资融资业务。金融和物流的结合可以追溯到公元前 2400 年，当时的美索布达米亚地区就出现了谷物仓单。而英国最早出现的流通纸币就是可兑付的银矿仓单。

发达国家的物流金融业务

国际上，最全面的物流金融规范体系在北美（美国和加拿大）以及菲律宾等地。以美国为例，其物流金融的主要业务模式之一是面向农产品的仓单质押。仓单既可以作为向银行贷款的抵押，也可以在贸易中作为支付手段进行流通。美国的物流金融体系是以政府为基础的。早在 1916 年，美国就颁布了美国仓库存贮法案 (US Warehousing Act of 1916)，并以此建立起一整套关于仓单质押的系统规则。这一体系的诞生，不仅成为家庭式农场融资的主要手段之一，同时也提高了整个农业营销系统的效率，降低了运作成本。

发展中国家的物流金融服务

相对于发达国家，发展中国家的物流金融业务开始的较晚，业务制度也不够完善。非洲贸易的自由化很早就吸引了众多外国企业作为审查公司进入当地。这些公司以银行、借款人和质押经理为主体，设立三方质押管理协议（CMA），审查公司往往作为仓储运营商兼任质押经理的职位。通过该协议，存货人，即借款人在银行方面获得一定信用而得到融资机会。此类仓单直接开具给提供资金的银行而非借款人，并且这种仓单不能流通转移。

在非洲各国中较为成功的例子是赞比亚的物流金融体系。赞比亚没有采用北美以政府为基础的体系模式，而是在自然资源协会（Natural Resource Institute）的帮助下，创立了与政府保持一定距离、不受政府监管的自营机构——赞比亚农业产品代理公司（The Zambian Agricultural Commodity Agency Ltd ）。该公司参照发达国家的体系担负物流金融系统的开发和管理，同时避免了政府的干预，从而更能适应非洲国家的政治经济环境。

中国物流金融发展现状

国外物流金融服务的推动者更多是金融机构，而国内物流金融服务的推动者主要是第三方物流公司。物流金融服务是伴随着现代第三方物流企业而生，在物流金融服务中，现代第三方物流企业业务更加复杂，除了要提供现代物流服务外，还要跟金融机构合作一起提供部分金融服务。 国内学者关于物流金融相关领域的研究主要是物资银行、融通仓等方面的探讨，然而这些研究主要是基于传统物流金融服务展开的，未能从供应链、物流发展的角度探讨相应的金融服务问题。如，罗齐和朱道立等（2002 年）提出物流企业融通仓服务的概念和运作模式探讨；任文超（1998 年）探讨了引用物资银行概念解决企业三角债的问题。 在国内实践中，中国储运集团从 1999 年开始从事物流金融部分业务。物流金融给中国储运集团带来了新的发展机遇，最近该集团公司总结了部分物流金融业务模式，并在集团所有子公司进行推广。

物流金融实施方式

物流金融的服务和实施方式不可能仅局限于货物质押，我国目前的物流金融服务已经突破了最初的模式，物流金融的实施方式主要有如下四种：

仓单质押

由于仓单质押业务涉及到仓储企业、货主和银行三方的利益，因此要有一套严谨、完善的操作程序。

首先货主（借款人）与银行签订《银企合作协议》、《帐户监管协议》；仓储企业、货主和银行签订《仓储协议》；同时仓储企业与银行签订《不可撤销的协助行使质押权保证书》。

货主按照约定数量送货到指定的仓库，仓储企业接到通知后，经验货确认后开立专用仓单；货主当场对专用仓单作质押背书，由仓库签章后，货主交付银行提出仓单质押贷款申请。

银行审核后，签署贷款合同和仓单质押合同，按照仓单价值的一定比例放款至货主在银行开立的监管帐户。

贷款期内实现正常销售时，货款全额划入监管帐户，银行按约定根据到帐金额开具分提单给货主，仓库按约定要求核实后发货；贷款到期归还后，余款可由货主（借款人）自行支配。

动产质押

是指债务人或者第三人将其动产移交债权人占有，将该动产作为债权的担保。债务人不履行债务时，债权人有权依照本法规定以该动产折价或者以拍卖、变卖该动产的价款优先受偿。前款规定的债务人或者第三人为出质人，债权人为质权人，移交的动产为质物。

指的是出质人以银行认可的动产作为质押担保，银行给予融资。分为逐笔控制和总量控制两类。

保兑仓

“保兑仓”是指以银行信用为载体，以银行承兑汇票为结算工具，由银行控制货权，卖方（或仓储方）受托保管货物并对承兑汇票保证金以外金额部分由卖方以货物回购作为担保措施，由银行向生产商（卖方）及其经销商（买方）提供的以银行承兑汇票的一种金融服务。

通俗一点讲企业向合作银行交纳一定的保证金后开出承兑汇票，且由合作银行承兑，收款人为企业的上游生产商，生产商在收到银行承兑汇票前开始向物流公司或仓储公司的仓库发货，货到仓库后转为仓单质押，若融资企业无法到期偿还银行敞口，则上游生产商负责回购质押货物。

开证监管

开证监管是指银行为进口商开具立信，进口商利用信用证向国外的生产商或出口商购买货物，进口商会向银行缴纳一定比例的保证金，其余部分则以进口货物的货权提供质押担保，货物的承运、监管及保管作业由物流企业完成。

案例分析

LS 建材企业，主营建材业务，采购款占用了公司大量资金，同时账面上有数额巨大的建材存货，存货占有资金的情况也非常严重，由于企业经营扩张，流动资金吃紧， LS 建材公司想到了贷款，但仅凭现有的规模很难从银行处获得融资，而公司又缺乏传统意义上的房地产作为担保，融资较为困难，眼下商机稍纵即逝，资金链制约了企业的发展。

上述这种状况普遍存在于中国各地的中小规模企业，对于这样的问题，物流金融就可以轻易解决。

LS 建材企业在万般无奈之下，邀请某物流咨询公司前来为公司很快诊断，LS 建材企业在某物流咨询公司的帮助下采用物流金融的方法使公司出现了转机，快速解决了资金链的问题。物流咨询公司是这么操作的：

XX 根据企业的实际需求和存在的问题，引入楷通物流公司作为质押物监管方，为 LS 建材打开了通往银行的快速融资通道。针对存货，XX 发现核定货值货物质押方式能够解决存货问题，将该公司的建材存货作为质押物向招商银行取得融资，委托符合招商银行准入条件的楷通物流公司进行监管（仓储），招商银行根据融资金额和质押率，确定由楷通物流公司监管的最低价值，超过最低价值以上的存货由楷通自行控制提换货，以下的部分由 LS 建材公司追加保证金或用新的货物赎货。同时，楷通物流公司负责建材质押的全程监控，而监控的建材正是向招商银行贷款的质押物，这就解决了采购款资金问题。

“对于楷通物流公司来说（物流公司），一项业务，可以获得两份收入，一项是常规的物流服务费，另一项是物流监管费。更主要的是，通过物流金融服务，稳定了客户关系。对 LS 建材来说（企业），好处显而易见，通过楷通物流公司解决了资金链问题，经营规模得到扩张。对银行，扩充了投资渠道，并且风险性大大降低。”

物流金融作用

“未来的物流企业，谁能够提供金融产品和金融服务，谁就能成为市场的主导者，时下，物流金融已经成为某些国际物流巨头的第一利润来源。物流金融成为获得客户资源以及垄断资源的重要手段，在目前物流金融刚刚兴起的过程中，谁能够领先介入物流金融，谁就能够率先抢占先机。”

“物流金融将上下游企业和银行紧密地联系在一起，银行能够在一定程度上规避风险，企业也能够做到信息流、物流、资金流的整合，加速了物流和资金流的高速运转。”——UPS 中国供应链业务运营副总裁黄毅民

1、物流金融在宏观经济结构中的功能与作用，它对于在国民经济核算体系中，提高流通服务质量减低物资积压与消耗、加快宏观货币回笼周转起着不可取代的杠杆作用。

2、物流金融在微观经济结构中的功能突出的表现为物流金融服务，特别是在供应链中第三方物流企业提供的一种金融与物流集成式的创新服务，其主要服务内容包括：物流、流通加工、融资、评估、监管、资产处理、金融咨询等。物流金融不仅能为客户提供高质量、高附加值的物流与加工服务，还为客户提供间接或直接的金融服务，以提高供应链整体绩效和客户的经营和资本运作效率等。物流金融也是供应链的金融服务创新产品，物流金融的提供商可以通过自身或自身与金融机构的紧密协作关系，为供应链的企业提供物流和金融的集成式服务。

3、在第四方物流出现后，物流金融才真正的进入“金融家族”的概念，在这里物流将被看成一种特殊的“货币”，伴随着物流的流转一起发生在金融交易活动之中， “物流金融”利用它特殊的身份将物流活动同时演化成一种金融交易的衍生活动，而“物流金融”这时变成一种特有的金融业务工具，一种特有的复合概念，一种特有的金融与物流的交叉学科。然后，从这个交学科中我们在去追踪它的存在及发展的可行性、需求乃至对策。物流金融的起因之一就是源于这些不起眼的物流原始交易之中，在一个物流学、金融学尚不健全的发展中国家，来之实践中有价值的方法不能被抽象、有效的提升到学术层面，是可以理解的。

物流与金融业务的相互需求与作用，在交易的过程中产生了互为前提互为条件的物流金融圈。从供应链的角度看，厂商在发展的过程中面临的最大威胁是流动资金不足，而存货占用的大量资金使得厂商可能处于流动资金不足的困境。开展物流金融服务是各方互利的选择，但是，不可回避的是风险问题。实现风险管理的现代化，首先必须使物流金融业树立全面风险管理的理念。根据新巴塞尔资本协议，风险管理要覆盖信用风险、市场风险、操作风险等三方面。

在传统的物流金融活动中，物流金融组织被视为是进行资金融通的组织和机构；现代物流金融理论则强调：物流金融组织就是生产金融产品、提供金融服务、帮助客户分担风险同时能够有效管理自身风险以获利的机构，物流金融组织盈利的来源就是承担风险的风险溢价。所以，物流金融风险的内涵应从利益价值与风险价值的精算逻辑去挖掘，且不可因惧怕风险而丢了市场。

物流金融分类

早在物流金融这个词汇在中国尚未出现之时，物流金融的业务早已在国企内部、民间流通领域及外贸运输专业相关金融机构悄悄地运行着了，不过那时的物流金融业务之单一，还仅仅限于简单信贷的小品种业务之内。随着这个对信贷金融服务需求的增加，物流运营中物流与资金流的衔接问题日益凸显。结算类及中间业务是由于现代物流业资金流量大，特别是现代物流的布点多元化、网络化的发展趋势更要求银行能够为其提供高效、快捷和安全的资金结算网络以及安装企业银行系统，以保证物流、信息流和资金流的统一。

物流金融业务在国际结算中的应用，完整地继承了国际货物运输金融服务的标准规范，并逐步改造为本土内贸企业试行。特别是加入 WTO 后中国的物流业将全面对外开放，由于克服贸易壁垒的费用下降将推动进出口贸易的迅速增长，一些跨国物流公司也将加入国内物流业的竞争，使本土的物流业趋向国际化，各银行将为物流企业提供优质的信用证开证、结售汇、多币种汇入汇出汇款、出口托收和进口代收、进出口托收、进出口押汇、打包贷款等全功能贸易融资服务和非贸易国际结算服务。同时也开办了保证业务，为保证资金及时安全回收、减少资金占用，物流企业需要银行提供与其贸易结构相适应的应收账款保理业务及其它保证业务，主要包括关税保付保证、保释金保证、付款保证、为港口施工企业提供投标保函、履约保函、预付款退款保函等。这些带有国际金融性质的物流金融服务产品，比单一的物流金融信贷有了长足的发展，它除了带有国际金融、国际贸易结算的历史痕迹外，还借鉴了国际保险与金融证券业务的功能特征，使得今天的物流金融业务向规范化、国际化迈进奠定了基础。物流金融业务扩展方向与特征还表现在其个性化服务的方面，针对不同规模的物流企业，物流金融业务可采用不同的平台实现其扩展功能。如网上银行的 B2B 业务主要适用于中小型规模的物流企业。

随着现代金融和现代物流的不断发展，物流金融的形式也越来越多，按照金融在现代物流中的业务内容，物流金融分为物流结算金融、物流仓单金融、物流授信金融。

物流结算金融是指利用各种结算方式为物流企业及其客户融资的金融活动。目前主要有代收货款、垫付货款、承兑汇票等业务形式。

代收货款业务是物流公司为企业（大多为各类邮购公司、电子商务公司、商贸企业、金融机构等）提供传递实物的同时，帮助供方向买方收取现款，然后将货款转交投递企业并从中收取一定比例的费用。代收货款模式是物流金融的初级阶段，从盈利来看，它直接带来的利益属于物流公司，同时厂家和消费者获得的是方便快捷的服务。

垫付货款业务是指当物流公司为发货人承运一批货物时，物流公司首先代提货人预付一半货款；当提货人取货时则交付给物流公司全部货款。为消除垫付货款对物流公司的资金占用，垫付货款还有另一种模式：发货人将货权转移给银行，银行根据市场情况按一定比例提供融资，当提货人向银行偿还货款后，银行向第三方物流企业发出放货指示，将货权还给提货人。此种模式下，物流公司的角色发生了变化，由原来商业信用主体变成了为银行提供货物信息、承担货物运送，协助控制风险的配角。

从盈利来看，厂商获得了融资，银行获得了利息收入，而物流企业也因为提供了物流信息、物流监管等服务而获得了利润。承兑汇票业务也称保兑仓业务，其业务模式为：开始实施前，买方企业、卖方企业、物流企业、银行要先签订《保兑仓协议书》，物流公司提供承兑担保，买方企业以货物对物流公司进行反担保，并已承诺回购货物；需要采购材料的借款企业，向银行申请开出承兑汇票并交纳一定比率的保证金；银行先开出银行承兑汇票；借款企业凭银行承兑汇票向供应商采购货品，并交由物流公司评估入库作为质押物；金融机构在承兑汇票到期时兑现，将款项划拨到供应商账户；物流公司根据金融机构的要求，在借款企业履行了还款义务后释放质押物。如果借款企业违约，则质押物可由供应商或物流公司回购。从盈利来看，买方企业通过向银行申请承兑汇票，实际上是获得了间接融资，缓解了企业流动资金的紧张状况。供方企业在承兑汇票到期兑现即可获得银行的支付，不必等买方是否向银行付款。银行通过为买方企业开出承兑汇票而获取了业务收入。物流企业的收益来自两个方面；第一，存放与管理货物向买方企业收取费用；第二，为银行提供价值评估与质押监管中介服务收取一定比例的费用。

物流仓单金融主要是指融通仓融资，其基本原理是：生产经营企业先以其采购的原材料或产成品作为质押物或反担保品存入融通仓并据此获得协作银行的贷款，然后在其后续生产经营过程中或质押产品销售过程中分阶段还款。第三方物流企业提供质押物品的保管、价值评估、去向监管、信用担保等服务，从而架起银企间资金融通的桥梁。其实质就是将银行不太愿意接受的动产住要是原材料、产成品）转变成其乐意接受的动产质押产品，以此作为质押担保品或反担保品进行信贷融资。从盈利来看，供方企业可以通过原材料产成品等流动资产实现融资。银行可以拓展流动资产贷款业务，既减少了存贷差产生的费用，也增加了贷款的利息收入。物流企业的收益来自两个方面：第一，存放与管理货物向供方企业收取费用；第二，为供方企业和银行提供价值评估与质押监管中介服务收取一定比例的费用。

另外，随着现代物流和金融的发展，物流仓单金融也在不断创新，出现了多物流中心仓单模式和反向担保模式等新仓单金融模式。多物流中心仓单模式是在仓单模式的基础上，对地理位置的一种拓展：第三方物流企业根据客户不同，整合社会仓库资源甚至是客户自身的仓库，就近进行质押监管，极大降低了客户的质柳成本。反向担保模式对质押主体进行了拓展：不是直接以流动资产交付银行作抵押物而是由物流企业控制质押物，这样极大地简化了程序，提高了灵活性，降低了交易成本。

物流授信金融是指金融机构根据物流企业的规模，经营业绩，运营现状，资产负债比例以及信用程度，授予物流企业一定的信贷额度，物流企业直接利用这些信贷额度向相关企业提供灵活的质押贷款业务，由物流企业直接监控质押贷款业务的全过程，金融机构则基本上不参与该质押贷款项冒的具体运作。该模式有利于企业更加便捷地获得融资，减少原先质押贷款中一些繁琐的环节；也有利于银行提高对质押贷款的全过程监控能力，更加灵活地开展质押贷款服务，优化其质押贷款的业务流程和工作环节，降低贷款风险。

从盈利来看，授信金融模式和仓单金融模式的各方收益基本相似，但是由于银行不参与质押贷款项目的具体运作，质押贷款由物流公司发放，H此程序更加简中，形式更加灵活。同时，也大大节省了银行与供方企业的相关交易费用。

物流金融风险分析

简介

发展金融物流业务虽然能给金融物流提供商、供应链节点企业和金融机构带来″共赢″效果，但提供商却面对各种各样的风险。有效地分析和控制这些风险是金融物流能否成功的关键之一。金融物流提供商主要的风险可以归纳如下：

管理风险

这也是企业中普遍存在的风险之一。包括组织机构陈旧松散，管理体制和监督机制不健全，工作人员素质不高，管理层决策发生错误等等。在中国，企业内部管理风险往往较大。

运营风险

物流企业都会面临运营方面的风险。但从事金融业务的物流公司，由于要深入客户产销供应链中提供多元化的服务，相对地扩大了运营范围，也就增加了风险。从仓储、运输、到与银企之间的往来以及和客户供销商的接触，运营风险无处不在。中国的物流运输业还处在粗放型的发展阶段，因此运营风险不容忽视。

技术风险

金融物流提供商因缺乏足够的技术支持而引起的风险。比如价值评估系统不完善或评估技术不高，网络信息技术的落后造成信息不完整、业务不畅等。

市场风险

主要针对库存质物的保值能力。包括质物市场价格的波动，金融汇率造成的变现能力改变等。

安全风险

质物在库期间金融物流提供商必须对其发生的各种损失负责，因此仓库的安全，员工的诚信，以及提单的可信度都要加以考虑。还包括对质物保存的设施能否有效防止损坏、变质等问题。

环境风险

指政策制度和经济环境的改变。包括相关政策的适用性，新政策的出台，国内外经济的稳定性等。一般情况下，中国的政治和经济环境对金融物流造成的风险不大。但国际环境的变化，会通过贸易、汇率等方面产生作用。

法律风险

主要是合同的条款规定和对质物的所有权问题。因为业务涉及多方主体，质物的所有权在各主体间进行流动，很可能产生所有权纠纷。另一方面，中国的《担保法》和《合同法》中与金融物流相关的条款并不完善，又没有其他指导性文件可以依据，因此业务合同出现法律问题的机率也不低。

信用风险

包括货物的合法性，客户的诚信度等，同时信用风险还与上述财务风险、运营风险、安全风险和法律风险等联系密切。 在具体实施金融物流业务时，应该结合上述的主要风险问题进行相应的风险管理。

物流金融探航之二

什么是物流金融，目前尚无定性的概念。基于供应链的角度，我们可以从广义和狭义两个方面来理解。广义的物流金融是指在整个供应链管理过程中，通过应用和开发各种金融产品，有效地组织和调剂物流领域中货币资金的运动，实现商品流、实物流、资金流和信息流的有机统一，提高供应链运作效率的融资经营活动，最终实现物流业与金融业融合发展的状态。狭义的物流金融是指在供应链管理过程中，第三方物流供应商和金融机构向客户提供商品和货币，完成结算和实现融资的活动，实现同生发展的一种状态。

物流金融风险

由于我国现行经济体制以及法律体系的限制（国有商业银行不能收购物流公司，非金融机构不能提供金融服务），物流金融在我国虽然有着很大的发展空间，但目前我国仅有中远、中海等大型物流企业在以“物流银行”的形式与各大商业银行合作开展物流金融业务。并且这项业务涉及众多市场主体，物流业务和金融业务自身的风险在物流金融业务中同时存在，目前在分担风险方面还尚未建立互惠、互利、互相制约的协议，金融机构、出质人、物流公司之间的风险划分关系不一致，各主体会片面强调、规避和转嫁风险，造成风险与收益之间不对等，一定程度可能会放大物流金融的风险。

我国的物流产业还处在粗放型的发展阶段，经营风险不容忽视。由于要深入产销供应链中提供多元化的服务，相对地扩大了运营范围，物流金融业务所面临的经营风险也就随之增加。

目前我国物流金融业务的可靠资金来源主要是银行贷款，这种单一的外部融资行为除了受到法律、政策的限制和影响，也给物流金融业务本身增加了诸多不确定性。

物流企业由于组织机构、管理体制和监督机制不健全，工作人员素质不高，管理层决策发生错误，运输、存储不当造成质押物损毁、灭失，由于监管企业资质差、监守自盗，以及对质物的定价评估不够公正、准确等，都会造成质物不足或落空的风险。金融机构由于介入物流金融业务的时间不长，在贷款工具设计、资金筹集、风险管理方法和内部监控方面经验不足，又受到各种制度、法律的瓶颈制约，操作疏漏和失误也难以避免。在我国，企业内部管理风险往往较大。

物流金融业务是通过对出质人的资金流和物流的全程控制来控制风险的，其业务流程较复杂，操作节点较多，因此来自于操作过程的风险主要有质物风险和仓单风险。

物流金融业务从业人员不仅要熟悉相关金融业务，还要谙熟质押物及其所属的行业（如钢铁、汽车）情况，对市场走势要有准确的判断，并具备敏捷的思维判断能力和应变能力。实务中，由于各运作主体内的员工素质参差不齐，对工作岗位相关要求的理解有着不同程度的偏差，因而存在道德风险，出现内部、外部欺诈行为。

主要是制度安排方面的一些缺陷。例如，由于尚未建立流动资产评估体系，各种评估方法和标准的不统一使得质物的价值难以和融资金额相一致，融资回收的隐性风险加大；质押制度也存在标准仓单设置难，质物处置难等问题；传统保险各环节的投保相对独立，未能提供包括包装、装卸搬运、流通加工、配送等诸多物流环节在内的全程保险服务；现代物流的制度设计在实际运行中与准时制和快速响应运行机制不相适应等等。这些制度安排自身的缺陷会弱化信用制度、质押制度、担保保险制度和运行制度作为风险转移手段的效果，甚至可能增大风险。

目前，我国完整的信用体系尚未形成，金融机构无法利用自身的专业优势全面对企业的发展前景作出正确的判断；中小企业在采购数据、生产数据、销售数据等方面，也可能对金融机构采取虚假或不实信息的行为，使金融机构因无法获得真实数据，而不能采取相应的管理措施来降低资金的使用风险；物流企业作为第三方介入融资过程，一方面可能会为拉拢自己的客户而向金融机构提供虚假数据，这种粉饰可能会给金融机构造成误导；另一方面由于物流企业所搜集的信用风险管理数据信息只是原始数据，在制造企业和物流企业间存在信息不对称的情况下，信用风险管理决策的正确性就存在着很大的风险。

效率的降低就意味着风险的增加。物流金融业务利润的增长是低于业务量的增长的，业务的增加并没有带来相应的利润，就是说，物流金融服务的效率是下降的。

应对策略

金融机构（如商业银行）将经营管理和市场前景较好，但由于资本金不足而陷入困境的物流企业及第三方物流服务供应商超过一定年限的部分贷款转为对该类企业的授信额度，由物流企业根据客户的需求和条件进行质押融资和最终结算。物流企业向金融机构按企业信用担保管理的有关规定和要求开展信用担保，并直接利用这些信贷额度向相关企业提供灵活、便捷的质押融资业务，金融机构则基本上不参与融资项目的具体运作。

运用资本营销手段，以资产重组、参股控股、资产并购、产权置换、发行股票或债券、发起或借壳上市、票据性融资等多种方式扩大自身的规模，增强实力和扩大市场份额；开拓实物型、技术型融资业务，特别是在与物流经营相关的大型耐用设备租赁和关键技术领域展开合作；开发商业贷款以外的适合现代物流企业发展的其他金融授信业务（银行承兑汇票、支票、信用证、保函等）；拓展物流发展基金和风险基金（可以是已经上市的投资基金，也可以是未上市的投资基金，其资金来源主要由财政补贴和企业的多元化投资组成）；争取境外资金和政府财政的战略投资亦为可取之策。

利用大型物流公司集团的实力优势，通过购买股权，直接控股地区性股份制商业银行，将地区性股份制商业银行、生产企业以及多家经销商的资金流、物流、商品流、信息流有机结合，服务与融资捆绑，封闭运作，为整个供应链提供全程性、个性化的服务。建立符合物流金融业务实施要求的企业组织结构；控制信用风险；控制操作风险；加大物流金融人才培养的针对性和力度；完善现有法规体系，提高可操作性，加大执行力度，严查违法违规行为。

根据相关财税制度，计提一定比例的风险损失准备，在质物的市场价值低于融资额时，除通知融资企业增加质物外，以损失准备金抵补质物损失。

根据融资期限的长短及质押融资的比例，预交风险保证金，以承担质物市场价格波动的风险。当市场价格下跌到预警线时，按协议规定通知融资企业增加质物和保证金；如果出质人超过融资期间，则以风险保证金抵充融资额或质物变现的差额；如果出质人按期归还，则退还保证金。

建议保险公司整合相关险种，为物流金融业务提供一个能够涵盖供应链各个环节的、完整的保险解决方案。通过在综合责任险中对投保人、被保险人、保险责任、保险金额（赔偿限额）、保险期限、保险费等各项保险要素进行明确约定，保险公司在创新自身和增加利润的同时，也帮助到物流公司防范金融风险。

物流企业面向出质人，对每笔融资业务按照合适的比例，收取“风险补偿金”，形成物流风险基金，对于物流业务中发生的风险损失，由物流风险基金承担的赔偿责任。与由物流企业向保险公司投保相比，由物流企业自我保险，物流风险基金能更好地避免物流企业因投保而在物流作业中不负责任的道德风险。

9.1.2 热点信息

上海大学 储雪俭：信用是物流金融的核心，三大措施着手创新

【导读】由于物流业竞争的不断加剧，物流企业利润空间逐渐缩小，设计合理的金融和物流融合发展机制，是物流未来新利润增长点之一。那么，面对现今物流环境的巨变，物流金融模式创新的难点在哪里？它的本质是什么？会有什么样的风险，可控的因素有哪些？且听上海大学教授储雪俭的独到见解。

近年来，中国经济体量快速增长，物流与金融产业化融合的市场需求逐渐显现。物流金融的产业化，有利于产业结构的优化和提升、物流业的运营水平和效益提升及资本运作的效率，同时也有利于金融机构提高贷款规模，降低信贷风险，提升质押物评估、企业理财等中间服务水平。但由于物流业竞争的不断加剧，物流企业利润空间逐渐缩小，设计合理的金融和物流融合发展机制，是物流未来新利润增长点之一。那么，面对现今物流环境的巨变，物流金融模式创新的难点在哪里？它的本质是什么？会有什么样的风险，可控的因素有哪些？特别是银行与小微物流企业的“隔阂”现象，我们应该怎么面对，怎么去克服这些“隔阂”等等。下文上海大学教授储雪俭就这些问题做了相应的研究分析。

中国物流市场中的银企“隔阂”

这些年来，运输企业、仓储企业、贸易企业都在转型做供应链管理，企业跨界经营要“创新”，在跨界的领域中形成“共赢”的局面。在我看来，物流业务发展的推动力是“贸易”或者称之为“商流”，这样的贸易包括生产型贸易和市场型贸易，它们推动了我们物流业务的发展。因为有了贸易货物才会有流动；物流业务的发展又带动了“资金结算、融资”等金融业务；其中，物流业务发展核心的力量是“金融”，他们三者关系被“IT”和“DT”固化。

具体可以用“运输大市场和运力小企业”来形容物流市场中的运输情形。其中，运输大市场，是指实体贸易产生很大的运输需求，与其相适应的运输消费额更是巨大。根据中国采购联合会的统计资料显示，2016年的1～7月份，全国社会物流总额为126万亿元，全国社会物流总费用6万亿元，其中，运输费用3.1万亿元。

之所以称“运力小企业”，是因为我国的运输企业是一条层层转包的服务链，从供应商委托给第三方物流或专业的运输公司，到物流园区、到运输信息部、到终端客户，这种层层转包的运输业务却是由众多的“小货代”、 “黄牛”、“司机”来完成。运输服务链上大多是小微的物流运输企业先行垫付了油费、路桥费等费用，业务完成后才能收到下游企业支付的运费。这些小微“物流企业”的特点是“资产少”、“业务总量小”、“信用弱”，无法承受更大的业务。然而，供应链上的这些“小微物流企业”资信难以界定，缺少资产担保，从银行获得融资比较难。

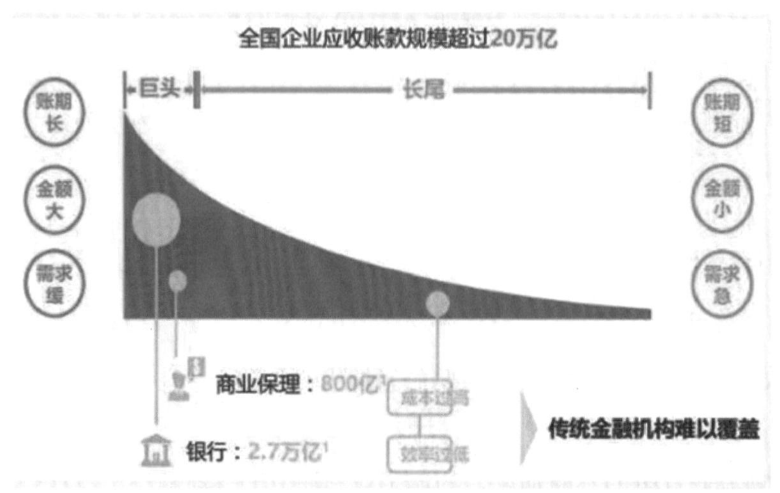

图 9.2.1 全国企业应收帐款结构一览

如上图所示，全国企业的应收账款有 20 万亿，银行仅仅关注了大企业的 2.7 万亿，大量长尾巴的中、小企业的融资需求银行却视而不见的现象屡见不鲜。如果把小物流企业的碎片融资需求集约起来，市场巨大。仔细思考，银行之所以不待见小微物流企业，是由当前“中国物流运输企业的运力存在信息‘黑洞’（反应运力企业融资所需要的信用资产要么不足，要么其信用证据链是断裂的）决定的。

银行和中小微物流企业间存在严重的信息不对称，未来这种情况如何解决，个人认为，运力融资其本质上是信用融资，在融资企业“主体信用”不够的时候，可以判断其“交易信用”，只要判断出其业务是真实的、连续的，违约成本高，就可以对这类小微物流运输企业进行放贷。需要银行对小微物流运输企业有充分的了解，小微物流运输企业要把物流业务的信息流透明化，搭建 “银企桥”，把物流运输市场跟金融机构连接起来，把物流运输企业的业务信息跟银行所需的资信信息进行联通，消除信息不对称变得愈发重要。

运力供应链金融指数体系助推银企共赢

当下，很多公司设计出运力供应链金融产品，但是实际授信并未完全达到预期的信用额度，究其原因：金融机构不敢贷，花费大量的人力去做资信调研，营运成本高。

运力供应链金融指数是运用运输消费的大数据和高业务违约成本等原理，由第三方建立的运力信用服务综合指数。所谓在运输消费也就是在整个运输中所产生的通行路桥费、汽油、柴油、润滑油、维修件和车辆购置等发生的费用。围绕着运力供应链的上下游企业会产生大量的与运输相关的数据，把数据作为支撑，可以真实反映业务的真实性、长期性、异常性；反映融资企业的基本运营状况和盈利能力，以此建立一个运力企业信用金融的活动。银行可以依据这个指数对融资企业的资信进行判断而做出贷款金额、融资时间等判断。

运力供应链金融指数主要是用三个部分，一个是评分、第二报告、第三用指数来做行业标杆。指数的设定的依据，第一个是“运力的大数据”，包括运力供应链场景及其风险。第二个就是运用“违约成本”的概念，我们从三个角度判断，一看他的主体信用，二看他的交易信用，三是监管的第三方信用。用这三个信用管控整个贷款的风险。

指数的评级的框架分为三级，一是“企业准入”，企业来的数据做“交叉”检验，利用一些反欺诈的规则来判断“真实性”，二是对客户进行分层管理，通过他所处的行业、企业规模、业务周期、业绩来判断他的资信，然后是基于评分卡的评分，通过评分看你是个好企业还是个差企业，一个企业一年他有300万的业务，我贷给他是十万、二十万，他不会为了这十万、二十万违约，他为了这点损失全面的业务量是不划算的，我们把违约的因素考虑进去，建立了指数的有效性。通过企业分层，比如对大的第三方物流和小的三方做分类管理，通过分类管理我们利用不同的客户进行不同的授信，根据不同的运输方式，不同的开票的数额，特别现在营改增以后一定意义上对物流的成本还是有一定的影响，通过他不同的标准有门槛以后，来降低所谓的风险。

通过数据管理的基础，包括客户数据和监管方数据，如：保险、信用、车辆的违纪，客户的融资方信息、物流交易信息、运单信息、财务信息，细分成大的运输公司、小的三方物流公司等，关于司机的数据也很重要，他的配偶的情况、子女的情况，有没有不良的嗜好等都要做记录。如果这个人喜欢赌博，经常跑赌场，这种人就要剔除掉。企业行业地位、传统三张表的数据、交易信用，看看他的交易是不是真实的，因为贸易的真实性很重要，看他是不是交易的数据稳定的，有没有趋势性，未来上涨还是下跌的，如果出现异常，异常性怎么风控、管控，通过多维度的数据的采集，形成大数据库。用数据建立信用评价模型、专家打分，把交易信用、监管信用通过打分逐步的描述出来。

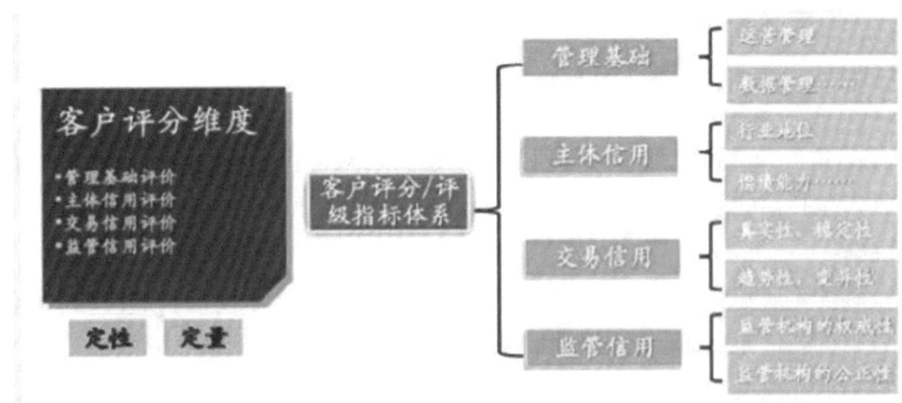

图9.2.2 金融客户评分维度分析

根据不同的用户需求提供不同的应用报告。如：银行、政府、行业协会、运力企业。通过运力供应链金融服务指数打通物流运输企业与银行的“隔阂”，把运输市场做大、培育小微物流运输企业成长，助推银企共赢。

运力供应链金融指数风险管控

关于运力供应链金融风险的关键要素，有四个：运输贸易的真假性，是“真运”还是“假运”；数据资产的价值化，要看融资方运输历史数据的连续性和趋势性，是否有收到款、是否是盈利的；融资偿还的自偿性，他一定是用这笔业务里面赚的钱还你的这笔业务贷款；管理的专业性，即运力供应链金融要“可视”、“可追”、“可控”。

供应链金融、物流金融，信用问题是核心，包括从主体信用到交易信用到监管信用。这里面交易信用里面反映的物流运输贸易的真实性，运输业务的高违约成本是小微物流企业资信非常重要的判断依据，通过这三个东西我们把风险能够管住。

从信用角度建立管控，具体内容有以下几点：

1、要有准入；

2、设立违约成本，如果业务没有违约成本就不适合做运力的金融贷款；

3、要管理交易风险，特别对数据把握和行业的理解是做这个的核心，目前管理交易的风险主要的参考是历史的交易纪录，如果这个企业一直为上游或者下游做这个业务，有一年或者两年以上的我就敢给他贷，把数据作为核心资产进行考核和管理。

4、管理信用的风险，特别是要利用第三方的反欺诈的工具，我认为供应链金融业务，90% 以上的风险来自于客户的欺诈，包括控制权的争议、资本的抽离、隐性负债等等。

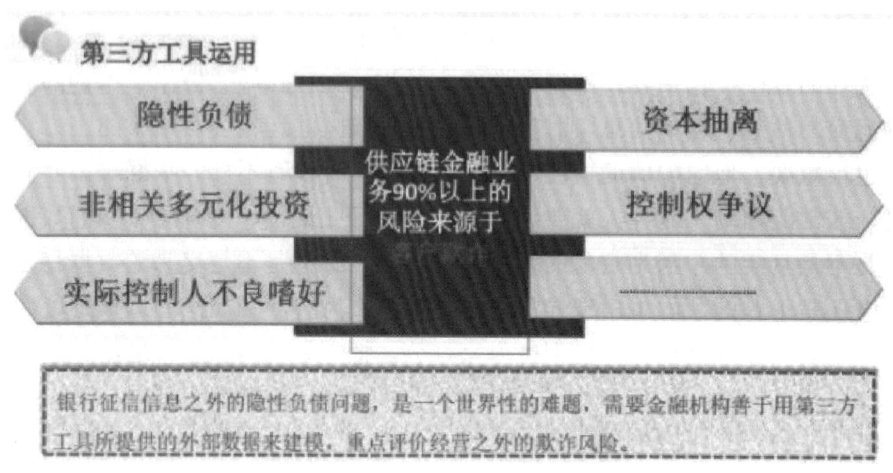

图 9.2.3 供应链金融业务风险来源

从风险管控的角度看，重点是怎么管理好我们运力供应链里面的信用，通过这个信用我们来提升融资方的信誉，包括他的职业道德、运作能力等。

创新才能治本

所谓物流金融的本质那就是信用及信用扩张，面对眼下物流金融所面临的问题， 储教授认为，应该从三方面着手创新，即仓库监管信息化、融资管理平台化、全程监控多锁化。

首先，仓库监管信息化。通过建立统一的物流金融监管云平台，实现信息的全程透明、共享和及时传递。各监管仓的仓位必须经平台认证，真实有效。仓库具有对存放货物状态、位置的现场数据感知和无损加密传输的能力，并且各监管仓的仓位应统一在云平台上登记，录入所存放货物的相关信息。

物流金融业务的仓管方、出质方、金融机构通过统一的平台对质押物进行实时监控；系统通过现场监控设施感知异常，自动推送告警信息给相关人员；定时对被动用过的质押物或设置为严格管控的质押物记录其移动履历。

另外，做金融物流管理不能单纯的只做一个 WMS，而是要做一个具有金融因素的 FWMS 系统，他需要具有质押入库、监管出库、质押监管、质押解除、货物置换功能；这个 FWMS 服务主体，应该是仓储物流（货主或物流企业）+ 担保 / 监管公司；在货物监管和动产质押风险控制方面应注重质押率、货物变现能力、客户还款能力、担保余额；合同与信用管理方面，要具备业务档案记录并可实现查询与追溯功能；所以较一般 WMS 系统操作 FWMS 更严格。

只有做到了全程的信息化才能保证融资担保安全、质物监管可靠性、质押水平、风险有效跟踪等。另外，信用评价也是不得忽视的环节，因为它涉及到市场的竞争力、资金的流向、管理水平的高低等。

其次，融资管理平台化。说到融资管理，那么这里面不得不提涉及的几大主体，即核心企业、小微企业、物流企业、金融机构。而想要把这四个主体紧密的联系在一起，只有运用平台化的系统才能做到，才能做到可视化、自动化、自主化、及时性。通过打造可视化的自动运营管理平台监控每笔资金的流向，让资金闭环流动，查看每一笔资产的明细；这样可以减少人员成本的支出；“自主化”在关注环节设置在线人工运营，辅助审批决策。从多维信息化角度让风险可知，信息透明。

并根据历史数据，精准、智能地核定企业额度与账期，并进行贷后跟踪，账款闭环管理，保证信息传递的及时性。平台线上操作，实时获取供应链中的每一笔数据，确保每一笔交易的真实性、全覆盖性。

第三，全程监控多锁化。引入二维码安全认证服务，是为了方便、快捷认证交易过程中单证的有效性及真实性而设立，对物流金融业务链实施全程多锁监控。通过电子化的二维码安全认证服务体系，使得传统的造假手段，如伪造签名、印鉴，涂改关键信息等造假手段完全失效，规避了交易中的风险。引入专用扫码 APP 以及二维码的编码、加密、再解析等技术，又规避了传统二维码的网络风险、使得造假者无法使用克隆、钓鱼网站等技术进行造假、行骗。另外，借助于数据的分散化存贮技术，又使得黑客通过攻陷服务器从而获取关键数据的信息安全风险降到了最低。

（来源：万联网 2017-09-07）

物流环境巨变，物流金融模式创新点在哪里？

近年来，中国经济体量快速增长，物流与金融产业化融合的市场需求逐渐显现。物流金融的产业化，有利于产业结构的优化和提升、物流业的运营水平和效益提升及资本运作的效率，同时也有利于金融机构提高贷款规模，降低信贷风险，提升质押物评估、企业理财等中间服务水平。

但由于物流业竞争的不断加剧，物流企业利润空间逐渐缩小，设计合理的金融和物流融合发展机制，是物流未来新利润增长点之一。那么，面对现今物流环境的巨变，物流金融模式创新的难点在哪里？它的本质是什么？会有什么样的风险，可控的因素有哪些？特别是银行与小微物流企业的“隔阂”现象，我们应该怎么面对，怎么去克服这些“隔阂”等等。

中国物流市场中的银企“隔阂”

这些年来，运输企业、仓储企业、贸易企业都在转型做供应链管理，企业跨界经营要“创新”，在跨界的领域中形成“共赢”的局面。在我看来，物流业务发展的推动力是“贸易”或者称之为“商流”，这样的贸易包括生产型贸易和市场型贸易，它们推动了物流业务的发展。

因为有了贸易货物才会有流动；物流业务的发展又带动了“资金结算、融资”等金融业务；其中，物流业务发展核心的力量是“金融”，他们三者关系被“IT”和“DT”固化。

具体可以用“运输大市场和运力小企业”来形容物流市场中的运输情形。其中，运输大市场，是指实体贸易产生很大的运输需求，与其相适应的运输消费额更是巨大。根据中国采购联合会的统计资料显示，2016 年的 1 ～ 7 月份，全国社会物流总额为 126 万亿元，全国社会物流总费用 6 万亿元，其中，运输费用 3.1 万亿元。

之所以称“运力小企业”，是因为我国的运输企业是一条层层转包的服务链，从供应商委托给第三方物流或专业的运输公司，到物流园区、到运输信息部、到终端客户，这种层层转包的运输业务却是由众多的“小货代”、“黄牛”、“司机”来完成。

运输服务链上大多是小微的物流运输企业先行垫付了油费、路桥费等费用，业务完成后才能收到下游企业支付的运费。这些小微“物流企业”的特点是“资产少”、“业务总量小”、“信用弱”，无法承受更大的业务。然而，供应链上的这些“小微物流企业”资信难以界定，缺少资产担保，从银行获得融资比较难。

全国企业应收账款规模超过 20 万亿

如上图所示，全国企业的应收账款有 20 万亿，银行仅仅关注了大企业的 2.7 万亿，大量长尾巴的中、小企业的融资需求，银行却视而不见的现象屡见不鲜。如果把小物流企业的碎片融资需求集约起来，市场巨大。

仔细思考，银行之所以不待见小微物流企业，是由当前“中国物流运输企业的运力存在信息‘黑洞’（反应运力企业融资所需要的信用资产要么不足，要么其信用证据链是断裂的）决定的。

银行和中小微物流企业间存在严重的信息不对称，未来这种情况如何解决，个人认为，运力融资其本质上是信用融资，在融资企业“主体信用”不够时，可以判断其“交易信用”，只要判断出其业务是真实的、连续的，违约成本高，就可以对这类小微物流运输企业进行放贷。

需要银行对小微物流运输企业有充分的了解，小微物流运输企业要把物流业务的信息流透明化，搭建“银企桥”，把物流运输市场跟金融机构连接起来，把物流运输企业的业务信息跟银行所需的资信信息进行联通，消除信息不对称变得愈发重要。

运力供应链金融指数体系助推银企共赢

当下，很多公司设计出运力供应链金融产品，但是实际授信并未完全达到预期的信用额度，究其原因：金融机构不敢贷，花费大量的人力去做资信调研，营运成本高。

运力供应链金融指数是运用运输消费的大数据和高业务违约成本等原理，由第三方建立的运力信用服务综合指数。所谓在运输消费也就是在整个运输中所产生的通行路桥费、汽油、柴油、润滑油、维修件和车辆购置等发生的费用。

围绕着运力供应链的上下游企业会产生大量的与运输相关的数据，把数据作为支撑，可以真实反映业务的真实性、长期性、异常性；反映融资企业的基本发展现状和盈利能力，以此建立一个运力企业信用金融的活动。银行可以依据这个指数对融资企业的资信进行判断而做出贷款金额、融资时间等判断。

运力供应链金融指数主要是用三个部分，一个是评分、第二报告、第三用指数来做行业标杆。指数的设定的依据，第一个是“运力的大数据”，包括运力供应链场景及其风险。第二个就是运用“违约成本”的概念，我们从三个角度判断，一看他的主体信用，二看他的交易信用，三是监管的第三方信用。用这三个信用管控整个贷款的风险。

指数的评级的框架分为三级，一是“企业准入”，企业来的数据做“交叉”检验，利用一些反欺诈的规则来判断“真实性”；二是对客户进行分层管理，通过他所处的行业、企业规模、业务周期、业绩来判断他的资信，然后是基于评分卡的评分，通过评分看你是个好企业还是个差企业，一个企业一年他有 300 万的业务，我贷给他是十万、二十万，他不会为了这十万、二十万违约，他为了这点损失全面的业务量是不划算的，我们把违约的因素考虑进去，建立了指数的有效性。

通过企业分层，比如对大的第三方物流和小的三方做分类管理，通过分类管理我们利用不同的客户进行不同的授信，根据不同的运输方式，不同的开票数额，特别现在营改增以后，一定意义上对物流的成本还是有一定的影响，通过他不同的标准有门槛以后，来降低所谓的风险。

通过数据管理的基础，包括客户数据和监管方数据，如：保险、信用、车辆的违纪，客户的融资方信息、物流交易信息、运单信息、财务信息，细分成大的运输公司、小的三方物流公司等，关于司机的数据也很重要，他的配偶的情况、子女的情况，有没有不良的嗜好等都要做记录。

如果这个人喜欢赌博，经常跑赌场，这种人就要剔除掉。企业行业地位、传统三张表的数据、交易信用，看看他的交易是不是真实的，因为贸易的真实性很重要，看他是不是交易的数据稳定的，有没有趋势性，未来上涨还是下跌的，如果出现异常，异常性怎么风控、管控，通过多维度的数据的采集，形成大数据库。用数据建立信用评价模型、专家打分，把交易信用、监管信用通过打分逐步的描述出来。

客户评分标准

根据不同的用户需求提供不同的应用报告。如：银行、政府、行业协会、运力企业。通过运力供应链金融服务指数打通物流运输企业与银行的“隔阂”，把运输市场做大、培育小微物流运输企业成长，助推银企共赢。

运力供应链金融指数风险管控

关于运力供应链金融风险的关键要素，有四个：运输贸易的真假性，是“真运”还是“假运”；数据资产的价值化，要看融资方运输历史数据的连续性和趋势性，是否有收到款、是否是盈利的；融资偿还的自偿性，他一定是用这笔业务里面赚的钱还你的这笔业务贷款；管理的专业性，即运力供应链金融要“可视”、“可追”、“可控”。

供应链金融、物流金融，信用问题是核心，包括从主体信用到交易信用到监管信用。这里面交易信用里面反映的物流运输贸易的真实性，运输业务的高违约成本是小微物流企业资信非常重要的判断依据，通过这三个东西我们把风险能够管住。

从信用角度建立管控，具体内容有以下几点：

1、要有准入；

2、设立违约成本，如果业务没有违约成本就不适合做运力的金融贷款；

3、要管理交易风险，特别对数据把握和行业的理解是做这个的核心，目前管理交易的风险主要的参考是历史的交易纪录，如果这个企业一直为上游或者下游做这个业务，有一年或者两年以上的我就敢给他贷，把数据作为核心资产进行考核和管理。

4、管理信用的风险，特别是要利用第三方的反欺诈的工具，我认为供应链金融业务，90% 以上的风险来自于客户的欺诈，包括控制权的争议、资本的抽离、隐性负债等等。

第三方工具运用

从风险管控的角度看，重点是怎么管理好我们运力供应链里面的信用，通过这个信用我们来提升融资方的信誉，包括他的职业道德、运作能力等。

创新才能治本

所谓物流金融的本质那就是信用及信用扩张，面对眼下物流金融所面临的问题，应该从三方面着手创新，即仓库监管信息化、融资管理平台化、全程监控多锁化。

首先，仓库监管信息化。通过建立统一的物流金融监管云平台，实现信息的全程透明、共享和及时传递。各监管仓的仓位必须经平台认证，真实有效。仓库具有对存放货物状态、位置的现场数据感知和无损加密传输的能力，并且各监管仓的仓位应统一在云平台上登记，录入所存放货物的相关信息。

物流金融业务的仓管方、出质方、金融机构通过统一的平台对质押物进行实时监控；系统通过现场监控设施感知异常，自动推送告警信息给相关人员；定时对被动用过的质押物或设置为严格管控的质押物记录其移动履历。

另外，做金融物流管理不能单纯的只做一个 WMS，而是要做一个具有金融因素的 FWMS 系统，他需要具有质押入库、监管出库、质押监管、质押解除、货物置换功能；这个 FWMS 服务主体，应该是仓储物流（货主或物流企业）+ 担保 / 监管公司；在货物监管和动产质押风险控制方面应注重质押率、货物变现能力、客户还款能力、担保余额；合同与信用管理方面，要具备业务档案记录并可实现查询与追溯功能；所以较一般 WMS 系统操作 FWMS 更严格。

只有做到了全程的信息化才能保证融资担保安全、质物监管可靠性、质押水平、风险有效跟踪等。另外，信用评价也是不得忽视的环节，因为它涉及到市场的竞争力、资金的流向、管理水平的高低等。

其次，融资管理平台化。说到融资管理，那么这里面不得不提涉及的几大主体，即核心企业、小微企业、物流企业、金融机构。而想要把这四个主体紧密的联系在一起，只有运用平台化的系统才能做到，才能做到可视化、自动化、自主化、及时性。

通过打造可视化的自动运营管理平台监控每笔资金的流向，让资金闭环流动，查看每一笔资产的明细；这样可以减少人员成本的支出；“自主化”在关注环节设置在线人工运营，辅助审批决策。从多维信息化角度让风险可知，信息透明。

并根据历史数据，精准、智能地核定企业额度与账期，并进行贷后跟踪，账款闭环管理，保证信息传递的及时性。平台线上操作，实时获取供应链中的每一笔数据，确保每一笔交易的真实性、全覆盖性。

第三，全程监控多锁化。引入二维码安全认证服务，是为了方便、快捷认证交易过程中单证的有效性及真实性而设立，对物流金融业务链实施全程多锁监控。

通过电子化的二维码安全认证服务体系，使得传统的造假手段，如伪造签名、印鉴，涂改关键信息等造假手段完全失效，规避了交易中的风险。引入专用扫码 APP 以及二维码的编码、加密、再解析等技术，又规避了传统二维码的网络风险、使得造假者无法使用克隆、钓鱼网站等技术进行造假、行骗。

另外，借助于数据的分散化存贮技术，又使得黑客通过攻陷服务器从而获取关键数据的信息安全风险降到了最低。

（来源：亿欧网 2017 年 9 月 10 日）

物流金融及其五大模式全面探析：从三方面理解把握

物流金融是基于物流增值链中的供应商、终端用户、金融机构和物流企业等各方的共同需要所产生和发展的，是近几年才在我国流行起来的。

广义的物流金融是指在整个供应链管理过程中，通过应用和开发各种金融产品，有效地组织和调剂物流领域中货币资金的运动，实现商品流、实物流、资金流和信息流的有机统一，提高供应链运作效率的融资经营活动，最终实现物流业与金融业融合化发展的状态。

狭义的物流金融是指在供应链管理过程中，第三方物流供应商和金融机构向客户提供商品和货币，完成结算和实现融资的活动，实现同生共长的一种经济模式。

物流金融作为物流业和金融业的有机结合，不仅是金融资本业务创新的结果，也是物流业发展壮大的需要，可从三个方面理解和把握物流金融。

首先，整个供应链的有效运转需要金融业的大力支持。

其次，金融机构金融服务业务创新更需要参与物流供应链的实际运作。主要表现在信用贷款、仓单质押、权利质押、信托、贴现、融资租赁、保险、有价证券的交易和担保业务中。

再次，供应链管理的效率有赖于物流金融的发展。物流金融的提出和物流金融业务的应运而生，解决了供应链上相关企业因资金不足而产生的困难，拓宽了供应链上相关企业发展的空间，提升了供应链的运作效率。

因此，物流业与金融业的结合，不仅代表了一种全新的理念，而且也使金融业开辟的一个新领域。

商务车债权债务关系的模式

目前我国的物流金融现状，不仅与国际通行做法相距甚远，而且与物流业的发展要求很不适应。

虽然，上个世纪 90 年代工商企业向地区性股份制商业银行参股出现了高潮，进而有大型工商企业集团通过建立全资附属的商业银行，将资本运作延伸到银行领域，如中信实业银行和中国光大银行的建立。同时，1996 年就开始在部分城市国有大中型企业试行的主办银行制度，即一家企业以一家银行作为自己的贷款银行并接受该银行的金融服务以及财务监管的一种银企结合制度。

发展至今，商业银行在这种结合中仍处于被动地位，股权联系松散，规模小，实力不强。比如银行资本与产业资本仅是单一类型的结合，即仅是工商企业对银行的单向资本渗透。主办银行制度仅强调主办银行对企业的服务，没有体现银行对企业的监控，而且只限于合作协议，没有长期稳定的产权纽带。

因此，应完善主办银行制度，采取债权债务关系为纽带的模式。这一模式下的金融业和物流业之间的关系不是短期、小额和松散的借贷关系，而是金融机构与有实力的物流企业集团之间长期、大额、稳定的借贷关系。在这种关系的基础上，金融机构对物流企业形成一定程度的控制。如在日本的主银行制度中，主银行是客户企业的最大债权人，在企业出现经营危机时会以紧急融资给予支持；而对企业的经营管理则有审核监督的权力。

股权关系的模式

这种模式有两种表现：当金融机构或物流企业、生产企业单方面持有对方的股权时，就是单向持股模式；当金融机构和物流企业、生产企业互相持有对方的股权时，就是双向持股模式。

金融机构和物流企业、生产企业间从外在的债权关系发展到内在的股权融合，加大了商业银行与物流企业利益的关联度，提升了供应链运作和管理的效率，降低了金融机构的信贷风险，增强了各方的实力，实现了互利共赢。许多跨国公司和跨国银行多是借助这样的融合方式迅速发展起来的。

商务车债权转股权模式

即对那些经营管理和市场前景良好，但由于注资不足而陷入困境的物流企业、第三方物流服务供应商，金融机构可将超过一定年限的部分贷款转为对该类企业的股权投资。通过这种模式取得银行的信用，可以有效地解决在金融服务中的效率问题。

具体的做法就是商业银行把贷款额度直接授权给相关物流企业，再由物流企业根据客户的需求和条件进行质押贷款和最终结算。物流企业向商业银行按企业信用担保管理的有关规定和要求开展信用担保，并直接利用这些信贷额度向相关企业提供灵活的质押贷款业务，商业银行则基本上不参与贷款项目的具体运作。

该模式有利于相关企业更加便捷地获得融资；有利于商业银行提高对供应链全过程的监控能力，更加灵活的开展金融服务。这也是解决物流企业融资难、高负债、保全银行资产、强化银行对相关企业监督和管理的一种途径。

组建金融控股公司模式

即利用实力较强的物流公司专业服务，将商业银行、生产企业以及多家经销商的资金流、实物流、商品流、信息流有机结合，封闭运作，为企业提供全程金融服务。它打破了传统的地域限制，在无分支机构的地区开展动产质押业务，保证了生产企业及经销商资金有效运转，保证物流企业及时提供配送服务，优化供应链。

仓储汽车轮胎成都市汽车新能源汽车用增程器重型卡车轻型卡车轻型客车冷链物流汽车再制造车载摄像头冷链物流 MPV 商务车在此可借鉴美国持股公司的做法，由商业银行向物流企业集团的金融公司等非银行金融机构参股、控股或直接建立自己的控股公司实现间接的物流业和金融业的结合。

人事渗透模式

即商业银行和物流企业之间双向人事渗透，互派人员。由于大型物流企业集团和第三方物流服务供应商资金流量大，信贷资金占用多，经济效益比较稳定，合作风险小，应允许金融机构与大型优质物流企业集团之间的双向股权融合，并互派股权代表，建立以股权为纽带，集商品流、资金流、实物流和信息流为一体的银企集团。

11万亿的物流行业，下一个上市公司会是谁？

2016年快递公司上市，之前的投资者得到了丰厚的回报。以顺丰为例，投资人的现金回报高达6.8倍，IRR高达62%，回报绝对秒杀99%的项目。事实上我们和顺丰的投资者交流，他们都没有想到能赚这么多钱。

通过对比整合市场规模和上市企业的占比，我们预计未来4大投资机会来自：1. 大公司分拆自有物流；2. 快运和专线；3. 第三方物流和TM；4. 卡车后市场；

亿元	上市市值	上市公司市占率	市场规模
快递	4900	61%	5000
快运和专线	400	0%	6000
三方和TM	900	<5%	10000
物流后市场	0	0	1500

投资机会之一：大公司分拆

快递公司上市刺激了整个行业，其他大型公司纷纷计划分拆物流部门并独立上市。

京东物流，预计市值600亿（上市后），约与京东（NASDAQ:JD）1/6市值相当。预计2018年分拆，未来2年在美国上市。

京东的业务简单说是顺丰+日日顺+中商惠民+闪送。分类估算，类似顺丰和日日顺的快递、冷链、跨境和大件的估值500亿，类似中商惠民的B2B板块、类闪送的达达估值100亿。京东物流2016年11月服务外部客户，与Amazon FBA类似，2017年4月独立。

日日顺，预计市值200亿（上市后），约占海尔电器（1169.HK）市值的33%。预计2018年会进行分拆，未来寻求在国内上市。

海尔和阿里的股东背景，阿里占34%。阿里系大件物流的最大承运商。2016年收入76.5亿，来自阿里系收入增长65%。拥有全国的干仓配装（干线、仓储、配送和装配）能力，仓储面积500万平米。

苏宁物流，预计市值300亿（上市后），约占（SZ:002024）市值的25%。预计2018年会进行分拆，未来寻求在国内上市。

苏宁旗下物流，阿里占苏宁20%股权。2017年42亿收购了天天快递，2017Q3增速155%，拥有全国的干仓配能力，仓储面积628万平米。

投资机会之二：快运和专线

快运和专线是指承运零散货物的物流公司，只不过两者的货物不同，快运为30kg~300kg，专线则是300kg~3t。

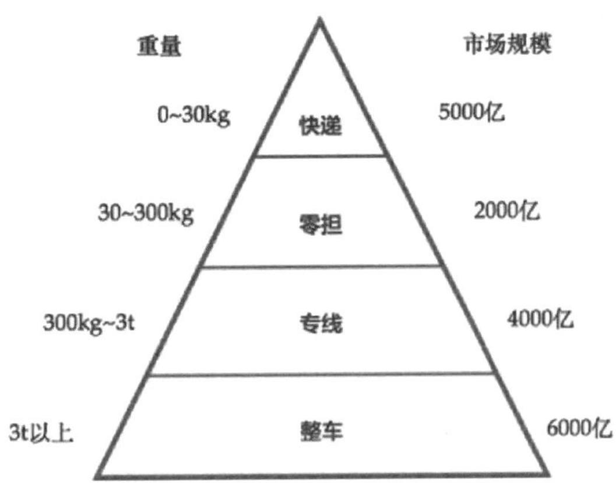

以快运的龙头企业德邦为例，2016 年收入 170 亿，净利润 3.8 亿。德邦的示范效应，使得大量资本涌入快运行业，使得竞争变得极为激烈。根据运联传媒统计，收入 10 亿以上的快运公司多达 17 家。以我们对市场的了解，安能和百世已经把快运市场做透了，整个市场已经从蓝海转为红海。

万吨	日均货运量	网点数量	转运中心数量
安能	3	1.1w	190
百世	2.2	0.4w	172
德邦	1.5	1w	114
远成	1	0.6	210

由于快递和快运融合的趋势，快递龙头在 2017 年全部开展快运业务，德邦和安能也都涉及快递业务，预计 2018 年快运领域将有一片腥风血雨。

根据我们估算，加盟型快运的盈亏平衡线约 1.2 万吨 / 日，大多数公司的快运公司都还在亏损线下。

德邦是个例外，其属于直营高端，利润要远好于同行。虽然多次中止上市，但作为规模最好且第一个 IPO 的物流龙头企业，我们认为国家应该持鼓励态度，不然整个物流行业都要去和快递一样借壳上市了。

	收入-亿元	融资规模-亿元	轮数
安能	37(总部)/117（全网）	20	D 轮
中铁物流	36.6（快运）	7.5	A 轮
一米滴答	25.8（全网）	4	B 轮

快递和快运间有个细分市场——大票快递 / 小票零担。市场的领跑者优速和跨越两家还没形成垄断，因此给予了德邦和安能进入的契机，德邦和安能的快递业务预计 2018 年达到盈亏平衡。预计未来快递龙头也将通过快运业务来覆盖这个领域。

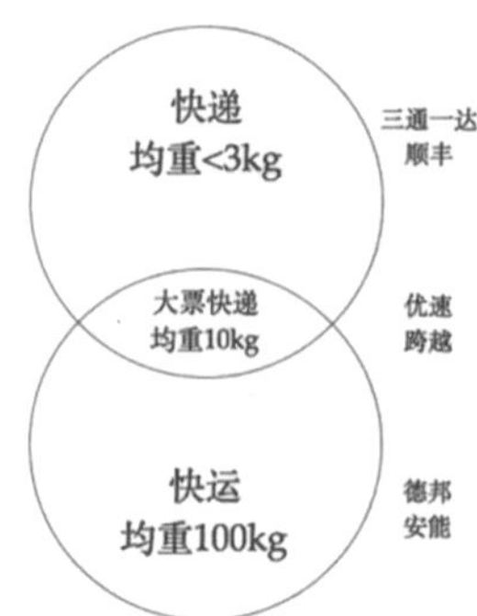

相比快运的由蓝转红，专线市场则是从红海转为蓝海。原先点点的线路竞争已经上升到网络型的竞争，而现在还没有一个全国性的公司，快递快运龙头进入的门槛也高于快运。

1. 专线货物较重，客户以制造业为主，与快递业客户的差异较大，加盟体系无法发挥作用。

2. 专线是竞争激烈的既有市场，重复快运市场以加盟组建成立新网的方式将面临大量亏损。未来专线市场将以整合为主，加盟为辅的方式。整合上，快运和快递公司并不有明显优势。

专线行业有了充分的危机意识，一大批专线开始进行整合组成全国性公司。我们认为物流是个模式简单，运营比较难的行业。

行业最早的探路者是卡行天下，融资 D 轮，金额达数亿元。对整个行业进行了专线整合的教育，开发专有的系统，整合了大量专线和加盟门店。但对线下缺乏有效的运营，使得其在市场影响力有限。

德坤物流则是经历了好友汇的失败后，进行了更加彻底的整合，彻底将几个公司解散，重新构建公司管理体系。通过自建转运中心等运营上手段，打造了良好运输产品，整合的第二年即实现 10 亿的收入。

投资机会之三：三方物流和 TM

第三方物流也称为 3PL、合同物流，指为大型客户进行物流外包的公司。自身并不拥有运力，以采购外部运力为主。

在经济高增长时期，三方物流行业的市场化程度实际很低，业内大型公司通常竞争不过与客户关系更好的小公司。而在低增速时代，客户追求成本降低，使得行业竞争加剧，三方物流普遍面临利润下降，但这反而给了优秀公司做大空间的机会。事实上，这个市场正处于发展初期，的确是初期。

我们指的优秀公司不仅仅是三方，而且还有更多角色企图取代三方采购运力的角色，甚至在卡车后市场获取收益，而这种机遇也收到资本热捧。主要有以下几类：

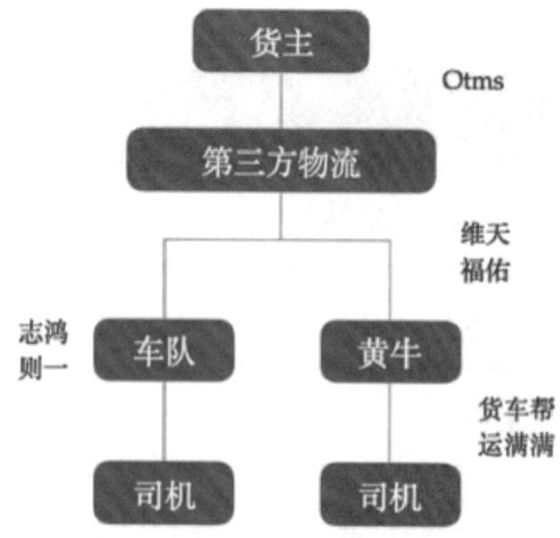

从上往下说，货主和三方物流间的 TM（Transfer Management），也称为第四方物流，国外代表如 Transplace，国内如 Otms，以 Saas 为货主提供管理运力工具，到整体运力的流程外包。正如上

述所说，货主的不成熟，TM 很难深入到管理实际承运的司机，因此无法介入运力交易实现真正的运力管理外包。而且国企非常喜欢自建 TM，如下图：

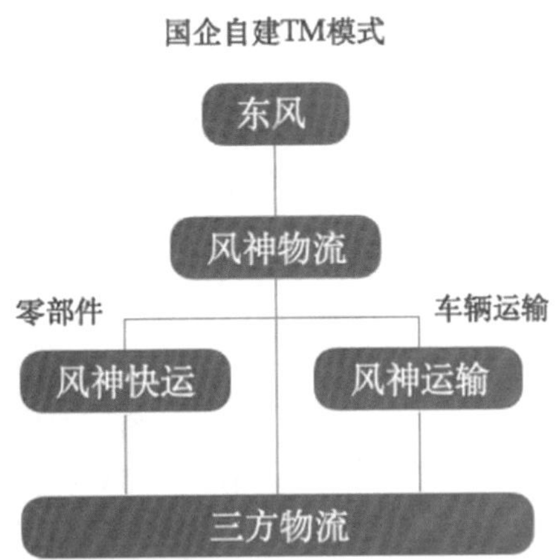

在美国，TM 也不是界限非常清晰，例如自称最大第三方物流的 CH Robinson 也有自己的 TM 软件。对的确就是 CH Robinson，他不称为自己车货匹配，因为国外没有这个行业。以下是其拿到的 3PL 奖：

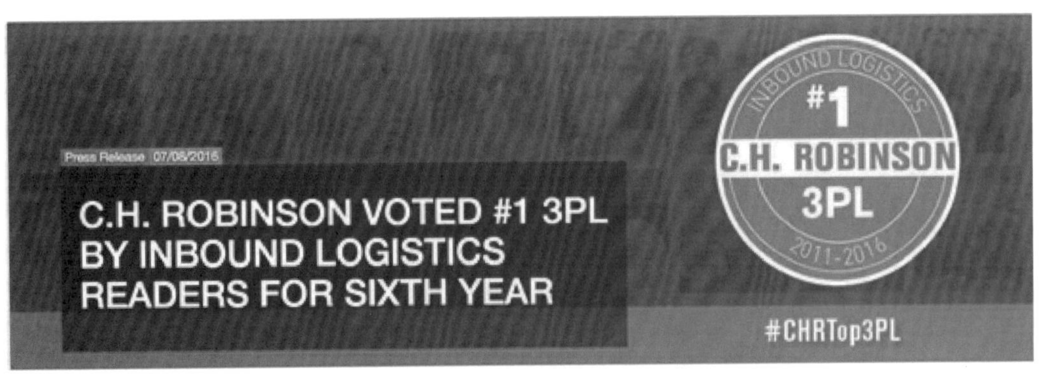

相反，三方物流和快递快运公司都非常成熟，因此为其服务的 TM 反而扩张很快，如维天和福佑，两者收入都超过 40 亿。但不幸的是，由于国内货物和车辆种类的多样性，货物运输的标准化程度很低，TM 要赚到运力交易的钱需要巨大的规模。我们保守估计交易额需要在 300 亿以上，TM 才有可能通过运力的匹配来赚取小部分运力交易的佣金。

与国外不同的是，国内 TM 的一项特殊的核心职能是解决发票的问题，因此 TM 的无车承运人和税务实力也非常关键。在这点上，我们看到维天和共生这类老人创立的公司有着明显优势。

在业内真正能赚到整车交易或者说经纪钱的只有大车队，例如志鸿、则一等。同样由于货主的不成熟使得大车队很难规模化，其通过承接物流公司等招标的线路时并不比小车队有突出优势，甚至其管理成本更高。大量垫资又是其规划化的另一个难题，顺丰上市时暂停了保理业务让很多大车队公司资金差点就断裂。

作为互联网 + 物流的车货匹配，由于只触及到了黄牛和司机的交易的撮合阶段，而比 TM 还少了后续的交接货、运输、结算和发票，使得其无法获得任何交易或服务收入。两者的恶性竞争消耗大量资本，预计未来会进行合并。

以下是第三方物流从货主那获取的主要收入来源和大小，综上所属，传统第三方物流仍将是获取整车交易的最大受益者。

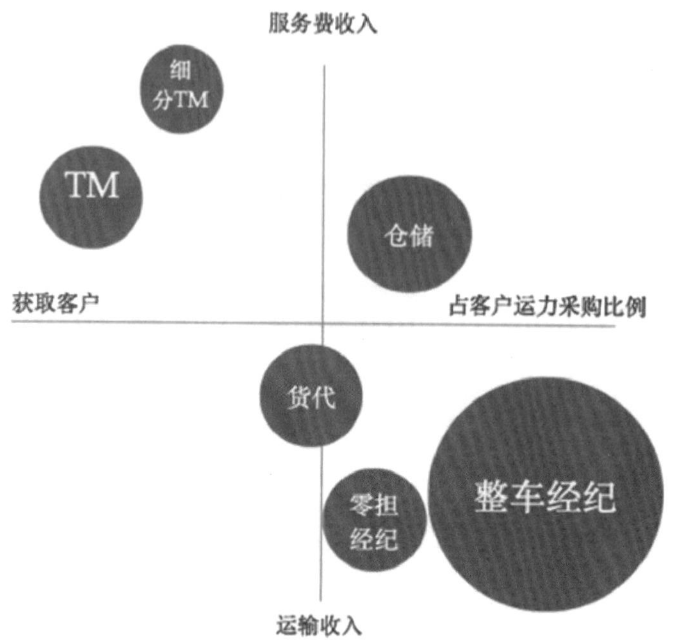

投资机会之四：卡车后市场

看到这各位难免迷惑上述挑战者的出路在哪里？答案是卡车后市场。如果类比电商可以发现，上述挑战者走的也是流量 + 变现的模式。通过服务客户获取司机交易的流量，然后通过卡车后市场转化为收益。主要的收益有：

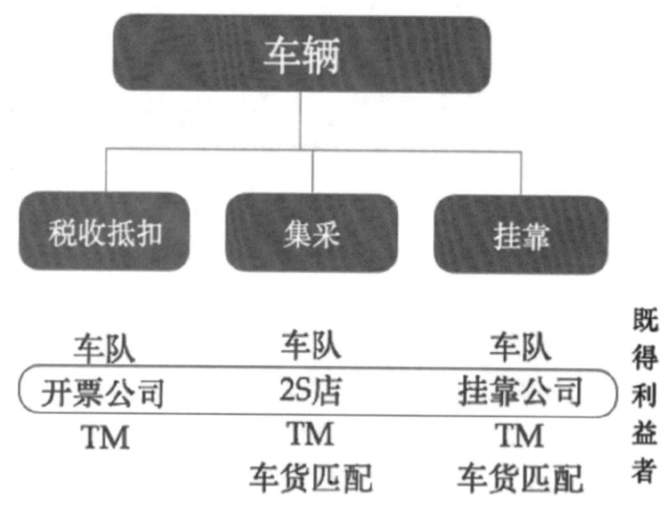

其中税收抵扣是整车后市场最大的收益，的确是最大的。如买新车的进项和运营的油费、过路过桥费等。集采是通过采购新车时的返点，分期贷款等收益。挂靠是收取司机的管理费和保险返点等。

通过分析流量成本和变现率不难看出，大车队是最好的模式，这也是美国大车队都可以是上市公司如 Swift、Schneider，但由于其规模化难度大，美国对标公司都是数十年的经营历史，且都是在 2010 年后 IPO 的。

其次，TM 是不错的选择。其中维天拥有业内最大卡车社区，使其流量成本要低于同行。车货匹配在地推时积累了大量线下团队，在从事卡车后市场环节反而有一定领先优势。

类型	代表公司	获取流量成本	变现率
车货匹配	货车帮 运满满	高，补贴+ 大量线下推广人员	低，车货匹配类似广告， 建立了良好口碑
大车队	志鸿 则一	低，营销货主并垫资	高，控制司机的收入来源
物流TM	维天 福佑	低以流程外包获取司机流量	中，与司机业务往来
货主TM	Otms	高，大量IT满足货主个性化需求	极低，无法触及司机

实现上述变现需要建立一个线下服务网络，包括搞展厅卖车、跑年检手续、谈加油站等。是直营还是整合，如何有效地花钱则是所有人都还未很好解决的问题。

（来源：搜狐网 2017年10月22日）

2016年中国物流行业上市公司营收排行和2017年市值排行一览

2016年中国物流行业上市公司营收排行榜

微信公众号：商业排行榜　官方网站：http://top.askci.com

排名	企业名称	营收（亿元）	同比增长（%）
1	建发股份	1455.91	13.66
2	象屿股份	1190.67	98.70
3	怡亚通	579.14	46.10
4	顺丰控股	574.83	19.50
5	飞马国际	521.63	9.15
6	瑞茂通	212.34	125.77
7	圆通快递	168.18	39.04
8	中储股份	152.81	-14.02
9	申通快递	98.81	28.13
10	韵达快递	73.50	45.44
11	华贸物流	73.08	-8.40
12	外运发展	[illegible]	13.71
13	普路通	35.95	-3.13
14	欧浦智网	30.88	74.62
15	长江投资	27.12	15.30
16	飞力达	23.85	6.98
17	恒通股份	21.66	7.10
18	澳洋顺昌	19.26	21.56
19	保税科技	8.42	31.80
20	新宁物流	7.59	28.53
21	华鹏飞	6.96	-10.47
22	天顺股份	5.49	12.91
23	音飞储存	4.90	5.63
24	西部创业	4.63	-22.78
25	万林股份	4.00	5.41

2017年3月物流行业上市公司市值排行榜

微信公众号：商业排行榜（askplan）　官方网站：http://top.askci.com

排序	证券代码	证券名称	总市值（亿元）
1	002352.SZ	顺丰控股	2332.8
2	600233.SH	圆通速递	648.6
3	002120.SZ	韵达股份	474.7
4	002468.SZ	申通快递	434.6
5	600153.SH	建发股份	311.0
6	002183.SZ	怡亚通	215.7
7	002210.SZ	飞马国际	203.2
8	600787.SH	中储股份	191.8
9	600270.SH	外运发展	162.8
10	600180.SH	瑞茂通	136.8
11	600057.SH	象屿股份	129.4
12	002711.SZ	欧浦智网	116.9
13	000557.SZ	西部创业	111.3
14	603128.SH	华贸物流	92.7
15	002245.SZ	澳洋顺昌	92.3
16	002769.SZ	普路通	73.1
17	603117.SH	万林股份	69.6
18	600119.SH	长江投资	66.1
19	600794.SH	保税科技	65.9
20	300350.SZ	华鹏飞	63.8
21	603066.SH	音飞储存	51.4
22	300013.SZ	新宁物流	39.8
23	300240.SZ	飞力达	37.6
24	603223.SH	恒通股份	37.4

试议物流金融的几个热点领域

时下是金融市场复杂波动的敏感时期，肯定与完善物流金融合作，具有十分重要的意义，它对于加强金融服务商与物流产业对接协作、支持实体经济必将产生积极的示范效应。从企业情况来看，随着近年市场变化波动，多元化的买方市场、卖方市场的逐步形成，其经营观念已经从传统的生产观念、产品观念、推销观念向新型的市场营销观念转变。传统的经营观念，是以生产者或消费者为导向的经营观，核心是生产什么或销售什么就经营什么，新型的经营观念是以战略终端（买卖）需求为导向，核心是需要长期的、可预见的物流供应链金融合作稳健型经营新业态。这种观念的转变，符合我国社会主义市场经济发展规律，更符合全产业供应链创新金融产品与保理业务的“链式”原理。

但从目前情况来看，相当物流金融产品推广效果并不十分理想，经营效益并不高。总结来看，这种状况并非是对新型经营观念的否定，究其主要的原因，还在于对目标市场调查不深、定位不准，市场营销方式、市场营销手段不够灵活。在经营活动中，在决策、管理、监督等诸多环节上，仍然带有较浓的传统主观色彩，忽略了产品适用对象的多元化，一味追求“放之四海而皆准”的简单产品设计。

金融行业是经营货币的特殊企业，金融行业受体制约束，改革起步较晚，受所经营商品的特殊性质影响，其经营观念、特别是国有金融企业的经营观念，从一定程度上讲，仍属于传统保守型经营观念。但是就当前放开金融领域、引入国际竞争大背景形势来看，进一步转变观念、增强市场意识是迫在眉睫了。这其中，要求金融企业按照市场经济规律办事，要加强项目论证、市场调研，正确地确定目标市场，开发、培育稳定的目标客户群，使金融产品同样实现“产得出、销得出、有效益”。

总之，物流金融是一项多方参与的系统工程，要以“协作共好”的精神，利用自身资源，切实担负起相关责任。供应链融资实施过程中遇到什么阻力、有什么困难，要及时积极主动地与相关方取得联系，获得各方指导和支持，不在等待、观望、拖延中浪费商机。这就要求金融机构，主动增进对我国现代物流供应链金融创新参与各方背景的了解、业务操作模式的理解、非风险控制层面交流矛盾的谅解，建立一种互信、互助、互利的长期稳定友好协作关系。

（一）供应链金融

现代钢铁供应链物流金融模式创新与改革推进策略

摘要: 我国现代钢铁供应链物流金融模式是一项以电子商务平台为信用纽带，供应链上多方参与，并通过信用合力共同完成的企业信用或钢材商品本身价值融资的系统性工程。随着我国钢铁供给侧结构性改革不断深化，未来我国钢铁电商平台在交易结算方式上的灵活便捷性、对金融服务机构对接的高效性和低成本的运营高效果性等优势，都将会推动我国钢铁全产业链向着有利于商业信用氛围建设的方向发展。

关键词: 钢铁供应链；供给侧改革；物流金融；钢铁电商

中图分类号：F275 文献识别码：A

伴随我国钢铁产业供给侧结构性改革进一步深化，现代钢铁供应链物流金融模式创新与改革正当时。未来将会有大量中小钢铁贸易流通企业，因为生存环境的变化、盈利空间的压缩和演绎“蓄水池”角色的核心竞争力丧失而被动退出或被迫重组，最终只会有少数拥有雄厚资金实力、具备较好信誉和丰富供应链上下游资源以及拥有较强融资和信贷能力的大型钢铁贸易流通企业脱颖而出。

正所谓“剩者为王”，上述这类企业由于自身综合实力雄厚，可延伸性强，多数已经或者正在将触角伸向我国钢铁全产业链的各个环节当中，并已经开始介入甚至完全自营现代钢铁供应链物流金融服务业务。可以说，“十三五”时期内，它们将会向我国现代钢铁全产业链领域的“大物流、大金融、大数据”服务平台逐渐完成“过渡”。而出于对经营拓展和各类资源掌控能力的渴望，这些大型钢铁贸易流通企业自身对开展现代钢铁供应链物流金融服务业务的需求表现也将愈发强烈。

一、现代钢铁供应链物流金融产品潜在广阔市场空间

2017 年是实施“十三五”规划的重要一年，各行各业改革创新力度十分“强劲儿”。同时，这一年也是我国钢铁行业去产能的“攻坚年”。我国政府始终强调，“要防止已经化解的过剩产能死灰复燃，尤其是要继续推进钢铁行业化解过剩产能和淘汰落后产能”。而从财政政策来看，2018 年我国财政政策预算大幅宽松的可能性并不大，或更加注重通过规范化 PPP、专项金融债等方式实施“托底经济”战略。而财政政策稳中求进，“准财政”加速扩张和 PPP 加速落地发力的同时，铁路投资、城市轨道交通、城市地下综合管廊建设等方面定会相应加大投资力度。政策重心依然会主要指向供给侧改革、降税减费和保障民生等方向。不过，在“防风险”的基础上，“促改革”的重要性不断提升，国资国企、财税体制和金融体制等关键领域改革会进一步实现突破。从宏观趋势来看，这些为我国现代钢铁供应链物流金融模式创新与改革奠定了一定基础。

根据央行公布的三季度货币政策执行报告（简称《报告》）显示，对我国经济总体持乐观态度。可见，我国经济结构整体已经出现改善，新旧动能切换下总体表现健康，我们要保持政策定力和对经济波动的容忍度。《报告》中还提到：“保持流动性基本稳定和去杠杆之间平衡”。这些都表明货币政策取向是在保持流动性基本稳定前提下，适度偏紧，从而推进金融杠杆进一步去化。总体而言，2018 年我国货币政策将在稳健中性的基调下，适度、适时情况下出现“从紧”态势。

而从行业发展环境来看，追溯过去，我国钢材市场价格在 2015 年末跌至近 20 年低点，全行业深陷“哀鸿遍野”之后，2016 年赢得“否极泰来”，全国钢价开始上演“绝地反击”，2017 年的价格走势表现堪称“惊艳”，让钢铁生产企业再次赚得“盆满钵盈”。究其缘由，这两年主要受到我国钢铁供给侧结构性改革、中频炉出清和环保限产政策持续发力、供应侧收缩预期强烈等多重因素影响，我国钢材市场价格和需求出现双双回升。不过，虽然钢价的上涨让钢厂赚足了腰包，可对于我国钢铁贸易流通企业与终端用钢企业来说，还依然深陷在“苦不堪言、如履薄冰”的境况之中。

不过，受益于国家供给侧改革和基建投资拉动内需的刺激，当前我国钢铁物流行业总产值仍存有“稳中增长”势头。由此可见，我国现代钢铁供应链物流金融服务产品客观上潜在着广阔的市场发展空间。比如：这些年，我国城镇化进程的快速发展，未来将会对城市居民住房需求带来极大刺激影响，倘若按照每平米 60 千克的用钢量加于估算，钢材需求甚至包括与钢材需求相关联的钢铁物流金融需求当量，无疑于将是一个非常可观的数字。面对如此庞大的钢铁物流业务市场需求，如何将广阔的市场蓝图变为现实，亟待我国有关部门及市场的进一步调节与积极推进。

二、缘何匹配现代钢铁供应链物流金融服务产品创新

从目前来看，伴随虚拟金融市场不断壮大，“十三五”时期可能是我国金融市场复杂波动的关键时期。毋宁质疑，当前我国加快构建现代钢铁供应链物流金融服务市场具有非常重要的现实意义，它对于今后加强金融机构与钢铁物流企业对接协作、支撑实体经济稳步转型发展必将产生着积极促进影响和示范效应。而创新现代钢铁供应链物流金融模式，实际上就是寻找一个平台，可以力争为我国钢铁全产业链条提供全面金融服务支持，加以改善我国钢铁供应链物流产业中“产、供、销”链条中资金流的稳固性、有效性和流畅性，从而有效提高我国钢铁全产业链物流各节点企业的综合竞争能力。

1. 金融机构要走“市场化”，以“客户需求”出产品

对于一个国内生产总值超 30000 亿元的市场来说，只有商票贴现、保兑仓、动产质押、保理业

务等几款金融服务产品，数量实在稀少的可怜。而从企业经营思路来看，随着我国金融市场变化起伏不定，多元化的“买方市场、卖方市场”的逐步形成，其经营观念已经向新型的现代化企业市场营销观念转变。在这里需要解释的是，新型企业经营观念是始终以终端需求为导向，核心是需要长期的、可预见的和能够大大促进供应链共赢的新生态。

实践证明，新型金融服务产品推广效果并不乐观。经调查发现，出现此类状况不是对新型经营观念的否定，究其主要原因还在于许多金融服务机构对目标市场选择不当，市场营销方式和手段等不够灵活和接地气儿。尤其是长期以来我国金融机构在经营决策、产品管理和市场监督等诸多环节上仍带主观色彩，忽略考虑新型金融服务产品目标对象的“个性化与多元化”特点。事实上，由于受到传统体制约束因素较多，改革起步又相对较晚，我国金融服务机构经营观念特别是国有金融服务机构的经营观念仍处在“传统保守型”队列。可面对当前已经高度开放的金融环境，加快转变观念、增强市场化意识已发展成为“迫在眉睫”的攻坚问题。与此同时，这更需要我国金融服务机构严格按照市场经济规律办事，要加强新型金融服务产品的市场调研和开发论证，使其尽快实现“产得出、销得出和有效益”。

具体而言，就目前市场经济条件下，我国金融服务机构当前要做的事情是：加快设计开发出符合当前市场变化和具备自身特点的新型金融服务产品，去寻找风险可控度高的客户群体安排体验使用，并加强新型金融产品营销推广，在有效支持融资企业发展的同时完成自我产品创新。值得强调的是，这一进程同时要求金融服务机构对客户群要一视同仁，不能随便以没有对应的专门金融服务产品为由，将其拒之门外。比如：我国钢铁供应链物流金融服务创新产品与钢铁贸易流通保理业务，考虑其本身具备所有参与方的“互联互保”机制，只要风险指标可控，金融服务机构应该尽可能的降低对受信对象的进入门槛、规模限制等传统障碍，保证新型金融产品的真实体验感与市场亲近感。

2. 构建银企“双向信用”，孵化“和谐信用”生态圈

信用是行业企业发展的生命。同样，现在的银行也是企业，如果银行失去信用也是无法生存的。一般企业失信会影响银行信贷投入，而银行失去信用会影响到整个社会经济金融大环境。显而易见，“失信”这两个字，在过去只会令人想到某个企业、某个人的失信，造成恶劣的行业影响，但大家有没有考虑过，这种失信有可能也会是银行违反事先约定规则而造成的呢？不论是说“总行信贷额度不够、材料审核排队时间太长”，还是以“总行还没批、人民银行有窗口指导意见、头寸盘子不够”等各种所谓的正当理由来开脱，其实在某种程度上就是一种银行失信的举动，为此已经酿成许多企业承受着“成本提升、资金链断裂”等沉重包袱。

进入“十三五”时期，为加快构建银企之间“双向信用”体系，逐步营造“平等互惠、互相尊重”的信用氛围，使信用真正成为一种有效的社会经济形态，我们不妨率先设计开发现代钢铁供应链物流金融服务产品，促使其成为我国长期、稳定和高效配合我国钢铁贸易流通企业运营的银企合作诚信样本。具体而言，可以把钢铁电商平台作为此次创新现代钢铁供应链物流金融服务业务的综合媒介，以此为我国钢铁贸易、加工、融资、交易和物流仓储等钢铁全产业链上各环节提供综合服务。而通过钢铁电商进行供应链条金融服务的创新方式，既能有效解决金融服务机构在风险管控方面信息不对称问题，又能统筹许多企业的跨区域经营、结算和融资问题，还能通过电商平台“大数据、云计算”功能提供可视化的交易监控流程，从而促进我国钢铁供应链上各环节的钢材交易和融资效率快速提高，并达到降低融资成本的功效。

当然，作为第三方钢铁电商平台，要努力成为现代钢铁供应链物流金融服务的综合提供商和钢铁全产业链的大力整合者，也并非一件容易的事情。在这其中，许多钢铁电商交易平台还须加快解决平台自身的安全性、即时性、便捷性与风险控制性等问题。特别是我国钢铁贸易流通行业一直以来就有

“资金结算量大、风险控制要求高”的行业特征，使得许多参与交易的商家对电商平台结算方式仍然抱有一定担心。另外，由于我国特殊国情所致，许多大型钢铁贸易流通国有企业，无论是在产业链上的话语权还是整个社会地位都很大，这些无形中都会加大完成供应链整合和创新现代钢铁供应链物流金融服务模式的钢铁电子商务平台的推进难度。不过，随着我国钢铁供给侧结构性改革不断深化，未来我国钢铁电商平台在交易结算方式上的灵活便捷性、对金融服务机构对接的高效性和低成本的运营高效果性等优势，都将会推动我国钢铁全产业链向着有利于商业信用氛围建设的方向发展。

3. 搭建“多方协作”机制，提高钢贸商“融资信用”

通常条件下，经济是金融繁荣的基础，而中小企业是经济构成的基础。不过在现实操作中，金融机构往往会通过种种手段、种种方法给予大型企业过度信贷，使其信贷规模冗余，而对于中小企业的合理信贷需求却往往过分强调“规避风险”不予以满足。这就形成一种市场“贷无门”的现象：“放贷的”找不到放贷对象，“想贷款”从来摸不着贷款的门。而这种现象在我国钢铁贸易流通行业表现得尤为明显。这两年来，我国金融机构对整个钢铁供应链上各企业的授信多数存在封闭、自偿和可连续等特殊标签。所谓“封闭性”，是指银行通过设置封闭性贷款操作流程来保证“专款专用”，一般借款人是无法将钢铁贸易流通信贷资金挪作它用的；而“自偿性”是指还款来源就是钢铁贸易流通过程中自身产生的一些现金流；“连续性”则是指同类贸易行为在我国钢铁供应链的上下游企业之间可以持续连续发生。

鉴于此，我们建议金融机构未来应该适当考虑、探索创新与中小钢铁贸易流通商的信贷资金合作，因为这是促进我国现代钢铁供应链物流金融市场融资环境发生根本性转变的重要手段。有了这一转变，未来银企双方就能借助钢铁供应链关联体之间信用展开多方协作，逐步实现供应链“共好式”发展。譬如：有一种银行融通仓即存货融资，这种融资模式主要以仓单质押和动产质押为主，是我国钢铁贸易流通商以流动实物作为抵押向金融机构办理融资信贷业务的主要形式。这种新型金融服务产品的创新不仅可以为钢铁贸易流通商提供高质量、高附加值的物流与加工服务，还能为其提供间接或直接的金融信贷服务，极大提高了我国钢铁供应链物流金融服务体系的整体运转绩效活力。

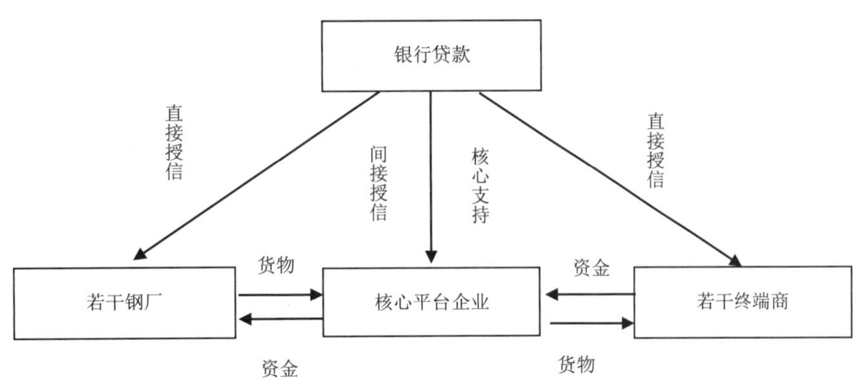

图 9.2.4：现代钢铁供应链物流金融模式主要关系

三、金融服务机构亟待创新现代钢铁供应链物流金融产品

与此同时，我们通过多年市场调研和论证显示，未来加快完善我国现代钢铁供应链物流金融服务体系必须具备以下两大条件：一是现代钢铁物流服务与金融服务机构要存在一致的目标客户群体；二是要能够在第三方钢铁电子商务交易平台的支撑下完成物流、资金流“相对闭环且可视化”的在线控制过程。以“西本新干线”标准商品电商交易平台的运行特点为例，经营规模较大的钢铁原料、生产、贸易、流通和加工商都可以作为这个产业链条上的核心关联体，利用有效合约保障其在钢铁

供应链流通过程中顺利实现钢材商品的在线交易、仓储物流与货权转移等关键贸易行为。

显而易见，我国现代钢铁供应链物流金融模式是一项以第三方钢铁电子商务交易平台为信用纽带，钢铁全产业链上多方企业共同参与，并通过信用合力共同完成的企业信用或钢材商品本身价值融资的系统性金融工程。一般情况下，这一过程也要求参与供应链的银行、信托、保理和小额贷等各类金融服务机构要主动加强对现代钢铁供应链物流金融服务参与各方的经营背景的调查、商业模式的理解和非风险层的沟通谅解，争取一起携手共同构建出一种“互信、互助、互利”的长期稳定又协同共赢的战略关系，避免“有保有压、区别对待、因地制宜”的信贷操作潜规则，更要摒弃传统的“一刀切”武断做法。

譬如，目前我国钢铁贸易流通行业的“互联保担保机制”并不完善，缺乏有效金融监管。五年前，风靡一时的钢贸“互联保担保机制”本应是金融服务机构针对钢铁贸易行业的一项信贷服务创新：通过多家钢铁贸易流通企业联保担保的方式，给予圈内需求客户融资贷款。这种联保担保方式在“福建钢贸圈”很兴盛，一般是通过一批钢铁贸易流通企业联合注册一家联保担保公司，再向银行等金融服务机构申请贸易贷款，然后由担保公司分发给需求企业，解决了不少中小钢铁贸易流通企业融资难问题。与此同时，各类金融服务机构也乐意将贷款通过这种具有一定规模和实力的联保担保公司实现放贷行为，有时一年的贷款额度可以达到几十亿。可是在我国钢贸危机来临时，这些金融服务机构一并采取了紧急“一刀切”的断贷停贷措施，进一步加剧了市场危机。

步入“十三五”时期后，伴随我国钢铁供给侧结构性改革不断深化，我们应该加快构建全国钢铁流通贸易行业企业信用分级评定管理办法，试图通过社会行业组织建立第三方市场化信用评级机构的市场口碑统计和发布工作，并根据不同信用评级分别推荐给各类金融服务机构，并鼓励它们对信用条件良好的中小钢铁贸易流通企业进行公平授信和担保融资。这样一来，一方面可以确保一些优质的中小钢铁贸易流通企业正常经营，另一方面通过分步退出“缺乏竞争优势、虚构贸易背景、关联程度密切、存在不良记录以及盲目扩张”的企业客户，形成现代钢铁贸易流通行业企业进退有序的良性运作机制，真正保障我国现代钢铁全产业链领域的“大物流、大金融、大数据”的健康、可持续发展。

参考文献：

[1] 黎明，钢铁行业大宗物资电子商务经营模式研究 [J]，中国物流与采购，2015(09):74-75

[2] 孔月，大型钢贸企业参与供应链金融业务探究，铁路采购与物流，2012 年第 7 期，39-41

[3] 王月新，基于供应链金融的天津物产融资策略研究，华东理工大学，2014 年，29-30

[4] 王京，路宁，李协商，中国钢铁电商行业发展报告，现代物流报，2016 年 9 月 21 日，第 4 版

[5] 宾飞，浅析大宗商品供应链金融与互联网金融的融合创新，铁路采购与物流，2015(12) ：39

（二）物流融资租赁与融资保理服务

新平台经济下的物流融资保理创新发展路径

这两年，我国保理产业的最大创新亮点在于金融与互联网的“交叉融合”。事实上，这种“交叉融合”既是形势所迫，也是融资保理行业创新发展的内在要求。只要在物流云平台上做业务，可以有可能得到相应的保理融资服务。

有资料显示，保理业务最早的雏形出现于五千年前的巴比伦王朝，而现代意义上的保理原型则起源于 18 世纪的英国，主要指当时欧洲大陆贴现商的贴现业务。即出口商把应收账款全部拿来贴现并通知债务人，债权已经给贴现商并将货款直接付给贴现商。

尽管保理行业不被人熟知，但它确实是个古老的行业。19 世纪后半叶，国际贸易促进了美国东部海岸经济发展与进口需求，现代保理业务应运而生。20 世纪 60 年代，美国式保理与英国式保理融合后，基本构成了现代保理的完整内容。相比国外，尽管我国的物流保理行业的起步相对较晚。但近年来，随着主管部门不断完善监管政策和商业保理试点范围不断扩大，商业保理在 2012 年之后开始迅猛发展。

相关统计数据也显示，我国的商业保理行业在 2012 年之后出现了快速的发展。截至 2013 年 12 月 31 日，我国共有注册商业保理企业 284 家，仅 2013 年就注册了 200 家商业保理企业，是 2012 年注册数量的 4.5 倍，2011 年的 11.1 倍，呈井喷式发展趋势。

商业保理在国内的迅猛发展不仅表现在保理企业的数量上，同时，也表现在保理业务所涉猎的范围上。如今，包括钢铁、物流在内的几乎所有行业都能从保理业务中获得支持。

创新的模式

保理行业迅猛发展的时候，正是以“余额宝”为代表的互联网金融平台如日中天的时候。在这种背景下，保理行业与互联网的开始加速“交叉融合”。一方面，互联网企业携平台优势为众多的平台客户提供融资服务，而基于保理模式构建的金融产品是其中的重要模式；另一方面，大中型商业银行也通过加快物流网络化渠道升级、与第三方平台合作等方式构建全新的互联网信贷服务体系，而保理业务依然是商业银行首选业务。

比如，以基于物流互联网交易平台的商业保理——安云信为例，作为专注于为钢铁贸易流通领域提供融资租赁服务的商业保理公司，安云信依托钢铁物流云计算平台，根据平台上流通商和采购方的不同融资需求，为其提供针对公司业务诉求的应收账款保理服务。

相比传统的线下钢铁贸易流通业务模式，钢铁物流云平台为我们提供了真实可查询物流信息和对账结算信息，这些信息有效保障了贸易的真实性。而且，通过线上平台贸易的真实性和信息的详实，在保障资金安全的同时，也大大缩短了银行放款周期。可以说，钢铁物流云平台真正实现了贸易流、物流、资金流和信息流的“四流合一”，通过钢厂、流通商和施工企业的广泛参与，以及仓储、物流和金融机构的深度介入，可以有效地改善整个行业的信贷环境，从而降低融资成本、加速资金周转、确保资金安全。

盘活应收账款

我国钢铁贸易流通行业在资金周转的问题上，长期给建筑工地供货一般都是支付一部分定金，然后开始月结，等到工地收尾了再全部结清。即使是月结，一般也能拖到 45 天，3 个月、6 个月都有。资金的长期垫付，导致应收账款较大，资金占用严重。而资金成本的不断高企，进一步侵蚀了流通企业利润空间。

步入“十三五”时期，我国物流电子商务平台和商业保理正在加速“交叉融合”，盘活了这些应收账款，解决了物流市场上的资金难题。什么是保理业务？简单来说，就是债权人转让其应收账款，从银行或商业保理机构换取银行融资、应收账款催收、管理及坏账担保等综合性金融服务。其实，提供融资服务，只是安云信众多服务当中的一部分。在安云信内部，这种服务对应的产品被称之为“安融通”。在公司的宣传册上，“安融通”表述为，“卖方企业通过将产业链中产生的应收账款转让给安云信，可以迅速获得融资服务，解决融资需求，满足发展需要。”

除了“安融通”，在应对传统行业信息化发展的趋势和积极探索传统商品交易、商业保理服务与现代物流金融创新发展的融合之路上，安云信还开发了其他两种产品：信管家和保付宝。尽管三个品种都是围绕客户的应收账款展开服务，但是服务的内容侧重点却有所不同。安融通可以直接通过应收账款的转让，获得融资服务；信管家则是为客户提供应收账款分户账户信息管理服务，为卖方企业提供专业的买房信用评级及风险担保服务；保付宝则是为应收债权的卖方客户提供专业的应收债权催收服务，并通过债权转让等方式使卖方客户获得最大的资产收益。

在物流供应链融资方面，三个产品有机结合，缺一不可。通过安云信提供的保理服务，不仅使他通过转让收账款获得贸易融资，加快了企业资金周转，而且通过安云信对其企业应收账款的系统管理，实现了 100%信用风险担保。通过安云信提供的保理服务，使公司资金效率大大提高，同时降低了资金成本，扩大了交易规模。

创新保理服务

随着电子商务的不断发展和现代物流供应链金融模式的不断创新，保理业务也迎来了新的发展机遇。在电子商务蓬勃发展的大背景下，我国物流行业逐渐改变传统的经营模式，充分利用电子商务手段不断延长经营时间、扩大经营空间，经营效率迅速提高，产业规模不断扩张，对资金的需求也随之不断增长，资金的巨大需求得不到有效满足已经成为流通企业亟待解决的难题。

保理，对于物流市场主体来说，还是个新事物。保理公司的介入，无疑解决了上述融资难题。对于应收账款的处理，融资保理业务有自己独特的创新之处。一是可以做物流平台交易票据池的积压贷款，这一块银行也很感兴趣；二是当信贷政策稍微宽松的时候，票据池可以做成理财产品去发行，或者通过券商去发行一些经营计划。

我国物流企业之所以产生如此多应收账款，与国内外贸易环境有关。物流订单账期和资金周转困难，是造成中小物流企业融资难的根源。中小物流企业融资难是世界性难题，而国内针对中小物流企业的金融产品不够丰富，所以国内中小物流企业更艰难。因此，商业保理业务的推出，对于解决中小物流企业融资难题具有重大的现实意义。

如今，几乎所有的行业，都能够从保理业务中获得支持。对此商业保理呈现井喷式发展的原因，商务部研究院信用与电子商务研究所所长韩家平表示，由于经济增速下滑，导致企业应收账款居高不下，为保理业务的发展提供了空间。但是，由于起步较晚，银行提供的保理服务占据最为重要的份额。相对于银行保理，商业保理更具发展优势：其独有的灵活性和创新性，能够开发适合中小物流企业的业务品种，满足融资要求；可专注于物流行业或其他区域，在深入了解行业和区域特点的基础上，提供有针对性的服务；有助于盘活中小物流企业流动资产，有效缓解周转资金问题。正是基于以上优势，预计未来商业保理具有更为广阔的发展前景。

（来源：上海市物流协会 供稿：张三敏 2018 年 3 月 4 日）

9.2 供应链

9.2.1 综述

物流、电商企业转型升级的第一步：供应链创新

对供应链管理理念的认识不够。有些企业认为供应链管理是大企业的专利、核心企业的事情，与自己无关。因此，主观认识和现实的双重不足，成为企业实施供应链管理的一大障碍。众多企业

的实践证明，供应链创新不仅有助于推动行业向前迈进，还将助力实体经济加速实现转型升级，更将解决供应链现存的信息技术、信用机制等问题。

新时代带来新机遇

党的十九大做出了我国进入新时代的判断，表示我国经济已由高速增长阶段转向高质量发展阶段，正处在转变发展方式、优化经济结构、转化增长动力的攻关期。在十九大政府工作报告中，也首次提到了现代供应链，“加快建设制造强国，加快发展先进制造业，推动互联网、大数据、人工智能和实体经济深度融合，在中高端消费、创新引领、绿色低碳、共享经济、现代供应链、人力资本服务等领域培育新增长点，形成新动能”。此外，也提到了多项与物流业密切相关的内容，如“加强水利、铁路、公路、水运、航空、管道、电网、信息、物流等基础设施网络建设”等。

2017 年 10 月，国务院正式发布了《关于积极推进供应链创新与应用的指导意见》（以下简称《指导意见》）。该《指导意见》明确提出，“加快供应链创新与应用是推进供给侧结构性改革的重要抓手”，并重新定义了“供应链”，即以客户需求为导向，以提高质量和效率为目标，以整合资源为手段，实现产品设计、采购、生产、销售、服务等全过程高效协同的组织形态。此外，《指导意见》中重点提到，相关企业可利用区块链、人工智能等新兴技术，建立基于供应链的信用评价机制。推进各类供应链平台有机对接，加强对信用评级、信用记录、风险预警、违法失信行为等信息的披露和共享。

可见，作为转型升级突破口的供应链与服务创新已成为各方瞩目的焦点。海尔、华为、富士康等企业的实践也表明，供应链创新是企业转型升级的第一步。

供给矛盾成“拦路虎”

目前，我国物流业依然存在成本高、效率低、附加值低、资源环境约束强等供给侧结构性矛盾。究其原因，其根源在于供应链模式、诚信和标准化体系等不够完善，供应链上企业间的合作较为松散，同质化竞争非常激烈，供应链不确定性强。其主要表现为：

对供应链管理理念的认识不够。有些企业认为供应链管理是大企业的专利、核心企业的事情，与自己无关。因此，主观认识和现实的双重不足，成为企业实施供应链管理的一大障碍。

信用机制缺失，企业间缺乏信任。供应链管理要求各节点企业之间能够建立起紧密的战略伙伴关系，信息共享，协同运作，实现各节点企业的“共赢”。但目前国内企业之间大都缺乏信任，导致难以建立起长期战略合作伙伴关系。失信成本过低、信用体系的不健全和法律法规不完善，让这一问题变得更为严峻。

信息共享程度低。良好的信息共享和对接，是实施供应链管理、提升供应链的整体效益和效率的基本要求。经济的飞速发展，带动了物流业的迅速发展，对物流信息化的要求也越来越高。因此，企业要想通过实施供应链管理提升自身竞争力，就必须提升信息共享水平。但是员工素质不尽如意、融资困难、制度不规范、管控手段缺乏等，是目前国内大部分企业面临的现实问题。这些问题导致了信息化技术建设和共享程度较低。

相关法律法规不完善，标准不统一。目前我国物流标准化正处在建设过程中，相关标准不够完整、统一，严重制约供应链运作效率。可喜的是，近日出台的国民经济行业分配（GB/T4754-2017）明确了供应链管理服务单列统计类别：商务服务业—7224—供应链管理服务。

地区间、产业间供应链发展水平差异大。东南沿海地区的供应链发展水平高于西部、北部地区。同时，产业多集中在第三产业，其中农业供应链发展水平低，全国仅有 300 多家农业供应链企业。

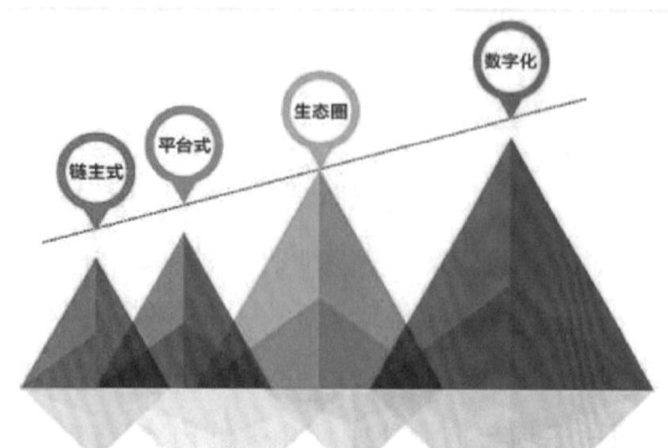

链主式供应链

链主式供应链即“1+N”式供应链。“1”指链主，“N”指供应链合作伙伴。在链主式供应链中，链主企业往往利用控制地位，压榨外部合作伙伴，追求自身利益最大化。

平台式供应链

平台式供应链即“平台+用户”。借助“互联网+”热潮的推动，平台企业通过积累庞大的用户，并以此作为壁垒，辅之以IT整合能力进行资源整合，如车源、货源、仓储设施设备、交易信息等实体资源。

供应链生态圈

供应链生态圈立足产业集群，向上下游进行延伸，吸引产业集群中各类业态落户，致力形成优势明显、产业竞争力突出的产业集群。

例如：沿海城市借助贸易便利的港口来降低商贸流通成本，提高流通效率，进而获得产业发展的先机。国内规模最大最完善的IT产业集群是以上海（国家级IC设计）为中心，辐射苏州（IT设备制造）、杭州（IC合同制造）的生态圈。

数字化供应链

数字化供应链即基于数字化、智能化，扩张供应链服务能力，形成智慧供应链。如下表展现了国内多家著名企业在供应链上转型升级的实践。

典型企业供应链转型升级实例

序号	企业	特征
1	京东	2017年3月 形成覆盖五大领域的智慧供应链解决方案
2	阿里巴巴	2017年3月 建立开放、高效、协同社会化供应链体系
3	传化物流	2017年3月 向智慧供应链服务商转型
4	海尔	2017年6月 打造“五位一体”的智慧供应链基地

创新协同破局升级思路

供应链创新是为整合企业彼此之间的合作关系，使其成为具有竞争力的供应链并建立相应的创新机制，如信息共享、收益分配、风险分担等。通过将不同企业的流程进行统筹，从原材料到制造、配销、运送等形成一个紧密的网络关系，促使企业创新运作模式，在创新协同指引下，相互信任，彼此合作，实现供应链绩效最大化。

因此，依赖人工智能等技术，秉承供给侧改革的思路，企业可以通过以下方略进行物流与供应链转型升级：

建立信用评价机制。信用评价机制是供应链转型升级的首要机制。2016 年 10 月，工信部发布《中国区块链技术和应用发展白皮书》指出，区块链技术应用已延伸至物联网、智能制造、供应链管理等多个领域。区块链技术被视为下一代云计算的雏形，应用 SaaS（云服务软件）、PaaS（云服务平台）和 IaaS（云服务基础设施服务）等搭建信息桥梁，促进社会组织由提供型服务向引领型服务转变。

在供应链的信用体系建设完善前，可引入担保交易模式。担保交易模式即引入第三方平台，下游客户应付的交易额会先转到第三方平台，待确认收货后第三方平台再将交易额转到上游供应商手中。该交易模式会降低双方的交易风险，确保交易的顺利进行。

除了借助第三方信用评价体系外，还可建立供应链自身的信用评判体系。通过人工智能算法，根据交易成功数、好评率等因素，建立一个供应链上下游自身的信用评判体系。系统根据评价的结果将信用分为若干个等级，等级越高说明该用户越可靠。上下游企业可根据信用的等级决定是否和对方产生交易。具体策略：第一，建立经过认证的机构代理组织，由其代理用户操作，保障区块链网络交易不嵌入用户个人信息等隐私；第二，设置用户数据访问权限和安全私钥，防止数据信息全网传播；第三，采用密码学中的 zeroknowledge

proof（零知识证明）算法对各节点进行验证和保护，规避隐私泄露等问题；第四，规定供应链物流信息数据的传输仅限于正在进行的相关交易的节点之间，其他个人或机构无权查看和传播。

推进供给侧改革。实现降本增效，推进供给侧改革，其本质就是降低资本投入的增量，扩大劳动力增量和全要素生产率增量，也就是“从要素驱动向创新驱动转变”。在供给侧改革推进过程中，人力密集型的服务业会逐渐成为整个社会经济的主流，人的能力对生产效率的影响会逐渐高于资本。

供应链的转型升级可以通过实施物流标准化，推动物流行业标准的制定、推广、实施，最终实现物流行业降本增效的目的和产业链的优化升级。例如，良品铺子联合重点供应商，按照带拖运输、连拖入库的模式，尝试以托盘为订货、收发货单元，以外包装无破损作为交接现场免验收标准。积极减少包装型号，使用与标准化托盘相匹配的包装箱，如京东、苏宁开展绿色包装，推进包装回收、包装推荐业务；京东在华中四省成功推进 8~10 家供应商带板运输；顺丰推广使用电子运单，纸质运单耗材减少 20%。

建立互动环境，实现多方共赢。建立供应链上下游企业互动的活动环境，同时塑造企业内部创新文化环境，与上下游建立交互式沟通平台。通过多元渠道搜集客户的需求与市场信息，并利用现代信息科技将数据转化成信息，成为有助于企业改善的依据。通过不断地修正与反馈，让企业在谋求自身利益和创造价值时，还要在更大的价值网络内推进所有参与企业的共赢，创造更大的价值。因为价值共赢性特征是评价供应链升级的一个有效标准。

（来源：物流时代周刊 2018 年 02 月 11 日）

9.2.2 热点

传统供应链向智慧供应链转型之道

2017 年 6 月 2 日，在“开放创新 共建智慧供应链——2017 年物流行业高峰论坛”上，上海市商务委员会电子商务处处长陈晓明主持了上午的圆桌论坛。上海市计算机用户协会理事长、上海电气集团 CIO 李静、oTMS 高级副总裁张志琦、上海医药信息技术中心副主任邵扬、第 e 物流总裁、上海市电子商务协会副会长蔡远游，分别就“传统供应链向智慧供应链转型之道”阐述了自己的看法。

以下为畅享网整理的圆桌讨论精选：

开场介绍

陈晓明：我第一次做圆桌论坛的主持人，也不是太有经验。看了一下整个论坛非常感谢主办方，我参加了很多电商论坛，都喜欢拖堂，我们今天搞得非常好，非常准时。

下面我把四位嘉宾做个简单的介绍，第一位是李静女士，她是上海电气集团股份有限公司首席信息官，也是上海市计算机用户协会理事长。李静女士长期从事信息化工作，拥有着 28 年信息技术和信息化管理的丰富经验。她从 04 年开始担任上海电气集团的 CIO，也是国内制造业领域的信息专家，教授级的工程师。

李静：今天的论坛是火花四溅，我在想一个问题，这就是一个趋势。这是一条不归路，如果我们现在的供应链还是走传统的路，我想走不了多远，我想这是我们今天主要的话题。

陈晓明：第二位嘉宾张志琦，他曾经是SAP中国区的副总裁，华东区的总经理，长期服务世界500强企业客户。请张总稍微简单介绍一两句。

张志琦：我个人的体会是，从IT人逐步往物流人转移，虽然过程蛮艰辛，但是我觉得至少找对了方向。也想通过今天的交流和对话，和大家能够有更多的碰撞，和大家在大的物流模式和趋势中找到一条适合自己企业自己本身发展的道路。

陈晓明：第三位嘉宾是邵扬，是上海医药信息中心的副主任。上海医药也是整个上海发展生物医药的龙头企业，旗下拥有等多个知名品牌。

邵扬：物流是贯穿所有的行业。我们公式是医药行业全产业链的公司，在物流的视角来看，面临着非常多的挑战。而且医药这个行业有一定的特殊性，对物流、配送、货品的整个全程追溯，包括冷链，配送到消费者，都有非常大的挑战。

陈晓明：第四位嘉宾是蔡远游总经理。

蔡远游：我想说一个词叫跨界。计算机用户协会成立物流峰会本身就是跨界的事，这个社会需要跨界的人，跨界的思维，跨界的合作。

企业对供应链的诉求

李静：今天的论坛主题是供应链，看到这三个字想到什么？我们供应链可以是大的宏观范畴，也可以是小的、微观的范畴。大：企业产业链，从供应商到客户，整个大的供应链管理。小：传统意义上的采购、物流、仓储这些层面。从智慧供应链的角度来说，大的层面跟我们以前传统的信息化建设并不矛盾；从业务来看，属于ERP或者传统的向两端产业链延伸的范畴。

我一直在思考一个问题，可以借社会上哪些资源减轻我们的压力，也帮助用户提升？我们内部的客户也好，供应商也好，内部的员工也好，对我们平台系统来说都是我们的用户，如何提升用户的体验？对我们产生企业来说，我觉得首先是IT架构转型的压力很大，这几年我们一直在转，在转的同时，一方面老的系统要支撑，一方面用户的体验也要跟上。我们满足用户需要的时候，单靠内部的人，无论是速度，专业性也好，远远是跟不上的，原因有很多：首先，要做一个好系统，先要理解业务，因为不可能把所有IT人培养成各个业务都懂的人。其次就算你再懂，产品、软件、新的互联网都有周期。哪些我可以外包？能够找到一个外包公司比我自己做得更好，这就是我们现在的压力。

企业的CIO是不是很害怕做公有云，我觉得不是。因为公有云的出现，大数据、物联网、互联网的出现，大大减轻了我们心中所有担心的压力，我觉得应该是专业的人做专业的事。无论是我们的外部合作伙伴，还是前端的客户，包括内部的员工，真正做供应链管理的这些员工也好，运行的员工也好，真正信息平台，应该能给他带来增值和帮助，这才是我们真正的作用。电气集团从04年推进的一直是企业私有云平台，但是这几年，公有云在整个企业逐步发展，我们的方向就是构建混合云的平台，公有云加私有云。

邵扬：医药领域包括研发、制造、分销和零售。从业务的痛点来看，以分销举例。上海医药分销有全国性网络，去年的盘子大概1千亿的营收，通过分销渠道，从药厂采购或第三方物流帮助分送到经销商或者医院，我们的分销可以这么理解，就是仓储和物流的公司。那么，如何给上游、下游的客户提供好的服务？这是我们要面临的非常大的挑战。在全国范围内，医药特殊的领域要求情况下怎么配送好？怎么降本增效，这是我们业务的目标，也是我们信息化的目标。

挑战1：传统的IT系统对整个全国布局的支持还是非常薄弱的，怎么样实现整个全国范围三四十个点上的仓库多仓的联动，运输的集成，我们自有物流，以及承运商综合的管理，这个确实是我们面临的非常大的挑战。

挑战 2：对于供应链，各地都有各地的法规要求，都不太一样，这需要当地设有独立的法人公司进行配送，这些都是挑战。

挑战 3：还有一个挑战是我们的下游到医院，实际上我们的医院希望我们做到零库存，甚至希望帮助医院进行院内的物流服务，进入医院以后，我们从他的总仓到各个用药点，比如手术室、住院部、门诊药房，不同住院部的药点供应点是由我们来配送，医院内配送也面临大量的挑战。从我们供应链来说，我们的供应链是全国范围，广度上是全国范围，属地化来看，局部来看，在一个医院里面都有不同，都要按照他的规划和标准来做。进医院就要按照他的管理规范配送，对我们来说也是全链条的，怎么样既符合法规要求，又符合客户的管理实践。

挑战 4：我的上游厂家，药厂需要自己药品的流向，我们要提供数据给他。我们既要进入渠道把控，又要进入专业的领域。我们很难做到全中国一体化，至少在国内，全国范围都是几十个部署，有的是老旧系统，面临主数据的统一，整个的协同性，挑战非常大。

挑战 5：包括第三方、承运商，从上海局部来看，这个局部点上我在市内配送的情况如何？我如何使这些配送信息能够反馈到销售代表，告知医院我的货品什么时候能够及时的送到？后台是否有跟踪？这对我们来说都是巨大挑战。

如何满足企业诉求？

蔡远游：我想用三个词谈谈我的理解：

第一个是专业，专业的人做专业事，不可能每个企业都能把全产业链都能够做，所以我希望甲方把他专业的事情做好，把他不专业的事情交给专业的第三方来合作，这个是个趋势，这样能够提高效率，更加专业，更加节约成本。当然了，你得选择好乙方。

第二个词是外包，我们在很多领域当中有很多企业会觉得外包有风险，数据会不会泄露？同样的，你要选择一个好的第三方。

第三个词是价值链，在整个合作当中，任何合作应该能够为双方创造新的价值，如果一个平台不能创造新的价值，对甲方、乙方都没有意义。我们在智慧供应链的规划运作当中，就是要秉承专业服务和价值链的角度选择好的第三方。

我们在智慧供应链当中，一是垂直：不可能每个平台做全部的事情，大数据运用应该垂直化、项目化、产品化。把它变成产品化之后，乙方才能变现，甲方才能更好的理解。再来是智能：我们很多东西是线下实现的，未来一定要线上。我们现在评估报告是线上线下结合，两天才能完成。未来我们部署完线上以后，15 秒出一份报告，这样我的成本从 3 千降到 3 百，你只要来找我好了，只要在终端注册一下，输入一个公司就出来了，智能化肯定是需要的。

张志琦：这两年我开始创业之后走访的企业越来越多，覆盖的范围越来越广，看到经济的增长已经变成常态化，相对比较低速的增长模式已经变得常态化。大家对于经营成本中的压力越来越大，前几年，物流供应链的问题最简单，无论花多少钱最快最好得把商品交到消费者手里就行。这两年大家要考虑成本。前两年完全是通过外包的方式做，到这两年，真正意义上是做一部分的管理和管控，大家对这方面的要求越来越多了。对应到李总和邵总在两个行业里都有差异，先回应一下李总的一些点。

装备制造行业来说，这两年大家对于管理管控中间有一些不一样的挑战，我们经销商本身服务要求越来越高，竞争也越来越激烈。对特种行业，包括轨道交通，像轨道交通板块，以及分店板块，又牵涉到特种车辆，特种车辆资源比较少，怎么样把这些资源纳入到平台来，打造像分店行业特种车辆的行业，更快的调配资源，又是面临的挑战。在零配件过程中的管理，我们很多客户分厂组不只买一家设备，买完之后，接下来所有售后和零配件会有很大的问题。售后领域我们还有很大的空间做，怎么及时的把零配件第一时间给到分厂组，同时降低物流成本，因为这些分厂组都在偏远区。为的是把零配件第一设计能够给到他，坦白来讲，这里面有很多浪费。怎么样能够把这部分团结起来，我们想通过集约化来做，通过信息化的方式来完成。

医药行业这两年有很大的变化，从两票制变成一票制有很大的调整，两票制国家有很多法律法规调整。特别医药的追溯和监管，现在不再强制性的监管，要求自建。怎么对原有司机进行管理，对于司机群体管理挺困难的，没有信息化的手段监管也挺难的。一些特种药要通过上药进行配送才能做手术，生怕药送得晚了，手术来不及做，我们在这方面也本身希望在及时性提供更多的帮助。我们会跟更多与下游企业进行配合，这里面面临更大的挑战。物流中间有很多的调整和变化，现在大家在信息化过程中，我们现在选择一条比较难的道路，很多复杂的道路，因为中国物流企业 200 万家，真的很复杂。有特种运营的许可证，这个数量也不少，怎么打破大家各自的利益群体，对整个供应链进行把控，特别物流整个环节做到细枝末节感知化的管理，把它落到实处，这个过程很艰辛，我们希望和大家一起能够真正把这工作做起来。至少从信息技术上，市场准备上我们已经开始做这样的事情。

关于平衡的问题

陈晓明：供应链是比较讲究专业化。我也是做过甲方，在政府部门做甲方比较多，从甲方角度讲希望外包找一个就能解决，甲方外包希望越来越一体化的，从需求来说，有生产供应链，又有消费供应链，从乙方希望专业化做得更好，这三者我觉得是非常有矛盾的地方，这三者怎么来平衡？

蔡远游：我们现在公司是一个数据应用型的公司，我们专注的就是评价、评级、增信、风控，我们有很多案例。

案例 1：一个公司是做工商管理，营业额大概 60 个亿，涉及的供应商 200 多个，我们承接他的供应商管理，我们作为乙方配合他供应商管理，供应商准入标准、考核标准，根据我们的评估模型，加上供应商日常运作的数据，甲方提供的数据占 3 成，我们占 7 成，就不会把另外一个公司的模型套上去，这样永远行不通。

案例 2：一家民营电梯公司需要供应商管理。我们管理的原则是所提供测评的数据不来自乙方，来自数据库。我对 A 公司进行评价，不需要 A 公司提供数据，只依据于我们的数据库，甲方的数据占 3 成，我们占 7 成，形成这样独特的模式。在这过程中，我们有些数据无法打通，随着数据接入越多，越可靠。对客户减少了整个供应商的内容，最怕各地自己找供应商，各地的供应商寻找各自做的，搞小动作，现在总部控制后，把一个权限给他，只有这个供应商可以管。我们有一定的权限给地方，最后还设定奖惩办法，全国 5% 必须奖励，对于倒数 5% 就不再签约。这样整个供应商管理，从评价、评级、增信、风控，还有金融，形成很大的循环。我是靠我的服务跟规划让你降低 1 千万的费用，我分享 1 千万当中的百分之多少作为物流服务费用，在这部分我们跟甲方合作，把价值返回一部分给甲方做人员管理，系统的构建，这样甲方又降低了成本，又得到了回报，大家形成一种共赢的价值链。

邵扬：我个人也曾长期在乙方工作，现在是在甲方工作，我应该是两方都比较有发言权。我认为首先选择是很重要，双方的选择都是很重要的。怎么选？对甲方来说，依据你整体战略规划，信息化规划，不可能某一家乙方把所有的事都做了，特别是集团化的大的企业。一定要把架构先定清楚，控制好耦合度的情况下，在点上选择应该非常慎重，就是看公司资质，看案例跟你的匹配度，看未来长期服务能力，关键是怎么平衡。甲方看乙方，除了其他的过往指标以外，最重要的看人，所有的资质最终落地到人给你服务。还有一点我认为甲方对乙方应该是：首先就要形成一个双赢的态度，要有双赢的思路，不要过分的压榨，把乙方压死了甲方也死了，这种很不聪明，聪明的是双赢，不可能单方面赢。反过来乙方也一样，也应该本着真正帮客户把这个项目，以及长期服务考虑做好，这是双赢的结果。对于乙方来说，我觉得首先是对敬业，对这个行业未来有充分的热情和激情，乙方跟甲方的痛点不一样，你还要生存，有的时候特别是一些初创企业。

对于怎么样来选？现在所谓的双模，传统的系统，比如ERP，选择大型成熟、资质强的软件厂商比较稳妥。但是对于创新点上，应该没有那么多所谓成熟的应用，这个时候我还真的想，在可控风险的情况下，宁可撑死胆大的，该做试点还得做，比如我们选oTMS时，他们也刚创业，我们正好在这个点上有需求，拿来试试。包括现在用微信企业号，或者阿里钉钉，怎么平衡风险、效率，这件事情就是每家企业的选择不太一样，但是都应该得到尊重。

张志琦：我从物流中进行扩展，这两年物流中间竞争还是比较充分的，很多客户中间来说真正意义上我说只用一家外包的物流商有，但是这两年是越来越少。我们现在看到一些外资品牌还在用这种模式在做，可能是一些全球比较大。但是如果真正意义上说一家企业只用一家承运商或者一家第三方公司做整个全部的物流，现在我们看到这趋势也越来越少。这很明显一点，还是跟成本相关的。我们甚至看到很多的企业，原来用5家、6家物流公司覆盖全部网络，现在突然想变成30到50家，他们想把中间的层次拿掉，原来用大的物流公司，现在想用小的，核心问题点在成本。这样也带来更多的挑战，第一个挑战前面谈到供应商的资质问题，这些小公司到底可不可以用？第二原来小公司我靠一两个人管管就行了，现在用4、50家，一两个人管不住，系统要求就越来越多了。还有原来我用单一，我什么都可以给他，IT系统都可以不要，他给我报表就行了，出了问题也是他。现在40、50家，有些公司有能力或者没能力提供报表，最后数据整合到一块还是看不见。他们希望有一个系统对它整个过程进行管理和管控，这样承运商再多，还是有一套平台进行管理。这是B2B的趋势，

第二个趋势是B2C的趋势，单纯靠运营商也不太可能，现在竞争非常激烈。对我们大家来说，一方面看服务质量，一方面看价格。大家面临更多的挑战，怎么把那么多家接到一起？IT内部要跟每一家打通，业务要跟每一家快速反应都挺困难。我们把各家有效的结合在一起，把品牌放在一边，更多看服务质量、要求。在这种情况之下，真正意义上进行多选，同时把选择权放在我们自己货主手里，这样才能立于变化的市场中做到不变应万变。

李静：我个人感觉我补充两点，刚才听了几位嘉宾的发言很有启发，我觉得蔡总主要从数据时代下物流怎么做，张总更多从物流落地讲。任何工作的推进跟我们做信息化一样，不可能一蹴而就，物流产业其实也是平台经济。像“一带一路”走出去的海外工程，量特别大，装一个发电机要大型的特种设备，无论是路上，还是海上，面临的不是一家供应商，需要的是平台。我们现在有100家供应商，甚至有10家平台，我们能不能逐步减少？接下来推进，也是从我们甲方的角度推进。刚才蔡总提到，希望把数据分层，我觉得我们平台的应用和数据的接口也能够分层。我关心的是都在一个数据库里找，我认为应该从这方面推动。随着时代的发展，双方的共同努力，打造良好的生态圈是我们这一代人的使命。

陈晓明：今天是非常好的学习机会，智慧供应链也是互联网加物联网，也是移动大数据、云计算在整个智慧供应链发展过程中的实施和体现。现在内部信息化和外部信息化边界的冲突越来越多，今天是抛砖引玉了，会后也希望大家能更有机会进行交流合作。今天参加会的有IT人，也有物流人，也有其他领域的，是跨界融合，希望通过我们本次论坛进行沟通交流的机会。最后再次感谢上海市国有资产信息中心、上海市计算机用户协会、畅享网给我们大家创造的机会，谢谢。

（来源：畅享网 2017年6月5日）

未来5年数字供应链将占据统治地位

未来5年数字供应链将占据统治地位，若企业的供应链不去改变现在依赖于高成本的断裂信息模式，模式不转变就会被颠覆。

数字化供应链的核心是数据量，IDC与EMC报告预测2020年的数据量预测达40000EB，细化到具体每个人，相当于一个人拥有相当于5200GB的数量。具体到物流和供应链来讲，与传统不同的是，数字化供应链数据的多样性和规模，及时性相对比较高，物流处理有更多外部的数据等。

数字化供应链是一个新的话题，去年提出过一些新物流其中有一些关键的要素，数字化供应链是未来新的下一代供应链的核心要素。

新一代供应链的三个观点：

一是核心的数字化供应链，去年一年拜访了很多的客户，遗憾的告诉大家，企业的物流、信息链的断裂程度是很厉害的，手工作业占了很大的比重，数字化药在新物流要获得、使用、拥有数据，要把整个供应链贯穿起来。

二是按需服务，电商把大家的口味都调起来了，你有什么需要，电商都可以快速的响应，这种需求已经蔓延到B端，无论是物流企业还是其他企业，怎样快速响应客户需要，在数字化工业的基础上做到信息快速传递、响应和实现变得至关重要。

三是应需而变，现在供应链新的业态形势不断出现，企业不可能自己独立去开发构建全新的物流信息系统或者软件，需要选择供应商，自己物流的形态和业态在快速的变化中，在变化时怎样快速的响应和支持，让系统走在你的业务和需求的前端，也是下一代供应链所面对的挑战。

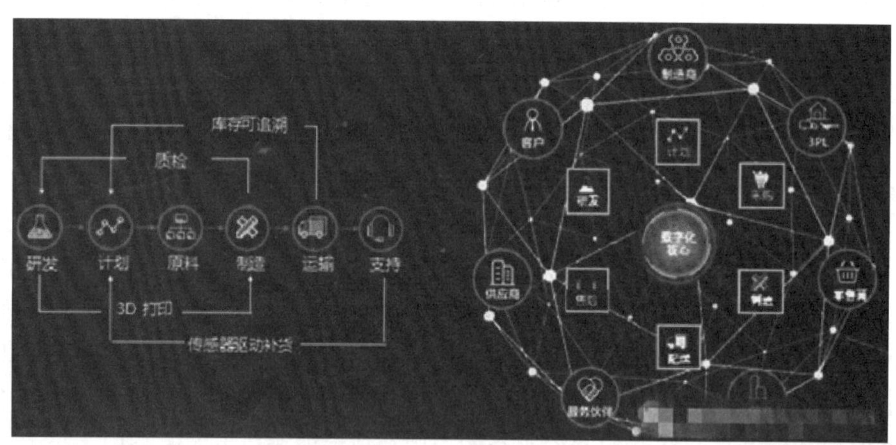

物流与供应链

我们可以看到，左边是传统供应链企业的信息流转方式，物流的信息在不同部门的传递是一种线性的，在未来整个企业信息化的数字化核心和构建，在不同的部门之间要把信息化转化为网络化和驱动性化，但是以数字为核心，减少了不同周边节点。

物流供应链在整个企业数字化核心中占有非常重要的角色，企业化的数字化核心的能力建设是供应链的数字化核心建设，物流本身不能独立于企业的整体信息化的大范畴，在海外调研了1000多家，报告提到96%的企业认为如果企业供应链不去转型为数字化，不去改变现在依赖于高成本的断裂信息模式，模式不转变就会被颠覆。

数据量的激增

美国大的企业认为数字化供应链一定会在未来5年统治企业新的管理模式，在座的都是物流人，可以根据自身的物流模式和趋势差别在什么地方？

数字化供应链的核心就是数据，因为现在能拥有的数据在快速增长，过去5年每年看到不断有新的技术手段，让每个行为所产生的数据能给别人所使用，2015年报告预测到2020年这个数字宇宙的是4万EB的规模，细化到具体每个人，相当于一个人拥有相当于900GG的数量。

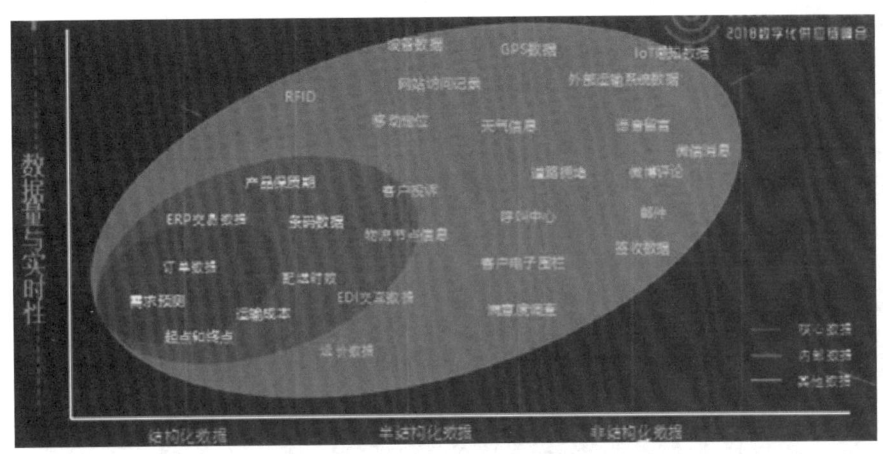

数字化供应链

具体到物流和供应链来讲，我们拥有数据与传统的数据不一样的，物流所面对处理的数据有更多大量的外部数据，这不是企业核心可以控制的，比如司机在路上发生车祸，拍个照片传回来，这些数据都是在物流中可以运用的。

今天大家作为物流人所拥有的数据、温控、客户投诉等是多样性的，数据量每几秒钟就会有，很多数据都可以进行时时传递，数字化供应链才会成为可能。

数字化处理的能力要应对波动

现在的断裂波动性是非常大的，电商促销的活动业务量是几十倍的增长，企业要具备应对的能力即掌握、判断、预测、分析等，才可以从容的应对各种波动。

如果把供应链缩小，端到端协同与可视化可能已经成为现实。京东是一个很好示范，其作为一个物流行业的后来者怎样作到物流行业的前端，怎么做到的数字化管理？

京东现在做仓库的无人机送货，优化分析和配送优化等，其背后是因为拥有数据才可以做决策，同时自动化设备等都是依靠数据去推动的。

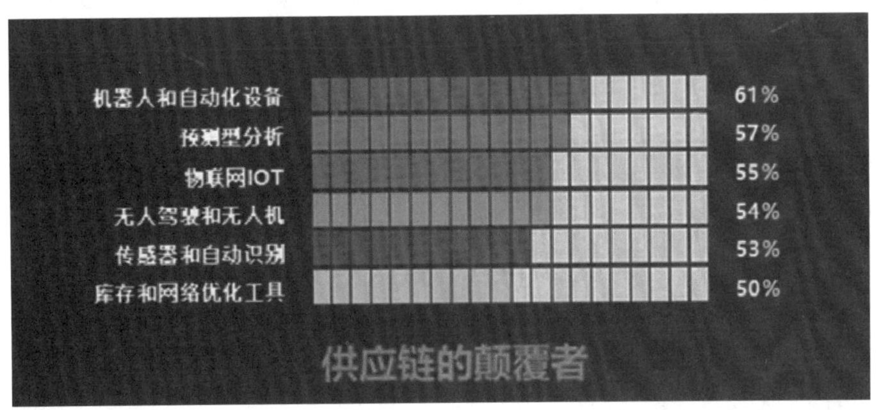

供应链的颠覆者

包括机器人和自动化设备、预测性分析、物联网IOT、无人驾驶和无人机、传感器和自动识别、库存和网络优化工具，数据化供应链已经来到我们身边，作为物流人来讲可以拥有大量的数据来使用，主要是怎样去使用，因此我们要做连接，要把这些数据都拿到手。

数字化供应链的关键是连接

物流的连接对象是很大的，要获取数据要有充分的连接能力，连接资金流、信息流、物流三个要素是很重要的，数据流是第四要素。

数字化供应链 连接

物流还要上下游系统的连接，通过云服务把物流信息放到云端进行整合，通过连接才可以拥有获取这样的物流数据，可以做大数据或者物流分析。

对于物流人来讲，云服务赋能要从观望到行动，从 2016 年到 2017 年可以看出不认同云的客户比例从四分之一降低到几个百分点，这是这个研究报告的数据。使用或者尝试计划使用云服务的已经达到 91.8%，各位今天对云服务希望尝试的观点和以前的观点是不一样的。

物流信息系统是最适合走向云端的应用，主要是连接、智能、敏捷、快速。物流具有最大的网络性外部性特征，物流的数据在内外是一个共享，敏感性、安全性是最低的，通过云端对于云端的数字化供应链为你提供最大的连接，通过连接拥有最大的数据做优化，拥有的数据运用自动化的决策再给予业务模式和架构的灵活性，帮助你在整个供应链的服务信息等快速上线。

科箭作为一方，为大家提供供应链的解决方案，真正怎样落地，我们做仓配一体化，如果没有做仓配一体化，很难做到在各个环节的优化，可以从三个角度看，比如从业务角度看要有业务的接入能力，对各种各样物流业务的接入。要对业务进行整合，要成本优化，整个供应链的优化要有业务的优化能力。

仓配一体化

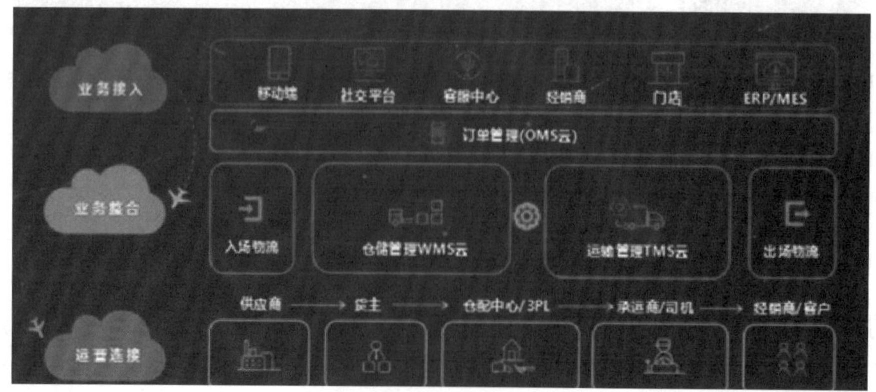

运营的连接能力，把你供应链端到端去连接起来，通过一个仓配一体化系统才可以做这些，再到运营连接。

专业是把我们这么多年无论是企业还是服务能力的最佳实践要放到系统里，对于企业选择云服务首先要系统可用，想要的东西要准备好，不同的行业都可以通过云服务进行支撑。

今天讨论的是怎样去做，科箭愿意和大家一起在新的物流新的数字化供应链一起探索和合作，通过5年的时间成功转型为新的互联网的软件公司，为大家提供一个行业领先供应链的云服务平台，也有自己的研究信息的给大家。一体化云平台数字化供应链的作用是：打破信息孤岛，数据高可用，资源协同、高效运营。

（来源：物流沙龙 2018年02月11日）

军工企业供应链管理服务前景分析：市场规模保持较快增长

军工企业供应链管理服务市场的发展主要取决于以下两个因素：一是军工行业交易额（可以用装备购置费反映）；二是供应链管理外包的比例。结合近年来我国军费支出的增长情况、军工企业供应链外包情况以及物流成本控制情况，再通过相应的专家访谈和调研论证，得出如下市场规模。

军工企业供应链管理服务市场的发展主要取决于以下两个因素：一是军工行业交易额（可以用装备购置费反映）；二是供应链管理外包的比例。结合近年来我国军费支出的增长情况、军工企业供应链外包情况以及物流成本控制情况，再通过相应的专家访谈和调研论证，得出如下市场规模。

伴随着我国军费开支的不断增长以及国家对部队装备建设的不断重视，据前瞻产业研究院发布的《军工企业供应链管理服务行业市场前瞻与商业模式分析报告》数据显示，在2011-2016年间，我国军工企业供应链管理服务市场规模保持逐年增长的趋势。2016年，我国军工企业供应链管理服务市场规模约为130亿元，较上年同比增长7.09%。

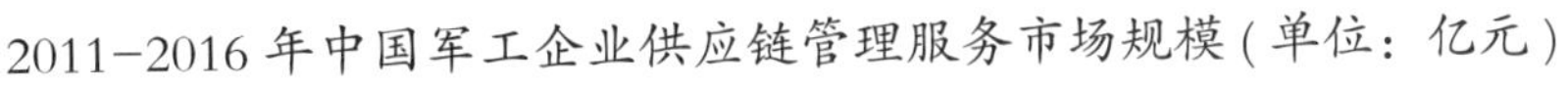
2011-2016年中国军工企业供应链管理服务市场规模（单位：亿元）

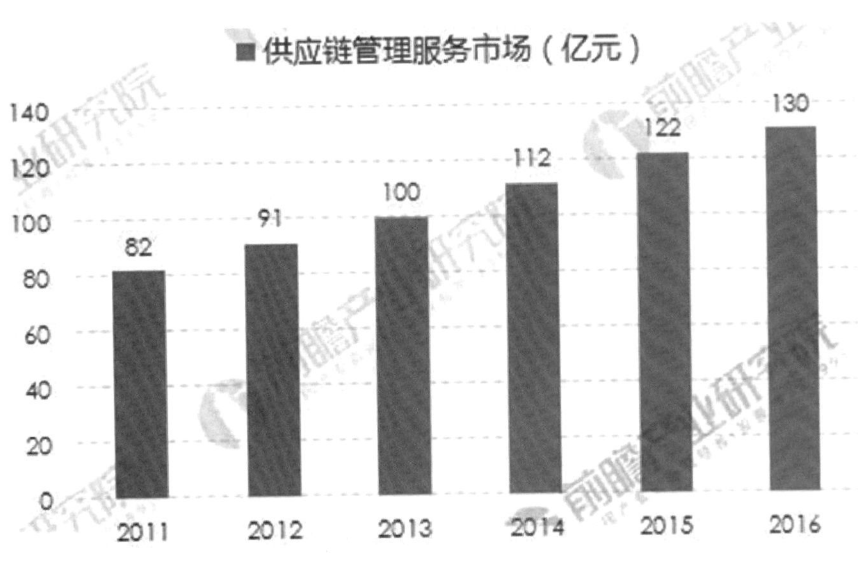

资料来源：前瞻产业研究院整理

目前，我国国防预算占 GDP 比重仍然较低，仅为 1.32%，远低于美国（4.4%）、俄罗斯（4.4%）、韩国（2.7%）等国，未来仍有较大提升空间。根据国家十三五规划，到 2020 年我国 GDP 至少为 92.7 万亿元，若按军费占比 2.4%（英国水平）计算，则我国国防预算为 22248 亿元。同时，随着供应链管理地位的不断提升，我国军工企业供应链管理服务外包比例将不断攀升。

因此，前瞻预计未来几年我国军工企业供应链管理服务市场规模将会继续保持较快增长的趋势，到 2022 年这一市场规模将会达到 244 亿元左右。

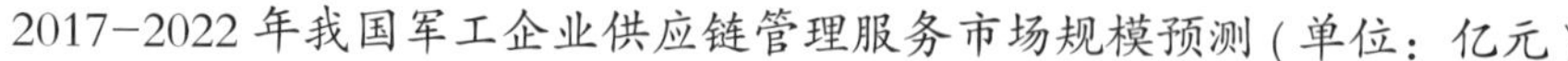

2017-2022 年我国军工企业供应链管理服务市场规模预测（单位：亿元）

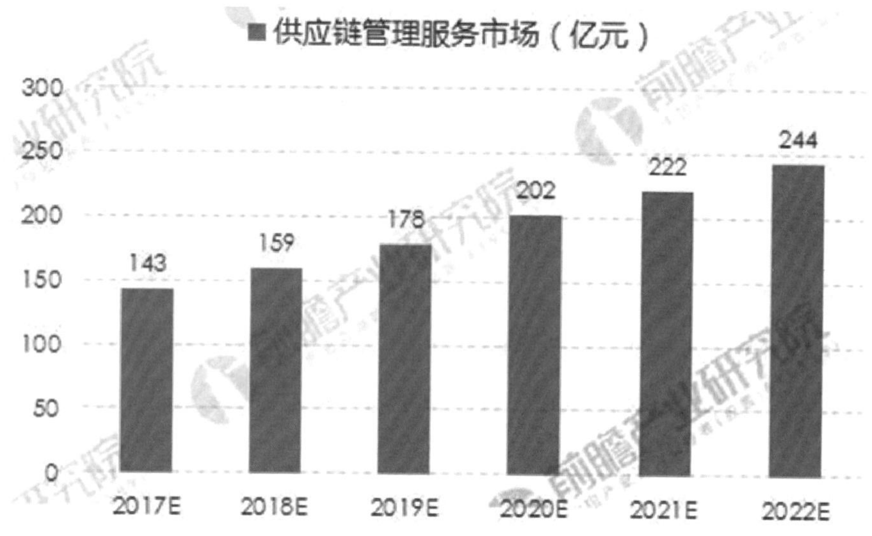

资料来源：前瞻产业研究院整理

中国军工企业供应链管理服务发展趋势

（一）供应链管理的地位将提升

扩大的市场和不断增长的客户需求会将供应链管理作为竞争利器。现在政府和军工企业都意识到国家供应链绩效缺口的巨大和冲击，政府和军工企业开始意识到供应链管理的重要性。

（二）集成化、中心化、合理化

供应链职能、资产、架构以及人员配置和运作都将大幅度的集成化、中心化、合理化，这是可以确定的。这种趋势在规则限制的消除、客户对于一站式服务以及意识大量成本的节约等因素的刺激下得到加速。例如，海尔，通过集成和集中采购职能，原材料以及成品发运职能，可以获得成本以及资产上的节约，并在服务上获得更多收益。

（三）信息为王，而不是资产为王

中国成功的物流将更注重信息流，而不是车辆、托运的实物移动。中国公司目前拥有过量的实物资本，但缺少信息和知识。在短期内，战略的存货资产依然是外资企业获取信任以及服务质量的必需。但从长期来看，对于资本和信息的平衡对于公司来说会十分重要。

（来源：前瞻网 2018 年 02 月 14 日）

市商务委牵头召开上海供应链体系建设试点启动推进会

2018 年 2 月 27 日，市商务委副主任刘敏主持召开上海供应链体系建设试点启动推进会。会上，市商务委、市财政局、市质量技监局、上海投资咨询公司分别就项目的推进、资金管理及标准化建设向项目单位明确要求。37 家试点企业对照项目责任承诺书介绍了试点项目推进情况及预期成效。会上成立了“上海供应链体系建设创新联盟”，联盟在试点期间将大力推动开展标准研制、实施应用、推广培训等工作。

刘敏指出，对标上海建设国家智慧供应链示范城市的目标，各试点项目要站在推动上海从供应链生态圈向数字供应链阶段发展的高度上来谋划推进，快消品领域，推广“按托下单、带板运输、信任交接”模式；农产品领域，推广从田头到门店的“三次不倒筐”、可追溯模式；重点产业领域，形成一批模式先进、协同性强、辐射力广、掌握行业大数据的供应链大平台，逐步构建城市供应链体系。试点企业要以高度的紧迫感和责任感，推动行业转型升级，辐射服务长三角区域。项目推进过程中，必须由企业主要负责人负责，项目负责人要固定，项目组要形成团队，全力推进。力争上海在全国率先培育出若干家全球供应链领先企业。

（来源：市商务委网 2018-02-28）

本篇供稿：张三敏 朱泽榕 张志坚 编辑：张志坚

第十篇 附录

10.1 物流业大事记

物流业大事记

（2017 年 1 月——2018 年 2 月）

2017 年

1 月 11 日，市商务委、市发改委组织召开本市物流业发展工作座谈会。市商务委对《国内贸易流通“十三五”发展规划》进行了解读，市发改委介绍了《上海市现代物流业发展“十三五”规划》。市交通委、市经信委、市邮政管理局，浦东新区、嘉定区、松江区、青浦区发改委、商务委（经委），市物流协会、交通运输协会、仓储协会、货代协会、快递协会、物流企业家协会以及相关企业代表参加会议并交流发言。

2 月上旬，商务部等 5 部门日前发布了《商贸物流发展“十三五”规划》。根据规划，“十三五”期间，基本形成城乡协调、区域协同、国内外有效衔接的商贸物流网络；商贸物流标准化、信息化、集约化和国际化水平显著提高，商贸流通领域托盘标准化水平大幅提升，标准托盘使用率达到 30% 左右，先进信息技术应用取得明显成效；商贸物流成本明显下降，批发零售企业物流费用率降低到 7% 左右；政府管理与服务方式更加优化，法治化营商环境更趋完善；基本建立起高效集约、协同共享、融合开放、绿色环保的商贸物流体系。

2 月 10 日，交通运输部发布的《中华人民共和国船舶登记办法》（以下称《办法》）正式施行。《办法》明确了《中华人民共和国船舶登记条例》（以下称《条例》）未尽的船舶登记规范，归拢了船舶登记规范性文件中的要求，并落实 2016 年国务院要求，进行了自由贸易试验区国际船舶登记制度创新。

2 月 13 日，上海市政府新闻办举行市政府新闻发布会，上海市口岸办主任张超美介绍了上海口岸 2016 年度数据，以及口岸单位服务经济转型、服务企业通关相关举措。上海海关副关长谭武、上海出入境检验检疫局副局长李晋、上海海事局副局长常富治、上海边检总站副总站长李国官出席发布会，共同回答记者提问。

2 月 17 日，注册于上海自贸试验区的中远海运财产保险自保有限公司正式宣告成立。这是继中石油、铁路总公司相继设立自保业务后，我国航运领域迎来的首家自保公司，也是上海市第一家自保公司。

3 月 7 日，《中国（上海）自由贸易试验区航运法治建设公约》在浦东新区办公中心内签署。包括航运法律和仲裁机构、行业协会、高校航运法律研究机构在内的共 22 家单位集体签署公约，明确表示愿意为自贸区航运企业提供优质的法律仲裁服务。会上还初步达成 4 个合作项目。分别是：东盟法律服务上海合作中心项目（上海国际航运仲裁院 - 东盟法律服务联盟）、通用航空产业特殊保险产品创新项目（上海通用航空协会 - 上海航运保险协会）、国际海员法律调解中心项目（上海船东协会 - 上海经贸调解中心）、国际船舶管理第三方法律责任项目（上海国际航运发展中心促进会国际船舶管理人分会 - 上海交通港航发展研究中心）。

2 月 28 日，上海物流企业家协会召开二届四次会员大会。市商务委朱冰心，市发展改革委吴宝锋，市交通委滕俊频和上海物流企业家协会会长范鸿喜，首席智库专家叶毅干，高级智库专家朱道立、储学俭、首席策划师杨德林等嘉宾出席。协会 150 多名会员和高级物流师分会、冷链专委会、供应链网络金融分会 20 多名代表参加了会议。常务副秘书长吴胜利，会长助理汤静主持了会议。协会副会长兼秘书长陈永军向大会作《坚持服务宗旨创新协会工作》2016 年度工作报告。副秘书长韩瑛宣读了《关于协会人事变动情况的报告》。协会各分会及专委会也做了工作汇报。

3 月下旬，国务院印发《全面深化中国（上海）自由贸易试验区改革开放方案》。《方案》提出，上海自贸试验区要围绕重点任务和薄弱环节继续深化改革探索，坚持以制度创新为核心，解放思想、勇于突破、当好标杆，以可复制可推广为基本要求，主动服务“一带一路”建设和长江经济带发展等国家战略，加强与上海国际经济、金融、贸易、航运中心建设和具有全球影响力的科技创新中心建设的联动，不断放大政策集成效应，在构建开放型经济新体制、深化投资管理体制改革、优化贸易监管服务体系、推进金融开放创新、完善创新促进机制等方面，率先挖掘改革潜力，破解改革难题，建设法治化、国际化、便利化营商环境。

4 月 5 日，2017 年全市电子商务发展联席会议召开，市委常委、常务副市长周波、联席会议 26 个成员单位、各区政府有关负责同志和部分行业组织和重点企业参加会议，市商务委主任、联席会议办公室主任尚玉英作 2016 年全市电子商务工作及 2017 年工作要点报告，市经信委副主任、联席会议办公室副主任傅新华作了《上海市电子商务发展“十三五”规划》编制情况的报告，与会单位对 2017 年电子商务重点工作开展讨论，结合工作实际进行推进落实。

4 月中旬，国家质检总局、国家发改委、交通运输部、商务部、工商总局、中国保监会、国家铁路局、中国民用航空局、国家邮政局、中华全国供销合作总社、中国铁路总公司共同出台《关于推动物流服务质量提升工作的指导意见》（以下简称《意见》），提出强化物流企业服务质量意识、建立物流服务质量指标体系、健全物流服务质量标准体系等 9 项重点任务。

4 月 12 日，贯彻落实工业和信息化部、公安部、交通运输部、工商总局、质检总局等 5 部委下发的《关于开展货车非法改装专项整治行动的通知》（工信厅装函〔2017〕21 号）要求，市经济信息化委牵头召开上海市货车非法改装专项整治行动工作会议。市经济信息化委副主任黄瓯出席会议。会议解读了 5 部委下发的通知的工作要求，总结各部门前期完成的相关工作，商议本市货车非法改装专项整治行动工作方案并研究确定了相关单位后续任务分工。市公安局、市工商局、市质监局、市交通委等委办局，以及国家机动车产品质量监督检验中心（上海）参加会议。

4月下旬，国务院办公厅日前印发《关于加快发展冷链物流保障食品安全促进消费升级的意见》（以下简称《意见》），部署推动冷链物流行业健康发展，保障生鲜农产品和食品消费安全。

4月21日，本市农产品物流标准化推进工作会议召开，。市商务委副主任吴星宝主持会议，西郊国际、上农批、食行生鲜、上蔬永辉、都市菜园、田野配送、弘阳农业、永昌、美天等企业负责人出席会议。

4月27日，哈尔滨市委副书记、市长宋希斌会见了中国保税区出口加工区协会副会长、上海浦东现代物流协会会长仲伟林率领的上海保税区域协会及上海浦东现代物流协会联合代表团一行。宋希斌说，哈尔滨市场消费规模较大，资源十分富集，为发展物流业提供了广阔的市场空间。希望代表团一行能够借助此次来哈考察机会，探寻出双方合作契合点，发挥协会优势，把上海先进的物流发展理念、模式和大企业引入哈尔滨，助推哈尔滨物流产业转型升级。仲伟林说，浦东现代物流协会将认真加强对哈尔滨的考察了解，积极参与哈尔滨物流产业建设发展，进一步拓宽业务渠道，寻求多元化投资合作，促进互利共赢。

5月6日，2017上海物流日活动暨物流业“创优与降本”主题论坛举行。上海现代服务业联合会会长、“2017上海物流日活动”组委会主席周禹鹏、市商务委副主任刘敏等出席活动，上海市物流协会(学会)、上海物流企业家协会等业界社团和企业代表出席本次论坛。上海海事大学校长黄有方、上海天地汇供应链管理有限公司总裁徐水波、上海圆通速递有限公司总裁相峰、上海市物流协会逆向物流分会常务副会长郝浩等专家作了主旨演讲。

5月22日，上海市物流协会在上海宝隆美爵宾馆金色大厅举行第三届第一次会员代表大会暨理事会，市商委，社团局，经信委，发改委共同见证此次盛会。上海市原副市长现任上海现代服务业联合会会长周禹鹏先生到场祝贺。大会诞生出新的理事单位和新的理事人选。其中，会长为上海现代物流投资发展有限公司浦静波，监事长为上海融链供应链科技有限公司高瑞，刘鹰为秘书长。大会选出的副会长单位32家，常务理事单位25家。

5月24日，经上海海事局受理、初审的中英中船船舶管理（上海）有限公司取得了交通运输部海事局签发的海员外派机构资质证书，成为中国（上海）自由贸易试验区第一家外商独资海员外派机构。根据核准，该公司可以为中英中船（香港）有限公司管理的船舶派遣船员。这是海事部门服务中国（上海）自由贸易试验区建设，推进航运业扩大开放取得的又一重大突破。

5月26日，2017年中国（江苏）长三角物流发展与合作论坛在南京市召开，本次会议以”转型、升级、变革 ---- 物流发展新趋势“为主题，来自江浙沪两省一市百多家物流业企业、长三角主要城市政府物流主管部门和物流业协会的代表参加会议，来自物流配送、电子商务、冷链物流、科技研发、交通运输等单位代表作了主题发言。

5月下旬，由国家标准化管理委员会、上海市发改委、上海市商务委以及相关领域大学教授组成的专家组，联合上海市质量技术监督局、普陀区市场监督管理局组成的联合考评组，对远成物流参与国家级服务标准化试点项目进行考察和评估，通过了对远成物流成为国家级服务标准化试点单位的认定。

6月8日，市商务委召开2017年再生资源回收与生活垃圾清运体系“两网协同”工作推进会，市商务委副主任刘敏出席会议，会议总结2016年“两网协同”试点工作情况，并对2017年“两网协同”工作进行了部署，要求各区商务主管部门按照《市商务委市绿化市容局关于2017年加快推进本市“两网协同”工作实施方案的通知》要求，结合实际，进一步扩大“两网协同”覆盖范围，在主体培育、规范回收服务、模式创新、数据统计及强化绩效考核等方面取得新的突破。

6月中旬，商务部发布《2016年药品流通行业运行统计分析报告》，《报告》指出，随着“健康中国”战略的实施和“十三五”深化医药卫生体制改革的推进，药品流通行业发展站上了新起点。全年全国七大类医药商品销售总额达18393亿元，扣除不可比因素同比增长10.4%，增速同比上升0.2个百分点。其中，药品零售市场3679亿元，扣除不可比因素同比增长9.5%，增速同比上升0.9个百分点。

6月26日，百联全渠道新零售RISO首店在上海开业。RISO通过重塑零售价值，带给消费者关于生活方式的更好体验，提出“轻食有味”的生活理念和以人为本的生活空间，实现商业零售从价格型消费向价值类消费、体验式消费、个性化消费转变，是百联对新零售业态的一次探索。RISO店内的商品50%餐饮、25%生鲜、20%食品饮料以及5%日用品，全店60%的产品为进口中高档产品，背靠百联集团的供应链资源，RISO精选了来自全世界各地的鲜活海鲜，如波士顿龙虾和帝王蟹、澳洲小蓝龙虾；饮品区有专供的意大利有机米浆等。

6月30日，中船集团下属中船海洋动力技术服务有限公司（以下简称“中船服务”）在上海自贸试验区洋山保税港区对外正式宣告开业。至此，国内外船用发动机制造维修前三强企业（曼恩、中国船舶、中船重工）齐聚洋山保税港区，标志着船舶保税维修产业集群初步形成。

7月6日，由中国（上海）自贸试验区商务委员会（航运办）主办，上海仲裁委员会国际航运仲裁院承办，东盟法律联盟、中国（上海）自由贸易试验区境外投资服务平台、上海海事大学法学院、上海市律师协会为合作方的上海自贸试验区与东盟航运投资法律研讨会在上海航运和金融产业基地成功举行。浦东新区副区长陈希到会致辞，新区商务委副主任陆启星主持研讨会。

7月11日，商务部印发了《2017年加快内贸流通创新推动供给侧结构性改革扩大消费专项行动实施方案》。《方案》要求，以“优商品、通商路、减商负、立商信”为着力点，促进消费需求扩大和消费升级，要降低制度性成本，继续推进降费减税；降低技术性成本，推动农产品冷链物流标准化；降低组织性成本，鼓励流通企业扩大连锁经营规模，全面启动“农商互联”。

7月，浦发银行完成该行首单自贸区FT（自由贸易账户）跨境飞机租赁融资业务。此次通过为企业量身定制的自贸区FT跨境融资方案，浦发银行突破了飞机融资业务专业性较强、时效性要求较高等难点，有效满足了企业的人民币融资和购汇需求，使其按时支付购机款。通过FT账户操作跨境飞机租赁融资，是融资租赁行业在上海自贸区进行的又一项业务创新。

8 月 4 日，商务部发布《中国融资租赁业发展报告（2016-2017）》（以下简称《报告》），《报告》分为总体情况、发展特征、趋势展望等三个部分，全面展示了 2016 年我国融资租赁行业的总体情况，归纳分析行业发展特征，并对融资租赁业发展趋势进行研判。

8 月 7 日，国务院办公厅日前印发《关于进一步推进物流降本增效促进实体经济发展的意见》（国办发 [2017]73 号文），部署推进物流降本增效有关工作，着力营造物流业发展良好环境，提升物流业发展水平，促进实体经济发展。《意见》指出，物流业贯穿一二三产业，衔接生产与消费。推动物流降本增效对促进产业结构调整和区域协调发展、培育经济发展新动能、提升国民经济整体运行效率具有重要意义。《意见》从七个方面提出了 27 项具体措施。

9 月 14 日，上海自贸试验区“一带一路”技术贸易措施企业服务中心在沪揭牌，国家质检总局标准与技术法规研究中心、发展与研究中心与上海自贸区管委会签署“一带一路”技术贸易措施工作合作备忘录。

9 月 20 日，国务院总理李克强主持召开国务院常务会议，确定深入推进跨境电子商务综合试验区建设的措施，加快业态创新提高外贸便利度和竞争力。国务院批准设立跨境电子商务综合试验区两年多来，相关地区在技术标准、业务流程、监管模式等方面先行先试，形成了一系列好经验、好做法，综合试验区进出口规模快速增长。下一步，一要在全国复制推广跨境电商线上综合服务和线下产业园区“两平台”及信息共享、金融服务、智能物流、风险防控等监管和服务“六体系”等成熟做法，积极探索新经验，

10 月 5 日，国务院办公厅日前印发《关于积极推进供应链创新与应用的指导意见》（以下简称《意见》）。《意见》针对目前我国供应链发展基础薄弱、人才匮乏、治理机制不完善等问题，提出了六方面保障措施：一是营造良好供应链创新与应用政策环境。二是积极开展供应链创新与应用试点示范。三是加强供应链信用和监管服务体系建设。四是推进供应链标准体系建设。五是加快培养多层次供应链人才。六是加强供应链行业组织建设。

10 月 19 日，第九届中国城市物流发展大会暨首届共同配送大会在上海召开。市商务委副主任刘敏、商务部流通业发展司副司长张祥参加会议并讲话，会上，来自相关省市物流行业主管部门、研究机构、商贸物流企业约 600 人围绕“标准、绿色、共享”的主题，就商贸物流标准化的内容与成效、城市共同配送现状与展望、城市物流绿色发展新方向等方面进行了深入探讨。

11 月上旬，国家邮政局、国家发展改革委、科技部、工业和信息化部、环境保护部、住房与城乡建设部、商务部、国家质量监督检验检疫总局、国家认证认可监督管理委员会、国家标准化管理委员会日前联合发布《关于协同推进快递业绿色包装工作的指导意见》（以下简称《指导意见》），将按照“政府引导、社会参与，创新驱动、源头治理，分类指导、因地制宜”的原则，进一步优化顶层设计，推进源头治理，增加绿色快递服务产品供给，提高快递业包装领域资源利用效率，降低包装耗用量，减少环境污染。

11月上旬，由上海市商务委员会指导，中国物流与采购联合会和上药控股有限公司主办的2017国际医药供应链峰会暨第四届中国医药物流行业年会在上海召开，中国物流与采购联合会会长何黎明、市商务委副主任刘敏出席开幕式并致辞。本次峰会有影响力论坛、医药实践分论坛、X分论坛、2016-2017（第二届）医药供应链“金质奖”授牌颁奖和《医药物流承运商审计与现场运行改善》培训等活动。来自美国、欧洲以及国内医药物流及供应链相关企业的1000多位嘉宾与会参加。

11月15日至16日，商务部在天津召开全国物流标准化现场经验交流会。商务部流通业发展司司长郑文出席会议，全国各批物流标准化试点城市、首批供应链体系建设试点城市相关负责同志、物流标准化重点推进企业和协会等参加会议。市商务委副主任刘敏出席会议并作交流发言。

11月，由上海现代服务业联合会、上海市物流协会（学会）联合编撰，上海世纪出版股份有限公司学林出版社出版发行的《上海物流年鉴2016》问世，这是自2011年以来，上海市连续出版发行的第六本物流年鉴。

12月10日，历时近三年艰苦建设，经过为期18个月细致全面的设备及系统调试，上海洋山深水港四期自动化码头开港试生产。洋山四期的建成和投产标志着中国港口行业在运营模式和技术应用上实现跨越升级，为上海港进一步巩固港口集装箱货物吞吐能力世界第一地位，加速跻身世界航运中心前列提供新动力。洋山四期位于东海大桥以南，地处整个洋山深水港最西侧，依托颗珠山岛及大、小乌龟岛围海填筑形成，总用地面积223万平方米。洋山四期共建设7个集装箱泊位、集装箱码头岸线总长2350米，设计年通过能力初期为400万标准箱，远期为630万标准箱。

12月19日，由上海现代服务业联合会与上海物流企业家协会联合举办的2017第五届上海现代物流高峰论坛在上海中国金融信息中心举行。上海现代服务业联合会会长周禹鹏与中国物流与采购联合会会长何黎明共同为上海现代服务业联合会物流与供应链服务专业委员会揭牌，市商务委副主任刘敏与上海现代服务业联合会副会长兼秘书长李关德共同为上海冷链联盟揭牌。上海现代服务业联合会物流与供应链服务专业委员会由65家行业组织和行业领军企业发起成立，上海冷链联盟则是由本市冷链相关的12家行业组织发起成立。

12月下旬，交通运输部联合公安部、商务部印发《关于组织开展城市绿色货运配送示范工程的通知》（简称《通知》），将于2018年年初启动城市绿色货运配送示范工程，至2020年年底，力争在示范城市建成“集约、高效、绿色、智能”的城市货运配送服务体系。

12月29日，在最新投入运营的洋山四期集装箱自动化码头，在鳞次栉比的港口桥吊中，一只身披“红妆”的集装箱被稳稳吊起，卸下货轮，上海港由此成为全球首个年集装箱吞吐量突破4000万标箱的大港，并且连续8年位居世界第一。

2018年1－2月

1月2日，国务院办公厅印发《关于推进电子商务与快递物流协同发展的意见》（以下简称《意见》）。《意见》提出了强化制度创新、强化规划引领、强化规范运营、强化服务创新、强化标准化智能化、强化绿色理念等六个方面的政策措施。

1 月下旬，市商务委召开物流标准化调研座谈会暨外延蔬菜基地农超对接工作推进会，重点推动大润发、卜蜂莲花、联华、家乐福、麦德龙、乐购、华润万家等占上海市场份额 50% 以上的大卖场、超市，对接上海市外延蔬菜基地，推动从外延蔬菜基地，到超市上海配送中心，再到超市门店全程带筐运输模式。此项工作将大大助力于连锁商超的供应链优化，提效降本，增强本市商超生鲜品类的竞争力。

2 月初，财政部、海关总署、税务总局联合发布《关于完善启运港退税政策的通知》，《通知》显示，将扩大离境港范围，在原上海洋山保税港区基础上，增列上海外高桥港区为离境港。此外，启运港范围也再次扩容，在原有 8 个启运港基础上，新增泸州市泸州港、重庆市果园港、宜昌市宜昌港、张家港市永嘉港、南通市狼山港 5 个启运港。上述措施的出台实施，有利于进一步优化启运港退税政策体系和操作流程，扩大政策成效，进一步助力上海国际航运中心建设和长江经济带发展。

2 月 27 日，市商务委副主任刘敏主持召开上海供应链体系建设试点启动推进会。会上，市商务委、市财政局、市质量技监局、上海投资咨询公司分别就项目的推进、资金管理及标准化建设向项目单位明确要求。37 家试点企业对照项目责任承诺书介绍了试点项目推进情况及预期成效。会上成立了“上海供应链体系建设创新联盟”，联盟在试点期间将大力推动开展标准研制、实施应用、推广培训等工作。

（整理：张志坚）

10.2 上海图书馆馆藏部分 2017 年出版物流业文献资料

上海图书馆馆藏部分 2017 年出版物流业文献资料

序号	书　名	著者	出版社
1	物流管理	平海	北京理工大学出版社
2	物流管理概论 Introduction to logistics management	田源	机械工业出版社
3	分类农产品物流品控集成技术	王国利	科学出版社
4	物流服务供应链与制造业转型升级的关联分析 Association studies on logistics service supply chain and transformation & upgrading of manufacturing industry *	葛健	经济管理出版社
5	第三方物流管理 The third party logistics management	王秀娥	清华大学出版社
6	物流专业英语 Logistics English	唐连生	清华大学出版社
7	物流专业英语 Logistics English	王风丽	人民邮电出版社
8	当代国际物流实务	戴正翔	清华大学出版社
9	国际物流 专著 = International logistics	刘丽艳	清华大学出版社
10	北京市冷链物流报告 . 2015	兰洪杰	北京交通大学出版社
11	多式联运与物流发展的制度挑战	蒙埃尔斯	人民交通出版社股份有限公司

序号	书 名	著者	出版社
12	物流 4.0: 驱动中国物流互联网化转型的百张脑图	汉森商学院	机械工业出版社
13	物流信息技术 Logistics information technology	王晓平	清华大学出版社
14	物流学概论 Introduction to logistics	周启蕾	清华大学出版社
15	示范物流园区创新发展报告 . 2017 Demonstration logistics park innovation and development report . 2017	贺登才	中国财富出版社
16	中国物流发展报告 . 2016-2017 China logistics development report . 2016-2017	贺登才	中国财富出版社
17	现代物流管理 Logistics	贾平	清华大学出版社
18	物流管理概论 Introduction to logistics management	柳健	电子工业出版社
19	物流企业文化 Logistics enterprise culture	邱小平	经济管理出版社
20	交通物流 Traffic logistics	赵光辉	华中科技大学出版社
21	“互联网 +”背景下物流服务价值共创与服务创新研究	王琦峰	浙江大学出版社
22	全球化下地方城市物流网络组织研究	宗会明	科学出版社
23	现代物流信息技术及应用	朱耀勤	北京理工大学出版社
24	物流信息技术实用教程 Logistics information technology practical course	侯安才	人民邮电出版社
25	移动物流 Mobile logistics	张铎	经济管理出版社
26	实用物流英语 Practical logistics English	杨昌蓉	中国人民大学出版社
27	物流工程 Logistics engineering	伊俊敏	电子工业出版社
28	电子商务物流管理 E-commerce logistics management	马宁	人民邮电出版社
29	物流仓储网络均衡配置优化与效益评价 Equilibrium allocation optimization and performance evaluation of logistics warehousing network	杨鹏	西安交通大学出版社
30	多元回收模式下再制造逆向物流网络选址规划及应用 Remanufacturing reverse logistics network planning and application based on diversified recycling modes	周向红	西安交通大学出版社
31	物流系统规划及其分析设计	刘联辉	中国财富出版社
32	物流成本管理 专著 = Logistics cost management	鲍新中	人民邮电出版社
33	Plunkett’s transportation, supply chain & logistics industry almanac 2017 : the only comprehensive guide to the business of transportation, supply chain and logistics management / Jack W. Plunkett.	Plunkett, Jack W	Plunkett Research, Ltd.
34	物流大生态：构建新零售时代的电商物流模式图	黄刚	机械工业出版社
35	第三方物流企业经营管理	黄远新	中国财富出版社
36	物流运输组织与管理 Logistics transportation organization and management	王长琼	华中科技大学出版社
37	グローバル・サプライチェーンロジスティクス == Global supply chain logistics	黑须诚治	白桃书房
38	21 世纪海上丝绸之路港航物流系统研究 专著 = Research on port and shipping logistics system of 21st-century maritime silk road	曾庆成	大连海事大学出版社
39	物流技能竞赛指导 Logistics skills contest guide	王骏	中国人民大学出版社

序号	书　名	著者	出版社
40	中国战略性新兴产业研究与发展，物流仓储装备 R&D of China' s strategic new industries，Logistics warehousing equipment	陆大明	机械工业出版社
41	跨境电商与国际物流：机遇、模式及运作	孙韬	电子工业出版社
42	现代物流配送管理与应用 Modern logistics delivery management and application	鲁馨蔓	北京大学出版社
43	Handbook of research on information management for effective logistics and supply chains / George Leal Jamil, InescTec, Portugal, Antonio Lucas Soares, University of Porto, Portugal, Claudio Roberto Magalhaes Pessoa, FUMEC University, Brazil.	Jamil, George Leal, 1959–	Information Science Reference (an imprint of Dlobal)
44	物流企业管理 Logistics enterprise management	霍红	人民邮电出版社
45	物流系统工程	汪传雷	中国财富出版社
46	物流供应链管理学科前沿研究报告 专著 = The frontier research report on discipline of supply chain and logistics management	于亢亢	经济管理出版社
47	The concept industry 4.0 : an empirical analysis of technologies and applications in production logistics / Christoph Jan Bartodziej.	Bartodziej, Christoph Jan	Springer Gabler
48	物流案例教	汪传雷	中国财富出版社
49	电子商务物流 E–Commerce logistics	魏修建	人民邮电出版社
50	第七方物流 Seventh party logistics	张长德	中国经济出版社
51	现代物流信息技术与应用 Modern logistics information technology and application	邹安全	华中科技大学出版社
52	震后应急物流系统中的定位——路径问题 (LRP) 研究 专　著 = Research on location–routing problem of emergency logistics system in post–earthquake	刘长石	西安交通大学出版社
53	物流学 Contemporary logistics：英文版	墨菲	中国人民大学出版社
54	冷链物流 Cold chain logistics	谢如鹤	华中科技大学出版社
55	中国物流技术发展报告 . 2016	何黎明	中国财富出版社
56	大数据背景下物流创新发展解决方案 专著：第四届北京市大学生物流设计大赛获奖作品选集	北京工商大学	中国财富出版社
57	物流与供应链管理 Logistics and supply chain management	宋华	中国人民大学出版社
58	Contemporary logistics in China : reformation and perpetuation / Zhi–lun Jiao, Shao–ju Lee, Ling Wang, Bing–lian Liu, editors.	Jiao, Zhi–Lun	Springer
59	物流运输与配送管理 Logistics transportation and distribution management	唐连生	武汉大学出版社
60	广东省物流业发展报告 . 2015–2016 Guangdong logistics development report . 2015–2016	谭杰斌	暨南大学出版社
61	Intermodal freight transport and logistics / edited by Jason Monios and Rickard Bergqvist.	Monios, Jason	Taylor & Francis
62	中国现代物流发展报告 . 2017 Report of China logistics development . 2017	国家发展和改革委员会经济运行调节局	北京大学出版社

序号	书 名	著者	出版社
63	中国物流重点课题报告 . 2016 专著 = China logistics key projects report . 2016	贺登才	中国财富出版社
64	物流学概论 Introduction to logistics	霍红	中国人民大学出版社
65	电子商务物流管理 Electronic commerce logistics management	张军玲	电子工业出版社
66	国际航空物流实务	李旭东	清华大学出版社，北京交通大学出版社
67	物流管理专业建设的实践与探索 The practice and exploration of the logistics management specially [i.e. construction]	郭兆平	经济管理出版社
68	内蒙古自治区物流业发展报告 . 2016 The logistics industry development report on Inner Mongolia . 2016	娜仁图雅	经济管理出版社
69	港口物流：理论与实务 Port logistics : theory and practice	高玲	北京大学出版社
70	迈向物流强国：中国物流业中长期发展战略	魏际刚	中国发展出版社
71	物流英语 专著 = Logistics English	李小敬	复旦大学出版社有限公司
72	物流管理 Logistics management	王秦	北京大学出版社
73	电子商务物流管理 Logistics management for electronic commerce	方磊	清华大学出版社
74	现代物流英语 Modern logistics English	吴必善	中国铁道出版社
75	世界银行物流绩效指数报告 . 2016 年，联结以竞争：全球经济中的贸易物流	阿维斯，让 – 弗朗索瓦	中国财富出版社
76	集成化物流协同管理 机理、体系与模式 = Integrated logistics synergetic management : mechanism, system and model	舒辉	经济管理出版社
77	区域物流园区规划方法研究：基于经济发展关联机制 = Study of the regional logistics park planning based on economic development interaction m	陈志卷	首都经济贸易大学出版社
78	物流作业与技术实训教程	刘贵生	电子工业出版社
79	中国冷链物流发展报告 . 2017 China cold-chain logistics development report . 2017	秦玉鸣	中国财富出版社
80	互联网 + 电商采购、库存、物流管理实务 专著 = Internet+electricity purchasing, inventory, logistics management practice	水藏玺	中国纺织出版社
81	智能物流 Intelligent logistics：链接“互联网 +”时代亿万商业梦想	燕鹏飞	人民邮电出版社
82	Supply chain management : a logistics perspective / John J. Coyle, C. John Langley, Jr., Robert A. Novack, Brain J. Gibson.	Coyle, John J. 1935-	Cengage Learning,
83	物流信息技术 专著 = Logistics information technology：新技术应用与实践立体化教程	朱海鹏	人民邮电出版社

（来源：上海图书馆网 整理制表：张志坚 2018 年 3 月 26 日）

10.3 上海市物流行业主要社团联系方式

上海市物流行业主要社团联系方式（排名不分先后）

序号	名称	地址	邮编	电话 / 传真	邮箱	网址
1	上海市物流协会 上海市物流学会	江西中路 406 号（丙）311 室	200002	63231140	CZ20032005@163.com	http://www.sh56.com
2	上海浦东现代物流行业协会	浦东新区花山路 1199 号 19 楼	200137	50676606 /50676336	spmla1199@163.com	http://www.spmla.org
3	上海市仓储行业协会	四川中路 330 号 213 室	200002	63212343	shccxh@263.net	http://www.shccxh.com/
4	上海市国际货运代理行业协会	甘河路 8 号明道大厦 17 楼 B 座	200437	65600859 /65602133	siffa@online.sh.cn	http://www.siffa.org
5	上海市交通运输行业协会	黄陂北路 9 号 15 楼	200003	63903418 /63904824	shjtxh@jt.sh.cn	http://www.shcti.cn
6	上海冷藏库行业协会	许昌路 1273 号	200092	65011038 /65032782	llc@csarw.org	http://www.csarw.org
7	上海港口行业协会	黄浦路 110 号 408 室	200080	33011455 /63065414		http://shanghai.chinaports.org
8	上海市快递行业协会	愚园路 311 号 318 室	200040	62493528 /62485566-8069	shkdxh@163.com	http://www.shkdhyxh.com/
9	上海现代物流联合会上海物流年鉴编纂委员会	浦东新区滨江大道 2525 弄 5 号 A 栋	200120	50151868（总机）/50151827	shsf.china@163.com	http://www.ssfcn.com
10	上海现代服务业联合会物流与供应链服务专业委员会	北海路 8 号福申大厦 1002 室	200001	23292223		

（制表：张志坚）

10.4 部分物流业新名词解释

降本增效（ to reduce costs and increase benefits ）

2017 年 7 月国务院办公厅印发《关于进一步推进物流降本增效促进实体经济发展的意见》（以下简称《意见》），明确提出 27 条政策措施，进一步推进物流降本增效，着力营造物流业良好发展环境。这是继国务院办公厅转发国家发展改革委《物流业降本增效专项行动方案（2016—2018 年）》之后，再次就物流降本增效发出的重要文件。

物流业是供给侧结构性改革的重要内容。我国公路货运量、铁路货运量、港口货物吞吐量、快递业务量均居世界第一位，物流市场规模稳步扩大，物流供给质量逐步改善，但仍有“短板”。在土地、资金、劳动力等要素成本趋紧的情况下，促进物流业降本增效，对于深化供给侧结构性改革，从整体上提高国民经济运行质量和效益意义重大。

近年来，我国物流业降本增效取得阶段性成果。社会物流总费用占 GDP 的比率呈逐年下降态势，虽有产业结构变化和统计数据调整的原因，也显示出物流降本增效取得了积极进展。但与实体经济要求、形势发展变化、国际先进水平相比还有一定差距。物流业经过多年快速发展，也到了转型升级的关键时期，遇到许多深层次问题和矛盾。

根据中国物流与采购联合会调查，业内企业反映强烈的政策问题主要有："营改增"试点全面推开后，物流业主要是公路货运企业税负增加的问题尚未有效解决；个体运输业户无法在异地代开增值税发票；物流业各环节税率仍未统一；货运司机及运营车辆证照办理、审验及检验、检测重复繁琐，公路执法行为不统一、不规范，通行费收费标准偏高等；电动三轮车快递配送限制较多，影响"最后一公里"通达等。

推进物流业降本增效，应从企业和政府两方面发力。企业应根据市场需要调整经营策略，采用新技术、新模式，提高运作效率和效益；政府应深化"放管服"改革，着力降低制度性交易成本，营造良好发展环境。

降低制度性成本是推动物流业降本增效的着力点．《意见》提出的 27 条政策措施针对性强，基本上涵盖了当前企业反映的主要问题，重点突出，切中要害。特别是这些措施瞄准多年来累积的"老问题"，提出了新的政策措施。

降低制度性成本是推动物流业降本增效的着力点。《意见》提出：做好收费公路通行费"营改增"相关工作、加强物流领域收费清理、着力解决"乱收费、乱罚款"等问题、加强对物流发展的规划和用地支持、加强和完善一批国家级物流枢纽、拓展物流企业融资渠道、取消政府还贷二级公路收费等。对政策措施，《意见》都明确提出了责任部门和完成时限，政策效果值得期待。

物流业涉及领域广、管理部门多、协调难度大。《意见》对那些条件不太成熟、暂时彻底解决有困难的问题，也提出了目标和路径。如，统筹研究统一物流各环节增值税税率、科学合理确定车辆通行收费水平、开展仓储智能化试点示范、加强数据开放共享、建立健全物流行业信用体系、探索开展物流领域综合改革试点等。

景气指数 (Prosperity index)

景气指数（Prosperity index），亦称景气度，是对行业或企业景气调查中的定性指标通过定量方法加工汇总，综合反映某一特定调查群体或某一社会现象所处的状态或发展趋势的一种指标。景气指数有选择 50 或 100 为景气指数的临界值，当景气指数大于临界值时，表明经济状况趋于上升或改善，当景气指数小于临界值时，表明经济状况趋于下降或恶化，处于不景气状态。还有更为细致的划分，即在临界值上下再划分若干区段，分为低中高景气区间。

景气指数使用的分析方法一般有三类：

古典循环法，主要是观察经济时间序列绝对量本身的波动，一般观察时间序列的长期趋势及循环要素（TC）的波动；

增长循环波动也称离差循环方法，一般观察经济时间序列相对量的波动，将时间序列的长期趋势 T 和循环要素 C 分离，把循环要素 C 的变动看作是景气变动，即增长周期波动是循环要素 C 的波动；

增长率循环，观察经济时间序列的增长率（与上年同月或同季比的变化率），分析其波动的规律性；同前两种方法一样，也要对时间序列进行季节调整，对增长率序列的长期趋势及循环要素（TC）的波动进行分析。

自由贸易港 (Free Trade Harbour)

自由贸易港是指设在国家与地区境内、海关管理关卡之外的，允许境外货物、资金自由进出的港口区。对进出港区的全部或大部分货物免征关税，并且准许在自由港内，开展货物自由储存、展览、拆散、改装、重新包装、整理、加工和制造等业务活动。目前排名世界集装箱港口中转量第一、第二位的新加坡港、中国香港，均实施自由港政策，吸引大量集装箱前去中转，奠定其世界集装箱中心枢纽的地位。

2017 年 10 月 18 日，习近平在十九大上说，赋予自由贸易试验区更大改革自主权，探索建设自由贸易港。

自由贸易港政策对发展外贸确实极为有利，但综合考虑我国当前的外贸、经济运行态势，税收监管政策等因素，还不宜在全国范围内过快推进。当前保税港更多的是作为航运中心的配套政策实施，因此只有经过国家认定具备国际航运中心资质的沿海城市才可以申请并获得批准。

分别对应三个保税港区，上海港定位为"国际航运中心"，天津港定位在"北方国际航运中心"，大连港定位于"东北亚国际航运中心"。宁波港是上海国际航运中心的重要组成部分。浙江舟山将合作建自由贸易港区。

在上海洋山港向世界"自由贸易港"发展的过程中，港区的基础功能容量和政策优惠条件等，将成为洋山港吸引世界贸易的重要魅力，港区越"自由"，世界贸易就越汇聚，洋山港就将成为真正实力强大的世界"自由贸易港"。

中欧班列 (China – Europe Railway Express)

中欧班列是指按照固定车次、线路等条件开行，往来于中国与欧洲及一带一路沿线各国的集装箱国际铁路联运班列。铺划了西中东 3 条通道中欧班列运行线：西部通道由我国中西部经阿拉山口（霍尔果斯）出境，中部通道由我国华北地区经二连浩特出境，东部通道由我国东南部沿海地区经满洲里（绥芬河）出境。

中欧班列自 2013 年 7 月 18 日开行如今，累计开行近 300 班。其中，2015 年开行 156 班、总货值 7.21 亿美元、总货重 6.28 万吨，辐射全国四分之三地域，境外覆盖 20 个国家 108 个城市，各项综合指标持续位居全国前列。2016 年，中欧班列计划开行 200 班，下货点扩大到 20 个，实现每周去程三班、回程三班。中国铁路总公司统计显示，2017 年中欧班列开行数量较上一年同期增加 612 列，增长 158%。

"三条通道""五个口岸"畅通中欧班列，铺划的西、中、东三条通道中欧班列运行线班列开行情况如下：

1. 中欧班列（重庆～杜伊斯堡）；2. 中欧班列（成都～罗兹）；3. 中欧班列（郑州～汉堡）；4. 中欧班列（苏州～华沙）；5. 中欧班列（武汉～捷克、波兰）；6. 中欧班列（长沙～杜伊斯堡）；7. 中欧班列（义乌～马德里）；8. 中欧班列（哈尔滨～俄罗斯）；9. 中欧班列（哈尔滨～汉堡）；10. 冀欧班列（保定～白俄罗斯明斯克）；11. 中欧班列（西宁～安特卫普）；12. 中欧班列（广州～莫斯科）；13. 中欧班列（青岛～莫斯科）；14. 中欧班列（长春～汉堡）。

中欧班列成为国际物流陆路运输骨干。亚欧之间的物流通道主要包括海运通道、空运通道和陆运通道，中欧班列以其运距短、速度快、安全性高的特征，以及安全快捷、绿色环保、受自然环境影响小的优势，已经成为国际物流中陆路运输的骨干方式。中欧班列物流组织日趋成熟，班列沿途国家经贸交往日趋活跃，国家间铁路、口岸、海关等部门的合作日趋密切，这些有利条件，为铁路进一步发挥国际物流骨干作用，在"一带一路"战略中将丝绸之路从原先的"商贸路"变成产业和人口集聚的"经济带"起到重要作用。

中亚班列 (China – Mid.Asia Railway Express)

中亚班列是指自中国或经中国发往中亚五国以及西亚、南亚等国家的快速集装箱直达班列，列车编组不少于 50 车。目前中亚班列口岸有 5 个，分别是连接中亚、西亚的阿拉山口、霍尔果斯口岸，连接蒙古的二连浩特口岸，以及连接南亚的山腰、凭祥口岸。中亚班列货物主要分为两类：一类是中国的进出口货物（返向亦然），一类是经日本、韩国、东南亚等国过境中国的过境货物（返向亦然）。中亚班列主要线路班列目前已开行有：1. 中亚班列（连云港～塔什干）；2. 中亚班列（西安～阿拉木图）。

跨境电商物流（Cross Border E-Commerce Logistics）

跨境电商物流是指以海关关境两侧为端点的线上电子商务实物和信息有效流动和存储的计划，实施和控制管理过程。跨境电商国际物流一般有邮政包裹模式、国际快递模式、国内快递模式、专线物流模式、海外仓储模式等五种模式。

以上五大模式别基本涵盖了当前跨境电商的物流模式和特征，但也有一些“另类”。例如，比利时邮政虽然属于邮政包裹模式，但其定位于高质量卖家，提供的产品服务远比其他邮政产品优质。

对于跨境电商的卖家来说，首先应该根据所售产品的特点（尺寸、安全性、通关便利性等）来选择合适物流模式，比如大件产品（例如家具）就不适合走邮政包裹渠道，而更适合海外仓模式；其次，在淡旺季要灵活使用不同物流方式，例如在淡季时使用中邮小包降低物流成本，在旺季或者大型促销活动时期采用香港邮政或者新加坡邮政甚至比利时邮政来保证时效；最后，售前要明确向买家列明不同物流方式的特点，为买家提供多样化的物流选择，让买家根据实际需求来选择物流方式。

现代供应链（Modern Supply Chain）：

习近平总书记在十九大报告中明确提出要在现代供应链领域培育新的增长点，形成新动能，建设现代化经济体系。现代供应链是现代经济体系一个重要组成部分。一是相对与我国传统的发展方式和生产组织方式，供应链本身就是现代的，是现代发展方式的创新。而现代供应链是以供给驱动为特征，通过供给侧质量提高和效率提高来推动中国经济发展。二是从供应链本身发展阶段来讲，我国供应链创新与实践也要跟上时代的步伐，发展现代的供应链。发展供应链既要建立其核心功能如整合、优化、协同，形成其核心理念如包容、开放、共享，落实其基本目标如降成本提升效率，更要适应智慧化要求，发展智慧化和数字化供应链，把握住现代供应链发展的大方向。三是现代供应链实现目标也在传统供应链的基础上有进一步的延伸。现代供应链在完成传统目标以外，更重要的是通过供应链创新发展，改造供给体系创造新的价值、新的财富、新的动能。四是现代供应链将供应链创新发展由微观引向宏观。中国在创新和发展供应链的过程中，既要考虑微观供应链发展，更要考虑宏观供应链发展。既要从微观层面推动企业内部和企业之间的组织协同，更要在宏观层面推动产业之间，地区之间的组织协同，真正从经济组织形态上解决我国发展不平衡、不充分的矛盾。所以现代供应链的创新与实践就是要把微观供应链与宏观供应链有机结合起来，构建中国供应链宏观体系。

供应链创新（Innovation of supply Chain）：

供应链创新的理念是包容和开放。供应链创新的关键是整合和优化。通过供应链去整合资源，在整合资源的基础上要进行优化，在整合和优化过程中实现效率的提高，增强企业的能动性。供应链创新的核心是协同。 供应链创新的目标是互利共赢。通过供应链的发展构建一个企业和企业之间的利益共同体，命运共同体，构建一个范围更加广阔，超越企业甚至没有边界的生态圈和发展圈。供应链创新的基本方向。是智慧化和智能化。要和创新驱动、科技创新结合，与人工智能、无人机、大数据、云计算、区块链等先进技术深度融合，一起来推动提升供应链的智能化和智慧化水平， 供应链创新的本质是价值创造，而不是现有利润和资源的重新分配。抓住创造价值的本质，为企业创造价值，为股东创造价值，为客户创造价值，为员工创造价值，为整个社会创造价值。

供应链金融（Supply Chain Finance，简称 SCF）

供应链金融是商业银行信贷业务的一个专业领域（银行层面），也是企业尤其是中小企业的一种融资渠道（企业层面）。

指银行向客户（核心企业）提供融资和其他结算、理财服务，同时向这些客户的供应商提供贷款及时收达的便利，或者向其分销商提供预付款代付及存货融资服务。这种服务与传统的保理业务及货押业务 （动产及货权抵 / 质押授信）非常接近。但有明显区别，即保理和货押只是简单的贸易融资产品，而供应链金融是核心企业与银行间达成的，一种面向供应链所有成员企业的系统性融资安排。

供应链金融巨大的市场潜力和良好的风险控制效果，吸引了许多银行介入。深发展、招商银行最早开始这方面的信贷制度、风险管理及产品创新。随后，围绕供应链上中小企业迫切的融资需求，国内多家商业银行开始效仿发展“供应链融资”、“贸易融资”、“物流融资”等名异实同的类似服务。时至今日，包括四大行在内的大部分商业银行都推出了各自特色的供应链金融服务。同时，随着外资银行在华业务的开展，渣打、汇丰等传统贸易融资见长的商业银行，也纷纷加入国内供应链金融市场的竞争行列。

供应链金融在我国仍然处于初步发展阶段，不过受益于应收账款、商业票据以及融资租赁市场的不断发展，供应链金融在我国发展较为迅速。目前国内供应链金融集中在计算机通信、电力设备、汽车、化工、煤炭、钢铁、医药、有色金属、农副产品及家具制造业等行业。供应链金融行业竞争包含了商业银行、核心企业、物流企业、电商平台等各个参与方。我国供应链金融市场规模据称已经超过 10 万亿元。

随着互联网 + 的发展，我国供应链金融市场规模逐年增长，预计到 2020 年，有望达到 14.98 万亿美元。

供应链金融缘起于传统银行，然而在互联网技术的冲击下，金融的门槛也随之放低，互联网金融为市场提供了更多的选择空间。在供应链金融模式下，对于核心企业来说，供应链上的相关企业依然能为其分担资金风险；对于核心企业的上下游企业而言，则可以在核心企业的信用支持下，以较低的成本顺利地获取贷款额度；而对于 P2P 等资金供应方，通过与核心大企业的合作，可以掌握供应链条上的完整资金流、物流和信息流等核心数据，从而把单个企业不可控的风险转化为供应链整体可控的风险，从而更有效地控制风险。

2016 年 2 月，人民银行等八部委印发《关于金融支持工业稳增长调结构增效益的若干意见》（简称《若干意见》）。

在《若干意见》中，提到了两点与供应链金融有关的内容。

第一，大力发展应收账款融资。推动更多供应链加入应收账款质押融资服务平台，支持商业银行进一步扩大应收账款质押融资规模。

第二，探索推进产融对接融合。探索开展企业集团财务公司延伸产业链金融服务试点。支持大企业设立产业创投基金，为产业链上下游创业者提供资金支持。

未来，在国家支持政策的放开和“互联网 +”浪潮的推动下，包括商业银行、核心企业、物流企业、供应链协作企业、电商平台和 P2P 平台等在内的各方参与主体将利用自身的优势在供应链金融领域展开充分的合作和竞争。未来，中国的供应链金融领域必将产生多样化的发展模式和创新服务类型，从而成为中国产业结构调整和国民经济发展转型的重要抓手，未来中国的供应链金融有望迎来发展黄金时期，发展前景十分广阔。

智慧物流 （ Intelliigence Logistics ）：

智慧物流是通过大数据、云计算、智能硬件等智慧化技术与手段，提高物流系统思维、感知、学习、分析决策和智能执行的能力，提升整个物流系统的智能化、自动化水平，从而推动中国物流的发展，降低社会物流成本、提高效率。智慧物流具有两大特点：互联互通，数据驱动；深度协同，高效执行；

物流数据是“智慧”形成的基础，物流云是“智慧”运转的载体，物流技术是“智慧”执行的途径。

智能快递柜 (self-service parcel pickup machine)

智能快递柜是一个基于物联网的，能够将物品（快件）进行识别、暂存、监控、管理的设备。可以与 PC 服务器一起构成智能快递柜系统。智能快递柜基于嵌入式技术，通过 RFID，摄像头等各种传感器 进行数据采集，然后将采集到的数据传送至控制器进行处理，处理完再通过各类传感器实现整个终端的运行，包括 GSM 短信提醒，RFID 身份识别，摄像头监控等等。

PC 服务器能够对本系统的各个快递柜进行统一化管理（如快递柜的信息，快件的信息，用户的信息等），并对各种信息进行整合分析处理。快递员将快件送达指定地点后，只需将其存入快递投递箱，系统便自动为用户发送一条短信，包括取件地址和验证码，用户在方便的时间到达该终端前输入验证码即可取出快件。该产品旨在为用户接收快件提供便利的时间和地点。

近年来，随着电子商务的迅猛发展，快递业务呈高速增长趋势，但快递末端“最后一公里”投递问题却成为快递发展的瓶颈。智能快递柜将快件暂时保存在柜内，并将投递信息通过短信等方式发送用户，为用户提供 24 小时自助取件服务，这种服务模式较好地满足了用户随时取件的需要，受到快递企业和用户的欢迎，为解决快件“最后一公里”问题提供了有效的解决方案。

仓配一体化 (Warehouse Integration)

仓配一体化意为为客户提供一站式仓储配送服务。仓储与配送作为电子商务后端的服务，主要是解决卖家货物配备（集货、加工、分货、拣选、配货、包装）和组织对客户的送货。

由于仓储需要大面积场地与专业化操作，配送又需要全面的网络覆盖与大量运输工具，造成仓储与配送的成本居高不下。以降低仓储及运输成本、减少销售机会的流失、提升客户购买体验为目的，通过整合、优化仓储及配送，与合作伙伴强强联合，共同完善电子商务供应链。

仓配一体依托于快递的资源优势，目前在国内 10 省 11 市拥有近 80000 ㎡仓储资源，配送网络覆盖全国 1900 余个城市，与周边城市配送中心通过统一物流平台协调管理，形成高效的仓储配送一体化的服务网络。

仓配一体化的服务内容包括前端设计、收货清点、配送服务、管理平台、后续服务、报表与数据等多道仓储和配送环节。仓配一体化服务的典型案例有京东亚洲一号、苏宁的云仓等。

自动分拣系统 (Automatic Sorting System)

是第二次世界大战后在美国、日本和欧洲的物流配送中心广泛采用的一种自动化高效分检系统。系统中包含自动分拣机、机械传输线，还有配套的机电一体化控制系统、计算机网络及通信系统等。该系统的作业过程可以简单描述如下：物流中心每天接收成百上千家供应商或货主通过各种运输工具送来的成千上万种商品，在最短的时间内将这些商品卸下并按商品品种、货主、储位或发送地点进行快速准确地分类，将这些商品运送到指定地点（如指定的货架、加工区域、出货站台等），同时，当供应商或货主通知物流中心按配送指示发货时，自动分拣系统在最短的时间内从庞大的高层货存架存储系统中准确找到要出库的商品所在位置，并按所需数量出库，将从不同储位上取出的不同数量的商品按配送地点的不同运送到不同的理货区域或配送站台集中，以便装车配送。

其主要特点是：1、能连续、大批量地分拣货物。2、分拣误差率极低。3、分拣作业基本实现无人化。自动分拣系统一般由控制装置、分类装置、输送装置及分拣道口组成，四部分装置通过计算机网络联结在一起，配合人工控制及相应的人工处理环节构成一个完整的自动分拣系统。

自动分拣机一般只适于分拣底部平坦且具有刚性的包装规则的商品。袋装商品、包装底部柔软且凹凸不平、包装容易变形、易破损、超长、超薄、超重、超高、不能倾覆的商品不能使用普通的自动分拣机进行分拣，为了使大部分商品都能用机械进行自动分拣，可以采取二条措施：一是推行标准化包装，使大部分商品的包装符合国家标准；二是根据所分拣的大部分商品的统一的包装特性定制特定的分拣机。

世界知名的自动化物流系统集成商德国德马泰克开发的自动分拣系统及相关系统；范德兰德；丹麦的克瑞斯普兰（德国伯曼机械）的全自动分拣系统；深圳市天和双力物流自动化设备有限公司的自动分拣系统；康大基业电子标签拣货系统；上海邮政通用技术设备公司的交叉带式分拣机控制系统；壹比多系列电子分拣系统等等。

云仓 (cloud storage)：

云仓是物流仓储的一种，但是不同于传统仓、电商仓，其次云仓中“云”概念来源于云计算，所以云仓是利用云计算以及现代管理方式，依托仓储设施进行货物流通的全新物流仓储体系产品。

新零售 (New Retail)：

就是“将零售数据化”，线上 + 线下 + 物流，其核心是以消费者为中心的会员、支付、库存、服务等方面数据的全面打通。

同城配送 （ Intra–City Service)：

同城配送业务是中国物通网推出的同城接送物流服务，统一按体积与运送里程进行计费，是经济实惠的优质同城配送服务。

区块链 (Block Chain)：

区块链是分布式数据存储、点对点传输、共识机制、加密算法等计算机技术的一种新型应用模式，其共识机制是区块链系统中实现不同节点之间建立信任、获取权益的数学算法。区块链功能作用，是将信息价值化，从而推动基于价值和信用的交换更加高效、快捷、公平。区块链技术应用领域目前正逐渐推广，已触及到物联网、智能制造、供应链管理、数字资产交易等多个领域。区块链技术在物流与供应链领域的应用将会最便捷最快见到实效，并引领在其他领域的应用。由于区块链技术的分布式、不可篡改、可溯源的特性，天然地适用于物流与供应链金融领域。从理论上讲，区块链技术可以解决基于场景的运营管理问题，基于分布式的风险控制问题，并提高行业的透明度，降低供应链交易成本，甚至有可能重塑商业模式。

（整理编制：张志坚）

10.5 《Shanghai Logistics Yearbook 2017》General Catalogue

《Shanghai Logistics Yearbook 2016》 General Catalogue

本篇供稿：张旭 朱泽榕 张志坚 编辑：张志坚

编辑说明

本年鉴分十个篇章，依次分别为综合报告和政策文件、物流业景气指数、物流基础领域、物流业创新研发与应用实践、口岸与自贸区物流、制造业物流、城市配送、物流装备、标准和信息化、物流金融和供应链、附录（含物流业大事记、上海图书馆馆藏部分 2017 年出版物流业文献资料、上海市物流行业主要社团联系方式、物流业新名词解释和年鉴英语目录）。

与《上海物流年鉴 2016》相比，本年度年鉴认真吸取了业界专家的宝贵意见，除继续保持年鉴内容每年更新不重复、继续奉行内容上“三本”即本年度、本行业、本地区为主原则的编写风格外，在年鉴内容编排上还做了诸多调整和改进，如第一篇《综合报告和政策文件》中，都各划分全国和本市两大板块排列；第三篇《物流基础领域》中，增加近年来的热点领域多式联运和航空物流两部分内容；第四篇《物流业创新研发与应用实践》中，把原属第八篇的物流技术和原属独立篇章的逆向物流归并到此篇章，分为“互联网 +”研发与应用、人工智能（AI）在物流业的研发与应用、物流新技术的应用实践和逆向物流等四个部分；第八篇第三部分的物流信息化部分，单独分列增加了区块链在物流业应用的热点内容；第九篇《物流金融和供应链》，将原物流业衍生服务内容，聚焦为物流金融和供应链两大板块。

本年鉴也是历年来编辑成稿周期最短的一次，也是首次制订和实施在上半年出书的目标。自 2017 年 12 月 19 日的“2017 上海物流业高层论坛”正式发布《上海物流年鉴 2016》之际，就开始了紧锣密鼓地筹备新年鉴工作，开始草拟本年鉴的编写大纲和分工。2018 年 1 月 9 日召开上海物流年鉴工作会议，开始启动和动员开展年鉴编撰实际事务。感谢各组稿单位、编辑人员和有关各方的积极支持配合，原定 3 月 9 日的交稿周期，能按时收到各组稿单位采集或撰写的来稿，至 3 月 23 日经后期补稿、分编和合编，形成全部十篇章的合编初稿，至此，前期工作实际历时约两个半月周期。

本年鉴按照年鉴编委会的要求，由年鉴编辑部牵头，会同上海市物流协会（学会）、上海物流企业家协会、上海现代服务业联合会物流与供应链专业委员会、上海浦东现代物流行业协会、《现代物流报》上海记者站、上海工程技术大学等单位合作完成，参加编撰工作的有白焕耀、吴保锋、陶惠民、韩志雄、陈震、张悦来、固晨曦、张三敏、朱泽榕、孙汕、李佳、童瑶、高玲、郝皓、杜旭茫、王京、张旭、张志坚等多位同仁（排名不分先后）。

由于我们专业水平和编撰经验等方面的局限，本年鉴存在的不足之处，还请业内外人士批评指正。

上海物流年鉴编辑部

2018 年 3 月 26 日